Lang Kurt

Wolfgang Däubler
Ulrich Fischer
Bertram Zwanziger

Kündigungsschutz von A bis Z

Handwörterbuch für die Praxis

Wolfgang Däubler
Ulrich Fischer
Bertram Zwanziger

Kündigungsschutz von A bis Z

Handwörterbuch für die Praxis

Bund-Verlag

Die Deutsche Bibliothek – CIP-Einheitsaufnahme

Däubler, Wolfgang:
Kündigungsschutz von A bis Z: Handwörterbuch für die Praxis / Wolfgang Däubler;
Ulrich Fischer; Bertram Zwanziger. – Frankfurt am Main : Bund-Verl., 2001
ISBN 3-7663-3211-2

© 2001 by Bund-Verlag GmbH, Frankfurt am Main
Herstellung: Christel Lampe, Frankfurt am Main
Umschlag: Angelika Richter, Heidesheim
Satz: Fotosatz Otto Gutfreund GmbH, Darmstadt
Druck und Bindung: Kösel, Kempten
Printed in Germany

Alle Rechte vorbehalten,
insbesondere die des öffentlichen Vortrags,
der Rundfunksendung
und der Fernsehausstrahlung,
der fotomechanischen Wiedergabe,
auch einzelner Teile.

Vorwort

Die Frage wann und wie ein Arbeitsverhältnis beendet werden darf, ist vor allem für Arbeitnehmer von zentraler Bedeutung: Ihre soziale Existenz hängt davon ab. Rechtlich ist diese Frage im Kündigungsschutzrecht geregelt, das neben dem allgemeinen Kündigungsschutz im Kündigungsschutzrecht und den Regeln über die außerordentliche Kündigung auch Sondervorschriften für bestimmte Arbeitnehmergruppen wie z. B. Schwerbehinderte oder werdende Mütter und Menschen im Erziehungsurlaub enthält. Es wird ergänzt durch die Grundsätze über die Zulässigkeit und Unzulässigkeit befristeter und auflösend bedingter Arbeitsverhältnisse. Schließlich hat der Gesetzgeber auch einen kollektiven Kündigungsschutz durch Betriebsräte und mildernde Maßnahmen wie Sozialpläne geschaffen.

Das Werk erschließt diese Regelungen für Interessierte. Es richtet sich vor allem an Betriebsräte, die praktisch täglich mit der Materie befasst sind, aber auch an Betroffene, denen gekündigt wurde oder denen gekündigt werden soll. Auch Juristen, die sich einen Einblick verschaffen wollen, erhalten einen ersten Überblick. Die Methode, die Rechtslage anhand von Stichworten darzustellen, erleichtert die Suche nach der richtigen Lösung für konkrete Probleme. Dies wird durch das ausführliche Stichwortverzeichnis unterstützt.

Mögen die Ausführungen in der täglichen Arbeit der Betriebsräte und darüber hinaus bei vielen anderen Gelegenheiten möglichst viel Nutzen entfalten.

Die Autoren

Inhaltsverzeichnis

Vorwort 5
Abkürzungsverzeichnis 11

Abfindung (Fischer) 13
Abgeordnete, Kündigungsschutz (Däubler) 32
Abmahnung (Fischer) 34
Altersgrenze (Däubler) 41
Altersteilzeit (Fischer) 44
Änderungskündigung (Fischer) 49
Anfechtung des Arbeitsvertrags (Däubler) 57
Annahmeverzug (Zwanziger) 62
Arbeitgeber (Fischer) 66
Arbeitnehmer (Fischer) 72
Arbeitsplatzschutz für Soldaten und Zivildienstleistende (Zwanziger) 82
Ärzte in der Weiterbildung, Befristung (Däubler) 84
Aufhebungsvertrag (Däubler) 87
Auflösend bedingter Arbeitsvertrag (Däubler) 97
Auflösungsantrag/Auflösung des Arbeitsverhältnisses (Fischer) 100
Auflösungsverschulden (Däubler) 106
Ausgleichsquittung (Däubler) 110
Ausschuss für Berufsbildungsstreitigkeiten (Zwanziger) 115
Außerordentliche Kündigung, Grundlagen (Däubler) 118
Auswahlrichtlinien (Fischer) 125
Auszubildende, Befristung (Däubler) 130
Auszubildende, Kündigung (Däubler) 132
Befristung des Arbeitsvertrags – Zulässigkeit im Allgemeinen (Däubler) . . 138
Bergmannsversorgungsschein (Zwanziger) 146
Beschäftigung (Zwanziger) 150
Beschäftigungsförderungsgesetz, Befristung (Däubler) 154
Betrieb (Fischer) 158
Betriebsbeauftragte, Kündigungsschutz (Däubler) 163
Betriebsbedingte Kündigung (Fischer) 168
Betriebsratsanhörung (Zwanziger) 179

Inhaltsverzeichnis

Betriebsübergang (Fischer) 187
Betriebsverfassungsorgane, Kündigung (Zwanziger) 196
Betriebszugehörigkeit (Fischer) 203
Direktionsrecht (Fischer) 207
Druckkündigung (Zwanziger) 218
Einigungsvertrag, Sonderkündigungsrecht (Däubler) 220
Einmalzahlungen, Sonderzahlungen und besondere Vergütungsarten bei Ende des Arbeitsverhältnisses (Fischer) 223
Einspruch gegen eine Kündigung (Fischer) 229
Erziehungsurlaub (Zwanziger) 233
Erziehungsurlaub, Befristung mit Ersatzkraft (Däubler) 237
Freistellung während der Kündigungsfrist (Fischer) 242
Freistellung zur Arbeitssuche (Däubler) 249
Gleichbehandlung (Zwanziger) 253
Hauptfürsorgestelle, Zustimmungsersetzung (Zwanziger) 256
Heimarbeit (Däubler) 261
Insolvenz, Kündigungsschutz in der Insolvenz (Däubler) 264
Interessenausgleich/Sozialplan (Fischer) 268
Klagefrist (Zwanziger) 278
Kleinbetrieb (Fischer) 282
Konzern (Fischer) 288
Krankheit (Zwanziger) 295
Kündigung als Verstoß gegen Grundrechte (Däubler) 301
Kündigung durch den Arbeitnehmer (Däubler) 310
Kündigungserklärung des Arbeitgebers (Fischer) 312
Kündigungsfristen (Zwanziger) 321
Kündigungsrücknahme (Fischer) 326
Kündigungsschutz (Fischer) 331
Kündigungsschutz außerhalb des Kündigungsschutzgesetzes (Däubler) ... 337
Kündigungsschutzklage (Zwanziger) 348
Kurzarbeit (Fischer) 354
Leitende Angestellte (Zwanziger) 361
Massenentlassung (Fischer) 363
Mutterschutz und Kündigung (Zwanziger) 367
Mutterschutz, Grundsätzliches (Zwanziger) 372
Nichtigkeit des Arbeitsvertrags (Däubler) 377
Personalrat (Zwanziger) 381
Personenbedingte Kündigung (Zwanziger) 383
Rückzahlungsansprüche des Arbeitgebers (Fischer) 388
Sachlicher Grund (Däubler) 395

Inhaltsverzeichnis

Schriftform bei Beendigung des Arbeitsverhältnisses (Däubler) 406
Schwerbehinderte (Zwanziger) 412
Schwerbehindertenkündigung, Verfahren und Ausspruch (Zwanziger) ... 417
Schwerbehindertenvertretung (Zwanziger) 426
Seeleute, Kündigungsschutz (Däubler) 428
Sozialauswahl (Fischer) 430
Sozialversicherungsrechtliche Folgen der Beendigung von
Arbeitsverhältnissen (Fischer) 439
Tariflicher Kündigungsschutz (Däubler) 450
Teilkündigung und teilweise Veränderung des Arbeitsvertrages (Fischer) .. 455
Tendenzarbeitgeber (Fischer) 463
Umwandlung (Fischer) 468
Unkündbare Arbeitnehmer (Däubler) 475
Unternehmerentscheidung (Fischer) 479
Verdachtskündigung (Däubler) 483
Vergleich (Zwanziger) 486
Verhaltensbedingte Kündigung (Däubler) 490
Wartezeit/Probezeit (Fischer) 495
Weiterarbeit nach Auslaufen des Arbeitsvertrags (Däubler) 503
Weiterbeschäftigung trotz wirksamer Befristung? (Däubler) 506
Wettbewerbsverbot (Fischer) 511
Wichtiger Grund (Däubler) 516
Widerspruch des Betriebsrats (Zwanziger) 530
Wiedereinstellung (Zwanziger) 538
Wissenschaftliche Assistenten, Befristung (Däubler) 541
Wissenschaftliche Mitarbeiter, Befristung (Däubler) 543
Zeugnis (Däubler) 548
Zweckbefristung (Däubler) 561
Zwei-Wochen-Frist des § 626 Abs. 2 BGB (Däubler) 564

Stichwortverzeichnis 569

Abkürzungsverzeichnis

AGB-Gesetz	Gesetz über Allgemeine Geschäftsbedingungen
AiB	Arbeitsrecht im Betrieb (Jahr und Seite)
AktG	Aktiengesetz
AP	Arbeitsrechtliche Praxis (Nachschlagewerk des Bundesarbeitsgerichts)
ArbG	Arbeitsgericht
ArbGG	Arbeitsgerichtsgesetz
ArbPlSchG	Arbeitsplatzschutzgesetz
ArbZG	Arbeitszeitgesetz
ASiG	Arbeitssicherheitsgesetz
AÜG	Arbeitnehmerüberlassungsgesetz
AuR	Arbeit und Recht (Jahr und Seite)
BAG	Bundesarbeitsgericht
BB	Der Betriebsberater (Jahr und Seite)
BBiG	Berufsbildungsgesetz
BErzGG	Bundeserziehungsgeldgesetz
BetrAVG	Gesetz über betriebliche Altersversorgung
BetrVG	Betriebsverfassungsgesetz
BGB	Bürgerliches Gesetzbuch
BGH	Bundesgerichtshof
BGSG	Bundesgrenzschutzgesetz
BImSchG	Bundesimmissionsschutzgesetz
BPersVG	Bundespersonalvertretungsgesetz
BSHG	Bundessozialhilfegesetz
BVerfG	Bundesverfassungsgericht
DB	Der Betrieb (Jahr und Seite)
DKK	Däubler/Kittner/Klebe, Kommentar zum BetrVG, 7. Aufl. Frankfurt/M. 2000
EGBGB	Einführungsgesetz BGB
EÜG	Eignungsübungsgesetz
GewO	Gewerbeordnung
GG	Grundgesetz
HAG	Heimarbeitsgesetz

Abkürzungsverzeichnis

HRG	Hochschulrahmengesetz
InsO	Insolvenzordnung
JArbSchG	Jugendarbeitsschutzgesetz
KDZ	Kittner/Däubler/Zwanziger, Kündigungsschutzrecht, Kommentar, 4. Aufl., Frankfurt/M. 1999
KSchG	Kündigungsschutzgesetz
LAG	Landesarbeitsgericht
MuSchG	Mutterschutzgesetz
NachwG	Nachweisgesetz
NJW	Neue Juristische Wochenschrift (Jahr und Seite)
NZA	Neue Zeitschrift für Arbeitsrecht (Jahr und Seite)
SchwbG	Schwerbehindertengesetz
SeemG	Seemannsgesetz
SGB	Sozialgesetzbuch
sog.	so genannt
SozG	Sozialgericht
SprAuG	Sprecherausschussgesetz
StGB	Strafgesetzbuch
UmwG	Umwandlungsgesetz
VerwG	Verwaltungsgericht
VwGO	Verwaltungsgerichtsordnung
ZDG	Zivildienstgesetz
ZSG	Zivilschutzgesetz

Abfindung

Was ist das?

☐ Kündigungsschutzrechtlich ist eine **Abfindung** eine vom → **Arbeitgeber** gezahlte Entschädigung für den **Verlust** des Arbeitsplatzes. Sie wird als **Abgeltung** dafür gezahlt, dass das Arbeitsverhältnis **nicht fortgeführt** wird. Etwas anderes sind demgegenüber Abfindungen, die zur Abgeltung der Ansprüche bzw. Anwartschaften aus einer **betrieblichen Altersversorgung** bei Ausscheiden des Arbeitnehmers gezahlt werden. Unverfallbare Ansprüche können nur mit Zustimmung des Arbeitnehmers im Rahmen des § 3 BetrAVG abgefunden werden.

☐ Üblich ist eine Abfindungszahlung in einer **Geldsumme**, sie kann aber auch in anderer Weise, also durch **vermögenswerte Leistungen** des Arbeitgebers oder durch Übertragung von **Vermögensgegenständen** (beispielsweise bisher vom ausscheidenden Arbeitnehmer gefahrenes **Dienstfahrzeug**), gestaltet werden.

☐ Eine Abfindung beruht entweder auf **gerichtlichem Gestaltungsurteil** nach einem → **Auflösungsantrag**, auf einer **Vereinbarung** zwischen den Parteien des Arbeitsvertrages im Zusammenhang mit einer Kündigung oder **Kündigungsabsicht** des Arbeitgebers (→ **Aufhebungsvertrag**), auf einem **Sozialplan**, den Betriebsrat und Arbeitgeber im Zusammenhang mit einer Betriebsänderung aushandeln (→ **Interessenausgleich/Sozialplan**) oder auf einem **Tarifvertrag**, der z. B. im Rahmen eines **Rationalisierungsschutzabkommens** Abfindungszahlungen bei Ausscheiden vorsieht. Abfindungen können aber auch auf **gesetzlicher Basis** nach § 113 Abs. 3 BetrVG entstehen, wenn der Arbeitgeber von einem **Interessenausgleich** (→ **Interessenausgleich/Sozialplan**) abweicht oder diesen mit dem Betriebsrat gar nicht erst versucht hat.

Funktion und Bedeutung der Abfindung

☐ Anders als verschiedene ausländische Rechtsordnungen kennt das **deutsche Recht keine gesetzlich** festgelegte **Abfindung** in bestimmter Höhe für Fälle der Kündigung bzw. Beendigung des Arbeitsverhältnisses durch den Arbeitgeber.

☐ Die Abfindung hat nicht die **Funktion**, geleistete Arbeit beim Arbeitgeber ab-

Abfindung

zugelten. Vielmehr sollen die **negativen Folgen** des Verlustes des Arbeitsplatzes **abgemildert** oder **ausgeglichen** werden. Die **Berechnung** der **Abfindungshöhe** richtet sich im Wesentlichen nach drei **Kriterien**, der → **Betriebszugehörigkeit**, dem **Lebensalter** und dem **Einkommen**. Aber auch andere Kriterien wie z. B. **Unterhaltspflichten, Aussichten,** auf dem **Arbeitsmarkt**, eine neue Stelle zu gewinnen, **Rückkehranreize** für ausländische Arbeitnehmer usw. können berücksichtigt werden. Einen abschließenden Kriterienkatalog gibt es nicht.

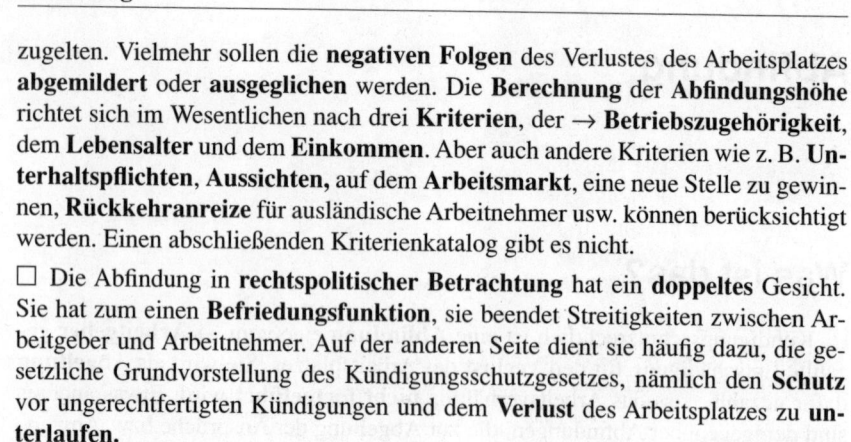

☐ Die Abfindung in **rechtspolitischer Betrachtung** hat ein **doppeltes** Gesicht. Sie hat zum einen **Befriedungsfunktion**, sie beendet Streitigkeiten zwischen Arbeitgeber und Arbeitnehmer. Auf der anderen Seite dient sie häufig dazu, die gesetzliche Grundvorstellung des Kündigungsschutzgesetzes, nämlich den **Schutz** vor ungerechtfertigten Kündigungen und dem **Verlust** des Arbeitsplatzes zu **unterlaufen**.

☐ Die **Statistik** spricht eine deutliche Sprache: die Zahl derjenigen Arbeitnehmer, die nach einer ausgesprochenen Kündigung wieder in den Betrieb zurückkehrt, ist äußerst gering, sie liegt unter 10%.

Deswegen kommt der **Abfindung** eine **überragende** Bedeutung zu. In vielen Fällen ist die Verhandlung über die Höhe der Abfindung an die Stelle der kündigungsschutzrechtlichen Auseinandersetzung getreten. Viele sprechen zu Recht davon, dass das **Kündigungsschutzgesetz** zu einem **Abfindungsgesetz degeneriert** ist. Jeder Arbeitnehmer ist jedoch frei in der Entscheidung, den Streit über eine Kündigung durch eine **Aufhebungsvereinbarung** (→ **Aufhebungsvertrag**) oder → **Vergleich** zu beenden. Oft wird auch der Begriff »Abwicklungsvertrag« benutzt.

☐ **Keine Abfindungen** in diesem Sinne sind Zahlungen, die der Arbeitgeber leistet, die nicht in einem unmittelbaren Zusammenhang mit einem Arbeitsverhältnis stehen.

Beispiel:
Der Arbeitnehmer erhält bei Ausscheiden eine Sonderprämie für besonders erfolgreiche Geschäftsabschlüsse, die bereits vorher versprochen worden war.

Eine **Abfindung** setzt voraus, dass das Arbeitsverhältnis tatsächlich beendet wird.

Beispiele:
- *Der Arbeitnehmer erhält eine Ausgleichszahlung für den Wegfall von Provisionen.*
Oder:
- *Der Arbeitnehmer akzeptiert im Rahmen einer* → **Änderungskündigung** *geänderte Arbeitsbedingungen und erhält dafür einen Ausgleich.*

Allerdings kann der Arbeitnehmer für eine solche Ausgleichszahlung die Steuerbegünstigung nach §§ 24 Nr. 1 a in Verbindung mit § 34 Abs. 1 EStG in Anspruch nehmen, nicht jedoch den Steuerfreibetrag nach § 3 Ziff. 9 EStG.

Abfindung

☐ Üblicherweise wird die Abfindung an den Arbeitnehmer **unmittelbar** gezahlt, der sie nach eigenem **Gutdünken** verwenden kann. Eine **Zweckbindung** zur Verwendung der Abfindung besteht nicht.

☐ Etwas anderes ist die zunehmend in der Praxis anzutreffende Vereinbarung zwischen Arbeitgeber und Arbeitnehmer über eine so genannte **Outplacement-Beratung**. Hier übernimmt der **Arbeitgeber** die **Kosten** für eine **professionelle Beratung** des Arbeitnehmers im Sinne entweder einer schlichten **Bewerbungsberatung** oder aber einer **professionell** geführten **Strategie** zur Erlangung eines neuen Arbeitsplatzes in einem qualifizierten Umfeld. Die **Kosten** für eine solche Outplacement-Beratung, die überwiegend bei **außertariflichen Angestellten und Führungskräften** angeboten wird, können bis zu einem halben Jahresgehalt betragen. Die Zahlung erfolgt dann nicht unmittelbar an den Arbeitnehmer, sondern direkt vom Arbeitgeber an das Beratungsunternehmen.

Beispiel:
Sie sind berechtigt, während der Kündigungsfrist und bis zu drei Monaten nach ihrem Ende an einer Outplacement-Beratung bei der Fa. Consult AG teilzunehmen. Die Kosten bis zu einer Höhe von drei Monatsgehältern (brutto) trägt das Unternehmen.

☐ Abfindungen können auch dafür benutzt werden, um als **Kapitalstock in** eine **Mitarbeitergesellschaft** eingebracht zu werden, sog. »Management« oder »Employee-buy-out«. Solche Gesellschaften sind nicht zu verwechseln mit so genannten **Beschäftigungsgesellschaften**, die im Zusammenhang mit Betriebsschließungen oder Teilbetriebsschließungen vereinbart werden (→ **Interessenausgleich/ Sozialplan**).

Abfindungen auf kollektiv-rechtlicher Basis

☐ **Tarifvertragsparteien** sind nach § 1 TVG berechtigt, auch Regelungen über die Beendigung von Arbeitsverhältnissen zu treffen, oft im Zusammenhang mit sog. **Rationalisierungsschutzabkommen**. Diese Befugnis umfasst auch die Kompetenz, Abfindungszahlungen bei Beendigungen von Arbeitsverhältnissen vorzusehen. In vielen Branchen ist davon Gebrauch gemacht worden, z. B. im öffentlichen Dienst.

☐ Im Falle der Geltung von solchen tariflichen Vereinbarungen steht dem Arbeitnehmer, dessen Arbeitsverhältnis durch den Arbeitgeber **betriebsbedingt** oder im Zusammenhang mit einem **betriebsbedingten** Grunde (→ **betriebsbedingte Kündigung**) gekündigt wird, eine **Abfindung** zu. Die einzelnen Anspruchsvorausset-

Abfindung

zungen werden von den Tarifvertragsparteien jeweils konkret normiert. Die Tarifvertragsparteien haben hier einen **weiten Gestaltungsspielraum**. Allerdings sind sie gehalten, die **grundgesetzlichen** Vorgaben zur **Gleichbehandlung** zu beachten. Die Tarifvertragsparteien können auch die **Gewichtung** der einzelnen Bemessungsfaktoren für die Höhe eigenständig vornehmen, sie sind dabei nicht an gesetzliche Vorgaben gebunden.

☐ Ein **Abfindungsanspruch** nach einem solchen Tarifvertrag besteht auch dann, wenn die vom Arbeitgeber ausgesprochene → **betriebsbedingte Kündigung** an sich rechtlich zulässig, d. h. sowohl fristgerecht ausgesprochen, als auch mit Gründen versehen ist, die einer gerichtlichen Überprüfung an sich standhalten würden.

☐ Umgekehrt ist ein Arbeitnehmer, der einen Anspruch auf eine Abfindung nach einem Tarifvertrag hat, nicht gehindert, gegen die ausgesprochene Kündigung des Arbeitgebers **Kündigungsschutzklage** zu erheben. Gewinnt der Arbeitnehmer den **Kündigungsschutzprozess**, besteht kein Anspruch auf Abfindung bzw. eine schon gezahlte Abfindung muss zurückgezahlt werden. Obsiegt der **Arbeitgeber** im Kündigungsschutzprozess, führt das dazu, dass dem Arbeitnehmer nun wegen der Beendigung des Arbeitsverhältnisses der Abfindungsanspruch zusteht. Es wird sich oftmals empfehlen, den Abfindungsanspruch als **Hilfsantrag** im Kündigungsschutzprozess einzuklagen.

Betriebsverfassungsrechtlicher Abfindungsanspruch

☐ Der klassische Fall des betriebsverfassungsrechtlich geregelten Abfindungsanspruchs ist der **Sozialplan** (→ **Interessenausgleich/Sozialplan**). Die Betriebsverfassungsparteien sind berechtigt, zum Ausgleich die mit einer Entlassung verbundenen wirtschaftlichen Folgen durch Abfindungszahlungen nach von ihnen festzulegenden Kriterien zu vereinbaren. Abfindungsregelungen können dabei nicht nur in erzwingbaren Sozialplänen vereinbart werden, sondern auch in **freiwilligen Betriebsvereinbarungen** nach § 88 BetrVG.

☐ Für die aufgrund einer kollektiven Regelung nach den Vorschriften des Betriebsverfassungsgesetzes vorgesehenen Abfindungen gelten die gleichen Prinzipien, wie hinsichtlich der tarifvertraglichen Abfindung. Die Betriebsverfassungsparteien sind **nicht befugt**, eine Abfindung für den Fall auszuschließen, dass der Arbeitnehmer Kündigungsschutzklage erhebt.

☐ Zu den Einzelheiten → **Interessenausgleich/Sozialplan**.

Gesetzlicher Abfindungsanspruch

☐ Ein gesetzlicher **Abfindungsanspruch** ist in § 113, Abs. 3 BetrVG geregelt. Dem Arbeitnehmer steht für den Fall, dass eine Kündigung ausgesprochen worden ist, ohne dass der Arbeitgeber einen an sich erforderlichen **Interessenausgleich** (→ **Interessenausgleich/Sozialplan**) versucht hätte oder dass eine entsprechende Entlassung im Interessenausgleich nach § 112 BetrVG nicht vorgesehen ist, ein Abfindungsanspruch zu. Darauf, ob der Arbeitgeber nur irrtümlich angenommen hat, eine Betriebsänderung liege nicht vor, kommt es nicht an.

☐ Die **Höhe** der Abfindung wird vom **Arbeitsgericht** festgesetzt. Das Gericht entscheidet dabei nach **freiem Ermessen**, allerdings muss es die wesentlichen Überlegungen, die generell für eine Abfindung von Bedeutung sind, berücksichtigen. Der Arbeitnehmer seinerseits muss die insofern relevanten **Tatsachen vortragen**, damit das Gericht in der Lage ist, eine angemessene Abfindung auszuurteilen. Ein **bezifferter Abfindungsantrag** ist nicht erforderlich, jedoch sollte deutlich gemacht werden, in welcher Höhe sich eine entsprechende Vorstellung des Arbeitnehmers bewegt.

☐ Noch nicht abschließend geklärt ist das **Verhältnis** zwischen einer **Abfindung** aus einem Sozialplan und einem **Urteil** nach § 113 Abs. 3 BetrVG. Vielfach finden sich in Sozialplänen, die abgeschlossen worden sind, obwohl ein ordnungsgemäßer Interessenausgleichsversuch nicht stattgefunden hat, Regelungen, wonach eine gesetzliche Abfindung auf die Sozialplanabfindung **angerechnet** wird. Dies kann nach der Rechtsprechung des BAG auch ohne eine entsprechende Regelung im Sozialplan der Fall sein.

☐ Der Abfindungsanspruch nach § 113 Abs. 3 BetrVG kann eigenständig eingeklagt werden. Es ist jedoch auch möglich, ihn **hilfsweise** zu einem **Kündigungsschutzantrag** einzuklagen. Geht der Kündigungsschutzantrag des Arbeitnehmers verloren, muss das Gericht über den Abfindungsanspruch entscheiden, gewinnt der Arbeitnehmer den Kündigungsschutzprozess, erübrigt sich eine entsprechende Entscheidung.

☐ Für alle kollektiv-rechtlich entstandenen Abfindungsansprüche gilt, dass **tarifliche Ausschlussfristen** Anwendung finden. Werden diese nicht eingehalten, müssen die Gerichte von Amts wegen den Anspruch verneinen.

Abfindung

Einzelvertragliche Abfindungsansprüche

Im Rahmen der **Vertragsfreiheit** können die Arbeitsvertragsparteien bei Beginn des Arbeitsvertrages oder während dessen Dauer eine Abfindung für den Fall der Beendigung des Arbeitsverhältnisses vorsehen. Werden solche Regelungen getroffen, darf damit **nicht** ein schon vorab erklärter **Verzicht** auf Erhebung einer Kündigungsschutzklage **verbunden** werden. Denn das KSchG ist **zwingender Natur**, es unterliegt nicht der Vereinbarung zwischen Arbeitgeber und Arbeitnehmer. Davon unberührt bleibt aber die **freiwillige** bzw. vertragliche Verpflichtung des Arbeitgebers, für den Fall einer Kündigung, auch einer rechtmäßigen Kündigung, eine Abfindung zu zahlen (zu den Einzelheiten → **Kündigungsschutz**).

Beispiel:
Sollte das Arbeitsverhältnis durch unser Unternehmen betriebsbedingt gekündigt werden, erhalten Sie eine Abfindung für den Verlust des Arbeitsplatzes in Höhe von 75 % des Bruttomonatsgehaltes im Ausscheidensmonat. Dies gilt nicht, wenn Sie gesetzliche Altersrente in Anspruch nehmen können.

☐ Dem Arbeitnehmer bleibt es dann unbenommen, gegen eine Kündigung gerichtlich vorzugehen. Eine **vertragliche Abfindungsregelung** stellt auch keine Erleichterung für den Arbeitgeber dar, wenn er eine Kündigung bei Gericht durchsetzen will. Die bloße Tatsache, dass der Arbeitgeber schon vor einer gerichtlichen Auseinandersetzung eine Abfindung versprochen hat, ändert den Prüfungsmaßstab der Arbeitsgerichte nicht.

☐ **Vereinbaren** Arbeitnehmer und Arbeitgeber im Arbeitsvertrag, ohne konkrete Kündigungsabsicht des Arbeitgebers, die Zahlung einer Abfindung an den Arbeitnehmer nur für den Fall, dass der Arbeitnehmer nicht klagt, ist nur das »**Klageverbot**« unwirksam. Der Arbeitnehmer ist also nicht gehindert, zu klagen. Verliert der Arbeitnehmer den Kündigungsschutzprozess, hat er Anspruch auf die vertraglich vereinbarte Abfindung, denn das Verbot bezieht sich nur auf die Abbedingung des Kündigungsschutzgesetzes, nicht auf die Vereinbarung von Abfindungen bei rechtlich zulässigen Kündigungen.

Abfindung aufgrund nachträglicher Einigung zwischen Arbeitnehmer und Arbeitgeber (→ Aufhebungsvertrag; → Vergleich)

☐ Obwohl das KSchG als **Bestandsschutzgesetz** angelegt ist, sieht die **Praxis** anders aus. Aus der Sicht des Arbeitnehmers wird es meistens die realistische Einsicht sein, auch nach einem gewonnenen Prozess nicht in ein unbeschädigtes Arbeitsverhältnis zurückkehren zu können, mit den sich daraus ergebenden, vor allem psychischen Folgen, die dann ihrerseits wieder zu einer neuen Kündigung führen können.

☐ Auch das KSchG kann das **faktische Machtgefälle** zwischen Arbeitgeber und Arbeitnehmer nicht aufheben, nur ansatzweise mildern. Zwar hat § 612a BGB die gesetzliche Grundregel formuliert, dass niemand dann und deswegen **benachteiligt** werden darf, weil er zustehende **Rechte** aus dem Arbeitsverhältnis und den arbeitsrechtlichen Schutzvorschriften in Anspruch genommen hat. Die Praxis sieht (leider) anders aus.

☐ Als **Alternative** zur streitigen Durchsetzung von kündigungsschutzrechtlichen Ansprüchen hat sich die Abfindungsverhandlung innerhalb und außerhalb des Arbeitsgerichts durchgesetzt. Sie dient als Mittel dazu, langwierige Prozesse vor den Arbeitsgerichten (→ **Kündigungsschutzklage**) zu vermeiden, die oft auch mit entsprechenden **Kosten** und einem hohen **Nervenaufwand** verbunden sind und die Persönlichkeit sowie die Familie in Mitleidenschaft ziehen können.

☐ Die konkrete Vereinbarung einer Abfindung hängt allein von der jeweiligen **Verhandlungsmacht** der Arbeitsvertragsparteien, ihrem **Verhandlungsgeschick** und den jeweiligen konkreten Umständen des **Einzelfalles** ab (s. Checkliste, S. 29).

☐ Eine abschließende Aufzählung der Einflussfaktoren ist nicht möglich. Kündigungsschutzrecht ist **Einzelfallrecht**. Deshalb ist auch die **Aushandlung** einer **Abfindung** immer Sache des **Einzelfalls**. Wichtig und von erheblicher Bedeutung ist, dass der **Gleichbehandlungsgrundsatz** bei der Vereinbarung von Abfindungen in der Regel **keine Rolle** spielt. Auch wenn der Arbeitgeber in anderen Fällen Abfindungen in einer bestimmten Höhe gezahlt hat, heißt das nicht, dass ähnliche Abfindungen auch in anderen Fällen gezahlt werden.

☐ Eine Abfindung muss im Einzelfall entweder **ausgehandelt** oder aber im Prozess regelrecht **erkämpft** werden. Aufgrund der Vielzahl der Einflussfaktoren, hinsichtlich der **steuerrechtlichen und sozialversicherungsrechtlichen Komplexität**, die im Zusammenhang mit Abfindungsvereinbarungen auftritt, ist es in jedem Falle ratsam, einen **Fachmann**, einen **Rechtsanwalt, Fachanwalt für Arbeitsrecht** oder **Gewerkschaftssekretär** hinzuzuziehen. Viele Arbeitnehmer ha-

Abfindung

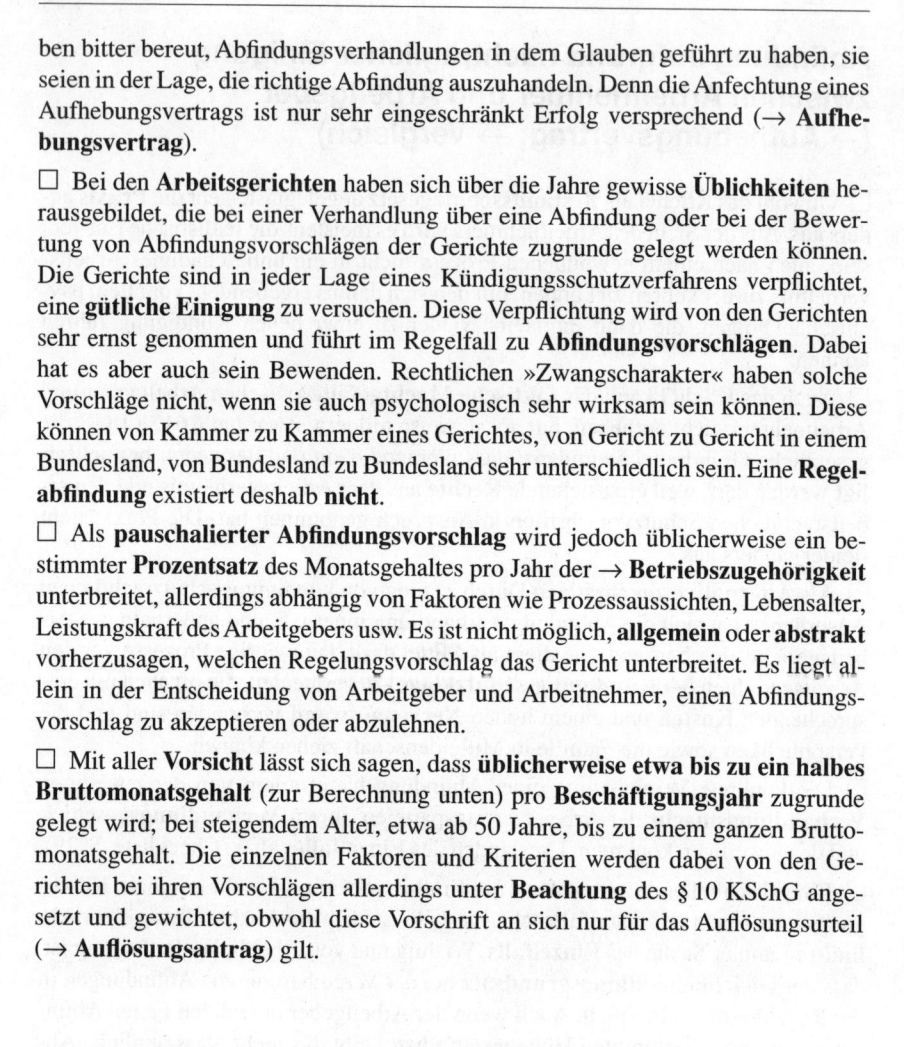

ben bitter bereut, Abfindungsverhandlungen in dem Glauben geführt zu haben, sie seien in der Lage, die richtige Abfindung auszuhandeln. Denn die Anfechtung eines Aufhebungsvertrags ist nur sehr eingeschränkt Erfolg versprechend (→ **Aufhebungsvertrag**).

☐ Bei den **Arbeitsgerichten** haben sich über die Jahre gewisse **Üblichkeiten** herausgebildet, die bei einer Verhandlung über eine Abfindung oder bei der Bewertung von Abfindungsvorschlägen der Gerichte zugrunde gelegt werden können. Die Gerichte sind in jeder Lage eines Kündigungsschutzverfahrens verpflichtet, eine **gütliche Einigung** zu versuchen. Diese Verpflichtung wird von den Gerichten sehr ernst genommen und führt im Regelfall zu **Abfindungsvorschlägen**. Dabei hat es aber auch sein Bewenden. Rechtlichen »Zwangscharakter« haben solche Vorschläge nicht, wenn sie auch psychologisch sehr wirksam sein können. Diese können von Kammer zu Kammer eines Gerichtes, von Gericht zu Gericht in einem Bundesland, von Bundesland zu Bundesland sehr unterschiedlich sein. Eine **Regelabfindung** existiert deshalb **nicht**.

☐ Als **pauschalierter Abfindungsvorschlag** wird jedoch üblicherweise ein bestimmter **Prozentsatz** des Monatsgehaltes pro Jahr der → **Betriebszugehörigkeit** unterbreitet, allerdings abhängig von Faktoren wie Prozessaussichten, Lebensalter, Leistungskraft des Arbeitgebers usw. Es ist nicht möglich, **allgemein** oder **abstrakt** vorherzusagen, welchen Regelungsvorschlag das Gericht unterbreitet. Es liegt allein in der Entscheidung von Arbeitgeber und Arbeitnehmer, einen Abfindungsvorschlag zu akzeptieren oder abzulehnen.

☐ Mit aller **Vorsicht** lässt sich sagen, dass **üblicherweise etwa bis zu ein halbes Bruttomonatsgehalt** (zur Berechnung unten) pro **Beschäftigungsjahr** zugrunde gelegt wird; bei steigendem Alter, etwa ab 50 Jahre, bis zu einem ganzen Bruttomonatsgehalt. Die einzelnen Faktoren und Kriterien werden dabei von den Gerichten bei ihren Vorschlägen allerdings unter **Beachtung** des § 10 KSchG angesetzt und gewichtet, obwohl diese Vorschrift an sich nur für das Auflösungsurteil (→ **Auflösungsantrag**) gilt.

Abfindung nach Auflösungsurteil und ihre Festsetzung durch das Arbeitsgericht

☐ Im Gegensatz zu den frei ausgehandelten Abfindungsvereinbarungen im **Aufhebungsvertrag** oder in einem gerichtlichen **Vergleich** stehen die vom Gericht nach einem → **Auflösungsantrag** des Arbeitnehmers und/oder Arbeitgebers zugesprochenen Abfindungen nicht in der Bestimmungsmacht der Parteien. Vielmehr entscheidet das Gericht **abschließend** und **verbindlich** über die **Höhe** der Abfindung. Das Gericht ist dabei allerdings an die **gesetzlichen Höchstgrenzen** gebunden, die § 10 KSchG vorsieht. Diese Höchstgrenzen dürfen durch das Arbeitsgericht nicht überschritten werden:

- 55 Jahre und älter, 20 Jahre und mehr Betriebszugehörigkeit:
  bis zu **18 Monatsverdienste**
- 50 Jahre und älter, 15 Jahre und mehr Betriebszugehörigkeit:
  bis zu **15 Monatsverdienste**
- unter 50 Jahren:
  bis zu **12 Monatsverdienste**

Zu den Einzelheiten siehe → Auflösungsantrag.

☐ Maßgeblich für die **Berechnung** der Abfindung ist der **Zeitpunkt** des **Ausscheidens** des Arbeitnehmers aus dem Arbeitsverhältnis, nicht der Zeitpunkt des **Ausspruchs** der **Kündigung**. Dies gilt für alle drei **Bemessungsfaktoren**.

Beispiel:
Ein am 1.11. 1945 geborener Arbeitnehmer erhält am 1.3.2000 die fristgerechte Kündigung zum 31.12. 2000. Eingetreten in den Betrieb ist er am 15.11.1980. Am 1.3. beträgt sein Monatsgehalt 5100,– DM. Am 1.7.2000 erfolgt eine Gehaltserhöhung auf 5200,– DM. Obergrenze für die Kündigungsberechtigung ist in diesem Falle das 18-fache Monatseinkommen, denn am 31.12. 2000 ist der Arbeitnehmer älter als 55 Jahre, mehr als 20 Jahre im Betrieb beschäftigt und hat ein Monatseinkommen von 5200,– DM, so dass die Höchstabfindung 93 600,– DM beträgt.

☐ Nach der gesetzlichen Definition des § 10 Abs. 3 KSchG gilt als **Monatsverdienst**, was dem Arbeitnehmer bei der für ihn maßgebenden **regelmäßigen Arbeitszeit** in dem **Monat**, in dem das Arbeitsverhältnis **endet**, an **Geld** und **Sachbezügen** zusteht.

☐ Maßgeblich ist der **Bruttoverdienst**, so dass **Lohnsteuer und Sozialversicherungsbeiträge**, die der Arbeitnehmer zu leisten hat, nicht abgezogen werden. Somit werden auch die **Arbeitgeberanteile**, die der Arbeitgeber zur Sozialversicherung geleistet hat, nicht hinzugerechnet. Da es auf die regelmäßige Arbeitszeit ankommt, spielt → **Kurzarbeit** ebenso wenig eine Rolle, wie **Überstunden**. Letztere werden aber dann mitberücksichtigt, wenn sie **regelmäßig** anfallen.

☐ Der **Monatsverdienst** ist auch dann maßgeblich, wenn das Arbeitsverhältnis **nicht** über die **Gesamtdauer** hinweg mit derselben **regelmäßigen Arbeitszeit** gearbeitet worden ist.

Abfindung

Beispiel:
Hat ein Arbeitnehmer die ersten fünf Jahre in Vollzeit, die letzten fünf Jahre eines Arbeitsverhältnisses nur in Teilzeit gearbeitet, ist das Teilzeitgehalt am Ende des Arbeitsverhältnisses maßgeblich. Umgekehrt ist das Vollzeitgehalt des Arbeitnehmers entscheidend, wenn er zuvor nur in Teilzeit tätig war. Es liegt auf der Hand, dass es hier zu Ungerechtigkeiten in der Berechnung der Abfindungshöhe kommen kann, deshalb werden die Gerichte bei der Bemessung der Abfindung auch die unterschiedliche Zeitdauer der jeweiligen Arbeitszeitmodelle berücksichtigen können.

☐ Hat der Arbeitnehmer im letzten Monat des Arbeitsverhältnisses **keinen Verdienst** erzielt, weil er über das **Ende** der **Entgeltfortzahlungsperiode** hinaus arbeitsunfähig war, weil er unentschuldigt gefehlt hat, weil er sich im **Erziehungsurlaub** befunden hat etc., wird das Entgelt angesetzt, das bei einer vertragsgerechten Arbeitsleistung an Vergütung gezahlt worden wäre.

☐ Zum Monatsverdienst gehören Zuwendungen mit **Entgeltcharakter** wie z. B.
- Schichtzulagen, Arbeitsgelder, Funktionszulagen
- Leistungszulagen, Leistungsprämien, Akkordzuschläge.

☐ **Nicht** berücksichtigt werden reine **Spesen** und **Auslagen**, die keinen Vergütungscharakter, sondern **Aufwendungsersatz** haben, auch wenn sie pauschaliert gezahlt werden wie Fahrgelder, Mietkostenzuschüsse, Übernachtungsgeld, Auslösungen u.Ä.

☐ **Urlaubsgeld** wird bei einzelvertraglicher oder tarifvertraglicher Gewährung auf den Ausscheidensmonat umgerechnet.

☐ Umstritten ist die Einbeziehung von Zahlungen, die **Gratifikationscharakter** haben, beispielsweise **Weihnachtsgratifikation, Jubiläumsgelder, Treueprämien (→ Einmalzahlungen)** und Ähnliches. Hier wird teilweise danach entschieden, ob ein **Rechtsanspruch** besteht oder nicht. Im letzteren Fall soll eine Einbeziehung in das Monatsgehalt nicht stattfinden. Das ist aber abzulehnen, wenn Zahlungen in den letzten Jahren regelmäßig gezahlt worden sind und somit Einfluss auf die Vergütung des Arbeitnehmers im Jahresverlauf und somit auf seinen **Lebensstandard** gehabt haben.

Beispiel:
In den letzten 5 Jahren hat die Arbeitnehmerin jeweils eine Sonderprämie ohne Rechtsanspruch in Höhe von 5 % des Jahresgehaltes erhalten.

☐ Ähnliches gilt für **Tantieme- und Bonusansprüche, Umsatzbeteiligungen, Gewinnbeteiligungen**, die insbesondere bei **AT-Arbeitnehmern** und **Führungskräften** sowie **leitenden Angestellten** oftmals einen wesentlichen Bestandteil des **Jahreseinkommens** ausmachen. Auch hier ist die Auffassung abzulehnen, dass diese Zahlungen nur bei einem festen Rechtsanspruch bestehen. Das **Typische** solcher Zahlungen besteht gerade darin, dass ein qualifizierter Mitarbeiter nur durch diese **Anreizfunktion** in ein Arbeitsverhältnis zum Arbeitgeber tritt. Das monatliche bzw. jährliche **Festgehalt** bildet nur den **Grundstock** der **Vergütungserwartung**. Deshalb kommt es entscheidend darauf an, ob ein in das Ermessen des Arbeitgebers gestellter oder mit Freiwilligkeitscharakter ausgestatteter Zahlungsanspruch in den vergangenen Jahren realisiert worden ist bzw. ob bei nicht ausgesprochener Kündigung ein Anspruch realisiert worden wäre. Ist das der Fall, hat eine (anteilige) Berücksichtigung stattzufinden (→ **Einmalzahlungen**).

☐ Bisher noch nicht entschieden sind die Konsequenzen, die sich aus der zunehmenden Vereinbarung von **Aktienoptionsprogrammen** ergeben. Der Vergütungscharakter dieser Programme kann nicht bestritten werden, deshalb wird der Verlust von Optionsmöglichkeiten bei der Abfindungshöhe zu berücksichtigen sein.

☐ Umstritten ist auch die Einbeziehung der vermögenswerten Vorteile, die durch eine **Privatnutzung** eines **Dienstwagens** entstehen. Nach richtiger Auffassung handelt es sich hier (auch steuerrechtlich) um einen **Gehaltsbestandteil**, so dass die steuerrechtlich angewandte »Einprozentregelung« pro Monat zugrunde gelegt werden kann.

☐ Einzubeziehen sind auch **Provisionen**, die der Arbeitnehmer verdient. Um zufällige Ergebnisse auszuschließen, bietet es sich an, Provisionen auf der Basis eines **Jahresdurchschnitts** zu berechnen und in den maßgeblichen Monatsverdienst einzubeziehen.

☐ **Sachbezüge** sind mit ihrem **wirklichen Marktwert** anzusetzen, auch wenn dieser schwierig zu ermitteln ist. Die steuerlichen und sozialversicherungsrechtlichen **Pauschalierungssätze** sind **unerheblich**. Zu den mitzuberücksichtigenden Sachbezügen gehören Naturalien, Deputate, Wohnraumüberlassung, subventionierter Wohnraum, Beförderungsprivilegien, unentgeltliche bzw. verbilligte Nutzung von Sportmöglichkeiten usw.

☐ Das **Gericht** kann bei seiner Festsetzung der **Abfindungshöhe** die einzelnen Bestandteile des Monatsverdienstes nur dann berücksichtigen, wenn sie von dem Arbeitnehmer im Prozess ausdrücklich **vorgetragen** werden. Eine **Erkundigungspflicht** des **Gerichtes** besteht insoweit **nicht**. Jeder Arbeitnehmer ist also gut beraten, will er eine höchstmögliche Abfindung erstreiten, alle vermögensrelevanten Positionen im Zusammenhang mit seiner Arbeitsleistung aufzulisten und prozessual aufzuarbeiten, auch wenn das zu einer Erhöhung des nach § 12 Abs. 7 ArbGG festzusetzenden Streitwertes für die Kündigungsschutzklage führen kann, der in Höhe des letzten Dreimonatsverdienstes festgesetzt wird.

Abfindung

Abfindung und Sozialversicherungsrecht

☐ Abfindungen sind, unabhängig von ihrer Höhe, **sozialversicherungsabgabenfrei**.

☐ Von dieser generellen Regel gilt allerdings eine Ausnahme dann, wenn in einer Abfindung **rückständiges** Arbeitsentgelt enthalten ist. Man spricht dann von einer so genannten **verdeckten** Abfindung. Keine verdeckte Abfindung liegt jedoch vor, wenn das Arbeitsverhältnis vor Ende der Kündigungsfrist beendet wird.

☐ Weitere Einzelheiten siehe (→ **sozialversicherungsrechtliche Folgen**).

Steuerrechtliche Behandlung

☐ Ein weiterer wichtiger **Pluspunkt** für die **Abfindungsregelung** ist die **steuerrechtliche Behandlung**, wenn auch nach den gesetzlichen Veränderungen des Steuerentlastungsgesetzes vom 24. 3. 1999 erhebliche Einschnitte vorgenommen worden sind. Ab dem 1. 1. 1999 gilt folgende **Staffelung** für die **Steuerfreiheit** einer Abfindung gem. § 3 Ziff. 9 EStG:

- Arbeitnehmer 55 Jahre und älter bis Vollendung des 65. Lebensjahres, Arbeitsverhältnis mindestens 20 Jahre oder länger: 24 000,– DM.
- Arbeitnehmer 50 Jahre und älter, Arbeitsverhältnis 15 Jahre oder länger: 20 000,– DM.
- Im Übrigen: 16 000,– DM.

☐ **Übersteigt** eine Abfindung die **Höchstbeträge**, bleiben diese steuerfrei. Der überschießende Betrag nach § 24 Nr. 1a in Verbindung mit § 34 Abs. 1 und Nr. 2 EStG kann **steuerbegünstigt** sein. Der Arbeitgeber muss zwar den Lohnsteuerabzug durchführen, Anwendung findet aber das sog. **Fünftelungsverfahren**, das auf Antrag des Arbeitnehmers beim zuständigen Finanzamt stattfindet.

Beispiel:
Der steuerpflichtige Teil einer Abfindung eines ledigen Arbeitnehmers beträgt 100 000,– DM. Sie wird gezahlt im Jahre 2000. Das übrige zu versteuernde Einkommen des Arbeitnehmers beträgt 70 000,– DM. Zur Steuerberechnung wird $^1/_5$ der Abfindung (also 20 000,– DM) dem zu versteuernden Einkommen hinzugerechnet. Die auf die hinzugerechneten 20 000,– DM sich errechnende »Mehrsteuer« von 8160,– DM ergibt mit fünf multipliziert die auf die Abfindung zu zahlende Steuer, also 40 800,– DM.

Abfindung

Dieses Beispiel zeigt, dass von der **Fünftelungsregelung** nur derjenige einen Vorteil hat, der mit seinem laufenden zu versteuernden Einkommen unterhalb des jeweiligen **Spitzensteuersatzes** anzusiedeln ist.
Auswirkungen hat die Regelung jedoch dann, wenn Arbeitslosigkeit die Folge der Beendigung des Arbeitsverhältnisses ist.

☐ Im Steuerrecht gilt das sog. **Zuflussprinzip**. Abfindungen werden deshalb in dem Jahr versteuert, in dem sie gezahlt werden, auf die Fälligkeit kommt es nicht an. Der Arbeitgeber ist verpflichtet, die Versteuerung vorzunehmen, d. h. der Arbeitnehmer bekommt nicht die Bruttoabfindung ausgezahlt, sondern nur den Nettobetrag. Dabei ist es für den Arbeitnehmer besonders »unangenehm«, dass die Abfindung voll in die Progression eingeht, sobald sie die Höchstbeträge überschreitet.

☐ Diese steuerlichen Privilegien gelten aber nur bei einer **Auflösung** des Arbeitsverhältnisses, somit nicht dann, wenn nach einer → **Änderungskündigung** das Arbeitsverhältnis mit geänderten Konditionen fortgesetzt wird (Ausnahme oben), oder wenn ein Arbeitnehmer ein Arbeitsverhältnis bei einem **Konzernunternehmen** (→ **Konzern**) beendet, um in ein anderes Konzernunternehmen überzuwechseln.

☐ Zu beachten ist, dass die steuerlichen Vorteile immer nur dann gewährt werden, wenn die **Beendigung** des Arbeitsverhältnisses auf **Veranlassung** des Arbeitgebers erfolgt. Das ist dann nicht der Fall, wenn der Arbeitnehmer eine **Eigenkündigung** ausspricht (→ **Kündigung durch den Arbeitnehmer**), die nicht vom Arbeitgeber veranlasst ist, oder bei einem Ende des Arbeitsverhältnisses durch → **Befristung**.

Beispiel:
Das Arbeitsverhältnis wird auf ausdrücklichen Wunsch der Arbeitnehmerin, die sich weiterbilden möchte, beendet.

☐ **Vorsicht** ist geboten, wenn die Abfindung nicht in einem Betrag gezahlt wird. Es gilt das sog. Prinzip der **Zusammenballung**. D. h., die Abfindung muss in einem **Kalenderjahr** gezahlt werden, dabei sind **Teilzahlungen** im Kalenderjahr **unschädlich**. Ansonsten **entfallen** die **Steuervorteile**. Dies kann allerdings dann nicht gelten, wenn die Abfindung in zwei oder mehreren Kalenderjahren gezahlt wird, weil der Arbeitgeber **wirtschaftlich** nicht in der Lage ist, die Abfindung in einem Betrag zur Auszahlung zu bringen oder andere **vernünftige wirtschaftliche** Gründe für eine jahresübergreifende Zahlung vorhanden sind.

Abfindung

Beispiel:
Das Arbeitsverhältnis endet am 30.9., der Arbeitnehmer erhält eine Abfindung von 30 000,– DM. Der Arbeitgeber kann 15 000,– DM bei Ausscheiden, die restlichen 15 000,– DM erst am 15.1. des Folgejahres zahlen.

Arbeitsrechtliche Behandlung und Auszahlung

☐ Abfindungen werden als **Bruttoabfindungen** gezahlt, es sei denn, es wird etwas anderes vereinbart. D. h., die auf die Abfindung entfallenden **Steuern** sind im Regelfall vom Arbeitnehmer zu tragen. Will der Arbeitnehmer die vereinbarte Abfindungssumme **netto** ausgezahlt haben, muss er eine **ausdrückliche Nettovereinbarung** mit dem Arbeitgeber treffen. Diese Nettovereinbarung muss zweifelsfrei vereinbart sein. Das ist nicht der Fall, wenn irreführende Formulierungen wie »brutto gleich netto« verwandt werden.

Formulierungsbeispiele:
- *Die Abfindung beträgt 100 000,– DM. Sie wird brutto gezahlt (Bruttovereinbarung).*
- *Die Abfindung beträgt 100 000,– DM. Darauf anfallende Steuern trägt voll und ganz der Arbeitgeber (echte Nettovereinbarung).*
- *Die Abfindung beträgt 100 000,– DM brutto gleich netto (unklar; wird von den Gerichten unterschiedlich ausgelegt, teils als Netto- teils als Bruttovereinbarung und sollte deshalb vermieden werden).*
- *Die Abfindung beträgt 100 000,– DM (Bruttovereinbarung).*

☐ Die Abfindung wird **fällig** zum **Zeitpunkt der Beendigung** des Arbeitsverhältnisses bzw. in dem Zeitpunkt, in dem das Gericht sie festsetzt. Ist im Zeitpunkt eines Aufhebungsvertrags bzw. eines gerichtlichen Vergleichs das Arbeitsverhältnis noch nicht beendet, entsteht die Fälligkeit zum Zeitpunkt des Vertragsschlusses nur dann, wenn eine **ausdrückliche Fälligkeitsregelung** enthalten ist. Denn die Abfindung ist eine Entschädigung für den Verlust des Arbeitsplatzes. Solange das Arbeitsverhältnis noch besteht, ist der Verlust noch nicht eingetreten.

Formulierungsbeispiele:
- *Das Arbeitsverhältnis endet am 30.9. Die Abfindung wird fällig am 31.8.*
Oder:
- *Die Hälfte der Abfindung wird fällig am 31.8., die andere Hälfte am 30.9.*

Abfindung

Davon zu unterscheiden ist der Auszahlungszeitpunkt. Dieser kann auch unter steuerlichen Gesichtspunkten herausgezögert werden, wenn ein unmittelbarer zeitlicher und sachlicher Zusammenhang mit dem Ausscheiden gewahrt bleibt.

Beispiel:
Das Arbeitsverhältnis endet am 30.11. Die Parteien vereinbaren: Die Abfindung wird frühestens am 15.1. gezahlt, spätestens am 31.1.

☐ Hat das Arbeitsgericht nach dem → **Auflösungsantrag** eine Abfindung ausgeurteilt, ist dieser Anspruch nach § 62 Abs.1 ArbGG auch dann **vorläufig vollstreckbar**, wenn die Rechtskraft des Urteils im Kündigungsschutzprozess noch nicht eingetreten ist, d. h. der Arbeitnehmer kann die Abfindung gegen den Arbeitgeber vollstrecken, obwohl noch nicht endgültig feststeht, ob das Arbeitsverhältnis beendet ist. Setzt sich der Arbeitnehmer in der Berufungsinstanz gegen den Auflösungsantrag des Arbeitgebers durch, muss er die vorläufig vollstreckte Abfindung **zurückzahlen**.

☐ Ein vom Gericht zugesprochener Abfindungsanspruch ist ohne weiteres **vererblich**. Hat der Arbeitnehmer noch zu **Lebzeiten** einen **Auflösungsantrag** gestellt, können die **Erben** diesen weiter verfolgen. Allerdings sind die Erben nicht berechtigt, selbst einen Auflösungsantrag zu stellen, denn das **Antragsrecht** nach § 9 KSchG ist **nicht vererblich**.

☐ Das BAG hat für den Fall der **vereinbarten** Abfindung entschieden, dass im Regelfall eine **Vererblichkeit nicht** gegeben ist. Dies gilt auch dann, wenn der Arbeitnehmer stirbt, bevor **Sozialplanansprüche** bzw. Ansprüche aus **Tarifverträgen** fällig sind.

Beispiel:
Der Arbeitnehmer vereinbart am 1.2. mit dem Arbeitgeber ein Ausscheiden zum 31.12. Am 1.10. verstirbt der Arbeitnehmer. Nur dann, wenn die Fälligkeit vor dem 1.10. lag (s. oben), tritt Vererblichkeit ein.

☐ Es spricht jedoch nichts dagegen, in einem Aufhebungsvertrag, Vergleich oder Sozialplan zu **vereinbaren**, dass der Abfindungsanspruch **vererblich** sein soll. Nach der **Lebenserfahrung** empfiehlt sich eine solche Formulierung naturgemäß bei älteren, langfristig erkrankten, sich der Erwerbsunfähigkeit nähernden Arbeitnehmern, insbesondere dann, wenn zwischen Abschluss der Vereinbarung und Ende des Arbeitsverhältnisses ein langer Zeitraum liegt.

Beispiel:
Die Firma zahlt an den Arbeitnehmer eine Abfindung in Höhe von 100 000,– DM. Diese ist am 31.12. fällig. Verstirbt der Arbeitnehmer vor diesem Datum, ist die Abfindungszahlung vererblich.

27

Abfindung

☐ Gerät der Arbeitgeber in → **Insolvenz**, besteht für eine Abfindungszahlung **kein insolvenzrechtliches Privileg**. Der Arbeitnehmer muss damit rechnen, dass die Abfindung nicht oder nur gekürzt gezahlt wird. Deshalb empfiehlt es sich bei wirtschaftlicher Schieflage des Arbeitgebers die **Fälligkeit vorzuziehen**.

☐ Abfindungsansprüche, die vereinbart oder ausgeurteilt sind, können **abgetreten** werden. Der Arbeitgeber kann mit **Gegenforderungen** (→ **Rückzahlungsansprüche**), beispielsweise aus **Arbeitgeberdarlehen**, überzahltem Lohn, Personaleinkauf usw. **aufrechnen**. Allerdings kann im Vertrag die Aufrechnung **ausgeschlossen** werden. Die Pfändungsfreigrenze muss dabei nicht eingehalten werden.

☐ Im Regelfall umfasst eine **Lohn- bzw. Gehaltspfändung** auch einen Abfindungsanspruch, es sei denn, es wäre **nur** die **laufende Vergütung** gepfändet.

☐ In den Anspruch auf Abfindung kann **vollstreckt** werden durch **Pfändung und Überweisung** nach den zwangsvollstreckungsrechtlichen Vorschriften. Der **Pfändungsschutz** wird hier über die Vorschrift des § 850i ZPO gewährleistet. Danach kann der Schuldner **beantragen**, dass ihm ein Teil der Abfindung für seinen notwendigen Unterhalt und den seiner Familie bleibt.

☐ Umstritten ist, ob in Fällen einer Gewährung von **Prozesskostenhilfe** für die Durchführung eines **Kündigungsschutzprozesses** die **Abfindung** als **Vermögen** im Sinne des § 115 Abs. 2 ZPO anzurechnen ist. Die besseren Argumente sprechen **gegen** eine Anrechnung, denn wenn der Arbeitnehmer den Kündigungsschutzprozess gewinnt und der Auflösungsantrag des Arbeitgebers zurückgewiesen wird, erfolgt auch kein Rückgriff gegenüber dem Arbeitnehmer.

Bedeutung für den Betriebsrat

☐ In seiner täglichen Praxis wird der Betriebsrat immer wieder mit Fragen der Abfindung konfrontiert, wenn es zu Aufhebungsangeboten des Arbeitgebers an den Arbeitnehmer kommt. Der Betriebsrat hat hier **keine Mitbestimmungsrechte**, sondern kann lediglich für den Arbeitnehmer nach § 80 Abs. 1 BetrVG unterstützend tätig werden, angesichts der vielen Problemstellungen sollte er sich jedoch im Regelfall **fachkompetenter Hilfe** bedienen bzw. den Arbeitnehmer an diese **verweisen**.

☐ Im Rahmen von Betriebsänderungen ist es die Aufgabe des Betriebsrats, einen Interessenausgleich herbeizuführen, so dass dadurch Ansprüche nach § 113 Abs. 3 BetrVG gar nicht erst entstehen. (→ **Interessenausgleich/Sozialplan**).

Abfindung

☐ Hat der Betriebsrat einen **Sozialplan** abgeschlossen, sind die daraus entstehenden Ansprüche der Arbeitnehmer **Individualansprüche**. Weigert sich der Arbeitgeber, die im Sozialplan geregelten Abfindungen zu zahlen oder führt er eine falsche Berechnung durch, hat der Betriebsrat nicht die Möglichkeit, die Ansprüche der Arbeitnehmer aus eigenem Recht oder aus abgetretenem Recht durchzusetzen. Die Abfindungen müssen vom Arbeitnehmer selbst eingeklagt werden.

Checkliste der wesentlichen zu berücksichtigenden Faktoren bei der Berechnung einer Abfindung

- Dauer der → **Betriebszugehörigkeit**
- Alter des Arbeitnehmers. Je näher des Alter an die gesetzliche → **Altersgrenze** heranrückt bzw. die Möglichkeit zur vorzeitigen Inanspruchnahme von Altersruhegeld besteht, je mehr wird sich die Höhe der Abfindung auch abflachend daran orientieren.
- Höhe der Vergütung des Arbeitnehmers
- **Finanzielle Leistungskraft** des Arbeitnehmers bzw. Arbeitgebers
- **Aussichten** des Arbeitnehmers, den **Prozess zu gewinnen** oder zu **verlieren**
- Risiko des Arbeitgebers, **Annahmeverzugsansprüche** (Annahmeverzug) des Arbeitnehmers auszahlen zu müssen, bzw. erfolgter Zwischenverdienst des Arbeitnehmers als Reduzierung des Risikos
- Interesse des Arbeitgebers, seinen Betrieb zu verkaufen
- Üblichkeiten im jeweiligen Gerichtsbezirk und Vorschlagspraxis der jeweiligen Kammern der Arbeitsgerichte
- Aussichten des Arbeitnehmers auf dem Arbeitsmarkt
- Voraussichtliche Prozessdauer

Abfindung

Musterschreiben für einen Abfindungsantrag nach § 113 BetrVG

An das
Arbeitsgericht
Anschrift

Klage   Ort, Datum ......

des/der .... (kompletter Name und Anschrift)

gegen

die .... (komplette Firmenbezeichnung), vertreten durch .... (Bezeichnung des rechtlichen Vertreters der Firma, keinesfalls vergessen!)

– Beklagte –

wegen ....

Namens und in Vollmacht ...., in welchem wir beantragen werden:
Entweder als Kündigungsschutzklage in Verbindung mit dem Abfindungsantrag
1. festzustellen, dass das Arbeitsverhältnis durch die Kündigung aus dem Schreiben vom 15.5.00 nicht aufgelöst worden ist;
2. hilfsweise die beklagte Firma zu verurteilen, an die Klägerin als Abfindung nach § 113 Abs. 3 BetrVG .... DM mindestens bzw. einen Betrag, der in das Ermessen des erkennenden Gerichts gestellt wird, zu zahlen.
oder
nur als Abfindungsantrag
die Beklagte Firma zu verurteilen, an die Klägerin als Abfindung nach § 113 Abs. 3 .... DM mindestens bzw. einen Betrag, der in das Ermessen des erkennenden Gerichts gestellt wird, zu zahlen.
Begründung:
(...)

Unterschrift (des Arbeitnehmers oder seines Prozessbevollmächtigten)

Abfindung

Hinweis:

- Es ist auch möglich, einen Antrag auf Zahlung einer Abfindung in Verbindung mit einer Kündigungsschutzklage bei Gericht zu stellen. Der Auflösungsantrag ist dann in Form eines Hilfsantrages zu stellen.
- In Fällen eines Auflösungsantrages ist es erlaubt, einen unbezifferten Klageantrag zu stellen und nur eine Mindesthöhe des geforderten Geldbetrages anzugeben.

Abgeordnete, Kündigungsschutz

Was ist das?

☐ Wer sich um ein Amt als Abgeordneter bemüht oder ein solches erlangt, darf deshalb im Arbeitsverhältnis nicht benachteiligt werden. Art. 48 Abs. 2 Satz 2 GG verbietet konsequenterweise eine Kündigung aus diesem Anlass. Dies ist unmittelbarer **Ausdruck des Demokratieprinzips**; nach Art. 28 Abs. 1 GG gilt dasselbe deshalb auch für Länder und Gemeinden.

Ausschluss der ordentlichen Kündigung?

☐ Im Einzelfall kann es schwierig sein, einen Bezug zwischen der Kündigung und der Kandidatur bzw. dem Abgeordnetenmandat herzustellen. Unliebsamen Personen gegenüber lassen sich oft **Gründe vorschieben**, die zwar an sich eine Kündigung rechtfertigen können, auf die jedoch bei anderen Beschäftigten nicht zurückgegriffen wird.

Beispiel:
Der Arbeitgeber ist auch gegenüber solchen Leserbriefen an die Lokalzeitung tolerant, die sich kritisch mit seiner Firma befassen. Als der auf der »Liste sozialer Fortschritt« gewählte Landtagsabgeordnete jedoch schreibt, wenn es um ein paar Gewinnprozente gehe, kenne der Arbeitgeber keine Rücksichten mehr, wird er gekündigt. Ein anderer Arbeitnehmer hatte vorher geschrieben: »Wer sich nicht wehrt, lebt verkehrt. Wir lassen uns auf die Spielchen unseres Chefs nicht mehr ein«, doch ihm war nichts passiert.

☐ Der Gesetzgeber hat daraus – ähnlich wie bei Betriebsratsmitgliedern – die Konsequenz gezogen und für Kandidaten und Mandatsträger die **ordentliche Kündigung** generell **ausgeschlossen**. Dies folgt aus § 2 Abs. 3 Satz 2 des Abgeordnetengesetzes im Bund und aus den entsprechenden Regelungen in den Ländern. Lediglich in Hamburg, Hessen und Thüringen besteht allein ein **Verbot der Benachteiligung** wegen des Mandats.

Nachwirkender Kündigungsschutz

☐ Wer als **Kandidat nicht gewählt** wird, kann von diesem Augenblick an wieder ordentlich gekündigt werden. Dasselbe gilt **nach Auslaufen des Mandats**. Insoweit besteht nur noch das allgemeine Benachteiligungsverbot wegen der Kandidatur bzw. wegen des Mandats. Dies ist eine bedauerliche Lücke, die beispielsweise bei Betriebsratsmitgliedern nicht existiert. Eine **Ausnahme** gilt nur **in Bremen**, wo es einen nachwirkenden Kündigungsschutz von einem Jahr gibt.

Funktionsträger auf kommunaler Ebene

☐ Wer in einen Landkreistag oder einen Gemeinderat gewählt wird (bzw. sich um ein solches Mandat bewirbt), darf wegen dieser Tatsache **nicht benachteiligt** werden. Der Kündigungsgrund darf nicht in der Kandidatur bzw. im Mandat liegen; eine ordentliche Kündigung aus anderen Gründen bleibt unberührt.

Engagement in einer Bürgerinitiative, Kündigungsschutz

Lediglich im **Land Brandenburg** sind ausdrücklich auch solche Personen gegen benachteiligende Kündigungen geschützt, die sich in einer Bürgerinitiative engagiert haben. In anderen Ländern gibt es nur die Möglichkeit, sich auf die Meinungsfreiheit des Art. 5 Abs. 1 und die Vereinigungsfreiheit des Art. 9 Abs. 1 zu berufen (→ **Kündigung als Verstoß gegen Grundrechte**)

Abmahnung

Was ist das?

☐ Kündigungsrechtlich ist die Abmahnung ein gesetzlich nicht geregeltes, von der **Rechtsprechung** entwickeltes Instrument des → **Arbeitgebers**, um dem **Arbeitnehmer** ein nicht (länger) geduldetes Verhalten vor Augen zu führen.

☐ Sie ist aus dem **Verhältnismäßigkeitsgrundsatz** entwickelt worden und schränkt die Möglichkeit des Arbeitgebers zur **verhaltensbedingten Kündigung** ein. Ohne Strafcharakter zu haben, soll der Arbeitnehmer durch die **Hinweisfunktion** auf sein fehlerhaftes Verhalten zunächst aufmerksam gemacht und durch die **Warnfunktion** zur ordnungsgemäßen **Vertragserfüllung** angehalten werden, um so eine Fortsetzung des Arbeitsverhältnisses trotz einer eingetretenen Störung zu sichern. Es gilt die Regel, dass ohne vorherige Abmahnung nicht **verhaltensbedingt** gekündigt werden darf.

Abgrenzung zu anderen Instrumenten des Arbeitgebers, auf ein Arbeitnehmerverhalten zu reagieren

Von einer Abmahnung zu unterscheiden sind z. B.:

- **Ermahnung, Rüge, Missbilligung, Beschwerde, Kritik**
  Hier wird der Arbeitnehmer »nur« auf die Unrichtigkeit seines oder das Gebot eines anderen Verhaltens hingewiesen, ohne dass diese **Hinweisfunktion** mit einer **Warnung** im Hinblick auf den **Bestand** des Arbeitsverhältnisses verbunden wäre.

  Formulierungsbeispiel:
  Sie sind erneut zu spät am Arbeitsplatz erschienen, deshalb werden Sie ermahnt. Ihr Verhalten wird von uns missbilligt.

- **Betriebsbuße**
  Sie kann nur mit Zustimmung des Betriebsrats ausgesprochen werden und hat einen **Sanktions-, bzw. Strafcharakter** und begnügt sich nicht mit einer Warn-

funktion, muss diese nicht einmal beinhalten. Ist das der Fall, scheidet eine Wirkung als Abmahnung aus.

Formulierungsbeispiel:
Wegen Ihrer missbräuchlichen Benutzung von verbilligten Flugtickets entziehen wir Ihnen hiermit für die Dauer von zwei Jahren die Berechtigung, an unserem Mitarbeiterprogramm teilzunehmen.

- **Verwarnung**, (strenger) **Verweis**
  Auch ihnen muss der Betriebsrat zustimmen. Sie entfalten nicht nur sachliche Kritik; sondern auch ein persönliches **Unwerturteil** des Arbeitgebers über den Arbeitnehmer.

  Formulierungsbeispiel:
  Sie sind erneut zu spät gekommen. Dieses Verhalten beruht auf Ihrer inakzeptablen Verantwortungslosigkeit und Ihrer schlampigen Schludrigkeit. Sie erhalten hiermit einen strengen Verweis.

- **Vertragsstrafe**
  Sie muss im Arbeitsvertrag vereinbart werden und wird fällig, wenn der Arbeitnehmer den Vertrag verletzt.

☐ Alle diese Instrumente des Arbeitgebers können aber zusätzlich mit einer »normalen« Abmahnung eingesetzt werden.

Wann ist eine Abmahnung möglich und erforderlich?

☐ **Möglich** ist eine Abmahnung immer dann, wenn der Arbeitnehmer **gegen Pflichten** verstößt und seine Arbeitsleistung nicht ordnungsgemäß erbringt, unabhängig davon, ob der Arbeitgeber in der Vergangenheit das Verhalten des Arbeitnehmers gekannt, geduldet oder sogar veranlasst hat. Sie bezieht sich auf die **Arbeitsleistung** des Arbeitnehmers oder sein Verhalten im Betrieb, zu anderen Arbeitnehmern, zum Arbeitgeber, aber auch zu Dritten, wie Kunden, Behörden usw.

☐ **Erforderlich** ist die Abmahnung deshalb vor jeder **verhaltensbedingten** ordentlichen oder außerordentlichen Kündigung, auch einer → **Änderungskündigung**, wenn

- zu erwarten ist, dass der Arbeitnehmer willens und in der Lage ist, sein Verhalten an den Anforderungen des Arbeitgebers auszurichten; das ist z. B. dann nicht der Fall, wenn der Arbeitnehmer zuvor bereits erklärt hat, dass er nicht gedenke, sein Verhalten zu ändern oder sich von einer Abmahnung »beeindrucken« zu lassen;

Abmahnung

- der Verstoß gegen die Vertragspflichten nicht so schwer ist, dass es dem Arbeitgeber nicht länger zugemutet werden kann, das Arbeitsverhältnis ohne Kündigung fortzusetzen, weil ansonsten der »Betriebsfrieden«, Leben, Eigentum und Ehre von Betriebsangehörigen bzw. des Arbeitgebers gefährdet wäre;
- es sich um kein Verhalten handelt, das so offensichtlich rechtswidrig bzw. inakzeptabel ist, dass der Arbeitnehmer billigerweise nicht erwarten kann, dass es vom Arbeitgeber geduldet werden könnte.

☐ Grundsätzlich ist eine Abmahnung **vor** jeder Art der verhaltensbedingten Kündigung erforderlich, ganz gleich, ob es um Verfehlungen im so genannten **Leistungs-** bzw. **Vertrauensbereich** geht. Vor einer **Versetzung** (→ **Direktionsrecht**) soll nach der Rechtsprechung keine Abmahnung erforderlich sein, vielmehr soll der Arbeitgeber eine Versetzung anstelle einer Abmahnung aussprechen können.

Beispiel:
Zwei Arbeitnehmer streiten sich ständig in einer Abteilung. Einer von ihnen wird in eine andere Abteilung versetzt.

Beispiele für erforderliche Abmahnungen im Vertrauensbereich und Leistungsbereich:
- Alkoholmissbrauch in der Freizeit und sonstiges Verhalten im außerbetrieblichen Bereich, das ggf. Einfluss auf die Leistungsverpflichtung aus dem Arbeitsvertrag hat;
- privates Telefonieren im Betrieb, Privatnutzung von PC und Internet;
- unerlaubte Nebentätigkeit bzw. Wettbewerbstätigkeit;
- Mängel im Leistungsbereich;
- Nichtbefolgen von rechtmäßigen Weisungen des Arbeitgebers im Zusammenhang mit der Arbeitsverpflichtung und dem allgemeinen Verhalten im Betrieb;
- Unaufmerksamkeit, Unhöflichkeit gegenüber Kunden u.Ä.;
- unkollegiales Verhalten, Mobbing, Diskriminierung von Mitarbeiterinnen.

Beispiele für die Nichterforderlichkeit einer Abmahnung:
- Diebstahl gegenüber Arbeitgebern, Kollegen, ggf. auch Kunden;
- ausländerfeindliche Äußerungen, schwere Beleidigungen, sexuelle Misshandlungen gegenüber Kolleginnen und Kollegen.

☐ Es ist jedoch in jedem Einzelfall abzuwägen, ob eine Abmahnung erforderlich ist, bevor eine Kündigung ausgesprochen wird. Dies gilt insbesondere dann, wenn der Arbeitgeber in der Vergangenheit ein ähnliches Verhalten **geduldet** hat.

Bei der Erteilung von Abmahnungen ist der Arbeitgeber nicht an den Gleichbehandlungsgrundsatz gebunden. Die Tatsache, dass der Arbeitgeber in der Vergangenheit ein ähnliches oder gleiches Verhalten von anderen Arbeitnehmern ohne Abmahnung geduldet hat, hindert ihn nicht, nun eine Abmahnung auszusprechen, wenn er für die Zukunft eine Verhaltensänderung erreichen will.

Welcher Zusammenhang besteht zwischen Abmahnung und Kündigung?

☐ Erforderlich ist ein **inhaltlicher Zusammenhang** zwischen dem abgemahnten und dem zur Kündigung führenden Verhalten.

Beispiel:
Der Arbeitnehmer ist wegen Unpünktlichkeit abgemahnt worden. Nun soll ihm wegen Verstoß gegen ein Rauchverbot gekündigt werden. Es liegt keine inhaltliche Gleichartigkeit der Verstöße vor, so dass eine neue Abmahnung erforderlich ist.

☐ Der Arbeitgeber muss dem Arbeitnehmer die Möglichkeit einräumen, auf eine Abmahnung zu **reagieren** und sein Verhalten zu **ändern**. Zwischen Abmahnung und Kündigung muss deshalb ein ausreichend großer **Zeitraum** liegen, der es dem Arbeitnehmer erlaubt, die Hinweise aus der Abmahnung aufzunehmen und umzusetzen.

☐ Irrig ist die oft anzutreffende Meinung, nach zwei oder drei Abmahnungen folge **zwingend** eine Kündigung. Ein **Automatismus** zwischen der **Anzahl** der Abmahnungen und der Berechtigung des Arbeitgebers, eine Kündigung auszusprechen, besteht **nicht**. Auch schon nach **einer** Abmahnung kann nach einem erneuten Verstoß gekündigt werden, wenn die übrigen Voraussetzungen vorliegen. Andererseits ist nach mehreren Abmahnungen nicht zwingend eine verhaltensbedingte Kündigung gerechtfertigt, wenn im Einzelfall die Interessenabwägung zu Gunsten des Arbeitnehmers ausgeht.

☐ Hat der Arbeitgeber ein Verhalten des Arbeitnehmers abgemahnt, kann er darauf eine Kündigung nicht (mehr) stützen. Der Sachverhalt ist dann kündigungsrechtlich durch die Abmahnung **verbraucht**. Eine Kündigung wäre nur noch nach einem neuen Vorfall möglich.

Beispiel:
Der Arbeitgeber mahnt eine Buchhalterin wegen Ungenauigkeiten in ihrer Arbeitsweise ab und kündigt gleichzeitig wegen nicht abgemahnter Unpünktlichkeit.

☐ Eine Abmahnung verliert mit **Zeitablauf** ihre Wirkung. Feste **Regelzeiträume** bestehen **nicht**. Üblicherweise wird eine Abmahnung bei **leichten** bis **mittleren Verstößen** nach zwei, höchstens drei Jahren **wirkungslos**. Bei schweren Verstößen

Abmahnung

kann sie auch für eine längere Zeitdauer wirksam bleiben. Eine durch Zeitablauf unwirksame Abmahnung ist kündigungsrechtlich ohne Bedeutung.

Beispiel:
Ein Arbeitnehmer ist wegen Unpünktlichkeit am 15.3.1998 abgemahnt worden. Am 15.3.2001 ist er erneut unpünktlich. In der Zwischenzeit war sein Verhalten einwandfrei. Hier ist eine neue Abmahnung erforderlich.
Anders läge der Fall, wenn der Arbeitnehmer auch am 15.12.1999 wegen Unpünktlichkeit abgemahnt worden wäre, die Wirkung der ersten Abmahnung wäre dann noch vorhanden.

Form und Inhalt einer Abmahnung

☐ Abmahnungsbefugt ist der **Arbeitgeber**. Dieser kann sich auch durch Betriebsangehörige **vertreten** lassen, die nicht kündigungsberechtigt sind. Hierbei muss es sich jedoch um **Dienstvorgesetzte** oder Fachvorgesetzte oder z. B. Rechtsanwälte handeln. Eine Abmahnung durch Untergebene bzw. gleichgeordnete Kollegen ist unwirksam.

☐ Der Arbeitgeber ist nur dann verpflichtet, den Arbeitnehmer vor einer Abmahnung **anzuhören**, wenn dies im Tarifvertrag oder einer Betriebsvereinbarung vorgesehen ist. Das ist z. B. im BAT der Fall. Fehlt es an einer Anhörung, ist die Abmahnung unwirksam. Nach der Rechtsprechung des BAG soll aber eine solche Abmahnung dennoch die Warnfunktion entfalten können.

☐ Eine Abmahnung kann **mündlich** erfolgen, es sei denn, ein Tarifvertrag oder eine Betriebsvereinbarung sähen die **Schriftform** vor.
Allerdings wird schon aus **Beweiszwecken** der Arbeitgeber im Regelfall die Schriftform wählen.

☐ Die Kündigung muss dem Arbeitnehmer zugehen, er muss sie zur Kenntnis nehmen und verstehen können. Zum Zugang siehe Einzelheiten unter → **Kündigungserklärung des Arbeitgebers**.

☐ Die Abmahnung muss einen **bestimmten Inhalt** haben und die **Warnfunktion** deutlich aussprechen, z. B. eine in Aussicht gestellte **Kündigung** oder sonstige arbeitsrechtlich relevante Maßnahme **deutlich** machen, ansonsten wirkt sie nicht. Allerdings muss bei dem Vorgang der Begriff der »**Abmahnung**« nicht verwandt werden. Dem Arbeitnehmer muss aber deutlich werden, dass der Arbeitgeber erwägt, das Arbeitsverhältnis zu beenden.

Wie kann der Arbeitnehmer auf eine Abmahnung reagieren?

☐ Der Arbeitnehmer ist **nicht verpflichtet**, auf eine Abmahnung zu **reagieren**. Will sich der Arbeitgeber in einem späteren **Kündigungsschutzprozess** (→ **Kündigungsschutzklage**) auf eine zuvor erfolgte Abmahnung berufen, muss er die Berechtigung der Abmahnung im Prozess beweisen. Dem Arbeitnehmer kann nicht vorgehalten werden, er habe sich nicht gegen eine Abmahnung (gerichtlich) gewehrt.

☐ Der Arbeitnehmer ist aber **berechtigt**, gegen eine aus seiner Sicht unberechtigte Abmahnung vorzugehen (s. Checkliste, S. 40).

Bedeutung für den Betriebsrat

☐ Eine Abmahnung ist nach der Rechtsprechung des BAG nur dann **mitbestimmungspflichtig** im Sinne des § 87 Abs. 1 Ziffer 1 BetrVG, wenn das abgemahnte Verhalten des Arbeitnehmers das sog. **Ordnungsverhalten** betrifft.

Beispiel:
Der Arbeitnehmer verteilt in der Pause entgegen eines betrieblichen Verbotes in einer Betriebsvereinbarung Werbezettel an Kollegen.

☐ Ist nur das **Leistungsverhalten** betroffen, also die Leistungsverpflichtung des Arbeitnehmers aus dem **Arbeitsvertrag,** kann der Arbeitgeber ohne Zustimmung des Betriebsrates eine Abmahnung aussprechen.

Beispiel:
Der Arbeitnehmer benutzt trotz einer Anweisung des Arbeitgebers bei seiner betrieblichen Tätigkeit nicht den Arbeitsplatz-PC, sondern einen privaten PC.

☐ Wird nicht nur eine Abmahnung, sondern darüber hinaus oder parallel eine Betriebsbuße, Verwarnung oder ein Verweis ausgesprochen, hat der Betriebsrat das Mitbestimmungsrecht nach § 87 Abs. 1 Ziffer 1 BetrVG.

☐ **Beschwert** sich ein Arbeitnehmer beim Betriebsrat nach § 85 BetrVG über eine Abmahnung, kann der Betriebsrat beim Arbeitgeber auf **Abhilfe** hinwirken. Jedoch ist der Arbeitgeber nicht verpflichtet, dem Ansinnen des Betriebsrats nachzukommen. Die **Einigungsstelle** ist in diesem Falle nicht zuständig, weil der Arbeitnehmer gegen eine unberechtigte Abmahnung klagen kann. Er hat einen **Rechtsanspruch** auf Rücknahme einer unrichtigen Abmahnung.

Abmahnung

☐ Beschwert sich ein Arbeitnehmer über eine Abmahnung beim Arbeitgeber, kann er zur **Unterstützung** oder **Vermittlung** ein Betriebsratsmitglied hinzuziehen, § 83 BetrVG.

☐ Will der Arbeitnehmer im Zusammenhang mit einer Abmahnung in seine **Personalakte** Einsicht nehmen, kann er ein Mitglied des Betriebsrats hinzuziehen, § 83 BetrVG.

☐ Der Betriebsrat kann verlangen, dass ihm im Rahmen einer **Betriebsratsanhörung** vor einer Kündigung vorher ausgesprochene Abmahnungen zur Kenntnis gebracht werden.

Checkliste der Möglichkeiten des Arbeitnehmers, gegen eine Abmahnung vorzugehen

- Er kann eine **Gegendarstellung** verfassen. Der Arbeitgeber ist verpflichtet, diese in die **Personalakte** ebenso wie die Abmahnung in die eine Abmahnung gehört, aufzunehmen. Der Arbeitnehmer kann das durch Einsichtnahme in seine Personalakten überprüfen, § 83 BetrVG.
- Er kann sich beim Arbeitgeber gemäß § 84 BetrVG beschweren.
- Er kann sich beim Betriebsrat nach § 85 BetrVG beschweren.
- Er kann beim **Arbeitsgericht** gegen eine unberechtigte oder rechtswidrige Abmahnung **klagen**. Die Drei-Wochen-Frist des Kündigungsschutzprozesses gilt nicht. Die Klage geht auf Herausnahme der Abmahnung aus der Personalakte. Ggf. kann auch auf Widerruf geklagt werden. Der Arbeitnehmer wird jedoch sorgfältig zu überlegen haben, ob eine solche Klage das Arbeitsverhältnis nicht zusätzlich und so nachhaltig belastet, dass eine Kündigung nicht lange auf sich warten lässt.

Checkliste der Voraussetzungen für die Verpflichtung, eine Abmahnung aus der Personalakte herauszunehmen

- Die Abmahnung ist inhaltlich **unrichtig** oder auch **nur ein Teil** der Abmahnung ist inhaltlich unrichtig. Die **Beweislast** trägt insoweit voll der Arbeitgeber. Gleiches gilt, wenn die einer Abmahnung zugrunde liegende Weisung des Arbeitgebers rechtswidrig ist.
- Die Abmahnung enthält Beleidigungen und unzumutbare Unwerturteile.
- Die Abmahnung reagiert **unverhältnismäßig** auf Bagatellverstöße.
- Die Abmahnung wird nur als Reaktion darauf ausgesprochen, dass der Arbeitnehmer von z. B. gesetzlichen oder tarifvertraglichen Rechten Gebrauch gemacht hat oder sie dient dazu, den Arbeitnehmer zu diskriminieren.

Altersgrenze, Erreichen der – als Beendigungstatbestand

Kündigung mit 65?

Das Erreichen eines bestimmten Lebensalters, auch des 65. Lebensjahres, stellt **keinen Kündigungsgrund** dar. Dass das Arbeitsverhältnis gleichwohl in der Regel spätestens mit dem 65. Lebensjahr endet, wird üblicherweise durch **vertragliche Vereinbarung** erreicht. Dabei gelten folgende Grundsätze:

Arbeitsvertrag

☐ Im Arbeitsvertrag kann eine **Altersgrenze festgesetzt** werden. § 41 Abs. 4 Satz 3 SGB VI bestätigt dies, enthält allerdings eine spezifische Schranke: Wird vereinbart, dass das Arbeitsverhältnis mit dem Recht auf Rentenbezug enden soll, so dauert es gleichwohl bis zum 65. Lebensjahr fort. Man will vermeiden, dass auch solche Arbeitnehmer aufgrund einer vom Arbeitgeber nahe gelegten Vertragsgestaltung in Rente gehen, die an sich noch gerne weiterarbeiten würden. Eine Ausnahme gilt dann, wenn die vertragliche Vereinbarung **innerhalb der letzten drei Jahre** vor dem vereinbarten Zeitpunkt **abgeschlossen** oder bestätigt worden ist.

Beispiel:
Arbeitnehmer A kann am 2. Mai 2005 als Schwerbehinderter mit 60 in Rente gehen. Eine vor dem 2.5.2002 vereinbarte Regelung, wonach das Arbeitsverhältnis am 2.5.2005 enden soll, ist in diesem Punkt unwirksam; das Arbeitsverhältnis würde erst mit dem 2.5.2010 enden. Anders dann, wenn der Endtermin 2.5.2005 erst Ende Mai 2002 vereinbart wird.

Frühere Altersgrenze?

☐ Soll das Arbeitsverhältnis **ohne Rentenanspruch mit dem 58. oder dem 60. Lebensjahr enden**, so ist dies grundsätzlich eine den Arbeitnehmer unbillig belastende Regelung, die deshalb unwirksam ist. Zum selben Ergebnis kommt man,

Altersgrenze

wenn man die Altersgrenze als auflösende Bedingung oder als Befristung ansieht; der in beiden Fällen erforderliche »sachliche Grund« kann jedenfalls nicht im Erreichen des Lebensalters als solchem liegen, da dieses im Kündigungsschutzrecht ohne Bedeutung ist. Anders dann, wenn die Leistungsfähigkeit für besonders verantwortungsvolle Tätigkeiten wie die des **Piloten** typischerweise nicht mehr gegeben ist. Auch dann ist jedoch für eine finanzielle Absicherung zu sorgen.

Tarifvertrag

☐ Auch der Tarifvertrag kann eine **Altersgrenze** enthalten. Diese kann auch auf den Zeitpunkt abstellen, zu dem eine Rente bezogen werden kann. Die seit 1994 geltende Fassung des § 41 Abs. 4 Satz 3 SGB VI schließt dies nicht aus. Gerechtfertigt werden tarifliche Altersgrenzen mit dem Gedanken einer ausgewogenen Altersstruktur und mit dem Schutz der Betroffenen vor Überforderung. Beides ist durch arbeitsmarktpolitische Gesichtspunkte zu ergänzen, die dafür sprechen, **Arbeitsplätze für die nachwachsende Generation freizumachen**. Die Rechtsprechung nimmt deshalb keinen Verstoß gegen die Berufsfreiheit des Art. 12 Abs. 1 GG an. Auch soll das Verbot der Diskriminierung wegen Alters (§ 75 Abs. 1 Satz 2 BetrVG) nicht verletzt sein. Allerdings wird man den Eingriff in die Berufsfreiheit nur dann als verhältnismäßig ansehen können, wenn **gleichzeitig** die **Altersversorgung sichergestellt** ist. Eindeutige Gerichtsentscheidungen in dieser Richtung sind jedoch nicht ersichtlich.

Sonderregeln für Piloten

☐ Bei Piloten und dem übrigen **Cockpitpersonal** bestehen in den einschlägigen Tarifverträgen spezifische Altersgrenzen. Das Arbeitsverhältnis kann mit 60 Jahren enden, weil die nachlassende Leistungsfähigkeit erhebliche Gefahren für das übrige Flugpersonal und **die Passagiere mit sich bringen würde**. Sogar eine **Altersgrenze 55** wurde gebilligt, sofern eine Verlängerung um zweimal zwei Jahre möglich ist und diese nur bei nachgewiesenen Eignungsdefiziten oder besonders gewichtigen betrieblichen Belangen verweigert wird. Die vorgesehene **Übergangsversorgung** verringere die wirtschaftlichen Nachteile, wurde aber angesichts der potentiellen Gefährdung Dritter durch eine Weiterarbeit nicht als ausschlaggebende Voraussetzung angesehen. **Bei anderen Berufen**, bei denen nachlassende Leistungsfähigkeit nicht zu einer erheblichen Gefährdung Dritter führen würde, sind **derartige Altersgrenzen unzulässig**. Erst recht gilt dies dann, wenn ein Unternehmen seines Erscheinungsbildes wegen keine Personen über 40 Jahren beschäftigten möchte.

Betriebsvereinbarungen

☐ Soweit keine tarifliche Regelung besteht, kann eine Altersgrenze auch durch Betriebsvereinbarung geschaffen werden. Dabei ist jedoch zu beachten, dass dies nur für solche Arbeitnehmer gilt, die bei Erreichen des entsprechenden Alters eine **angemessene Versorgung** besitzen; **andernfalls** wäre eine entsprechende Regelung wegen Unbilligkeit nach zutreffender Auffassung des BAG **unwirksam**. Nicht erforderlich ist jedoch, dass eine betriebliche Altersversorgung gewährt wird.

Arbeiten über die Altersgrenze hinaus

☐ Im Arbeitsvertrag kann vereinbart werden, dass das Arbeitsverhältnis über das 65. Lebensjahr hinaus andauert. Dies ist jedenfalls dann nicht zu beanstanden, wenn der Arbeitnehmer das Recht behält, mit 65 Jahren (etwa durch Eigenkündigung) auszuscheiden. Die darin liegende **Wahlfreiheit** ist **günstiger** als ein automatisches Ende mit 65. Ob dies auch dann gilt, wenn das Kündigungsrecht ausgeschlossen und der »Ruhestand« erst mit 68 Jahren vorgesehen ist, erscheint dagegen höchst zweifelhaft; m. E. ist dies zu verneinen.

☐ Wer über die Altersgrenze hinaus arbeitet, bezieht **gleichzeitig Rente** und **Arbeitsvergütung**. Eine Anrechnung ist nicht vorgesehen; Einkommensgrenzen bestehen nicht.

Altersteilzeit

Was ist das?

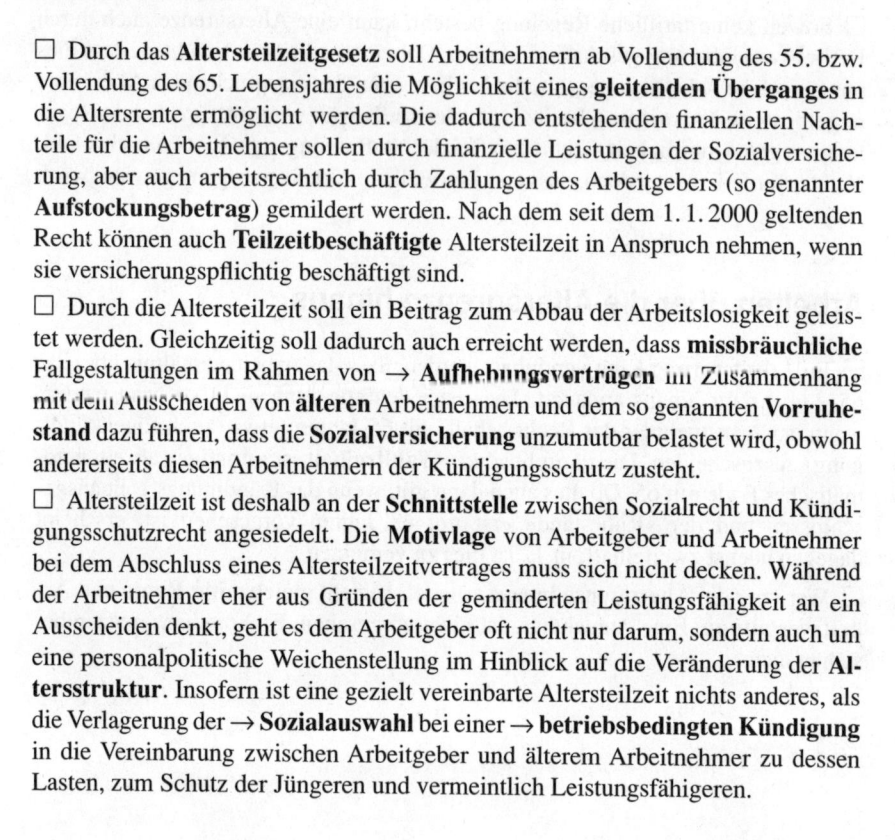

☐ Durch das **Altersteilzeitgesetz** soll Arbeitnehmern ab Vollendung des 55. bzw. Vollendung des 65. Lebensjahres die Möglichkeit eines **gleitenden Überganges** in die Altersrente ermöglicht werden. Die dadurch entstehenden finanziellen Nachteile für die Arbeitnehmer sollen durch finanzielle Leistungen der Sozialversicherung, aber auch arbeitsrechtlich durch Zahlungen des Arbeitgebers (so genannter **Aufstockungsbetrag**) gemildert werden. Nach dem seit dem 1. 1. 2000 geltenden Recht können auch **Teilzeitbeschäftigte** Altersteilzeit in Anspruch nehmen, wenn sie versicherungspflichtig beschäftigt sind.

☐ Durch die Altersteilzeit soll ein Beitrag zum Abbau der Arbeitslosigkeit geleistet werden. Gleichzeitig soll dadurch auch erreicht werden, dass **missbräuchliche Fallgestaltungen** im Rahmen von → **Aufhebungsverträgen** im Zusammenhang mit dem Ausscheiden von **älteren** Arbeitnehmern und dem so genannten **Vorruhestand** dazu führen, dass die **Sozialversicherung** unzumutbar belastet wird, obwohl andererseits diesen Arbeitnehmern der Kündigungsschutz zusteht.

☐ Altersteilzeit ist deshalb an der **Schnittstelle** zwischen Sozialrecht und Kündigungsschutzrecht angesiedelt. Die **Motivlage** von Arbeitgeber und Arbeitnehmer bei dem Abschluss eines Altersteilzeitvertrages muss sich nicht decken. Während der Arbeitnehmer eher aus Gründen der geminderten Leistungsfähigkeit an ein Ausscheiden denkt, geht es dem Arbeitgeber oft nicht nur darum, sondern auch um eine personalpolitische Weichenstellung im Hinblick auf die Veränderung der **Altersstruktur**. Insofern ist eine gezielt vereinbarte Altersteilzeit nichts anderes, als die Verlagerung der → **Sozialauswahl** bei einer → **betriebsbedingten Kündigung** in die Vereinbarung zwischen Arbeitgeber und älterem Arbeitnehmer zu dessen Lasten, zum Schutz der Jüngeren und vermeintlich Leistungsfähigeren.

Die Besonderheiten des Altersteilzeitverhältnisses

☐ Ein arbeitsvertraglicher **Anspruch** auf den Abschluss eines Altersteilzeitvertrages besteht nur dann, wenn dieser in einer **kollektiv-rechtlichen Norm**, also einem

Altersteilzeit

Tarifvertrag oder einer Betriebsvereinbarung, geregelt ist. Ansonsten kann eine Altersteilzeitregelung nicht erzwungen werden. Im Zusammenhang mit Kündigungsvermeidungsstrategien bei → **betriebsbedingten Kündigungen** kann der Betriebsrat zwar anregen, über Altersteilzeitmodelle nachzudenken, um betriebsbedingte Kündigungen zu vermeiden oder zu reduzieren. Der Arbeitgeber hat aber auch insoweit die Alleinentscheidung im Sinne der kündigungsrechtlichen → **Unternehmerentscheidung**. Im Rahmen eines Kündigungsschutzprozesses kann deshalb nach der Rechtsprechung nicht erfolgreich eingewandt werden, der Arbeitgeber wäre in der Lage gewesen, zur Vermeidung von Kündigungen auch Altersteilzeitverträge anzubieten.

☐ Das Altersteilzeitverhältnis bleibt ein **Arbeitsverhältnis**. In ihm werden lediglich die Vertragspflichten im Hinblick auf die Erbringung der Arbeitsleistung und der Vergütung reduziert. Ein Altersteilzeitverhältnis kann gekündigt werden. Es besteht, wenn die übrigen gesetzlichen Voraussetzungen vorliegen, → **Kündigungsschutz**.

Erkrankt ein Arbeitnehmer über den Entgeltfortzahlungszeitraum hinaus, muss der Arbeitgeber kein Entgelt bzw. keine Aufstockungsleistung mehr zahlen. Der Arbeitnehmer hat dann einen Anspruch auf Krankengeld, allerdings nur in Höhe von 70% des Teilzeitarbeitsentgelts, ohne Aufstockungsbetrag. Erkrankt der Arbeitnehmer erst in der Freistellungsphase, zahlt die Bundesanstalt für Arbeit nach Ablauf der Sechs-Wochen-Frist sowohl die Aufstockungsbeträge zum Entgelt als auch zu den Rentenversicherungsbeiträgen.

☐ Ebenso wenig wie der Arbeitnehmer einen Anspruch auf Altersteilzeit hat, ist er **verpflichtet**, ein Angebot des Arbeitgebers auf Altersteilzeit anzunehmen. § 8 Altersteilzeitgesetz schließt ausdrücklich die Möglichkeit des Arbeitgebers aus, eine betriebsbedingte Kündigung damit zu begründen, dass der Arbeitnehmer die Möglichkeit zur Altersteilzeit hat.

Die Vorschrift stellt auch sicher, dass im Rahmen der → **Sozialauswahl** eine Entscheidung des Arbeitnehmers gegen die Altersteilzeit nicht zu seinen Lasten gewertet werden kann. Der ältere Arbeitnehmer ist mit seinem sozialen Besitzstand in eine durchzuführende Sozialauswahl in vollem Umfange einzubeziehen.

Beispiel:
Von fünf vergleichbaren Arbeitnehmern müssen drei betriebsbedingt gekündigt werden. Einer wäre an sich berechtigt, Altersteilzeit in Anspruch zu nehmen, ist aber am längsten beschäftigt und am ältesten. Die Sozialauswahl kann nicht zu seinen Lasten ausgehen.

Altersteilzeit

Inhalt eines Altersteilzeitvertrages

☐ Innerhalb der Altersteilzeit kann die (halbierte) Arbeitszeit unterschiedlich verteilt werden. Dabei stehen unterschiedliche Modelle zur Verfügung. Das sog. **Blockmodell** sieht vor, dass der vereinbarte Zeitrahmen der Altersteilzeit in eine **Arbeitsphase** mit Vollzeitarbeit und eine **Freistellungsphase**, in der keine Arbeitsleistung erfolgt, geteilt wird.

Beispiel:
Die Arbeitszeit wird wie folgt verteilt:
Der Arbeitnehmer erbringt für zweieinhalb Jahre, d.h. vom 1.1.2001 bis zum 30.6.2003, die volle bisherige Arbeitszeit in Höhe von 37,5 Stunden pro Woche. Er wird sodann vom 1.7.2003 bis zum 31.12.2005 von der Arbeitsleistung völlig freigestellt.

Möglich ist aber auch das **Teilzeitmodell**, wonach während des gesamten Zeitraumes beispielsweise nur hälftig zur Vollzeit gearbeitet wird.

☐ In ein Altersteilzeitmodell kann auch ein angespartes Zeitwert- oder Geldguthaben eingebracht werden. Dann müssen jedoch individuelle Wertkonten geführt werden. Zeitwerte können an die Stelle von tariflichen oder betrieblichen Leistungen treten. Als Wertguthaben können alle Bezüge oder Arbeitszeiten angespart werden. Bei Inanspruchnahme der Freistellung wird das aktuelle Guthaben in Zeit umgerechnet, bei reinen Zeitkonten wird der aktuelle Zeitwert ermittelt.

☐ Der Arbeitgeber zahlt während der gesamten Altersteilzeit den vereinbarten Prozentsatz des Vollzeit-Nettoentgeltes. Die Bundesanstalt für Arbeit fördert Altersteilzeit nur, wenn der Arbeitgeber an den Arbeitnehmer zusätzlich zu der durch Arbeit verdienten Vergütung auch noch einen **Aufstockungsbetrag** von mindestens 20% des Teilzeit-Bruttoentgeltes, mindestens aber 70% des pauschalierten **Vollzeit-Nettoentgeltes** zahlt. Hinzu kommt, dass die Bundesanstalt für Arbeit die Altersteilzeit nur dann fördert, wenn der Arbeitgeber zusätzliche Beiträge zur gesetzlichen Rentenversicherung entrichtet, und zwar mindestens in Höhe des Beitrages, der auf den Differenzbetrag zwischen 90% des Vollzeit-Bruttoentgeltes und den des Altersteilzeitentgeltes entfällt. **Voraussetzung** ist aber jeweils, dass der Arbeitgeber aus Anlass des Übergangs eines Arbeitnehmers in die Altersteilzeit einen beim Arbeitsamt registrierten **Arbeitslosen** oder Ausgebildeten auf dem frei gewordenen bzw. im Rahmen einer Umsetzung eines anderen Arbeitnehmers dann frei gewordenen Arbeitsplatz **beschäftigt**.

Dabei besteht ein sog. **Überforderungsschutz** des Arbeitgebers. Dieser muss in seiner Entscheidung frei sein, wenn mehr als 5% der Belegschaft von der Möglichkeit zur Altersteilzeit Gebrauch machen.

Altersteilzeit

Die Auswahl der interessierten Mitarbeiter wird, wenn der Arbeitgeber den Überforderungsschutz nach § 3 Altersteilzeitgesetz geltend macht, anhand der Kriterien für eine → **Sozialauswahl** vorzunehmen sein.

Beispiel:
In einem Betrieb mit 100 Arbeitnehmern kommen zehn Mitarbeiter für Altersteilzeit in Betracht. Der Arbeitgeber will nur 5 % in Altersteilzeit gehen lassen. Die Auswahl erfolgt danach, wer den höchsten Sozialschutz hat, unter Gesichtspunkten der Betriebszugehörigkeit und des Lebensalters.

Nachteil einer Altersteilzeitregelung

☐ Scheidet ein Arbeitnehmer im Rahmen einer Altersteilzeitregelung aus dem Arbeitsvertrag aus, wird im Regelfall der Arbeitgeber keine → **Abfindung** am Ende des Vertrages bezahlen. Der Arbeitnehmer ist in der anderweitigen Verwertung seiner Arbeitskraft deutlich eingeschränkt.

Besondere Risiken bestehen im **Insolvenzfalle** des Arbeitgebers (→ **Insolvenz**). Hier sollte auf jeden Fall versucht werden, eine vertragliche Regelung zu erreichen, die im Falle der Zahlungsunfähigkeit des Arbeitgebers greift. Der Gesetzgeber hat hier keine zwingende Regelung getroffen, wie z. B. bei der betrieblichen Altersversorgung. Denkbar ist ein Versicherungsmodell, eine Bürgschaft, eine Sicherungsabtretung o. Ä.

☐ Vor Abschluss eines Altersteilzeitvertrages sollte eine **fachkundige Beratung** durch gewerkschaftliche Rechtsschutzsekretäre oder Fachanwälte für Arbeitsrecht im Zusammenwirken mit **Rentenberatern** und den **Rentenversicherungsträgern** erfolgen.

☐ Ein **Rechtsanspruch** auf **Altersrente** nach Altersteilzeit besteht für Arbeitnehmer mit Vollendung des 60. Lebensjahres, wenn sie zu diesem Zeitpunkt mindestens 24 Monate in einem Altersteilzeitverhältnis gestanden haben und die übrigen Voraussetzungen für den vorzeitigen Rentenbezug vorliegen. In diesem Falle ist nach § 8 Abs. 3 Altersteilzeitgesetz sogar eine Klausel zulässig, dass dann die Altersteilzeit endet.

Es muss bedacht werden, dass der vorzeitige Renteneintritt in die Altersrente nach Wahrnehmung der Altersteilzeit, z. B. z. Zt. mit 60 Jahren, mit **erheblichen** Rentenabschlägen verbunden ist. Die gesetzliche Altersgrenze wird nämlich sukzessive bis zum Jahre 2007 auf das 65. Lebensjahr angehoben. In Zusammenhang damit steht, dass es bei Inanspruchnahme vorzeitiger Altersrente wegen Altersteilzeit

Altersteilzeit

oder Arbeitslosigkeit zu gesetzlichen Rentenabschlägen kommen wird, die bis zum Jahre 2007 steigend in der Spitze bis zu 18 % betragen können. Angehoben wird auch die gesetzliche Altersgrenze für Schwerbehinderte auf 63 Jahre.

In die Überlegungen muss auch miteinbezogen werden, dass sich das gesamte Rentenrecht in erheblichem Fluss befindet und dass die weiteren Entwicklungen nicht sicher absehbar sind. Da die Dauer einer Teilzeitvereinbarung ggf. bis zu 10 Jahren betragen kann, ist es ratsam, eine rechtliche Beratung unter Einschluss aller rentenrechtlichen Möglichkeiten vorzunehmen.

Bedeutung für den Betriebsrat

☐ Da die Altersteilzeit auch ein wesentliches personalplanerisches Element des Arbeitgebers sein kann, ist der Betriebsrat im Rahmen des § 92 BetrVG zu informieren. Der Betriebsrat hat insoweit auch ein **Beratungsrecht**. Er ist nach § 80 Abs. 1 BetrVG auch berechtigt, Altersteilzeitmodelle beim Arbeitgeber vorzuschlagen. Vereinbarungen sind aber nur in Form einer freiwilligen Betriebsvereinbarung nach § 88 BetrVG möglich, es sei denn, im Rahmen von tarifvertraglichen Regelungen wäre dem Betriebsrat bei der betrieblichen Ausgestaltung der Altersteilzeit ein Mitbestimmungsrecht eingeräumt worden.

Änderungskündigung

Was ist das?

☐ Eine Änderungskündigung ist die **Kündigung** des Arbeitsverhältnisses durch den → **Arbeitgeber**, verbunden mit dem **Angebot** an den **Arbeitnehmer**, das soeben gekündigte Arbeitsverhältnis zu neuen Bedingungen **fortzusetzen**. Die neuen Arbeitsbedingungen müssen dabei nicht schlechter sein als die bisherigen, sind es aber meistens. Entscheidend ist, dass sie **anders** sind als im Arbeitsvertrag vorgesehen.

☐ Eine Änderungskündigung ist immer nur dort erforderlich, wenn sich Arbeitnehmer und Arbeitgeber im Vorfeld über eine **Änderung**, vor allem aber eine **Verschlechterung**, der **Arbeitsbedingungen** nicht einigen können und wenn es um eine Änderung geht, die der Arbeitgeber durch einseitige Erklärung, wie z.B. durch Ausübung seines → **Direktionsrechtes**, eines **Freiwilligkeitsvorbehaltes** oder eines **Widerrufsvorbehaltes** bzw. einer → **Teilkündigung**, nicht erreichen kann.

☐ Keine Änderungskündigung liegt vor, wenn der Arbeitgeber nur von seinem **Direktionsrecht** Gebrauch machen will und dem Arbeitnehmer neue Arbeitsbedingungen **zuweisen** will.

Charakter der Änderungskündigung

☐ Die **Besonderheit** einer **Änderungskündigung** besteht darin, dass der Arbeitgeber versucht, über den »Umweg« einer Beendigungskündigung eine **Änderung** in den Vertragsbeziehungen zu erreichen. Der Arbeitnehmer hat es in seiner Hand, durch sein Verhalten das Arbeitsverhältnis **enden** oder aber die **neuen Bedingungen** eintreten zu lassen, indem er diese annimmt. Deshalb ist die Änderungskündigung der wichtigste Fall der Zulässigkeit einer »bedingten« **Kündigung**.

☐ Im **Unterschied** zu den oben genannten **Instrumenten** und zur → **Teilkündigung** greift die **Änderungskündigung** den Bestand des Arbeitsverhältnisses unmittelbar an. Die Änderungskündigung ist somit eine **echte Kündigung**, allerdings sind einige wesentliche Besonderheiten zu beachten:

Änderungskündigung

☐ Im Geltungsbereich des KSchG besteht die wesentliche Besonderheit darin, dass der Arbeitnehmer neben der **Ablehnung** des Änderungsangebots und seiner **Annahme** noch eine weitere **Reaktionsmöglichkeit** hat, die so genannte **Vorbehaltserklärung,** wonach er »an sich« mit den geänderten Bedingungen **nicht einverstanden** sei, die Änderungskündigung beim Arbeitsgericht im Rahmen einer → **Kündigungsschutzklage** angreife, aber bis zur Entscheidung darüber zu den geänderten Bedingungen weiter arbeite (siehe unten).

☐ So vermeidet der Arbeitnehmer die **Arbeitslosigkeit,** muss zwar zunächst zu den neuen (schlechteren bzw. anderen) Bedingungen weiterarbeiten, hat aber die Chance, bei gewonnenem Prozess so behandelt so werden, als sei das Arbeitsverhältnis nie geändert worden. **Verliert** der Arbeitnehmer den Prozess, setzt sich das Arbeitsverhältnis zu den neuen Bedingungen fort.

☐ **Kündigung** und **Änderungsangebot** müssen **unmittelbar** bzw. zeitlich auch miteinander **verbunden** sein, so dass der Arbeitnehmer darauf gleichzeitig reagieren kann und eine gleichmäßige Überlegungszeit hat, allerdings reicht es aus, wenn der Arbeitgeber auf eine zuvor konkret besprochene Änderung Bezug nimmt.

Formulierungsbeispiele:
- *Korrekte Änderungskündigung:*
Hiermit kündigen wir Ihr Arbeitsverhältnis fristgerecht zum 30. 9. diesen Jahres. Ihr Arbeitsplatz als Dreher ist betriebsbedingt weggefallen. Wir bieten Ihnen an, das Arbeitsverhältnis als Hausmeister ab dem 1. 10. diesen Jahres fortzusetzen. Ihr Lohn richtet sich dann nicht mehr nach LG 5, sondern nach LG 3; das sind zurzeit 4000,– DM.
- *Nicht korrekte Änderungskündigung:*
Wir kündigen das Arbeitsverhältnis fristgerecht zum 31. 9. wegen Arbeitsmangel. Eventuell besteht die Möglichkeit, dass Sie als Hausmeister weiter arbeiten. Näheres dazu später.
Oder:
Wir versetzen Sie von Frankfurt nach Berlin. Wenn Sie dem nicht nachkommen, sind weitere Maßnahmen nicht ausgeschlossen.

Wann wird eine Änderungskündigung ausgesprochen?

☐ Die Änderungskündigung ist eine konkrete Ausprägung des **Verhältnismäßigkeitsgrundsatzes,** der das gesamte Kündigungsschutzgesetz durchzieht. Sie ist das »**mildere Mittel**«, verglichen mit einer **Beendigungskündigung.**

☐ Der Arbeitgeber, der anstelle der Beendigung des Arbeitsverhältnisses eine weniger einschneidende Möglichkeit der Reaktion auf betriebliche Vorgänge bzw. ein Verhalten des Arbeitnehmers oder Vorgänge in seiner Person hat, muss erst diese einsetzen.

Das soll nach der Rechtsprechung des BAG jedoch nicht gelten, wenn der Arbeitgeber dem Arbeitnehmer schon vor Ausspruch der Kündigung die Veränderung der Arbeitsbedingungen **vorgeschlagen,** ihm mindestens eine Woche **Überlegungsfrist** eingeräumt und der Arbeitnehmer das Angebot abgelehnt hat. Dann soll **sofort** eine Beendigungskündigung möglich sein.

☐ In solchen Fällen ist zu raten, dass der Arbeitnehmer nicht vorschnell auf entsprechende »Vorschläge« bzw. »Drohungen« des Arbeitgebers abschlägig reagiert. Der Arbeitnehmer behält einen größeren Entscheidungsfreiraum, wenn er dem Arbeitgeber z. B. erklärt:

»Mit den von Ihnen vorgeschlagenen neuen Arbeitsbedingungen könnte ich mich nur im Rahmen einer Änderungskündigung, ggf. unter Vorbehalt, einverstanden erklären.«

Dann muss der Arbeitgeber eine Änderungskündigung aussprechen, auf die der Arbeitnehmer dann immer noch ablehnend bzw. mit der Vorbehaltserklärung reagieren kann.

☐ Unterlässt der Arbeitgeber eine Änderungskündigung, riskiert er eine **Prozessniederlage** im Kündigungsschutzverfahren. Setzt der **Arbeitgeber** das Instrument der Änderungskündigung ein, muss der **Arbeitnehmer** eher mit einer **Prozessniederlage** rechnen. Das gilt allerdings nicht grundsätzlich. Im konkreten Einzelfall kann es jedoch für den Arbeitgeber schwieriger sein, eine Änderungskündigung »durchzubringen« als eine Beendigungskündigung, weil ein anderer Überprüfungsmaßstab gilt.

☐ Eine Änderungskündigung wird im Normalfall **fristgerecht** ausgesprochen. In besonderen Ausnahmefällen ist sie auch als → **außerordentliche Kündigung** möglich.

Änderungskündigung

☐ Sie kann ausgesprochen werden:
- Betriebsbedingt

  Beispiel:
  Die Buchhaltung wird »outgesourct«. Die Buchhalter (Gehaltsgruppe 6) müssten entlassen werden, jedoch ist in der Personalabteilung eine Sachbearbeiterstelle (Gehaltsgruppe 5) frei.

- Personenbedingt

  Beispiel:
  Ein Mitarbeiter, der als Kraftfahrer eingestellt ist, verliert aufgrund Strafurteil oder gesundheitlicher Beeinträchtigung seine Fahrerlaubnis. Im Lager ist eine Lagerarbeiterstelle frei, die mit geringen körperlichen Anstrengungen verbunden ist.

- Verhaltensbedingt

  Beispiel:
  Ein Mitarbeiter ist in einer Abteilung beschäftigt, in der ein absolutes Rauchverbot gilt. Er verstößt dagegen, weil er gewohnheitsmäßiger Raucher ist. In einer anderen Abteilung ohne Rauchverbot ist eine geringer bezahlte Stelle frei.

Auch vor einer verhaltensbedingten Änderungskündigung ist eine → **Abmahnung** erforderlich.

- Gemischte Gründe

  Beispiel:
  Ein Arbeitnehmer hat einen Arbeitsplatz, an dem schwere Lasten zu bewegen sind. Er ist aufgrund einer Krankheit in seiner Arbeitsfähigkeit eingeschränkt, weshalb es auch zu Leistungsmängeln kommt. Im Empfang ist eine Pförtnerstelle frei.

☐ Eine Änderungskündigung kann auch zum Zwecke der **Gehaltskürzung** ausgesprochen werden. Dann müssten aber ebenfalls **dringende** betriebliche Gründe vorliegen und andere Möglichkeiten der **Kosteneinsparung** ausscheiden.

Beispiele:
- *Eine Änderungskündigung ist nicht zulässig, wenn dadurch lediglich unterschiedliche vertragliche Gehaltshöhen angeglichen werden sollen. Die Berufung auf den Gleichbehandlungsgrundsatz ist nur im Ausnahmefall als dringender betrieblicher Grund anzuerkennen.*

Oder:
- *Der Arbeitgeber will durch eine Gehaltskürzung nur bei Mitarbeitern einer Abteilung eine Kostenentlastung erreichen.*

Änderungskündigung

☐ Im **formellen Bereich** besteht kein Unterschied zwischen einer Änderungskündigung und einer Beendigungskündigung, so hinsichtlich → **Kündigungsfrist**, **Kündigungsform** (→ **Schriftform**) usw.

Wie kann der Arbeitnehmer auf eine Änderungskündigung reagieren?

☐ Er nimmt sie zur **Kenntnis**. Dann **endet** das Arbeitsverhältnis zum vorgesehenen Termin. Bis zum Ende der Kündigungsfrist muss der Arbeitgeber den Arbeitnehmer zu den bisherigen Bedingungen weiterbeschäftigen. Der Arbeitnehmer ist nicht verpflichtet, schon ab Kündigungszugang zu den neuen Bedingungen das Arbeitsverhältnis weiterzuführen. Bis zum Ende der Kündigungsfrist gelten die alten Bedingungen unverändert fort.

☐ Der Arbeitnehmer **akzeptiert** die neuen Bedingungen für das Arbeitsverhältnis. Dies kann ausführlich schriftlich als auch dadurch geschehen, dass er nach Ende der Kündigungsfrist zu den geänderten Arbeitsbedingungen »klaglos« weiterarbeitet.

☐ Er erhebt innerhalb der → **Klagefrist** Kündigungsschutzklage beim Arbeitsgericht. Die Änderungskündigung hat dann die Wirkung wie eine **Beendigungskündigung**. Das Arbeitsverhältnis endet mit Ablauf der Kündigungsfrist, es sei denn, der Betriebsrat hätte ordnungsgemäß und zulässig **widersprochen** (→ **Widerspruch des Betriebsrates**). Dann hat der Arbeitnehmer ggf. einen Anspruch auf Weiterbeschäftigung, jedoch nicht zu den Bedingungen, die er abgelehnt hat.

☐ Er erklärt den **Vorbehalt** nach § 2 KSchG und erhebt → **Kündigungsschutzklage**.

Beispiel für eine Vorbehaltserklärung:
Die mit Ihrer Änderungskündigung verbundenen Änderungen meines Arbeitsverhältnisses nehme ich hiermit unter dem ausdrücklichen Vorbehalt der arbeitsgerichtlichen Überprüfung nach § 2 KSchG an.

☐ Der Vorbehalt muss nicht **gegenüber** dem **Arbeitsgericht**, sondern **gegenüber** dem Arbeitgeber erklärt werden, und zwar innerhalb der **Kündigungsfrist**, spätestens aber innerhalb der **Drei-Wochen-Frist**. Der Arbeitgeber ist nicht berechtigt, diese Frist einseitig zu verkürzen.

☐ Vor Abgabe der Vorbehaltserklärung bzw. vor Fristablauf sollte sich der Arbeitnehmer hinsichtlich der Konsequenzen beraten lassen, weil diese, je nach Entscheidung, große Bedeutung für das weitere Verfahren haben.

Änderungskündigung

☐ Ist der Vorbehalt erklärt, setzt sich das Arbeitsverhältnis fort. Der Arbeitnehmer kann dann nicht nach Ablauf der Kündigungsfrist zu einem anderen Arbeitgeber für die Dauer des Prozesses wechseln. Andererseits gilt Folgendes: Wird der Vorbehalt nicht erklärt, endet das Arbeitsverhältnis und es entsteht möglicherweise Arbeitslosigkeit. Das Arbeitsamt wird dann die Frage stellen, ob nicht ein Vorbehalt zumutbar gewesen wäre, und von daher die Verhängung einer **Sperrzeit** prüfen (→ **Sozialversicherungsrechtliche Folgen**).

Überprüfung einer Änderungskündigung durch das Arbeitsgericht

☐ Klagt der Arbeitnehmer gegen eine **Änderungskündigung**, prüft das Arbeitsgericht nur, ob die vom Arbeitsgericht vorgenommene **Änderung** der Arbeitsbedingungen **sozial gerechtfertigt** ist oder nicht. Nicht geprüft wird, ob die eventuelle Beendigung als solche sozialwidrig ist (s. Checkliste S. 56).

Entscheidung durch das Arbeitsgericht

☐ Für das Kündigungsschutzverfahren gelten im Wesentlichen die gleichen Regeln wie bei der **Beendigungskündigung**. Der Arbeitgeber ist für die Kündigungsgründe vortrags- und beweispflichtig.

☐ Hat der Arbeitnehmer den **Vorbehalt** erklärt, gelten Besonderheiten:
- Ein → **Auflösungsantrag** ist nicht möglich. Das Arbeitsverhältnis kann also nicht durch das Gericht gegen den Willen einer Seite aufgelöst werden.
- Ist das Gericht der Auffassung, dass die Änderungskündigung sozial gerechtfertigt ist, wird die Klage abgewiesen und das Arbeitsverhältnis setzt sich zu den geänderten Bedingungen fort.
- Ist das Gericht der Auffassung, dass die Änderungskündigung nicht gerechtfertigt ist, besteht das Arbeitsverhältnis, über das Ende der Kündigungsfrist hinaus, unverändert fort.

Bedeutung für den Betriebsrat

☐ Der **Betriebsrat** ist auch bei einer **Änderungskündigung** nach § 102 BetrVG zu beteiligen (→ **Betriebsratsanhörung**). Er kann der Kündigung **widersprechen** und Vorschläge für eine Weiterbeschäftigung zu unveränderten Arbeitsbedingungen oder zu anderweitig veränderten Arbeitsbedingungen machen.

☐ Oft ist die Veränderung der Arbeitsbedingungen auch mit mitbestimmungspflichtigen Maßnahmen verbunden.

Beispiele:
- *Versetzung, Abgruppierung, Umgruppierung, § 99 BetrVG*
- *Gehaltsreduzierungen in Form von Zulagenstreichungen oder -änderungen, § 87 Abs. 1 Ziffer 10 BetrVG*

☐ Die **Anhörung** des Betriebsrats zur Änderungskündigung ersetzt nicht das **Mitbestimmungsverfahren** in der zugrunde liegenden Angelegenheit. Beide Verfahren laufen **nebeneinander** und unabhängig voneinander.

Beispiel:
Der Arbeitgeber will einen Arbeitnehmer in eine andere Abteilung versetzen und dabei eine Abgruppierung vornehmen. Er muss deshalb eine Änderungskündigung aussprechen. Der Arbeitgeber muss wegen der Versetzung den Betriebsrat nach § 99 BetrVG anhören, hier hat der Betriebsrat ein Zustimmungsverweigerungsrecht. Er muss gleichzeitig oder später die Kündigungsanhörung nach § 102 BetrVG vornehmen.

☐ Der Arbeitgeber darf die im Wege der Änderungskündigung geplante Änderung erst **umsetzen**, wenn die **Zustimmung** des Betriebsrates **vorliegt**, solange kann der Betriebsrat einen **Unterlassungsanspruch** geltend machen bzw. ein Verfahren nach § 23 Abs. 3 BetrVG einleiten.

Änderungskündigung

Checkliste zur Überprüfung einer Änderungskündigung (nach der Vorgehensweise des Arbeitsgerichts)

Die **Prüfung** umfasst **zwei Stufen**:

1. Stufe:
- Liegen Gründe im Sinne des § 1 KSchG bzw. § 626 Abs. 1 BGB vor, die eine Änderungskündigung an sich bedingen und sind die vom Arbeitgeber vorgeschlagenen Änderungen rechtmäßig? Letzteres ist z. B. dann nicht der Fall, wenn sie gegen das **Gesetz** oder einen **Tarifvertrag** verstoßen.
- Gleiches gilt an sich, wenn die Änderung der Bedingungen dem **Mitbestimmungsrecht** des Betriebsrates unterliegt und das **Mitbestimmungsverfahren** nicht stattgefunden hat bzw. noch nicht abgeschlossen ist. Das BAG ist der Meinung, der Arbeitgeber könne eine Änderungskündigung aussprechen, auch wenn der Betriebsrat (noch) nicht zugestimmt hat. Allerdings darf der Arbeitgeber die neuen Bedingungen solange nicht umsetzen, bis die Zustimmung vorliegt.
- Bei einer Änderungskündigung hat auch eine → **Sozialauswahl** stattzufinden, wenn sie **betriebsbedingt** ausgesprochen wird.

2. Stufe:
Die Änderung der Arbeitsbedingungen muss **unvermeidlich**, **erforderlich** und für den Arbeitnehmer **billigerweise annehmbar** sein, wobei Annehmbarkeit nicht mit Zumutbarkeit verwechselt werden darf.

Anfechtung des Arbeitsvertrags

Was ist das?

☐ Das Ja-Wort des Arbeitnehmers oder des Arbeitgebers zum Arbeitsvertrag kann auf einem **Irrtum**, einer arglistigen **Täuschung** oder einer widerrechtlichen **Drohung** beruhen. In diesem Fall kann es trotz des zunächst gültigen Vertrages »zurückgenommen« werden. Das BGB spricht insoweit von »**Anfechtung**«. Sie »**vernichtet**« rückwirkend den ganzen **Vertrag**. Allerdings macht man davon im Arbeitsrecht eine gewichtige Ausnahme: Soweit das Arbeitsverhältnis »vollzogen« wurde, muss die Rückwirkung zurückstehen; tatsächlich geleistete Arbeit wird so behandelt, als würde ihr ein wirksamer Arbeitsvertrag zugrunde liegen. Insoweit spricht man von einem **faktischen** oder **fehlerhaften Arbeitsverhältnis**. Wurde bis zur Anfechtung gearbeitet, kommt diese von der Wirkung her einer fristlosen Kündigung gleich.

Anfechtungsgründe

☐ Die Anfechtung ist nur aus den Gründen möglich, die in den §§ 119 und 123 BGB ausdrücklich genannt sind. Dies gilt gleichermaßen für Arbeitgeber wie für Arbeitnehmer, doch wird im Folgenden die Anfechtung durch den Arbeitgeber ihrer größeren tatsächlichen Bedeutung wegen im Vordergrund stehen.

Irrtum

☐ Nicht jede Fehlvorstellung berechtigt den einzelnen Vertragspartner zur Anfechtung. Andernfalls könnte man Erklärungen fast beliebig rückgängig machen, da sich immer irgendeine fehlgegangene Erwartung finden lässt. Ausreichend sind vielmehr nur drei Fälle.
- **Erklärungsirrtum**. Er liegt dann vor, wenn sich der Wille des Einzelnen nicht korrekt in den »Erklärungszeichen« niederschlägt: Man verschreibt oder verspricht sich.

Anfechtung des Arbeitsvertrags

Beispiel:
Statt wie gewollt zum 30. 6. wird »zum 30. 9.« gekündigt.

Gleichgestellt ist nach § 120 BGB die Fehlübermittlung durch einen Boten. Die praktische Bedeutung ist im Arbeitsrecht nicht besonders groß.

- **Inhaltsirrtum.** Davon spricht man dann, wenn zwar die gewollten Worte usw. benutzt werden, wenn der Erklärende damit aber einen anderen als den objektiv gegebenen Sinn verbunden hat.

Beispiel:
Der Arbeitnehmer ist der Auffassung, einen unbefristeten Arbeitsvertrag zu schließen, während unter Punkt 19 des Vertragstextes von einer Befristung auf zwei Jahre die Rede ist.

- **Eigenschaftsirrtum.** Er liegt dann vor, wenn sich der Irrtum auf solche Eigenschaften der Person oder der Sache bezieht, »die im Verkehr als wesentlich angesehen werden« (§ 119 Abs. 2 BGB).

Beispiel:
- *Der sich um eine Stelle als Fahrer bewerbende Arbeitnehmer hat keinen Führerschein.*

Oder:
- *Die Arbeitgeberfirma ist in so schlechter wirtschaftlicher Lage, dass sie in sechs Monaten voraussichtlich Insolvenzantrag stellen muss.*

Keinen Anfechtungsgrund stellen solche **Eigenschaften des Arbeitnehmers dar, nach denen sich der Arbeitgeber nicht erkundigen darf.** Ist etwa – wie in der Regel – die Frage nach der Schwangerschaft ausgeschlossen, kann der Arbeitgeber auch nicht mit der Begründung anfechten, die Schwangerschaft sei eine verkehrswesentliche Eigenschaft und diese habe er nicht gekannt. Ähnliches gilt für nicht einschlägige Vorstrafen oder z. B. für die Freizeitbeschäftigung als Fallschirmspringer.

Arglistige Täuschung

Wer bewusst in einem anderen einen **Irrtum erregt**, »täuscht« ihn. Auf welche Umstände sich der auf diese Weise geschaffene Irrtum bezieht, spielt keine Rolle; jede Fehlvorstellung genügt. Voraussetzung ist, dass sie bewusst hervorgerufen wurde, da § 123 Abs. 1 BGB nur die »arglistige« Täuschung erfasst.

☐ Eine Anfechtung kommt insbesondere dann in Betracht, wenn der eingestellte

Anfechtung des Arbeitsvertrags

Bewerber eine **Frage falsch beantwortete**, die der Arbeitgeber mit Recht stellen konnte.

Beispiel:
Der Arbeitnehmer behauptet, als Ingenieur einen Fachhochschulabschluss zu haben, obwohl er sich lediglich zweimal erfolglos um einen solchen bemüht hat.

☐ Eine arglistige Täuschung kann auch dadurch begangen werden, dass man **auf Dinge nicht hinweist**, die für die andere Seite **von ganz zentraler Bedeutung** sind.

Beispiel:
Der Arbeitnehmer muss von sich aus klarstellen, dass er aus gesundheitlichen Gründen für die vorgesehene Arbeit in absehbarer Zeit gar nicht zur Verfügung steht.

Auf die **Anerkennung als Schwerbehinderter** muss der Bewerber allerdings nicht von sich aus hinweisen. Dasselbe gilt für Vorstrafen oder für Mitgliedschaften in wenig angesehenen Parteien oder Organisationen.

Auf eine **rechtskräftig verhängte Freiheitsstrafe** muss dann nicht hingewiesen werden, wenn sie zur Bewährung ausgesetzt oder mit der Einräumung eines Freigängerstatus zu rechnen ist – vorausgesetzt, die zugrunde liegende Straftat steht in keinem inneren Zusammenhang mit der Tätigkeit als Arbeitnehmer.

☐ Der **Arbeitgeber** muss von sich aus **darauf hinweisen**, dass an dem in Aussicht genommenen Arbeitsplatz **überdurchschnittliche Anforderungen** bestehen. Auch ein Hinweis auf besondere Gesundheitsgefahren ist unerlässlich. Schließlich muss der Arbeitgeber von sich aus mitteilen, dass in naher Zukunft die Löhne evtl. nicht mehr bezahlt werden können oder dass ein **Personalabbau beabsichtigt** ist, der auch den Bewerber treffen kann.

Widerrechtliche Drohung

☐ Nach § 123 Abs. 1 BGB ist die Anfechtung auch zulässig, wenn der Betroffene zur Abgabe einer Willenserklärung »widerrechtlich durch Drohung bestimmt worden ist«. Dies spielt in der Praxis **insbesondere beim** → **Aufhebungsvertrag** oder bei einer vom Arbeitgeber initiierten Eigenkündigung des Arbeitnehmers eine Rolle.

Anfechtung des Arbeitsvertrags

Anfechtungserklärung

Die Anfechtung ist genau wie die Kündigung eine einseitige Willenserklärung. Sie wird wirksam, sobald sie dem andern Vertragspartner zugeht (→ **Zugang von Kündigungen**, S. 322). Eine besondere **Form** ist grundsätzlich **nicht** zu wahren.

☐ Die **Anfechtung wegen Irrtums** ist nur **unverzüglich** möglich, d. h. in den Worten des § 121 BGB »ohne schuldhaftes Zögern«. In Anlehnung an § 626 Abs. 2 BGB dürfen **zwei Wochen** nicht überschritten werden, um so die andere Seite nicht in unzumutbarer Unsicherheit zu halten. Bei der »Unverzüglichkeit« kommt es allerdings nicht auf den Zugang, sondern auf die Abgabe der Erklärung an (§ 121 Abs. 1 Satz 2 BGB).

☐ Bei der **Anfechtung wegen arglistiger Täuschung** und widerrechtlicher Drohung beträgt die Frist **ein Jahr** (§ 124 BGB).

Rechtsfolgen

Wie eingangs ausgeführt, kann die Anfechtung die tatsächlich geleistete Arbeit nicht ungeschehen machen. Insoweit gilt gewohnheitsrechtlich die **Lehre vom sog. faktischen Arbeitsverhältnis**. Sie bezieht sich allerdings nur auf den Fall, dass **wirklich Aktivitäten entfaltet** wurden; war der Arbeitnehmer krank oder das Arbeitsverhältnis einvernehmlich suspendiert, bleibt es für den fraglichen Zeitraum bei der Rückwirkung der Anfechtung.

☐ Für den Arbeitnehmer führt die Anfechtung zum **sofortigen Verlust des Arbeitsplatzes**. Ficht der Arbeitgeber an, so ist dies ungerecht, wenn der Anfechtungsgrund schon längere Zeit zurückliegt und das Arbeitsverhältnis ansonsten beanstandungsfrei abgewickelt wurde. Hier dürfte insbesondere bei Vorliegen eines Irrtums das Anfechtungsrecht häufig **verwirkt** sein.

☐ Ist der Arbeitnehmer zur Anfechtung befugt, so wird er ggf. auf die Ausübung seines Rechts verzichten. Insbesondere bei Täuschung und Drohung kann er den Arbeitgeber allerdings auf **Schadensersatz** in Anspruch nehmen. Ob er dies tun wird, hängt von den betrieblichen Verhältnissen ab.

Bedeutung für Betriebsrat

☐ Die Anfechtung wird von der Rechtsprechung und der herrschenden Auffassung in der Literatur der Kündigung nicht gleichgestellt. Der Betriebsrat muss deshalb **nicht nach § 102 Abs. 1 BetrVG eingeschaltet** werden. Er ist darauf beschränkt, in Zweifelsfällen den Betroffenen zu beraten.

Annahmeverzug

Was ist das?

☐ Im Grundsatz muss der Arbeitgeber, da es sich beim Arbeitsverhältnis um ein **Austauschverhältnis** handelt, Lohn nur für Arbeit zahlen, die auch geleistet wird. Das wirft Probleme auf, wenn der Arbeitgeber einen Arbeitnehmer nicht beschäftigt, weil er die Kündigung für wirksam hält, während sie in Wirklichkeit unwirksam war. Hier enthalten § 615 BGB und § 11 KSchG die einschlägigen Regelungen.

Sie gelten für Arbeitnehmer. Für Heimarbeiter gelten besondere Regelungen (→ **Heimarbeit**). Ob die Regelungen auch auf Auszubildende zu übertragen sind, ist nicht geklärt. Möglicherweise muss der Ausbildende (= Arbeitgeber) hier nur wegen Ausfalls der Arbeit bis zu sechs Wochen das Arbeitsentgelt fortzahlen und allenfalls dann, wenn er den Arbeitsausfall verschuldet hat, weitere Leistungen erbringen.

Wann ist Arbeitsentgelt fortzuzahlen?

☐ Der Arbeitgeber gerät mit Ausspruch einer unwirksamen Kündigung – egal warum sie unwirksam ist – in Annahmeverzug. Er muss also auch dann, wenn er den Arbeitnehmer nicht beschäftigt, das Arbeitsentgelt **weiterbezahlen**.

Bietet der Arbeitgeber dem Arbeitnehmer an, ihn **vorläufig** weiter zu beschäftigen, bis die Wirksamkeit der Kündigung gerichtlich geklärt ist, so beseitigt dies den Annahmeverzug nicht. Der Arbeitgeber nimmt die Arbeitsleistung ja nicht als vertragsgemäß an. Der dadurch entgangene Verdienst kann jedoch anrechenbar sein.

☐ Der Arbeitnehmer muss leistungsfähig und leistungsbereit sein. Ist er krank, hat er für maximal 6 Wochen pro Entgeltfortzahlungsanspruch nach dem EntgeltFG, wie sonst auch. Hat der Arbeitnehmer seine Arbeit ausdrücklich angeboten und der Arbeitgeber sie abgelehnt, kann er sich nicht darauf berufen, in Wirklichkeit sei der Arbeitnehmer gar nicht arbeitsbereit gewesen.

☐ Der Arbeitgeber ist **nicht verpflichtet**, die Arbeitsleistung anzunehmen, wenn durch eine Weiterbeschäftigung Rechtsgüter des Arbeitgebers, seiner Familie oder anderer Arbeitnehmer gefährdet sind, die bei einer Interessenabwägung den Belangen des gekündigten Arbeitnehmers vorgehen. Es müssen aber schon sehr schwerwiegende praktisch gemeingefährliche Handlungen des Arbeitnehmers vorliegen. Beiseiteschaffen von Geld reicht z. B. nicht ohne weiteres aus.

In welcher Höhe ist der Verdienst fortzuzahlen?

☐ Der Verdienst ist **brutto** in der Höhe fortzuzahlen, in der er entstanden wäre, hätte der Arbeitnehmer gearbeitet. Auch variable Entgeltbestandteile wie Provisionen sind fortzuzahlen. Notfalls ist gerichtlich zu schätzen, in welcher Höhe sie angefallen wären. Sachleistungen sind nach der Sachbezugsverordnung zu vergüten. Ist dem Arbeitnehmer sein Kraftfahrzeug entzogen worden, gelten die steuerlichen Sätze.

☐ Der Arbeitnehmer muss sich jedoch bestimmte **Beträge** anrechnen lassen:

- Anrechenbar ist zunächst das, was der Arbeitnehmer **anderweitig** – sei es als Arbeitnehmer oder freiberuflich – verdient. Es muss sich aber um einen Verdienst handeln, der gerade durch die Nichtbeschäftigung möglich geworden ist. Nicht anrechenbar sind z. B. bereits früher erzielter Nebenverdienst oder Einkünfte aus Vermögen, wenn der Arbeitnehmer nicht seine ganze Arbeitskraft der Vermögensverwaltung widmet. Anderweitige Einkünfte sind brutto anzurechnen. Etwas anderes gilt bei Sozialleistungen wie z. B. Arbeitslosengeld. Diese sind netto gegenzurechnen. In der entsprechenden Höhe geht der Anspruch gegen den Arbeitgeber auf die Sozialleistungsträger über.
Anderweitige Einnahmen sind nach Ansicht des BAG auf den gesamten Annahmeverzugsanspruch und nicht nur auf die Zahlungsperiode anzurechnen. Das hat vor allem Bedeutung, wenn der Arbeitnehmer in einem Monat eine extrem hohe Nebeneinnahme hat, davor und danach aber nicht.
- Der Arbeitnehmer muss sich neben tatsächlichen anderen Einkünften auch **böswillig unterlassene Einkünfte** in gleicher Weise wie erzielte Einkünfte anrechnen lassen. Ob es solche Einkunftsmöglichkeiten gibt, hängt von der konkreten Lage auf dem Arbeitsmarkt ab, den der Arbeitgeber ggf. in den Prozess einzuführen hat. Ob der Arbeitnehmer sich arbeitslos gemeldet hat, ist dagegen nicht entscheidend. Es gibt auch Situationen, in denen dies nicht zu einer anderen Arbeit geführt hätte.
Unterlässt es der Arbeitnehmer, **Sozialleistungen** zu beantragen, ist dies ebenfalls unerheblich. Insoweit müsste der Arbeitgeber ja ohnehin kraft Rechtsüberganges an die gesetzlichen Leistungsträger zahlen. Widerspricht der Arbeitnehmer einem → **Betriebsübergang**, so muss er sich den Verdienst, den er beim Erwerber erzielt hätte, anrechnen lassen.

Annahmeverzug

- Bietet der Arbeitgeber eine Tätigkeit bis zur gerichtlichen Klärung der Wirksamkeit der Kündigung an, so muss sich der Arbeitnehmer, wenn er dies ablehnt, den dadurch **entgangenen Verdienst** anrechnen lassen, wenn die weitere Tätigkeit ihm zumutbar gewesen wäre. Das hängt letztlich davon ab, ob der Arbeitgeber die weitere Tätigkeit praktisch nur benutzt hätte, um den Arbeitnehmer mürbe zu machen, oder ob hier ein korrekter Umgang zu erwarten ist. In bestimmten Fällen kann es rein faktisch im Interesse des Arbeitnehmers sein, im Betrieb weiter zu arbeiten. Das gilt z. B., wenn dadurch zu erwarten ist, dass nach einem gewonnenem Prozess auf Arbeitgeberseite oder bei Vorgesetzten eher hingenommen wird, dass das Arbeitsverhältnis auch tatsächlich fortbesteht.

Beispiel:
Ein Arbeitnehmer wird wegen Krankheit gekündigt und er klagt mit der Begründung, aus seinen früheren Krankheiten sei nicht auf eine negative Prognose zu schließen. Er arbeitet weiter und hat keine Fehlzeiten mehr. Möglicherweise hält dies den Arbeitgeber nach verlorener erster Instanz davon ab, in die Berufung zu gehen (→ Krankheit).

☐ Der Arbeitgeber hat gegen den Arbeitnehmer einen Anspruch aus Auskunft über anderweitige Verdienste. Sie kann er praktisch auch dadurch geltend machen, dass er die Entgeltfortzahlung verweigert, bis der Auskunftsanspruch erfüllt ist. Ist die Auskunft des Arbeitnehmers unglaubhaft, kann er notfalls gezwungen werden, die Richtigkeit seiner Angaben vor dem Amtsgericht eidesstattlich zu versichern.

Was kann weiter verlangt werden?

☐ Neben dem weiterzuzahlenden Arbeitsentgelt kann der Arbeitnehmer noch folgende Rechte geltend machen:

- Zahlt der Arbeitgeber – wie meist – verspätet, kann der Arbeitnehmer **Verzugszinsen** geltend machen. Das sind mindestens 5 % über dem jeweiligen Basiszinssatz, der alle drei Monate festgesetzt wird. Es ist in der Rechtsprechung noch nicht abschließend geklärt, ob dieser Zinssatz auf den Brutto- oder den Nettobetrag zu zahlen ist.
Hat der Arbeitnehmer darüber hinausgehend einen Schaden, weil er z. B. einen Überziehungskredit in Anspruch nehmen musste, so ist auch ein höherer Zinssatz zu erstatten, dies aber nur auf den Nettobetrag. Voraussetzung für diesen weiteren Schadensersatzanspruch ist ein Verschulden des Arbeitgebers.
- Ergeben sich durch die verspätete Zahlung **steuerliche Nachteile** des Arbeitnehmers, weil die Nachzahlung einer höheren Steuerprogression unterliegt als

eine pünktliche Zahlung, kann der Arbeitnehmer diesen Schaden geltend machen, wenn den Arbeitgeber ein Verschulden trifft.
- Hat der Arbeitnehmer dadurch einen **Schaden**, dass er faktisch nicht eingesetzt wurde, z. B. weil er in seiner beruflichen Entwicklung beeinträchtigt wurde, so kann er auch diesen Schaden geltend machen, wenn den Arbeitgeber ein Verschulden trifft.
- Den Arbeitgeber trifft kein Verschulden, wenn er auf die Wirksamkeit der Kündigung vertrauen durfte.

Arbeitgeber

Wer ist das?

☐ Der Begriff **Arbeitgeber** ist der arbeitsvertragsrechtliche und kündigungsrechtliche **Gegenbegriff** zum Begriff des → **Arbeitnehmers**. Er bezeichnet diejenige natürliche oder juristische Person, die aus dem **Arbeitsvertrag** gegenüber dem Arbeitnehmer berechtigt und verpflichtet ist. Der Begriff des Arbeitgebers ist nicht identisch mit dem des **Unternehmers**, auch nicht mit dem des Betriebsinhabers oder dem Begriff des **Rechtsträgers** aus dem Umwandlungsgesetz (→ **Umwandlung**). Arbeitgeber ist normalerweise derjenige, der das → **Direktionsrecht** ausübt.

☐ Nur der **Arbeitgeber** kann eine Kündigung aussprechen. Der Arbeitgeber hat ausschließlich den Anspruch auf die Arbeitsleistung des Arbeitnehmers, es sei denn, es wäre etwas anderes vereinbart worden (→ **Konzern**), z. B. im Falle der Leiharbeit. Im **Kündigungsschutzprozess** kann nur der Arbeitgeber verklagt werden.

Natürliche Personen als Arbeitgeber

☐ Der Arbeitgeber kann eine **natürliche** Person sein. Arbeitgeber kann auch der **Ehegatte**, können die Eltern, die Kinder und sonstige Verwandte des Arbeitnehmers sein. Eine **Arbeitgeberstellung** liegt jedoch dann nicht vor, wenn Arbeitsleistungen bzw. Dienste dem Verwandten gegenüber allein aufgrund **gesetzlicher Unterhaltsbestimmungen** geleistet werden. Auch ein Minderjähriger kann Arbeitgeber sein, wenn die entsprechenden gesetzlich vorgeschriebenen Genehmigungen vorliegen.

☐ **Stirbt** der Arbeitgeber, bleibt das Arbeitsverhältnis unberührt. Die **Erben** rücken in die Arbeitgeberstellung ein, auch wenn es sich um eine Mehrheit von Personen (**Erbengemeinschaft**) handelt. Die Erbengemeinschaft übt dann die Arbeitgeberstellung gemeinschaftlich aus.

☐ Im Ausnahmefall führt der **Tod** des Arbeitgebers zum **Ende** eines Arbeitsverhältnisses, ohne dass es einer Kündigung bedarf, und zwar dann, wenn die Dienstleistung auf die Person des Erblassers ausdrücklich oder dem Sinne nach zugeschnitten war, z. B. bei Krankenpflegerinnen, Privatlehrern oder Trainern.

Gesellschaften als Arbeitgeber: Der Normalfall

☐ Arbeitgeber kann auch eine sog. **BGB-Gesellschaft** (z. B. Anwaltssozietät) sein, allerdings haben in diesem Falle die Gesellschafter, und zwar **sämtliche** Gesellschafter, die Arbeitgeberstellung. Im Falle einer **Klageerhebung** müssen auch alle Gesellschafter verklagt werden. Eine Kündigungsschutzklage, die gegen die BGB-Gesellschaft als solche oder nur einzelne Gesellschafter geführt wird, ist unzulässig. Alle Gesellschafter sind zur Ausübung des → **Direktionsrechtes** befugt und können z. B. auch → **Abmahnungen** aussprechen.

☐ Der Großteil aller Arbeitsverhältnisse wird mit **Gesellschaften** gegründet, die durch ihre **gesetzlichen Vertreter (Organ)** vertreten werden. Die **Arbeitgeberfunktion** wird dann durch das jeweilige **Organ** wahrgenommen, dieses muss auch kündigen.

Beispiele:
- *GmbH, vertreten durch die Geschäftsführer*
- *GmbH & Co KG, vertreten durch die GmbH, als Komplementärin, diese durch ihre Geschäftsführer*
- *Aktiengesellschaft, vertreten durch den Vorstand*

☐ Arbeitgeber sind auch **ausländische** Gesellschaften nach dem Recht des jeweiligen Sitzstaates der Gesellschaft, z. B. die holländische B. V., die französische S. A., die englische Ltd. bzw. plc.

Sonstige Arbeitgeber

☐ Arbeitgeber kann eine **Wohnungseigentümergemeinschaft** nach dem Wohnungseigentümergesetz (WEG) sein, z. B. gegenüber einem **Hausmeister**. Eine Kündigungsschutzklage muss sich gegen alle Eigentümer richten.

☐ Arbeitgeber kann ein nicht rechtsfähiger **Verein** sein, dieser wird unter seinem Namen verklagt. Als Beklagter eines Kündigungsschutzprozesses hat er die Stellung eines **rechtsfähigen Vereines**. Der nicht rechtsfähige Verein wird durch seinen **Vorstand** vertreten.

Arbeitgeber

☐ **Politische Parteien** können ebenso Arbeitgeber sein, wie **Fraktionen** in Parlamenten, nicht zu verwechseln mit Arbeitnehmern, die bei einzelnen Abgeordneten beschäftigt werden, in diesem Falle ist der Abgeordnete der Arbeitgeber.

☐ **Stiftungen** des privaten, kirchlichen und öffentlichen Rechtes können Arbeitgeber sein und werden durch ihre satzungsgemäßen Vertreter vertreten.

☐ **Kirchlicher Arbeitgeber** ist entweder die Kirchengemeinde oder aber ein Regionalverband oder eine kirchliche Einrichtung mit eigener Rechtspersönlichkeit (Stiftung, GmbH, Verein usw.).

☐ Arbeitgeber des **öffentlichen Rechts** sind die **Gebietskörperschaften** (Bund, Land, Gemeinde), Anstalten und sonstige Körperschaften des öffentlichen Rechts, beispielsweise Rundfunkanstalten, Sozialversicherungsträger, die Bundesanstalt für Arbeit. Diese Arbeitgeber werden jeweils durch die im Einzelnen gesetzlich bzw. satzungsmäßig festgelegten Organe vertreten. **Kein Arbeitgeber** ist die **einzelne Dienststelle**, in der die Beschäftigung erfolgt, auch wenn sie einen eigenen Dienststellenleiter hat.

☐ Für die Beschäftigten bei den **Stationierungskräften** gelten insoweit Besonderheiten, als diese zwar Arbeitgeber mit allen Rechten und Pflichten sind, Klagen sind jedoch nicht gegen die Stationierungskräfte als Arbeitgeber, sondern ausschließlich gegen die **Bundesrepublik Deutschland** zu richten, die als gesetzlicher **Prozessstandsschafter** auftritt. Die Bundesrepublik wird in diesen Fällen durch die zuständigen Oberfinanzdirektionen vertreten.

☐ Arbeitgeber eines Hafenarbeiters kann sowohl die Gesamthafenbetriebsgesellschaft, als auch der Einzelhafenbetrieb sein.

☐ Arbeitgeber können auch **ausländische Staaten** sein, allerdings können sie in Deutschland nur dann verklagt werden, wenn der Arbeitnehmer keine hoheitlichen Aufgaben wahrnimmt und als lokaler Arbeitnehmer beschäftigt wird.

Vertretung des Arbeitgebers

☐ Der Arbeitgeber, welcher Gestalt und Rechtsform auch immer, kann sich bei dem Ausspruch einer **Kündigung vertreten** lassen, muss also die Kündigung nicht persönlich oder durch sein Organ aussprechen. In diesem Falle hat der zu kündigende Arbeitnehmer Anspruch darauf, dass der Kündigende eine **Vollmacht** vorlegt, aus der sich die **Kündigungsberechtigung** ergibt. Das **Verlangen** auf Vorlage einer Vollmacht muss jedoch unverzüglich geschehen, eine längere Zeitspanne als eine Woche wird regelmäßig nicht als unverzüglich angesehen. Die Vollmacht muss im **Original**, nicht in Kopie oder Fax vorgelegt werden.

Beispiel für Vollmacht:
Hiermit bevollmächtige ich Herrn Rechtsanwalt Müller, das Arbeitsverhältnis zu Herrn Schulze fristlos, hilfsweise fristgerecht zum 30. 6. zu kündigen.
Beispiel für Zurückweisung:
Die von Ihnen mit Schreiben vom 15. 6. ausgesprochene Kündigung weise ich hiermit wegen fehlender Vollmachtsvorlage gem. § 174 BGB zurück.

☐ Das BAG vertritt die Auffassung, dass Personen, die üblicherweise betrieblich als kündigungsberechtigt angesehen werden, beispielsweise **Personalleiter**, insbesondere dann, wenn dies im Betrieb bekannt gemacht ist, keine Vollmacht vorlegen müssen.

Wechsel des Arbeitgebers

☐ Im Falle der → **Insolvenz** wechselt der Arbeitgeber insofern, als der **Insolvenzverwalter** in die Rechtsstellung des Arbeitgebers eintritt.

☐ In Fällen des → **Betriebsübergangs** wechselt der Arbeitgeber. Der Betriebsübernehmer tritt in die Rechtsstellung des bisherigen Arbeitgebers ein. Bei Rechtsvorgängen im Zusammenhang mit dem **Umwandlungsgesetz** (→ **Umwandlung**) wird im Regelfall ein Betriebsübergang vorliegen.

☐ Weitere Einzelheiten unter → **Umwandlung; Betriebsübergang**.

Arbeitsverhältnis zu mehreren Arbeitgebern

☐ Immer wieder vorkommend ist die Situation, dass ein Arbeitnehmer zu mehreren Arbeitgebern gleichzeitig und/oder parallel ein Arbeitsverhältnis abschließt. Auf Arbeitgeberseite wird dann von einer **Arbeitgebergruppe** gesprochen. Die Arbeitgeberstellung wird dann von allen Arbeitgebern gemeinsam wahrgenommen, sie haben das → **Direktionsrecht**. **Alle** Arbeitgeber müssen dann auch parallel kündigen. Kündigt nur ein Arbeitgeber, ist die Kündigung unwirksam, es sei denn, es läge gleichzeitig ausdrückliche **Stellvertretung** vor.

☐ Eine **Arbeitgebergruppe** kann z. B. im **Gemeinschaftsbetrieb** vorhanden sein (→ **Betrieb**), der von mehreren Arbeitgebern unterhalten wird. Der Gemeinschaftsbetrieb kann aber auch von einem der beteiligten Unternehmen oder einer Betriebsführungsgesellschaft geführt werden. Arbeitgeber bleibt dann jedoch das Unternehmen, zu dem der Arbeitsvertrag begründet ist.

Arbeitgeber

Beispiel:
Die Unternehmen A, B und C unterhalten einen Gemeinschaftsbetrieb. Die Führung übergeben sie einer von ihnen gegründeten Betriebsführungs-GmbH. Soll das Arbeitsverhältnis eines Arbeitnehmers der A-GmbH gekündigt werden, muss die Kündigung von dieser ausgesprochen werden.

☐ Ein Arbeitsverhältnis zu mehreren Arbeitgebern kann auch im → **Konzern** bestehen. Üblich ist aber bislang die arbeitsvertragliche Beziehung nur zu einem Konzernunternehmen (zu den Einzelheiten → **Konzern**).

Hat der Arbeitgeber eines beherrschten Konzernunternehmens Informations-, Anzeige- und Beratungspflichten, kann er sich nicht darauf berufen, als beherrschtes Unternehmen lägen ihm keine Informationen vor, weil alle Entscheidungen vom herrschenden Unternehmen gefällt würden. Der Arbeitgeber des beherrschten Unternehmens bleibt verantwortlich.

Besondere Arbeitgeberstellungen

☐ Nicht in allen Fällen sind die Arbeitgeberfunktionen in einer Person gebündelt, es kann zu einer **rechtlichen Aufspaltung** der Arbeitgeberfunktionen kommen, so dass einzelne Arbeitgeberrechte, insbesondere Weisungsrechte, einem anderen Rechtsträger zustehen. Typischer Fall ist die so genannte **Arbeitnehmerüberlassung** bzw. **Leiharbeit** bzw. auch **Zeitarbeit** genannt, geregelt im AÜG. **Arbeitgeber** eines Leiharbeitnehmers ist der **Verleiher**. Diesem steht das Kündigungsrecht zu. Es kann nicht an den Entleiher übertragen werden.

☐ Von einem **mittelbaren** Arbeitsverhältnis und einer **mittelbaren Arbeitgeberstellung** wird dann gesprochen, wenn ein Arbeitnehmer zur Erfüllung seiner vertraglichen Arbeitsverpflichtung seinerseits als Arbeitgeber Arbeitnehmer anstellt.

Beispiel:
Der bei einem Theater eingestellte Orchesterleiter stellt für sein Orchester Musiker ein.

Ist die Einschaltung eines **Zwischenarbeitgebers** aus sachlichen Gründen gerechtfertigt, ist der Zwischenarbeitgeber kündigungsberechtigt und auch **Klagepartei** in einem **Kündigungsschutzprozess** (→ **Kündigungsschutzklage**) des Arbeitnehmers. Fehlt es an einem sachlichen Grund, ist von einer Gesetzesumgehung und einer missbräuchlichen Nutzung von Gestaltungsformen auszugehen, dann ist Arbeitgeber (und nicht nur mittelbarer Arbeitgeber) der Arbeitgeber auf erster Stufe. Wegen der hier gegebenen Unsicherheit empfiehlt es sich, im Kündigungsschutzprozess vorsorglich sowohl den Arbeitgeber erster Stufe als auch Zwischenarbeitgeber zu verklagen.

Bedeutung für den Betriebsrat

☐ Das BetrVG verwendet sowohl den Begriff des **Arbeitgebers** als auch den des **Unternehmers**. Wesentlich für die Wahrnehmung der Mitbestimmungsrechte des Betriebsrates ist dabei, dass er die Arbeitnehmer gegenüber derjenigen **funktionalen** Arbeitgeberstellung vertritt, die für die jeweiligen Mitbestimmungsrechte zuständig ist.

☐ Der **Arbeitgeber** ist betriebsverfassungsrechtlich **Organ** der Betriebsverfassung und muss seine Organstellung auch im Regelfall verantwortlich wahrnehmen. Dies wird unterstrichen durch die Strafvorschriften in § 119 BetrVG und die Ordnungswidrigkeitsvorschrift im § 121 BetrVG. So wird bei personellen Einzelmaßnahmen der Arbeitgeber entweder selbst handeln, oder aber sich durch **leitende Angestellte** vertreten lassen müssen, die im Sinne des § 5 Abs. 3, Ziff. 1 BetrVG bevollmächtigt sind. Er kann sich deshalb bei einer → **Betriebsratsanhörung** nicht durch einen Rechtsanwalt vertreten lassen und diesen beauftragen, das Verfahren nach § 99 oder § 102 BetrVG durchzuführen.

☐ Das BAG meint, dass sich ein Arbeitgeber auch durch solche Personen **vertreten** lassen kann, die im Hinblick auf die geplante Maßnahme über die **notwendige Fachkompetenz** verfügen, ohne dass eine **leitende Angestellteneigenschaft** gefordert wird. Dem kann entgegengehalten werden, dass der Betriebsrat Anspruch auf eine **verbindliche Stellungnahme** des Arbeitgebers hat. Verbindlichkeit ist nur dann gegeben, wenn sich der Arbeitgeber zum einen die Äußerungen des Vertreters zurechnen lassen muss, zum anderen aber auch der Vertreter in der Lage ist, **eigenständige Erklärungen** abzugeben. Ist das nicht der Fall, kommt es zu erheblichen Verzögerungen und insbesondere findet ein direkter Meinungsaustausch nicht statt. Lässt sich der Arbeitgeber durch inkompetente Personen vertreten, kann das im Wiederholungsfalle als **Behinderung** der BR-Tätigkeit gewertet werden.

Arbeitnehmer

Wer ist das?

☐ **Arbeitnehmer** sind die Personen, die in einem durch einen **Arbeitsvertrag** begründeten Rechtsverhältnis zu einem → **Arbeitgeber** stehen und diesem gegenüber zur Erbringung der vertraglich geschuldeten Arbeitsleistung verpflichtet sind, während der Arbeitgeber verpflichtet ist, die von ihm versprochene Vergütung zu zahlen und dafür berechtigt ist, im Rahmen des Arbeitsvertrages durch sein → **Direktionsrecht Weisungen** zu erteilen. Prägendes Wesensmerkmal des Arbeitnehmerbegriffes ist die **Weisungsabhängigkeit**. Zu den Besonderheiten des Ausbildungsverhältnisses siehe unter → **Ausschuss für Berufsbildungsstreitigkeiten** und → **Auszubildende**.

☐ Da ein durch Gesetz klar konturierter **arbeitsrechtlicher** Arbeitnehmerbegriff nicht existiert, ergeben sich bei der **Feststellung** des Arbeitnehmerbegriffes im konkreten Einzelfall immer wieder **Unklarheiten** und **Unsicherheiten**. Der Arbeitnehmerbegriff ist abzugrenzen gegen **selbständige** Formen der Tätigkeitserbringung, wie sie beim Unternehmer und so genanntem freien Mitarbeiter prägend sind. Insofern bietet § 84 Abs. 1 HGB einen gesetzlichen Anhaltspunkt, wonach selbständig der ist, der im Wesentlichen **frei** seine **Tätigkeit** gestalten und seine **Arbeitszeit** bestimmen kann.

☐ Die **Arbeitnehmereigenschaft** ist unabhängig davon, ob eine abhängige Beschäftigung im Haupt- oder Nebenberuf erfolgt, ob sie in Teilzeit oder Vollzeit, zur Aushilfe, vorübergehend oder auf Dauer ausgeübt wird, ob sie zur Sicherung der materiellen Lebensbedingungen erforderlich ist oder nicht. Maßgeblicher Anknüpfungspunkt ist allein die **ausgeübte Tätigkeit** im Verhältnis zum Arbeitgeber. Dabei ist das Maß der **Abhängigkeit** nicht in allen Arbeitsverhältnissen gleich. Dieses richtet sich nach der jeweiligen konkreten Aufgabenstellung. Nach der Rechtsprechung ist ein wesentliches, objektivierbares Element der Abhängigkeit die so genannte »Zeitautonomie« bzw. das zeitliche **Weisungsrecht** des Arbeitgebers. Daneben sind aber noch weitere Kriterien zu berücksichtigen, wie die Eingliederung in einen → **Betrieb**, die wirtschaftliche Abhängigkeit, die fachliche Weisungsgebundenheit usw.

Die Zuordnung erfolgt dabei unabhängig von der jeweiligen Bezeichnung im Arbeitsvertrag. Maßgeblich ist allein die tatsächliche Durchführung der Beschäftigung im Betrieb.

Arbeitnehmer

☐ Die vorhandene oder fehlende Arbeitnehmereigenschaft einer im Arbeitsleben tätigen Person ist Dreh- und Angelpunkt für die Anwendung des gesamten → **Kündigungsschutzes**. Das Kündigungsschutzrecht ist eine wesentliche Ausprägung des als **Arbeitnehmerschutzrecht** angelegten Arbeitsrechtes. Es wird deshalb nur auf Arbeitnehmer angewandt.

☐ Darüber hinaus führt die Erfüllung des Arbeitnehmerbegriffes auch zu einer entscheidenden **verfahrensrechtlichen** Weichenstellung, denn die **Arbeitsgerichte** sind ausschließlich für **Arbeitnehmer** (außerdem noch arbeitnehmerähnliche Personen) zuständig (→ **Kündigungsschutzklage**). Wird eine Tätigkeit nicht durch Arbeitnehmer erbracht, ist bei Streitigkeiten entweder das **Amts-** oder **Landgericht** zuständig.

☐ Neben dieser arbeitsrechtlichen und arbeitsgerichtlichen Bedeutung kommt dem Arbeitnehmerbegriff auch eine ganz wesentliche sozialversicherungsrechtliche Bedeutung zu. Nur für den Arbeitnehmer gelten die großen Sozialversicherungssysteme der Krankenversicherung, der Arbeitslosenversicherung und der Rentenversicherung.

☐ Der Gesetzgeber hat versucht, durch die **sozialversicherungsrechtliche** Neuregelung des § 7 Abs. 4 IV SGB die Auflösung des Arbeitnehmerbegriffes einzudämmen und hat einen Merkmalskatalog aufgestellt, der bei Vorliegen von drei von fünf Merkmalen dazu führt, dass die Vermutung der abhängigen Beschäftigung im Sinne einer Arbeitnehmerstellung besteht (s. Checkliste, S. 81).

☐ Die sozialversicherungsrechtlichen Abgrenzungsmerkmale können zwar auch als Rechtsfindungshilfe bei der Bestimmung des arbeitsrechtlichen Arbeitnehmerbegriffes benutzt werden, sie sind jedoch **nicht** für das Arbeitsrecht **bestimmend**. Die **Bestimmungsmacht** über den arbeitsrechtlichen Arbeitnehmerbegriff haben allein die **Arbeitsgerichte**, in der Anwendung der jeweils zu beachtenden Gesetze, der vertraglichen Vereinbarungen und ihrer konkreten Durchführung.

Grundmerkmale eines Arbeitsverhältnisses

☐ Ein Arbeitsverhältnis setzt einen Vertrag voraus. Dieser muss privatrechtlicher Natur sein. Deshalb sind z. B. keine Arbeitnehmer Personen, die ihre Tätigkeiten aufgrund **familienrechtlicher Unterhaltsverpflichtungen** und Rechtsbeziehungen (§§ 13, 56, 1619 BGB) oder aufgrund **öffentlich-rechtlicher Rechtsbeziehung** erbringen bzw. erbringen müssen, wie z. B. Zivildienstleistende, Pflichtarbeiter bei der Sozialhilfe, Strafgefangene, Fürsorgezöglinge usw. Keine Arbeitnehmer sind Beamte, Richter, Soldaten, Lehrbeauftragte usw.

Arbeitnehmer

☐ Keine Arbeitnehmer sind deshalb auch solche Personen, deren Verpflichtung zur Tätigkeit aufgrund **mitgliedschaftsrechtlicher** Beziehungen zu einem **Verein** entstanden sind. Allerdings ist hier im Einzelfall exakt zu prüfen, ob durch eine »Quasi-Zwangsmitgliedschaft« in einem Verein eine **Umgehung** arbeitsrechtlicher **Schutzvorschriften** erreicht werden soll. Das ist dann der Fall, wenn dem Vereinsmitglied weder Einfluss gewährende Mitgliedschaftsrechte zustehen noch Ansprüche auf angemessene Vergütung bzw. Versorgung.

Beispiel:
Mitgliedschaft in einer Sekte mit Arbeitsverpflichtung ohne Vergütung und ohne die Möglichkeit, eine andere Tätigkeit aufzunehmen.

☐ Der Vertrag muss nicht **schriftlich** abgeschlossen sein, jedoch ist bei einem Arbeitsverhältnis der Arbeitgeber verpflichtet, die wesentlichen Vertragsbedingungen nach § 2 NachwG schriftlich niederzulegen, zu unterzeichnen und dem Arbeitnehmer auszuhändigen.

- Maßgeblich für die Bestimmung des Arbeitnehmerbegriffes ist jedoch nicht der Inhalt mündlicher oder schriftlicher Vereinbarungen. Auf diesen kommt es nur insoweit an, als die Gesamttätigkeit der betreffenden Person zu werten und der Parteiwille zu berücksichtigen ist.
- Eine Arbeitnehmerstellung kann auch dann gegeben sein, wenn die Parteien des Vertrages ausdrücklich dieses nicht gewollt haben und eine Vertragsformulierung gewählt haben, die nach ihrer Auffassung die Anwendung der Arbeitnehmereigenschaft ausschließt.

Formulierungsbeispiel:
Die Parteien dieses Vertrages sind sich einig darüber, dass ein Arbeitsverhältnis nicht begründet wird. Sie wollen, dass das Arbeitsrecht auf diesen Vertrag nicht Anwendung findet. Sie wollen vor allem, dass das Kündigungsschutzgesetz keine Anwendung findet. Es handelt sich um eine selbständige und freie Tätigkeit.

☐ Auch bei dieser Formulierung ist zunächst maßgeblich, wie die aufgrund des Vertrages begründete Tätigkeit **tatsächlich ausgeübt** wird.

Allerdings können sich aus einer Vertragsgestaltung und deren Durchführung dann weitere Indizien für die Anwendung des Arbeitnehmerbegriffes ergeben. Das ist z. B. dann der Fall, wenn in dem Vertrag Regelungen zur Einhaltung der Arbeitszeit enthalten sind oder Bestimmungen über Vergütungen, die mit üblichen Gehaltszahlungsregelungen vergleichbar sind.

Beispiel:
Der freie Mitarbeiter ist verpflichtet, die betriebsüblichen Arbeitszeiten einzuhalten und rechtzeitig Bescheid zu sagen, wenn eine Verhinderung vorliegt. Der Arbeitneh-

Arbeitnehmer

mer erhält regelmäßig gleich hohe Vergütungsbeträge pro Monat, wie vergleichbare Mitarbeiter mit Arbeitnehmerstatus.

☐ Ein Arbeitsvertrag setzt darüber hinaus einen → **Arbeitgeber** voraus. Dieser zeichnet sich durch sein → **Direktionsrecht** aus. Spiegelbildlich dazu ist der Arbeitnehmer **weisungsabhängig**. Dies führt zur **persönlichen Abhängigkeit** des Arbeitnehmers (s. Checkliste, S. 81).

☐ Da der Arbeitnehmerbegriff an der **Tätigkeit** anknüpft, hängt die Anwendung des Begriffes auch jeweils wesentlich von dieser Tätigkeit ab. So ist z. B. die **Intensität** des Direktionsrechtes des Arbeitgebers wesentlich niedriger, wenn es sich um **Führungs- und Leitungsaufgaben, künstlerische** oder **erzieherische** Aufgaben handelt oder solche, die mit einem hohen Maß an **Eigeninitiative, Innovationskraft** und **Selbständigkeit** verbunden sind.

Die Frage der (zeitlichen) Bestimmungsmacht des Arbeitgebers tritt umso mehr zurück, als der Arbeitnehmer außerhalb des eigentlich räumlich-gegenständlichen → **Betriebes** eingesetzt wird, beispielsweise als Außendienstmitarbeiter, als Mitarbeiter in einem Tele-Arbeitsverhältnis usw.

Abgrenzung zu anderen Tätigkeitsformen

☐ **Arbeitnehmerähnlich** sind insbesondere sog. **freie Mitarbeiter**. Zum Kreis der arbeitnehmerähnlichen Personen gehören z. B. Handelsvertreter, vor allem Einfirmen-Vertreter mit geringem Einkommen, Künstler, Schriftsteller, freie Journalisten usw. → **Heimarbeiter**.

Gerade die Rechtsform des »freien Mitarbeiters« wird oft **rechtsmissbräuchlich** gebraucht. Hier ist eine **kritische** Analyse der Tätigkeit, der vertraglichen Beziehungen und eine **sorgfältige** Anwendung der zum Arbeitnehmerbegriff führenden Kriterien angebracht.

Wesentlich und bestimmend für den Begriff der **arbeitnehmerähnlichen** Person ist, dass er zwar persönlich weniger abhängig ist, dennoch aber wirtschaftlich unselbständig ist.

☐ **Keine Arbeitnehmer** sind grundsätzlich die **Organe juristischer Personen**, also z. B. Geschäftsführer einer GmbH, Vorstandsmitglieder einer Aktiengesellschaft, Vorstandsmitglieder eines Vereins usw.

Allerdings bestehen hier **Besonderheiten** dann, wenn der Status als Organvertreter sich aus einer vorherigen betrieblichen Arbeitnehmertätigkeit entwickelt hat:

Arbeitnehmer

Beispiele:
- *Der Arbeitnehmer tritt als kaufmännischer Angestellter in den Betrieb ein und wird zum Prokuristen befördert. Ein Jahr später wird er zum Geschäftsführer bestellt. Durch die Bestellung zum Geschäftsführer verliert dieser an sich seine Stellung als Arbeitnehmer und damit auch den gesamten kündigungsrechtlichen Schutz.*
- *Ein Arbeitnehmer wird in einem herrschenden Konzernunternehmen als leitender Angesteller eingestellt. Im Arbeitsvertrag wird vereinbart, dass der Arbeitnehmer auch in Tochtergesellschaften entsandt werden kann und bei Bedarf dort Geschäftsführerfunktionen übernehmen soll.*

Die Rechtsprechung lässt es allerdings zu, dass diese weit reichenden Folgerungen aus einer bloßen Statusveränderung unter gewissen Umständen vermieden werden. Das ist dann der Fall, wenn das zugrunde liegende Arbeitsverhältnis bestehen bleibt und für die Bestellung zum Geschäftsführer lediglich als **ruhendes Arbeitsverhältnis** weitergeführt wird. Dann lagert sich das Geschäftsführerverhältnis über das Arbeitsverhältnis, wobei das BAG zu Recht darauf hingewiesen hat, dass ein Geschäftsführer nicht nur aufgrund eines Dienstvertrages, sondern auch aufgrund eines Arbeitsvertrages tätig werden kann.

Allerdings fordert die Rechtsprechung, dass sich entweder aus den vertraglichen Gegebenheiten oder den tatsächlichen Umständen klar und eindeutig der Parteiwille erkennen lässt.

Beispiel:
- *Sie werden hiermit zum Geschäftsführer berufen. Damit endet Ihr Arbeitsvertrag. Für Ihre Tätigkeit als Geschäftsführer gelten die Bestimmungen des am heutigen Tage abgeschlossenen Geschäftsführer-Dienstvertrages.*

Hier ist eindeutig, dass ein Arbeitsverhältnis nicht mehr besteht.

- *Sie werden zum 1.10. zum Geschäftsführer unserer Gesellschaft bestellt. Das bisher mit Ihnen bestehende Arbeitsverhältnis ruht für den Zeitraum Ihrer Bestellung zum Geschäftsführer. Bei Abberufung treten Sie wieder in die Position ein, die Sie vor Ihrer Bestellung zum Geschäftsführer eingenommen haben.*

Hier ist klar, dass der Geschäftsführer auch weiterhin Kündigungsschutz geltend machen kann, wenn er von der Geschäftsführerposition abberufen wird und der Arbeitgeber das Vertragsverhältnis kündigt.

Zweifelhaft ist folgender Fall:

- *Sie werden hiermit zum Geschäftsführer berufen. Gleichzeitig gewähren wir Ihnen eine Gehaltserhöhung von 3000,- DM pro Monat.*

In diesem Fall nimmt das BAG an, dass durch die verändernde Umgestaltung des ursprünglichen Arbeitsvertrages im Zusammenhang mit der neuen Funktion als Geschäftsführer eine Beendigung des alten Arbeitsvertrages auf Dauer erfolgt, so dass der ehemalige Arbeitnehmer diesen Status verliert und ausschließlich als Organvertreter zu behandeln ist, so dass er seinen Kündigungsschutz verliert. Diese Konsequenz muss im Fall der Berufung zu einem Organvertreter stets beachtet werden.

☐ **Unschädlich** für den Arbeitnehmerbegriff ist, dass dieser gleichzeitig **Gesellschafter** des Arbeitgebers ist.

Beispiele:
- *Der Prokurist einer Kommanditgesellschaft ist gleichzeitig als Kommanditist an dem Unternehmen beteiligt.*
- *Zehn Arbeitnehmer gründen eine Gesellschaft, einer von ihnen wird zum Geschäftsführer berufen, die übrigen begnügen sich mit ihrem jeweils 10%igen Gesellschaftsanteil.*

☐ Schwierige Abgrenzungsfragen zur selbständigen Tätigkeit ergeben sich dann, wenn besondere Vertragsformen, wie z. B. ein **Franchise-Vertrag**, gewählt werden oder aber die Person durch Aufwendung eigener Mittel sich erst in die Lage versetzt, die Tätigkeit im Wesentlichen für einen Auftraggeber zu erbringen, z. B. **Verkaufs- und Speditionsfahrer** mit eigenem LKW.

Hier ist maßgeblich, ob die Person in der Lage ist, unternehmerisch handelnd, selbständig mit Zeitautonomie tätig zu werden. Ist durch vertragliche Bestimmungen das Vertragsverhältnis zum »Auftraggeber« bzw. »Franchise-Geber« so dicht und eng reglementiert, besteht ein solches Informations- und Kommunikationsgeflecht, dass der Arbeitgeber die absolute Kommunikationsherrschaft hat, spricht vieles für eine abhängige Beschäftigung.

Die verschiedenen Formen des Arbeitsverhältnisses

☐ Kündigungsschutzrechtlich kommt es nicht darauf an, ob das Arbeitsverhältnis in einer besonderen Ausgestaltung und Form angelegt ist. Entscheidend ist, dass die allgemeinen Kriterien vorliegen.

Unerheblich ist auch, ob die Beschäftigung als **Angestellter** oder **Arbeiter** erfolgt. Diese Unterscheidung hat für das Arbeitsrecht und damit für das Kündigungsschutzrecht immer weniger Bedeutung, nachdem z. B. der Gesetzgeber auch die → **Kündigungsfristen** gleichgestellt hat.

Arbeitnehmer

☐ Vom Kündigungsschutz erfasst sind auch → **leitende Angestellte**. Allerdings gelten für diese Besonderheiten insofern, als der Betriebsrat in allen mitbestimmungsrechtlichen und sonstigen Fragen nicht zuständig ist. Dessen Funktion übernimmt, in beschränktem gesetzlichen Rahmen der **Sprecherausschuss**.

☐ Zu weiteren Einzelheiten → **Kleinbetrieb** und → **Kündigungsschutz**.

»Doppelstellung«: Arbeitnehmer und Nichtarbeitnehmer?

☐ Für den Kündigungsschutz des Arbeitnehmers maßgeblich ist immer die Beschäftigung in einem, dem Kündigungsschutz unterliegenden **Betrieb** (→ **Kleinbetrieb**). Deshalb ist es ohne weiteres möglich, dass die Tätigkeit einer Person in einem Betrieb keine Arbeitnehmertätigkeit ist, während sie im Verhältnis zu einem anderen Betrieb bzw. anderen Auftraggeber oder Arbeitgeber als Arbeitnehmereigenschaft zu qualifizieren ist.

Beispiele:
- *Der Beamte erhält eine Nebentätigkeitsgenehmigung. Als Nebentätigkeit ist er wöchentlich zehn Stunden in einem Privatbetrieb als kaufmännischer Angestellter tätig.*
- *Ein Arbeitnehmer steht in einem Arbeitsverhältnis zu einer Konzerngesellschaft (→ Konzern). Im Arbeitsvertrag wird vereinbart:*
Sie verpflichten sich, auf Weisung unserer Gesellschaft auch als Geschäftsführer einer Konzerngesellschaft tätig zu werden.

Feststellung des Arbeitnehmerbegriffes durch die Arbeitsgerichte

☐ Rechtliche Unsicherheiten über die Rechtsnatur eines Vertragsverhältnisses werden meist am Ende ausgetragen. Erst dann ergibt sich die Notwendigkeit für eine Klärung. Bis dahin gilt zunächst das Prinzip: »Wo kein Kläger, dort kein Richter«. Allerdings ist es möglich, auch während eines bestehenden Rechtsverhältnisses dessen **Status** feststellen zu lassen. Will der Vertragspartner seine **Arbeitnehmereigenschaft** festgestellt haben, kann er eine sog. **Statusklage** beim **Arbeitsgericht** erheben. Das Arbeitsgericht ist sachlich zuständig, um festzustellen, ob eine Arbeitnehmereigenschaft vorliegt.

Arbeitnehmer

Umgekehrt kann auch der Arbeitgeber eine Feststellungsklage erheben. Er wird dies eher beim ordentlichen Gericht tun. Das ordentliche Gericht muss dann prüfen, ob keine Arbeitnehmereigenschaft vorliegt. Ist das nicht der Fall, muss es die Sache an das Arbeitsgericht verweisen.

☐ Die Arbeitnehmereigenschaft ist Voraussetzung für die **Zuständigkeit** des **Arbeitsgerichtes**. Erhebt eine Person deshalb eine **Kündigungsschutzklage**, muss das Arbeitsgericht zunächst feststellen, ob es **sachlich** zuständig ist.

Nach der Rechtsprechung ist das bereits dann der Fall, wenn sich der Arbeitnehmer auf den Kündigungsschutz des KSchG beruft. Denn dieses findet nur Anwendung, wenn die klagende Person Arbeitnehmer ist. Zuständigkeit und Begründetheit der Klage decken sich insoweit.

Ist diese Deckungsgleichheit nicht gegeben, muss das Arbeitsgericht im Rahmen eines »**Vorabentscheidungsverfahrens**« nach § 17 GVG seine sachliche Zuständigkeit vorab prüfen. Dadurch ist häufig ein erheblicher Zeitverzug im **Kündigungsschutzverfahren** gegeben.

Das Arbeitsgericht kann sich auch mit einer sog. **Wahlfeststellung** begnügen und darauf hinweisen, dass die klagende Person entweder Arbeitnehmer oder **arbeitnehmerähnliche Person** ist. Dann muss innerhalb des zulässigen Verfahrens materiell-rechtlich geprüft werden, ob die Arbeitnehmereigenschaft vorliegt und ob somit Arbeitnehmerschutzrechte für das Kündigungsschutzrecht zur Anwendung kommen.

☐ Bestehen **Unklarheiten** über die Anwendung des **Kündigungsschutzes**, weil Zweifel an der Arbeitnehmereigenschaft bestehen, ist es dringend empfehlenswert, innerhalb der → **Klagefrist** von drei Wochen Klage zu erheben. Denn stellt sich nach einer Kündigung heraus, dass tatsächlich ein Arbeitsverhältnis und z. B. keine freie Mitarbeiterschaft vorgelegen hat, gilt die Kündigung, wenn nicht rechtzeitig eingegriffen wurde, als rechtmäßig.

☐ Es ist zunächst Aufgabe der klagenden Person, im Einzelnen vorzutragen und zu beweisen, woraus sich seine Arbeitnehmerstellung ergeben soll. Das Gericht kann sich im Vorabentscheidungsverfahren jedoch mit einer relativ summarischen Prüfung zufrieden geben. Dies gilt jedoch dann nicht mehr, wenn materiell-rechtlich entschieden werden muss.

☐ Wird dann der Arbeitnehmerstatus festgestellt oder durch die Sozialversicherung zugrunde gelegt, ergeben sich erhebliche sozialversicherungsrechtliche Auswirkungen. Das gesamte Rechtsverhältnis muss dann der sozialversicherungsrechtlichen Lage angepasst werden und bis zu 4 Jahren rückgerechnet werden. Nur für die letzten 3 Monate muss der Arbeitnehmer seine Anteile zur Sozialversiche-

Arbeitnehmer

rung selbst zahlen. Ansonsten haftet der Arbeitgeber voll für die rückständigen Anteile zur Sozialversicherung.

☐ Ist ein Rechtsverhältnis fälschlicherweise nicht als Arbeitsverhältnis behandelt und durchgeführt worden, stellt dann das Arbeitsgericht dieses jedoch später fest, dann können die materiellen Bedingungen des Rechtsverhältnisses nicht »eins zu eins« in das Arbeitsverhältnis übertragen werden. Vielmehr muss eine sachgerechte Anpassung an die Besonderheiten des Arbeitsverhältnisses stattfinden.

Beispiel:
Vereinbart ein Scheinselbständiger z. B. einen Stundensatz von 100,– DM, weil darin auch alle Auslagen enthalten sind, die er selbst zu tragen hat, dann muss das arbeitsvertragliche Stundenentgelt entsprechend reduziert werden, auch unter dem Gesichtspunkt, dass der Arbeitgeber nun diesem »neuen« Arbeitnehmer Entgeltfortzahlung im Krankheitsfall und bezahlten Urlaub gewähren muss.

Bedeutung für den Betriebsrat

☐ Der Arbeitnehmerbegriff ist auch bestimmend für das gesamte Betriebsverfassungsrecht, denn Betriebsräte können nur von Arbeitnehmern, mit Ausnahme der → **leitenden Angestellten**, gewählt werden. Auch nur gegenüber Arbeitnehmern stehen dem Betriebsrat Mitwirkungs- und Mitbestimmungsrechte zu, insbesondere auch im Rahmen des **§ 102 BetrVG**.

Auch ein → **Interessenausgleich und Sozialplan** kann nur mit Wirkung für Arbeitnehmer abgeschlossen werden.

☐ Bei Zweifeln darüber, ob Beschäftigte eines Betriebes Arbeitnehmer sind oder nicht, kann der Betriebsrat ein **Beschlussverfahren** einleiten, um durch einen Feststellungsantrag eine betriebsverfassungsrechtliche Klärung herbeizuführen.

Arbeitnehmer

Checkliste zur Feststellung der Arbeitnehmereigenschaft nach sozialversicherungsrechtlichen Merkmalen

- Die Person beschäftigt im Zusammenhang mit ihrer (abhängigen) Tätigkeit keinen anderen Arbeitnehmer, der monatlich mehr als 630,– DM verdient;
- die Tätigkeit ist auf Dauer angelegt und erfolgt im Wesentlichen nur für **einen** Auftraggeber;
- Tätigkeiten der ausgeübten Art werden regelmäßig ansonsten durch den Auftraggeber durch Arbeitnehmer erledigt;
- Merkmale unternehmerischen Handelns sind nicht gegeben;
- waren die Personen vorher als Arbeitnehmer zum gleichen Arbeitgeber tätig, muss verglichen werden, ob sich das äußere Erscheinungsbild in der Erbringung der Tätigkeit geändert hat.

Checkliste zur Feststellung des Vorliegens eines Arbeitsvertrages

- **Direktionsrecht** des Arbeitgebers im Hinblick auf die Bestimmung von Art, Ort und Zeit der Tätigkeit, wobei der Arbeitnehmer verpflichtet ist, diese Bestimmungen als verpflichtend zu akzeptieren.
- Daraus folgt eine **Eingliederung** in die betriebliche Organisation des Arbeitgebers, in die Benutzung der Betriebsmittel des Arbeitgebers und Betriebes sowie in die Zusammenarbeit mit anderen Arbeitnehmern.
- Aus der Abhängigkeit folgt auch die fehlende Möglichkeit, unternehmerisch tätig zu werden, d. h. selbstbestimmt Risiken und Chancen einer Tätigkeit wahrzunehmen.
- Hinzu kommt dann auch oft, dass die Vertragsbeziehung zum Arbeitgeber die gesamte oder jedenfalls einen wesentlichen Teil der wirtschaftlichen Lebensgrundlage bildet.

Alle Kriterien sind gesondert für sich und jeweils in Bezug auf die ausgeübte Tätigkeit zu bewerten und dann in ein gewichtetes Verhältnis zueinander zu stellen. **Schematische Aussagen** zur Rangfolge der Kriterien und ihrer jeweiligen prozentualen Bedeutung sind fehl am Platze.

Arbeitsplatzschutz für Soldaten und Zivildienstleistende

Was ist das?

☐ Die Gesellschaft verlangt im Allgemeinen die Ableistung des Wehrdienstes oder des Zivildienstes. Darüber hinaus unterhält sie auch Streitkräfte mit der Möglichkeit, sich länger zu verpflichten. Um die sich daraus ergebenden Verpflichtungen und Möglichkeiten ohne beruflichen Schaden für die Betroffenen zu gestalten, schützt sie unter bestimmten Umständen deren Arbeitsplatz.

Zu unterscheiden ist der Arbeitsplatzschutz bei Wehr- oder Zivildienst sowie kurzzeitiger Verpflichtung einerseits und der bei Eignungsübungen andererseits.

Wie funktioniert der Schutz bei Ableistung von Diensten?

☐ Der gesetzliche **Schutz** greift ein, wenn jemand den Grundwehrdienst oder seinen Zivildienst leistet. Ebenso sind Soldaten auf Zeit geschützt, die sich entweder zunächst auf nicht mehr als sechs Monate oder endgültig auf nicht mehr als zwei Jahre verpflichten. Der Schutz gilt auch bei Wehrübungen, bei freiwilligen aber nur bis zu sechs Wochen im Kalenderjahr.

Geschützt ist der in Deutschland für deutsche Stellen zu leistende Dienst. Der Dienst in einem Mitgliedsland der Europäischen Gemeinschaft ist gleichgestellt. Nach Ansicht der Rechtsprechung gilt dies nicht für türkische Arbeitnehmer. Allerdings kann der Arbeitgeber nicht ohne weiteres kündigen, weil diese Wehrdienst leisten. Das gilt vor allem dann, wenn der in der Türkei mögliche kurzzeitige zwei-monatige Wehrdienst abgeleistet wird.

☐ Geschützt sind Arbeitnehmer und Heimarbeiter, wenn sie ihren Lebensunterhalt überwiegend aus der Heimarbeit beziehen.

☐ Der Schutz ist wie folgt ausgestattet:
- Von der Zustellung des Einberufungsbescheides an bis zum Ablauf des Dienstes ist eine **ordentliche Kündigung** nicht zulässig, auch nicht als Änderungskündigung (→ **Änderungskündigung**).

Arbeitsplatzschutz für Soldaten und Zivildienstleistende

- Darüber hinaus ist es dem Arbeitgeber **verboten**, aus Anlass des Dienstes zu kündigen. Heimarbeiter dürfen nicht bei der Ausgabe von Arbeit benachteiligt werden.
- Die außerordentliche Kündigung bleibt möglich, doch ist der infrage stehende Dienst kein Grund zur **außerordentlichen Kündigung**. Hiervon gibt es eine Ausnahme, wenn Arbeitnehmer in einem Kleinbetrieb arbeiten (→ **Kleinbetrieb**), unverheiratet sind, es dem Arbeitgeber wegen der Einstellung einer Ersatzkraft unzumutbar ist, den Dienstleistenden weiterzubeschäftigen und wenn die Kündigung mit einer Frist von zwei Monaten zum Ende des Dienstes ausgesprochen wird.

☐ Die an sich für Kündigungsschutzklagen einzuhaltende → **Klagefrist** läuft erst zwei Wochen nach Ende des maßgeblichen Dienstes aus.

Was gilt bei Eignungsübungen?

☐ Bewerber für eine Stellung als Soldat auf Zeit müssen Eignungsübungen bis zu vier Monaten ableisten. Während dieser Zeit ist das Arbeitsverhältnis **nicht** ordentlich kündbar. Außerdem ist eine Kündigung aus Anlass der Eignungsübung verboten. Ausnahmen für Kleinbetriebe fehlen. Außerordentliche Kündigungen bleiben möglich.

☐ Der Kündigungsschutz gilt für Arbeitnehmer, nicht für Heimarbeiter.

Ärzte in der Weiterbildung, Befristung

Was ist das?

☐ Das »Gesetz über befristete Arbeitsverträge mit Ärzten in der Weiterbildung« vom 15.5.1986 (BGBl I S. 742) hat spezifische Regeln über die Befristung von Arbeitsverträgen mit Ärzten in der Weiterbildung geschaffen. Diese sind durch Änderungsgesetz vom 16.12.1997 (BGBl I S. 2994) weiterentwickelt worden.

Das Gesetz will den **Abschluss befristeter Arbeitsverträge** mit dem fraglichen Personenkreis **erleichtern**. Anlass war eine Änderung der medizinischen Ausbildung, wonach angehende Ärzte ein zwei Jahre dauerndes Praktikum in Krankenhäusern absolvieren müssen. Da dies »kostenneutral« umgesetzt werden sollte, mussten Stellen freigemacht werden. Wichtigstes Mittel hierfür war die zeitliche Beschränkung der »Weiterbildungsphase« von approbierten Ärzten, die aufgrund des Gesetzes nur noch befristet beschäftigt werden sollen.

Wer wird erfasst?

☐ Das Gesetz regelt ausschließlich den Abschluss von Arbeitsverträgen mit **approbierten Ärzten**; die vor der Approbation liegende Ausbildung wird nicht erfasst. Nicht einbezogen ist auch die Weiterbildung von Zahnärzten und Tierärzten.

☐ Soweit die ärztliche Weiterbildung an Universitäten und Forschungseinrichtungen stattfindet, bestimmt sich ihr arbeitsrechtlicher Rahmen ausschließlich nach den §§ 54, 57b ff. Hochschulrahmengesetz (→ **Wissenschaftliche Assistenten** und → **Wissenschaftliche Mitarbeiter**). Das Gesetz ist somit in erster Linie auf kommunale, kirchliche und freie gemeinnützige Krankenhäuser anzuwenden.

☐ Das Gesetz deckt **nicht jede Form von** ärztlicher **Weiterbildung** ab. Diese muss »zeitlich und inhaltlich strukturiert« sein und
- der Qualifikation als Facharzt oder
- dem Erwerb einer Anerkennung für einen Schwerpunkt oder
- dem Erwerb einer Zusatzbezeichnung oder

Ärzte in der Weiterbildung, Befristung

- dem Erwerb eines Fachkundenachweises oder
- dem Erwerb einer Bescheinigung über eine fakultative Weiterbildung

dienen. Im Vordergrund steht bei weitem die **Facharztausbildung**. Die Weiterbildung muss der Tätigkeit das Gepräge geben; eine bloße Förderung reicht nicht aus. Auf diese Weise soll verhindert werden, dass einzelne Weiterbildungsmaßnahmen zum »Aufhänger« für eine Befristung von Arbeitsverträgen mit Ärzten genommen werden, die wie andere angestellte Ärzte eingesetzt werden.

Die Befristung und ihre Dauer

☐ Das Gesetz ermöglicht lediglich eine Zeitbefristung, also den Abschluss eines Arbeitsvertrags, dessen Ablauf sich nach dem Kalender bestimmen lässt. Eine sog. → **Zweckbefristung** ist **ausgeschlossen**. Obwohl dies sinnvoll wäre, kann daher nicht vereinbart werden, dass der Arbeitsvertrag mit dem Bestehen der Prüfung oder einer anderen Form des Qualifikationserwerbs endet.

☐ Bei der Befristung ist eine gesetzlich vorgeschriebene Mindestdauer und eine ebenfalls vorgeschriebene Höchstdauer zu beachten.

☐ Nach der seit Anfang 1998 geltenden Fassung des Gesetzes darf der Vertrag den **Zeitraum nicht unterschreiten**, für den der weiterbildende Arzt die **Weiterbildungsbefugnis** besitzt. Dies bedeutet, dass grundsätzlich für die gesamte Weiterbildung nur eine einzige Befristung vorgenommen wird; eine »Zerstückelung« in einzelne kurzfristige Verträge scheidet aus.

☐ Die **Höchstfrist** beträgt grundsätzlich acht Jahre. Schließt sich an die Facharztausbildung oder an den Erwerb einer Zusatzbezeichnung eine weitere Phase an, die die Anerkennung für einen Schwerpunkt oder den Erwerb einer Zusatzbezeichnung, eines Fachkundenachweises oder einer Bescheinigung über eine fakultative Weiterbildung zum Gegenstand hat, so kann auch nach Ablauf der acht Jahre ein **weiterer befristeter Arbeitsvertrag** abgeschlossen werden. Seine Dauer richtet sich nach dem Zeitraum, den die Weiterbildungsordnungen der Landesärztekammern vorsehen; die bis Ende 1997 bestehende Zwei-Jahres-Grenze existiert nicht mehr.

☐ Leistet der Arzt lediglich **Teilzeitarbeit,** können die Höchstgrenzen entsprechend überschritten werden. Bei eine Halbtagstätigkeit tritt daher eine Verdoppelung des an sich vorgesehenen zeitlichen Rahmens ein.

Ärzte in der Weiterbildung, Befristung

Ausnahmesituationen

☐ Bestimmte Zeiten wie z. B. die Beurlaubung wegen der **Pflege eines Kindes** unter 18 Jahren werden bei den Fristen nicht mitgezählt. Insoweit tritt allerdings keine automatische Verlängerung ein; vielmehr ist der Arbeitgeber lediglich zum Abschluss eines »Verlängerungsvertrages« verpflichtet. Dem Arzt soll die Verlängerung nicht aufgezwungen werden.

☐ **Wechselt** der Arzt **von einem Krankenhaus in ein anderes**, verlängert dies die Höchstfrist nicht.

☐ Bei einem **Wechsel der Fachrichtung** beginnen die Fristen erneut zu laufen; insoweit findet keine Zusammenrechnung statt.

Gesetzesverstöße

☐ Wird die Mindest- oder die Höchstfrist nicht beachtet, ist die entsprechende Abmachung unwirksam. Es entsteht daher automatisch ein **unbefristetes Arbeitsverhältnis**. Dasselbe gilt dann, wenn die Weiterbildung in der praktischen Durchführung des Beschäftigungsverhältnisses lediglich von untergeordneter Bedeutung ist.

Kündigung?

☐ Der Krankenhausträger kann dem Arzt in der Weiterbildung grundsätzlich nur aus wichtigem Grund kündigen, da insoweit die Regel des § 620 Abs. 1 BGB eingreift. Entsprechendes sieht § 15 Abs. 2 Nr. 1 BBiG für das Berufsausbildungsverhältnis vor (→ **Auszubildende, Kündigung**).

☐ Der **Arzt** selbst **kann** seinerseits mit gesetzlicher Frist **kündigen**. Andernfalls würde er an einer Ausbildung festhalten, die er nicht mehr wünscht, was wenig sinnvoll ist. Auch insoweit findet sich eine Parallelregelung im Berufsausbildungsrecht (§ 15 Abs. 2 Nr. 2 BBiG).

Aufhebungsvertrag

Was ist das?

☐ Ein **Aufhebungs- oder Auflösungsvertrag** liegt dann vor, wenn beide Arbeitsvertragsparteien darüber einig sind, dass das Arbeitsverhältnis zu einem bestimmten Zeitpunkt enden soll. Gehen sie davon aus, dass der Arbeitsvertrag schon aus anderem Grund (z. B. durch Kündigung) wirksam aufgelöst wurde, stellt eine Einigung über die »Folgeprobleme« keinen Aufhebungs-, sondern einen sog. **Abwicklungsvertrag** dar.

☐ Aufhebungsverträge sind insbesondere in Großbetrieben weit verbreitet; sie dienen einem »**geräuschloseren**« **Personalabbau**, können im Einzelfall aber auch den Sinn haben, dem Arbeitnehmer einen einigermaßen »ehrenvollen« Abgang zu ermöglichen.

Auflösungszeitpunkt

☐ Das Arbeitsverhältnis endet zu dem im Aufhebungsvertrag festgelegten **Zeitpunkt**. Dieser wird häufig in der Zukunft liegen. Bei sehr großem Abstand kann allerdings eine verkappte Umwandlung eines unbefristeten in ein befristetes Arbeitsverhältnis vorliegen, was nur aus → **sachlichem Grund** möglich ist. Ist im Vertrag nichts über den Zeitpunkt gesagt, endet das Arbeitsverhältnis **mit sofortiger Wirkung**. Ein **in der Vergangenheit liegender Zeitpunkt** kann nur gewählt werden, wenn seither nicht mehr gearbeitet wurde, da man dem Grundgedanken des sog. faktischen Arbeitsverhältnisses entsprechend einmal geleistete Arbeit nicht mehr rückgängig machen kann.

Schriftform

☐ Der am 1. 5. 2000 in Kraft getretene § 623 BGB schreibt für den Aufhebungsvertrag die Schriftform vor. Dies bedeutet, dass beide Seiten den Vertrag unter-

Aufhebungsvertrag

zeichnen müssen oder dass jede Seite ein von der anderen unterzeichnetes Exemplar der Vertragsurkunde erhält. Verträge, die vor dem 1.5.2000 geschlossen wurden, bleiben jedoch auch ohne Wahrung dieser Form gültig.

Häufige Klauseln

☐ In der Regel beschränkt sich der Aufhebungsvertrag nicht auf die schlichte Feststellung, das Arbeitsverhältnis werde zum... beendet. Vielmehr werden zahlreiche andere Fragen angesprochen.

- In vielen Fällen ist es sinnvoll, ausdrücklich auf den **Beendigungsgrund** hinzuweisen. So sichert etwa die (wahrheitsgemäße) Bekundung, das Arbeitsverhältnis sei »auf Veranlassung des Arbeitgebers« aufgehoben worden, die steuerlichen Vorteile des § 3 Nr. 9 EStG. Außerdem kann auf diese Weise ggf. der Eintritt einer Sperrfrist beim Arbeitslosengeld verhindert werden.

Beispiel:
»Das zwischen den Parteien bestehende Arbeitsverhältnis wird auf Wunsch des Arbeitgebers wegen Arbeitsmangels zum 31.10.2000 beendet.«

- Der Aufhebungsvertrag sieht in der Regel eine **Abfindung** vor. Einen Anspruch darauf gibt es allerdings nicht. Die Höhe der Abfindung bestimmt sich nach den Umständen, insbesondere danach, welche Nachteile sich für die eine oder die andere Seite aus einer Fortsetzung des Arbeitsverhältnisses ergeben hätten. Gegenüber einem Betriebsratsmitglied oder einem unkündbaren Arbeitnehmer wird daher ein sehr viel höherer Betrag in Betracht kommen als im Fall eines Beschäftigten, der ohne Schwierigkeiten ordentlich oder gar außerordentlich gekündigt werden könnte. Einzelfragen bestimmen sich nach den gleichen Grundsätzen, die auch für eine → **Abfindung nach Kündigung** maßgebend sind.

- Unstreitige **Vergütungsansprüche** dürfen **nicht in Abfindungen verwandelt** werden, da dies auf eine unerlaubte Erschleichung von Steuervorteilen hinauslaufen würde. Allerdings kann man einen zunächst in Aussicht genommenen Auflösungszeitpunkt »vorziehen« und dafür die Abfindung entsprechend erhöhen.

Beispiel:
Der Arbeitgeber wollte das Arbeitsverhältnis zum 31.10.2000 auflösen. Man einigt sich Mitte Juli 2000, dass es bereits zum 31.8. enden soll. Dafür wird die Abfindung um 10 000,– DM aufgestockt.

Aufhebungsvertrag

- Häufig wird der Arbeitnehmer bis zum vorgesehenen Endzeitpunkt einvernehmlich **von der Arbeit freigestellt**. Eine Anrechnung auf den Urlaub findet nur statt, wenn dies vereinbart ist, doch muss sich der Arbeitnehmer normalerweise auf einen entsprechenden Vorschlag des Arbeitgebers einlassen.
- Hat sich der Arbeitnehmer in der Vergangenheit verpflichtet, dem Arbeitgeber auch nach seinem Ausscheiden keinen Wettbewerb zu machen (sog. **nachvertragliches Wettbewerbsverbot**), so kann diese Abrede aufgehoben werden. Umgekehrt ist es auch zulässig, eine entsprechende Beschränkung erst jetzt festzulegen, doch muss der Arbeitgeber dann eine sog. Karenzentschädigung in Höhe der Hälfte des bisherigen Gehalts bezahlen; auch ist die Höchstdauer von zwei Jahren zu beachten.
- Im Einzelfall kann es sinnvoll sein, Regelungen über **Jahressonderzahlungen** und über die Behandlung von Anwartschaften aus der **betrieblichen Altersversorgung** zu treffen.
- Der Aufhebungsvertrag kann auch die sich beim Ausscheiden stellenden sonstigen Abwicklungsfragen einbeziehen und z. B. die **Herausgabe von Akten und Schutzkleidung** regeln. Auch das weitere Schicksal eines ggf. zur Verfügung gestellten **Dienstwagens** wird häufig festgelegt.
- Insbesondere bei gehobenen und leitenden Angestellten verpflichtet sich der Arbeitgeber häufig zu einem sog. **Outplacement**, durch das der Arbeitnehmer auf eine neue Tätigkeit vorbereitet werden soll.

Beispiel:
Die Bank trennt sich von einem Kreditsachbearbeiter und vereinbart, dass dieser auf ihre Kosten sechs Monate lang von einem privaten Arbeitsvermittler betreut wird, der auf Kosten der Bank ein Bewerbungstraining und zusätzliche Kurse anbietet und außerdem Kontakte zur mittelständischen Wirtschaft vermittelt, die Interesse an Personen mit langjähriger Bankerfahrung hat.

Unwirksamkeitsgründe

☐ Der Aufhebungsvertrag wird bisweilen für Zwecke eingesetzt, die sich mit der Rechtsordnung nicht in Einklang bringen lassen. Am häufigsten sind folgende Gestaltungen:

- Der Vertrag wird **bewusst rückdatiert**, um so dem Arbeitsamt gegenüber die Wahrung der Kündigungsfristen behaupten zu können. Damit wird das Ruhen des Arbeitslosengelds nach § 143 a SGB III vermieden. Wenn nur eine Partei diese Absicht verfolgt, dürfte dies allerdings nicht ausreichen, um den Aufhebungsvertrag wegen Gesetzesverstoßes als unwirksam zu behandeln.

Aufhebungsvertrag

- Ein aufschiebend bedingter Aufhebungsvertrag kann in gleicher Weise wie ein → **auflösend bedingter Arbeitsvertrag** den gesetzlichen Kündigungsschutz umgehen. Dies ist **unzulässig**.

    Beispiel:
    Es wird vereinbart, dass für den Fall einer verspäteten Rückkehr aus dem Urlaub oder bei erneutem Alkoholgenuss das Arbeitsverhältnis aufgehoben sein soll.

    Das Gleiche gilt etwa dann, wenn vereinbart wird, dass das Arbeitsverhältnis automatisch beendet sein soll, wenn die **Fehlzeiten** innerhalb eines bestimmten Zeitraums **ein bestimmtes Ausmaß überschreiten**.

- Wegen **Umgehung des § 613a BGB** sind Aufhebungsverträge unwirksam, durch die Arbeitnehmer ihre Arbeitsverhältnisse mit dem bisherigen Arbeitgeber (und Betriebsveräußerer) lösen, weil ihnen der Erwerber neue Arbeitsverträge zu in der Regel schlechteren Bedingungen anbietet. Dieses sog. **Lemgoer Modell** ist vom BAG als rechtswidrig qualifiziert worden. Anders verhält es sich dann, wenn der Einzelne freiwillig in eine »Beschäftigungsgesellschaft« überwechselt und noch ungewiss ist, ob ihn ein künftiger Betriebserwerber übernehmen wird.

- Im Einzelfall kann ein Aufhebungsvertrag auch deshalb unwirksam sein, weil der Arbeitgeber das Verhandlungsgeschehen allein bestimmte und die **Vertragsbedingungen** für den Arbeitnehmer **besonders nachteilig** sind. Dies ist etwa dann anzunehmen, wenn ohne Vorliegen einer groben Pflichtverletzung auf einen Sonderkündigungsschutz verzichtet, eine Sperrfrist in Kauf genommen und nicht einmal eine Abfindung ausbedungen wird. Höchstrichterliche Rechtsprechung zu diesem Bereich liegt aber noch nicht vor.

Unzulässige Klauseln

☐ Auch einzelne Teile des Aufhebungsvertrags können an rechtlichen Hindernissen scheitern.

- Der Arbeitnehmer verpflichtet sich, dem Arbeitgeber **keinen Wettbewerb** zu machen, obwohl eine Karenzentschädigung nicht vorgesehen ist.
- Der Arbeitnehmer verpflichtet sich, **nicht** zum Arbeitsamt zu gehen und sich dort **arbeitslos zu melden**. Dies verstößt gegen § 32 SGB I.
- Der **Arbeitnehmer verzichtet auf tarifliche Ansprüche**, die bereits in der Vergangenheit entstanden waren. Dass in Zukunft solche Ansprüche nicht mehr entstehen werden, ist unproblematisch und folgt unmittelbar aus der Natur des Aufhebungsvertrags.

Aufhebungsvertrag

- Unwirksam ist auch eine Klausel, wonach das Arbeitsverhältnis **aus betrieblichen Gründen** aufgehoben wird, obwohl diese **in Wirklichkeit gar nicht bestehen**.
  - ☐ Ob die Unwirksamkeit einer einzelnen Klausel den ganzen Aufhebungsvertrag unwirksam macht, bestimmt sich nach § 139 BGB. Gibt es keine Anhaltspunkte für das Gegenteil, macht der Verstoß daher »im Zweifel« den ganzen Vertrag hinfällig.

Widerruf des Aufhebungsvertrags?

☐ Arbeitnehmer schließen einen Aufhebungsvertrag nicht selten in einer **psychischen Ausnahmesituation**; im Vergleich zu einer sonst drohenden Kündigung wählt man das kleinere Übel. Dies führt dazu, dass man versucht, von der unterschriebenen Vereinbarung wieder loszukommen. Die Chancen hierfür sind allerdings in der Regel nicht besonders gut, sofern man nicht in nachweisbarer Weise getäuscht oder ersichtlich »über den Tisch gezogen« wurde. Im Einzelnen gilt Folgendes:

- Ein **gesetzliches Widerrufsrecht besteht nicht**. Der Arbeitnehmer steht insoweit sehr viel schlechter als ein Verbraucher, der z. B. bei allen Abzahlungs- und bei allen Haustürgeschäften ein Widerrufsrecht hat: Dabei beginnt sogar die Überlegungsfrist von einer Woche erst mit der Belehrung über das Recht zu laufen.
- **Bezahlt** der **Arbeitgeber** die vereinbarte Abfindung **nicht**, so gerät er in Verzug und macht sich schadensersatzpflichtig. Der Arbeitnehmer kann ihm nach § 326 Abs. 1 BGB eine sog. Nachfrist setzen. Läuft auch diese ab, kann der Arbeitnehmer vom Aufhebungsvertrag zurücktreten und das Arbeitsverhältnis fortsetzen.
- Der Aufhebungsvertrag beruht häufig auf bestimmten Umständen, die von beiden Beteiligten als selbstverständlich zugrunde gelegt werden: Man geht von der baldigen Schließung des Betriebes oder davon aus, dass gegen den Arbeitnehmer der Verdacht einer schweren strafbaren Handlung besteht; die Abfindung wird in der Vorstellung vereinbart, dass sie keinen Einfluss auf die Bezahlung des Arbeitslosengeldes hat.
Erweisen sich diese Vorstellungen nachträglich als unrichtig – der Betrieb wird fortgeführt, der Verdacht ausgeräumt, ein Teil der Abfindung angerechnet –, so kann der dadurch Benachteiligte, d. h. der Arbeitnehmer, wegen Wegfalls der Geschäftsgrundlage vom Vertrag zurücktreten.

Tarifliches Widerrufsrecht

☐ Einzelne Tarifverträge sehen vor, dass Aufhebungsverträge innerhalb einer bestimmten Frist von z. B. drei Tagen widerrufen werden können. Anders als im Verbraucherrecht wird der Arbeitgeber allerdings nicht verpflichtet, den Arbeitnehmer ausdrücklich darauf hinzuweisen.

☐ Manche Tarifverträge bestimmen außerdem, dass auf das Widerrufsrecht schriftlich verzichtet werden kann. Nach der Rechtsprechung muss dies dann nicht in einer separaten Urkunde erfolgen, sondern kann im Aufhebungsvertrag selbst festgelegt sein.

Anfechtung des Aufhebungsvertrags

☐ In manchen Fällen wird der Arbeitnehmer geltend machen, der Aufhebungsvertrag sei nicht auf ordnungsgemäße Weise zustande gekommen. Das Argument, man habe unter **Drogen-** oder **Alkoholeinfluss** gestanden, verspricht allerdings wenig Erfolg: In der Regel lässt sich nicht beweisen, dass man »geistig weggetreten« war. Auch nimmt die Rechtsprechung eine »vorübergehende Störung der Geistestätigkeit« (die die eigene Erklärung und damit den Vertrag unwirksam macht) erst ab einem Blutalkoholgehalt von ca. drei Promille an; einen solchen Grenzwert zu erreichen, erscheint für viele Mitmenschen reichlich abenteuerlich. Aussichtsreich kann es jedoch sein, sich darauf zu berufen, man habe sich in einem Irrtum befunden, sei arglistig getäuscht oder widerrechtlich bedroht worden. Ist ein solcher Tatbestand beweisbar, kann man die eigene Erklärung anfechten, d. h. rückgängig machen. Im Einzelnen gilt Folgendes:

Irrtum nach § 119 BGB

☐ Ein Irrtum kann sich insbesondere darauf beziehen, dass sich der Arbeitnehmer im Unklaren darüber ist, was die rechtlichen Konsequenzen eines Aufhebungsvertrags sind. Die Rechtsprechung lässt dies allerdings **nicht genügen**; ein solcher **Rechtsfolgenirrtum** fällt in die Risikosphäre dessen, der eine Erklärung abgibt. Auch wenn eine Arbeitnehmerin bei Unterzeichnung des Aufhebungsvertrags nicht weiß, dass sie schwanger ist und deshalb auf den Kündigungsschutz nach § 9 MuSchG verzichtet, soll dies keine Anfechtung rechtfertigen.

Anfechtung wegen arglistiger Täuschung

☐ Wird **dem Arbeitnehmer** vor dem Abschluss des Aufhebungsvertrags **bewusst die Unwahrheit gesagt**, kann er seine Erklärung nach § 123 BGB anfechten.

Beispiel:
- *Der Personalleiter sagt dem Arbeitnehmer wider besseres Wissen, in einer anderen Abteilung hätten bereits fünf Beschäftigte einen Aufhebungsvertrag unterschrieben.*

Oder:
- *Es wird behauptet, die Stilllegung des Betriebs sei nur noch eine Frage der Zeit, obwohl niemand ernsthaft an eine solche Entscheidung denkt.*

Lässt sich dies beweisen, greift die Anfechtung durch; das Arbeitsverhältnis wird fortgesetzt.

Anfechtung wegen widerrechtlicher Drohung

☐ **Stellt** der **Arbeitgeber** eine **Kündigung** für den Fall **in Aussicht**, dass der Arbeitnehmer den Aufhebungsvertrag nicht akzeptiert, so ist zu prüfen, ob eine Anfechtung wegen widerrechtlicher Drohung in Betracht kommt. Dasselbe gilt, wenn auf mögliche Schadensersatzansprüche oder auf eine Strafanzeige verwiesen wird.

☐ Liegt **effektiv** ein **Kündigungsgrund** vor, so steht es dem Arbeitgeber frei, mit Kündigung zu drohen; ein solches Verhalten ist nicht rechtswidrig. Probleme ergeben sich nur dann, wenn der **Kündigungsgrund zweifelhaft** ist, weil z. B. der zugrunde liegende Sachverhalt noch nicht aufgeklärt ist oder man über seine Bewertung geteilter Auffassung sein kann.

Beispiel:
- *In der Kasse fehlen 1000,– DM. Dem Arbeitnehmer wird mit fristloser Kündigung gedroht, obwohl noch eine weitere Person Zugang zu der Kasse hatte.*

Oder:
- *Die Verkäuferin im Supermarkt hat zwei Becher Joghurt für eigene Zwecke abgezweigt. Ihr wird deshalb mit fristloser Kündigung gedroht, wenn sie keinen Aufhebungsvertrag unterschreibt.*

☐ Das **BAG** stellt darauf ab, ob ein »**verständiger Arbeitgeber**« die Kündigung ernsthaft in Erwägung gezogen hätte«. Ist dies der Fall, ist die Drohung auch dann

Aufhebungsvertrag

hinzunehmen, wenn bei näherer Betrachtung gar kein Kündigungsgrund vorlag. Würden die fraglichen Umstände lediglich einen »unvernünftigen«, überzogen reagierenden Arbeitgeber zu einer Kündigung veranlassen, liegt eine rechtswidrige Drohung vor, die den Arbeitnehmer zur Anfechtung berechtigt.

☐ Bei Schadensersatzansprüchen ist entscheidend, ob sie mit dem Arbeitsverhältnis in Zusammenhang stehen und ob der Arbeitnehmer nicht nur leicht fahrlässig gehandelt hat. Bei der **Drohung mit einer Strafanzeige** kommt es gleichfalls auf den inneren Zusammenhang mit dem Arbeitsverhältnis an; hier wird man nur eine Drohung in Bezug auf ein Verhalten, das auch eine Kündigung rechtfertigen könnte, als legitim ansehen können. Fehlt es an diesen Voraussetzungen, kann angefochten werden.

Aufhebungsvertrag als Schaden

☐ Denkbar ist, dass der Arbeitgeber beim Abschluss des Aufhebungsvertrags **gegen Grundsätze fairen Verhandelns verstoßen** (Juristen sprechen hier von culpa in contrahendo), dass er zu wenig auf die Interessen des Arbeitnehmers Rücksicht genommen hat. Dies verpflichtet ihn zum Schadensersatz, d. h. es muss der Zustand wiederhergestellt werden, der bei korrektem Verhalten des Arbeitgebers bestehen würde. In der Regel wäre es dann nicht zu dem Aufhebungsvertrag gekommen, der Arbeitnehmer kann deshalb Weiterbeschäftigung verlangen.

Welche »Sorgfaltspflichten« der Arbeitgeber bei den Verhandlungen über den Aufhebungsvertrag **zu beachten hat**, ist nicht abschließend geklärt. Soweit die Initiative von ihm (und nicht vom Arbeitnehmer) ausgeht, muss er diesen über die Konsequenzen des Aufhebungsvertrags in arbeits- wie in sozialrechtlicher Hinsicht aufklären. Auch darf er den Arbeitnehmer nicht so unter Zeitdruck setzen, dass diesem die Möglichkeit genommen ist, sich etwaige Zweifelsfragen zu überlegen.

Aufhebungsvertrag und Kündigungsschutzverfahren

☐ Ein Aufhebungsvertrag kann auch dann geschlossen werden, wenn der Arbeitgeber zunächst eine (außerordentliche oder ordentliche) Kündigung ausgesprochen hatte, gegen die der Arbeitnehmer Kündigungsschutzklage erhob. In der Regel wird in solchen Fällen ein **gerichtlicher Vergleich** geschlossen, bei dem sich die Beteiligten über die Beendigung des Arbeitsverhältnisses sowie den Zeitpunkt und die

Bedingungen des Ausscheidens des Klägers einigen. Ist der Aufhebungsvertrag aus einem der hier behandelten Gründe unwirksam oder erfolgreich angefochten, so wird damit auch der Prozessvergleich hinfällig. Das Kündigungsschutzverfahren wird fortgeführt.

☐ Kommt es stattdessen zu einem **außergerichtlichen Vergleich**, in dem sich der Arbeitnehmer zur Rücknahme der Kündigungsschutzklage verpflichtet, wird die Angelegenheit komplizierter. Ist die Klage effektiv zurückgenommen, so kann sie nach »Beseitigung« des Aufhebungsvertrags an sich nicht mehr neu erhoben werden, da die Drei-Wochen-Frist des § 4 KSchG abgelaufen ist. In einem solchen Fall ist jedoch eine **nachträgliche Zulassung der Klage** nach § 5 KSchG möglich, sofern seit dem Zugang der Kündigung nicht mehr als sechs Monate verstrichen sind. Ist auch diese Frist nicht mehr gewahrt, hilft nur noch ein Schadensersatzanspruch nach § 826 BGB.

Bedeutung für den Betriebsrat

☐ Nach ganz herrschender Auffassung muss der Betriebsrat vor dem Abschluss eines Aufhebungsvertrags **nicht angehört** werden. § 102 Abs. 1 BetrVG setzt eine »Kündigung« voraus und findet deshalb keine Anwendung. Ein **Arbeitnehmer kann sich jedoch an Betriebsratsmitglieder wenden**, um einen vorgeschlagenen Aufhebungsvertrag mit diesen zu besprechen. Auch kommt in Betracht, dass der Arbeitnehmer sich beim Betriebsrat erkundigt, inwieweit er von einem einmal unterschriebenen Aufhebungsvertrag wieder loskommen kann.

Aufhebungsvertrag

Checkliste zum Aufhebungsvertrag

1. Ist die durch § 623 BGB gebotene Schriftform gewahrt?
2. Ist der Vertrag bewusst rückdatiert worden?
3. Steht der Vertrag in Zusammenhang mit einem Betriebsübergang?
4. Welche Vorteile hat der Arbeitgeber, welche der Arbeitnehmer von dem Aufhebungsvertrag?
5. Hat der Arbeitnehmer auf bereits entstandene tarifliche Ansprüche verzichtet?
6. Hat sich der Arbeitnehmer verpflichtet, dem Arbeitgeber keinen Wettbewerb zu machen?
7. Hat sich der Arbeitnehmer verpflichtet, keinen Antrag auf Arbeitslosengeld zu stellen?
8. Gibt es ein gesetzliches oder tarifliches Widerrufsrecht?
9. Ist der Arbeitnehmer bei Vertragsabschluss bewusst über irgendwelche Umstände getäuscht worden, die für den Vertragsabschluss von Bedeutung waren?
10. Ist dem Arbeitnehmer eine Kündigung, eine Strafanzeige oder eine Schadensersatzklage »in Aussicht gestellt« worden, wenn er nicht unterschreibe? Konnte ein vernünftiger Arbeitgeber eine solche Maßnahme in Erwägung ziehen oder nicht?
11. Ist der Arbeitnehmer über die Rechtsfolgen des Aufhebungsvertrags aufgeklärt worden? Hat der Arbeitgeber insoweit Pflichten schuldhaft verletzt?

Auflösend bedingter Arbeitsvertrag

Was ist das?

☐ Der Bestand des Arbeitsverhältnisses kann vom Eintritt eines »künftigen ungewissen Ereignisses« abhängig gemacht werden. Man spricht insoweit von auflösender Bedingung. Anders als bei der Befristung ist ungewiss, ob es überhaupt zu dem Ereignis kommen wird.

Beispiel:
- *Der Arbeitsvertrag eines Fußballspielers soll enden, »sofern dem Verein die Lizenz entzogen wird«.*

Oder:
- *Das Arbeitsverhältnis soll automatisch enden, wenn der Arbeitnehmer nicht aus dem Urlaub zurückkehrt.*

Zulässigkeit?

☐ Die **Rechtsprechung** des BAG hat **geschwankt**, ob sie solche Vertragsgestaltungen überhaupt zulassen will. Sie geht heute davon aus, dass für eine auflösende Bedingung ein »sachlicher Grund« erforderlich ist, dass an diesen jedoch sehr viel höhere Anforderungen als im Rahmen der Befristung gestellt werden. Vorschriften des Kündigungsschutzes dürfen deshalb nicht über die Konstruktion einer auflösenden Bedingung umgangen werden.

Grenze Nr. 1: Kein Gesetz- und Sittenverstoß

☐ Die vorgesehene auflösende Bedingung darf nicht als solche gegen ein Gesetz verstoßen oder sittenwidrig sein. Würde man etwa bestimmen, mit der Eheschließung der Arbeitnehmerin ende das Arbeitsverhältnis automatisch (darüber hatte das BAG in den 50er Jahren zu entscheiden!), so ist dies ersichtlich unwirksam.

Auflösend bedingter Arbeitsvertrag

Weitere Beispiele:
Der Eintritt einer Schwangerschaft oder der Gewerkschaftsbeitritt wird zur auflösenden Bedingung für das Arbeitsverhältnis gemacht.

Grenze 2: Keine Abwälzung des Unternehmerrisikos

☐ Unzulässig ist eine Vereinbarung, wonach das Arbeitsverhältnis bei einem **Rückgang der Aufträge** automatisch enden soll. Dies gilt auch für den Fall, dass der Arbeitgeber seine Betriebsgenehmigung verliert oder dass die bisherige staatliche Förderung nicht fortgesetzt wird.

☐ Dies sind alles – genau wie der Entzug der Lizenz beim Fußballverein – Vorgänge im Bereich des Arbeitgebers, die ggf. zu einer betriebsbedingten Kündigung führen können. Die dabei zu berücksichtigenden »Ausweichstrategien« wie Versetzung u. a. und die dabei zu beachtende soziale Auswahl wären faktisch umgangen, wenn man die Vereinbarung einer auflösenden Bedingung im Arbeitsvertrag mit einzelnen Beschäftigten zulassen würde.

Grenze 3: Kein Fehlverhalten des Arbeitnehmers, das die Kündigung nicht rechtfertigen würde

☐ Die Regeln über den Kündigungsschutz könnte man weithin »vergessen«, wenn es zulässig wäre, bestimmte Verhaltensweisen des Arbeitnehmers generell zur auflösenden Bedingung zu machen. Zumindest die Abwägung der beiderseitigen Interessen und die Berücksichtigung der Umstände des Einzelfalls, die sowohl im Rahmen des § 626 BGB wie auch bei der → **verhaltensbedingten Kündigung** notwendig sind, würden gegenstandslos.

☐ In der Rechtsprechung entschiedene Beispiele:

- Die verspätete Rückkehr aus dem Urlaub darf nicht zur auflösenden Bedingung gemacht werden.
- Ein früher alkoholabhängiger Arbeitnehmer nimmt erneut Alkohol zu sich: kein ausreichender sachlicher Grund.
- Das Berufsausbildungsverhältnis soll automatisch erlöschen, wenn in bestimmten Fächern in der Berufsschule nicht wenigstens die Note »ausreichend« erreicht wird. Unzulässig.

Grenze 4: Personenbedingte Gründe, die keine Kündigung rechtfertigen würden

☐ Die Interessenabwägung wäre auch dann gegenstandslos, wenn z.B. jede Erkrankung des Arbeitnehmers oder Krankheit von einer bestimmten Dauer zur auflösenden Bedingung gemacht würde.

☐ Der Effekt einer auflösenden Bedingung ließe sich auch dadurch erreichen, dass ein aufschiebend bedingter Aufhebungsvertrag abgeschlossen wird. Insoweit müssen dieselben Grundsätze gelten.

Beispiel:
Mit dem Arbeitnehmer wird ein Aufhebungsvertrag vereinbart, der nur dann wirksam werden soll, wenn dieser aus Krankheitsgründen mehr als vier Wochen der Arbeit fernbleiben muss.

Unzulässige Bedingungen gelten als nicht geschrieben. Auf diese Weise entsteht automatisch ein **unbefristetes Arbeitsverhältnis**.

Klagefrist?

☐ Auflösende Bedingung und Befristung werden faktisch an verschiedenen Maßstäben gemessen. Dem hat die neueste BAG-Rechtsprechung dadurch Rechnung getragen, dass sie die Drei-Wochen-Frist des § 1 Abs. 5 BeschFG nicht auf die auflösende Bedingung erstreckt hat.

Gesetzesänderung

☐ Derzeit ist geplant, die auflösende Bedingung gesetzlich zu regeln und so denselben Vorschriften wie die Befristung zu unterstellen.

Auflösungsantrag/Auflösung des Arbeitsverhältnisses

Was ist das?

☐ Der Begriff **Auflösungsantrag** ist kündigungsschutzrechtlich nur im Rahmen eines laufenden **Kündigungsschutzprozesses** (→ **Kündigungsschutzklage**) von Bedeutung. Da dieser auf die Weiterführung des gekündigten Arbeitsverhältnisses gerichtet ist, somit keine Möglichkeit besteht, eine möglicherweise vom Arbeitnehmer gewünschte, vom Arbeitgeber verweigerte → **Abfindung** einzuklagen (→ **Kündigungsrücknahme**), führt die Durchführung des Kündigungsschutzprozesses stets zu einem Urteil, mit dem festgestellt wird, ob das Arbeitsverhältnis fortbesteht oder nicht.

☐ Für den Fall, dass das Fortbestehen des Arbeitsverhältnisses festgestellt wird, können jedoch **beide Seiten** den **Antrag** stellen, trotz der bestehenden Rechtswidrigkeit der Kündigung das Arbeitsverhältnis gegen eine **Abfindungszahlung** zu beenden. Der Auflösungsantrag ist deshalb eine **Prozesserklärung**, die das Gericht in die Lage versetzt, ein »an sich« ungekündigtes Arbeitsverhältnis **aufzulösen.**

☐ Diese Beendigung wird verbunden mit der Verpflichtung des Arbeitgebers, eine **Abfindung** zu zahlen, deren Höhe vom Arbeitsgericht festgesetzt wird.

Gesetzliche Grundlage

☐ Das Recht des Auflösungsantrages im Kündigungsschutzprozess ist in den §§ 9 und 10 KSchG geregelt. Da das KSchG als **Arbeitsplatzerhaltungsgesetz** und nicht als **Abfindungsgesetz,** angelegt ist, obwohl immer wieder gefordert wird, dieses zu ändern, hat der Gesetzgeber **strenge Voraussetzungen** an die **Auflösung** eines Arbeitsverhältnisses gestellt.

☐ Eine Sonderregelung gilt für **leitende Angestellte,** die selbständig kündigen oder entlassen können oder als Betriebsleiter, Geschäftsführer u. ä. tätig sind, § 14 KSchG. Hier hat das Gesetz ausnahmsweise **keine Anforderungen** an die Begründung eines Auflösungsantrages formuliert.

Auflösungsantrag des Arbeitnehmers

☐ Stellt der → **Arbeitnehmer** den **Auflösungsantrag**, so ist dieser nur dann begründet, wenn ihm die Fortsetzung des Arbeitsverhältnisses **nicht zuzumuten** ist. Jedoch ist der Begriff der Unzumutbarkeit nicht der gleiche wie bei einer → **außerordentlichen Kündigung** nach § 626 BGB. Denn dort ist nur zu prüfen, ob die Fortführung des Arbeitsverhältnisses bis zum Ende der an sich ordentlichen → **Kündigungsfrist** zumutbar ist.

☐ Der **Auflösungsantrag** setzt voraus, dass die Fortführung des Arbeitsverhältnisses auf **unbestimmte Dauer**, also über die eigentlich einzuhaltende ordentliche Kündigungsfrist hinaus, **unzumutbar** ist. Gründe, die sich erst in der **Dauerbeschäftigung** negativ für den Arbeitnehmer realisieren, können deshalb ausreichend sein. Das Gericht prüft dabei, ob zum **Zeitpunkt der Entscheidung** des Gerichtes, **nicht** zum **Zeitpunkt** der → **Kündigung des Arbeitgebers**, von einer Unzumutbarkeit auszugehen ist.

☐ Die **Unzumutbarkeitsgründe** müssen zwar mit der Kündigung oder dem laufenden Kündigungsschutzprozess in Verbindung stehen, sie können aber auch schon aus der Zeit vor der Kündigung herrühren, sie können sich auch im Rahmen der **Prozessführung** ergeben. **Dieses allein** macht jedoch die Fortführung des Arbeitsverhältnisses für einen Arbeitnehmer nicht **unzumutbar**, selbst wenn eine gewisse **Lebenserfahrung** besteht, dass ein Arbeitnehmer nach einem gewonnenen Kündigungsschutzprozess nicht unbedingt damit rechnen kann, vom Arbeitgeber bzw. vom Betrieb mit offenen Armen wieder aufgenommen zu werden.

Beispiel:
Während des Kündigungsschutzprozesses trägt der Rechtsanwalt des Arbeitgebers dem Gericht Tatsachen vor, die nicht in allen Punkten der Wahrheit entsprechen. Darüber regt sich der gekündigte Arbeitnehmer erheblich auf. Ein Auflösungsantrag ist noch nicht begründet.

☐ Allerdings kann auch die **Rechtsprechung** die Augen nicht vor den **Belastungen** verschließen, denen der Arbeitnehmer im Arbeitsverhältnis durch eine **Kündigung** und einen anschließenden **Kündigungsschutzprozess** ausgesetzt ist. Deshalb wird zu Recht die Auffassung vertreten, dass, für sich betrachtet, **relativ banale** zusätzliche Beeinträchtigungen zwischen Arbeitgeber und Arbeitnehmer in **Zusammenschau** mit den Belastungen des Kündigungsschutzprozesses für eine Auflösungsentscheidung aufgrund eines **Arbeitnehmerantrages** ausreichen können.

☐ Bloße **Einschätzungen, Vermutungen, Prognosen**, der Arbeitgeber könne

Auflösungsantrag/Auflösung des Arbeitsverhältnisses

sich in Zukunft unkorrekt verhalten, reichen nicht aus. Der Arbeitnehmer muss **Tatsachen** beweisen, die diese **subjektiven Einschätzungen** rechtfertigen.

Beispiele:
- *Der Arbeitnehmer kann beweisen, dass der Arbeitgeber in ähnlichen Fällen einen obsiegenden Arbeitnehmer im Kündigungsschutzprozess nach Rückkehr in den Betrieb »gemobbt« hat.*

Oder:
- *Der Arbeitgeber beleidigt den Arbeitnehmer während des laufenden Prozesses, z. B. in Schriftsätzen, verbal im Gerichtssaal oder auch im Betrieb.*

☐ Ist das Verhalten des **Arbeitgebers** so **gravierend**, dass aus der Sicht des Arbeitnehmers ein **wichtiger** Grund nach § 626 BGB vorliegt, dann kann der Arbeitnehmer anstelle des Auflösungsantrages auch selbst eine **fristlose Kündigung** aussprechen und dann **Schadensersatz** nach § 628 BGB geltend machen (→ **Kündigung durch den Arbeitnehmer**). Das setzt allerdings voraus, dass das Arbeitsverhältnis nicht schon durch die vorherige Arbeitgeberkündigung beendet worden ist.

☐ Der Arbeitnehmer kann den Auflösungsantrag nicht nur dann stellen, wenn er die Sozialwidrigkeit der Kündigung nach § 1 KSchG rügt, sondern auch dann, wenn der Arbeitgeber **fristlos** gekündigt hat (→ **außerordentliche Kündigung**) bzw. wenn es um eine Kündigung geht, die aus anderen Gründen als denen nach § 1 KSchG unwirksam ist. Diese **soziale Unwirksamkeit** muss allerdings **auch** gegeben sein. **Bei** → **Kündigungsschutz außerhalb des Kündigungsschutzgesetzes** kann ein Auflösungsantrag **nicht** gestellt werden.

Beispiele:
- *Der Arbeitgeber kündigt an sich verhaltensbedingt berechtigt, hört aber den Betriebsrat nicht an. Deshalb und nur deshalb ist die Kündigung rechtsunwirksam, ein Auflösungsantrag kann nicht gestellt werden.*

Oder:
- *Eine personenbedingte Kündigung durch den Arbeitgeber ist rechtsunwirksam, außerdem hatte der Arbeitnehmer die Kündigung berechtigt wegen fehlender Vollmachtsvorlage zurückgewiesen. Hier ist ein Auflösungsantrag möglich.*

Auflösungsantrag des → Arbeitgebers

☐ **Häufiger** als der **Auflösungsantrag** des **Arbeitnehmers** ist der **Auflösungsantrag** des **Arbeitgebers**, weil der Arbeitgeber damit sein **Prozessziel** erreicht, das Arbeitsverhältnis zu **beenden**.

Auflösungsantrag/Auflösung des Arbeitsverhältnisses

☐ Der Arbeitgeber kann den Auflösungsantrag allerdings nur dann stellen, wenn er eine **ordentliche Kündigung** ausgesprochen hat. Bei **fristloser Kündigung** scheidet der Auflösungsantrag aus. Ist die **Kündigung** aus anderen **Gründen** als der **Sozialwidrigkeit** unwirksam, z. B. wegen fehlender → **Betriebsratsanhörung**, formellen Mängeln usw., kommt ein Auflösungsantrag nicht in Betracht.

☐ Das Gesetz definiert die **Auflösungsgründe** des **Arbeitgebers anders** als die des Arbeitnehmers. Der Auflösungsantrag beendet das Arbeitsverhältnis, wenn eine den **Betriebszwecken dienliche weitere Zusammenarbeit** nicht zu erwarten ist.

☐ Der **Bestandsschutzcharakter** des KSchG gebietet es, auch aus **verfassungsrechtlichen** Gründen die Auflösungsgründe des Arbeitgebers am Maßstab des § 626 BGB (→ **außerordentliche Kündigung**) zu messen, es gelten also **strenge Anforderungen**.

Die Auflösungsentscheidung des Gerichtes

☐ Das Gericht kann das Arbeitsverhältnis gegen die Zahlung einer → **Abfindung** nur dann auflösen, wenn **eine** der **Parteien** des Kündigungsschutzprozesses dieses **beantragt** hat. Selbst wenn das Gericht der Auffassung ist, das Arbeitsverhältnis sei unwiderruflich zerrüttet, eine weitere Zusammenarbeit ausgeschlossen, kann das Gericht ohne einen Antrag nicht entscheiden.

☐ Der **Antrag** kann jedoch von **beiden Seiten** gestellt werden. Das Gericht muss dann über **jeden** Antrag **gesondert** entscheiden und prüfen, ob die **unterschiedlichen** Auflösungsvoraussetzungen gegeben sind.

☐ Der Antrag muss **spätestens** in der letzten mündlichen Verhandlung in der **Berufungsinstanz**, also vor dem **LAG**, gestellt werden. Beim **BAG** kann ein Auflösungsantrag **nicht** mehr gestellt werden.

☐ Hat der Arbeitgeber die Kündigung **zurückgenommen** (→ **Kündigungsrücknahme**), ist ein Auflösungsantrag des Arbeitnehmers noch möglich, allerdings nur dann, wenn der Arbeitnehmer keinen Beschäftigungsantrag gestellt hatte.

☐ Das Arbeitsgericht **muss** über den Auflösungsantrag **nicht entscheiden**, wenn es feststellt, dass die Kündigung wirksam ist, das Arbeitsverhältnis also aufgrund der Kündigung beendet wird. Nur wenn das Arbeitsgericht feststellt, dass die Kündigung **unwirksam** ist oder **der Arbeitgeber** anerkennt, dass die Kündigung unwirksam ist, muss das Gericht über den Auflösungsantrag befinden.

Das kann auch dann der Fall sein, wenn es zu einem Versäumnisurteil kommt, weil der Arbeitgeber im Gerichtstermin nicht erscheint.

Auflösungsantrag/Auflösung des Arbeitsverhältnisses

☐ Sieht das Gericht einen Auflösungsantrag als **begründet** an, dann **beendet** es das Arbeitsverhältnis nicht etwa zu dem **Termin**, zu dem die **Entscheidung** durch das Arbeitsgericht **fällt**, sondern zum **Ende** der einzuhaltenden fristgerechten ordentlichen → **Kündigungsfrist**. Somit entgehen dem Arbeitnehmer weiter gehende Ansprüche aus → **Annahmeverzug**.

Beispiel:
Der Arbeitgeber kündigt zum 30.6.1999. Die letzte Verhandlung vor dem LAG findet am 30.6.2001 statt. Das Arbeitsverhältnis wird zum 30.6.1999 endgültig aufgelöst. Für die danach liegende Zeit geht der Arbeitnehmer leer aus, er erhält keine Vergütung nachgezahlt.

☐ Kommt es während des Prozesses zu einem → **Betriebsübergang** und geht das Arbeitsverhältnis auf den Erwerber über, ist ein Auflösungsantrag des Arbeitnehmers gegen den alten Arbeitgeber nicht mehr möglich. Er kann nur noch gegen den neuen Arbeitgeber gestellt werden, so dass Zerrüttungsgründe, die nur den alten Arbeitgeber betreffen, keine Rolle mehr spielen.

☐ Mit der Auflösung **muss** das Gericht **gleichzeitig** die Höhe der → **Abfindung** festsetzen, die der Arbeitgeber dem Arbeitnehmer zu zahlen hat. Zur Rechtsnatur der Abfindung und zu den **maßgeblichen Berechnungsfaktoren** siehe im Einzelnen → **Abfindung**.

☐ Das Gericht setzt die Höhe der Abfindung nach **eigenem Ermessen** fest, muss dabei aber die **Grenzen** des § 10 KSchG beachten, die **nicht überschritten** werden dürfen, selbst in besonders krass gelagerten Fällen.

Die **Höchstabfindung** kann betragen:

- im **Regelfall** bis zu 12 Monatsverdienste;
- bei vollendetem 50. Lebensjahr und mehr als 15 Jahren → **Betriebszugehörigkeit** bis zu 15 Monatsverdienste;
- ab Vollendung des 55. Lebensjahres und mehr als 20 Jahren Betriebszugehörigkeit bis zu 18 Monatsverdienste, vorausgesetzt die **Regelaltersgrenze** nach § 35 SGB VI ist noch nicht erreicht (→ **Altersgrenze**).

☐ Das **Arbeitsgericht** kann bei der Festsetzung der Abfindung **nach billigem Ermessen** alle Umstände des **Einzelfalls** berücksichtigen, es muss den Regelungsspielraum keinesfalls immer nach oben ausfüllen.

☐ Setzt das Arbeitsgericht einen Abfindungsbetrag unterhalb der Höchstgrenze fest, kann der Arbeitnehmer dagegen **Berufung** einlegen, um eine höhere Abfindung zu erstreiten. Das gilt jedoch dann nicht, wenn der Arbeitnehmer einen **bezifferten** Antrag gestellt hatte und das Gericht diesem gefolgt ist. Es empfiehlt sich deshalb, keinen bezifferten Antrag zu stellen, sondern auf der Basis einer **Min-**

Auflösungsantrag/Auflösung des Arbeitsverhältnisses

destforderung die Höhe in das **Ermessen** des Gerichts zu stellen. Allerdings sollte dem Gericht dann auch die gesamte Palette der für die Abfindungshöhe **maßgeblichen Gesichtspunkte** mitgeteilt werden.

Beispiel:
Es wird beantragt, das Arbeitsverhältnis aufzulösen und den beklagten Arbeitgeber zu verurteilen, an den Kläger eine Abfindung zu zahlen, deren Höhe in das Ermessen des erkennenden Gerichts gestellt wird, jedoch nicht unter 20 000,– DM.

☐ Die durch das Gericht zugesprochene Abfindung kann geringer sein als der Betrag, der im Wege des → **Annahmeverzuges** geltend gemacht werden könnte. Deshalb muss der Arbeitnehmer genau überlegen, ob es wirtschaftlich Sinn macht, das Arbeitsverhältnis durch Auflösungsurteil zu beenden.

Für den Arbeitgeber ist ein Auflösungsantrag vor allem dann wirtschaftlich sinnvoll, wenn der Arbeitnehmer keinen Zwischenverdienst erzielt hat.

☐ Hat das Arbeitsgericht nach einem → **Auflösungsantrag** eine Abfindung ausgeurteilt, ist dieser Anspruch nach § 62 Abs. 1 ArbGG auch dann **vorläufig vollstreckbar**, wenn die Rechtskraft des Urteils im Kündigungsschutzprozess noch nicht eingetreten ist, d. h. der Arbeitnehmer kann die Abfindung in den Arbeitgeber vollstrecken, obwohl noch nicht endgültig feststeht, ob das Arbeitsverhältnis beendet ist. Setzt sich der Arbeitnehmer in der Berufungsinstanz gegen den Auflösungsantrag des Arbeitgebers durch, muss er die vorläufig vollstreckte Abfindung **zurückzahlen.**

☐ Ein vom Gericht zugesprochener Abfindungsanspruch ist ohne weiteres **vererblich.** Hat der Arbeitnehmer noch zu **Lebzeiten** einen **Auflösungsantrag** gestellt, können die **Erben** diesen weiter verfolgen. Allerdings sind die Erben nicht berechtigt, selbst einen Auflösungsantrag zu stellen, denn das **Antragsrecht** nach § 9 KSchG ist **nicht vererblich.**

☐ Einzelheiten zur Abfindungsberechnung und zur Rechtsnatur der Abfindung sind dargestellt unter → **Abfindung.**

Auflösungsverschulden

Was ist das?

☐ Denkbar ist, dass eine Seite – der Arbeitgeber oder der Arbeitnehmer – eine schwere Pflichtverletzung begeht, die den anderen Vertragspartner zur außerordentlichen Kündigung nach § 626 BGB veranlasst. Der **Kündigende kann** durch ein solches »Auflösungsverschulden« **Nachteile erleiden.**

Beispiel:
- *Der zur außerordentlichen Kündigung berechtigte Arbeitgeber muss auf teure Leiharbeit zurückgreifen, bevor er eine Ersatzkraft gefunden hat.*

Oder:
- *Die wegen sexueller Nötigung durch den Vorgesetzten außerordentlich kündigende Arbeitnehmerin hat erhebliche Lohnausfälle, weil sie nicht ohne weiteres einen vergleichbaren Arbeitsplatz finden kann.*

Rechtsgrundlage

☐ § 628 Abs. 2 BGB sieht ausdrücklich eine Haftung auf Schadensersatz für den Fall vor, dass eine Seite schuldhaft eine schwere Pflichtverletzung begeht, die die andere mit einer außerordentlichen Kündigung beantwortet. Bei Voraussetzungen wie bei Rechtsfolgen sind eine Reihe von Einzelfragen zu beachten.

Voraussetzungen

☐ Für einen Schadensersatzanspruch nach § 628 Abs. 2 BGB reicht **nicht jede geringfügige Pflichtwidrigkeit.** Vielmehr muss diese erheblich sein und auch unter Abwägung der beiderseitigen Interessen zur außerordentlichen Kündigung berechtigen (→ **Wichtiger Grund**).

☐ Der zur Kündigung Berechtigte ist nicht gezwungen, auch wirklich zu diesem

Mittel zu greifen. Er kann sich **mit einer ordentlichen Kündigung begnügen** oder
– um das Gesicht zu wahren – einen → **Aufhebungsvertrag** schließen.

Beispiel:
Der Arbeitnehmer hat nachweisbar 10 000,– DM unterschlagen. Damit der Vorgang nicht zum Schaden des Täters wie der Firma bekannt wird, schließt man einen Aufhebungsvertrag mit sofortiger Wirkung. Der Schadensersatzanspruch des Arbeitgebers bleibt bestehen, es sei denn, er habe – was in einem solchen Fall nicht zu vermuten ist – zugleich auf den Ersatzanspruch verzichten wollen.

☐ Die außerordentliche Kündigung muss innerhalb der → **Zwei-Wochen-Frist** des § 626 BGB ausgesprochen sein oder durch eine andere Form der Auflösung ersetzt werden. Ist dies nicht der Fall, scheidet damit auch ein Rückgriff auf § 628 Abs. 2 BGB aus, da nach Ablauf der Frist kein »wichtiger Grund« mehr vorliegt.

Worin besteht der zu ersetzende Schaden?

Für den Arbeitgeber wie für den Arbeitnehmer bestehen erhebliche Schadensersatzrisiken. Im Einzelnen gilt Folgendes:

Ersatzpflicht des Arbeitnehmers

☐ Der Arbeitnehmer hat dem Arbeitgeber alle Vermögensnachteile zu ersetzen, die diesem durch das abrupte Ausscheiden entstehen. Dies gilt beispielsweise für die an Arbeitskollegen bezahlten **Überstundenvergütungen**, die wegen des Ausfalls einspringen mussten. Dasselbe gilt für **Mehrkosten von Leiharbeit**. Die Kosten für die Gewinnung einer Ersatzkraft (**Inserate**, Reisekosten der sich vorstellenden Bewerber) sind allerdings nur dann zu ersetzen, wenn sie nicht auch bei einer (jederzeit möglichen) ordentlichen Kündigung des Arbeitnehmers entstanden wären. In aller Regel wird dies der Fall sein, sodass der **Arbeitnehmer** ein durchaus **überschaubares Risiko** trägt. Anders dann, wenn wegen seines Ausscheidens ein Auftrag nicht termingerecht erfüllt werden kann und der Arbeitgeber deshalb eine Vertragsstrafe bezahlen muss.

Auflösungsverschulden

Welchen Schaden muss der Arbeitgeber ggf. ersetzen?

☐ Für den zur Kündigung gezwungenen Arbeitnehmer ergibt sich als Schaden insbesondere **der entfallende Vergütungsanspruch**. Er kann grundsätzlich so lange verlangt werden, wie das Arbeitsverhältnis unter normalen Umständen gedauert hätte. Der Zeitraum kann also im Prinzip bis zum Auslaufen eines befristeten Vertrages bzw. bis zur Altersgrenze dauern. Er endet allerdings dann, wenn der Arbeitgeber (z. B. aus dringenden betrieblichen Erfordernissen) zur Kündigung berechtigt gewesen wäre.

☐ Der Arbeitnehmer muss sich **anrechnen** lassen, was er **anderweitig verdient** oder als Arbeitslosengeld erhält. Außerdem trifft ihn eine Schadensminderungspflicht nach § 254 Abs. 2 BGB: Bemüht er sich nicht um eine andere Stelle, wird der Ersatzanspruch erheblich, ggf. bis auf null herabgesetzt. Für eine Pauschalabfindung entsprechend §§ 9, 10 KSchG, die gewissermaßen den Wert des Arbeitsplatzes in Geld ausdrücken würde, besteht keine rechtliche Grundlage. Dies schließt nicht aus, dass man sich freiwillig auf einer solchen Basis einigt.

☐ Der Schadensersatzanspruch des Arbeitnehmers tritt an die Stelle des Vergütungsanspruchs und ist deshalb in Bezug auf Verjährung und Unpfändbarkeit wie ein solcher zu behandeln. Allerdings wird er nicht als sozialversicherungspflichtiges Einkommen betrachtet; der Arbeitgeber muss dem Arbeitnehmer daher durch freiwillig bezahlte **Beiträge zur Renten- und Krankenversicherung** den Versicherungsschutz verschaffen, der bei Fortbestand des Arbeitsverhältnisses existiert hätte. Bei der Bemessung des Ersatzanspruchs ist allerdings zu berücksichtigen, dass von diesem keine Sozialversicherungsbeiträge in Abzug gebracht werden; im Ergebnis darf der Arbeitnehmer nicht besser als bei einer Weiterbeschäftigung stehen.

☐ Da eine freiwillige Mitgliedschaft in der **Arbeitslosenversicherung** nicht möglich ist, sind ggf. im Wege des Schadensersatzes diejenigen Leistungen zu gewähren, die bei Weiterarbeit (etwa bis zu einer künftigen Betriebsstilllegung) zu beanspruchen gewesen wären.

Ansprüche bei beiderseitigen schweren Pflichtverletzungen

☐ Haben beide Seiten ihre arbeitsvertraglichen Pflichten so schwer verletzt, dass die jeweils andere Seite zur außerordentlichen Kündigung berechtigt ist, **entfällt der Schadensersatzanspruch**. Der Zufall, dass derjenige einen Ersatzanspruch erhält, der zum Mittel der Kündigung greift, soll nicht für die Ersatzpflicht maßgebend sein. Auch würde es gegen Treu und Glauben verstoßen, trotz eigener schwerer Pflichtwidrigkeiten den anderen Teil in Regress zu nehmen.

Sonstige Ersatzansprüche

☐ § 628 Abs. 2 BGB **schließt** es aufgrund der Beschränkung auf die außerordentliche Kündigung **aus**, auch **bei verhaltensbedingten Kündigungen** eine Haftung wegen Auflösungsverschuldens anzunehmen.

Beispiel:
- *Dem Arbeitnehmer wird wegen häufigen Zuspätkommens nach mehrmaliger Abmahnung verhaltensbedingt gekündigt. Kein Schadensersatzanspruch, auch wenn es schwierig ist, zum Zeitpunkt des Auslaufens der Kündigungsfrist eine Ersatzkraft zu gewinnen.*

Oder:
- *Der Arbeitgeber veranlasst durch unfreundliches Verhalten eine ordentliche Eigenkündigung des Arbeitnehmers. Dieser kann keine entgangenen Lohnansprüche geltend machen.*

☐ **Wichtig:** Sind durch das Verhalten des Arbeitgebers oder des Arbeitnehmers **andere als durch Auflösung bedingte Schäden** entstanden, wird für diese aus sog. positiver Vertragsverletzung gehaftet.

Beispiel:
- *Wegen der Unpünktlichkeit des Arbeitnehmers ist ein Versuch in einer Forschungsabteilung gescheitert, was dem Arbeitgeber einen Schaden von 20 000,– DM verursacht hat. Hier haftet im Grundsatz der Arbeitnehmer, doch ist zu berücksichtigen, dass die Haftung bei leichter Fahrlässigkeit entfällt und bei mittlerer Fahrlässigkeit der Höhe nach beschränkt ist.*

Oder:
- *Das schikanöse Verhalten des Arbeitgebers führt beim Arbeitnehmer zu Gesundheitsschäden, die eine von der Krankenkasse nicht übernommene Therapie nötig machen. Eine Ersatzpflicht des Arbeitgebers ist gegeben.*

Ausgleichsquittung

Was ist das?

☐ Im Zusammenhang mit der Beendigung des Arbeitsverhältnisses wird häufig von beiden Seiten eine sog. Ausgleichsquittung unterzeichnet. In ihr erklären beide Seiten, **keine Ansprüche aus dem Arbeitsverhältnis mehr** gegeneinander zu haben. Meist wird dabei als »Abgeltungsbetrag« eine pauschale Abfindung vorgesehen.

Beispiel:
- *Der Mitarbeiter erhält wegen der Beendigung des Arbeitsverhältnisses in entsprechender Anwendung der §§ 9, 10 KSchG eine Abfindung in Höhe von 3000,– DM, für die er Steuerfreiheit nach § 3 Nr. 9 EStG in Anspruch nimmt. Die Abfindung ist am Tage der Beendigung des Arbeitsverhältnisses zur Zahlung fällig.*
- *Dem Mitarbeiter stehen für die Zeit bis zur Beendigung des Arbeitsverhältnisses noch vier Arbeitstage Urlaub zu; ihr Zeitpunkt wird einvernehmlich geregelt. Zwischen dem Arbeitgeber und dem Mitarbeiter besteht Einvernehmen darüber, dass weitere Urlaubs- oder Urlaubsabgeltungsansprüche nicht bestehen.*
- *Mit den oben bezeichneten Regelungen sind alle gegenseitigen Ansprüche des Arbeitgebers und des Mitarbeiters aus dem Arbeitsverhältnis – ohne Rücksicht auf den Rechtsgrund – vollständig abgegolten.*

☐ Auf die **Bezeichnung** »Ausgleichsquittung« **kommt es nicht an**. Entscheidend ist allein die inhaltliche Seite, also der wechselseitige Verzicht auf alle nicht ausdrücklich genannten Ansprüche.

Der Entscheidungsspielraum des Arbeitnehmers

☐ Der **Arbeitnehmer** ist **in keiner Weise** rechtlich **verpflichtet**, eine Ausgleichsquittung **zu unterzeichnen**. Niemand kann und darf ihn zum Verzicht auf irgendwelche Rechte zwingen. Insofern verhält es sich anders als mit der normalen »Quittung«: Erhält man eine bestimmte Leistung, z.B. für noch nicht bezahlte Überstunden, muss man nach § 368 BGB »quittieren«, dass man den fraglichen Betrag bekommen hat. Mehr kann der Zahlende aber nicht verlangen.

☐ Bei der **Auflösung** des Arbeitsverhältnisses befindet sich der Arbeitnehmer jedoch häufig in **einer psychischen Ausnahmesituation**. Er sieht sich z.B. Anschuldigungen ausgesetzt, die er nur schwer widerlegen kann, und ist deshalb froh, mit einer kleinen Abfindung halbwegs ungeschoren aus der Sache herauszukommen. Außerdem sind Arbeitnehmer im Regelfall keine Juristen: Die Gefahr ist also nicht von der Hand zu weisen, dass sie sich nicht voll im Klaren darüber sind, was sie da unterschreiben. Denkbar ist insbesondere, dass einzelne Ansprüche (Bezahlung geleisteter Überstunden, ausstehender Urlaub, nicht bezahltes Jubiläumsgeld u.a.) übersehen werden. Auch könnte der Arbeitgeber den Standpunkt vertreten, der Arbeitnehmer habe durch die generelle Formulierung (»keine Ansprüche mehr«) auch auf die Kündigungsschutzklage und die betriebliche Altersversorgung verzichtet.

☐ Gesetzgebung und Rechtsprechung haben eine Reihe von Grundsätzen entwickelt, die die »Verzichtswirkung« in Grenzen halten.

Unverzichtbare Ansprüche

☐ Die im Folgenden genannten Arbeitnehmeransprüche sind unverzichtbar, können deshalb also auch nicht durch eine Ausgleichsquittung zum Erlöschen gebracht werden:

- Nach § 4 Abs. 4 TVG kann auf **tarifliche Ansprüche** nur mit Zustimmung der Tarifparteien verzichtet werden. Das tariflich garantierte Weihnachtsgeld bzw. die tariflich garantierte Überstundenvergütung bleibt daher auf alle Fälle erhalten. Dies gilt auch dann, wenn der Arbeitnehmer nicht Gewerkschaftsmitglied ist, sondern nur im Arbeitsvertrag auf den Tarif verwiesen wurde.
- § 77 Abs. 4 BetrVG enthält eine vergleichbare Regelung für **Ansprüche aus einer Betriebsvereinbarung**. Wer einen Anspruch auf Auszahlung eines verbilligten Arbeitgeberdarlehens erworben hat, verliert diesen daher durch eine Ausgleichsquittung nicht. Anders ist es nur dann, wenn der Betriebsrat ausdrücklich zustimmt.
- **Gesetzliche Urlaubsansprüche** einschl. des Abgeltungsanspruchs nach § 7 Abs. 4 BUrlG sind unverzichtbar, was sich mittelbar aus § 13 Abs. 1 BUrlG ergibt. Beruht der darüber hinausgehende Urlaub auf Tarifvertrag, sind nach dem eben Gesagten auch insoweit diese Ansprüche unantastbar. Ein Verzicht ist nur dann möglich, wenn der gesetzliche oder tarifliche Urlaub **arbeitsvertraglich verlängert** wurde.

Ausgleichsquittung

- **Ansprüche nach dem Entgeltfortzahlungsgesetz** sind normale Entgeltansprüche. Nur wenn sie auf einem Tarifvertrag beruhen, sind sie von vorneherein gegen einen Verzicht gesichert. Wird das Arbeitsverhältnis aus Anlass der Arbeitsunfähigkeit durch den Arbeitgeber beendet (→ **Krankheit**), so bleibt der Anspruch auf Entgeltfortzahlung nach § 8 Abs. 1 EFZG erhalten; nach § 12 EFZG kann auf ihn auch nicht verzichtet werden.

Enge Auslegung der Verzichtserklärung

☐ Wie weit der Verzicht im Einzelfall reicht, ist eine Frage der Auslegung der getroffenen Abmachungen. Bestehen insoweit Zweifel, gelten folgende Grundsätze:

- **Besonders weit reichende Verzichtserklärungen** müssen ausdrücklich und in unmissverständlicher Form abgegeben werden. Soll auf die **Kündigungsschutzklage** verzichtet werden, muss dies besonders hervorgehoben sein.

Beispiel:
»Die Beendigung des Arbeitsverhältnisses soll von keiner Seite mehr infrage gestellt werden.«

- Ist dies nicht der Fall, bestätigt der Arbeitnehmer z. B. nur, dass ihm »aus Anlass der Beendigung des Arbeitsverhältnisses keine Ansprüche mehr zustehen«, **bleibt** die **Kündigungsschutzklage** weiterhin **möglich**.
- Eine ähnliche Schranke besteht in Bezug auf **Ansprüche aus der betrieblichen Altersversorgung**. Eine Formulierung, alle Ansprüche aus dem Arbeitsverhältnis seien abgegolten, genügt nach der Rechtsprechung auch hier nicht. Vielmehr muss der **Verzicht »ausdrücklich und unmissverständlich«** sein (BAG, DB 1990, 1870). Dabei ist allerdings zu beachten, dass § 3 BetrAVG bei unverfallbaren Anwartschaften einen Verzicht nur in einem ganz engen Rahmen und auch dann nur gegen Abfindung zulässt.
- Auch die **Rechte aus einem vertraglichen Wettbewerbsverbot** werden durch eine allgemeine Formulierung, es bestünden keine weiteren Ansprüche mehr, nicht erfasst. Dies ist insbesondere dann wichtig, wenn der Arbeitnehmer mangels konkreter Betätigungsmöglichkeit das Wettbewerbsverbot einhalten und dafür die Karenzentschädigung beanspruchen möchte.
- Da die Ausgleichsquittung in 99 von 100 Fällen vom Arbeitgeber vorformuliert wurde, ist sie in entsprechender Anwendung des § 5 AGB-Gesetz **im Zweifel zu Lasten des Arbeitgebers auszulegen**.

Beispiel:
In der Ausgleichsquittung ist bestimmt: »Die Jahressonderzuwendung wird am 1.12. im üblichen Umfang ausbezahlt.« Auch wenn der Arbeitnehmer bereits am 30.11. ausscheidet, kann er mangels abweichender Abrede den ganzen Betrag (und nicht nur $^{11}/_{12}$) ausbezahlt verlangen.

Kann die Ausgleichsquittung rückgängig gemacht werden?

☐ Erfaßt die Ausgleichsquittung effektiv bestimmte Ansprüche, an die der Arbeitnehmer nicht gedacht hat, liegt der Versuch nahe, von der getroffenen Abmachung wieder loszukommen.

☐ In der Diskussion um ein neues Arbeitsvertragsrecht wurde von verschiedenster Seite immer wieder die Forderung erhoben, dem Arbeitnehmer ein **gesetzliches Widerrufsrecht** einzuräumen.

Ein solches liegt beispielsweise vor, wenn ein Kaufvertrag an der Haustüre abgeschlossen oder Ratenzahlungen vereinbart werden. Ohne ausdrückliche gesetzliche Regelung sehen sich jedoch die Arbeitsgerichte nicht in der Lage, den Arbeitnehmer in gleicher Weise wie den Verbraucher zu schützen. Allerdings gibt es unter speziellen Voraussetzungen doch einen Ausweg: Der **Arbeitnehmer kann** ggf. seine Erklärung wegen Täuschung, Drohung oder Irrtum **anfechten.**

- Wurde der **Arbeitnehmer** vom Arbeitgeber oder seinem Beauftragten **bewusst getäuscht**, kann er nach § 123 BGB anfechten. Dies ist etwa dann der Fall, wenn dem Betroffenen vorgespiegelt wird, er sei zur Unterzeichnung einer Ausgleichsquittung verpflichtet.
- Denkbar ist, dass der **Arbeitnehmer** bei der Abgabe der Erklärung **bedroht** wurde. Ihm wurde beispielsweise angekündigt, wenn er nicht unterschreibe, würde sich die Staatsanwaltschaft mit ihm befassen, obwohl er in Wirklichkeit keiner Straftat verdächtig ist. Auch hier greift § 123 BGB ein.
- Eine **Anfechtung wegen Irrtums** nach § 119 BGB kommt nur dann in Betracht, wenn der Arbeitnehmer effektiv Fehlvorstellungen beim Unterschreiben der Urkunde hatte. Unterschrieb er, ohne die Urkunde durchzulesen, ist dies sein Risiko. Kann er allerdings belegen, dass er konkrete Vorstellungen über den Inhalt hatte (die sich z. B. aus einem vorangegangenen Gespräch ergaben), finden sich diese aber in dem Papier nicht wieder, so liegt ein sog. Inhaltsirrtum vor. Gleich zu behandeln ist der Fall, dass der Arbeitnehmer überhaupt nicht weiß, dass er eine rechtlich relevante Erklärung abgibt.

Ausgleichsquittung

Beispiel:
Der Arbeitnehmer ist der Auffassung, er habe nur den Empfang der Arbeitspapiere quittiert.
Hier fehlt das sog. Erklärungsbewusstsein, so dass § 119 Abs. 1 zumindest entsprechende Anwendung findet.

Sprachprobleme

☐ Bei **ausländischen Arbeitnehmern**, die des Deutschen nicht hinreichend mächtig sind, stellt sich das Problem, ob das Angebot des Arbeitgebers zur Vereinbarung einer Ausgleichsquittung überhaupt verständlich war und damit wirksam zugegangen ist. War dies nicht der Fall, ist auch das »Ja-Wort« des Arbeitnehmers ohne Bedeutung. Im Streitfall hat der **Arbeitgeber** zu **beweisen, dass** der **Arbeitnehmer** den **Inhalt** des Angebots **verstehen konnte.** War dies der Fall, so ist weiter zu fragen, inwieweit der Arbeitnehmer effektiv Rechte aufgeben wollte oder einer der oben beschriebenen Willensmängel vorlag.

Bedeutung für den Betriebsrat

☐ Beim Abschluss und beim Streit um eine Ausgleichsquittung hat der Betriebsrat keinerlei Mitbestimmungsrechte. Er kann sich lediglich als Beratungs- und Kontrollinstanz einschalten, wenn dies der betroffene Arbeitnehmer will.

Ausschuss für Berufsbildungsstreitigkeiten

Was ist das?

☐ Im Berufsbildungsrecht spielt die Selbstverwaltung eine besondere Rolle, insbesondere die Handwerkskammern kümmern sich in besonderem Maße um die Ausbildung des Nachwuchses. Um im **Vorfeld gerichtlicher Auseinandersetzungen** eine einvernehmliche Klärung von Rechtsstreitigkeiten im Berufsbildungsverhältnis zu ermöglichen, gibt das Gesetz (§ 111 Abs. 2 ArbGG) Handwerksinnungen und sonstigen zuständigen Stellen nach dem BBiG die Möglichkeit, Ausschüsse für Berufsbildungsstreitigkeiten einzusetzen. Dort sollen Streitigkeiten im laufenden Berufsausbildungsverhältnis und solche, bei denen es um seine Beendigung geht – aber nicht um Streitigkeiten aus eindeutig beendeten Berufsausbildungsverhältnissen, z. B. wenn es um rückständigen Lohn geht – einer einvernehmlichen Klärung zugeführt werden. Das gibt den Kammern zudem die Möglichkeit, auf den Konflikt mit erweiternden Lösungen zu reagieren, z. B. den Auszubildenden bei einer anderen Ausbildungsstelle unterzubringen.

Was ist zu beachten?

☐ Ist ein Ausschuss gebildet, so ist seine Anrufung **Voraussetzung für die Durchführung des gerichtlichen Klageverfahrens**. Im Hinblick auf die nicht ganz unkomplizierten Formalien ist es aber möglich, vorsorglich Klage zu erheben. Diese wird dann zulässig, wenn das Verfahren vor dem Ausschuss durchgeführt wurde. Dem gegenüber ist es aber möglich, auch ohne vorhergehende Anrufung des Ausschusses beim Arbeitsgericht eine **einstweilige Verfügung** zu beantragen, z. B. um die vorläufige Weiterbeschäftigung eines Auszubildenden nach einer Kündigung durchzusetzen (→ **Beschäftigung**).

☐ Der Ausschuss ist in ähnlicher Form anzurufen wie das Gericht. Es hat die Angelegenheit zügig zu entscheiden, auch wenn die Gegenseite nicht erscheint. Soweit dies ohne Anwendung von Zwangsmitteln möglich ist, hat er den Sachverhalt

Ausschuss für Berufsbildungsstreitigkeiten

aufzuklären und anschließend einen Spruch zu fällen, der nach seiner Ansicht der Sach- und Rechtslage entspricht. Die vornehmste Aufgabe ist es jedoch vorab auf einen → **Vergleich** hinzuwirken.

☐ Ergeht ein Spruch, so beginnen im Grundsatz zwei **Fristen** zu laufen:
- **Innerhalb einer Woche** ab Zustellung des Beschlusses können die Parteien den Spruch **anerkennen**. Das hat in nachweisbarer, im Idealfall schriftlicher Form zu geschehen.
- **Innerhalb von zwei Wochen** ab Zustellung des Spruches ist von der vor dem Ausschuss obsiegenden Partei **Klage zu erheben**, wenn die Gegenseite den Spruch nicht anerkennt. Ob eine nach Ablauf der Frist vor Erhebung der Klage erfolgte Anerkennung die Klageerhebung überflüssig macht, ist noch nicht geklärt.
- Die **Fristen enden** jeweils an dem Tag eine oder zwei Wochen nach Zustellung des Spruches, der in seiner Benennung dem Tag der Zustellung des Spruches entspricht. Ist dies ein Samstag, Sonntag oder gesetzlicher Feiertag, so läuft die Frist am darauf folgenden Werktag ab. Das Gesetz schreibt eine Belehrung über die Frist zur Klageerhebung vor. Wird diese nicht oder nur unzureichend erteilt, kann Klage auch noch innerhalb eines Jahres nach der Zustellung erhoben werden, in Fällen höherer Gewalt auch noch später. Die ordnungsgemäße Belehrung hat die Frist zur Klageerhebung, die Grundvoraussetzungen einer Klage (→ **Kündigungsschutzklage**) und die Anschriften aller für eine Klage in Betracht kommenden Arbeitsgerichte zu enthalten.

☐ Die Einrichtung eines Ausschusses für Berufsbildungsstreitigkeiten führt für den Auszubildenden deshalb zu einer Erleichterung, weil die → **Klagefrist** nach § 4 KSchG nicht gilt, wenn ein Ausschuss eingerichtet ist. Der Ausschuss muss auch nicht innerhalb von drei Wochen angerufen werden.

Soweit **tarifliche Ausschlussfristen** auf eine Klageerhebung abstellen, dürften sie ebenfalls nicht anwendbar sein. Verlangen Ausschlussfristen eine schriftliche Geltendmachung, sind sie anwendbar. Eine Geltendmachung beim Ausschuss wirkt ab Zugang der Antragsschrift beim Arbeitgeber fristwahrend. Ein Antrag auf Feststellung des Weiterbestehens des Berufsausbildungsverhältnisses wahrt die Schriftform für die daran angeknüpften Entgeltansprüche nach dem Zeitpunkt, zu dem die Kündigung ausgesprochen ist.

Die Anrufung des Ausschusses unterbricht die Verjährungsfrist, wenn z. B. zusammen mit einem Kündigungsschutzantrag Zahlungsansprüche zum Gegenstand des Verfahrens gemacht werden.

Wie verhält sich der Ausschuss zum gerichtlichen Verfahren?

☐ Wird der Spruch nicht anerkannt und muss eine gerichtliche Klage anhängig gemacht werden, so gelten keine Besonderheiten. Insbesondere ist der **Klageantrag** ebenso zu formulieren, als gäbe es keinen Ausschuss. Hat der Ausschuss also z. B. einen Spruch gefällt, wonach das Berufsausbildungsverhältnis beendet ist, ist nicht etwa dieser Spruch anzufechten. Vielmehr ist Klage auf Feststellung zu erheben, dass das Berufsausbildungsverhältnis weiterbesteht (→ **Kündigungsschutzklage**).

☐ Eine Besonderheit besteht, wenn der Ausschuss einen Spruch gefällt hat, der **anerkannt** wurde oder wenn dort ein **Vergleich** geschlossen wurde. Gibt es insoweit einen vollstreckungsfähigen Inhalt – weil z. B. dem Ausbildenden die Weiterbeschäftigung des Auszubildenden aufgegeben oder im Vergleich eine Abfindung vereinbart wurde – kann der **Vorsitzende des Arbeitsgerichts** auf Antrag der insoweit berechtigten Partei die Entscheidung auch für **vollstreckbar erklären**. Daraus kann dann die Zwangsvollstreckung genauso durchgeführt werden wie aus einem gerichtlichen Urteil.

Ein Spruch, dass das Berufsausbildungsverhältnis fortbesteht, ist für sich aber nicht vollstreckbar. Er klärt nur für die sich aus dem Ausbildungsverhältnis ergebenden Rechte – z. B. auf Ausbildung und Zahlung der Vergütung – die Rechtslage.

Außerordentliche Kündigung, Grundlagen

Was ist das?

☐ Eine außerordentliche Kündigung ist dann möglich, wenn eine **Fortsetzung** des Arbeitsverhältnisses **nicht einmal mehr für die Dauer der Kündigungsfrist zumutbar** ist. Diese Voraussetzung kann sowohl für den Arbeitgeber wie für den Arbeitnehmer gegeben sein, doch stehen außerordentliche Kündigungen durch den Arbeitgeber in der Praxis bei weitem im Vordergrund.

☐ Ob die Fortsetzung des Arbeitsverhältnisses unzumutbar ist, bestimmt sich gem. § 626 Abs. 1 BGB nach **zwei Voraussetzungen**.

- Es muss ein → »**wichtiger Grund**« gegeben sein oder genauer: Es müssen Tatsachen vorliegen, die prinzipiell als wichtiger Grund geeignet sind.
- Die **Abwägung der Interessen** beider Seiten muss unter Berücksichtigung aller Umstände des Einzelfalles den Schluss rechtfertigen, dass eine weitere Zusammenarbeit sinnlos ist.

Im Einzelnen gilt Folgendes:

Allgemeine Voraussetzungen

☐ Auch die außerordentliche Kündigung muss den **Bedingungen** Rechnung tragen, **die** Gesetz oder Tarifvertrag **für jede Kündigung** aufstellen. Dies betrifft etwa die → **Schriftform**, aber auch das **Verbot gesetz- und sittenwidriger Kündigungen**. Auch Verstöße gegen Treu und Glauben würden eine außerordentliche Kündigung unwirksam machen (Näheres bei → **Kündigungsschutz außerhalb des Kündigungsschutzgesetzes**).

☐ Auch für die außerordentliche Kündigung gilt der **Ultima-ratio-Grundsatz**; sie muss die »unausweichlich letzte Maßnahme« sein. Dies ist nicht der Fall, wenn z. B. eine Versetzung an einen anderen Arbeitsplatz in Betracht kommt, wo sich das gezeigte Fehlverhalten nicht wiederholen kann oder die fehlende Eignung keine Rolle spielt.

Beispiel:
A hat verschiedene Male Kunden schlecht beraten, was zu einem erheblichen Schaden führte. Er kann aber einen freien Arbeitsplatz ausfüllen, wo er keinerlei Kundenkontakte hat und sich seine Fehler nicht wiederholen können. Eine Versetzung ist das mildere Mittel.

☐ In vielen Fällen ergibt sich die Unzumutbarkeit erst aus einer **Summierung von Verstößen**, etwa daraus, dass der Arbeitnehmer zum zehnten oder zum fünfzehnten Mal innerhalb von vier Wochen zu spät gekommen ist. Hier hat der Arbeitgeber zunächst eine Abmahnung auszusprechen und diese ggf. zu wiederholen; erst wenn dies erfolglos bleibt, wird die Situation wirklich »unzumutbar« und eine außerordentliche Kündigung gerechtfertigt. Im Einzelfall ist immer **zu prüfen, ob nicht** die **Abmahnung genügt**, um ein Fehlverhalten für die Zukunft auszuschließen und so die unzumutbare Belastung des Arbeitsverhältnisses zu vermeiden.

☐ Ob bei der außerordentlichen Kündigung der **Gleichbehandlungsgrundsatz** zu wahren ist, ist **umstritten**. Im Ergebnis kann die Frage dahinstehen, da Ungleichbehandlungen im Rahmen der Interessenabwägung entscheidend zugunsten des Arbeitnehmers zu berücksichtigen sind.

Beispiel:
Bei einem rechtswidrigen Streik werden zwei von zwanzig Streikenden »herausgegriffen« und gekündigt, während es der Arbeitgeber im Übrigen bei einer »Ermahnung« belässt. Im Streitfall wird der Arbeitgeber nicht belegen können, weshalb ihm gerade die Weiterbeschäftigung der zwei Gekündigten unzumutbar war.

☐ Schließlich führt die Interessenabwägung in der Regel zur Unzulässigkeit der außerordentlichen Kündigung, wenn der Arbeitgeber früher in **vergleichbaren Fällen das Verhalten geduldet** oder wenn er nur mit einer Abmahnung reagiert hatte; insoweit ist eine **Selbstbindung** eingetreten.

Die zwei spezifischen Voraussetzungen

Prinzipielle Eignung als »wichtiger Grund«

☐ Bestimmte Sachverhalte kommen von vornehrein nicht als »wichtiger Grund« in Betracht. Dies sind einmal alle **Vorfälle** und Umstände, **die keinerlei Rückwirkung auf das Arbeitsverhältnis haben**. Dasselbe gilt für **Tatsachen**, die der anderen Seite bei der Einstellung **bekannt** waren.

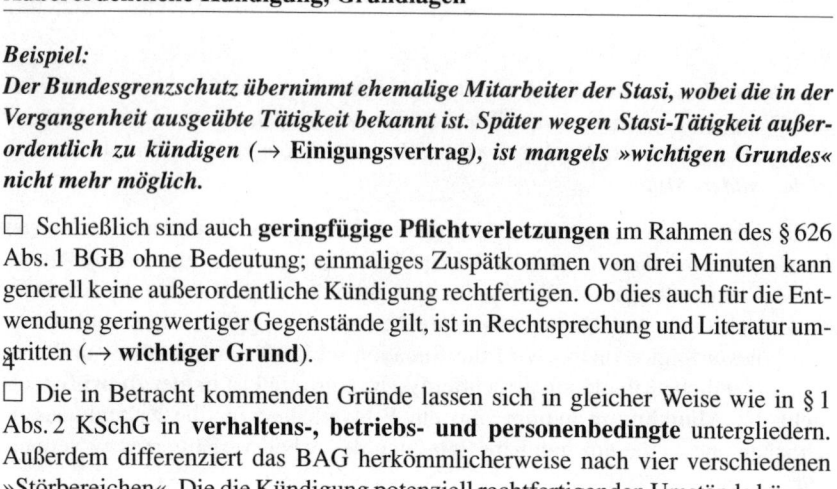

Außerordentliche Kündigung, Grundlagen

Beispiel:
Der Bundesgrenzschutz übernimmt ehemalige Mitarbeiter der Stasi, wobei die in der Vergangenheit ausgeübte Tätigkeit bekannt ist. Später wegen Stasi-Tätigkeit außerordentlich zu kündigen (→ Einigungsvertrag), ist mangels »wichtigen Grundes« nicht mehr möglich.

☐ Schließlich sind auch **geringfügige Pflichtverletzungen** im Rahmen des § 626 Abs. 1 BGB ohne Bedeutung; einmaliges Zuspätkommen von drei Minuten kann generell keine außerordentliche Kündigung rechtfertigen. Ob dies auch für die Entwendung geringwertiger Gegenstände gilt, ist in Rechtsprechung und Literatur umstritten (→ **wichtiger Grund**).

☐ Die in Betracht kommenden Gründe lassen sich in gleicher Weise wie in § 1 Abs. 2 KSchG in **verhaltens-, betriebs- und personenbedingte** untergliedern. Außerdem differenziert das BAG herkömmlicherweise nach vier verschiedenen »Störbereichen«. Die die Kündigung potenziell rechtfertigenden Umstände können im »**Leistungsbereich**« liegen, aber auch das Zusammenleben im Betrieb und die Arbeitsabläufe betreffen (»**Betriebsbereich**«). Berührt kann weiter der sog. **Vertrauensbereich** sein, was nicht nur bei Fehlverhalten, sondern auch bei der (möglicherweise völlig unverschuldeten) Entstehung eines gravierenden Verdachts der Fall sein kann (→ **Verdachtskündigung**). Schließlich kann der »**Unternehmensbereich**« betroffen sein. Dies ist etwa bei der Zerstörung betrieblicher Einrichtungen oder beim Verrat von Betriebsgeheimnissen der Fall.

Rechtsprechung

☐ Die zahlreichen Fälle, in denen eine außerordentliche Kündigung in Betracht kommt, sind der Übersichtlichkeit wegen als besonderes Stichwort abgehandelt (→ **wichtiger Grund**).

Interessenabwägung

☐ Nach der Rechtsprechung müssen alle vernünftigerweise in Betracht kommenden Umstände des Einzelfalls »**vollständig und widerspruchsfrei**« abgewogen werden. Dabei geht es letztlich im Streitfall um eine richterliche Wertentscheidung, die vom Vorverständnis (»Ordnung muss sein« oder »Unordnung ist kreativ«) nicht ganz unabhängig ist. Das Ergebnis ist rational ebenso schwer vorauszuberechnen wie die Strafzumessung. Gleichwohl bilden sich **ungeschriebene Erfahrungswerte** heraus, aus denen sachkundige Prozessvertreter ableiten können, ob es im konkreten Fall für eine außerordentliche Kündigung »reicht« oder nicht. An dieser Stelle können lediglich die wichtigsten in die Abwägung eingehenden Umstände erwähnt werden.

Außerordentliche Kündigung, Grundlagen

☐ Geht es um eine Arbeitgeber-Kündigung, so sind **negative betriebliche und wirtschaftliche Auswirkungen** immer zugunsten des Arbeitgebers zu berücksichtigen. Dazu zählen materielle und immaterielle Schäden wie etwa ein Imageverlust in der Öffentlichkeit. Da die Kündigung kein Disziplinierungsmittel ist, kann der Gedanke des »schlechten Beispiels« bei der Interessenabwägung keine Rolle spielen.

☐ **Zugunsten des Arbeitnehmers** spricht die **Dauer der Betriebszugehörigkeit** sowie die Tatsache, dass das Arbeitsverhältnis bislang störungsfrei abgelaufen ist. Soweit **Verschulden** vorausgesetzt ist, ist auch dessen **Grad** wichtig; fahrlässige Pflichtverstöße werden nur ganz ausnahmsweise eine außerordentliche Kündigung rechtfertigen können. Zu berücksichtigen sind weiter das **Lebensalter des Arbeitnehmers** und seine Chancen auf dem Arbeitsmarkt. Auch die voraussichtliche Verhängung einer Sperrfrist und der Verlust einer Anwartschaft auf betriebliche Altersversorgung dürfen nicht außer Betracht bleiben. Weiter ist das Bestehen von Unterhaltspflichten zu berücksichtigen. Schließlich ist danach zu fragen, ob den Arbeitgeber ein mitwirkendes Verschulden an der Entstehung des Kündigungsgrundes trifft.

Negativprognose

☐ Die außerordentliche **Kündigung** ist **keine »Strafe«**. Sie rechtfertigt sich damit, dass vom Moment des in Frage stehenden Vorfalls an eine weitere Zusammenarbeit unzumutbar wird. Hier sind alle irgendwie in Betracht kommenden Umstände heranzuziehen. Maßgebend ist dabei der Erkenntnisstand im Zeitpunkt der Kündigung.

Reaktion innerhalb von zwei Wochen

☐ Nach § 626 Abs. 2 BGB kann eine außerordentliche Kündigung nur innerhalb von zwei Wochen ausgesprochen werden. Die Frist beginnt mit Kenntnis der Vorfälle durch den Kündigungsberechtigten. Da insoweit viele Einzelfragen entstanden sind, ist dieser Bereich Gegenstand eines separaten Stichworts (→ **Zwei-Wochen-Frist**).

Außerordentliche Kündigung, Grundlagen

Fristlose Kündigung oder Kündigung mit Auslauffrist?

☐ Die außerordentliche **Kündigung** ist **in der Regel** eine **fristlose**, d. h. dass das Arbeitsverhältnis an dem Tag seinen Abschluss findet, an dem die Kündigungserklärung der anderen Seite zugegangen ist.

☐ Dem Arbeitgeber steht es frei, die Kündigung erst nach einer bestimmten Frist wirksam werden zu lassen, also eine sog. **Auslauffrist** zu bewilligen. Geschieht dies im Interesse des **Arbeitnehmers**, muss sich dieser allerdings nicht darauf einlassen, sondern kann **auf der sofortigen Beendigung bestehen**. Anders ist es dann, wenn auch ein unternehmerisches Interesse an der kurzfristigen Fortführung des Arbeitsverhältnisses besteht.

Beispiel aus der Rechtsprechung:
Das Arbeitsverhältnis mit der Kurkapelle wird außerordentlich gekündigt, weil der Trompeter schrecklich falsch bläst. Allerdings soll die Kündigung erst zwei Wochen nach ihrem Ausspruch wirksam werden, damit der Arbeitgeber die Möglichkeit hat, sich nach einem Ersatz umzusehen. In der Zwischenzeit gilt der Grundsatz: Eine schlecht blasende Kurkapelle ist immer noch besser als gar keine. Zumindest die weniger gut hörenden oder die der Musik fernerstehenden Kurgäste werden dies zu würdigen wissen.

☐ Die **Auslauffrist** wird in aller Regel **sehr viel kürzer als die** gesetzliche oder die tarifliche **Kündigungsfrist** sein. Würde Letztere mehr oder weniger erreicht, läge ein widersprüchliches Arbeitgeberverhalten vor. In der Einräumung der Frist läge das stillschweigende Eingeständnis, dass die Fortsetzung des Arbeitsverhältnisses zumindest während der Dauer der Kündigungsfrist so schrecklich unzumutbar nun auch wieder nicht war.

Begründungspflicht

☐ Nach § 626 Abs. 2 Satz 3 BGB kann der Gekündigte **verlangen, dass** ihm die **Gründe schriftlich mitgeteilt** werden. Der Anspruch entsteht nicht automatisch, sondern muss geltend gemacht werden. Er richtet sich auf eine vollständige und wahrheitsgemäße Mitteilung der Gründe.

☐ Für die Geltendmachung dieses Anspruchs besteht **keine Frist**. Auch nach Ablauf der Klagefrist des § 4 KSchG hat der Gekündigte ein Interesse daran, die wirklichen Gründe zu erfahren. Bei allzu langem Zuwarten kann allerdings Verwirkung eintreten.

☐ Eine mangelhafte oder unvollständige Begründung **beeinflusst** die **Wirksamkeit der Kündigung nicht**, macht jedoch den Kündigenden schadensersatzpflichtig. Allerdings lässt sich im Einzelfall nur sehr schwer beweisen, dass ein Schaden (z. B. die Nichtberücksichtigung in einem Auswahlverfahren) gerade darauf zurückzuführen ist, dass die außerordentliche Kündigung nicht korrekt begründet wurde.

Unkündbare Arbeitnehmer

☐ Wird durch Tarifvertrag oder ausnahmsweise auch durch Arbeitsvertrag ein Arbeitnehmer »unkündbar« gestellt, so ist damit **nur** die **ordentliche Kündigung ausgeschlossen**. Die außerordentliche Kündigung bleibt weiter möglich. Die dabei anzulegenden Maßstäbe haben zu einer umfangreichen Rechtsprechung geführt; Näheres findet sich unter → **Unkündbare Arbeitnehmer**.

Einschränkung des Rechts zur außerordentlichen Kündigung?

☐ Nach verbreiteter Auffassung hat § 626 BGB **zwingende Wirkung**. Er kann **weder erweitert noch eingeschränkt** werden, ohne dass es darauf ankommt, ob dies in einem Arbeitsvertrag oder einem Tarifvertrag geschieht. Eine Reihe von **Einzelfragen** verdienen eine Hervorhebung:

- Das **Recht zur außerordentlichen Kündigung** kann **nicht erweitert** werden; damit würden die zwingenden Mindestfristen der ordentlichen Kündigung unterlaufen. **Ausgeschlossen** ist auch, im Wege der Vereinbarung **absolute Kündigungsgründe** zu schaffen und damit auf die im Gesetz vorgesehene Interessenabwägung zu verzichten.
- Eine **Einschränkung** des Rechts zur außerordentlichen Kündigung ist **unter** bestimmten **engen Voraussetzungen** möglich. So lassen sich etwa die Pflichtverletzungen auf jene Fälle beschränken, die bei einem Beamten zur Disziplinarmaßnahme der Entfernung aus dem Dienst berechtigen würden. **Verzichtbar** ist auch die **außerordentliche Kündigung aus betrieblichen Gründen**, weil der Arbeitgeber selbst entscheiden kann, was er sich wirtschaftlich zumuten will oder nicht.
- Vertragliche Regelungen, wonach **bestimmte Pflichtverletzungen keine außerordentliche Kündigung** rechtfertigen sollen, sind jedenfalls insoweit von

Außerordentliche Kündigung, Grundlagen

Bedeutung, als die darin zum Ausdruck kommende Wertung der Arbeitsvertragsparteien bei der Interessenabwägung zu berücksichtigen ist.
- Die **Zwei-Wochen-Frist** des § 626 Abs. 2 BGB ist nach allgemeiner Auffassung **zwingend**. Möglich ist jedoch, die Kenntnis des Kündigungsberechtigten (und nicht seiner Mitarbeiter) für den Fristbeginn vorauszusetzen und außerdem die Arbeitgeberperson zum allein Kündigungsberechtigten zu machen.

Gerichtliche Geltendmachung

☐ Ein außerordentlich gekündigter Arbeitnehmer muss **innerhalb von drei Wochen** nach Zugang der Kündigungserklärung Kündigungsschutzklage erheben, da andernfalls die Kündigung nach § 7 KSchG auf alle Fälle wirksam würde.

Bedeutung für den Betriebsrat

☐ Der Betriebsrat ist vor einer außerordentlichen Kündigung grundsätzlich in gleicher Weise wie vor einer ordentlichen Kündigung nach § 102 Abs. 1 BetrVG anzuhören (→ **Betriebsratsanhörung**). Er kann allerdings nicht binnen einer Woche, sondern nur **binnen dreier Tage Stellung nehmen**. Ein »Widerspruch« löst nicht die Rechtsfolgen des § 102 Abs. 5 BetrVG (Weiterbeschäftigung, wenn der Widerspruch wirksam auf die Gründe des § 102 Abs. 3 BetrVG gestützt wurde) aus. Der Betriebsrat wird daher im Einzelfall **den Betroffenen beraten**, ob er gegen die Kündigung gerichtlich vorgehen will. Sinnvoll wird dabei in vielen Fällen die Einschaltung des gewerkschaftlichen Rechtsschutzes oder eines Rechtsanwalts sein.

Auswahlrichtlinien

Was ist das?

☐ **Auswahlrichtlinien** sind durch **Betriebsvereinbarung** oder **Tarifvertrag** festgelegte abstrakte und generelle **Entscheidungsmaßstäbe**, die die maßgeblichen Gesichtspunkte und Bewertungsfaktoren enthalten, in denen, unabhängig vom konkreten Kündigungsfall, die **Auswahl** von zu kündigenden Arbeitnehmern, die im Rahmen von → **betriebsbedingten Kündigungen** aus dem Betrieb ausscheiden sollen, festgelegt werden bzw. **allgemeine Regelungen** im Zusammenhang mit einer Kündigung zusammengefasst sind.

☐ **Auswahlrichtlinien** sollen die im Rahmen einer **betriebsbedingten Kündigung** durchzuführende → **Sozialauswahl** strukturieren, plausibel und nachvollziehbar machen und so **Berechenbarkeit** und **Objektivität** sichern.

☐ **Keine Auswahlrichtlinie** ist die bloße namentliche Aufführung der zu kündigenden Arbeitnehmer in einer **Namensliste** in einem Interessenausgleich (Interessenausgleich/Sozialplan), auch im Zusammenhang mit einer → **Umwandlung** des Betriebes des Arbeitgebers.

☐ Die Namensliste hat die **Wirkung** einer **Auswahlrichtlinie** bei einer Betriebsänderung im Falle der → **Insolvenz**.

☐ **Auswahlrichtlinien** sind auch solche Regelungen, die die Auswahlkriterien nur für einen ganz **bestimmten Anlass**, beispielsweise eine **Teilbetriebsstilllegung**, regeln, sie müssen dann aber in einer Betriebsvereinbarung allgemein niedergelegt sein.

☐ **Auswahlrichtlinien** können auch positiv festschreiben, dass bestimmte Kriterien dazu führen, dass eine Kündigung **nicht ausgesprochen** werden darf, also ein **Kündigungsverbot** entsteht.

Beispiel:
Mitarbeiter und Mitarbeiterinnen, die in der Elektro-Abteilung des Betriebes Frankfurt länger als 10 Jahre beschäftigt sind und das 50. Lebensjahr vollendet haben, dürfen betriebsbedingt nicht mehr gekündigt werden.

Auswahlrichtlinien

Bedeutung für den Kündigungsschutz und den Inhalt von Auswahlrichtlinien

☐ **Auswahlrichtlinien** im Hinblick auf **betriebsbedingte Kündigungen** sind deshalb von Bedeutung, weil bei ihnen der Arbeitgeber verpflichtet ist, eine → **Sozialauswahl** durchzuführen. Wird die **Sozialauswahl** nicht oder nicht hinreichend begründet durchgeführt, ist eine ansonsten betriebsbedingt sozial gerechtfertigte Kündigung sozial ungerechtfertigt. Die **Prognose**, ob die **Auswahlentscheidung**, die der Arbeitgeber getroffen hat, sich als richtig erweist und vor dem Arbeitsgericht Bestand hat, ist in vielen Fällen schwer zu treffen. Deshalb liegt es vor allem im Interesse des Arbeitgebers, der betriebsbedingt Kündigungen ausspricht, abstrakte und generelle Regelungen zusammen mit dem Betriebsrat aufzustellen, um die Auswahlentscheidung »**gerichtsfest**« zu machen und die Arbeitnehmervertretung einzubinden in die an sich allein dem Arbeitgeber obliegende Sozialauswahl.

☐ Hinzu kommt, dass § 1 Abs. 4 KSchG ausdrücklich regelt, dass dann, wenn eine **Auswahlrichtlinie** besteht und der Arbeitgeber sich an die Auswahlrichtlinie gehalten hat, die konkrete Auswahlentscheidung sozusagen die **Richtigkeitsgewähr** trägt. Die aufgrund der Auswahlrichtlinie vorgenommene **soziale Auswahl** der Arbeitnehmer kann vom **Arbeitsgericht** nur darauf überprüft werden, ob sie **grob fehlerhaft** ist.

☐ Umstritten ist, ob in Auswahlrichtlinien festgelegt werden kann, dass Kündigungen gegenüber generell und abstrakt definierten Arbeitnehmergruppen nicht oder nicht mehr zulässig sind. Dagegen wird eingewandt, das verkürze die → **Sozialauswahl** bei den nicht gesondert geschützten Arbeitnehmern. Dafür spricht jedoch die Überlegung, dass die **gesetzliche Sozialauswahl** und die »**betriebliche Kündigungsschutzregelung**« im Rahmen von Auswahlrichtlinien **zwei** unterschiedliche »**Schutznetze**« sind, die übereinander gelegt werden müssen. D. h. nur derjenige kann dann letztendlich gekündigt werden, der sowohl nach der gesetzlich durchzuführenden Sozialauswahl als auch nach Auswahlrichtlinien hierfür in Frage kommt.

☐ Das Gesetz nennt nicht ausdrücklich, welche einschlägigen Gesichtspunkte für eine Sozialauswahl von Bedeutung und deshalb auch von den Betriebsverfassungsparteien zu beachten sind, wenn sie Auswahlrichtlinien vereinbaren. Die **wichtigsten** sozialen Gesichtspunkte bei der Auswahlentscheidung sind jedoch das **Alter, die Betriebszugehörigkeit und die bestehenden Unterhaltspflichten.** Dieser Katalog ist aber nicht abschließend. Als weitere soziale Gesichtspunkte kommen in Betracht der Gesundheitszustand, der Familienstand, der Grad der Minderung der Erwerbsfähigkeit, Grundqualifikationen, einzelfallbezogene Sondersituationen.

Auswahlrichtlinien

Neben der Aufstellung der Kriterien legen Auswahlrichtlinien im Regelfall auch die Wertigkeit der Kriterien untereinander fest. Dies geschieht meistens in Form von **Punktetabellen**. Es können aber auch andere Strukturentscheidungen gefällt werden.

Formulierungsbeispiel:
Jedes vollendete Lebensjahr erhält 5 Punkte,
jedes Jahr der Betriebszugehörigkeit 10 Punkte,
jedes unterhaltspflichtige Kind 15 Punkte,
Schwerbehinderte 20 Punkte.
Bei gleicher Punktzahl entscheidet die längere Betriebszugehörigkeit.

Der Arbeitgeber kann dann darauf vertrauen, dass seine Sozialauswahl richtig ist, wenn er die Auswahlrichtlinie anwendet.

☐ Eine **grobe Fehlerhaftigkeit** der Sozialauswahl durch eine Auswahlrichtlinie ist dann gegeben, wenn einzelne Gesichtspunkte überhaupt nicht berücksichtigt worden sind, beispielsweise die **Betriebszugehörigkeit** oder das Lebensalter. Aber auch dann, wenn ein ausgewogenes Verhältnis der einzelnen Daten zueinander fehlt, einzelne Kriterien überproportional bewertet werden, kann eine **grobe Fehlerhaftigkeit** gegeben sein. Der Überprüfungsmaßstab ist die gesetzliche Regelung, also der abstrakte Rechtsbegriff der zu berücksichtigenden »**sozialen Gesichtspunkte**«, wie Betriebszugehörigkeit, Lebensalter, Unterhaltspflichten, Schwerbehinderung, besondere persönliche Umstände u. Ä. (→ **Sozialauswahl**). Jedoch führt nicht jeder Fehler zu einer Unwirksamkeit der Kündigung, sondern nur eine grobe Fehlerhaftigkeit.

☐ Weicht der Arbeitgeber von einer vereinbarten Auswahlrichtlinie ab, hat der Betriebsrat die Möglichkeit, einen **Widerspruch** (→ **Widerspruch des Betriebsrats**) gegen die beabsichtigte Kündigung darauf zu stützen, mit der Folge, dass dem Arbeitnehmer der **Weiterbeschäftigungsanspruch** nach § 102 Abs. 5 BetrVG zusteht. Der Arbeitnehmer kann sich auf die Abweichung von der Auswahlrichtlinie berufen, auch wenn der Arbeitgeber irrtümlich und nicht bewusst gehandelt hat. Die Kündigung ist dann absolut unwirksam (→ **betriebsbedingte Kündigung**).

Anwendbarkeit einer Auswahlrichtlinie

☐ Nur solche Auswahlrichtlinien, die in einem **Tarifvertrag** bzw. einer **Betriebsvereinbarung** nach § 95 BetrVG geregelt sind, können nach § 1 Abs. 4 KSchG der »erleichterten Sozialauswahl« zu Grunde gelegt werden. Der **Tarifvertrag** bzw. die Betriebsvereinbarung muss in dem Betrieb, aus dem daraus gekündigt werden

Auswahlrichtlinien

soll, gelten. Da es sich bei einer Auswahlrichtlinie um eine sog. **Betriebsnorm** im Sinne des § 1 TVG handelt, kommt es nicht darauf an, dass der zu kündigende Arbeitnehmer oder überhaupt irgendein Arbeitnehmer des Betriebes in einer Gewerkschaft Mitglied ist, die den Tarifvertrag abgeschlossen hat. Es reicht aus, wenn der **Arbeitgeber Mitglied** des tarifabschließenden **Arbeitgeberverbandes ist**. Die Wirkung des Tarifvertrages erstreckt sich dann auf alle Arbeitsverhältnisse im Betrieb.

☐ Auswahlrichtlinien können für mehrere bzw. alle Betriebe eines Unternehmens aufgestellt werden, dann ist der Gesamtbetriebsrat zuständig. Durch eine **unternehmensweite Auswahlrichtlinie** wird der kündigungsschutzrechtliche Rahmen für die Durchführung der Sozialauswahl, die **betriebsbezogen** ist, nicht verändert. In allen Betrieben, die von der Geltung der Betriebsvereinbarung erfasst werden, müssen bei einer Kündigung die gleichen Maßstäbe angelegt werden.

Inhalt von Auswahlrichtlinien außerhalb der Sozialauswahl

☐ Auswahlrichtlinien können **Kündigungsvoraussetzungen** festlegen, z. B. die Anforderung, vor jeder betriebsbedingten Kündigung ein **Qualifizierungsgespräch** oder eine **Qualifizierungsmaßnahme** durchzuführen.

Beispiel:
Vor jeder Kündigung ist der Arbeitgeber verpflichtet, ein Anhörungsgespräch durchzuführen, zu dem der Arbeitnehmer ein Mitglied des Betriebsrates hinzuziehen kann. Eine Kündigung kann erst eine Woche nach Abschluss des Anhörungsgespräches ausgesprochen werden.

☐ Auswahlrichtlinien können das **Verhältnis** zwischen **Beendigungskündigung** und → **Änderungskündigung** bzw. → **Abmahnung** und die jeweiligen Voraussetzungen regeln. Hier besteht ein relativ **weitgehender Regelungsspielraum** im Rahmen der Tarifautonomie bzw. der betriebsverfassungsrechtlichen Regelungskompetenz nach § 95 BetrVG.

Beispiel:
Vor Ausspruch einer verhaltensbedingten Kündigung muss eine Abmahnung ausgesprochen werden. Dies gilt nicht, wenn wegen einer Straftat gekündigt werden soll.

☐ In **Auswahlrichtlinien** können auch **verfahrensbezogene** Regelungen enthalten sein, so z. B. über die Verwendung von Unterlagen, die Einschränkung von Beweismitteln usw. außerhalb und innerhalb von Kündigungsschutzprozessen, die Verpflichtung, vor Ausspruch der Kündigung eine **Anhörung** durchzuführen.

☐ Verstößt der Arbeitgeber dann bei dem Ausspruch der Kündigung gegen die Regelungen der entsprechenden Normen, ist die Kündigung rechtsunwirksam.

Bedeutung für den Betriebsrat

☐ In **Betrieben** (→ **Betrieb**) mit bis zu 1000 Arbeitnehmern ist allein der Arbeitgeber in der Lage, Auswahlrichtlinien einzuführen. Will er sie einführen, hat der Betriebsrat das **Mitbestimmungsrecht** nach § 95 BetrVG. Bei mehr als 1000 Arbeitnehmern hat der Betriebsrat ein **Initiativrecht**, mit dem er auch gegen den Willen des Arbeitgebers Auswahlrichtlinien durchsetzen kann.

☐ Auswahlrichtlinien müssen schriftlich niedergelegt werden, denn es handelt sich um eine **Betriebsvereinbarung** nach § 77 BetrVG. In ihr können auch Regelungen im Hinblick auf andere personelle Maßnahmen, z. B. **Versetzungen, Umgruppierungen, Einstellungsrichtlinien** u. Ä. enthalten sein. Können sich Arbeitgeber und Betriebsrat nicht einigen, entscheidet die **Einigungsstelle**.

☐ Werden Auswahlrichtlinien im Zusammenhang mit einer konkreten **Betriebsvereinbarung** (→ **Interessenausgleich/Sozialplan**), z. B. **Betriebseinschränkung durch Personalabbau**, verbunden, reicht die Aufnahme im Interessenausgleich auch für § 1 Abs. 4 KSchG nicht aus. Es muss eine eigenständige Betriebsvereinbarung abgeschlossen werden, zu der der Betriebsrat in laufenden Sozialplanverhandlungen nicht gezwungen werden kann. Denn eine **Einigungsstelle**, die im Zusammenhang mit einer Betriebsänderung gebildet worden ist, ist für die Auswahlrichtlinien nicht zuständig.

Auszubildende, Befristung

Was ist das?

☐ Wer eine berufliche Erstausbildung nach dem Berufsbildungsgesetz absolviert, schließt einen befristeten Vertrag. Seine Dauer bemisst sich nach der vorgesehenen Ausbildung.

Das vorzeitige Abschlussexamen

☐ Nach § 14 Abs. 2 BBiG **endet das Ausbildungsverhältnis** mit dem Bestehen der Prüfung, auch wenn der vereinbarte Zeitraum noch nicht abgelaufen ist. Entscheidend ist das »bestanden«; der Auszubildende kann die Ausbildungszeit nicht dadurch verlängern, dass er sich **freiwillig noch einmal** der **Prüfung** unterzieht, um beispielsweise die Noten zu verbessern. Etwas Derartiges ist nur aufgrund einer Absprache im Einzelfall möglich.

Die verspätete Prüfung

☐ Findet die Prüfung erst nach Ende des Ausbildungsverhältnisses statt, ist immer zu fragen, ob nicht eine stillschweigende Verlängerung erfolgt ist. Dies dürfte allerdings nur für einen Zeitraum anzunehmen sein, der 14 Tage nicht übersteigt.

Die nicht bestandene Prüfung

☐ Hat der Auszubildende die Prüfung – aus welchen Gründen auch immer – nicht bestanden, kann er eine Fortsetzung des Berufsausbildungsverhältnisses bis zur nächstmöglichen Wiederholungsprüfung verlangen (§ 14 Abs. 3 BBiG). Dabei ist eine **Höchstdauer von einem Jahr** zu beachten.

Auszubildende, Befristung

☐ Blieb der Prüfungsversuch deshalb erfolglos, weil der **Auszubildende** zum entscheidenden Termin **krank** war, so gilt dies nicht als »durchgefallen«, in einem solchen Fall wäre es widersinnig eine Verlängerung zu verweigern. Auch die Rechtsprechung hat dies mittlerweile so akzeptiert.

☐ Bestritten ist, was geschieht, wenn auch die erste Wiederholungsprüfung nicht zum Erfolg führt. Soweit die Jahresfrist nicht überschritten wird, kann der Auszubildende nach der neuesten Rechtsprechung des BAG das Ausbildungsverhältnis **bis zur zweiten Wiederholungsprüfung** verlängern.

Weiterbeschäftigung nach Ende des Ausbildungsverhältnisses

☐ Wird der Auszubildende nach Ablauf der vereinbarten Frist (oder der entsprechenden Verlängerung) weiterbeschäftigt, so entsteht nach § 17 BBiG ein **Arbeitsverhältnis**. Dieses muss sich allerdings ohne Unterbrechung an das Ausbildungsverhältnis anschließen. Die Höhe der Vergütung richtet sich nach § 612 Abs. 2 BGB; in aller Regel ist daher der Tariflohn für die ausgeübte Tätigkeit zugrunde zu legen.

Auszubildende, Kündigung

Die Sonderregelung des § 15 BBiG

☐ Während der **Probezeit** von höchstens drei Monaten besteht im Berufsausbildungsverhältnis nur ein **sehr geringer Bestandsschutz**. Auf der anderen Seite kann **nach deren Ablauf nur noch aus »wichtigem Grund«** gekündigt werden. Auf diese Weise wird sichergestellt, dass zunächst die Eignung getestet werden kann, dann jedoch in aller Regel das Ausbildungsverhältnis auch zu einem Abschluss geführt werden muss.

Situation während der Probezeit

☐ Während der Probezeit kann das Ausbildungsverhältnis jederzeit **ohne Wahrung einer Frist** von beiden Seiten aufgekündigt werden.

Beispiel:
A hat am 1.9.2000 mit seiner Ausbildung begonnen. Am 14.9. kommt der Auszubildende zu dem Resultat, bei A sei Hopfen und Malz verloren. Er kann dem A am Nachmittag mitteilen, er brauche am nächsten Tag nicht mehr zu kommen, an eine Fortsetzung der Ausbildung sei nicht zu denken.

☐ Die **Kündigung** bedarf nach § 15 Abs. 3 BBiG der **Schriftform**. Dies galt schon zu einer Zeit, als noch niemand an den (neuen) § 623 BGB dachte.

☐ Inhaltlich kann sich der Auszubildende praktisch nur dann zur Wehr setzen, wenn Vorschriften des **Sonderkündigungsschutzes** auf ihn anwendbar sind. Dies ist der Fall, wenn er z. B. für die Jugend- und Auszubildendenvertretung kandidiert oder wenn bei einer Auszubildenden die Voraussetzungen des MuSchG gegeben sind. Daneben gelten die allgemeinen Grundsätze für Kündigungen außerhalb des Kündigungsschutzgesetzes (→ **Kündigungsschutz außerhalb des KSchG**). Sittenwidrige und diskriminierende Kündigungen scheiden daher aus.

Beispiel:
Der 17jährigen Auszubildenden wird gekündigt, weil sie den eindeutigen Angeboten des Ausbilders eine Absage erteilte. Kann sie beweisen, dass dies der Kündigungsgrund war, ist die Kündigung unwirksam. Praktisch wird dies so gut wie nie gelingen.

☐ Der Auszubildende kann auch selbst von einem auf den anderen Tag »aussteigen« und das Ausbildungsverhältnis fristlos auflösen. Auch hier ist allerdings die Schriftform zu wahren.

Außerordentliche Kündigung durch den Ausbildenden nach Ablauf der Probezeit

Inhaltliche und formale Voraussetzungen

☐ Nach Ablauf der Probezeit ist **nur noch** eine **außerordentliche Kündigung** aus wichtigem Grund möglich (§ 15 Abs. 2 Nr. 1 BBiG). Über den Wortlaut hinaus ist dabei genau wie im Rahmen des § 626 BGB eine **umfassende Abwägung der beiderseitigen Interessen** notwendig.

☐ Die Kündigung muss nicht nur schriftlich ausgesprochen, sondern **auch schriftlich begründet** werden. Dies bedeutet, dass die maßgebenden Erwägungen so konkret bezeichnet werden, dass sich der Gekündigte dagegen zur Wehr setzen kann.

Beispiel:
»Der A zeigte nicht das nötige Interesse an der Ausbildung und kam des Öfteren zu spät« (nicht ausreichend). »Der Auszubildende hatte bis zum 15.9.2000 ein Werkstück herzustellen; das Muster wie auch der Rohstoff wurden von ihm jedoch verloren. Außerdem kam er am 18.9.2000 statt um 7.30 Uhr erst um 11.00 Uhr in den Betrieb und meinte: ›Hier stehe ich ja doch nur herum.‹« (Dies würde genügen).

Maßstäbe für den Kündigungsgrund

☐ Die im Rahmen des § 15 BBiG praktizierten **Maßstäbe** sind andere **als im Rahmen des § 626 BGB**. Im Vordergrund steht die Zweckbestimmung des Ausbildungsverhältnisses, also die Frage, ob durch bestimmte Umstände das Erreichen des Ausbildungsziels unmöglich oder aufs Höchste gefährdet ist. Je weiter die Ausbildung **fortgeschritten** ist, **umso höher die Anforderungen an den Kündigungsgrund**. Auch ist bei jugendlichen Auszubildenden die Unreife und fehlende Lebenserfahrung zu berücksichtigen; ein typischer Jugendstreich kann kein Kündigungsgrund sein.

Auszubildende, Kündigung

☐ In aller Regel ist vor einer Kündigung zunächst ein **milderes Mittel** in Erwägung zu ziehen. Dazu gehören die Abmahnung, aber ggf. auch (bei minderjährigen Auszubildenden) ein Gespräch mit den Eltern.

☐ Die Rechtsprechung zu § 15 Abs. 2 Nr. 1 BBiG ist sehr viel weniger reichhaltig als die zum → »**wichtigen Grund**« bei der Kündigung des Arbeitsverhältnisses. Insbesondere existieren nur **relativ wenige BAG-Entscheidungen**. Im Einzelnen lassen sich folgende Grundsätze festhalten, wobei jedoch immer eine Abweichung aufgrund der besonderen Umstände des Einzelfalls möglich ist.

- Bei **Alkoholabhängigkeit** ist eine Kündigung nur gerechtfertigt, wenn der Auszubildende zunächst die Möglichkeit einer Entziehungskur hatte. Vorübergehender Alkoholeinfluss reicht nicht aus; werden unter Alkoholeinfluss Pflichten verletzt (Trunkenheitsfahrt), so gelten dieselben Grundsätze wie bei sonstigen Pflichtverletzungen.
- Bei **Beleidigungen** kommt alles auf die Umstände des Einzelfalls an. Auf der einen Seite soll – allerdings in Norddeutschland – das Götz-Zitat für eine Kündigung genügen, während auf der anderen Seite die Aussage, der Ausbilder sei ein »kleines Licht«, nicht ausreichen soll. Wird der Inhaber der ausbildenden Firma als »Ausbeuter erster Klasse und Volkszertreter« bezeichnet, soll gleichfalls eine Abmahnung genügen, was man nur mit einem »Jugendlichen-Bonus« begründen kann.
- Auch **betriebliche Gründe** können ausnahmsweise die Kündigung rechtfertigen. Die Eröffnung des Insolvenzverfahrens ist als solche allerdings nicht von Bedeutung. Will jedoch der Insolvenzverwalter den Betrieb schließen, ist eine Kündigung unter Wahrung der gesetzlichen oder tariflichen Fristen möglich. Wird ohne Insolvenzverfahren stillgelegt, so ist gleichfalls eine Kündigung möglich, bei der jedoch die gesetzlichen Fristen zu wahren sind. Eine Entscheidung des Arbeitgebers, ausschließlich die Lehrwerkstätte zu schließen, wäre jedoch als Verstoß gegen vertraglich übernommene Pflichten rechtswidrig und könnte deshalb keine Kündigung rechtfertigen. Wird der Betrieb von einem Übernehmer fortgeführt, gehen auch die Ausbildungsverhältnisse nach § 613a Abs. 1 BGB auf diesen über.
- Eine **Drogenabhängigkeit** ist wie die Alkoholabhängigkeit zu behandeln.
- Ein **eigenmächtiger Urlaubsantritt** wird ähnlich wie bei § 626 BGB als ausreichender Kündigungsgrund angesehen. Bei einer relativ weit gediehenen Ausbildung kann ein einziger Fehltag allerdings keine Kündigung mehr rechtfertigen; im Regelfall ist eine Abmahnung ausreichend. Auch ist zu berücksichtigen, ob der Urlaub vor der Prüfung ohne die »Selbstbeurlaubung« überhaupt noch hätte genommen werden können.
- Bei der **Entwendung geringwertiger Gegenstände** kommt es genau wie im

Auszubildende, Kündigung

Rahmen des § 626 BGB sehr stark auf die Umstände des Einzelfalls an. In aller Regel wird eine Abmahnung genügen.
- Werden der Ausbilder oder andere Personen im Betrieb **mit Gewalt bedroht**, so wird eine Abmahnung häufig entbehrlich und die außerordentliche Kündigung zulässig sein. Allerdings sind an die Ernsthaftigkeit der Drohung hohe Anforderungen zu stellen.
- Im **Insolvenzverfahren** hat der Verwalter dieselben Grundsätze wie der Arbeitgeber zu befolgen. Häufig wird im Interessenausgleich vereinbart, dass Auszubildende ihre Ausbildung abschließen können.
- Ist der Auszubildende aus **gesundheitlichen Gründen** auf absehbare Zeit nicht in der Lage, die Ausbildung fortzusetzen und den geplanten Beruf auszuüben, so ist die Basis für das Ausbildungsverhältnis entfallen. Genau wie im Rahmen des § 626 BGB ist die Kündigung allerdings nur unter Wahrung der gesetzlichen oder tariflichen Fristen möglich.
- **Leistungsmängel** in der Berufsschule oder in der praktischen Ausbildung sind kein Kündigungsgrund; die Eignung für den in Aussicht genommenen Beruf war während der Probezeit zu überprüfen.
- **Neonazistische Propaganda** stellt eine schwere Pflichtverletzung dar. Dies gilt insbesondere dann, wenn sie in das vom Arbeitgeber betriebene Netz eingegeben wird, zu dem über das Internet weltweiter Zugang besteht.
- Eine **Sabotage** der Arbeit lässt auf charakterliche Mängel schließen und rechtfertigt grundsätzlich eine Kündigung. So wurde etwa in dem Fall entschieden, dass eine künftige Anwaltsgehilfin bewusst die zu erledigenden Akten versteckte und ihrem Ausbilder dadurch erhebliche Schwierigkeiten bereitete.
- Das **Schwänzen** des Berufsschulunterrichts rechtfertigt nur eine Abmahnung. Etwas anderes gilt, wenn es wiederholt praktiziert wird. Eher strengere Maßstäbe sind beim Nichterscheinen im Betrieb anzulegen.
- **Straftaten** in der Freizeit sind von vornherein nur dann von Bedeutung, wenn das Ausbildungsverhältnis dadurch berührt wird. Auch die Verurteilung zu Jugendstrafe rechtfertigt grundsätzlich keine Kündigung, da der Fortbestand des Ausbildungsverhältnisses die Resozialisierung am besten fördert. Werden Straftaten gegen den Ausbildenden begangen, ist der Sachverhalt allerdings ein anderer (s. **Beleidigung**; s. Entwendung geringwertiger Gegenstände).
- Die **Verweigerung ausbildungsfremder Tätigkeiten** stellt keine Pflichtverletzung dar und kann deshalb eine Kündigung nicht rechtfertigen. Im Rahmen des Ausbildungsverhältnisses sind lediglich »Neben- und Hilfsarbeiten« geschuldet, soweit sie von allen Arbeitnehmern in gleichem Maße übernommen werden. Ein angehender Einzelhandelskaufmann muss sich beispielsweise nicht für grobe Reinigungsarbeiten einsetzen lassen.
- Ein- oder zweimaliges **Zuspätkommen** reicht für eine Kündigung im Regelfall

Auszubildende, Kündigung

nicht aus. Die Situation ändert sich, wenn aus der Ausnahme eine Regel wird, und der Auszubildende trotz Abmahnung sein Verhalten fortsetzt.

Wahrung der Zwei-Wochen-Frist

☐ Kündigt der Ausbildende nach § 15 Abs. 2 Nr. 1 BBiG, kann er sich nur auf solche Tatsachen berufen, die ihm **nicht schon länger als zwei Wochen bekannt** sind. Die zu § 626 Abs. 2 BGB entwickelten Grundsätze sind entsprechend anzuwenden (→ **Zwei-Wochen-Frist**).

Findet ein Streitbeilegungsverfahren bei einem paritätischen Ausschuss statt, der bei der zuständigen Stelle, insbesondere der Handwerkskammer, errichtet ist (→ **Ausschuss für Berufsbildungsstreitigkeiten**) so läuft die Zwei-Wochen-Frist während dessen Dauer nicht. Bloße Verhandlungen zwischen Auszubildendem und Ausbildendem haben jedoch nicht diese Wirkung.

Einschaltung des Betriebsrats

☐ Soll ein Auszubildender gekündigt werden, ist der Betriebsrat in gleicher Weise **wie bei der beabsichtigten Kündigung eines Arbeitnehmers** einzuschalten. Obwohl während der Probezeit keine Frist zu wahren ist, handelt es sich um eine ordentliche Kündigung, sodass der Betriebsrat binnen einer Woche Stellung nehmen kann. Im Falle des § 15 Abs. 2 Nr. 1 BBiG beträgt die Frist nur drei Tage.

☐ Wird der Betriebsrat nicht oder nicht ausreichend angehört, ist die **Kündigung unwirksam**.

Kündigung durch den Auszubildenden nach Ablauf der Probezeit

☐ Auch der Auszubildende kann nach Ablauf der Probezeit aus »**wichtigem Grund**« kündigen. Außerdem hat er nach § 15 Abs. 2 Nr. 2 BBiG das Recht, das Ausbildungsverhältnis mit einer Frist von vier Wochen aufzulösen, wenn er die **Berufsausbildung aufgeben** oder sich für eine andere Berufstätigkeit entscheiden will.

☐ Eine Einschaltung des **Betriebsrats** ist hier **nicht** vorgesehen. Der Auszubildende hat allerdings die Kündigung nicht nur schriftlich zu erklären, sondern auch zu begründen.

Gerichtliches Vorgehen gegen eine Kündigung durch den Ausbildenden

☐ Häufig besteht bei der sog. zuständigen Stelle (z. B. der Handwerkskammer) ein **paritätischer Ausschuss**, der über Streitigkeiten zwischen Ausbildendem und Auszubildendem entscheidet. Seine Tätigkeit ist dem arbeitsgerichtlichen Verfahren vorgelagert, was § 111 Abs. 2 ArbGG ausdrücklich vorsieht. Solange dieses Verfahren durchgeführt wird, läuft die Drei-Wochen-Frist des § 4 KSchG nicht.

☐ Besteht kein Ausschuss oder trifft dieser während längerer Zeit keine Entscheidung, so kann **Kündigungsschutzklage** erhoben werden.

☐ Umstritten ist, ob der Auszubildende einen Antrag auf **Auflösung** des Ausbildungsverhältnisses **gegen Entschädigung** stellen kann. Das BAG lehnt eine solche Möglichkeit grundsätzlich ab. Auf der anderen Seite kann der Auszubildende nach allgemeinen Grundsätzen Weiterbeschäftigung verlangen (→ **Weiterbeschäftigung**). Einzelne Landesarbeitsgerichte sind auch bereit, eine Weiterbeschäftigung im Wege der einstweiligen Verfügung vor einer Entscheidung durch das Arbeitsgericht erster Instanz zuzulassen.

Befristung des Arbeitsvertrags – Zulässigkeit im Allgemeinen

Was ist das?

☐ § 620 BGB lässt es ausdrücklich zu, dass ein Arbeitsverhältnis befristet wird. Dabei unterscheidet man die in § 620 Abs. 1 erwähnte **kalendermäßige Befristung** (»der Arbeitsvertrag beginnt am 3.4.2000 und endet am 19.1.2001«) von der in Abs. 2 erwähnten sog. **Zweckbefristung**. Sie macht die Dauer des Arbeitsverhältnisses von der Erreichung eines bestimmten Zwecks (»Bauvorhaben abgeschlossen«) oder vom Wegfall eines bestimmten Zwecks (»kein Vertretungsbedarf mehr, da der erkrankte Arbeitnehmer wieder gesund ist«) abhängig. Näheres s. unter → **Zweckbefristung**.

☐ Der Abschluss befristeter Arbeitsverträge ist in den vergangenen 15 Jahren zu einer verbreiteten Erscheinung geworden. Schätzungsweise 7 % aller Arbeitnehmer (ohne ABM und Azubis) besitzen lediglich ein befristetes Arbeitsverhältnis.

☐ Von der Befristung ist der → **auflösend bedingte Arbeitsvertrag** zu unterscheiden. Er ist gesondert behandelt.

Das Erfordernis des »sachlichen Grundes« und seine Durchbrechungen

☐ Durch den Abschluss eines befristeten Arbeitsvertrags können die Vorschriften des Kündigungsschutzrechts umgangen werden, da der Vertrag ohne Kündigungserklärung ausläuft.

Beispiel:
Mit der Arbeitnehmerin A wird ein befristeter Arbeitsvertrag bis 30.6.2001 vereinbart. Am 30.6. läuft dieser auch dann aus, wenn sie seit Ende März 2001 schwanger ist.

Die Rechtsprechung des BAG hat deshalb die Befristung nur dann zugelassen, wenn ein »sachlicher Grund« besteht. Insoweit hat sie zahlreiche Fallgruppen entwickelt, die gesonderter Darstellung bedürfen (→ **sachlicher Grund**).

Befristung des Arbeitsvertrags – Zulässigkeit im Allgemeinen

☐ Vom Erfordernis des »sachlichen Grundes« gibt es eine Reihe von wichtigen **Ausnahmen:**

- Wo auch bei unbefristetem Arbeitsverhältnis **kein Kündigungsschutz bestehen würde**, verlangt man auch keinen »sachlichen Grund«. Dies betrifft Kleinbetriebe mit weniger als sechs Beschäftigten sowie Arbeitsverhältnisse, die nicht länger als sechs Monate dauern. Allerdings ist zweifelhaft, ob diese Rechtsprechung (»sachgrundlose Befristung«) aufrechtzuerhalten ist, da auch außerhalb des KSchG ein Minimum an sachlicher Rechtfertigung für eine Kündigung verlangt wird (→ **Kündigungsschutz außerhalb des KSchG**). Rechtsprechung dazu ist noch nicht ersichtlich.
- Das KSchG findet auf **arbeitnehmerähnliche Personen** keine Anwendung. Während man im Heimarbeitsrecht die Befristung von einem sachlichen Grund abhängig macht, wird bislang bei anderen arbeitnehmerähnlichen Personen darauf verzichtet. Dies erscheint gleichfalls überprüfungsbedürftig, da auch in diesem Bereich gewisse Mindestanforderungen an die Rechtfertigung einer Auflösungsentscheidung zu stellen sind.
- Durch § 1 BeschFG hat der Gesetzgeber das Erfordernis des »sachlichen Grundes« ausdrücklich durchbrochen. Für eine Höchstdauer von zwei Jahren kann auch ohne sachlichen Grund befristet werden. Außerdem kann während eines solchen Zeitraums die zunächst vereinbarte Befristung bis zu dreimal verlängert werden. Einzelheiten sind an anderer Stelle abgehandelt (→ **Beschäftigungsförderungsgesetz, Befristung**).
- Für wissenschaftliche Assistenten und **wissenschaftliche Mitarbeiter** an Hochschulen und (staatlichen) Forschungseinrichtungen existiert eine Sonderregelung; insbesondere bei wissenschaftlichen Mitarbeitern hat der Gesetzgeber einen so weiten Begriff von »sachlichem Grund« festgelegt, dass es schwer fällt, sich irgendeine Konstellation vorzustellen, wo dieser nicht Platz greift (→ **Wissenschaftliche Assistenten, Befristung;** → **Wissenschaftliche Mitarbeiter, Befristung**).
- Eine Sonderregelung besteht auch für → **Ärzte in der Weiterbildung**.
- Da der **Erziehungsurlaub** länger als zwei Jahre dauern kann, enthält § 21 BErzGG eine Sonderregelung für die Befristung mit der Ersatzkraft. Auch insoweit sind nähere Ausführungen erforderlich (→ **Erziehungsurlaub, Befristung mit Ersatzkraft**).
- Schließlich ist die Sonderbestimmung des § 9 Nr. 2 AÜG zu erwähnen, die bei **Leiharbeitnehmern** die erste Befristung von einem in der Person des Beschäftigten liegenden Grund abhängig macht, anschließende Befristungen jedoch weiter gehend zulässt.

Befristung des Arbeitsvertrags – Zulässigkeit im Allgemeinen

Tarifliche Regelungen

☐ Die Befristung gehört zu den »Arbeitsbedingungen«, über die tarifliche Regelungen getroffen werden können. Soweit kein Tarifvertrag eingreift und entsprechende tarifliche Regelungen auch nicht üblich sind (vgl. § 77 Abs. 3 BetrVG), kann die Befristung auch Gegenstand einer Betriebsvereinbarung sein.

Erweiterung der Befristungsmöglichkeiten?

☐ Nach der Rechtsprechung stellt das Erfordernis des »sachlichen Grundes« eine Entsprechung zum gesetzlichen Kündigungsschutz dar. Da dieser durch Tarifvertrag nicht verschlechtert werden darf (→ **tariflicher Kündigungsschutz**), kann der Tarifvertrag nicht vom Erfordernis des sachlichen Grundes absehen oder weitere, über die Rechtsprechung hinausgehende sachliche Gründe schaffen. Möglich ist allenfalls eine Konkretisierung im Hinblick auf die Besonderheiten einer bestimmten Branche.

Beispiel:
Aufgrund Tarifvertrags ist die Befristung von Arbeitsverträgen mit Schauspielern für die Dauer einer Spielzeit grundsätzlich zulässig.

☐ Soweit der Gesetzgeber wie z. B. in § 1 BeschFG selbst auf das Erfordernis eines sachlichen Grundes verzichtet hat, können selbstredend die Tarifparteien diese Entscheidung übernehmen.

Beschränkung der Befristungsmöglichkeit

☐ Durch Tarifvertrag kann die Befristung an engere als die im Gesetz vorgesehenen Voraussetzungen gebunden werden. Dies gilt auch im Bereich des Beschäftigungsförderungsgesetzes (→ **Beschäftigungsförderungsgesetz, Befristung**). Möglich sind insbesondere folgende Regelungen:
- Die Tarifparteien lassen nur **bestimmte sachliche Gründe** wie z. B. Erprobung bis zu sechs Monaten und Vertretung vorübergehend ausfallender Arbeitnehmer zu. Dabei stellt sich allerdings immer die Frage, ob die Tarifparteien etwas Derartiges wirklich angeordnet haben, oder ob sie nur Sonderregeln für die Probezeit und den Vertretungsfall aufstellen wollten.
- Die Tarifparteien können eine bestimmte »**Befristungsquote**« vorsehen. Dies bedeutet, dass die befristet Beschäftigten einen bestimmten prozentualen Anteil an der Gesamtbelegschaft nicht überschreiten dürfen. Eine derartige Regelung ist wenig üblich, aber nach der Rechtsprechung zulässig.
- Theoretisch könnte der **Abschluss** von befristeten Verträgen auch **ganz ausgeschlossen** werden. Dies ist allenfalls für eine relativ kleine Gruppe von Beschäftigten denkbar.

Befristung des Arbeitsvertrags – Zulässigkeit im Allgemeinen

- Für befristete Arbeitsverhältnisse kann eine **Höchstdauer** vorgesehen werden (»nicht länger als fünf Jahre«).
- Sonderregeln können für **Kettenverträge** aufgestellt werden. So lässt sich bestimmen, dass nicht mehr als zwei Verlängerungen möglich sind. Zulässig ist auch die Festlegung einer Mindestdauer.
- Ein Tarifvertrag kann auch vorsehen, dass der **sachliche Grund in den Arbeitsvertrag aufgenommen** werden muss. Nach der Rechtsprechung gilt dies nur im Fall der Befristung wegen Erprobung, sonst nicht. Die verbreiteten Schriftformklauseln haben mit Rücksicht auf die neue Vorschrift des § 623 BGB ihre Bedeutung weithin verloren.
- Kein Verbot, sondern ein gewissermaßen marktkonformes Mittel zur Einschränkung der Befristung liegt vor, wenn dem Arbeitnehmer bei Auslaufen des Arbeitsverhältnisses eine **Abfindung** gezahlt werden muss. Die Tatsache, dass er ein »prekäres« Arbeitsverhältnis ohne Bestandsschutz auf sich nimmt und von vornherein bereit ist, später wieder arbeitslos zu werden oder in ein anderes Tätigkeitsfeld überzuwechseln, erhält so eine Kompensation, d. h. eine finanzielle Ausgleichsleistung.

Wer kann sich darauf berufen?

☐ Ob in derartigen Fällen eine Abschluss- oder eine Beendigungsnorm vorliegt, ist eine Frage der Tarifauslegung. Das BAG vertritt allerdings den Standpunkt, dass die bloße Beschränkung der sachlichen Gründe im Regelfall als Abschlussnorm zu qualifizieren ist. Dies hat zur Folge, dass nur solche Personen erfasst sind, die bereits bei Abschluss des Tarifvertrags Mitglied der Gewerkschaft waren. Später Beitretende würden nur einbezogen, wenn man entgegen dem Standpunkt des BAG eine Beendigungsnorm annehmen würde.

Kettenarbeitsverhältnisse

☐ Grundsätzlich ist es auch zulässig, mehrere Arbeitsverhältnisse »hintereinander zu schalten«. Mit der Zahl der Arbeitsverträge erhöhen sich allerdings die Anforderungen an den → **sachlichen Grund**.

Sachlicher Grund für Befristungsdauer?

☐ Ursprünglich vertrat das BAG die Auffassung, nicht nur die Befristung als solche, sondern auch ihre Dauer sei vom Vorliegen eines »sachlichen Grundes« abhängig. Davon ist es dann jedoch wieder abgerückt. Wenn zwischen dem für die Befristung als solche sprechenden Grund und der Dauer ein Widerspruch besteht, sei dies jedoch ein Anhaltspunkt dafür, dass der sachliche Grund nur vorgeschoben war und in Wirklichkeit nicht bestand.

Befristung des Arbeitsvertrags – Zulässigkeit im Allgemeinen

Beispiel:
Arbeitnehmer A wird »als Vertretung für den X« eingestellt. Er wird jedoch nur vier Wochen auf dessen Arbeitsplatz, dann mit anderen Aufgaben beschäftigt. Wenn X wieder gesund ist und an seinen Arbeitsplatz zurückkehrt, hat A gute Chancen, sein Arbeitsverhältnis fortsetzen zu können.

Die Neuregelung: Schriftform für die Befristungsabrede

☐ Seit 1.5.2000 muss nach dem neuen § 623 BGB die Befristung schriftlich vereinbart werden. Ohne Bedeutung ist, ob es sich um eine kalendermäßig bestimmte oder um eine Zweckbefristung handelt. »Schriftform« bedeutet, dass der Vertrag von beiden Seiten unterschrieben sein muss oder dass jede Seite ein von der anderen unterschriebenes Exemplar erhält (→ **Schriftform**).

☐ Befristungen, die bis einschl. 30.4.2000 vereinbart wurden, bleiben gültig, auch wenn nur eine mündliche Abrede vorlag.

Rechtsstellung während der befristeten Beschäftigung

☐ Wer auf der Grundlage eines befristeten Arbeitsvertrags tätig ist, hat im Prinzip dieselben Rechte wie unbefristet Beschäftigte. Allerdings ist zu beachten, dass viele Ansprüche von der Dauer der Betriebszugehörigkeit abhängen oder die Absolvierung einer **Wartefrist** (z.B. sechs Monate beim gesetzlichen Urlaubsanspruch) voraussetzen. Dies ist **hinzunehmen**. Benachteiligungen befristet Beschäftigter, die darüber hinausgehen, wären jedoch EG-rechtswidrig; die entsprechende Richtlinie beinhaltet insoweit ein ausdrückliches Diskriminierungsverbot.

☐ Ob ein befristet Beschäftigter ausnahmsweise bei Auslaufen seines Arbeitsvertrags **Weiterbeschäftigung** verlangen kann, ist an anderer Stelle erörtert (→ **Weiterbeschäftigung trotz wirksamer Befristung?**). Nach § 620 BGB ist eine **Kündigung während des Laufes** des befristeten Arbeitsverhältnisses ausgeschlossen. Nach der Rechtsprechung des BAG können jedoch die Arbeitsvertragsparteien vereinbaren, dass davon abweichend eine Kündigung möglich ist. Der Arbeitnehmer verliert auf diese Weise auch noch das Minimum an Bestandsschutz, das ihm § 620 BGB gewährt.

Unzulässige Befristung: Rechtsfolgen

☐ Fehlt ein sachlicher Grund für die Befristung oder werden die spezifischen Voraussetzungen einzelner Sondergesetze nicht erfüllt, so entsteht **automatisch** ein **unbefristetes Arbeitsverhältnis**.

Beispiel:
Die Zwei-Jahres-Frist des § 1 BeschFG wird überschritten.

Dies gilt gewissermaßen gewohnheitsrechtlich und wird, soweit ersichtlich, von niemandem infrage gestellt. Während der (unwirksam vereinbarten) Befristung soll nach Rechtsprechung und herrschender Lehre auch eine ordentliche Kündigung ausgeschlossen sein. Dies gilt gleichermaßen für Arbeitgeber und Arbeitnehmer. Da die Annahme eines unbefristeten Arbeitsverhältnisses nur im Interesse des Arbeitnehmers erfolgt, steht es diesem frei, es bei der Befristung zu belassen und zu dem vorgesehenen Zeitpunkt auszuscheiden.

Beachtung der Drei-Wochen-Frist des § 1 Abs. 5 BeschFG

☐ § 1 Abs. 5 BeschFG überträgt die Drei-Wochen-Frist des § 4 KSchG auf die Klage wegen unzulässiger Befristung. Wird diese nicht innerhalb von drei Wochen nach dem vereinbarten Ende des Arbeitsverhältnisses erhoben, **gilt die Befristung als »geheilt«**. § 7 KSchG gilt entsprechend. Erfasst sind die kalendermäßig bestimmte wie die Zweckbefristung, nicht jedoch die auflösende Bedingung.
Wichtig: Ist die Klage später erhoben, kann die Befristung unter keinem Gesichtspunkt mehr infrage gestellt werden. Ob bei elementaren Verletzungen der Rechtsordnung etwas anderes gelten kann, ist bislang noch nicht höchstrichterlich entschieden.

Beispiel:
Der Arbeitgeber verstößt dadurch gegen § 611a BGB, dass er ausschließlich mit Frauen befristete Arbeitsverträge abschließt, während er Männer immer auf der Grundlage eines unbefristeten Arbeitsvertrags einstellt.

Von Bedeutung ist dies insbesondere bei Kettenarbeitsverträgen (→ **sachlicher Grund**).

Befristung des Arbeitsvertrags – Zulässigkeit im Allgemeinen

Beteiligungsrechte von Betriebsräten

☐ Die auf eine bestimmte Zeit oder einen bestimmten Zweck beschränkte Einstellung unterliegt in gleicher Weise wie jede andere Einstellung dem **Zustimmungsverweigerungsrecht** des Betriebsrats **nach § 99 BetrVG**. Problematisch ist allein, inwieweit eine unzulässige Befristung einen Zustimmungsverweigerungsgrund nach § 99 Abs. 2 BetrVG darstellt.

- Wird **gegen ein Gesetz verstoßen**, kann der Betriebsrat nach § 99 Abs. 2 Nr. 1 BetrVG seine Zustimmung verweigern. Eine Befristung ohne sachlichen Grund bzw. ohne Erfüllung der gesetzlichen Voraussetzungen lässt sich zwar als Gesetzesverstoß qualifizieren, doch steht das **BAG** auf dem Standpunkt, die **Einstellung** müsse **insgesamt rechtswidrig** sein. Dies sei hier nicht der Fall, da es lediglich um die Beendigung des Arbeitsverhältnisses gehe. Auch würde die abweichende Auffassung darauf hinauslaufen, dass der Betriebsrat eine bestimmte Klausel im Arbeitsvertrag seiner Kontrolle unterwerfen könne. In der Literatur ist dies nachhaltig kritisiert worden.

- Die Zustimmung kann auch deshalb verweigert werden, weil die **Einstellung** gegen einen **Tarifvertrag** verstößt. Auch hier ist das BAG sehr zurückhaltend. Sieht etwa der Tarif abschließend bestimmte Befristungsgründe vor und sind diese nach Auffassung des Betriebsrats im Einzelfall nicht beachtet worden, kann die Zustimmung nicht verweigert werden. Eine Ausnahme gilt nur dann, wenn der Tarifvertrag bewusst die Zusammensetzung der Belegschaft gestalten und beispielsweise befristet Beschäftigte fernhalten oder auf eine bestimmte Quote beschränken wollte.

- Die Einstellung befristet beschäftigter Arbeitnehmer kann dazu führen, dass **andere** im Betrieb Beschäftigte **ungerechtfertigte Nachteile** erleiden. Mit dieser Begründung könnte die Zustimmung gem. § 99 Abs. 2 Nr. 3 BetrVG verweigert werden. Denkbar ist weiter eine ungerechtfertigte Schlechterstellung des Eingestellten selbst, die unter § 99 Abs. 2 Nr. 4 BetrVG fällt.

☐ In allen irgendwie zweifelhaften Fällen kann der Betriebsrat die Zustimmung verweigern mit der Folge, dass der Arbeitgeber das **Zustimmungsersetzungsverfahren** nach § 99 Abs. 4 BetrVG beim Arbeitsgericht einleiten muss. Etwas anderes gilt nur dann, wenn sich die vom Betriebsrat vorgebrachten Gründe dem Katalog des § 99 Abs. 2 schlechterdings nicht mehr zuordnen lassen; über einen solchen »Widerspruch« des Betriebsrats kann sich der Arbeitgeber ohne weiteres hinwegsetzen.

☐ Läuft das befristete Arbeitsverhältnis aus, so liegt keine Kündigung vor. Der Betriebsrat kann daher auch nicht eine Beteiligung gem. § 102 BetrVG beanspruchen.

Befristung des Arbeitsvertrags – Zulässigkeit im Allgemeinen

Personalvertretung

☐ § 77 Abs. 2 BPersVG enthält eine an § 99 Abs. 2 BetrVG angelehnte Regelung. Danach unterliegt die Einstellung eines befristet Beschäftigten der Beteiligung des Personalrats, die jedoch nach der derzeitigen Rechtsprechung des Bundesverwaltungsgerichts nicht weiter geht als die des Betriebsrats.

☐ In einzelnen **Landespersonalvertretungsgesetzen** wird die Befristung als solche der Mitbestimmung des Personalrats unterworfen. Insoweit kann dieser die Zustimmung verweigern, aber auch zugunsten einer Entfristung initiativ werden. Wird ohne Zustimmung des Personalrats befristet, ist die entsprechende Klausel unwirksam mit der Folge, dass ein unbefristetes Arbeitsverhältnis entsteht. Dies gilt sogar dann, wenn die Dauer der Befristung von dem Personalratsbeschluss abweicht.

Gesetzentwurf

☐ Das Recht der Befristung soll derzeit (Sept. 2000) ohne wesentliche inhaltliche Änderungen gesetzlich geregelt werden. Wichtig ist allerdings, dass auch der Befristungsgrund schriftlich festgehalten werden muss und dass die Befristungsmöglichkeiten nach dem → **Beschäftigungsförderungsgesetz** etwas eingeschränkt werden sollen.

Bergmannsversorgungsschein

Grundlagen

☐ Im Hinblick auf die besonderen Belastungen im Bergbau haben einige **Bundesländer Schutzbestimmungen für Bergleute** geschaffen, die – unter Erfüllung weiterer Voraussetzungen – nicht mehr unter Tage arbeiten können oder aufgrund eines unter Tage erlittenen Unfalls bzw. einer Berufskrankheit ihre Tätigkeit unter Tage wechseln müssen. Während in Niedersachsen dieser Personenkreis ohne weiteres dem SchwbG unterstellt wird, haben das Saarland und Nordrhein-Westfalen eigene Gesetze über den Bergmannsversorgungschein geschaffen. Diese regeln die Erteilung eines Bergmannsversorgungsscheins und den Kündigungsschutz der Inhaber solcher Versorgungsscheine.

Wie wird geschützt?

☐ Ähnlich wie beim Schwerbehindertenrecht erfolgt der Kündigungsschutz durch den Vorbehalt der Zustimmung einer Behörde. Der **Arbeitgeber darf nur kündigen**, wenn die für die Erteilung des Bergmannsversorgungscheingesetzes in den jeweiligen Ländern zuständige **Zentralstelle vor der Kündigung zugestimmt** hat. Dieser Grundsatz erfährt zum Teil Einschränkungen und zum Teil Erweiterungen:
- Die Gesetze gelten **nur** für die **ordentliche**, nicht für die außerordentliche (→ **außerordentliche Kündigung**) Kündigung.
- Im Saarland werden vom Kündigungsschutz Arbeitnehmer **ausgenommen**, die mit Zustimmung der Zentralstelle bis zu drei Monaten zur Probe eingestellt sind (§ 11 Abs. 2 des dortigen Gesetzes). In Nordrhein-Westfalen gilt der Schutz einerseits nicht für Arbeitsverhältnisse, die nur befristet, auf Probe oder für einen vorübergehenden Zweck eingegangen sind (→ **Beschäftigungsförderungsgesetz**, → **Befristung**, → **Zweckbefristung**, → **auflösend bedingter Arbeitsvertrag**) und während einer sonst nach arbeitsrechtlichen Regelungen vorgesehenen Probezeit oder innerhalb eines unbefristeten Beschäftigungsverhältnisses. Er greift jedoch ein, wenn das Arbeitsverhältnis über sechs Monate hinaus fortbesteht (§ 12 Abs. 1 des Gesetzes). Das kann man so auslegen, dass nach sechs

Monaten auch die Beendigung des Arbeitsverhältnisses wegen einer Zweck- oder Zeitbefristung der Zustimmung der Zentralstelle bedarf.

- In Nordrhein-Westfalen (§ 11 Abs. 1 des Gesetzes) ist die Zustimmung auch erforderlich, wenn das Arbeitsverhältnis ohne Kündigung aus Anlass der Berufsunfähigkeit oder Erwerbsunfähigkeit auf Zeit endet.
- Dort greift der Kündigungsschutz nicht bei Entlassungen, die aus Witterungsgründen vorgenommen werden, sofern die Wiedereinstellung bei Wiederaufnahme der Arbeit gewährleistet ist (§ 12 Abs. 2 des Gesetzes).

Nach zwischenzeitlicher gesetzlicher Regelung (im Saarland § 12a und in Nordrhein-Westfalen § 13 des Gesetzes) gilt der **Kündigungsschutz auch, wenn** der jeweilige **Arbeitgeber nicht verpflichtet** ist, Inhaber von Bergmannsversorgungsscheinen **zu beschäftigen**. Eine ältere gegenteilige Entscheidung des BAG ist damit überholt.

Wann stimmt die Behörde zu?

☐ Die **Zentralstelle muss einem Antrag stattgeben**, wenn dem Berechtigten ein anderer angemessener Arbeitsplatz gesichert ist (im Saarland § 11 Abs. 1 Satz 5 und in Nordrhein-Westfalen § 10 Abs. 1 Satz 4, 1. Halbs. des Gesetzes). Ansonsten kommt es darauf an, ob eine unbillige Härte vorliegt (im Saarland § 11 Abs. 1 Satz 6 und in Nordrhein-Westfalen § 10 Abs. 1 Satz 4, 2. Halbs. des Gesetzes). Es geht also letztlich um einen Abwägungsprozess. In Nordrhein-Westfalen sind dabei Untertagezeiten zu berücksichtigen (§ 10 Abs. 1 Satz 5 des Gesetzes). Im Saarland muss die Behörde beachten, ob eine Weiterbeschäftigung des Berechtigten mit anderen Arbeiten, die ihm zumutbar sind, möglich ist (§ 11 Abs. 1 Satz 4 des Gesetzes). Mit leichten Abweichungen im Einzelnen zwischen dem Saarland und Nordrhein-Westfalen wird die Zentralstelle die Zustimmung dann erteilen, wenn der Betrieb vorübergehend eingestellt oder wesentlich eingeschränkt wird (im Saarland § 12 und in Nordrhein-Westfalen § 10 Abs. 3 des Gesetzes). Voraussetzung ist allerdings, dass dem Arbeitnehmer dafür mindestens drei Monate nach Ausspruch der Kündigung Lohn oder Gehalt gezahlt wird. In Nordrhein-Westfalen kommt es zudem darauf an, ob im restlichen Betrieb die Pflichtquote für Bergmannsversorgungsscheininhaber auch erfüllt ist.

Bergmannsversorgungsschein

Andere Kündigungsfrist?

☐ In Nordrhein-Westfalen gilt eine **Mindestkündigungsfrist** von vier Wochen (§ 10 Abs. 1 Satz 4). Im Saarland gelten die Regeln des dort am meisten verbreiteten Bergbautarifvertrages (§ 11 Abs. 1 Satz 7 des Gesetzes).

Verhältnis zum Schwerbehindertenrecht

☐ Inhaber von Bergmannsversorgungsscheinen werden oft auch schwerbehindert sein. Dann bedarf der Arbeitgeber auch der Zustimmung zur Kündigung nach § 15 SchwbG. In diesen Fällen ist zunächst bei der Hauptfürsorgestelle eine Entscheidung herbeizuführen. Die **Zentralstelle** darf von dieser Entscheidung **nur abweichen**, wenn dies aus gewichtigen Gründen geschieht (im Saarland § 11 Abs. 4 und in Nordrhein-Westfalen § 10 Abs. 4 des Gesetzes). Das wird in der Regel nur möglich sein, wenn der Arbeitnehmer eine besonders lange Zeit Untertage verbracht oder dort einen Arbeitsunfall erlitten hat.

Wie ist zu verfahren?

☐ Die Mischung zwischen dem behördlichen Kündigungsschutz auf der einen und die Notwendigkeit und der Möglichkeit, eine Kündigung nach allgemeinen Regeln anzugreifen, auf der anderen Seite wirft besondere Fragen auf. Dabei geht es um Folgendes:

- Wie ist zu verfahren, wenn der Bergmannsversorgungsschein beantragt aber noch nicht erteilt ist?
- Wie muss der Arbeitgeber den Antrag stellen und wie verfährt die Behörde?
- Wie ist vorzugehen, wenn die Behörde die Zustimmung erteilt, der Berechtigte dagegen aber Widerspruch einlegt oder Klage erhebt?
- Wie ist zu verfahren, wenn die Behörde die Zustimmung nicht erteilt, der Arbeitgeber aber Klage erhebt und in einem späteren Verfahrensstadium gewinnt?
- Wie ist zu verfahren, wenn der Arbeitgeber nicht wusste, dass der Arbeitnehmer Inhaber eines Bergmannsversorgungsscheins ist?
- Wie verhält sich ein behördliches oder verwaltungsgerichtliches Verfahren, mit dem die Zustimmung zur Kündigung angefochten wird, zu einem arbeitsgerichtlichen Verfahren, mit dem der Arbeitnehmer die Kündigung angreift?

Bergmannsversorgungsschein

All diese Fragen sind in **gleicher Weise** zu beantworten, wie nach dem SchwbG die ähnlich gelagerten Fragen zu beantworten sind. Das ergibt sich daraus, dass die Bergmannsversorgungsscheingesetze in ihrer Konzeption dem Schwerbehindertenrecht angenähert sind (→ **Schwerbehinderte, Schwerbehindertenkündigung**).

Beschäftigung

Grundlagen

☐ Streitet sich ein Arbeitnehmer mit seinem Arbeitgeber über die Frage, ob das Arbeitsverhältnis weiterbesteht oder nicht – sei es im Rahmen eines Kündigungsschutzprozesses (→ **Kündigungsschutzklage**) oder weil die Wirksamkeit einer Befristung angegriffen wird (→ **Befristung**), stellt sich die Frage, ob und wie der Arbeitnehmer seine **tatsächliche Beschäftigung durchsetzen** kann. Es ist vor allen Dingen deshalb von Interesse, weil mit dem Verbleiben im Betrieb auch die Wahrscheinlichkeit eines Erhalts des Arbeitsplatzes erhöht wird. Grundsätzlich sind drei Wege denkbar, auf denen der Arbeitnehmer seine Weiterbeschäftigung durchsetzen kann:

- Hat der **Betriebsrat** ordnungsgemäß **widersprochen**, besteht ein besonderer betriebsverfassungsrechtlicher Weiterbeschäftigungsanspruch (→ **Widerspruch des Betriebsrats**).

- Oft ist der **Arbeitgeber** aber auch bereit, für den **Verlauf des Prozesses** den Arbeitnehmer bis zur Klärung weiterzubeschäftigen. Das kann für den Arbeitnehmer zum einen wegen der erhöhten Wahrscheinlichkeit, nach erfolgreichem Prozess tatsächlich im Betrieb bleiben zu können, interessant sein. Zum anderen kann er unter bestimmten Gesichtspunkten dazu verpflichtet sein, will er nach gewonnenem Prozess auch seinen Anspruch auf Arbeitsentgelt durchsetzen (→ **Annahmeverzug**). Kommt eine derartige Vereinbarung zustande, entsteht ein wirksam befristetes Arbeitsverhältnis, das dann endet, wenn der Arbeitnehmer rechtskräftig seinen Prozess verliert. Das Arbeitsverhältnis ist wie jedes andere auch z. B. hinsichtlich Entgeltfortzahlung im Krankheitsfalle, Urlaub oder Urlaubsabgeltung abzuwickeln. Gewinnt der Arbeitnehmer seinen Prozess, steht ohnehin fest, dass ein Arbeitsverhältnis bestand.

- Schließlich kann der Arbeitnehmer auch ohne den Widerspruch des Betriebsrats versuchen, im **Laufe des gerichtlichen Verfahrens** seine Beschäftigung **durchzusetzen**. Darum geht es in den folgenden Ausführungen.

Wann kann der Arbeitnehmer seine Beschäftigung zwangsweise durchsetzen?

☐ Die Rechtsprechung unterscheidet danach, ob ein Gericht – z. B. in erster Instanz das Arbeitsgericht – im Laufe eines noch weiter betriebenen Verfahrens die Unwirksamkeit der Beendigung des Arbeitsverhältnisses, also z. B. durch Kündigung, festgestellt hat oder nicht.

• Bis der **Arbeitnehmer** sein Verfahren zumindest **in erster Instanz gewonnen** hat, besteht ein Weiterbeschäftigungsanspruch nur unter besonderen Umständen. Das ist einmal der Fall, wenn die Kündigung offensichtlich unwirksam ist. Diese Offensichtlichkeit muss aber ohne jeden Zweifel und ohne jede Wertungsmöglichkeit gegeben sein. Das wird praktisch nur bei formalen Mängeln der Fall sein, z. B. wenn der Betriebsrat nicht angehört wurde oder die Hauptfürsorgestelle der Kündigung eines Schwerbehinderten nicht zugestimmt hat. Der sich daraus ergebende Weiterbeschäftigungsanspruch entfällt, wenn ausnahmsweise der Arbeitgeber besondere Gründe hat, die einer Weiterbeschäftigung entgegenstehen.

Beispiel:
Ein Arbeitnehmer wurde mit einem Koffer voller Geld aus der Firmenkasse vom Werkschutz am Tor erwischt. In seinem Ärger kündigt ihm der Personalchef ohne Anhörung des Betriebsrats fristlos. Die Kündigung ist unwirksam, trotzdem gibt es keinen Weiterbeschäftigungsanspruch.

Ist die Kündigung nicht offensichtlich unwirksam, besteht ein Beschäftigungsanspruch, wenn sich aus **ganz besonderen Umständen** ein überwiegendes Interesse des Arbeitnehmers an einer Weiterbeschäftigung ergibt. Dafür kommen einmal Fälle in Betracht, in denen der Arbeitnehmer für seine Ausbildung dringend auf Beschäftigung angewiesen ist, wie im Berufsausbildungsverhältnis. Ferner kommen Fälle in Betracht, in denen er für seine berufliche Reputation auf berufliche Präsenz angewiesen ist – z. B. als Journalist. Auch die Mitgliedschaft im Betriebsrat zählt hierher.

• Hat hingegen ein **Gericht im Laufe des Verfahrens festgestellt, dass die Beendigung unwirksam ist**, so entsteht grundsätzlich ein Beschäftigungsanspruch des Arbeitnehmers. Dieser entfällt nur dann, wenn ausnahmsweise besondere Gründe des Arbeitgebers gegen die Weiterbeschäftigung sprechen. Dazu gehören vor allen Dingen drohende Vermögensschädigungen des Arbeitgebers oder unzumutbare wirtschaftliche Belastungen.

☐ Der Weiterbeschäftigungsanspruch kann dadurch durchgesetzt werden, dass der Arbeitnehmer neben seiner Klage auf Feststellung der Unwirksamkeit der Kündi-

Beschäftigung

gung bzw. der Befristung gleichzeitig einen **Antrag** stellt, den **Arbeitgeber zu verurteilen ihn weiterzubeschäftigen**. Dabei sollte die Art der Tätigkeit angegeben werden. Gewinnt der Arbeitnehmer in erster Instanz z. B. seinen Kündigungsschutzprozess, liegen damit zugleich die Voraussetzungen eines Weiterbeschäftigungsanspruches wegen Obsiegens in einer Instanz während eines laufenden Verfahrens vor. Das Gericht wird den Arbeitgeber also gleichzeitig zur Weiterbeschäftigung verurteilen.

Möchte der Arbeitnehmer sich darauf berufen, dass er ausnahmsweise auch vor einem obsiegenden Urteil im Laufe des Kündigungsschutzverfahrens beschäftigt werden muss, bleibt ihm nur der Weg einer einstweiligen Verfügung. In diesem Verfahren muss dann glaubhaft sein, dass das Arbeitsverhältnis weiter besteht und es überwiegende Gründe auf Seiten des Arbeitnehmers gibt, die für seine Weiterbeschäftigung sprechen.

Sowohl aus dem obsiegenden **Urteil** als auch aus der einstweiligen Verfügung kann der Arbeitnehmer durch Zwangsgeld, in schweren Fällen auch durch Zwangshaft, vollstrecken.

Was passiert, wenn der Arbeitnehmer den Prozess verliert?

☐ Da es um einen Weiterbeschäftigungsanspruch während eines gerichtlichen Verfahrens geht, kann sich herausstellen, dass das Arbeitsverhältnis tatsächlich beendet wurde. In diesem Fall gibt es keine wirkliche Rechtsgrundlage für die Weiterbeschäftigung, die gerichtlichen Entscheidungen hatten im Ergebnis nur vorläufigen Charakter. Hat der Arbeitgeber Arbeitsentgelt gezahlt, so kann er dies grundsätzlich für die **Zeit**, während derer der **Arbeitnehmer wirklich gearbeitet** hat, trotzdem **nicht zurückverlangen**. Ihm ist ja auch der Wert der Arbeitskraft zugeflossen.

Für **andere Zeiten** kann der Arbeitgeber grundsätzlich gezahltes Entgelt zurückverlangen, jedenfalls wenn er vorher einen Vorbehalt geltend gemacht hat. Das gilt auch für solche Zeiten, für die während eines Arbeitsverhältnisses Arbeitsentgelt ohne Arbeitsleistung zu zahlen wäre, z. B. bei Urlaub oder Krankheit. Der Arbeitnehmer kann sich aber darauf berufen, er habe das ihm zugeflossene Einkommen für Aufwendungen verbraucht, die er ohne dieses Einkommen nicht gemacht hätte. Insbesondere im Bereich kleiner und mittlerer Einkommen ist es plausibel, dass der Arbeitnehmer seinen Lebensstandard dem Arbeitseinkommen angepasst hat und z. B. besser gelebt hat als wenn er gewusst hätte, dass er keinen Arbeitsplatz hat.

Die Rückzahlungsverpflichtung errechnet sich nach der Rechtsprechung aus dem Bruttobetrag, der Arbeitnehmer kann aber ihm verbleibende steuer- und sozialversicherungsrechtliche Belastungen gegenrechnen.

Ein **Urlaubsabgeltungsanspruch** entsteht durch die Zeiten der vorläufigen Beschäftigung nicht.

Beschäftigungsförderungsgesetz, Befristung

Was ist das?

☐ Nach § 1 Abs. 1 Beschäftigungsförderungsgesetz kann ein Arbeitsverhältnis unter bestimmten Voraussetzungen **auch ohne sachlichen Grund** befristet werden. Der Gesetzgeber ist damit bewusst von der Rechtsprechung des BAG abgewichen (→ **Befristung**).

☐ Die »sachgrundlose« Befristung ist für **höchstens zwei Jahre** möglich; dabei ist eine »Zerstückelung« in der Weise zulässig, dass **insgesamt vier befristete Verträge** »hintereinandergeschaltet« werden.

Anwendungsbereich

☐ Die Befristung nach § 1 Abs. 1 BeschFG muss sich auf einen kalendermäßig bestimmten Endtermin beziehen. Auf → **Zweckbefristungen** und → **auflösende Bedingungen** findet das Gesetz keine Anwendung. Dasselbe gilt, wenn nur einzelne Vertragsbestimmungen befristet werden.

Beispiel:
Der bei der Privatschule P angestellte Lehrer L wird »für die Dauer von zwei Jahren« zum Leiter der Schule bestellt. Diese Befristung ist nur aus sachlichem Grund zulässig, so etwa dann, wenn die bisherige Schulleiterin für zwei Jahre ins Ausland gehen will und der Arbeitgeber deshalb eine Vertretung bestellen will.

Erwähnung des Beschäftigungsförderungsgesetzes im befristeten Arbeitsvertrag?

☐ Nach herrschender Rechtsprechung greift § 1 Abs. 1 BeschFG auch dann ein, wenn sich bei Vertragsabschluss weder der Arbeitgeber noch der Arbeitnehmer auf diese Vorschrift berufen hat. Sind die Voraussetzungen des § 1 gegeben, ist die Befristung rechtlich in Ordnung.

☐ Zu beachten ist allerdings Folgendes: Haben die Parteien **bewusst** die **Befristung von einem sachlichen Grund abhängig gemacht,** muss man dies so inter-

Beschäftigungsförderungsgesetz, Befristung

pretieren, dass sie damit auch den Rückgriff auf das Beschäftigungsförderungsgesetz ausschließen wollten. Dies gilt insbesondere dann, wenn der sachliche Grund ausdrücklich im Vertrag genannt wurde. Die Rechtsprechung erkennt sogar an, dass der Arbeitgeber in einem Rechtsstreit um die Wirksamkeit der Befristung darauf verzichtet, das Beschäftigungsförderungsgesetz als Begründung heranzuziehen.

Die Grundregel des § 1 Abs. 1 Beschäftigungsförderungsgesetz

☐ Während das BeschFG 1985 lediglich eine einmalige Befristung ohne Sachgrund zuließ und grundsätzlich 18 Monate als Obergrenze bestimmte, ist die durch das Beschäftigungsförderungsgesetz 1996 eingeführte heutige Regelung sehr viel »liberaler«: Ein ohne sachlichen Grund befristeter Arbeitsvertrag kann bis zu dreimal verlängert werden; die Gesamtdauer kann bis zu zwei Jahren betragen (vgl. § 1 Abs. 1 BeschFG).

☐ Die »**Verlängerung**« muss sich **unmittelbar** an den vorangegangenen befristeten Vertrag **anschließen**; schon ein Tag Pause würde die Berufung auf § 1 Abs. 1 BeschFG ausschließen. Vielmehr läge eine sog. Anschlussbefristung (s. den nächsten Abschnitt) vor; auch müssen die Bedingungen dieselben bleiben.

Beispiel:
Der Arbeitnehmer A hat mit dem Arbeitgeber B einen befristeten Arbeitsvertrag über 38 Wochenstunden für die Zeit vom 1.1.–30.4. abgeschlossen. Ab 1.5. soll A nur noch 15 Stunden arbeiten, und zwar bis 31.8. Dies wäre keine »Verlängerung« im Sinne des § 1 Abs. 1 BeschFG.

☐ Die Einstellung muss **nicht** mit der **Schaffung eines neuen Arbeitsplatzes** verbunden sein. Entsprechende Interpretationsversuche zum Beschäftigungsförderungsgesetz 1985 waren damals schon erfolglos, obwohl der Gesetzestext von »Neueinstellung« sprach. Da dieses Merkmal weggefallen ist, besteht erst recht keine Chance mehr, die Befristung auf die Fälle zu beschränken, in denen zumindest für eine bestimmte Zeit ein neuer Arbeitsplatz geschaffen wurde.

Arbeitnehmer ab 60

☐ Hat ein Arbeitnehmer das 60. Lebensjahr vollendet, ist eine befristete Beschäftigung auch ohne die Beschränkungen des § 1 Abs. 1 BeschFG zulässig. Der Arbeitsvertrag kann daher von vornherein auf dreieinhalb Jahre befristet werden. Ebenso wäre es zulässig, zehn Arbeitsverträge à vier Monate hintereinanderzuschalten.

Beschäftigungsförderungsgesetz, Befristung

Beschränkung der sog. Abschlussbefristung

☐ § 1 Abs. 3 BeschFG schließt den Rückgriff auf Abs. 1 und die 60er Regelung dann aus, wenn
- zu einem vorhergehenden unbefristeten Arbeitsvertrag oder
- zu einem vorhergehenden befristeten Arbeitsvertrag nach Abs. 1 mit demselben Arbeitgeber

ein »enger sachlicher Zusammenhang« besteht.

☐ Dieser »**enge sachliche Zusammenhang**« ist nicht nur dann gegeben, wenn die neue Befristung sich an den bisherigen Arbeitsvertrag unmittelbar anschließt. Vielmehr stellt § 1 Abs. 3 Satz 2 BeschFG klar, dass schon ein Zeitraum von weniger als vier Monaten zu einem solchen engen sachlichen Zusammenhang führt.

Beispiel:
Der Arbeitnehmer A scheidet am 15.3. aus seinem unbefristeten Arbeitsverhältnis aus. Am 16.5. wird er befristet auf ein Jahr wieder eingestellt. Eine Berufung auf § 1 Abs. 1 BeschFG scheidet aus. Die Befristung ist nur dann wirksam, wenn sie sich auf einen »sachlichen Grund« (z.B. Vertretung) stützen lässt.

☐ Genauso wird der Fall behandelt, wenn das »**Befristungskontingent**« nach § 1 Abs. 1 BeschFG ausgeschöpft ist.

Beispiel:
A hatte einen Zwei-Jahres-Vertrag. Nach dessen Ablauf kann nicht erneut nach BeschFG befristet werden. Die in § 1 Abs. 1 genannten Grenzen wären sonst gegenstandslos.

☐ Zu beachten ist jedoch, dass eine unzulässige Anschlussbefristung dann nicht vorliegt, wenn **zuvor aus** »**sachlichem Grund**« **befristet** wurde. Der Gesetzgeber will lediglich vermeiden, dass unbefristete Arbeitsverhältnisse durch mehr oder weniger aufgezwungene Vereinbarungen zu befristeten werden oder dass die Zeitgrenzen nach Abs. 1 unbeachtet bleiben.

Beispiel:
Arbeitnehmer A hatte zwei Jahre lang den ins Ausland abgeordneten Arbeitnehmer X vertreten. Nunmehr wird mit ihm eine einjährige Anschlussbefristung vereinbart. Dies ist zulässig, da § 1 Abs. 1 BeschFG eingreift und das Verbot der Anschlussbefristung nach § 1 Abs. 3 BeschFG diesen Fall nicht erfasst.

☐ Was geschieht, wenn das »Vorgängerarbeitsverhältnis« in Wirklichkeit gar nicht aus sachlichem Grund befristet war, sodass ein unbefristetes Arbeitsverhältnis vorlag (zu dieser Konsequenz des fehlenden »sachlichen Grundes« → **Befris-**

tung)? Die herrschende Meinung wendet auch insoweit die Drei-Wochen-Frist des § 1 Abs. 5 BeschFG (→ **Befristung**) an; hat der Arbeitnehmer drei Wochen nach Auslaufen des bisherigen Arbeitsverhältnisses die Unzulässigkeit der Befristung nicht gerichtlich geltend gemacht, könne sich niemand mehr auf den fehlenden sachlichen Grund berufen.

Tarifliche Beschränkung der Befristung

☐ Nach ständiger Rechtsprechung des BAG können Tarifverträge die **Befristungsmöglichkeiten** nach § 1 BeschFG **einengen, nicht** aber **erweitern**. Der Arbeitnehmer kann besser, aber nicht schlechter gestellt werden. Möglich ist es deshalb beispielsweise, den Abschluss eines befristeten Arbeitsvertrags generell vom Vorliegen eines sachlichen Grundes abhängig zu machen. Weniger weitgehend könnte man auch die Höchstdauer auf ein Jahr beschränken oder nur eine einmalige Befristung ohne Sachgrund zulassen. Auch kann man eine Mindestdauer für einzelne Verträge vorschreiben, wie dies etwa die Protokollnotiz Nr. 6 zu Nr. 1 SR 2y zum BAT tut.

Handlungsmöglichkeiten von Betriebsräten und Personalräten

☐ Die Beteiligungsrechte der betrieblichen Interessenvertretung sind im Bereich der Befristung relativ gering. Die Einzelheiten sind an anderer Stelle (→ **Befristung**) behandelt.

Gesetzliche Neuregelung

☐ Die derzeit (Sept. 2000) im Parlament erörterte Neuregelung schreibt die Möglichkeit der Befristung auf zwei Jahre ohne sachlichen Grund fort. Sie sieht jedoch Einschränkungen vor.
- Der Rückgriff auf diese Befristungsmöglichkeit muss im Arbeitsvertrag schriftlich festgehalten werden.
- Voraussetzung ist wieder eine »Neueinstellung«, die voraussetzt, dass zuvor nie für den betreffenden Arbeitgeber gearbeitet wurde.

Betrieb

Was ist das?

☐ Eine allgemeine gesetzliche Festschreibung des **Betriebsbegriffes** existiert nicht. Allerdings hat sich in der Rechtsprechung, anknüpfend am BetrVG, auch mit Ausstrahlung und Bedeutung für das **KSchG**, eine Begriffsbestimmung durchgesetzt, die allerdings in letzter Zeit durch die **neuen** technologischen **Entwicklungen**, neue Unternehmensformen, neue Betriebsstrukturen, neue Organisation der Arbeit, erheblich unter Druck gekommen ist. Herkömmlich wird als Betrieb verstanden:

> Die organisatorische Einheit, innerhalb derer der → **Arbeitgeber** allein oder mit seinen → **Arbeitnehmern** mit Hilfe von sachlichen und immateriellen Mitteln bestimmte arbeitstechnische Zwecke fortgesetzt verfolgt, die sich nicht in der Befriedigung des Eigenbedarfs erschöpfen

☐ Die Bedeutung des Betriebsbegriffs für das gesamte Kündigungsschutzrecht erschließt sich aus der Überlegung, dass im **Betrieb** die beiden **Zentralbegriffe** des Kündigungsschutzes, **Arbeitnehmer** und **Arbeitgeber**, räumlich, inhaltlich und persönlich zusammengeführt werden. Im Betrieb übt der Arbeitgeber sein → **Direktionsrecht** aus. Aber auch betriebsverfassungsrechtlich ist der Betriebsbegriff von zentraler Bedeutung, weil ein Betriebsrat nur von den Arbeitnehmern eines bestimmten Betriebes gewählt werden kann und weil die Beteiligungsrechte des Betriebsrates sich immer nur auf die Arbeitnehmer des Betriebes beziehen können. Insofern findet auch kündigungsschutzrechtlich eine Verzahnung der beiden Begriffe ganz zwangsläufig statt.

☐ Im Bereich des **öffentlichen Rechtes** wird der Betriebsbegriff durch den der **Verwaltung** bzw. den der **Dienststelle** ersetzt. Insofern ist der kollektiv-rechtliche Anknüpfungspunkt das jeweilig einschlägige **Personalvertretungsrecht** (→ **Personalrat**).

Betriebsarten und Formen

☐ Das Kündigungsschutzrecht findet auf **alle Betriebe**, gleich welchen **Betriebszweckes**, Anwendung.
Uneingeschränkt Anwendung findet das Kündigungsschutzgesetz z. B. auf **Tendenzbetriebe** (→ **Tendenzarbeitgeber**), auf den **Flugbetrieb** von Luftverkehrsgesellschaften, auf **Familienbetriebe**, Saison- und Kampagnebetriebe, reisende Betriebe, ggf. auch auf »**virtuelle Betriebe**«. Für Seebetriebe gelten teilweise abweichende Bestimmungen. Einzelheiten unter → **Seeleute**.

☐ Von einem **Gemeinschaftsbetrieb** wird dann gesprochen, wenn mehrere → **Arbeitgeber** eine Vereinbarung über die gemeinsame Führung eines Betriebes abschließen und diese in der Praxis umsetzen, mit der Folge, dass die wesentlichen **unternehmerischen Funktionen** im Hinblick auf die beschäftigten Arbeitnehmer **einheitlich** ausgeübt werden, so im Hinblick auf das → **Direktionsrecht**, und den Bereich der personellen und sozialen Mitbestimmung. Alle Arbeitnehmer bilden dann gemeinsam einen Betrieb, unabhängig davon, wer ihr Arbeitgeber ist. Allerdings muss ein einheitlicher **Leitungsapparat** vorhanden sein, der die **Arbeitgeberfunktionen** bündelt.

Das kann entweder in der Weise erfolgen, dass ein Unternehmen die Führung des Betriebes übernimmt. Es kann aber auch eine spezielle Gesellschaft damit beauftragt werden, die sog. Betriebsführungsgesellschaft.

Möglich ist allerdings auch, dass im **Gemeinschaftsbetrieb** ein Arbeitsverhältnis zu allen Arbeitgebern gleichzeitig besteht, sog. **Arbeitgebergruppe** (→ **Arbeitgeber; Kleinbetrieb**).

Nach einer **Spaltung** (→ **Umwandlung**) wird vermutet, dass ein **Gemeinschaftsbetrieb** entstanden ist, wenn der Betrieb gemeinsam geführt wird.

Betriebsbegriff im Einzelnen

☐ Der Begriff des **Betriebes** ist abzugrenzen gegen den des **Unternehmens**. Der Betriebsbegriff knüpft an die **tatsächlichen** Verhältnisse an, während das Unternehmen an der **rechtlichen Konstruktion** anknüpft. Der Arbeitsvertrag wird jeweils mit dem Rechtsträger des Betriebes abgeschlossen, nicht mit dem Betrieb selbst. Arbeitgeber ist insoweit deshalb immer der Unternehmer. Davon zu unterscheiden sein kann der **Betriebsinhaber** bzw. **Betriebsleiter** z. B. die Betriebsführungsgesellschaft (→ **Arbeitgeber**).

Betrieb

☐ Ein Unternehmen kann mehrere Betriebe haben. Umgekehrt gehört ein Betrieb immer nur zu einem Unternehmen (**Ausnahmefall:** Gemeinschaftsbetrieb). Im → **Konzern** werden verschiedene Unternehmen zusammengefasst, die dann wiederum für sich jeweils unterschiedliche Betriebe haben können, die sog. **Konzernbetriebe.**

☐ Während in der Vergangenheit der Betriebsbegriff überwiegend, dem technischen Stand der Arbeitsorganisation folgend, an den **räumlichen Gegebenheiten** orientiert war, stellt sich immer mehr die Notwendigkeit heraus, einen Betrieb **funktional** als **wirtschaftliche Einheit** zu verstehen (→ **Betriebsübergang**). Zwar stellt die räumliche Zuordnung ein wesentliches Abgrenzungskriterium dar, jedoch darf dabei nicht schematisch stehen geblieben werden. Auch muss die Zuordnung zu unterschiedlichen Rechtsträgern dann zurücktreten, wenn nachhaltig und auf Dauer angelegte Strukturen, insbesondere **Kommunikationsstrukturen** zwischen Arbeitnehmern und Arbeitgebern sowie unterhalb der Arbeitnehmer, bestehen, so dass auch eine einheitliche Interessenvertretung erforderlich ist.

☐ Sind die jeweiligen betrieblichen Einheiten **räumlich weit** von einander getrennt oder durch Aufgabenbereiche und Organisation **eigenständig,** dann gelten sie als **selbständige Betriebe.**

☐ Unmittelbar einem Betrieb zuzuordnen sind auch die Arbeitnehmer, die ihrer arbeitsvertraglichen Aufgabenstellung nach zwangsläufig **außerhalb** eines Betriebes arbeiten müssen, wie Handelsreisende, Monteure, Bauarbeiter, Kundendiensttechniker, Zeitungsausträger usw. Maßgeblich ist die organisatorische Anbindung und die Verfolgung der betrieblichen Zwecke. Bei diesen Arbeitnehmern kommt es dann auch nicht auf eine sog. **Eingliederung** an. Diese kann nur dann als Voraussetzung für die Zugehörigkeit zu einem Betrieb anerkannt werden, wenn der Betrieb Strukturen aufweist, die organisatorisch und vom Arbeitsablauf her eine Integration in das unmittelbare betriebliche Geschehen verlangen.

☐ Im Unterschied zu einem Betrieb wird von einem **Betriebsteil** dann gesprochen, wenn eine betriebliche Teilfunktion zur Erfüllung des Betriebszweckes räumlich und organisatorisch innerhalb des Gesamtbetriebes abgetrennt ist, mit einer gewissen Leitung versehen sowie funktionsfähig ist. Zu den Einzelheiten (→ **Betriebsübergang**).

☐ Ein **Betriebsteil** kann einen eigenen **Betriebszweck** als Untermenge des gesamtbetrieblichen Zweckes besitzen.

Beispiel:
Ein großes Speditionsunternehmen unterhält eine eigene Reparaturabteilung oder ein großes Produktionsunternehmen unterhält einen eigenen Fuhrpark oder eine eigene Bauabteilung.

Betrieb

☐ Zur **Betriebsabteilung** (→ **Betriebsverfassungsorgane, Kündigung**).

☐ Fast **zwangsläufig** mit Auswirkungen auf den **Betriebsbegriff** verbunden ist eine von dem Arbeitgeber durchgeführte → **Umwandlung**.

☐ Nach der Rechtsprechung werden **ausländische** Betriebe oder Betriebsteile vom Kündigungsschutz nicht erfasst. Arbeitsverhältnisse, die im **Ausland** bestehen, sind nur dann dem deutschen Betrieb zuzurechnen, wenn die betreffenden Mitarbeiter für einen vorübergehenden Zeitraum entsandt sind.

☐ Andererseits ist die Zugehörigkeit zum Betrieb nicht davon abhängig, ob **deutsches Arbeitsrecht** vereinbart ist. Kündigungsschutzrecht setzt aber die Anwendung deutschen Arbeitsrechtes voraus.

Bedeutung des Betriebsbegriffes für den Kündigungsschutz

☐ Der Betriebsbegriff ist sachlicher **Anknüpfungspunkt** für den Kündigungsschutz. Allerdings wird deutlich auf eine **unternehmensbezogene** Betrachtung abgestellt. Die Einzelheiten sind unter dem Stichwort → **Kleinbetrieb** dargestellt. Im Betrieb müssen regelmäßig mehr als fünf Arbeitnehmer beschäftigt sein.

Kündigungsschutz haben nur die Arbeitnehmer, die in einem Beschäftigungsverhältnis zum Betrieb stehen. Das ist z. B. bei einem Leiharbeitnehmer im Einsatzbetrieb nicht der Fall.

Allerdings gilt eine Ausnahme dann, wenn das der Verleihung zugrunde liegende Arbeitsverhältnis zwischen Verleiher und Leiharbeitnehmer **unwirksam** ist, z. B. weil die gesetzlich zulässige Verleihdauer überschritten ist.

☐ Schwierig ist im Einzelfall die Abgrenzung dann, wenn Arbeitnehmer von sog. »**Fremdfirmen**« für einen längeren Zeitraum in einem Betrieb eingesetzt werden, im Rahmen von sog. oder auch nur **Schein-»Werkverträgen«**. Hat der Werkunternehmer eine Arbeitnehmerüberlassungserlaubnis nach § 1 AÜG, kommt eine Eingliederung in den Betrieb nur ab zwölf Monaten in Betracht (s. oben).

Ist jedoch in Wahrheit weder ein Werkvertrag vorhanden und hat der Auftragnehmer auch keine Erlaubnis, dann tritt ebenfalls die Fiktion des § 10 AÜG ein. Die betroffenen Arbeitnehmer sind dann Arbeitnehmer des Betriebes, in dem sie tatsächlich eingesetzt werden. Sie genießen dann hier den Kündigungsschutz.

☐ Erforderlich ist aber, dass es sich tatsächlich um Arbeitnehmer handelt. Es müssen die Anforderungen an den **Arbeitnehmerbegriff** (→ **Arbeitnehmer**) erfüllt sein.

Betrieb

☐ Bei dem Ausspruch → **betriebsbedingter Kündigungen** ist maßgeblicher Bezugspunkt ebenfalls der Betrieb inkl. der → **Sozialauswahl**). Allerdings öffnet § 1 Abs. 2 KSchG die Betrachtung insofern, als freie Arbeitsplätze als Alternative zur Kündigung auch dann von Bedeutung sind, wenn sie in anderen Betrieben eines **Arbeitgeberunternehmens** vorhanden sind. Im Einzelfall kann es sogar zu einer **Konzerndimensionalität** des Kündigungsschutzes über den **Betrieb** und das **Unternehmen hinaus** kommen (→ **Konzern**).

☐ Für die → **Wartezeit/Probezeit** und die → **Betriebszugehörigkeit** ist zwar regelmäßiger Anknüpfungspunkt das rechtliche Band zum und die Beschäftigung im Betrieb. Allerdings reicht hier aus, dass ein Rechtsverhältnis zum Arbeitgeber bzw. Unternehmen begründet worden ist. Deshalb sind insoweit auch Zeiten der Unternehmenszugehörigkeit mitzurechnen.

☐ Der Betriebsbegriff ist auch maßgeblich für alle Rechtsfolgen im Zusammenhang mit einem → **Betriebsübergang**. Im Rahmen eines Betriebsübergangs kann ein Betrieb in seiner bisherigen Gestalt und Organisation unverändert übergehen. Es kann aber auch so sein, dass die bisherigen betriebsüblichen Strukturen völlig verändert werden.

☐ Auch der Begriff der **Betriebsänderung** nach § 111 BetrVG mit den Rechtsfolgen eines → **Interessenausgleiches/Sozialplanes** orientiert sich am Betriebsbegriff.

Betriebsbeauftragte, Kündigungsschutz

Was sind »Betriebsbeauftragte«?

☐ Viele Vorschriften, u. a. des **Umweltschutzrechts**, lassen sich nicht allein damit realisieren, dass man eine Behörde einrichtet und diese die Betriebe von Zeit zu Zeit kontrolliert. Mindestens genauso wichtig ist vielmehr die **Installierung betriebsinterner Kontrollinstanzen**, die über die nötigen Insider-Informationen verfügen und deshalb sehr viel besser beurteilen können, ob gesetzlichen Vorgaben Rechnung getragen wird oder nicht. Der Gesetzgeber hat daher in vielen Fällen die Bestellung von »Betriebsbeauftragten« z. B. für Immissionsschutz oder für Datenschutz vorgesehen.

☐ Soweit eine im Betrieb tätige Person **zugleich dort als Arbeitnehmer** beschäftigt ist, ergibt sich das Problem der Unabhängigkeit vom Kontrollierten. Diese ist nicht allein dadurch herstellbar, dass man die Kontrolltätigkeit für »weisungsfrei« erklärt und den Beauftragten unmittelbar der Geschäftsführung bzw. dem Arbeitgeber zuordnet. Notwendig ist vielmehr, dass sie **wegen ihrer Tätigkeit in keiner Weise benachteiligt** werden dürfen. Insbesondere muss ausgeschlossen sein, dass ein unliebsamer Kontrolleur gekündigt wird, wofür sich ggf. unschwer betriebliche Gründe finden ließen.

Welche Betriebsbeauftragten gibt es?

☐ Die weiteste Verbreitung hat die Installierung eines betriebsinternen Kontrolleurs im Umweltschutzrecht erfahren. Vorgesehen ist etwa der **Immissionsschutz- und der Störfallbeauftragte**; in bestimmten Betrieben ist ein **Abfall-** oder ein **Gewässerschutzbeauftragter** zu bestellen. Unternehmen, die gefährliche Güter transportieren, müssen unter bestimmten Voraussetzungen einen Gefahrgutbeauftragten einsetzen. Soweit mit radioaktiven Stoffen gearbeitet wird, muss ein **Strahlenschutzbeauftragter** bestellt werden. Schließlich gehört in diesen Zusammenhang der **Tierschutzbeauftragte**, der überall dort notwendig ist, wo Tierversuche an Wirbeltieren durchgeführt werden.

Betriebsbeauftragte, Kündigungsschutz

☐ Vom selben Mittel wird im **Datenschutzrecht** Gebrauch gemacht. Der betriebliche **Datenschutzbeauftragte** hat u. a. die Aufgabe, die Einhaltung des Datenschutzrechts zu überwachen.

☐ Schließlich wird seit jeher auch im **Arbeitsschutz** dieser Weg gegangen. Neben den Sicherheitsbeauftragten sind hier insbesondere die **Betriebsärzte** und die **Fachkräfte** für Arbeitssicherheit nach dem ASiG zu nennen.

☐ Alle diese Personen dürfen wegen ihrer Amtsführung nicht benachteiligt werden. Weil sich der Kausalzusammenhang zwischen »Amtsausübung« und »Benachteiligung« oft nicht eindeutig belegen lässt, hat der Gesetzgeber in vielen Fällen einen **besonderen Kündigungsschutz** geschaffen. Dieser ist allerdings recht **unterschiedlich ausgestaltet**, ohne dass hierfür ein innerer Grund ersichtlich wäre.

Immissionsschutzbeauftragter

Das Bundesimmissionsschutzgesetz (BImSchG) sieht lediglich vor, dass die zuständige Behörde unter bestimmten Voraussetzungen verlangen kann, dass ein Immissionsschutzbeauftragter durch eine andere Person ersetzt wird. Unter welchen Voraussetzungen auch der **Arbeitgeber** von sich aus ein »**Recht zum Austausch«** hat, ist nicht ausdrücklich geregelt. Aus dem Gedanken der Unabhängigkeit heraus wird man dem Arbeitgeber allerdings nicht das Recht zur **Abberufung** aus beliebigem Grund einräumen können. Vielmehr ist diese nur dann zulässig, wenn sie entsprechend § 315 BGB **unter Abwägung der beiderseitigen Interessen** der Billigkeit entspricht. Genauso ist das BAG im Falle eines Zivildienstbeauftragten vorgegangen, dessen rechtliche Absicherung weit hinter der eines Immissionsschutzbeauftragten zurückbleibt.

☐ Ist der Immissionsschutzbeauftragte Arbeitnehmer des Betriebs, **schließt § 58 Abs. 2 BImSchG jede ordentliche Kündigung aus.** Wird sie gleichwohl ausgesprochen, ist sie wegen Verstoßes gegen ein gesetzliches Verbot nach § 134 BGB unwirksam.

☐ Eine **außerordentliche Kündigung** kommt nur dann in Betracht, wenn nicht allein die **Pflichten** als Beauftragter, sondern **auch** die **als Arbeitnehmer** so stark **verletzt** wurden, dass die weitere Beschäftigung für den Arbeitgeber unzumutbar ist. Wurden lediglich Pflichten verletzt, die mit der Funktion als Immissionsschutzbeauftragter zusammenhängen, ist allein eine Abberufung, nicht jedoch eine Kündigung möglich.

☐ Der **Kündigungsschutz** wirkt – ähnlich wie bei Betriebsratsmitgliedern – auch nach einer Abberufung **ein Jahr lang weiter**. Er versagt jedoch dann, wenn der Immissionsschutzbeauftragte sein Amt von sich aus niederlegt, ohne dazu aufgrund von Behinderungen oder Schikanen durch den Arbeitgeber veranlasst zu sein.

Andere Umweltschutzbeauftragte

☐ Genau dieselbe Absicherung gegen eine Abberufung sowie gegen eine Kündigung des Arbeitsverhältnisses besitzen der **Störfallbeauftragte**, der Betriebsbeauftragte für Abfall und der Gewässerschutzbeauftragte. Insoweit wird auf § 58 BImSchG verwiesen. Gefahrgut- und Strahlenschutzbeauftragter sowie der Tierschutzbeauftragte sind lediglich durch ein **Benachteiligungsverbot**, nicht jedoch durch eine Einschränkung vor Kündigungen geschützt.

Datenschutzbeauftragter

☐ Einen anderen Weg ist der Gesetzgeber bei der Absicherung des betrieblichen Datenschutzbeauftragten gegangen. Nach § 36 Abs. 3 Satz 4 BDSG wird die Abberufung aus der Funktion geregelt; der **Kündigungsschutz** in Bezug auf das Arbeitsverhältnis ist **nicht ausdrücklich angesprochen**.

☐ Eine **Abberufung** ist nur auf Verlangen der Aufsichtsbehörde sowie dann möglich, wenn der Datenschutzbeauftragte dafür einen wichtigen Grund gesetzt hat. Dies ist in der Regel bei schweren Verletzungen von »Amtspflichten« anzunehmen, so, wenn der Datenschutzbeauftragte einen **Geheimnisverrat** begeht oder sich an Computerkriminalität beteiligt. Auch das **Entwenden von Datenträgern** würde hierher gehören. Um rechtzeitig klare Verhältnisse zu schaffen, muss der Arbeitgeber die Zwei-Wochen-Frist des § 626 Abs. 2 BGB beachten.

Kündigungsschutz im Arbeitsverhältnis

Liegen die Voraussetzungen für den Widerruf der Bestellung zum Datenschutzbeauftragten vor, so wird dadurch der Bestand des **Arbeitsverhältnisses nicht unmittelbar berührt**. Lässt sich etwa die fehlende Fachkunde nicht nachträglich herstellen, erfolgt lediglich eine Abberufung, nicht jedoch eine Kündigung des Arbeitsverhältnisses. Anders verhält es sich dann, wenn durch das Verhalten als Datenschutzbeauftragter gleichzeitig arbeitsvertragliche Pflichten verletzt wurden. **Bei kriminellen Handlungen gegen den Arbeitgeber** einschließlich des Verrats von Betriebs- und Geschäftsgeheimnissen kann selbstredend **auch das Arbeitsverhältnis gekündigt werden**.

Betriebsbeauftragte, Kündigungsschutz

☐ Denkbar ist weiter der **umgekehrte Fall**, dass zwar die Voraussetzungen für eine **Abberufung nicht** vorliegen, das **Arbeitsverhältnis** jedoch nach § 1 Abs. 2 **KSchG gekündigt** werden könnte. Würde man hier der Funktion des betrieblichen Datenschutzbeauftragten keinerlei Bedeutung beimessen, könnte der durch § 36 Abs. 3 Satz 4 BDSG vermittelte Schutz unschwer unterlaufen werden. Ein unliebsamer Datenschutzbeauftragter könnte insbesondere betriebs- oder verhaltensbedingt gekündigt werden und würde so die Grundlage für seine Kontrolltätigkeit verlieren. Mit Recht hat deshalb das BAG in dem vergleichbaren Fall des Betriebsarztes entschieden, dass **Hindernisse, die der Beendigung des »Amtsverhältnisses« entgegenstehen**, auch **vor einer Kündigung des Arbeitsverhältnisses schützen**.

Beispiel:
Der Datenschutzbeauftragte hat zunächst versucht, die Einhaltung von Datenschutznormen durch Intervention beim Arbeitgeber sicherzustellen, blieb damit jedoch ohne Erfolg. Er wendet sich daraufhin an die Aufsichtsbehörde, die dem Betrieb einen Besuch abstattet. Der Arbeitgeber sieht sich veranlasst, eine teure »Nachrüstung« seiner Geräte vorzunehmen. Außerdem wird die Firma in der Presse als Unternehmen mit »unterentwickeltem« Datenschutz genannt. Der Datenschutzbeauftragte kann wegen dieser Vorgänge nicht abberufen werden; erst recht scheidet eine Kündigung seines Arbeitsverhältnisses trotz der dem Unternehmen entstandenen wirtschaftlichen Nachteile aus.

Ob sich aus dem Abberufungsschutz eine **genereller Ausschluss der ordentlichen Kündigung** ergibt, ließ das BAG dahinstehen. Dafür spricht, dass andernfalls die Gefahr nicht von der Hand zu weisen ist, dass Gründe für eine ordentliche Kündigung nur im Falle eines unliebsamen Datenschutzbeauftragten auch effektiv Konsequenzen haben, während sie bei »Normalarbeitnehmern« unbeachtet bleiben.

Betriebsarzt und Fachkraft für Arbeitssicherheit

☐ Wiederum einen anderen Weg ist der Gesetzgeber in § 9 Abs. 3 des ASiG gegangen. Die **Abberufung** von Betriebsärzten und Fachkräften für Arbeitssicherheit ist danach **nur mit Zustimmung des Betriebsrats** möglich. Über das Benachteiligungsverbot hinaus sind dagegen keine inhaltlichen Schranken festgelegt worden. Die Tatsache, dass der Betriebsarzt oder die Fachkraft für Arbeitssicherheit das Vertrauen des Betriebsrats verliert, wird daher als ausreichender Grund für eine Abberufung angesehen.

☐ Wird der **Betriebsarzt** oder die **Fachkraft gekündigt**, so stellt dies stets auch eine Abberufung dar, da auf diese Weise die Grundlage für die bisherige Tätigkeit entfällt. Eine Kündigung ist deshalb nicht ohne Zustimmung des Betriebsrats möglich. Ob dies auch dann gilt, wenn der Kündigungsgrund keinen Zusammenhang mit der Tätigkeit als Betriebsarzt oder Fachkraft aufweist, ist vom BAG noch nicht entschieden worden.

Betriebsbedingte Kündigung

Was ist das?

☐ Nach § 1 Abs. 2 KSchG ist die Kündigung eines Arbeitsverhältnisses durch den Arbeitgeber dann **sozial gerechtfertigt** und damit rechtswirksam, wenn sie durch **dringende betriebliche Erfordernisse**, die einer **Weiterbeschäftigung** des Arbeitnehmers entgegenstehen, bedingt ist.

☐ Eine betriebsbedingte → **Änderungskündigung** ist dann möglich, wenn dringende betriebliche Erfordernisse eine **Änderung** der Arbeitsbedingungen erfordern, aber keine Beendigung.

☐ Nach der Rechtsprechung des BAG setzt die betriebsbedingte Kündigung eine **gerichtlich** nur äußerst **beschränkt** überprüfbare → **Unternehmerentscheidung** voraus und ist nur dann gerechtfertigt, wenn mildere Mittel, wie eine → **Änderungskündigung** oder eine **Versetzung** (→ **Direktionsrecht**), nicht in Betracht kommen.

☐ Unerheblich ist, ob der Wegfall des Arbeitsplatzes auf **innerbetrieblichen** oder **außerbetrieblichen** Gründen beruht. Entscheidend ist, dass aufgrund tatsächlich vorliegender Umstände eine Arbeitsmöglichkeit für einen oder mehrere Arbeitnehmer im Betrieb nicht mehr vorhanden ist.

☐ Die Gründe können sich auf einen **einzelnen Arbeitsplatz**, eine oder mehrere **Abteilungen** oder auf den **ganzen Betrieb** bzw. das Unternehmen beziehen. Nur im letzteren Fall, der sog. Betriebsstilllegung, ist keine → **Sozialauswahl** erforderlich, ansonsten hat der Arbeitgeber entweder die **Sozialauswahl** konkret und individuell durchzuführen oder aber → **Auswahlrichtlinien** anzuwenden.

☐ Bezugspunkt der betriebsbedingten Kündigung ist zunächst der → **Betrieb**. Gehört der Betrieb einem **Unternehmen** bzw. → **Konzern** an, muss auch im Einzelfall geprüft werden, ob ein **freier Arbeitsplatz** in einem Betrieb außerhalb des eigentlichen Kündigungsbetriebes vorhanden ist. Arbeitsmangel in einem anderen Betrieb des Unternehmens oder Konzerns stellt keine Begründung für die Kündigung von Arbeitnehmern in dem Betrieb dar, der ausgelastet ist.

Die betriebsbedingten Gründe müssen sich in dem Betrieb niederschlagen, aus dem heraus ein Arbeitnehmer gekündigt werden soll. »Austauschkündigungen«, mit

Betriebsbedingte Kündigung

denen unternehmerische Entscheidungen oder außerbetriebliche Einflüsse im Hinblick auf einen anderen Betrieb abgefangen werden sollen, sind unter diesem Gesichtspunkt unzulässig.
- Betriebsbezogen muss auch die → **Sozialauswahl** durchgeführt werden.

Wann darf betriebsbezogen gekündigt werden?

- Vor einer betriebsbedingten Kündigung steht die → **Unternehmerentscheidung**, die zur Konsequenz hat, die Zahl der Arbeitsplätze zu reduzieren. Maßgeblich können dafür sog. inner- oder außerbetriebliche Gründe sein, die sich auch ergänzen und jeweils beeinflussen oder gleichzeitig gegeben sein können.

Innerbetriebliche Gründe

- Sie sind fast automatisch mit der → **Unternehmerentscheidung** identisch und erfordern keine zusätzliche Gestaltungsentscheidung des Arbeitgebers. Sie beziehen sich auf die Gestaltungsmacht und die Regelungsbefugnis des Arbeitgebers, der seinen Betrieb nach eigenen Vorstellungen organisieren darf und so das Arbeitsvolumen und die Zahl und die Struktur der Arbeitsplätze bestimmt. In der Durchführung der jeweils einzeln ausgesprochenen Kündigung muss dann geprüft werden, ob tatsächlich ein dringendes Bedürfnis für die Beendigung oder Änderung von Arbeitsverhältnissen vorliegt.

Beispiele:
- *organisatorische Veränderung, die Zusammenlegung von Abteilungen, die Abflachung von Hierarchien, die Konzentration von Aufgaben an einzelne Arbeitsplätze;*
- *Einführung neuer Arbeits- oder Fertigungsmethoden, Anschaffung neuartiger Maschinen, EDV-Systeme, Einführung neuer Kommunikationsstrukturen;*
- *Durchführung von Rationalisierungsmaßnahmen;*
- *Änderung des Betriebszwecks, Umstellung oder Einstellung der Produktion;*
- *grundsätzliche Änderung der Arbeitszeiten (Teilzeit, Schichtarbeit, Telearbeit).*

Außerbetriebliche Gründe

- Sie können dann eine betriebsbedingte Kündigung sozial rechtfertigen, wenn durch sie **unmittelbar** das Erfordernis entsteht, einen oder eine Vielzahl von Arbeitsplätzen abzubauen, ohne dass eine Möglichkeit zu innerbetrieblichen Umstrukturierungsmaßnahmen besteht, wie bei Auftragsmangel, Rohstoffmangel, Insolvenz.

Betriebsbedingte Kündigung

Der Wegfall des Arbeitsplatzes

☐ Entscheidend ist jeweils, dass durch diese Gründe der unabweisbare **Zwang** besteht, die Zahl der Arbeitsplätze im Betrieb zu reduzieren. Diese Folge kann dadurch entstehen, dass ein ganz bestimmter Arbeitsplatz wegfällt.

Beispiel:
Der Arbeitgeber schließt den Versand und vergibt ihn an ein Speditionsunternehmen. Die im Versand vorhandenen Arbeitsplätze fallen weg. Andere gewerbliche Arbeitsplätze sind nicht mehr vorhanden.

Der »Arbeitsüberhang« kann aber auch nur die indirekte Folge von unternehmerischen Entscheidungen sein.

Beispiel:
Nicht nur der Versand wird fremd vergeben, sondern auch die gesamte Produktion eingestellt. Es verbleiben nur noch Entwicklungs- und Konstruktionsabteilungen mit wenig Mitarbeitern. Dann sind auch die Arbeitsplätze betroffen, die in dem »indirekten Bereich«, z. B. Buchhaltung, Personalabteilung usw., anfallen, die für die Bearbeitung der verringerten Belegschaft nicht mehr erforderlich sind.

☐ Hat der Arbeitgeber die innerbetrieblichen und/oder außerbetrieblichen Gründe vorgetragen – beide können sich jeweils ergänzen bzw. durchdringen – muss das Gericht prüfen, ob der Arbeitgeber die sich daraus für die Arbeitsplatzsituation im Betrieb ergebenden dringenden Maßnahmen im Zusammenhang mit Kündigungen auch **tatsächlich umgesetzt** hat.

Der bloße Vortrag solcher Gründe und der Beweis dessen, dass sie vorliegen, reicht nicht aus. Entscheidend muss auch die Auswirkung auf das konkrete Arbeitsverhältnis sein.

Beispiel:
Der Arbeitgeber kündigt das Arbeitsverhältnis von Arbeitnehmern, deren Abteilung endgültig stillgelegt werden soll. Ein fester Stilllegungsbeschluss ist aber noch nicht ergangen. Es bleiben noch Alternativen offen, wie die Möglichkeit eines → Betriebsteilübergangs. Dann stellt sich heraus, dass die Abteilung doch nicht geschlossen wird und auch nicht auf einen neuen Arbeitgeber übergeht. Die Kündigung ist nur dann sozial gerechtfertigt, wenn zum Zeitpunkt der Kündigung der Stilllegungsbeschluss ernsthaft und so endgültig war, dass er bereits greifbare Formen angenommen hatte. Allerdings kommt in diesen Fällen ggf. ein → Wiedereinstellungsanspruch in Betracht, ansonsten ist die Kündigung unwirksam.

Betriebsbedingte Kündigung

Verhältnismäßigkeitsgrundsatz

☐ Aus den o. g. Gründen muss das Arbeitsvolumen so reduziert sein, dass ein Abbau von Arbeitsplätzen **dringend** erforderlich ist. Die Kündigung muss deshalb die **unausweichliche** Folge nicht nur der **Unternehmerentscheidung** sein, sondern auch der betrieblichen Umsetzungsentscheidung. Deshalb gilt der **Verhältnismäßigkeitsgrundsatz.** Er ist nur dann gewahrt, wenn die Kündigung:

- **geeignet** ist, ihren Zweck zu erfüllen. Das ist dann nicht der Fall, wenn schon aus anderen Gründen (z. B. Eigenkündigung von Arbeitnehmern), dem Wegfall von Überstunden, dem Wegfall von Leiharbeitern usw., der Arbeitsplatzüberhang entfällt, so dass die übrig bleibende Belegschaft auch weiterhin benötigt wird.
- **erforderlich** ist und keine milderen Mittel zur Verfügung stehen (sog. **Ultima ratio-Prinzip**), um den gleichen Zweck zu erreichen;
- die **nachteiligen** Auswirkungen der Kündigung auf den **Arbeitnehmer** in einer **angemessenen Proportion** zu dem angestrebten **unternehmerischen Zweck** stehen (**Interessenabwägung**).

☐ Aus dem **Ultima ratio-Prinzip** folgt, dass andere Möglichkeiten technischer, organisatorischer und wirtschaftlicher Art nicht bestehen, eine Kündigung zu vermeiden.

☐ Zeichnen sich im Betrieb **Änderungen** an den **Arbeitsplätzen** der Arbeitnehmer ab, ist der Arbeitgeber nach § 81 Abs. 4 BetrVG verpflichtet, die Arbeitnehmer darauf hinzuweisen und entsprechende Überlegungen anzustellen, die **Arbeitsbedingungen** und die Arbeitsfähigkeiten an die neue technische Auslegung des Arbeitsplatzes anzupassen. Nimmt der Arbeitgeber diese Verpflichtung nicht ernst, kann sich der Arbeitnehmer im Kündigungsschutzprozess darauf zu seinen Gunsten berufen, vor allem im Zusammenhang mit der Möglichkeit, auf einem anderen freien Arbeitsplatz, mit anderen Anforderungen, tätig zu werden. Auch im Zusammenhang mit der → **Sozialauswahl** ergeben sich Zusammenhänge. Denn je qualifizierter ein Mitarbeiter ist, umso eher kann er durch → **Direktionsrecht** auf andere Arbeitsplätze versetzt werden.

Möglichkeiten der Kündigungsvermeidung und die so genannte freie Unternehmerentscheidung

☐ Der Arbeitgeber ist verpflichtet, vorhandene Möglichkeiten einer Kündigungsvermeidung entweder selbständig oder in Absprache mit dem **Betriebsrat** oder Arbeitnehmer nicht nur zu prüfen, sondern auch umzusetzen.

Betriebsbedingte Kündigung

☐ **Allerdings** gilt bei der dabei anstehenden evtl. **Unternehmerentscheidung** nach überwiegender Auffassung wieder das Prinzip der **Entscheidungsfreiheit** des Arbeitgebers und der nur äußerst **eingeschränkten Überprüfungsmöglichkeit** durch das Arbeitsgericht (→ **Unternehmerentscheidung**). Daraus folgt, dass der Arbeitgeber grundsätzlich frei ist, Alternativüberlegungen im Hinblick auf anderweitige Kündigungsvermeidungsstrategien anzustellen. Dabei muss es sich aber um **echte Unternehmerentscheidungen** handeln, nicht um bloße Organisationsentscheidungen im Zusammenhang mit dem Einsatz von Arbeitnehmern im Betrieb im Zusammenhang mit ihrer regelmäßigen tariflichen Arbeitszeit.

Beispiele:
- *freie, gleiche oder gleichartige Arbeitsplätze im Betrieb, Unternehmen, ggf. auch im* → **Konzern**;
- *freie andere Arbeitsplätze, wenn der Arbeitnehmer mit der Änderung der Arbeitsbedingungen, die mit der Besetzung der Arbeitsplätze einhergeht, einverstanden ist;*
- *Umschulungs- und Fortbildungsmöglichkeiten;*
- *Möglichkeit einer* → **Änderungskündigung**.

☐ Um eine in diesem Sinne freie Unternehmerentscheidung geht es dann nicht, wenn der Arbeitgeber in der Lage ist, Überstunden oder Zeitkonten, Zeitkonten im Rahmen von Jahresarbeitszeitregelungen abzubauen, einen vorhandenen Urlaubsüberhang von Arbeitnehmern, der sich über einen längeren Zeitraum aufgebaut hat, zu reduzieren.

Ist der Arbeitgeber im Rahmen seines → **Direktionsrechtes** in der Lage, Umgestaltungen der Arbeitsabläufe, der Arbeitsorganisation, der Arbeitsplatzgestaltung vorzunehmen, muss er diese durchführen, auch das hat mit einer Unternehmerentscheidung nichts zu tun.

Auch dann, wenn der Arbeitgeber in der Lage ist, anstelle einer Beendigungskündigung eine → **Änderungskündigung** auszusprechen, muss er zunächst davon Gebrauch machen.

Beispiel:
Der Arbeitgeber verlagert seine Buchhaltung in ein Serviceunternehmen. In der Finanzabteilung ist ein Arbeitsplatz frei, den der von der Auslagerung betroffene Buchhalter besetzen kann, die Bruttomonatsvergütung liegt jedoch 1000,- DM niedriger. Die Buchhaltung des Betriebes A eines Unternehmens wird geschlossen. Im Betrieb B ist eine Buchhalterposition unbesetzt. Der Buchhalter des Betriebes A hat eine Versetzungsklausel in seinem Arbeitsvertrag, die an sich eine Versetzung in einen anderen Betrieb nicht vorsieht. Auch hier muss der Arbeitgeber von der Möglichkeit der Änderungskündigung vor einer Beendigungskündigung Gebrauch machen.

Betriebsbedingte Kündigung

☐ Demgegenüber liegt eine echte Unternehmerentscheidung, deren Unterlassung zur Vermeidung einer betriebsbedingten Kündigung nicht zum Nachteil des Arbeitgebers gereichen kann, nach der Rechtsprechung des BAG dann vor, wenn es der Arbeitgeber unterlässt, alternative Formen der Arbeitsplatzsicherung, der Reduzierung der Arbeitsplätze u.ä. auf freiwilliger Ebene, auch unter Einschaltung des Betriebsrates, vorzunehmen.

☐ Der Arbeitgeber kann auch nicht über den Umweg einer Verhältnismäßigkeitsprüfung bei der betriebsbedingten Kündigung dazu gezwungen werden, **Investitionsentscheidungen** zu treffen, den Betrieb auszuweiten, andere Betriebszwecke mitaufzunehmen, andere Produkte und Dienstleistungen anzubieten u.ä. All diese Entscheidungen liegen allein in der Entscheidungsfreiheit des Unternehmers. Die Arbeitsgerichte sind nicht befugt, in diese durch eigene Organisations- bzw. Unternehmerentscheidungen einzugreifen.

Alle diese Überlegungen können aber, auch noch während eines Kündigungsschutzverfahrens, im Rahmen eines Vergleichsgespräches dazu führen, dass es zu einer Weiterbeschäftigung bzw. zu einer Wiedereinstellung kommt.

☐ Eine besondere Situation ist dann gegeben, wenn → **Kurzarbeit** als Alternative für betriebsbedingte Kündigungen in Betracht kommt. Nur dann, wenn der Betriebsrat von seinem Initiativrecht Gebrauch gemacht hat und, ggf. durch die Einigungsstelle, Kurzarbeit veranlasst hat, muss der Arbeitgeber vor Ausspruch einer Kündigung diese Kurzarbeit auch tatsächlich realisieren (Einzelheiten s. unter → **Kurzarbeit**).

Die Möglichkeit zur Weiterbeschäftigung trotz Wegfall des Arbeitsplatzes

☐ Besonders gesetzlich geregelt in § 1 Abs. 2 KSchG ist die Verpflichtung des Arbeitgebers, **freie Arbeitsplätze** im Betrieb mit an sich zur Kündigung anstehenden Arbeitnehmern zu besetzen. Diese Verpflichtung bezieht sich aber ausdrücklich nur auf freie Arbeitsplätze und auf solche, die gleich oder gleichartig sind. Das ist dann der Fall, wenn es dem Arbeitgeber möglich ist, den Arbeitnehmer im Wege des → **Direktionsrechtes** auf den freien Arbeitsplatz zu versetzen. Zu den Einzelheiten des Direktionsrechtes und den dabei zu beachtenden Maßstäben im Hinblick auf die Vergleichbarkeit (→ **Direktionsrecht**).

☐ Lehnt der Arbeitnehmer den ihm insoweit zugewiesenen Arbeitsplatz endgültig und ernstlich ab, bzw. tritt er die Arbeit dort nicht an, kann der Arbeitgeber entweder betriebsbedingt kündigen oder aber verhaltensbedingt wegen Arbeitsverweigerung.

Betriebsbedingte Kündigung

Beispiel:
Im Betrieb ist ein Arbeitsplatz in der Elektromotorenfertigung frei, eingruppiert in Lohngruppe IV. In der mechanischen Fertigung muss ein Arbeitnehmer gekündigt werden, eingruppiert in Lohngruppe IV. Die Anforderungen an den jeweiligen Arbeitsplätzen sind identisch. Der Arbeitgeber muss eine Versetzung durch Direktionsrecht aussprechen.
Lehnt der Arbeitnehmer die Versetzung aus der mechanischen Fertigung in die Elektromotorenfertigung ab, kann diesem Arbeitnehmer gekündigt werden.

Die Verpflichtung zur Besetzung freier Stellen besteht auch dann, wenn diese freien Stellen sich für den betroffenen Arbeitnehmer als Beförderung darstellen können. Maßgeblich ist hier allein, ob der Arbeitnehmer von der fachlichen und persönlichen Qualifikation in der Lage ist, die geforderte Tätigkeit auszuüben. Ggf. ist eine Änderungskündigung vorzunehmen, wobei der Arbeitnehmer allerdings berechtigt ist, eine für ihn nicht als geeignet, weil zu hoch qualifiziert, angesehene Stelle abzulehnen. Dann ist jedoch der Arbeitgeber zur Kündigung berechtigt.

Beispiel:
In der EDV-Abteilung ist ein Operator tätig, der als Software-Ingenieur ausgebildet ist. Die Operatorentätigkeit fällt weg, Software-Ingenieure werden in der Abteilung gesucht. Der Mitarbeiter muss entsprechend versetzt werden.
Hat der Mitarbeiter jedoch nicht die Qualifikation und will er sie auch nicht erwerben, kann ihm gekündigt werden.

Ist mit einer innerbetrieblichen Umorganisation von Arbeitsplätzen im Übrigen eine »Quasibeförderung« verbunden, so berechtigt das nicht, Arbeitnehmer der bisherigen Abteilung, die die Aufgaben wahrgenommen haben, zu kündigen.

☐ Ist der Betrieb Teil eines **Unternehmens**, dann muss der Arbeitgeber eine Kündigung auch dann vermeiden, wenn in einem **anderen Betrieb** des Unternehmens eine oder mehrere **freie Stellen** vorhanden sind. Der Kündigungsschutz ist insofern unternehmensweit angelegt.

Ob eine Änderungskündigung ausgesprochen werden muss oder der Arbeitgeber im Wege des Direktionsrechtes vorgehen kann, entscheidet sich nach dem Inhalt des Arbeitsvertrages, ähnlich wie bei der Besetzung freier Stellen im Betrieb.

Beispiel:
Ein Mitarbeiter ist im Betrieb in Frankfurt in der EDV-Abteilung beschäftigt. Nach seinem Arbeitsvertrag muss er auch Tätigkeiten in Karlsruhe und Saarbrücken erledigen. In Saarbrücken ist ein EDV-Arbeitsplatz frei. Der Arbeitnehmer hat, bevor eine Kündigung ausgesprochen wird, Anspruch auf Versetzung dorthin.
Ist keine Versetzungsklausel vertraglich vereinbart, muss der Arbeitgeber eine Änderungskündigung aussprechen. Zu den Einzelheiten siehe → Änderungskündigung.

Betriebsbedingte Kündigung

☐ Unter den im Einzelnen unter dem Stichwort → **Konzern** abgehandelten Bedingungen kann auch der Arbeitgeber verpflichtet sein, eine Stellenbesetzung auf freie Stellen innerhalb des Konzerns vorzunehmen, um eine Kündigung in einem Konzernbetrieb zu vermeiden.

☐ Sind weniger freie Arbeitsplätze vorhanden als zu kündigende Arbeitnehmer, richtet sich die Stellenbesetzung nach der → **Sozialauswahl**.

☐ Ebenfalls in § 1 Abs. 2 KSchG geregelt ist die Verpflichtung des Arbeitgebers, zur Vermeidung einer Kündigung zumutbare **Umschulungs-** oder **Fortbildungsmaßnahmen** oder eine **Weiterbildung** des Arbeitnehmers vorzunehmen, wenn danach die Weiterbeschäftigung des Arbeitnehmers zu den bisherigen oder geänderten Arbeitsbedingungen möglich ist und der Arbeitnehmer sein **Einverständnis** damit erklärt hat.

Das Ausmaß dieser gesetzlichen Verpflichtung des Arbeitgebers, die Qualifikation der im Betrieb vorhandenen Arbeitnehmer an die technische Entwicklung anzupassen, richtet sich konkret nach den jeweiligen Umständen des Einzelfalles. Der Begriff der **Zumutbarkeit** muss dabei ausgelegt werden unter Berücksichtigung folgender Umstände:

- Bei der → **Betriebszugehörigkeit** ist zu beachten, je länger diese andauert, umso mehr ist es dem Arbeitgeber zumutbar, entsprechende Maßnahmen vorzusehen.
- Bezüglich des **Lebensalters und der Bildungsfähigkeit des Arbeitnehmers** darf nicht von vornherein unterstellt werden, dass ältere Mitarbeiter fortbildungs- bzw. weiterbildungsunfähig bzw. -unwillig sind. Es ist im Einzelfall eine Persönlichkeitsprüfung vorzunehmen, ohne den betroffenen Arbeitnehmer zu diskriminieren.
- Kosten und Dauer der Maßnahme unter Berücksichtigung der Nachhaltigkeit der neuen Qualifikation für den Betrieb.
- Bedeutung und Aufgabe für den Betrieb und Erfordernis der sofortigen Besetzung einer entsprechenden Weiterbeschäftigungsstelle.
- Art und Inhalt der im Betrieb vorhandenen Positionen bzw. Üblichkeit betrieblicher Bildungs-, Fort-, und Weiterbildungsmaßnahmen im Betrieb. Handelt es sich z. B. um ein Unternehmen der Informationstechnologie, in dem es üblich ist, dass alle Mitarbeiter ständig geschult werden, so sind an die Zumutbarkeit weiterer Schulungsmaßnahmen durch den Arbeitgeber geringere Anforderungen zu stellen.
- Dieser Katalog ist nicht abschließend und durch die Arbeitsgerichte im Einzelnen auszufüllen.

☐ Im Falle der **Insolvenz** gelten die dargestellten Grundsätze, allerdings sind

Betriebsbedingte Kündigung

durch die Insolvenzordnung erleichterte Kündigungsschutzvoraussetzungen geregelt. Einzelheiten unter → **Insolvenz**.

☐ Besonders häufig wird betriebsbedingt gekündigt in Fällen von → **Umwandlungen** von Betrieben des Arbeitgebers und im Zusammenhang mit einem → **Betriebsübergang**. Die Einzelheiten dazu sind ausführlich unter beiden Stichworten dargestellt.

☐ Die vom Arbeitgeber angeführten betriebsbedingten Kündigungsgründe müssen auf Dauer vorliegen, nur dann ist eine vollständige Beendigung des Arbeitsverhältnisses berechtigt. Vorübergehende Schwankungen, z. B. wegen stockender Anlieferung, Energiemangel u. Ä. hat der Arbeitgeber im Rahmen seines Betriebsrisikos zu tragen.

Beispiel:
Aufgrund eines Brandes fällt vorübergehend die Elektroversorgung aus. Die Produktion des Betriebes muss deshalb für zwei Monate eingestellt werden, bis die Energieversorgung wieder gesichert ist. Eine Kündigung scheidet aus.

☐ Keine dringenden betrieblichen Gründe liegen vor, wenn der Arbeitgeber durch eine Kündigung lediglich die personelle Zusammensetzung seiner Belegschaft ändern und beschäftigte Arbeitnehmer gegen Neueinstellungen austauschen will.

Beispiel:
Ein Arbeitnehmer kündigt an, nicht mehr allzu lange im Betrieb bleiben zu wollen, ohne Genaueres bekannt zu geben. Darauf kündigt der Arbeitgeber, weil er die Stelle sofort neu besetzen kann. Dieser sog. Abkehrwille des Arbeitnehmers reicht als betriebsbedingter Kündigungsgrund nicht aus, denn der Arbeitnehmer ist berechtigt, den Arbeitsplatz zu wechseln. Dem Arbeitgeber ist zuzumuten, die Kündigung abzuwarten und die Kündigungsfrist für eine Neueinstellung zu nutzen.

Überprüfung durch das Arbeitsgericht

☐ Maßgeblicher Zeitpunkt für die Überprüfung des Vorliegens der betriebsbedingten Kündigungsgründe ist der Zeitpunkt des Zugangs der → **Kündigung**. Der Arbeitgeber muss insofern eine Prognose anstellen, ob die von ihm zugrunde gelegten Entwicklungen in zeitlicher Nähe zum Ende der Kündigungsfrist tatsächlich eintreffen. Ist die arbeitgeberseitige Prognose falsch, steht dem Arbeitnehmer ggf. ein **Wiedereinstellungsanspruch** (→ **Wiedereinstellung**) zu.

☐ Stellt das Arbeitsgericht fest, dass dringende betriebliche Gründe nicht vorliegen, um eine Kündigung zu rechtfertigen, ist die Kündigung **sozialwidrig**. Das

Betriebsbedingte Kündigung

Arbeitsverhältnis setzt sich zu den bisherigen Bedingungen fort. Außer der freien Unternehmerentscheidung sind alle Elemente der Rechtfertigung einer betriebsbedingten Kündigung voll gerichtlich überprüfbar. Die **Vortrags- und die Beweislast** für die soziale Rechtfertigung einer betriebsbedingten Kündigung und damit ihre Rechtmäßigkeit hat der **Arbeitgeber**. Er muss alle Tatsachen, die für seine Unternehmerentscheidung maßgeblich sind, die innerbetrieblichen und außerbetrieblichen Gründe, die im Einzelfall getroffenen Entscheidungen zur Umsetzung und Durchführung vortragen und beweisen. Je intensiver der Arbeitgeber seiner Vortragslast nachkommt, umso mehr ist der Arbeitnehmer verpflichtet, sich mit dem Vortrag des Arbeitgebers auseinander zu setzen. Aber auch durch eine solche sog. **abgestufte Vortrags- und Beweislast** wird das Grundprinzip nicht verändert, dass der Arbeitgeber beweispflichtig ist.

☐ Etwas anderes gilt jedoch im Hinblick auf die Möglichkeit einer **anderweitigen Beschäftigung**, entweder an einem anderen Arbeitsplatz, im Betrieb, Unternehmen oder Konzern sowie nach Fortbildungs- und Umschulungsmaßnahmen. Hier ist der Arbeitnehmer vortrags- und beweispflichtig dafür, dass entsprechende Beschäftigungsmöglichkeiten bestehen.

☐ Auch bei der betriebsbedingten Kündigung hat das Gericht eine **Interessenabwägung** vorzunehmen. Diese **Interessenabwägung** wirkt sich aber durch eine **restriktive Rechtsprechung** nur in seltenen Fällen noch zugunsten des Arbeitnehmers aus, obwohl auch dessen Bestandsschutzinteresse, auch mit Blick auf seine → **Betriebszugehörigkeit**, sein Lebensalter, seine Unterhaltsverpflichtungen u.Ä. mit einzubeziehen sind. In diesem Zusammenhang muss auch geprüft werden, ob die Kündigung mit ihren nachteiligen Auswirkungen auf den Arbeitnehmer in einem nachvollziehbar vernünftigen Verhältnis zur Begründung der Maßnahme und ihrem Vorteil für den Betrieb steht.

☐ Hat der Betriebsrat einer betriebsbedingten Kündigung form- und fristgerecht **widersprochen** (→ **Widerspruch des Betriebsrats**), dann ist die Kündigung, stellen sich die **Widerspruchsgründe** des Betriebsrates als zutreffend heraus, **absolut sozialwidrig**. Eine **zusätzliche Interessenabwägung** zugunsten des **Arbeitgebers findet nicht statt**.

Bedeutung für den Betriebsrat

☐ Vor allem bei einer betriebsbedingten Kündigung hat der Betriebsrat die Möglichkeit **zu widersprechen** (→ **Widerspruch des Betriebsrats**). Der Betriebsrat erleichtert dem Arbeitnehmer dadurch die Führung des Kündigungsschutzprozes-

Betriebsbedingte Kündigung

ses. Deshalb besteht eine ganz besondere Verpflichtung der Betriebsräte darin, bei betriebsbedingten Kündigungen sorgfältig zu prüfen, ob ein Widerspruch erhoben werden kann und soll.

Entsprechendes gilt für einen → **Personalrat**.

☐ Der Betriebsrat sollte schon im Rahmen des § 92 BetrVG bei der Personalplanung darauf hinwirken, ebenso bei der Gestaltung der Arbeitsplätze nach § 90 BetrVG, dass betriebsbedingte Kündigungen vermieden werden.

☐ Werden nicht nur einzelne betriebsbedingte Änderungskündigungen, sondern eine Vielzahl, möglicherweise auch in einem gestreckten zeitlichen Rahmen, ausgesprochen, muss der Betriebsrat prüfen, ob eine **Betriebsänderung** vorliegt. In diesem Fall besteht die Möglichkeit eines → **Interessenausgleiches/Sozialplanes**. Nach entsprechenden sozialplanrechtlichen Vereinbarungen hat der gekündigte Arbeitnehmer auch dann einen Sozialplanabfindungsanspruch, wenn die Kündigung an sich betriebsbedingt nach den vorstehenden Grundsätzen begründet wäre.

☐ Immer wieder kommt es vor, dass der Arbeitgeber durch eine »**Salami-Taktik**« versucht, eine Sozialplanpflichtigkeit einer Betriebsänderung zu umgehen. Hier ist der Betriebsrat besonders gefordert, die Gründe für die jeweils gesondert ausgesprochenen betriebsbedingten Kündigungen zu analysieren. Stehen diese Kündigungen in einem **zeitlichen Zusammenhang**, wobei der Jahreszeitraum als Referenzperiode herangezogen werden kann, und ist auch eine **inhaltliche Verbindung** zu einer einheitlichen unternehmerischen Maßnahme bzw. Entscheidung gegeben, hat eine **Zusammenrechnung** stattzufinden. Erst dann ist zu prüfen, ob die Grenzen für eine Betriebsänderung nach § 111 BetrVG erreicht oder überschritten sind.

Beispiel:
In einem Betrieb mit 200 Arbeitnehmern werden im Januar fünf, im Februar drei, im März fünf, im April drei, im Juni fünf, im Juli sieben, im August acht, im September drei Arbeitnehmer betriebsbedingt gekündigt, weil nacheinander unrentable Maschinen abgeschafft werden und die Produktion ausläuft. Die Kündigungen sind Teil einer unternehmerischen Entscheidung, die nur zeitlich gestreckt wird. Alle Kündigungen sind Teil einer echten Betriebsänderung.

Betriebsratsanhörung

Grundlagen

☐ Nach § 102 Abs. 1 Satz 1 des BetrVG hat der Arbeitgeber vor **jeder Kündigung** den **Betriebsrat zu hören**. Damit soll gewährleistet werden, dass Gründe, die gegen eine Kündigung des Arbeitnehmers sprechen, in ausreichender Form berücksichtigt werden.

Die Anhörungspflicht besteht für jede Kündigung, unabhängig davon, ob es sich um eine Beendigungs- oder eine Änderungskündigung, um eine außerordentliche oder um eine ordentliche Kündigung handelt. Auch zur Kündigung von Arbeitnehmern, mit denen zwar schon ein Arbeitsvertrag abgeschlossen, die ihre Arbeit aber noch nicht angetreten haben, ist der Betriebsrat zu hören. Die Voraussetzung und das Verfahren der Betriebsratsanhörung gelten auch, wenn Massenentlassungen durchgeführt werden. Es gibt hier keine Erleichterungen für den Arbeitgeber.

Ausgenommen sind solche Kündigungen, die gegenüber leitenden Angestellten ausgesprochen werden, weil diese nicht dem Geltungsbereich des BetrVG unterfallen. In diesen Fällen ist jedoch, soweit vorhanden, der Sprecherrat anzuhören (→ **leitende Angestellte**). Die Anhörungspflicht entfällt ferner dann, wenn der Betriebsrat selbst die Kündigung des Arbeitnehmers verlangt hat. Das kommt vor allen Dingen dann in Betracht, wenn nach § 104 des BetrVG die Entfernung betriebsstörender Arbeitnehmer verlangt wird. Voraussetzung dafür ist ein schwerer Verstoß gegen grundlegende Prinzipien, z. B. rassistisches Verhalten oder sexuelle Belästigung.

Mit welchem Inhalt ist der Betriebsrat anzuhören?

☐ Nach 102 Abs. 1 Satz 2 des BetrVG hat der Arbeitgeber dem Betriebsrat die **Gründe der Kündigung** mitzuteilen. Dabei zeichnet sich in der Rechtsprechung folgende Unterscheidung ab:

- Einen gewissen **Mindestbestand von Informationen** muss der Arbeitgeber dem Betriebsrat immer geben. Dazu gehört insbesondere der Name des zu kün-

Betriebsratsanhörung

digenden Arbeitnehmers, dessen persönliche Daten wie Alter, Familienstand, Kinderzahl, sonstige Unterhaltspflichten, Beschäftigungsdauer und – soweit gegeben – Angaben über einen besonderen Kündigungsschutz, z. B. den Schwerbehindertenstatus. Die Angabe der Sozialdaten ist dann entbehrlich, wenn wegen schwerwiegender Verhaltensverstöße gekündigt werden soll und sie deshalb aus der Sicht des Arbeitgebers völlig ohne Bedeutung sind.

Weiterhin muss der Arbeitgeber mitteilen, ob er die Kündigung als ordentliche oder als außerordentliche aussprechen möchte. Die Anhörung zur außerordentlichen Kündigung ersetzt nicht die zur ordentlichen und umgekehrt. Schließlich muss der Arbeitgeber die aus seiner Sicht bestehende Kündigungsfrist mitteilen. Dabei kann es ausreichen, wenn er auf tarifliche Kündigungsfristen verweist und sich diese unschwer aus den von ihm übermittelten Daten errechnen lassen.

- Daneben muss der Arbeitgeber **die Gründe** mitteilen, die ihn **zur Kündigung bewogen** haben. Allein diese Sicht des Arbeitgebers ist entscheidend (»subjektive Determinante«). Ob und inwieweit diese Gründe eine Kündigung überhaupt tragen können, ist für die Mitteilung an den Betriebsrat nicht erheblich, es spielt nur im Kündigungsschutzprozess eine Rolle. Hat der Arbeitgeber deshalb keine konkreten Kündigungsgründe, sondern lediglich das Gefühl, mit dem Arbeitnehmer nicht mehr weiter zusammenarbeiten zu können, muss er auch nur dies mitteilen. Er ist nicht gezwungen, Gründe vorzuschieben, die es in Wirklichkeit aus seiner Sicht gar nicht gibt.

Die in diesem Sinne aus Arbeitgebersicht erheblichen Gründe muss er allerdings in einer Art und Weise mitteilen, dass sie für den Betriebsrat **nachvollziehbar** sind. Die bloß stich- und schlagwortartige Mitteilung reicht nicht aus.

Beispiel:
Der Arbeitgeber hört den Betriebsrat zur Kündigung eines Arbeitnehmers mit der Begründung an, dieser sei dauernd zu spät gekommen. Das reicht nicht aus, weil dieser Kündigungsgrund aus der Sicht des Arbeitgebers deutlicher dargestellt werden könnte, nämlich mit einzelnen Sachverhalten des Zuspätkommens einschließlich der maßgeblichen Minutenzahl und der Daten.

Schließlich muss der Arbeitgeber die für ihn maßgeblichen Gründe **vollständig** mitteilen. Das schließt vor allen Dingen bei Kündigungsgründen, die sich auf Pflichtverletzungen des Arbeitnehmers stützen sollen ein, dass auch entlastende Umstände mitgeteilt werden. Das ist letztlich Ausfluss des weiteren Gebotes, dass der Arbeitgeber den der Kündigung zugrunde liegenden Sachverhalt nicht in verfälschter Form mitteilen darf.

☐ Ergeben sich aus Diskussionen im Vorfeld der eigentlichen Anhörung Fragen des Betriebsrats – z. B. weil anlässlich nur allgemein in Aussicht genommener Kündigungen der Betriebsrat aus seiner Sicht auf anderweitige Einsatzmöglichkeiten hingewiesen hat – muss der Arbeitgeber bei der Anhörung auf die vom Betriebsrat angesprochenen Punkte im Einzelnen eingehen. Weist der Betriebsrat im Rahmen der Anhörung den Arbeitgeber berechtigt auf Fehler hin, so muss der Arbeitgeber dazu Stellung nehmen.

☐ Was der **Betriebsrat** als Gremium schon **weiß**, muss ihm der Arbeitgeber **nicht mehr mitteilen**. Das spielt vor allen Dingen dann eine Rolle, wenn die Anhörung zur Kündigung im Zusammenhang mit Sachverhalten steht, die bereits Gegenstand von Sozialplan- und Interessenausgleichsverhandlungen waren (→ **Interessenausgleich/Sozialplan**). Außerdem betrifft es die allgemeinen Umstände im Betrieb, z. B. Störung des Betriebsablaufs bei Krankheit des zu kündigenden Arbeitnehmers.

Wie hört der Arbeitgeber an?

☐ Eine bestimmte **Form** ist für die Anhörung **nicht vorgeschrieben**. Die Anhörung kann also auch mündlich vorgenommen werden.

☐ Maßgeblich für den Beginn der Anhörung sowie dafür, was Gegenstand der Anhörung ist, ist der **Zugang beim Betriebsrat**. Der Zugang beim Betriebsrat erfolgt dann, wenn entweder der Betriebsratsvorsitzende, der insoweit empfangsberechtigt ist, die Informationen erhalten hat oder sie in einer sonstigen vom Betriebsrat akzeptierten Form entgegengenommen werden. Das kann z. B. der Fall sein, wenn ein Betriebsratsmitglied sie erhalten und dann in das normale Verfahren eingeführt hat.

Erfolgt die Anhörung schriftlich und wird das Arbeitgeberschreiben in das Fach des Betriebsrats gelegt, so erfolgt der Zugang sobald üblicherweise von dem Inhalt Kenntnis erlangt werden kann. Das kann in Bürobetrieben der nächste Arbeitstag sein. In Betrieben, in denen die Betriebsratsmitglieder weit verstreut arbeiten – z. B. Bau – kann es auch der Tag sein, an dem konkret das erste Mal danach das Fach geleert wird.

Tatsachen, die der Arbeitgeber dem Betriebsrat später – z. B. auf dessen Nachfrage – mitteilt, sind in das Anhörungsverfahren eingeführt, wenn es innerhalb der Stellungnahmefristen geschieht.

Wann kann der Arbeitgeber kündigen?

☐ Das BetrVG sieht für die Reaktion des Betriebsrats unterschiedliche **Fristen** vor, je nachdem ob es sich um eine außerordentliche oder um eine ordentliche Kündigung handelt.

Betriebsratsanhörung

- Bei einer geplanten **außerordentlichen Kündigung** muss sich der Betriebsrat innerhalb von **drei Tagen** äußern. Erst wenn diese drei Tage abgelaufen sind, kann der Arbeitgeber kündigen. Bei der Berechnung wird der Tag des Beginns der Anhörung – also meist des Zugangs des Anhörungsschreibens – nicht mitberechnet. Die Möglichkeit zur Reaktion des Betriebsrats besteht dann während der nächsten drei Kalendertage – nicht Arbeitstage! –. Ist der letzte dieser Tage ein Samstag, Sonntag oder gesetzlicher Feiertag besteht die Möglichkeit weiter bis einschließlich des darauf folgenden Werktages. Erst wenn der danach zu berechnende letzte Tag bereits abgelaufen ist, also 24.00 Uhr vorbei ist, kann der Arbeitgeber kündigen.
- Geht es um eine **ordentliche Kündigung**, so hat der Betriebsrat **eine Woche** Reaktionszeit. Die Möglichkeit der Reaktion endet an dem Tag in der auf den Zugang folgenden Woche, der in seiner Benennung dem Tag des Zugangs entspricht. Fällt dieser Tag auf einen Samstag, Sonntag oder gesetzlichen Feiertag, so kann auch noch bis einschließlich des Endes des darauf folgenden Werktages Stellung genommen werden. Erst danach kann der Arbeitgeber die Kündigung aussprechen.

☐ Vor **Ablauf** der genannten Fristen kann der Arbeitgeber die Kündigung aussprechen, wenn der Betriebsrat abschließend Stellung genommen hat. Das kann entweder dann der Fall sein, wenn er sich inhaltlich zur Kündigungsabsicht geäußert hat und sich aus der Äußerung nicht ergibt, dass er noch weitere Stellungnahmen abgeben will. Es kann aber auch dann der Fall sein, wenn sich der Betriebsrat in einer Art und Weise äußert, die erkennen lässt, dass er zu der beabsichtigten Kündigung keine Stellungnahme abgeben möchte.

☐ Für die Entscheidung über die Reaktion ist immer der **Betriebsrat zuständig**. Es ist also unter Einhaltung aller betriebsverfassungsrechtlichen Vorschriften ein Beschluss des Betriebsrats zu fällen. Nach außen, also dem Arbeitgeber gegenüber, wirken Fehler in diesem Bereich aber nur, wenn sie für ihn offensichtlich waren.

Beispiel:
Der Arbeitgeber bespricht mit dem Betriebsratsvorsitzenden die Kündigung und kündigt unmittelbar danach. Hier ist völlig klar, dass keine Betriebsratssitzung stattgefunden haben kann.

☐ Reagiert der Betriebsrat überhaupt nicht, so ist dies für den Arbeitgeber unschädlich, solange er die Fristen einhält.

☐ Die Voraussetzungen für den Ausspruch der Kündigung müssen bereits zu dem **Zeitpunkt** gegeben sein, zu dem der Arbeitgeber die **Kündigung absendet**. Auf den Zugang beim Arbeitnehmer kommt es – im Gegensatz zu fast allen anderen kündigungsrechtlich erheblichen Sachverhalten (→ **Kündigungserklärung des**

Betriebsratsanhörung

Arbeitgebers) – nicht an. Das folgt daraus, dass der Betriebsrat die Möglichkeit haben soll, den Entschluss des Arbeitgebers noch tatsächlich zu beeinflussen.

☐ Der Arbeitgeber darf nach der Anhörung des Betriebsrats nur die Kündigung aussprechen, zu der er den Betriebsrat wirklich angehört hat. Insbesondere wenn sich zwischen der Anhörung des Betriebsrats und dem Ausspruch der Kündigung der Sachverhalt wesentlich geändert hat, kann sich der Arbeitgeber nicht mehr auf die durchgeführte Anhörung stützen. Vor allem wenn der Arbeitnehmer einen besonderen Kündigungsschutz, z. B. als Schwerbehinderter (→ **Schwerbehinderte**) hat, kann es sich ergeben, dass die Zustimmung der zuständigen Behörde zur Kündigung erst nach einer sehr langen Zeit erfolgt. Das kann auch nach einem langen verwaltungsgerichtlichen Verfahren passieren. In diesen Fällen kann es durchaus sein, dass sich letztlich zwischen der Anhörung des Betriebsrats und dem Ausspruch der Kündigung nach Vorliegen der verwaltungsrechtlichen Voraussetzungen nichts Wesentliches geändert hat.

Welche Folgen haben Fehler des Arbeitgebers?

☐ Nach § 102 Abs. 1 Satz 3 KSchG ist eine **ohne Anhörung des Betriebsrat ausgesprochene Kündigung unwirksam**, wenn die Anhörung erforderlich war. Auch eine nachträgliche Genehmigung der Kündigung durch den Betriebsrat ist nicht möglich. Die Anhörung ist auch dann unterblieben, wenn der Betriebsrat in Wirklichkeit zu einer anderen Kündigung angehört wurde, als der, die nunmehr ausgesprochen wird. Das ist dann der Fall, wenn

- statt einer außerordentlichen eine ordentliche Kündigung oder umgekehrt ausgesprochen wird,
- sich zwischen der Anhörung des Betriebsrats und dem Ausspruch der Kündigung der Sachverhalt wesentlich verändert hat.

☐ Die Anhörung ist nicht nur dann unwirksam, wenn der Betriebsrat überhaupt nicht angehört wurde, sondern auch wenn die Anhörung fehlerhaft war. Die Anhörung war **fehlerhaft**, wenn

- der Arbeitgeber **nicht** die notwendigen **Mindestdaten** – Art der Kündigung, persönliche Verhältnisse des Arbeitnehmers etc. – mitgeteilt hat,
- der Arbeitgeber bei der Mitteilung der Kündigungsgründe entweder **zu ungenau** war oder den Sachverhalt **entstellend** mitgeteilt hat,
- er die Kündigung **vor Ablauf der Fristen** ohne eine wirksame abschließende Stellungnahme des Betriebsrats ausgesprochen – abgesandt – hat.

Betriebsratsanhörung

☐ Der Arbeitgeber kann aber auch in einer anderen Hinsicht aus seiner Sicht Fehler machen, nämlich wenn er nicht alle ihm **bekannten Kündigungsgründe** in das Verfahren einführt. Dies lässt die Wirksamkeit der Betriebsratsanhörung unberührt. Das folgt daraus, dass der Arbeitgeber nur aus seiner subjektiven Sicht die Kündigungsgründe mitteilen muss. Unterliegt die Kündigung aber der arbeitsgerichtlichen Überprüfung (→ **Kündigungsschutz**), kann der Arbeitgeber diese von ihm dem Betriebsrat nicht vorgelegten Kündigungsgründe nicht in das arbeitsgerichtliche Verfahren einführen.

Beispiel:
Der Arbeitgeber hat sich entschlossen, der Behauptung, der Arbeitnehmer habe gestohlen, nicht nachzugehen, weil er ihm das eigentlich nicht zugetraut hat. Er entschließt sich aber wegen dauernder Verspätungen zu kündigen. Dann kann er später im arbeitsgerichtlichen Verfahren nicht mehr den Verdacht des Stehlens einführen (→ **Verdachtskündigung**). *Erweist sich die Kündigung wegen Zuspätkommens aus irgendeinem Grunde, z. B. mangels →* **Abmahnung**, *als unwirksam, muss der Arbeitgeber notfalls erneut kündigen, wenn er den Verdacht in das Verfahren einführen will.*

Werden dem Arbeitgeber **Kündigungsgründe** allerdings erst **nach der Betriebsratsanhörung** bekannt, so darf er sie in das Kündigungsschutzverfahren einführen. Er muss aber den Betriebsrat nachträglich dazu anhören. Das gilt nicht für Kündigungsgründe, die erst nach der Kündigung entstanden sind. Solche Kündigungsgründe können bei der Beurteilung der Wirksamkeit einer Kündigung überhaupt nicht berücksichtigt werden (→ **Kündigungserklärung des Arbeitgebers**).

Der Arbeitgeber ist allerdings nicht gehalten, den Betriebsrat in dem Umfange detailliert zu unterrichten, wie er das beim Arbeitsgericht muss. Es steht ihm deshalb frei, **Kündigungsgründe**, die er dem Betriebsrat mitgeteilt hat, im arbeitsgerichtlichen Verfahren näher zu erläutern. Keine Erläuterung, sondern **neue Gründe** sind solche, die einem Sachverhalt überhaupt erst das Gewicht eines Kündigungsgrundes geben oder weitere, selbständig zu bewertende Kündigungsgründe betreffen. Ein solcher **neuer Kündigungsgrund** liegt vor:

- wenn **einzelne weitere** unerlaubte Konkurrenztätigkeiten oder sonstige **Pflichtverletzungen** in das Verfahren eingeführt werden;
- wenn sich der Arbeitgeber auf betriebsbedingte Gründe (→ **Betriebsbedingte Kündigung**) stützen will statt auf dem Betriebsrat mitgeteilte Gründe im Verhalten des Arbeitnehmers;
- wenn der Arbeitgeber den Betriebsrat nur zu einer **Tatkündigung** – Kündigung wegen wirklich begangegener Pflichtverletzung – angehört hat und sich nun aber auf den **bloßen Verdacht** einer solchen Pflichtverletzung stützen will (→ **Verdachtskündigung**);

Betriebsratsanhörung

- wenn der Arbeitgeber **weitere beleidigende Äußerungen** neben anderen dem Betriebsrat bereits mitgeteilten Äußerungen in das Kündigungsschutzverfahren einführen will;
- wenn **weitere**, dem Betriebsrat noch nicht mitgeteilte, **Krankheitszeiträume** dem Gericht vorgetragen werden;
- wenn eine **Abmahnung**, die bei einer angestrebten verhaltensbedingten Kündigung dem Betriebsrat nicht mitgeteilt worden war (→ **Abmahnung**; → **verhaltensbedingte Kündigung**), bei Gericht vom Arbeitgeber herangezogen wird.

Gelegentlich hat der Arbeitgeber bei der Auswahl betriebsbedingt gekündigter Arbeitnehmer die **Sozialdaten** bestimmter anderer Arbeitnehmer nicht berücksichtigt, weil er diese nicht für vergleichbar gehalten hat. Dann teilt er sie auch dem Betriebsrat bei der Anhörung nicht mit. Nach Auffassung des BAG **kann** er diese Daten **in das gerichtliche Verfahren einbringen**. Das kann dazu führen, dass sich die Kündigung auch unter Berücksichtigung dieser Sozialdaten als berechtigt herausstellt, während ohne die Einführung dieser Daten die Kündigung wegen der fehlerhaften Bestimmung des Kreises vergleichbarer Arbeitnehmer als unwirksam zu behandeln wäre. Der wichtigste Fall ist, dass der Arbeitgeber Abteilungen, in denen der gekündigte Arbeitnehmer auch eingesetzt werden könnte, bei der Sozialauswahl subjektiv nicht berücksichtigt hat, sich dies bei Einbeziehung der dort tätigen Arbeitnehmer aber nicht zugunsten des gekündigten Arbeitnehmers auswirkt (→ **Sozialauswahl**).

Bedeutung für den Betriebsrat

☐ Das Gesetz sieht zwei Möglichkeiten der Reaktion vor. Gegenüber einer **außerordentlichen Kündigung** kann der Betriebsrat **Bedenken** äußern. Einer **ordentlichen Kündigung** kann er **widersprechen**. Der Widerspruch bei der ordentlichen Kündigung hat erhebliche Rechtsfolgen, insbesondere kann die vorübergehende Weiterbeschäftigung des Arbeitnehmer durchgesetzt werden (→ **Widerspruch des Betriebsrats**). Dies muss der Betriebsrat sorgfältig erwägen. Das Gesetz sieht ausdrücklich die Möglichkeit vor, auch den Arbeitnehmer anzuhören. Vor allem wenn es nicht um betriebsbedingte Kündigungen geht, sondern z. B. dem Arbeitnehmer vorgeworfene Vertragswidrigkeiten oder um Krankheiten (→ **Krankheit**), kommt dies in Betracht.

Der Betriebsrat kann auch gegenüber dem Arbeitgeber **weitere Informationen anfordern**, wenn er sich nicht ausreichend unterrichtet fühlt. Es hat den Nachteil, dass dies die Rechtsposition des einzelnen Arbeitnehmers im Kündigungsschutzprozess erschweren kann, sei es dass dadurch die Anhörung erst wirksam wird, sei es dass

Betriebsratsanhörung

es mehr Gründe gibt, die der Arbeitgeber in das Verfahren einführen kann. Etwas anderes gilt nur, wenn der Betriebsrat den Arbeitgeber auf konkrete Fehlannahmen hinweist, weil dann die Chance besteht, dass er fehlerhafterweise nicht darauf eingeht.

Beispiel:
Der Arbeitgeber hört den Betriebsrat bei einer geplanten Kündigung wegen dauernden Zuspätkommens an. Der Betriebsratsvorsitzende fragt nach, warum man denn nicht mal mit dem Arbeitnehmer geredet habe. Daraufhin übersendet der Arbeitgeber kommentarlos sieben Abmahnungsschreiben mit Kündigungsandrohung. Erst jetzt hat der Arbeitgeber eine reelle Chance, den Prozess vor dem Arbeitsgericht zu gewinnen.

Wie der Betriebsrat mit derartigen Situationen umgeht, hängt von **betriebspolitischen Gegebenheiten** ab. Handelt es sich um einen Betrieb, bei dem der Arbeitgeber Einwendungen des Betriebsrats ernst nimmt, kann es sinnvoll sein, Argumente vorzubringen und ggf. auch Informationen nachzufordern. Betrachtet der Arbeitgeber hingegen ersichtlich die Anhörung des Betriebsrats nur als eine Formalität, ist es am sinnvollsten, wenn der Betriebsrat hier nicht nachhakt. Dann sollte der Betriebsrat allenfalls prüfen, ob es die Möglichkeit eines Widerspruchs gibt und hierzu mit dem Arbeitnehmer Kontakt aufnehmen. Demgegenüber sollte im Vorfeld von Kündigungen aktiv argumentiert werden, da sich damit die Anforderungen an die Angaben des Arbeitgebers bei der Anhörung erhöhen.

Betriebspolitisch am schwierigsten ist die Situation, dass der Betriebsrat letztlich **keine Einwendungen** gegen die Kündigung hat. Soweit nicht aus besonderen Gründen die Kündigungsabsicht des Arbeitgebers sogar gefördert werden soll – z. B. bei betriebsstörenden Arbeitnehmern –, sollte der Betriebsrat hier schlicht die Frist zur Stellungnahme verstreichen lassen.

Betriebsübergang

Was ist das?

☐ Der in § 613a BGB geregelte **Betriebsübergang** behandelt die **Rechtsfolgen**, die dann eintreten, wenn ein → **Betrieb** oder ein **Betriebsteil** durch **Rechtsgeschäft** auf einen anderen Inhaber, also einen anderen → **Arbeitgeber**, übergeht. Die gesetzliche Regelung will den **sozialen Besitzstand** der Arbeitnehmer, wie er beim bisherigen Arbeitgeber bestand, erhalten und auf den neuen Arbeitgeber so übertragen, dass sowohl der **Inhalt** der Arbeitsverhältnisse als auch der Bestand des Arbeitsverhältnisses gewahrt wird.

☐ Diese Rechtsfolgen treten aber nur dann ein, wenn eine **wirtschaftliche Einheit**, die sich in einer bestimmten Organisationsstruktur ausdrückt, von einem Arbeitgeber zum anderen wechselt. Deshalb liegt kein Betriebsübergang vor, wenn **lediglich betriebliche Funktionen**, also die Erledigung von Arbeitsaufgaben, auf einen anderen »Funktionsträger« bzw. Arbeitgeber übertragen werden.

☐ Die Vorschrift des 613a BGB hat die Rechtsprechung in den letzten 20 Jahren nachhaltig und intensiv beschäftigt, bestimmt durch die **europarechtliche Entwicklung**. § 613a BGB ist ein **überzeugendes Beispiel** dafür, dass sich arbeitsrechtliche Vorschriften nicht mehr nur **national** herausbilden, sondern durch **europarechtliche** Entwicklungen (mit)gestaltet werden.

☐ Da der Betriebsübergang in einer Vielzahl von rechtlichen und tatsächlichen **Erscheinungsformen** auftritt, die die rasante wirtschaftliche Entwicklung, neue Organisationsformen und Strukturen widerspiegeln, ist die Rechtsprechung zu § 613a BGB kaum mehr überschaubar.

☐ Kündigungsschutzrechtlich ist von wesentlicher Bedeutung, dass die **Kündigung** des Arbeitsverhältnisses eines Arbeitnehmers durch den bisherigen oder neuen Arbeitgeber **wegen** des Übergangs eines Betriebes unwirksam ist. Dieser generell eingeräumte Schutz vor → **betriebsbedingten Kündigungen** wird aber dadurch **relativiert**, dass eine Kündigung in einem zeitlichen und inhaltlichen Zusammenhang mit einem Betriebsübergang möglich bleibt, wenn die Kündigung aus **anderen Gründen** als denen eines Betriebsübergangs ausgesprochen wird. Es liegt auf der Hand, dass sich aus diesen beiden Grundvorstellungen erhebliche **Abgrenzungsprobleme** für die Praxis ergeben.

Betriebsübergang

☐ Zwar lassen sich der Rechtsprechung einige grundlegende **Leitlinien** entnehmen. Diese können aber nicht schematisch auf die vielfältigen Erscheinungsformen angewandt werden. Deshalb bleibt jede rechtliche Auseinandersetzung mit dem Begriff des Betriebsübergangs mit einem gewissen Maß an **Rechtsunsicherheit** und **Einzelfallbetrachtung** verknüpft.

☐ Ein **wesentlicher Anwendungsfall** des § 613a BGB ergibt sich im Zusammenhang mit → **Umwandlungen** nach dem **UmwG**.

Anwendbar ist § 613a BGB deshalb auch bei der Privatisierung der Dienststellen und Verwaltungen des öffentlichen Dienstes. Noch nicht abschließend geklärt ist jedoch, ob die Vorschrift auch dann gilt, wenn innerhalb der öffentlichen Verwaltung Übertragungsvorgänge erfolgen. Europarechtlich ist dann zwar kein Betriebsübergang gegeben. Es spricht aber einiges dafür, dass § 613a BGB auch diesen Fall abdeckt.

☐ Im Fall der → **Insolvenz** gelten nur insoweit Besonderheiten, als Kündigungen durch Insolvenzverwalter erleichtert möglich sind. Zu den Einzelheiten siehe unter → **Insolvenz**.

Wann liegt ein Betriebsübergang vor?

☐ Da ein Betriebsübergang einen **tatsächlichen Betriebsinhaberwechsel** voraussetzt, muss eine tatsächliche Änderung in der natürlichen oder juristischen Person erfolgen, die über die betriebliche Organisations- und Leitungsmacht im Hinblick auf die Arbeitsverhältnisse der Arbeitnehmer verfügt. Deshalb sind schlichte Änderungen der Rechtsform, Wechsel in der Zusammensetzung der Gesellschafter oder Aktionäre u. Ä. nicht als Betriebsübergang zu qualifizieren (→ **Umwandlung**).

☐ Anknüpfungspunkt für den Übergang ist der Begriff des → **Betriebes**. Diesem ist der **Betriebsteil** gleichgestellt. Der Betriebsbegriff hat sich unter dem Eindruck der Rechtsprechung des EuGH, bezogen auf den Sinn und Zweck der gesetzlichen Regelung, vom allgemeinen Betriebsbegriff, wie er bisher vom BAG verstanden wurde, emanzipiert. Maßgeblich ist nach der neuen und europarechtlich abgesicherten Rechtsprechung, dass eine auf Dauer angelegte **wirtschaftliche Einheit** unter **Identitätswahrung** auf einen neuen Arbeitgeber übergeht.

☐ Sowohl der Begriff der **wirtschaftlichen Einheit** als auch der Begriff der **Identität** ist nicht schematisch definiert, sondern feststehend abgegrenzt. Vielmehr ist im jeweiligen Einzelfall der wirtschaftliche Vorgang des Betriebsübergangs einer umfassenden Gesamtwürdigung zu unterziehen, um die Frage nach dem Vorliegen eines Betriebsüberganges mit den daran sich anknüpfenden Folgen richtig zu beantworten.

Betriebsübergang

Für die Rechtsanwendung dieser unbestimmten Rechtsbegriffe müssen **Tatsachen** herangezogen werden, die sich auf das jeweilige konkrete Geschehen beziehen.

☐ Allerdings hat die Rechtsprechung einige auch in der Praxis handhabbare Kriterien herausgearbeitet, die zu prüfen sind:
- Die Art und der Betriebszweck des jeweiligen Unternehmens und Betriebes (z. B. Produktion, Handel, Dienstleistung).
- Das Verhältnis von übergehenden bzw. nicht übergehenden materiellen Positionen, wie z. B. Immobilien, Gebäude, Maschinen, Einrichtungsgegenstände, sonstige bewegliche Güter, Fahrzeuge.
- Die Bewertung der immateriellen Aktivposten eines Betriebes, die bestehen können aus Schutzrechten, Patenten, Waren- und Markenzeichen, Urheberrechten usw. Zu prüfen ist, welche Rechte wo verbleiben.
- Das Verhältnis von auf den neuen Arbeitgeber übergegangenen Kunden zu den Kunden, die beim alten Arbeitgeber bleiben, sowie die Frage, welche diesbezüglich relevanten Unterlagen übergegangen sind, wie Kundenlisten, spezielles Kunden-Know-how usw.
- Zu prüfen ist auch, ob die im Betrieb tatsächlich anfallenden räumlich-gegenständlichen Tätigkeiten, die vor dem Übergang ausgeübt wurden, auch nach dem Übergang (teilweise) fortgesetzt werden, ob z. B. eine neue Arbeits- und Betriebsorganisation, neue Arbeitsmethoden und Fertigungsverfahren eingeführt worden sind oder ob sich der Zuschnitt der Tätigkeit insgesamt verändert hat. Wird ein völlig neuer Betriebszweck eingeführt, spricht das gegen einen Betriebsübergang.
- Dem Begriff des Übergangs entsprechend, dürfen die betrieblichen Aktivitäten vor- und nachher nicht wesentlich unterbrochen werden, sie müssen eine deutlich nachvollziehbare Kontinuität aufweisen.
- Wichtiges Kriterium ist auch die Übernahme bzw. Nichtübernahme eines nach **Zahl** und **Sachkunde wesentlichen** Teiles der **Belegschaft** durch den neuen Arbeitgeber. Denn auch die im Betrieb beschäftigten Arbeitnehmer sind Teil der wirtschaftlichen Einheit, die gerade durch die Zusammenfassung von materiellem, immateriellem und Humankapital gebildet wird.

☐ Die von der Rechtsprechung herausgearbeiteten **Kriterien** sind **nicht** in einem **starren** Verhältnis zueinander anzuwenden, sie sind nicht nach festen Regeln aufeinander zu beziehen und zu bewerten. Es ist Aufgabe der **Arbeitsgerichte**, im Einzelfall und unter Beachtung des Schutzzwecks des § 613a BGB die Tatsachen so zu gewichten und in ein rationales Verhältnis zueinander zu stellen, dass die Frage nach dem Vorliegen oder Nichtvorliegen eines Betriebsüberganges mit einer dann doch möglichst nachvollziehbaren Vorhersehbarkeit beantwortet werden kann. Dabei steht den Arbeitsgerichten ein hohes Maß an **Beurteilungsspielräumen** zu.

Betriebsübergang

☐ Aus der Anwendung der genannten Kriterien folgt, dass eine **schlichte Funktionsnachfolge**, wie bei **Outsourcing-Vorgängen** häufig, für einen Betriebsübergang nicht ausreicht. Denn hier fehlt bereits die Organisationsstruktur, die für eine wirtschaftliche Einheit maßgebliche Voraussetzung ist.

Beispiele:
* *Der Arbeitgeber beauftragt anstelle einer eigenen Werbeagentur eine Fremdagentur.*

Oder:
* *Der Fuhrpark eines Produktionsbetriebes wird geschlossen. An seine Stelle tritt eine Spedition.*

☐ Erfasst von dem Betriebsübergang sind alle die **Arbeitnehmer**, die in einem Arbeitsverhältnis zum Betrieb stehen bzw. die in dem Betriebsteil eingesetzt sind, um dessen Übergang es geht.

Eine **Zuordnung** kann im Falle einer **Umwandlung** durch **Namenslisten**, in einem Interessenausgleich erfolgen (→ **Interessenausgleich/Sozialplan**; → **Umwandlung**). Ansonsten kommt es darauf an, wo, unter Beachtung des Willens aller Beteiligten, der **Schwerpunkt** der beruflichen Tätigkeit des einzelnen Arbeitnehmers liegt. Eine Zuordnung ist besonders dann schwierig, wenn Mitarbeiter in **Querschnittsfunktionen** für mehrere Betriebsteile tätig sind. Hier scheidet im Regelfall eine Zuordnung zu einem übergehenden Betriebsteil aus.

Beispiel:
Ein Betrieb mit 200 Arbeitnehmern besteht aus drei Produktionsbereichen, in denen jeweils 50 Arbeitnehmer beschäftigt sind. Ein Betriebsteil wird an ein anderes Unternehmen verkauft. Für die jetzt noch 150 Arbeitnehmer ist in der Personalabteilung ein beschäftigter Mitarbeiter weniger erforderlich. Dieser war aber nicht speziell für den Produktbereich zuständig. Eine Zuordnung scheidet deshalb aus.

☐ Ein Betriebsübergang nach § 613a BGB liegt nur vor, wenn der Arbeitgeberwechsel durch ein oder mehrere **Rechtsgeschäfte** erfolgt, wobei auch eine **Bündelung unterschiedlichster** Rechtsgeschäfte zu unterschiedlichen Vertragspartnern ausreichen kann.

Ein **Rechtsgeschäft** liegt immer dann vor, wenn eine Rechtsfolge von dem Willen der handelnden Personen abhängig ist.

Beispiele:
* Rechtsgeschäft: *Kauf, Pacht, Miete, Leasing, Franchise, Spaltungs- bzw. Verschmelzungsvertrag usw.*
* Kein Rechtsgeschäft: *Erbschaft, staatliche Beauftragung, Zwangsverwaltung*

Wie kann der Arbeitnehmer bei einem Betriebsübergang reagieren?

☐ Die **Reaktionsmöglichkeit** eines Arbeitnehmers hängt zunächst davon ab, dass er vom Arbeitgeber, möglicherweise auch über Dritte, z. B. über den Betriebsrat, über die Tatsache eines Betriebsübergangs **informiert** wird. Solange der Arbeitgeber nicht über diesen Sachverhalt informiert ist, kann von ihm auch keine Reaktion erwartet werden.

☐ In ständiger Rechtsprechung steht das BAG auf dem Standpunkt, dass der von einem Betriebsübergang betroffene Arbeitnehmer ein sog. **Widerspruchsrecht** gegen den Übergang seines Arbeitsverhältnisses auf den neuen Arbeitgeber hat. Dadurch kann der Arbeitnehmer **verhindern**, dass der ansonsten automatische, weil gesetzlich angeordnete **Übergang** des Arbeitsverhältnisses stattfindet. Das Arbeitsverhältnis **bleibt** dann beim bisherigen Arbeitgeber.

☐ Der Arbeitnehmer muss seinen Widerspruch bis zum **Zeitpunkt des Betriebsübergangs erklären**, nur wenn er vom Übergang keine Kenntnis hatte, ist auch noch eine spätere Erklärung des Widerspruchs möglich. Der Widerspruch kann formfrei, auch durch konkludentes Handeln, erfolgen. Er kann ggf. auch durch alle Arbeitnehmer eines Betriebes oder Betriebsteiles erhoben werden; er muss nicht begründet werden.

Formulierungsbeispiel:
Ich widerspreche hiermit ausdrücklich dem mir durch Schreiben vom 15. 10. 2000 mitgeteilten Teilbetriebsübergang auf die Firma Müller GmbH. Ich möchte meine Arbeitskraft weiterhin in unserem Betrieb anbieten.

☐ Der Arbeitnehmer, der **nicht widerspricht**, wird vom Betriebsübergang **automatisch** erfasst. Sein Arbeitsverhältnis geht **mit allen Rechten und Pflichten**, so wie es zum Zeitpunkt der Übernahme bestand, auf den neuen Arbeitgeber über. Dieser tritt in die Arbeitgeberstellung des bisherigen Arbeitgebers ein. Diesem gegenüber ist der Arbeitnehmer nun zur Arbeitsleistung verpflichtet.

☐ Oft versucht der neue Arbeitgeber, im Falle des Betriebsübergangs dem nicht widersprechenden Arbeitnehmer neue, nicht selten schlechtere Arbeitsverträge anzubieten, wobei oft nicht deutlich wird, dass es sich um schlechtere Arbeitsbedingungen handelt.

Formulierungsbeispiel:
Sehr geehrter Herr Meier, wir begrüßen Sie in unserem Unternehmen, nachdem Sie durch Betriebsübergang zum 1. 5. zu uns gestoßen sind. Wir freuen uns, Ihnen hiermit einen Arbeitsvertrag anbieten zu können, der den üblichen Regelungen in unse-

Betriebsübergang

rem Unternehmen entspricht. Wir bitten, ein unterschriebenes Exemplar uns zurückzureichen.

Da das Arbeitsverhältnis durch den Betriebsübergang unverändert übergeht, besteht kein Grund und Anlass, einen neuen Vertrag abzuschließen oder den alten Vertrag dem neuen Arbeitgeber anzupassen. Der Arbeitnehmer kann darauf bestehen, keinen neuen Vertrag unterzeichnen zu müssen. Das Arbeitsverhältnis wird auch ohne Vertragsanpassung automatisch mit allen seinen Rechten und Pflichten beim neuen Arbeitgeber weitergeführt.

Dies gilt insbesondere auch für die → **Betriebszugehörigkeit**, die auch im Falle mehrfacher Betriebsübergänge kontinuierlich weiterläuft und nicht unterbrochen wird.

☐ Ist das Arbeitsverhältnis übergegangen, kann der Übergang vom Arbeitnehmer nicht mehr einseitig rückgängig gemacht werden. Stellt der Arbeitnehmer nach dem Betriebsübergang fest, dass er besser hätte widersprechen sollen, so bleibt ihm nur der Weg, eine **Eigenkündigung** auszusprechen oder aber einvernehmlich auszuscheiden.

Kündigungsschutzrechtliche Bedeutung des § 613a BGB und Kündigungsschutz beim Betriebsübergang

☐ Nach § 613a Abs. 4 BGB ist eine Kündigung, die »**wegen des Übergangs**« ausgesprochen wird, unwirksam. Die Unwirksamkeit kann auch außerhalb des Kündigungsschutzgesetzes geltend gemacht werden, somit auch im → **Kleinbetrieb** oder bei noch nicht erfüllter → **Wartezeit/Probezeit**. Die → **Klagefrist** gilt nicht.

☐ Erfasst vom Kündigungsverbot sind alle Arten der Kündigung einschl. der → **Änderungskündigung**.

☐ Arbeitnehmer, die dem Betriebsübergang **widersprochen** haben, riskieren durch ihren **Widerspruch**, dass das Arbeitsverhältnis durch den bisherigen Arbeitgeber gekündigt wird. Denn dieser wird zu Recht darauf hinweisen können, dass die bisherige Aufgabenstellung und der damit verbundene Arbeitsplatz nicht mehr bei ihm, sondern beim neuen Arbeitgeber angesiedelt ist. Somit wird eine betriebsbedingte Kündigung nur dann zu vermeiden sein, wenn der Arbeitnehmer in der Lage ist, einen **freien Arbeitsplatz** im Betrieb oder einem anderen Betrieb des Unternehmens zu bezeichnen.

☐ Höchst problematisch ist in diesen Fällen die Anwendung der → **Sozialauswahl**, denn hier wird gegen eine Sozialauswahl eingewandt, erst durch die Wider-

Betriebsübergang

spruchsentscheidung des Arbeitnehmers seien andere Arbeitnehmer, die nicht die Möglichkeit zum Betriebsübergang gehabt hätten, in das Risiko der Einbeziehung in die Sozialauswahl für eine betriebsbedingte Kündigung gelangt. Das BAG hat klargestellt, dass auch beim Betriebsübergang eine **Sozialauswahl** stattzufinden hat. Allerdings hat es die Auffassung vertreten, dass bei dieser Sozialauswahl auch von Bedeutung ist, welche **Stichhaltigkeit** die vom Arbeitnehmer für den Widerspruch genannten Gründe haben. Das BAG führt also insofern eine Bewertung von Widerspruchsgründen ein, obwohl an sich der Arbeitnehmer nicht verpflichtet ist, einen Widerspruch zu begründen. Jeder widersprechende Arbeitnehmer muss sich deshalb darüber im Klaren sein, dass bei der **Sozialauswahl** zu seinen Lasten der von ihm erklärte Widerspruch berücksichtigt wird, weil die Gerichte die von ihm genannten Gründe nicht akzeptieren. Wenn der Arbeitnehmer nachvollziehbare **sachliche Gründe** hat, kann es nach richtiger Auffassung nicht zu einer Einschränkung der Sozialauswahl kommen.

Beispiel:
Der neue Arbeitgeber ist nicht sozialplanfähig, hat z.B. unter 21 Beschäftigte oder keinen Betriebsrat.

☐ **Wegen** des Betriebsübergangs ist aber **nur** dann gekündigt, wenn die Kündigung **wesentlich** durch den Betriebsübergang bedingt, veranlasst oder ausgelöst ist.

☐ Durch § 613a Abs. 4 BGB **nicht verboten** sind Kündigungen, die aus **anderen Gründen** als denen des Betriebsübergangs erfolgen. Hier sind natürlich **verhaltens- und personenbedingte** Kündigungen zu nennen bzw. solche, die zwar betriebsbedingt ausgesprochen werden, bei denen der Betriebsübung zwar eine erhebliche Bedeutung hat, aber nicht die entscheidende, letzte Bedeutung.

Beispiele:
- *Dem widersprechenden Arbeitnehmer wird beim alten Arbeitgeber gekündigt, weil eine Beschäftigungsmöglichkeit dort in der bisherigen, übergegangenen Abteilung nicht mehr besteht und eine sonstige anderweitige Arbeitsmöglichkeit nicht vorhanden ist.*
- *Nachdem der Betriebserwerber den Betrieb übernommen hat, führt er neue Maschinen und eine neue Arbeitsorganisation ein. Im Zusammenhang damit kommt es zu betriebsbedingten Kündigungen.*
- *Der alte Arbeitgeber führt vor dem Betriebsübergang Rationalisierungsmaßnahmen durch, die zu betriebsbedingten Änderungen führen und auch Arbeitsplätze in Fortfall kommen lassen. Auch wenn dies mit Blick auf einen eventuellen und möglichen Betriebsübergang geschieht, sind solche betriebsbedingten Kündigungen an sich möglich.*

Betriebsübergang

☐ Der Arbeitnehmer, der sich auf die Wirkungen eines Betriebsüberganges berufen will, ist **beweisbelastet**. Bei rechtsgeschäftlichen Übertragungen von wesentlichen Betriebsmitteln kommt jedoch ein **Anscheinsbeweis** in Betracht, der wesentlich leichter zu führen ist als der Vollbeweis.

Betriebsstilllegung oder Betriebsübergang?

☐ Betriebsbedingte Kündigungen werden oft zu einem Zeitpunkt ausgesprochen, zu dem nicht ausgeschlossen werden kann, dass doch noch ein Betriebsübergang stattfindet. Der »alte« Arbeitgeber kann kündigen, wenn die Situation »greifbare« Formen angenommen hat und eine vernünftige betriebswirtschaftliche Prognose gerechtfertigt ist, dass bis zum Ablauf der Kündigungsfrist alle Maßnahmen durchgeführt und der Betrieb stillgelegt ist.

Kommt es aber dann doch zu einem Betriebsübergang, jedenfalls noch innerhalb der Kündigungsfrist, dann haben die trotz des Betriebsüberganges gekündigten Arbeitnehmer einen → **Wiedereinstellungsanspruch**.

Übernimmt der neue Betriebsinhaber bereits gekündigte Arbeitnehmer und liegt z. B. weil fast alle Arbeitnehmer übernommen wurden, ein Betriebsübergang vor, dann gelten auch für diese »neu eingestellten« Arbeitnehmer die Regeln des Betriebsübergangs, das Arbeitsverhältnis setzt sich ununterbrochen fort.

Beispiele:
- *Der Arbeitgeber verkündet die Schließung eines Betriebsteiles innerhalb eines Zeitraumes von sechs Monaten und kündigt deshalb den Arbeitnehmern betriebsbedingt. Dann stellt sich heraus, dass ein Betriebserwerber Interesse an dem Betriebsteil hat und kauft diesen, bevor die Kündigungsfristen abgelaufen sind.*

Oder:
- *Der Arbeitgeber schließt eine Abteilung und kündigt die Mitarbeiter. Dann stellt sich heraus, dass ein Übernehmer sämtliche Aktiva und Passiva dieses Betriebsteiles gekauft hat und ihn weiterführt. Nach und nach stellt er ehemalige Arbeitnehmer bei sich ein. Alle Arbeitnehmer können sich hier auf einen Betriebsübergang berufen, auch die, die nicht freiwillig übernommen worden sind. Sie müssen einen Wiedereinstellungsanspruch geltend machen.*

Klagebesonderheiten beim Betriebsübergang

☐ Oft sind die tatsächlichen Zusammenhänge bei einem Betriebsübergang unklar, weder ist klar ob, noch auf wen der Betrieb übergegangen ist.
Wird dann gekündigt, vom alten oder neuen Betriebsinhaber, empfiehlt es sich, vorsorglich gegen beide die Klage zu erheben.
Kündigt der alte Arbeitgeber, kann gegen ihn Klage erhoben werden, selbst wenn vor Erhebung der Klage der Betriebsübergang stattgefunden hat.
Es ist möglich, nur den kündigenden »alten« Arbeitgeber zu verklagen. Wenn dann aber der Betriebsübergang stattfindet, ist es auf jeden Fall empfehlenswert, auch den neuen Betriebsinhaber mitzuverklagen, denn nur gegen diesen kann sich ein etwaiger **Weiterbeschäftigungsanspruch**, → **Wiedereinstellungsanspruch** bzw. ein → **Auflösungsantrag** richten.

Bedeutung für den Betriebsrat

☐ Für den Betriebsrat ist der Betriebsübergang vor allem relevant unter Gesichtspunkten einer **Betriebsänderung** (→ **Interessenausgleich/Sozialplan**) bzw. im Zusammenhang mit einer → **Umwandlung**.

Betriebsverfassungsorgane, Kündigung

Was ist das?

☐ Die **Betriebsverfassung** als Arbeitnehmervertretung bedarf des **Schutzes** bei einseitigen Eingriffen des Arbeitgebers. Hinzu kommt, dass die Arbeitnehmer ein gewisses Interesse an der personellen Stetigkeit an der Mitgliedschaft in ihren Vertretungsorganen haben. Deshalb unterliegen Mitglieder der Betriebsverfassungsorgane und solche Personen, die sich um entsprechende Ämter bewerben, dem besonderen Kündigungsschutz.

Anders als z. B. bei Schwerbehinderten wird dieser Kündigungsschutz nicht durch das Eingreifen einer Behörde erreicht. Vielmehr geht der Gesetzgeber so vor, dass er für einen umrissenen Personenkreis **nur die außerordentliche Kündigung** zulässt, hiervon aber wiederum einige Rückausnahmen macht. Für einen noch engeren Personenkreis legt er ergänzend noch einen verfahrensmäßigen Schutz fest: Die außerordentliche Kündigung ist nur mit Zustimmung des Betriebsrat möglich, ist sie nicht erteilt, kann der Arbeitgeber versuchen, diese vom Arbeitsgericht ersetzen zu lassen.

Wer ist geschützt?

☐ Das Gesetz schützt folgende Personenkreise:

- Mitglieder des Betriebsrats, der Jugend- und Auszubildendenvertretung, einer Bordvertretung oder eines Seebetriebsrats.
Der Schutz beginnt mit der Amtszeit, also der Bekanntgabe des Wahlergebnisses, und er endet ein Jahr nach dem Ende der Amtszeit, bei Mitgliedern der Bordvertretung sechs Monate nach Ende der Amtszeit. Endet die Amtszeit aufgrund einer gerichtlichen Entscheidung, so endet auch der besondere Kündigungsschutz mit dieser Entscheidung. Es ist nicht geklärt, ob das nur bei einem Ausschluss aus dem Gremium wegen einer Pflichtverletzung nach § 23 des BetrVG gilt oder auch bei einer erfolgreichen Anfechtung der Wahl. Ist die Wahl mit so schweren Mängeln behaftet, dass überhaupt nicht mehr von einer Wahl gesprochen werden kann, so ist sie nach dem Betriebsverfassungsrecht nichtig. Der Kündigungsschutz tritt dann überhaupt nicht ein.

- **Ersatzmitglieder** der Gremien sind nicht als solche geschützt. Sie sind jedoch für die Zeit, während derer sie die Vertretung ausüben, als Mitglieder der Vertretung zu behandeln mit der Folge, dass danach der nachwirkende Kündigungsschutz ab Ende der Amtszeit einsetzt; der nachwirkende Kündigungsschutz entfällt, wenn das Ersatzmitglied während der Vertretungszeit keine konkrete Betriebsratstätigkeit ausgeübt hat. Der Kündigungsschutz beginnt mit einer angemessenen Vorbereitungszeit für eine Sitzung; das sind in der Regel drei Tage. Er hängt nur davon ab, dass das Mitglied wirklich vertreten hat, nicht ob rechtlich tatsächlich ein Fall der Vertretung vorlag. Etwas anderes gilt dann, wenn das Ersatzmitglied mit dem vertretenen Mitglied zusammengewirkt hat, um diesem den Kündigungsschutz zu ermöglichen.
- Bei Mitgliedern des **Wahlvorstandes** beginnt der Schutz mit der Bestellung nach den einschlägigen betriebsverfassungsrechtlichen Vorschriften und er endet sechs Monate nach Bekanntgabe des Wahlergebnisses. Der Schutz endet mit Ende der Amtszeit, wenn die Mitglieder des Wahlvorstandes durch gerichtliche Entscheidung ausgetauscht werden, insbesondere wegen Pflichtverletzung.
- **Wahlbewerber** sind von der Aufstellung der Liste an geschützt. Das ist der Zeitpunkt, zu dem sie auf einer mit der notwendigen Zahl von Unterschriften versehenen Liste stehen. Stellt sich nachher heraus, dass einige Unterschriften wegen Doppelunterzeichnung unzulässig sind und wird der Wahlvorschlag dadurch insgesamt unzulässig, berührt dies den besonderen Kündigungsschutz der Wahlbewerber nicht. Der besondere Kündigungsschutz endet sechs Monate nach Bekanntgabe des Wahlergebnisses. Wird der Wahlbewerber gewählt, setzt der Schutz als Mitglied der betrieblichen Vertretung ein.

Was bedeutet der Schutz?

☐ Der **geschützte Personenkreis** kann grundsätzlich nicht mehr ordentlich, sondern nur **außerordentlich gekündigt** werden (→ **außerordentliche Kündigung**). Das gilt für jede Art von Kündigung, auch Änderungskündigungen, nach Annahme der Rechtsprechung selbst dann, wenn alle Arbeitnehmer oder ein großer abgegrenzter Kreis von diesen Änderungskündigungen betroffen ist. Der Schutz verhindert nicht, dass Vorfälle während des Schutzzeitraums nach dem Ablauf zum Anlass einer Kündigung genommen werden können. Kündigungen die vorher ausgesprochen wurden bleiben vom besonderen Kündigungsschutz unberührt.

Im Rahmen der Prüfung, ob außerordentliche Kündigungsgründe vorliegen, wird üblicherweise **abgewogen**, ob dem Arbeitgeber die Fortsetzung des Arbeitsverhältnisses bis zum Ablauf der Kündigungsfrist noch zumutbar ist. Das wirft Pro-

Betriebsverfassungsorgane, Kündigung

bleme auf, weil eine ordentliche Kündigung des geschützten Personenkreises gerade nicht möglich ist. Handelt es sich um Mitglieder der Betriebsvertretungen, ist überhaupt nicht absehbar, wie lange ohne die außerordentliche Kündigung der Arbeitnehmer noch im Betrieb wäre. Schließlich ist ja auch eine Wiederwahl denkbar. Trotzdem stellt nach dem derzeitigen Stand der Rechtsprechung das BAG darauf ab, welche **Kündigungsfrist** gelten würde, wäre der Arbeitnehmer **nicht besonders geschützt**. Geht es dagegen um eine **Änderungskündigung** – vor allen Dingen eine, die viele Arbeitnehmer betrifft – wird darauf abgestellt, ob es dem Arbeitgeber **langfristig zumutbar ist**, dem Mitglied der Vertretung die alten Arbeitsbedingungen weiter zu gewähren.

Geht es um die Kündigung von Mitgliedern der Vertretungsorgane – also vor allem des Betriebsrats –, legt die Rechtsprechung gegenüber dem Arbeitnehmer einen besonders großzügigen Maßstab an, wenn es sich um Vorfälle handelt, die im Zusammenhang mit der Amtsführung stehen.

Beispiel:
Das Betriebsratsmitglied ruft im Zusammenhang mit problematischen Arbeitsbedingungen nach heftiger Diskussion erregt auf einer Betriebsversammlung aus, die Arbeitsbedingungen in einer bestimmten Betriebsabteilung seien menschenunwürdig und die Betriebsleitung würde das billigen, um die Arbeitnehmer kleinzukriegen. Darin liegt jedenfalls für ein Betriebsratsmitglied kein Grund zur außerordentlichen Kündigung.

☐ Ausnahmsweise ist als Ausnahme vom besonderen Kündigungsschutz auch eine ordentliche Kündigung möglich, wenn entweder der Betrieb oder die Betriebsabteilung, in der die zu kündigende Person arbeitet, stillgelegt wird. Im Einzelnen gilt:

- Wird der Betriebszweck endgültig aufgegeben und deshalb die Betriebsgemeinschaft zwischen den Arbeitnehmern und dem Arbeitgeber aufgelöst, so liegt darin eine **Betriebsstilllegung**. Eine bloß vorübergehende Stilllegung reicht nicht, dann liegt nur eine Unterbrechung vor. Ob die tatsächliche Wiederaufnahme der Tätigkeit in einem Betrieb darauf hindeutet, dass von vornherein keine endgültige Stilllegung geplant war, oder ob sie auf einem erneuten Entschluss, den Betrieb neu zu starten beruht, muss im Einzelfall geprüft werden. Jedenfalls spricht ein solcher Vorgang gegen eine Betriebsstilllegung.
- Die erleichterte Kündigungsmöglichkeit gilt auch, wenn eine **Betriebsabteilung** in diesem Sinne stillgelegt wird. Eine Abteilung ist ein organisatorisch abgrenzbarer Teil des Betriebes. Voraussetzung ist, dass die zu kündigende Person in dieser Abteilung gearbeitet hat und nicht in eine andere Abteilung übernom-

Betriebsverfassungsorgane, Kündigung

men werden kann. Notfalls müssen in der anderen Abteilung auch andere Arbeitnehmer gekündigt werden.
- **Besondere Probleme bestehen beim Betriebsübergang.** Geht allerdings der gesamte Betrieb über, so wird er nicht stillgelegt, sondern weitergeführt. Gehen nur Teile des Betriebs über, gilt Folgendes: Es liegt darin aus der Sicht des Betriebsveräußerers die Stilllegung einer Betriebsabteilung. Das hat dann Bedeutung, wenn ein Betriebsratsmitglied dem Übergang widerspricht und beim Veräußerer verbleibt (→ **Betriebsübergang**). Widerspricht das Betriebsratsmitglied nicht, so endet seine Mitgliedschaft im Betriebsrat. Dieses Ende tritt, wenn im übernehmenden Betrieb ein Betriebsrat gebildet ist, mit dem Betriebsübergang ein. Ist dort kein Betriebsrat gebildet, so ist nach der Rechtsprechung davon auszugehen, dass ein Übergangsmandat des alten Betriebsrats für drei Monate besteht. Während dieser Zeit bleibt das Betriebsratsmitglied im Amt. Unabhängig davon, ob die Mitgliedschaft im Betriebsrat bei dem Betriebsübergang oder nach dem Ende des Übergangsmandats endet, genießt das ehemalige Betriebsratsmitglied noch ein Jahr lang nach dem maßgeblichen Zeitpunkt den besonderen Kündigungsschutz. Beim Erwerber liegt auch keine Stilllegung der Betriebsabteilung vor.

Wie ist der verfahrensmäßige Schutz ausgestaltet?

☐ Für einen Teil des besonders geschützten Personenkreises gibt § 103 des BetrVG über den bloß materiell-rechtlichen Kündigungsschutz, der die Kündigung für den Normalfall auf die Möglichkeit der außerordentlichen Kündigung beschränkt, einen verfahrensmäßigen Kündigungsschutz vor. Dieser Schutz wird Mitgliedern von **Betriebsverfassungsorganen während ihrer Amtszeit**, nicht aber für den Zeitraum nach deren Ende gewährt. Im Einzelnen geht es um

- Mitglieder des Betriebsrats, des Seebetriebsrats und der Bordvertretung,
- Mitglieder der Jugend- und Auszubildendenvertretung,
- Mitglieder des Wahlvorstandes,
- Wahlbewerber.

Der so verfahrensmäßig verstärkte Schutz von Wahlbewerbern und Mitgliedern des Wahlvorstandes endet mit der Bekanntgabe des Wahlergebnisses, es sei denn sie werden in den Betriebsrat gewählt und genießen deshalb den Schutz als Betriebsratsmitglieder.

Inhaltlich ist der Schutz so ausgestaltet, dass der Arbeitgeber diesen Personen nur **mit Zustimmung des Betriebsrats** kündigen kann. Erteilt der Betriebsrat seine

Betriebsverfassungsorgane, Kündigung

Zustimmung nicht, muss sich der Arbeitgeber beim Arbeitsgericht um deren Ersetzung bemühen. Besteht im Betrieb kein Betriebsrat, weil ein solcher erstmals gewählt wird, so genießen die Wahlbewerber und Mitglieder des Wahlvorstandes trotzdem Schutz. Der Arbeitgeber muss, bevor er ihnen kündigen kann, sogleich das Arbeitsgericht anrufen.

☐ Der verfahrensmäßige Kündigungsschutz besteht nur, wenn der **Arbeitgeber außerordentlich kündigen** will. Liegt ausnahmsweise ein Fall vor, in dem der Arbeitgeber wegen einer Betriebsstilllegung oder Abteilungstilllegung auch ordentlich kündigen kann, so bedarf er dafür weder der Zustimmung des Betriebsrats noch deren Ersetzung durch das Arbeitsgericht. Stellt sich im Prozess des gekündigten Mitglieds eines Betriebsverfassungsorganes allerdings heraus, dass die Voraussetzung einer Betriebsstilllegung oder einer Abteilungstilllegung nicht vorlag, ist die Kündigung unwirksam. Dies kann auch noch außerhalb der normalerweise geltenden Klagefrist nach dem KSchG (→ **Klagefrist**) geltend gemacht werden. In der Insolvenz muss allerdings die Klagefrist nach der InsO (→ **Insolvenz**) eingehalten werden.

☐ Bei einer außerordentlichen Kündigung kann der Arbeitgeber nur kündigen, wenn er dies innerhalb von zwei Wochen nach Bekanntwerden der der Kündigung zugrunde liegenden Tatsachen tut (§ 626 Abs. 2 BGB; → **außerordentliche Kündigung**). Innerhalb dieser Frist wird der Arbeitgeber dann, wenn der Betriebsrat seine Zustimmung nicht erteilt, keine arbeitsgerichtliche Entscheidung herbeiführen können. Um den Zweck der **Zwei-Wochen-Frist** einhalten zu können – es soll dem Arbeitgeber verwehrt sein, Kündigungsgründe gleichsam aufzuspeichern – gilt insoweit Folgendes:

- Grundsätzlich gilt die Zwei-Wochen-Frist für den Ausspruch der Kündigung. Der Arbeitgeber muss deshalb das **Verfahren beim Betriebsrat**, bei dem er die Zustimmung zur Kündigung erbittet, so **rechtzeitig einleiten**, dass er die **Frist** zum Ausspruch der Kündigung **noch einhalten** kann. In entsprechender Anwendung der für den Ausspruch von Bedenken gegen eine außerordentliche Kündigung gesetzlich festgelegten Drei-Tages-Frist, innerhalb derer sich der Betriebsrat äußern muss (→ **Betriebsratsanhörung**), hat der Betriebsrat lediglich drei Tage Zeit, die Zustimmung zu erteilen. Tut er dies nicht, so gilt dies als Verweigerung der Zustimmung. Die Zustimmung des Betriebsrats ist dabei nur wirksam, wenn sie verfahrensmäßig einwandfrei zustande gekommen ist.
- Erhält der Arbeitgeber nicht rechtzeitig die Zustimmung des Betriebsrats zur Kündigung, muss er innerhalb der ursprünglichen Zwei-Wochen-Frist beim Arbeitsgericht den Antrag auf Zustimmungsersetzung stellen. Dabei kommt es auf den Eingang bei Gericht an. Es ist dem Arbeitgeber aber verwehrt, diesen Antrag beim Arbeitsgericht einzubringen, bevor das Verfahren beim Betriebsrat

Betriebsverfassungsorgane, Kündigung

durchgeführt ist. Der Arbeitgeber kann also nicht »zur Sicherheit« nebeneinander schon das arbeitsgerichtliche Verfahren betreiben und noch um die Zustimmung des Betriebsrats werben. Ein zu früh gestellter Antrag wird auch nicht mit einer Verweigerung der Zustimmung des Betriebsrats wirksam.

- Hat der **Arbeitgeber** bei einer vom Betriebsrat verweigerten Zustimmung die Zwei-Wochen-Frist durch Einreichung eines **Schriftsatzes beim Arbeitsgericht** gewahrt, muss er die Kündigung sofort aussprechen, sobald die Voraussetzungen dafür vorliegen. Das ist dann der Fall, wenn das Arbeitsgericht rechtskräftig die Zustimmung ersetzt hat. Es muss also entweder eine letztinstanzliche Entscheidung z. B. des BAG vorliegen oder es müssen die Rechtsmittelfristen abgelaufen bzw. Rechtsmittel zurückgenommen sein. Hat das LAG in zweiter Instanz entschieden und die Rechtsbeschwerde zum BAG nicht zugelassen, so kommt es entweder auf den Ablauf der Frist zur Einlegung der Nichtzulassungsbeschwerde oder auf die Entscheidung des BAG über die Nichtzulassungsbeschwerde an.

Der Betriebsrat kann auch noch während des gerichtlichen Verfahrens nachträglich seine Zustimmung erteilen. Das ist z. B. denkbar, wenn sich während des gerichtlichen Verfahrens Tatsachen herausstellen, die dem Betriebsrat vorher nicht bekannt waren oder wenn sich beispielsweise nach einer Betriebsratswahl die Einschätzung des Betriebsrats ändert. Auch in diesem Fall kann der Arbeitgeber kündigen.

Außerdem muss die Kündigung **ohne schuldhaftes Zögern** ausgesprochen werden, wenn die Voraussetzungen des verfahrensmäßigen Kündigungsschutzes enden, also wenn der Arbeitnehmer aus dem Betriebsrat ausscheidet, oder der Status als Wahlvorstandsmitglied bzw. Wahlbewerber durch Bekanntgabe des Wahlergebnisses endet oder der Betriebsrat nachträglich die Zustimmung erteilt.

☐ Das Arbeitsgericht entscheidet im **Beschlussverfahren.** Das hat vor allen Dingen die Wirkung, dass der Sachverhalt von Amts wegen zu ermitteln ist und das Arbeitsgericht z. B. auch Zeugen hören kann, deren Existenz sich aus der Akte ergibt, die aber von keinem der Beteiligten benannt sind.

Kraft ausdrücklicher gesetzlicher Vorschrift ist der betroffene Arbeitnehmer **Beteiligter.** Das hat zum einen den Vorteil, dass er seine Position in das Verfahren einbringen kann. Es hat zum anderen aber auch den Vorteil, dass er unabhängig vom Betriebsrat Rechtsmittel einlegen kann. Allerdings kann der Betriebsrat, wenn er die Kündigung letztlich doch ermöglichen will, immer noch die Zustimmung erteilen. Dagegen kann das einzelne Betriebsratsmitglied sich rechtlich nicht wehren.

Wird der Antrag abgewiesen, hat das Betriebsratsmitglied im selben Umfange Anspruch **auf Kostenerstattung,** wie wenn es einen erfolgreichen Kündigungsschutzprozess gegen eine Kündigung geführt hätte. D. h. es kann ab der zweiten In-

Betriebsverfassungsorgane, Kündigung

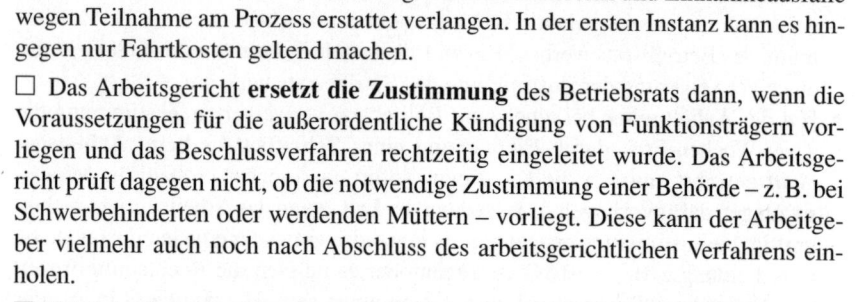

stanz vor dem LAG auch die Erstattung von Anwaltskosten und Einnahmeausfälle wegen Teilnahme am Prozess erstattet verlangen. In der ersten Instanz kann es hingegen nur Fahrtkosten geltend machen.

☐ Das Arbeitsgericht **ersetzt die Zustimmung** des Betriebsrats dann, wenn die Voraussetzungen für die außerordentliche Kündigung von Funktionsträgern vorliegen und das Beschlussverfahren rechtzeitig eingeleitet wurde. Das Arbeitsgericht prüft dagegen nicht, ob die notwendige Zustimmung einer Behörde – z. B. bei Schwerbehinderten oder werdenden Müttern – vorliegt. Diese kann der Arbeitgeber vielmehr auch noch nach Abschluss des arbeitsgerichtlichen Verfahrens einholen.

☐ Wird der Arbeitnehmer nach Vorliegen der verfahrensmäßigen Voraussetzungen, auch einer rechtskräftigen Ersetzung der Zustimmung zur Kündigung, gekündigt, steht dies einer → **Kündigungsschutzklage** nicht entgegen. Allerdings wird im Kündigungsschutzverfahren davon ausgegangen, dass die Zustimmung erteilt ist. Dies wird inhaltlich nicht mehr überprüft. Außerdem ist der Arbeitnehmer daran gehindert, in das **Kündigungsschutzverfahren** Tatsachen einzubringen, die er ohne weiteres auch im Beschlussverfahren hätte geltend machen können. In Praxis bedeutet dies, dass Kündigungsschutzklagen praktisch aussichtslos sind, wenn die Zustimmungsersetzung tatsächlich durch alle Instanzen ausgefochten wurde. Anders sieht es aus, wenn während des Laufes des Beschlussverfahrens die Voraussetzungen für die Kündigung aus anderen Gründen als einer rechtskräftigen Entscheidung eingetreten sind, z. B. weil der Betriebsrat nachträglich die Zustimmung erteilt hat oder der Arbeitnehmer aus dem Betriebsrat ausgeschieden ist.

Ist im Beschlussverfahren rechtskräftig festgestellt, dass die beabsichtigte Kündigung gar nicht der Zustimmung durch den Betriebsrat bedurfte, weil in Wirklichkeit die Stilllegung des Betriebes oder einer Betriebsabteilung geplant war, so ist dies für das Arbeitsgericht im Kündigungsschutzverfahren bindend.

Betriebszugehörigkeit

Was ist das?

☐ Unter **Betriebszugehörigkeit** wird die **rechtliche Dauer** des Bestandes eines **Arbeitsverhältnisses** zwischen → **Arbeitnehmer** und → **Arbeitgeber** verstanden, unabhängig davon, ob der Arbeitnehmer die Arbeitsleistung tatsächlich erbracht hat bzw. erbringen konnte bzw. ob der Arbeitgeber sie angenommen hat bzw. annehmen konnte.

☐ Die Betriebszugehörigkeit setzt sich aus der **vertraglich** begründeten Beziehung zusammen und aus **gesetzlichen Regelungen**, die auf die Betriebszugehörigkeit einwirken bzw. diese fingieren mit der Folge, dass bestimmte Zeiten auf diese **angerechnet** werden. Der Begriff der Betriebszugehörigkeit ist insofern zu eng, als kündigungsschutzrechtlich maßgeblich auch die **Unternehmenszugehörigkeit**, teilweise im → **Konzern**, ist. Beide Begriffe werden oftmals **synonym** verwandt. Zu den Einzelheiten siehe auch → **Wartezeit/Probezeit**.

Bedeutung für das Kündigungsrecht

☐ Die **Betriebszugehörigkeit** ist von wesentlicher **Bedeutung** für entscheidende Aspekte des **Kündigungsschutzrechtes:**
- Sie ist der wesentliche Anknüpfungspunkt für die Frage, ob überhaupt Kündigungsschutz besteht, dies fällt unter den gesetzlichen Begriff der → **Wartezeit**.
- Sie ist von Bedeutung für die Berechnung der → **Kündigungsfrist** nach § 622 BGB sowie nach den einschlägigen tarifvertraglichen Kündigungsfristregelungen und für tarifliche oder sonstige **Unkündbarkeitsregelungen**. (→ **unkündbare Arbeitnehmer**).
- Sie hat Bedeutung für die Bemessung einer → **Abfindung**.
- Die Betriebszugehörigkeit bestimmt darüber hinaus die Höhe der Steuerfreiheit bei Abfindungszahlungen im Rahmen des § 3 Ziff. 9 EStG.
- Die Betriebszugehörigkeit ist auch ein wesentliches Kriterium für die → **Sozialauswahl**. Viele sprechen ihr hier die **überwiegende** Funktion bei der Bestimmung der Parameter zueinander zu. Je länger die Betriebszugehörigkeit gedauert

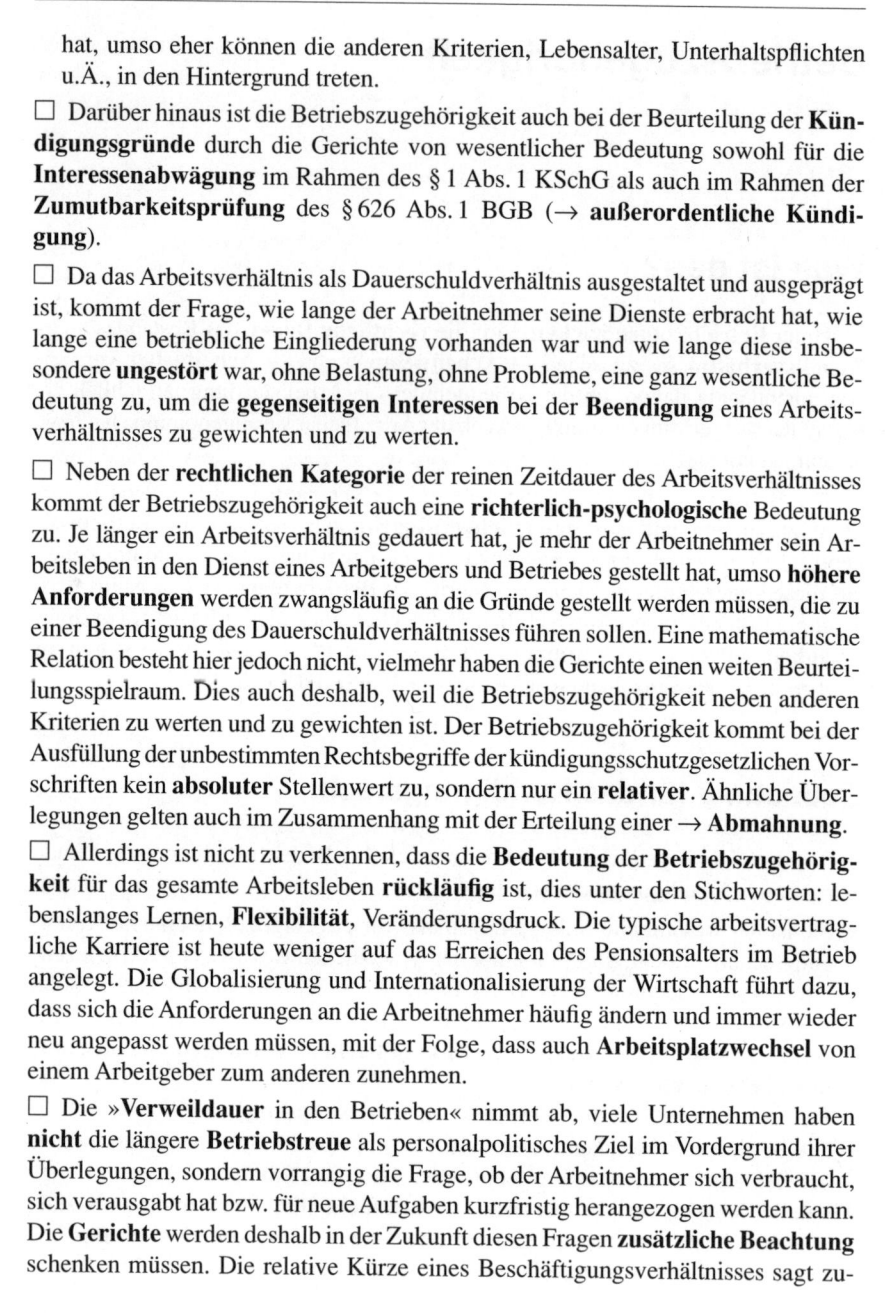

Betriebszugehörigkeit

hat, umso eher können die anderen Kriterien, Lebensalter, Unterhaltspflichten u.Ä., in den Hintergrund treten.

☐ Darüber hinaus ist die Betriebszugehörigkeit auch bei der Beurteilung der **Kündigungsgründe** durch die Gerichte von wesentlicher Bedeutung sowohl für die **Interessenabwägung** im Rahmen des § 1 Abs. 1 KSchG als auch im Rahmen der **Zumutbarkeitsprüfung** des § 626 Abs. 1 BGB (→ **außerordentliche Kündigung**).

☐ Da das Arbeitsverhältnis als Dauerschuldverhältnis ausgestaltet und ausgeprägt ist, kommt der Frage, wie lange der Arbeitnehmer seine Dienste erbracht hat, wie lange eine betriebliche Eingliederung vorhanden war und wie lange diese insbesondere **ungestört** war, ohne Belastung, ohne Probleme, eine ganz wesentliche Bedeutung zu, um die **gegenseitigen Interessen** bei der **Beendigung** eines Arbeitsverhältnisses zu gewichten und zu werten.

☐ Neben der **rechtlichen Kategorie** der reinen Zeitdauer des Arbeitsverhältnisses kommt der Betriebszugehörigkeit auch eine **richterlich-psychologische** Bedeutung zu. Je länger ein Arbeitsverhältnis gedauert hat, je mehr der Arbeitnehmer sein Arbeitsleben in den Dienst eines Arbeitgebers und Betriebes gestellt hat, umso **höhere Anforderungen** werden zwangsläufig an die Gründe gestellt werden müssen, die zu einer Beendigung des Dauerschuldverhältnisses führen sollen. Eine mathematische Relation besteht hier jedoch nicht, vielmehr haben die Gerichte einen weiten Beurteilungsspielraum. Dies auch deshalb, weil die Betriebszugehörigkeit neben anderen Kriterien zu werten und zu gewichten ist. Der Betriebszugehörigkeit kommt bei der Ausfüllung der unbestimmten Rechtsbegriffe der kündigungsschutzgesetzlichen Vorschriften kein **absoluter** Stellenwert zu, sondern nur ein **relativer**. Ähnliche Überlegungen gelten auch im Zusammenhang mit der Erteilung einer → **Abmahnung**.

☐ Allerdings ist nicht zu verkennen, dass die **Bedeutung** der **Betriebszugehörigkeit** für das gesamte Arbeitsleben **rückläufig** ist, dies unter den Stichworten: lebenslanges Lernen, **Flexibilität**, Veränderungsdruck. Die typische arbeitsvertragliche Karriere ist heute weniger auf das Erreichen des Pensionsalters im Betrieb angelegt. Die Globalisierung und Internationalisierung der Wirtschaft führt dazu, dass sich die Anforderungen an die Arbeitnehmer häufig ändern und immer wieder neu angepasst werden müssen, mit der Folge, dass auch **Arbeitsplatzwechsel** von einem Arbeitgeber zum anderen zunehmen.

☐ Die »**Verweildauer** in den Betrieben« nimmt ab, viele Unternehmen haben **nicht** die längere **Betriebstreue** als personalpolitisches Ziel im Vordergrund ihrer Überlegungen, sondern vorrangig die Frage, ob der Arbeitnehmer sich verbraucht, sich verausgabt hat bzw. für neue Aufgaben kurzfristig herangezogen werden kann. Die **Gerichte** werden deshalb in der Zukunft diesen Fragen **zusätzliche Beachtung** schenken müssen. Die relative Kürze eines Beschäftigungsverhältnisses sagt zunehmend weniger darüber aus, ob es erfolgreich war oder nicht. Hinzu kommt das Phänomen des so genannten »**Job-Hopping**«, d. h. Arbeitnehmer nehmen Chancen wahr, die sich in neu gegründeten Unternehmen auf neu entstehenden Märkten ergeben, lassen sich abwerben, gehen damit natürlich auch Risiken ein.

Berechnung und Zusammenrechnung von Betriebszugehörigkeitszeiten

☐ Unter **Betriebszugehörigkeit** bzw. **Unternehmenszugehörigkeit** wird üblicherweise ein **zusammenhängender** Zeitraum verstanden, der sich aus unterschiedlichen Elementen zusammensetzen kann, deren einigendes Band eine **rechtliche Zusammenfassung**, nicht eine **tatsächliche Beschäftigung** darstellt. Die Einzelheiten sind unter → **Wartezeit/Probezeit** dargestellt.

☐ Da maßgeblich für die Berechnung die **Dauer** des **Arbeitsvertrages** zum Arbeitgeber ist, kommt es nicht darauf an, in welchem Betrieb eines Unternehmens die jeweilige Beschäftigung erfolgt. Die Zusammenrechnung erfolgt **unternehmensbezogen**. Ohne ausdrückliche Vereinbarung findet jedoch im → **Konzern** bei Einsatz in unterschiedlichen Konzernunternehmen eine Zusammenrechnung nicht statt.

Beispiele:
Für eine Zusammenrechnung:
- *Eine Zusammenrechnung unterschiedlicher Betriebszugehörigkeiten aus verschiedenen Zeiträumen kann durch eine vertragliche Vereinbarung erzielt werden, die die Parteien jederzeit treffen können. Dies kann auch durch* Tarifvertrag *oder* Betriebsvereinbarung geregelt sein. Diese finden sich oft auch für Zeiten von Konzernzugehörigkeit (→ Konzern).
- *Wenn ein enger sachlicher Zusammenhang zwischen den jeweiligen Betriebszugehörigkeiten besteht, erfolgt eine Zusammenrechnung unterschiedlicher Betriebszugehörigkeiten. Dieser ist z. B. dann gegeben, wenn der Arbeitgeber den Arbeitnehmer, der selbst gekündigt hatte, wieder in den Betrieb* zurückholt *oder wenn das Arbeitsverhältnis nur im Sinne des Arbeitgebers und einer fehlenden Beschäftigungsmöglichkeit dort einvernehmlich unterbrochen worden ist.*
- *Ein wichtiger und häufiger Fall der* Unterbrechung *eines Arbeitsverhältnisses ergibt sich im Zusammenhang mit sog.* **Familienpausen** *bzw. der Betreuung von Kindern. Dies betrifft insbesondere die Problematik der* Diskriminierung *von Frauen, die noch die Betreuung von Kindern wahrnehmen, wenn sich auch das Rollenbild langsam ändern mag. Da § 611 a BGB auch für den Kündigungsschutz eine Benachteiligung wegen des Geschlechtes verbietet, ist es gerechtfertigt, Unterbre-*

Betriebszugehörigkeit

chungen eines Arbeitsverhältnisses wegen der Betreuung von Kindern nicht als schädlich für eine Zusammenrechnung für die Betriebszugehörigkeit anzunehmen, auch dann, wenn kein Ruhen des Arbeitsverhältnisses vereinbart ist, sondern eine tatsächliche Beendigung.

- *Zeiten, in denen das Arbeitsverhältnis* **ruht**, *werden angerechnet, auch Zeiten der* → *Freistellung: Wehrdienst, Erziehungsurlaub, Arbeitskampf, vorübergehende Berufung zum Geschäftsführer, Sonderurlaub.*

☐ Für die Betriebszugehörigkeit bestehen gesetzliche Vorschriften, die **zwingend** vorsehen, dass Zeiten, die nicht im → **Betrieb** verbracht werden, auf die **Betriebszugehörigkeit anzurechnen** sind. Im öffentlichen Dienst wird im Übrigen auch der Begriff der **Dienstzeit** verwandt.

Für gesetzliche Anrechnungstatbestände:
- *Grundwehrdienst und Pflichtwehrübung, § 6 Abs. 2 ArbPlSchG*
- *Zivildienst § 72 ZDG*
- *Polizeivollzugsdienst im Bundesgrenzschutz, § 59 Abs. 1 BGSG*
- *Freiwillige Wehrübung bis zu sechs Wochen pro Jahr, § 10 ArbPlSchG,*
- *Wehrdienst als Soldat auf Zeit bis zu zwei Jahre, § 16 a ArbPlSchG*
- *Eignungsübung bis 4 Wochen, § 1 EÜG*
- *Helfertätigkeit im Zivilschutz, § 13 ZSG*
- *Zu den Besonderheiten bei Arbeitsverhältnissen von Inhabern von* → **Bergmannsversorgungsscheinen.**

☐ **Ausländische Arbeitnehmer** aus EG-Mitgliedsstaaten können entsprechende staatliche Vorschriften ihres öffentlichen Rechtes zur Anwendung bringen.

☐ Der verkürzte Grundwehrdienst für **türkische Staatsangehörige** unterbricht das Arbeitsverhältnis nicht.

☐ Keine Zusammenrechnung erfolgt mit Zeiten, in denen eine Beschäftigung ohne Arbeitsverhältnis zum Arbeitgeber des Betriebes erfolgt, es sei denn, es wäre etwas anderes vereinbart.

Beispiel:

Ein Arbeitnehmer war zunächst 6 Monate als Leiharbeitnehmer, dann 1 Jahr als arbeitnehmerähnliche Person, dann 1 Jahr als Geschäftsführer tätig. Diese Zeiten werden dem danach begründeten Arbeitsverhältnis nicht zugerechnet.
»Auf Ihre Betriebszugehörigkeit rechnen wir Ihre Tätigkeit im Betrieb als Leiharbeitnehmer vom 1.1.1997 bis 30.6.1997 sowie vom 1.5.1998 bis 1.10.1998 voll an.«

Direktionsrecht

Was ist das?

☐ Unter **Direktionsrecht**, oft auch »**Weisungsrecht**« genannt, versteht man die Befugnis des → **Arbeitgebers**, die im Arbeitsvertrag nur rahmenmäßig bzw. typisiert umschriebene Leistungsverpflichtung des → **Arbeitnehmers** einseitig durch **arbeitsbezogene** Anweisungen zu gestalten und zu konkretisieren.

☐ Dem **Weisungsrecht** des Arbeitgebers steht die **Weisungsabhängigkeit** des Arbeitnehmers spiegelbildlich gegenüber, sie begründet vor allem den Charakter eines Dienstverhältnisses als **Arbeitsverhältnis** und damit den Status des **Arbeitnehmers**. Ist der Arbeitgeber nicht befugt, seinem Vertragspartner Weisungen zu erteilen, ist dieser auch kein Arbeitnehmer.

Welche Bedeutung hat das Direktionsrecht?

☐ Das **Direktionsrecht** ist integraler und elementarer **Bestandteil** jedes Arbeitsverhältnisses, es muss nicht gesondert vereinbart werden. **Umgekehrt** muss der Arbeitnehmer, will er das **Direktionsrecht** des Arbeitgebers **einschränken**, entsprechende **vertragliche** Regelungen bei **Abschluss** bzw. **Durchführung** des Arbeitsverhältnisses durchsetzen.

☐ **Kündigungsschutzrechtlich** ist das **Direktionsrecht** bedeutsam, da von seiner Ausübung die **konkrete Arbeitsverpflichtung** des Arbeitnehmers abhängt, so dass ein vertragswidriges und damit zur → **verhaltensbedingten Kündigung** führendes Verhalten des Arbeitnehmers daran zu prüfen ist, ob eine rechtmäßige Arbeitgeberweisung vorliegt.

☐ Soweit der Arbeitgeber sein Direktionsrecht ausüben kann, ist er weder auf eine **Beendigungskündigung** (→ **Kündigung**) noch auf eine → **Änderungskündigung** angewiesen. Je weiter das Direktionsrecht reicht, umso mehr Möglichkeiten bestehen für den Arbeitgeber, den Arbeitnehmer in dem Arbeitsverhältnis so zu beschäftigen, wie das seinen Interessen dient.

Direktionsrecht

☐ Spiegelbildlich führt das Ausmaß des zulässigen Direktionsrechtes des Arbeitgebers gegenüber dem Arbeitnehmer auch zu einer Ausweitung der → **Sozialauswahl** bei einer → **betriebsbedingten Kündigung**.

Worauf bezieht sich das Direktionsrecht oder: Darf der Arbeitgeber alles?

☐ Das **Direktionsrecht** bezieht sich zunächst auf die **inhaltliche Tätigkeit** des Arbeitsverhältnisses, d. h. der Arbeitgeber ist berechtigt, im Einzelnen vorzugeben, **welche Arbeiten** der Arbeitnehmer wann, wie, unter Benutzung welcher **Mittel** und **Ressourcen** wahrnimmt. Das Direktionsrecht bezieht sich insoweit auf die vertraglich geschuldete Leistung, somit das **Leistungsverhalten** des Arbeitnehmers.

☐ Das Direktionsrecht bezieht sich aber auch auf das **Verhalten des Arbeitnehmers** im Betrieb generell, z. B. sein Verhalten zu Kollegen, bei Betreten des Betriebes usw. Hier wird oft von **Ordnungsverhalten** gesprochen.

☐ Das Direktionsrecht kann sich auch auf das **äußere Erscheinungsbild** eines Arbeitnehmers im Zusammenhang mit seiner vertraglichen Tätigkeit beziehen, der Arbeitgeber ist berechtigt, **übliche Erwartungshaltungen** im Hinblick auf das Auftreten und das Erscheinungsbild von Arbeitnehmern, die z. B. Kundenkontakt haben, durch Weisung umzusetzen, wenn dadurch der Arbeitnehmer **nicht unbillig beeinträchtigt** wird.

☐ Durch das **Direktionsrecht** ist der Arbeitgeber in der Lage, die **Arbeitszeit** näher auszugestalten, Arbeitsbeginn und Ende, Pausen u. Ä. festzusetzen. Ihm obliegt die Ausgestaltung von Schichten, Abfolge von z. B. Nachtwachen u. Ä. sowie für besondere Dienste usw. Nur mit einer besonderen Rechtsgrundlage (Tarifvertrag, Betriebsvereinbarung) kann der Arbeitgeber Kurzarbeit anordnen, ohne diese nur durch eine → **Änderungskündigung**.

☐ **Inhalt des Weisungsrechtes** des Arbeitgebers ist darüber hinaus, den jeweiligen **Arbeitsort** für den Arbeitnehmer festzulegen. Diese Befugnis bezieht sich sowohl auf den **Arbeitsort** innerhalb des → **Betriebes**, also die konkrete **Abteilung**, den jeweiligen **Betriebsteil**, aber auch die **räumliche Zuweisung eines Arbeitsplatzes**, eines **Arbeitszimmers** usw.

☐ Vom Direktionsrecht **umfasst** ist grundsätzlich auch die Weisung, **außerhalb** des **Betriebes**, für den der Arbeitnehmer eingestellt ist, tätig zu werden. Das ist zwangsläufig bei solchen Arbeitnehmern der Fall, die üblicherweise **ohne festen**

Direktionsrecht

Arbeitsplatz tätig sind, z. B. Außendienstmitarbeiter, Monteure, Bauarbeiter, Reinigungskräfte in Reinigungsunternehmen, Leiharbeitnehmer. Vom Weisungsrecht umfasst sein kann aber auch eine **auf Dauer angelegte Veränderung** des Arbeitsortes.

☐ Macht der **Arbeitgeber** von seiner **Weisungsbefugnis** im Zusammenhang mit dem **Arbeitsort** Gebrauch, wird üblicherweise von einer **Versetzung** gesprochen. Diese kann auf **Dauer** oder nur **vorübergehend** angelegt sein. Von diesem **Versetzungsbegriff** ist der **mitbestimmungsrechtliche Versetzungsbegriff** des § 95 Abs. 3 BetrVG zu unterscheiden. Danach ist eine Versetzung auch dann gegeben, wenn sich, **ohne Ortsänderung**, der Arbeitsbereich und/oder die **Arbeitsumstände** ändern. Ist die Änderung nur vorübergehend bis zu einer Dauer von einem Monat, müssen sich die **Umstände erheblich** ändern, um von einer Versetzung zu sprechen. Keine Versetzung liegt danach vor, wenn ein unterschiedlicher Einsatzort üblich ist.

Beispiele:
Bauarbeiter, Außendienstmitarbeiter, Außenmonteure, Springer usw.

☐ Will der Arbeitgeber eine Änderung des Verhaltens des Arbeitnehmers erreichen, kann er auch versuchen, dieses über eine → **Abmahnung** zu erreichen. In einer **Abmahnung** kann der Arbeitgeber seine Erwartungshaltung im Hinblick auf die Arbeitsverpflichtung des Arbeitnehmers näher konkretisieren.

Nach der **Rechtsprechung** ist der **Arbeitgeber** aber z. B. **nicht verpflichtet**, eine Abmahnung auszusprechen, er kann auch anstatt einer **Abmahnung** eine **Versetzung** vornehmen, wenn mit der Versetzung die **Einschätzung** verbunden ist, dass sich am neuen Arbeitsplatz und unter den neuen Arbeitsinhalten ein vertragswidriges Verhalten des Arbeitnehmers nicht mehr ergeben wird.

Beispiel:
Zwei Mitarbeiter einer Abteilung fallen dadurch auf, dass sie während der Arbeitszeit gemeinsam Privatgeschäfte erledigen. Der Arbeitgeber kann die Versetzung eines Mitarbeiters in eine andere Abteilung vornehmen.

Begrenzungen des Direktionsrechtes des Arbeitgebers

☐ Das Direktionsrecht des Arbeitgebers ist nicht schrankenlos. Es wird zunächst durch die **Rechtsordnung**, zu der auch das **Grundgesetz** (→ **Kündigung als Ver-**

Direktionsrecht

stoß gegen Grundrechte) gehört, eingegrenzt. Der Arbeitgeber ist nur berechtigt, **rechtmäßige Weisungen** zu geben. Der Arbeitnehmer ist nicht verpflichtet, rechtswidrige Weisungen zu befolgen. Rechtswidrig sind **sittenwidrige** Weisungen.

Beispiele für rechtswidrige Weisungen:
- *Der Arbeitgeber weist den Arbeitnehmer an, über den gesetzlich bzw. tariflich zulässigen Rahmen Arbeitszeit im Betrieb zu erbringen.*
- *Der Arbeitgeber weist den Arbeitnehmer an, Kunden oder andere Mitarbeiter zu betrügen, indem unberechtigte finanzielle Forderungen gestellt werden.*
- *Der Arbeitgeber weist den Arbeitnehmer an, unsichere Verkehrsmittel zu benutzen oder weist einen Kraftfahrer an, die Verkehrsregeln zu übertreten, um einen Auftrag erledigen zu können.*
- *Der Arbeitgeber weist den Arbeitnehmer an, Bestechungsgelder, Schmiergelder u. Ä. zu zahlen.*
- *Der Arbeitgeber weist die Personalabteilung an, gesetzliche Schutzvorschriften, Antidiskriminierungsvorschriften u. Ä. nicht einzuhalten.*

☐ Das **Direktionsrecht** ist darüber hinaus **begrenzt** durch den **Inhalt des Arbeitsvertrages selbst**. So ist der Arbeitgeber nicht berechtigt, dem Arbeitnehmer Weisungen im Hinblick auf sein **Privatleben**, sein **Verhalten außerhalb** des Arbeitsverhältnisses zu geben (zu den Ausnahmen → **Tendenzarbeitgeber**).

☐ Die Parteien des Arbeitsvertrages können in diesem die **Arbeitsverpflichtung** des Arbeitnehmers und damit spiegelbildlich den **Umfang des Weisungsrechtes** des Arbeitgebers regeln.

Dies kann dadurch geschehen, dass die Tätigkeit des Arbeitnehmers im Einzelnen im Arbeitsvertrag nach **Zeit, Ort und Inhalt** konkret umschrieben wird.

Je **konkreter** im Arbeitsvertrag die Pflichten des Arbeitnehmers festgelegt sind, umso **weniger** kann der Arbeitgeber davon abweichende Weisungsrechte geltend machen.

☐ **Umgekehrt** gilt, dass bei nur **allgemeinen** Angaben im Arbeitsvertrag das Direktionsrecht des Arbeitgebers umso **weiter** ist. Im **Nachweisgesetz** sind jedoch Vorgaben für die wesentlichen Vertragsbedingungen enthalten. Deshalb sollte bei Abschluss eines Arbeitsvertrages besonderer Wert auf eine exakte und detaillierte Positions- und Aufgabenbeschreibung gelegt werden.

Ungünstige Formulierungsbeispiele:
- *Sie werden in unserem Unternehmen als kaufmännischer Mitarbeiter eingestellt.*
- *Wir stellen Sie als gewerblicher Arbeitnehmer ein.*

☐ **Fehlt** es an einer **exakten** Umschreibung der Arbeitspflicht, kann durch eine langjährige Ausübung einer bestimmten Tätigkeit im **Einzelfall** eine **Konkretisie-**

Direktionsrecht

rung der Arbeitsverpflichtung des Arbeitnehmers erfolgen. Das setzt aber voraus, dass der **Arbeitgeber deutlich** gemacht hat, dass der Arbeitnehmer mit einem anderen Einsatz, wie er langjährig vorgenommen wurde, **nicht rechnen** muss. Die **Rechtsprechung** nimmt eine Konkretisierung einer bestimmten Arbeitsaufgabe nur **in wenigen Ausnahmefällen** an. Generell gilt deshalb, dass auch durch einen langjährigen Einsatz auf einem bestimmten Arbeitsplatz eine Konkretisierung der Arbeitsverpflichtung des Arbeitnehmers nicht ohne weiteres eintritt, so dass der Arbeitgeber berechtigt ist, in diese langjährige Arbeitsverpflichtung durch Weisung einzugreifen.

Beispiel:
Im Arbeitsvertrag ist lediglich eine kaufmännische Tätigkeit vereinbart. In den ersten fünf Jahren des Arbeitsverhältnisses wird die Mitarbeiterin in der Kreditoren-Buchhaltung eingesetzt, anschließend wird sie fünf Jahre in der Lohnbuchhaltung tätig, dann zehn Jahre in der Debitoren-Buchhaltung.

☐ In einem Arbeitsvertrag können aber auch sog. **Versetzungsklauseln** oder **Änderungsklauseln** vereinbart werden, die im Einzelnen festlegen, in welcher Art und Weise der Arbeitgeber sein **Direktionsrecht** ausüben darf.

Formulierungsbeispiel:
- *Sie werden in unserem Betrieb Frankfurt als Buchhalter eingestellt. Das Unternehmen behält sich jedoch vor, Sie auch in einem anderen Betrieb des Unternehmens einzusetzen, auch wenn dies mit einem Wohnsitzwechsel für Sie verbunden ist. Das Unternehmen behält sich des Weiteren vor, Sie auch mit anderen Arbeitsaufgaben als denen eines Buchhalters zu betrauen, wenn dies betrieblich erforderlich ist und die Aufgaben Ihren Fähigkeiten und Kenntnissen und Ihrer betrieblichen Entwicklung entsprechen.*

Oder:
- *Sie werden als Buchhalter eingestellt. Eine Versetzung auf einen anderen Arbeitsplatz ist nur mit Ihrer ausdrücklichen Zustimmung möglich.*

☐ **Versetzungsklauseln** sind dahin zu überprüfen, ob sie sich als Umgehung des → **Kündigungsschutzes** darstellen. Denn nach § 2 KSchG hat der Arbeitnehmer auch Schutz davor, dass die Arbeitsbedingungen des Arbeitsvertrages sozial ungerechtfertigt geändert werden. Je weiter das Direktionsrecht des Arbeitgebers reicht, umso weniger ist er verpflichtet, eine → **Änderungskündigung** auszusprechen.

Beispiele für unzulässige Versetzungsklauseln:
- *Der Arbeitgeber behält sich vor, dem Arbeitnehmer jede Tätigkeit zuzuweisen, die betrieblich vorhanden ist, ohne Rücksicht auf Fähigkeiten und Kenntnisse des Arbeitnehmers, ohne Berücksichtigung der Anforderungen am neuen Arbeitsplatz usw.*

Direktionsrecht

- *Unzulässig ist die Ausübung des Direktionsrechtes im Zusammenhang mit der Vergütung. Der Arbeitgeber ist nicht berechtigt, einseitig die Vergütungshöhe zu bestimmen.*

☐ Eine Ausnahme besteht nur dann, wenn sich der Arbeitgeber bei freiwilligen zulässigen Leistungen einen **Freiwilligkeitsvorbehalt** oder einen **Widerrufsvorbehalt** hat einräumen lassen (→ **Teilkündigung**).

☐ **Fehlt** eine **Versetzungsklausel** bzw. überschreitet diese die Grenzen des Zulässigen, kann der Arbeitgeber eine Veränderung der Arbeitsbedingungen nur durch **Änderungskündigung** erreichen. Der Arbeitnehmer ist dann nicht verpflichtet, eine dennoch ausgesprochene Weisung zu akzeptieren.

☐ In der Praxis bereitet es oft Schwierigkeiten, zwischen einer **Ausübung des Direktionsrechtes** des Arbeitgebers im Sinne einer **Versetzung** und einer **Änderungskündigung** zu unterscheiden. Eine **Änderungskündigung** liegt nur dann vor, wenn der Arbeitgeber eine **Beendigungskündigung** ausspricht und diese verbindet mit dem **Angebot** an den Arbeitnehmer, zu den von ihm vorgeschlagenen neuen Bedingungen weiterzuarbeiten. Erteilt der Arbeitgeber nur eine **Weisung**, ohne daran bei Nichtbefolgung die Beendigungskündigung zu knüpfen, liegt keine Änderungskündigung vor.

Begrenzung des Direktionsrechtes durch Mitbestimmungsrechte des Betriebsrats

☐ In Betrieben mit Betriebsrat wird das Direktionsrecht des **Arbeitgebers** in wesentlichen Fragen durch die **Mitbestimmungsrechte des Betriebsrats** begrenzt. Der Arbeitgeber kann eine Weisung erst dann ausüben, wenn der Betriebsrat der entsprechenden Maßnahme **zugestimmt** hat. Dabei kann es um eine personelle **Einzelmaßnahme**, beispielsweise also eine **Versetzung** nach § 95 Abs. 3 BetrVG gehen, es kann aber auch um eine Weisung gehen, die **kollektiven Charakter** hat, nicht auf das Arbeitsverhältnis des Einzelnen bezogen ist, sondern Auswirkungen auf das betriebliche Gesamtgeschehen hat. Dann greifen die Mitbestimmungsrechte nach § 87 Abs. 1 BetrVG.

Beispiele:

- *Der Arbeitgeber will den Arbeitnehmer von der Position eines Buchhaltungsmitarbeiters in die Position eines Außendienstmitarbeiters versetzen. Es liegt betriebsverfassungsrechtlich eine Versetzung vor. Der Arbeitgeber muss deshalb die Zustimmung des Betriebsrats nach § 99 BetrVG einholen. Erst wenn sie vorliegt*

Direktionsrecht

oder durch das Gericht ersetzt ist, kann die Versetzung gegenüber dem Arbeitnehmer ausgesprochen werden.
- *Der Arbeitgeber will die zeitliche Lage bzw. die Verteilung der Arbeitszeit auf die einzelnen Wochentage ändern. Es soll beispielsweise Schichtarbeit eingeführt werden, Anfangs- und Beendigungszeiten sollen sich ändern oder die Zahl der täglich zu arbeitenden Stunden soll variiert werden. Hier ist der Betriebsrat nach § 87 Abs. 1 Ziff. 2 BetrVG mitbestimmungsbefugt. Eine Änderung der Arbeitszeit kann nur mit Zustimmung des Betriebsrats erfolgen.*
- *Der Arbeitgeber weist den Arbeitnehmer an, bei der Arbeitsleistung technische Einrichtungen zu benutzen, die zur Kontrolle und Überwachung der Leistung und des Verhaltens der Arbeitnehmer geeignet sind. Hier hat der Betriebsrat das Mitbestimmungsrecht nach § 87 Abs. 1 Ziff. 6 BetrVG.*

☐ Das Weisungsrecht des Arbeitgebers kann auch durch **Tarifvertrag** begrenzt sein. Typischer Beispielfall sind die tarifvertraglichen Regelungen über die Arbeitszeit.

Beispiele:
- *Sieht z. B. ein Tarifvertrag vor, dass an einem Samstag nicht gearbeitet werden darf, ist der Arbeitgeber nicht berechtigt, auch wenn der Betriebsrat evtl. zugestimmt hat, den Arbeitnehmer anzuweisen, an einem Samstag Arbeit zu leisten.*

Oder:
- *Ein Tarifvertrag sieht vor, dass der Arbeitgeber auf seine Kosten dem Arbeitnehmer für die Erbringung der Arbeitsleistung Schutzkleidung zur Verfügung zu stellen hat. Der Arbeitgeber ist nicht berechtigt, die Weisung zu erteilen, die Arbeitsleistung ohne Schutzkleidung zu erbringen.*

☐ Generell gilt, dass dann, wenn der Arbeitgeber das **Mitbestimmungsrecht** des Betriebsrats dadurch beachtet hat, dass eine **Betriebsvereinbarung** oder eine **Zustimmung** des Betriebsrats erreicht wurde oder aber dass eine **Einigungsstelle** entschieden hat, der Arbeitnehmer **verpflichtet** ist, eine arbeitgeberseitige Weisung zu befolgen.

Ausübung des Direktionsrechtes durch den Arbeitgeber

☐ Die **Ausübung** des **Direktionsrechtes** obliegt dem **Arbeitgeber** und seinen **Vertretern**. Im **Regelfall** wird das Direktionsrecht vom Arbeitgeber an die dafür eingesetzten Mitarbeiter, die sog. **Führungskräfte** oder **Vorgesetzten**, delegiert.

Direktionsrecht

Der Arbeitgeber kann sich aber auch vorbehalten, bestimmte Weisungen nur selbst zu erteilen.

☐ Das Weisungsrecht kann **formlos ausgeübt** werden, allerdings werden oftmals besonders wichtige Weisungen in **Schriftform erteilt**, um den Arbeitnehmer zur besonderen Befolgung anzuhalten und aus Beweiszwecken. Eine → **Abmahnung** liegt jedoch nur dann vor, wenn die Warnfunktion, Androhung der Kündigung, vorliegt.

Beispiel:
Wir weisen Sie an, es in Zukunft zu unterlassen, angesichts des bestehenden Rauchverbotes in der Lackiererei zu rauchen. Gleichzeitig sprechen wir Ihnen hiermit eine Abmahnung aus, weil Sie am 15.10. in der Lackiererei geraucht haben. Im Wiederholungsfalle müssen Sie mit einer Kündigung rechnen.

Wie kann sich der Arbeitnehmer gegen eine unzulässige Ausübung des Direktionsrechtes wehren?

☐ Der Arbeitnehmer ist **nicht verpflichtet**, eine nach den obigen Maßstäben rechtswidrige und damit **unzulässige** Weisung zu befolgen. Er ist berechtigt, seine **Arbeitsleistung** zu den **bisherigen** Arbeitsbedingungen **anzubieten**. Nimmt der Arbeitgeber sie **nicht** an, befindet sich der Arbeitgeber im → **Annahmeverzug**. Weigert sich der Arbeitnehmer berechtigt, einer Arbeitgeberweisung zu folgen, ist der Arbeitgeber **nicht berechtigt,** daran **Sanktionen** zu knüpfen. Er darf weder eine **Abmahnung** oder → **Betriebsbuße** aussprechen noch eine Kündigung wegen **Arbeitsverweigerung** (→ **außerordentliche Kündigung**), noch darf der Arbeitgeber eine **Gehaltskürzung** vornehmen.

☐ Der Arbeitnehmer kann sich gegen eine Weisung **gerichtlich wehren**, indem die Unwirksamkeit der Maßnahme festgestellt wird; das kann im Einzelfall auch im Wege eines **einstweiligen Verfügungsverfahrens** sein, wenn ansonsten ein erheblicher Rechtsverlust droht.

☐ Die **Ausübung** des Weisungsrechtes durch den Arbeitgeber kann einer **gerichtlichen Kontrolle** unterzogen werden.

☐ **Erster Prüfungsmaßstab** ist dabei, ob die Anweisung des Arbeitgebers vom Direktionsrecht gedeckt ist oder ob die Weisung nur in Form einer **Änderungskündigung** umgesetzt werden kann. Das Arbeitsgericht hat dabei im Einzelnen zu prüfen, wie **tief** die **Weisung** des Arbeitgebers in das **Bestandsschutzinteresse** des Arbeitnehmers und damit in die gesetzliche Schutzvorstellung des § 2 KSchG ein-

Direktionsrecht

greift. Je mehr der Inhalt des Arbeitsvertrages durch eine einseitige Weisung des Arbeitgebers angegriffen und umgestaltet wird, umso größer ist der Schutzanspruch des Arbeitnehmers.

☐ Beruft sich der Arbeitgeber auf arbeitsvertragliche **Versetzungsklauseln**, muss das Arbeitsgericht eine **Inhaltskontrolle** der Versetzungsklausel auch unter dem Blickwinkel der **Umgehung des Kündigungsschutzes** für den Arbeitnehmer vornehmen. Die Abgrenzung ist im Einzelfall schwierig.

☐ Ist eine Weisung danach an sich zulässig, muss geprüft werden, ob sie nach **billigem Ermessen**, d. h. unter **Abwägung** sowohl der **Interessen** des **angewiesenen Arbeitnehmers** als auch der Interessen des **Arbeitgebers**, erfolgt ist. Der gerichtliche **Maßstab** für die Überprüfung wird durch § 315 BGB gesetzt. Über diese Vorschrift strahlen auch die **verfassungsrechtlich gesicherten** Grundrechte des Arbeitnehmers, wie z. B. seine **Gewissensfreiheit**, seine **Religionsfreiheit**, seine **Meinungsfreiheit**, seine **Berufsfreiheit** und ähnliche Grundrechte auf das Arbeitsverhältnis ein. Das Gericht muss deshalb bei der Ausübung des Direktionsrechtes auch die **grundgesetzlich geschützte Interessenlage** des Arbeitnehmers berücksichtigen. Handelt es sich um einen → **Tendenzarbeitgeber**, muss die Weisung auch unter **Tendenzgesichtspunkten** geprüft werden. Je stärker ein Tendenzbezug vorliegt, umso mehr treten die Rechte des Arbeitnehmers zurück. Zu den Einzelheiten → **verhaltensbedingte Kündigung**.

☐ Die **Ausübung** des Weisungsrechtes durch den Arbeitgeber ist nur dann berechtigt, wenn dafür **nachvollziehbare betriebliche** Gründe vorliegen. Der Prüfungsmaßstab ist jedoch ein anderer als der nach § 1 KSchG. Es reicht, wenn der Arbeitgeber **sachlich nachvollziehbare, vernünftige** Überlegungen ins Feld führt.

Beispiel:
Spricht der Arbeitgeber z. B. eine Versetzung an einen anderen Arbeitsort aus, dann muss auch geprüft werden, welche billigenswerten Interessen der Arbeitnehmer ins Feld führen kann. Dabei ist auf die Umstände des Einzelfalls abzustellen. So kann eine Versetzung an einen anderen Arbeitsort dann unbillig sein, wenn der Arbeitnehmer dadurch familiär, finanziell oder im Hinblick auf Leistungseinschränkungen besonders beeinträchtigt wird, während es möglich wäre, eine anderweitige Beschäftigung im Betrieb zuzuweisen.

☐ Die gerichtliche Überprüfungskompetenz nach § 315 BGB führt jeweils zu einer Entscheidung im Einzelfall.

☐ Eine Klage des Arbeitnehmers gegen die Ausübung des Direktionsrechtes ist nicht an die → **Klagefrist** des Kündigungsschutzgesetzes gebunden. Sie ist ohne Einhaltung einer Frist möglich. Allerdings kann im Einzelfall durch zu langes Zuwarten **Verwirkung** eintreten.

Direktionsrecht

Beispiel:
Am 7.12. erhält der Arbeitnehmer die Weisung, nur noch in der Spätschicht zu arbeiten. Am 8.12. erklärt der Arbeitnehmer schriftlich, dass er damit nicht einverstanden ist, aber unter Vorbehalt der Weisung folge. Am 15.12. des nächsten Jahres erhebt er Klage beim Arbeitsgericht auf Feststellung der Unwirksamkeit der Weisung. Hier ist Verwirkung eingetreten.

☐ Der Arbeitnehmer kann sich einer **rechtswidrigen Weisung** beugen und diese befolgen, auch in dem Bewusstsein, dass sie unrechtmäßig ist. Das entbindet den Arbeitgeber jedoch nicht von seiner Verantwortung für die damit verbundenen Konsequenzen. Allerdings sollte eine gewissenhafte Prüfung durch den betroffenen Arbeitnehmer stattfinden, es empfiehlt sich, den Betriebsrat zu Rate zu ziehen.

Beispiele:
- *Der Arbeitgeber weist den Arbeitnehmer an, ein verkehrsunsicheres Fahrzeug zu benutzen. Während einer Dienstfahrt verursacht der Arbeitnehmer aufgrund der technischen Mängel des Fahrzeuges einen Unfall. Dadurch, dass der Arbeitnehmer die Weisung befolgt hat, wird der Arbeitgeber von seiner Haftung nicht frei.*

Oder:
- *Hat der Arbeitnehmer über längere Zeit hinweg vorbehaltlos eine rechtswidrige Weisung befolgt, ist sein Recht, dagegen vorzugehen, im Einzelfall verwirkt, wenn nach Zeitablauf und Tatumständen der Arbeitgeber nicht mehr damit rechnen muss, dass sich der Arbeitnehmer auf die Nichtbefolgung der Weisung berufen wird.*

☐ Der Arbeitnehmer kann auch einen **Vorbehalt** erklären und damit deutlich machen, dass er an sich nicht gewillt und in der Lage ist, eine rechtlich unzulässige Weisung zu befolgen.

Beispiel:
Der Arbeitgeber versetzt den Arbeitnehmer rechtswidrig, weil ohne Mitbestimmung des Betriebsrats, in eine vom Betriebsrat nicht genehmigte Nachtschicht. Der Arbeitnehmer kann erklären, dass er die Nachtschicht unter Vorbehalt vorläufig arbeitet. Dann wird dem Arbeitgeber deutlich gemacht, dass der Arbeitnehmer die Weisung nicht widerspruchslos hinnimmt.

☐ Ein solcher Vorbehalt ist insbesondere dann zu empfehlen, wenn die Frage, ob die Weisung rechtmäßig oder rechtswidrig ist, nicht einfach zu beantworten ist. Denn dann läuft der Arbeitnehmer Gefahr, dass ein Arbeitsgericht die Rechtmäßigkeit einer Arbeitgeberweisung feststellt und die Nichtbefolgung durch den Arbeitnehmer als **Arbeitsverweigerung** bzw. **Verletzung** der Arbeitspflichten aus dem Arbeitsvertrag bewertet, so dass dann z. B. eine **Abmahnung** oder eine **verhaltensbedingte Kündigung** berechtigt wäre.

Um diese Risiken zu vermeiden, kann der »**Vorbehalt**« erklärt werden, der mit einer gerichtlichen Feststellungs- bzw. Unterlassungsklage verbunden werden kann.

☐ Der Arbeitnehmer kann sich gegen eine Weisung, die er für rechtswidrig hält, sowohl beim Arbeitgeber nach § 84 BetrVG als auch beim Betriebsrat nach § 85 BetrVG beschweren.

Hält der Betriebsrat die Beschwerde für berechtigt, kann er auf Abhilfe dringen. Allerdings ist nach § 85 Abs. 2 BetrVG in diesen Fällen die Einigungsstelle nicht zuständig, da der Arbeitnehmer einen **Rechtsanspruch** darauf hat, dass rechtswidrige Weisungen unterbleiben.

Bedeutung für den Betriebsrat

☐ Wie dargestellt, werden durch arbeitgeberseitige Weisungen in vielfältiger Hinsicht Mitbestimmungsrechte des Betriebsrates berührt, dies betrifft sowohl § 99 BetrVG, als auch § 87 Abs. 1 BetrVG. Ein Mitbestimmungsrecht im letzteren Sinne ist aber immer nur dann gegeben, wenn ein sog. **kollektiver Bezug** vorliegt. Dieser kann durch die **Zahl** der betroffenen Arbeitnehmer gegeben sein, jedoch auch, wenn nur ein einzelner Arbeitnehmer betroffen ist, kann ein solcher Bezug vorliegen. Nach der Rechtsprechung des BAG kommt es darauf an, ob sich die Arbeitgeberweisung, auch einem einzelnen Arbeitnehmer gegenüber, auf das **betriebliche Zusammenwirken** der Arbeitnehmer im Betrieb und das **betriebliche Geschehen** insgesamt bezieht.

Beispiel:
Der Arbeitgeber ordnet gegenüber einem Arbeitnehmer Überstunden an, weil an diesem Arbeitsplatz aufgrund eines erhöhten Auftragseinganges zusätzliche und über das normale Maß hinausgehende Arbeiten anfallen. Hier liegt ein kollektiver Bezug vor, weil die Überstundenanforderung aus dem betrieblichen Geschehen heraus erfolgt.

☐ Da sich die Weisungsrechte des Arbeitgebers auch auf den konkreten Arbeitsplatz des Arbeitnehmers beziehen, können hier weitere Mitwirkungs- und Mitbestimmungsrechte nach § 90 BetrVG und nach § 87 Abs. 1 BetrVG bestehen.

☐ Nach § 75 BetrVG ist der Betriebsrat auch gehalten, darauf zu achten, dass **arbeitgeberseitige Weisungen** nicht diskriminierend wirken und den **Betriebsfrieden** nicht stören.

Druckkündigung

Was ist das?

☐ Der Arbeitgeber kann sich dem **Verlangen Dritter** ausgesetzt sehen, **einen Arbeitnehmer zu entlassen**. Das wirft keine Probleme auf, wenn der Arbeitnehmer einen Kündigungsgrund gesetzt hat, an den der Arbeitgeber anknüpfen darf.

Beispiel:
Ein Kunde des Arbeitgebers verlangt die Entlassung eines Servicetechnikers, weil dieser aus Anlass einer Wartung einen Wertgegenstand entwendet hat.

In diesen Fällen kann der Arbeitgeber aus verhaltensbedingten Gründen kündigen, ggf. sogar außerordentlich (→ **verhaltensbedingte Kündigung**, → **außerordentliche Kündigung**).

Anders stellt sich die Sachlage dar, wenn kein Kündigungsgrund besteht. Für diesen Fall kann der ausgeübte Druck selbst ein Kündigungsgrund sein. Dabei kommt nur in Ausnahmefällen eine außerordentliche Kündigung in Betracht, im Regelfall allenfalls eine ordentliche.

Was sind die Voraussetzungen einer Druckkündigung?

☐ Die Druckkündigung wird als Sonderfall außerhalb der üblichen Gruppen von Kündigungsmöglichkeiten (→ **verhaltensbedingte Kündigung**, → **personenbedingte Kündigung**, → **betriebsbedingte Kündigung**) behandelt und hat bestimmte eigenständige Voraussetzungen:

- Es muss auf den Arbeitgeber ein **Druck** ausgeübt werden, **dem zu widerstehen ihm unmöglich oder unzumutbar ist**. Typische Fallgestaltungen sind Streiks der Arbeitnehmer oder die Drohung mit Massenkündigungen bzw. der Druck von Kunden, gegen die ein gerichtliches Vorgehen praktisch nicht möglich ist, ohne den geschäftlichen Kontakt zu verlieren. Wird der Druck von Kunden ausgeübt, müssen diese für den Arbeitgeber von erheblicher Bedeutung sein.

Druckkündigung

Beispiel:
- *Ein Automobilhersteller verlangt von einem Zulieferer, der praktisch nur für ihn arbeitet, wegen Streitigkeiten die Entlassung des Betriebsleiters. Hier ist eine Druckkündigung denkbar.*

Oder:
- *In einem Kaufhaus verlangt eine Kundin die Entlassung einer Kosmetikverkäuferin, weil sie sich von ihr schlecht behandelt fühlt. Hier ist keine Druckkündigung möglich.*

- Der Druck darf nicht vom Arbeitgeber selbst verursacht sein.
- Der Arbeitgeber muss sich **vor den Arbeitnehmer stellen**. Er muss also z. B. versuchen, bei dem Kunden eine Änderung seiner Auffassung durchzusetzen oder die Arbeitnehmer von ihrer Arbeitsniederlegung abzuhalten.
- Der Arbeitgeber muss **alle Möglichkeiten**, den Druck zu beseitigen, ausschöpfen. Hier kommt vor allen Dingen die Möglichkeit in Betracht, den Arbeitnehmer »aus der Schusslinie zu nehmen« und ihn z. B. anderweitig einzusetzen oder vorübergehend in eine Außenstelle zu versetzen, bis sich die Gemüter wieder beruhigt haben. Der Arbeitnehmer ist ggf. verpflichtet, daran im Rahmen des ihm Zumutbaren mitzuwirken.
- Es ist immer eine **Interessenabwägung** vorzunehmen, die auch im Einzelfall zu Lasten des Arbeitnehmers ausgehen muss.

Kann der Arbeitnehmer Schadensersatz verlangen?

☐ Nach der überwiegenden Ansicht kann der Arbeitnehmer nicht von seinem Arbeitgeber **finanziellen Ausgleich** für die wegen der Druckkündigung entstandenen Nachteile verlangen.

☐ In bestimmten Fällen ist es dem Arbeitnehmer jedoch möglich, **gegen die Dritten**, die Druck ausüben, **Schadensersatzansprüche** geltend zu machen. Es setzt aber in der Regel voraus, dass die Druckausübenden entweder mit verleumderischen falschen Angaben gearbeitet haben, oder aber vorsätzlicher- und sittenwidrigerweise gezielt nur zum Schaden des Arbeitnehmers vorgegangen sind. Hat der Dritte dagegen berechtigte Interessen vertreten, kommt ein Schadensersatzanspruch nicht in Betracht.

Einigungsvertrag, Sonderkündigungsrechte

Die Grundsatzentscheidung

☐ Der Einigungsvertrag enthält eine Reihe von Vorschriften, die eine **drastische Reduzierung des Personals** ermöglichten, das im öffentlichen Dienst der DDR beschäftigt war. Dabei lagen folgende Erwägungen zugrunde:
- Bestimmte **Aufgaben fielen** durch die Wiedervereinigung **weg**, man braucht beispielsweise nur noch einen Auswärtigen Dienst.
- Der **öffentliche Dienst der DDR** war nach den Maßstäben der (alten) Bundesrepublik **überbesetzt**. Hier sollte eine Angleichung erfolgen.
- Die **politische Verlässlichkeit** schien nicht bei allen Beschäftigten gesichert zu sein. »Aktivisten« der früheren Ordnung sollten daher nicht weiterbeschäftigt werden.

Die eingesetzten Mittel

☐ Der Einigungsvertrag versuchte, diese Ziele möglichst schnell zu erreichen. Dafür wurden verschiedene Mittel eingesetzt.
- Einzelne **Einrichtungen** der DDR wurden nicht übernommen sondern »**abgewickelt**«. Das Arbeitsverhältnis der dort beschäftigten Arbeitnehmer wurde mit dem 3. 10. 1990 suspendiert. Es endete nach sechs Monaten (bei über 50 Jahre alten Personen nach neun Monaten). Während dieser Zeit gab es ein knapp über dem Arbeitslosengeld liegendes »Wartegeld«. Die vom Einigungsvertrag gewollte »**Wiedereingliederung**« in andere Bereiche des öffentlichen Dienstes wurde in sehr vielen Fällen nicht erreicht. Aus der sog. **Warteschleife** wurde Dauerarbeitslosigkeit.
- Bis Ende 1993 waren **ordentliche Kündigungen** insbesondere wegen mangelnden Bedarfs und mangelnder fachlicher oder persönlicher Eignung möglich. Diese Kündigungen unterlagen nicht dem KSchG. Die »persönliche Eignung« wurde häufig im Hinblick auf das Verhalten in der Vergangenheit verneint.
- Wegen Verletzung der Menschenrechte und wegen einer **Tätigkeit für das MfS**

Einigungsvertrag, Sonderkündigungsrechte

war nach Anlage I Kap. XIX Sachgebiet A Abschnitt III Nr. 1 Abs. 5 (im Folgenden Abs. 5) eine außerordentliche Kündigung möglich. Diese Bestimmung war nicht befristet und gilt deshalb heute noch weiter. Ihre Handhabung hat zu einer Reihe von Kontroversen geführt, die mittlerweile jedoch weithin geklärt sind.

Kündigung wegen Arbeit für das MfS

☐ Die Vorschrift des Abs. 5 gewährt dem öffentlichen Arbeitgeber ein Recht zur außerordentlichen Kündigung, wenn folgende Voraussetzungen gegeben sind:

- Die betreffende Person muss **am 3.10.1990 im öffentlichen Dienst der DDR** gestanden haben. Ob sie später die Dienststelle gewechselt hat oder nicht, spielt keine Rolle; auch bei einer Übernahme durch die Bundesanstalt für Arbeit bleibt Abs. 5 anwendbar. Wer später in den öffentlichen Dienst aufgenommen wurde, kann nur nach allgemeinen Grundsätzen gekündigt werden.
- Die betroffene Person muss **tatsächlich für das MfS gearbeitet** haben. Die bloße Unterzeichnung einer Verpflichtungserklärung als IM oder das Zur-Verfügung-Stellen der eigenen Wohnung für konspirative Zwecke reicht nicht aus, wenn darüber hinaus nichts geschah. Ob die Tätigkeit haupt- oder nebenamtlich war, spielt keine Rolle. Ein einmaliger Gelegenheitskontakt genügte jedoch nicht, ebenso wenig die Tatsache, dass ein sog. Reisekader pflichtgemäß Berichte schrieb.
- Die **Weiterbeschäftigung** der betreffenden Person muss für den öffentlichen Arbeitgeber **unzumutbar** sein. Dabei sind alle Umstände des Einzelfalls zu berücksichtigen. Maßgebend ist insbesondere, ob durch die frühere Tätigkeit jemand zu Schaden kam und ob nach 1990 eine längere Zeit hindurch beanstandungsfrei gearbeitet wurde.

Der Zeitfaktor

☐ Über **Vorgänge, die vor dem 31.12.1975 liegen**, gibt die Gauck-Behörde keine Auskünfte mehr, sofern in der Folgezeit keine MfS-Tätigkeit mehr vorlag. Daraus muss auch für das Kündigungsschutzrecht die Schlussfolgerung gezogen werden, dass so weit zurückliegende Fakten nicht mehr berücksichtigt werden dürfen. Gleichwohl stellt dies immer noch eine Benachteiligung dar, da in der Bundesrepublik begangene Straftaten in der Regel 15 Jahre nach Verbüßung der Strafe aus dem Register getilgt werden und der Betroffene sich als »nicht vorbestraft« bezeichnen kann.

☐ Der Zeitfaktor spielt auch insofern eine Rolle, als der öffentliche Arbeitgeber **nicht beliebig lange mit einer Kündigung zuwarten** darf, sobald er ausreichende Informationen von der Gauck-Behörde erhalten hat. Zwar ist die Zwei-Wochen-

Einigungsvertrag, Sonderkündigungsrechte

Frist nach § 626 Abs. 2 BGB nicht entsprechend anwendbar, doch wäre es beispielsweise unzulässig, erst nach Monaten auf die eingegangenen Informationen mit einer Kündigung zu reagieren.

☐ In der Gegenwart haben Stasi-Kündigungen ihre Bedeutung fast völlig verloren.

Verhältnis zu sonstigem Kündigungsschutzrecht

Abs. 5 verdrängt in seinem Anwendungsbereich die Vorschrift des § 626 BGB (→ **außerordentliche Kündigung**, Grundlagen). Die übrigen Bestimmungen des Kündigungsschutzrechts bleiben unberührt. Dies gilt insbesondere auch für den Sonderkündigungsschutz. Die **Beteiligungsrechte des Personalrats** sind wie in anderen Fällen zu beachten.

Einmalzahlungen, Sonderzahlungen und besondere Vergütungsarten bei Ende des Arbeitsverhältnisses

Grundlagen

☐ Das Arbeitsverhältnis ist ein schuldrechtliches **Austauschverhältnis**. Der Arbeitsleistung des → **Arbeitnehmers** steht die Vergütung des Arbeitgebers gegenüber. Typischerweise wird die Arbeitsvergütung auf die klassischen Zeitabschnitte Stunde, Tag, Woche und Monat ausgerichtet. Neben dieser sog. »**laufenden**« **Vergütung** bestehen auch **vergütungsrechtliche Sonderformen**, die sich auf längere Zeiträume, z. B. ein Jahr, beziehen.

☐ Diese Vergütungsbestandteile werden in der betrieblichen **Vergütungspraxis** immer bedeutsamer, weil dadurch zwei zusätzliche Faktoren, neben der Zeit, als vergütungsrelevant hervorgehoben werden; zum einen soll vor allem bei Spezialisten und Fachkräften eine gewisse Bindungswirkung an den Betrieb, jedenfalls für einen überschaubaren Zeitraum, erzielt werden. Zum anderen sollen auch **leistungsbezogene** Elemente bzw. Elemente, die auf den **wirtschaftlichen Erfolg** des Betriebes oder Unternehmens bezogen sind, mehr in die Vergütungsstruktur des Arbeitsverhältnisses Einzug nehmen.

☐ Wenn sich das Ende der → **Kündigungsfrist** nicht mit dem Ende des jeweiligen Vergütungsbemessungszeitraumes deckt, entstehen Zweifelsfragen im Hinblick darauf, ob **anteilige Ansprüche**, gar keine Ansprüche oder evtl. sogar ein **Vollanspruch** besteht.

Was sind Einmalzahlungen?

☐ Unter Einmalzahlungen werden alle Zahlungen verstanden, die nur einmal im Jahr gezahlt werden, weil nur diese im Regelfall kündigungsrelevant sind. Grundsätzlich muss unterschieden werden zwischen **freiwilligen Zahlungen**, also solchen, die aufgrund eines **Freiwilligkeitsvorbehaltes** des Arbeitgebers versprochen werden (→ **Teilkündigung**), **widerruflichen Zahlungen**, also solchen, die unter **Widerrufsvorbehalt** stehen (→ **Teilkündigung**), Zahlungen mit **Rückzahlungsverpflichtung**, wie z. B. Gratifikationen (→ **Rückzahlungsansprüche des Arbeitgebers**).

Einmalzahlungen, Sonderzahlungen, Vergütungsarten

☐ Sind solche Zahlungen in Tarifverträgen geregelt, ist die Anspruchs- bzw. Rückforderungssituation bei Kündigungen dort jeweils geregelt.

Insbesondere im **AT-Bereich** finden sich aber Einmalzahlungen, die keiner tarifvertraglichen Regelung unterliegen und die einen ganz **erheblichen Bestandteil** des **Jahreseinkommens** des Arbeitnehmers ausmachen.

☐ Soweit diese Zahlungen freiwillig bzw. mit Widerrufs- bzw. mit Rückforderungsvorbehalt geleistet werden, sind solche Vereinbarungen dann zulässig, wenn durch die Ausübung der Vorbehalts- und Widerrufsrechte **nicht in den Grundbestand** des Arbeitsverhältnisses, den Anspruch des Arbeitnehmers auf die laufende Vergütung, eingegriffen wird (→ **Teilkündigung**).

Deshalb wird es auch grundsätzlich für zulässig angesehen, dass solche Vereinbarungen mit der Bedingung verknüpft werden können, dass zum **Fälligkeitszeitpunkt** das Arbeitsverhältnis noch besteht oder noch nicht gekündigt ist. Darin wird keine unzulässige **Kündigungserschwerung** gesehen (vgl. auch → **Rückzahlungsansprüche des Arbeitgebers**).

Formulierungsbeispiel:
Sie erhalten einen freiwilligen jährlichen Bonus, abhängig von dem wirtschaftlichen Erfolg des Unternehmens, mindestens in Höhe von 10 000,– DM. Anspruchsvoraussetzung ist, dass Sie zum Zeitpunkt der Fälligkeit dieser Zahlung, dem Tage nach dem Abschluss der Hauptversammlung, in einem ungekündigten Arbeitsverhältnis stehen. Ein Rechtsanspruch besteht nicht.

Solche Klauseln sind nach der Rechtsprechung auch dann zulässig, wenn das Arbeitsverhältnis durch → **betriebsbedingte Kündigung** des Arbeitgebers endet, der Arbeitnehmer an sich betriebstreu hätte sein wollen, daran durch das Verhalten des Arbeitgebers jedoch gehindert wird. Maßgeblich allein ist allein der objektive Bestand des Arbeitsverhältnisses.

☐ In vielen Arbeitsverträgen wird ein »**13. Monatsgehalt**« vereinbart. Fehlen weitere vertragliche Regelungen dazu, hat der Arbeitnehmer Anspruch auch dann, wenn das Arbeitsverhältnis zum Jahresende gekündigt ist bzw. aufgrund der Beendigung der Kündigungsfrist ausläuft.

☐ Scheidet der Arbeitnehmer schon vor Jahresende aus, besteht ein anteiliger Anspruch, bezogen auf die im Arbeitsverhältnis zurückgelegte Zeitdauer.

Beispiel:
Scheidet der Arbeitnehmer am 31. 7. aus dem Arbeitsverhältnis aus, hat er Anspruch auf $7/12$ des 13. Gehaltes. Dieses ist dann schon bei Ausscheiden fällig und bezieht sich auf die Gehaltshöhe, die im Juli besteht.

Einmalzahlungen, Sonderzahlungen, Vergütungsarten

☐ Haben die Parteien sonstige Einmal- und Sonderzahlungen **fest vereinbart**, steht dem Arbeitnehmer der entsprechende Anspruch grundsätzlich zunächst zu.

Formulierungsbeispiel:
Sie erhalten im Kalenderjahr einen jährlichen Sonderbonus in Höhe von 20 000,–DM. Dieser ist fällig am 31.12. jeden Kalenderjahres, bei Ausscheiden vor dem 31.12. für jeden vollendeten Monat der Betriebszugehörigkeit anteilig.

☐ **Sonderzahlungen**, die nur einmal im Jahr gezahlt werden, haben normalerweise keinen Gratifikationscharakter, sondern **Entgeltcharakter**. Dann kommt ein Ausschluss des Anspruches bei Ende des Arbeitsverhältnisses, beispielsweise auch durch Kündigung, nicht in Betracht. Denn der Arbeitnehmer hat seine **Gegenleistung**, nämlich die Arbeitsleistung, bis zum Ende des Arbeitsverhältnisses erbracht und damit Anspruch auf Vergütung. Es handelt sich sozusagen um eine Vergütung, deren **Fälligkeit herausgezögert** ist, die aber bezogen bleibt auf die pro Zeiteinheit geleistete Arbeitsleistung. Deshalb würde sich ein entsprechender Anspruchsverlust im Ergebnis so auswirken, wie eine kündigungsrechtlich unzulässige → **Teilkündigung**.

☐ Der Vergütungscharakter einer Einmalzahlung ist jeweils gesondert festzustellen. Er kann sich aus der Bezeichnung ergeben, er kann sich aber auch aus anderen Umständen des Vertrages und der Arbeitsleistung ergeben. Vergütungscharakter ist z. B. anzunehmen, wenn es sich um **Leistungsprämien**, um einen **Leistungsbonus** oder um eine ähnliche Sonderzahlung handelt, die unmittelbar auf die Arbeitsleistung und das Leistungsverhalten Bezug nehmen.

Beispiel:
Sofern Ihre Abteilung durch Ihren Beitrag die vereinbarten Ziele erreicht, wird am Jahresende ein Sonderbonus ausgezahlt, der an der Höhe des Betriebsergebnisses orientiert ist.

☐ Wird die Zahlung **Gewinnbeteiligung, Prämie, Jahresabschlussprämie** oder ähnlich genannt, könnten Anzeichen dafür sprechen, dass jedenfalls nicht nur eine Entgeltfunktion vereinbart, sondern auch ein **Gratifikationscharakter** mit Bleibefunktion gewollt war. Allerdings gilt auch hier, dass bei einer betriebsbedingten Kündigung viel dafür spricht, dass ein Anspruchsverlust nicht eintreten darf. Die Rechtsprechung ist aber hier im Fluss.

Beispiel:
Am 31. 3. jeden Jahres zahlen wir eine Jahresabschlussprämie für das Vorjahr. Wir erwarten, dass Sie dann noch bei uns sind.

☐ Der Charakter einer echten Entgeltfortzahlung fehlt regelmäßig bei einer sog. **Gratifikation**, oft auch **Weihnachtsgratifikation** oder **Jahresendzahlung** ge-

Einmalzahlungen, Sonderzahlungen, Vergütungsarten

nannt. Hier soll zu einem **bestimmten Anlass,** zusätzlich zur normalen Arbeitsvergütung, eine besondere Zahlung erfolgen. Der Anlass kann auch ein Jubiläum des Arbeitnehmers oder des Betriebes sein. Grund für die Zahlung ist nicht/oder weniger die Arbeitsleistung, sondern die **Betriebstreue** (→ **Betriebszugehörigkeit**).

Gerade bei Gratifikationen finden sich oft **Rückzahlungsklauseln**. Soweit diese nicht durch **Tarifvertrag** geregelt sind, können sie auch durch Arbeitsvertrag eingeführt werden.

Das BAG hat hierfür folgende **Grundsätze** durch seine **Rechtsprechung** aufgestellt:
- Kleingratifikationen bis 200,– DM dürfen überhaupt keiner Rückzahlung unterworfen werden;
- Bindungsfristen über den 30. 6. des Folgejahres hinaus sind unzulässig;
- bei einer Bindungsfrist bis zum 30. 6. des Folgejahres muss mehr als ein volles Monatsgehalt als Gratifikation gezahlt werden.

Die **übliche Bindungsfrist** ist bis zum 31. 3. des Folgejahres, dann darf weniger als ein Monatsgehalt, aber mehr als 200,– DM mit einer Bindungsfrist versehen werden.

☐ Scheidet dann der Arbeitnehmer durch eine **betriebsbedingte Kündigung** aus, besteht nach richtiger Auffassung **keine Rückzahlungsverpflichtung**. Denn der Arbeitnehmer hat das von ihm erwartete Verhalten an den Tag gelegt und die geforderte Betriebstreue erbracht.

Das BAG tendiert aber in seiner neuen Rechtsprechung dazu, auch im Falle der betriebsbedingten Kündigung jedenfalls dann, wenn die Zahlung entweder reinen Gratifikationscharakter oder evtl. auch noch Mischcharakter (mit Entgeltelementen) gehabt hat, eine Rückzahlungsverpflichtung anzunehmen. Dadurch wird aber der wirtschaftliche Effekt einer betriebsbedingten Kündigung im Regelfall noch zusätzlich verstärkt.

Beispiel:
Dem Arbeitnehmer wird zum 31. 3. betriebsbedingt gekündigt. Im November des Vorjahres hat er 90 % eines Monatsgehaltes als Weihnachtsgratifikation erhalten. Nach der Rechtsprechung muss der Arbeitnehmer diesen Betrag an den Arbeitgeber zurückzahlen.

☐ Eine besondere Form der Vergütung ist auch die **Provision**. Scheidet der Arbeitnehmer aus einem **provisionsberechtigenden Arbeitsverhältnis** aus, sind üblicherweise nicht alle vom Provisionsangestellten getätigten Geschäfte bereits fakturiert bzw. vom Kunden bezahlt. Endet dann das Arbeitsverhältnis, insbeson-

Einmalzahlungen, Sonderzahlungen, Vergütungsarten

dere aufgrund einer arbeitgeberseitigen Kündigung, fragt es sich, ob dem Arbeitnehmer dann noch die sog. **Überhangprovision** zusteht.
Nach der Rechtsprechung des BAG ist dies **grundsätzlich** der Fall. Die vom Arbeitnehmer vermittelten Geschäfte, die in einem zeitlich nahen Zusammenhang mit dem Ende des Arbeitsverhältnisses, eine Frist von etwa neun Monaten dürfte noch nicht zu lange sein, durch Bezahlung des Kunden abgeschlossen werden, noch **nachprovisoniert** werden.

Beispiel:
Ein auf Provisionsbasis beschäftigter Außendienstmitarbeiter wird zum 30.9. betriebsbedingt gekündigt. In den Monaten Juni bis August tätigt er noch mehrere Abschlüsse. Die geordeten Waren werden aber erst im November und Dezember ausgeliefert und vom Kunden bezahlt. Nach Ende des Arbeitsverhältnisses ist der Mitarbeiter auch hinsichtlich dieser Geschäfte provisionsberechtigt.

☐ Allerdings kann eine solche Überhangprovision **vertraglich ausgeschlossen** werden, dann müssen allerdings **sachliche Überlegungen** zugrunde gelegt und die Interessen des Arbeitnehmers dürfen nicht unwillig beeinträchtigt werden.

Eine solche Regelung ist sachbezogen und wahrt auch die Interessen des Arbeitnehmers, denn er kann die Vorteile eines Ausschlusses von Überhangprovisionen in Anspruch nehmen, muss dann aber auch die Nachteile akzeptieren.

☐ Zu sonstigen **Rückzahlungsansprüchen des Arbeitgebers** (→ **Rückzahlungsansprüche des Arbeitgebers**).

☐ Noch nicht geklärt sind die Fragen, die sich bei der Gewährung von **Mitarbeiteraktien** und der Einräumung von entsprechenden **Optionsrechten** bei Ausscheiden ergeben. Soweit der Arbeitgeber damit **Bleibeverpflichtungen** einführt, sind sie nur zulässig, wenn dadurch keine nicht zu billigende **Kündigungserschwerung** für den Arbeitnehmer eintritt, auch wenn die Entwicklung des Aktienkurses noch nicht feststeht. Bei einer Kündigung durch den Arbeitgeber müssen die gleichen Grundsätze gelten, wie bei den **Sonderzahlungen mit Entgeltcharakter**. Nur im Ausnahmefall wird ein Gratifikationscharakter anzunehmen sein, z.B. bei Jubiläumsaktien.

☐ Bei einer → **Freistellung** des **Arbeitnehmers** während der **Kündigungsfrist** darf eine Gehaltskürzung nicht eintreten. Deshalb können Ansprüche auf Einmalzahlungen usw. durch einen Freistellungszeitraum nicht beeinträchtigt werden, auch wenn der Arbeitnehmer gar nicht in der Lage ist, seine Arbeitsleistung zu erbringen.

Einmalzahlungen, Sonderzahlungen, Vergütungsarten

Beispiel:
Die Parteien vereinbaren einen jährlichen Sonderbonus für das Geschäftsjahr vom 1.1. bis 31.12. von 20000,– DM. Wird das Arbeitsverhältnis mit halbjähriger Kündigungsfrist am 30.6. zum Jahresende gekündigt und der Arbeitnehmer dann bis zum Ende der Kündigungsfrist freigestellt, hat der Mitarbeiter Anspruch auf den Bonus.

☐ Zur Einbeziehung von Einmalzahlungen bei der Berechnung der **Abfindungshöhe** siehe Einzelheiten unter → **Abfindung.**

Bedeutung für den Betriebsrat

☐ Soweit es sich um Gehalts- bzw. Vergütungsbestandteile handelt, die nicht in Tarifverträgen geregelt sind, so dass der Tarifvorrang nach **§ 77 Abs. 3 BetrVG** nicht greift, kann dem Betriebsrat, auch bei AT-Mitarbeitern, ein Mitbestimmungsrecht nach **§ 87 Abs. 1 Ziffer 10 BetrVG** zustehen. Dieses bezieht sich jedoch nur auf die Modalitäten und die Verteilung des Volumens des Dotierungsrahmens. Dieser kann durch den Arbeitgeber mitbestimmungsfrei in seiner Größe bestimmt werden (sog. »Topftheorie«). Mitbestimmungsfrei kann der Arbeitgeber auch die Zweckbestimmung, den Beziehererkreis sowie die Bezugsdauer festsetzen. Können sich Arbeitgeber und Betriebsrat über die Verteilung des vom Arbeitgeber zur Verfügung gestellten »Topfes« nicht einigen, entscheidet die Einigungsstelle. Der Arbeitgeber ist nicht berechtigt, die angebotene Einmalzahlung zurückzunehmen, wenn der Betriebsrat dieses Mitbestimmungsrecht geltend macht.

☐ Es empfiehlt sich, bei der Ausübung des Mitbestimmungsrechtes auch Regelungen im Hinblick auf das Ausscheiden bei Kündigungen vorzusehen.

Diese dürfen aber von den oben dargestellten rechtlichen Grundüberlegungen nicht abweichen, sie können sie nur im Einzelnen ausgestalten.

Einspruch gegen eine Kündigung

Was ist das?

☐ § 3 KSchG ermöglicht dem gekündigten → **Arbeitnehmer** binnen einer **Woche** nach der Kündigung **Einspruch** beim **Betriebsrat** einzulegen, wenn er der Meinung ist, die → **Kündigung** des Arbeitgebers sei sozial ungerechtfertigt. Der Kündigungseinspruch darf nicht verwechselt werden mit der Erhebung der → **Kündigungsschutzklage**, er steht auch nicht in einem unmittelbaren Zusammenhang mit der → **Betriebsratsanhörung** bei einer Kündigung durch den Arbeitgeber.

☐ Der Kündigungseinspruch ist somit lediglich die gesetzlich ausgestaltete **Möglichkeit**, den Betriebsrat zum Zwecke einer **Einigung** (→ **Auflösungsvertrag**) mit dem Arbeitgeber im Zusammenhang mit einer Kündigung einzuschalten, ohne dass damit unmittelbare Rechtsfolgen verbunden sind.

Wie wird ein Einspruch eingelegt?

☐ Der Einspruch gegen eine Kündigung ist **formlos** möglich. Er setzt auch **keine Begründung** voraus, allerdings empfiehlt es sich, die vom Arbeitnehmer gesehenen Gründe für die Ungerechtfertigtheit der Kündigung dem **Betriebsrat** im Einzelnen mitzuteilen.

☐ Der Arbeitnehmer ist nicht verpflichtet, den Einspruch selbst einzulegen, er kann sich bei dem Einspruch auch vertreten lassen, insbesondere durch einen **Rechtsanwalt** oder einen **Rechtsschutzsekretär** einer Gewerkschaft.

☐ Der Einspruch wird dem Betriebsrat gegenüber erklärt, der gesetzlich vertreten wird durch den **Vorsitzenden** bzw. dessen **Stellvertreter**, § 26 BetrVG. Hat der Betriebsrat einen **Personalausschuss** zur selbständigen Behandlung von Kündigungen gebildet, wird sinnvollerweise der Einspruch dort angebracht. Es ist auch möglich, dass ein Einspruch auch gegenüber einem »einfachen« **Betriebsratsmitglied** erhoben wird. Es muss allerdings klar gemacht werden, dass der Einspruch an den Betriebsrat als Gremium weitergeleitet werden muss. Ein **einzelnes** Be-

Einspruch gegen eine Kündigung

triebsratsmitglied ist **nicht berechtigt**, den Einspruch eines gekündigten Arbeitnehmers weiter zu verfolgen.

☐ Der Einspruch ist innerhalb einer **Wochenfrist** nach Zugang der Kündigung zu erheben, allerdings sieht das Gesetz keine Sanktionen vor, wenn die Frist nicht eingehalten wird, diese stellt also **keine Ausschlussfrist** dar. Der Einspruch gegen die Kündigung ist auch dann (noch) möglich, wenn der Arbeitnehmer bereits → **Kündigungsschutzklage** beim Arbeitsgericht erhoben hat. Einspruch und Kündigungsschutzklage stehen nicht in einem Verhältnis der Ausschließlichkeit, auch nicht in einem Verhältnis der zeitlichen Abfolge.

☐ **Entscheidend** ist, dass durch den Einspruch die **Drei-Wochen-Frist** des § 4 KSchG (→ **Klagefrist**) zur Erhebung der Kündigungsschutzklage **nicht verlängert** wird. Der Einspruch ist auch kein Grund für eine nachträgliche Zulassung der Klage bei Versäumung der Frist. Ein Einspruch beim Betriebsrat ist **keine Zulässigkeitsvoraussetzung** für die Erhebung der Kündigungsschutzklage.

Beispiel:
Die Kündigung geht dem Arbeitnehmer am 10.5. zu. Am 17.5. erhebt der Arbeitnehmer Einspruch beim Betriebsrat. Am 30.5. findet ein erfolgloses Vermittlungsgespräch mit dem Arbeitgeber statt. Die dreiwöchige Klagefrist zur Erhebung der Kündigungsschutzklage läuft trotz allem am 31.5. ab.

Praktische Bedeutung der Vorschrift

☐ In der **Praxis** hat das Einspruchsrecht des Arbeitnehmers beim Betriebsrat bisher **relativ wenig** Bedeutung. Ein Einspruch kann unterbleiben, wenn und weil der Betriebsrat im Rahmen seiner **Anhörung** (→ **Betriebsratsanhörung**) dem Arbeitnehmer bereits im Anhörungsverfahren Gelegenheit zur **Stellungnahme** gegeben hat. Dann konnte der Arbeitnehmer seine Überlegungen schon in die Entscheidungsfindung des Betriebsrats im Rahmen der Stellungnahme (Bedenken bzw. → **Widerspruch**) nach § 102 BetrVG einbringen.

☐ **Rechtspolitisch** wäre zu überlegen, ob nicht das Einspruchsrecht des Arbeitnehmers gegen eine Kündigung, sei es gegenüber einem Betriebsrat, sei es gegenüber dem Arbeitgeber, **aufgewertet** wird. Denn oft ist die **kurze Klagefrist** zur Erhebung der Kündigungsschutzklage nicht ausreichend, um **außergerichtlich** zu einer **Einigung** zu gelangen. Andererseits hat der Arbeitgeber ein berechtigtes Interesse daran, zu erfahren, ob eine von ihm ausgesprochene Kündigung vom Arbeitnehmer akzeptiert wird oder nicht. Deshalb könnte überlegt werden, ob nicht ein Kündigungseinspruch zu einer Verlängerung der Klagefrist führt.

Einspruch gegen eine Kündigung

☐ In der Praxis wird aber häufig verkannt, dass gerade dann, wenn ein Arbeitnehmer Klage erheben will, es sinnvoll ist, sich mit dem Betriebsrat unabhängig von dessen Anhörung durch den Arbeitgeber in Verbindung zu setzen. Nicht nur, weil oft die Überlegungen des Betriebsrats dem Arbeitnehmer unbekannt sind. Insbesondere der **Prozessvertreter** des Arbeitnehmers tut gut daran, sich mit dem Betriebsrat kurzzuschließen, um zum einen die Möglichkeiten einer **gütlichen Einigung** auszuloten, zum anderen, um die spezifische Kenntnislage des Betriebsrates, dessen Einblick in den Betrieb, die Mitarbeiter und die arbeitgeberseitigen Entscheidungen zu nutzen. § 3 KSchG bietet hier ein sinnvolles Instrument.

☐ Eine gewisse Verknüpfung zwischen Einspruch und Kündigungsschutzprozess ergibt sich dadurch, dass nach § 4 KSchG der Arbeitnehmer der Kündigungsschutzklage die **Stellungnahme** des Betriebsrats **beifügen** soll. Der Arbeitnehmer hat einen Anspruch darauf, dass der Betriebsrat eine **Stellungnahme** abgibt, dies muss dann allerdings vom Arbeitnehmer **ausdrücklich** verlangt werden. Die Stellungnahme des Betriebsrates hat dann **schriftlich** zu erfolgen. Diese Stellungnahme kann identisch sein mit Bedenken und einem Widerspruch nach § 102 Abs. 2, 3 und 4 BetrVG.

In vielen Fällen wird es so sein, dass sich die schriftliche Stellungnahme des Betriebsrats mit der Stellungnahme im Rahmen des Anhörungsverfahrens deckt. Allerdings kann es sein, dass zwischen Betriebsratsanhörung und Kündigungsausspruch **neue Aspekte** auftauchen, die der Betriebsrat noch nicht in seiner Stellungnahme verwerten konnte. Die Stellungnahme nach § 3 Abs. 3 KSchG hat deshalb eine eigenständige Qualität.

☐ Ein **Kündigungseinspruch** beim Betriebsrat ist nicht nur bei der Beendigungskündigung, sondern auch bei der → **Änderungskündigung** möglich. Ein Einspruch muss sich nicht nur auf eine sozial ungerechtfertigte Kündigung, also eine Kündigung unter der Geltung des Kündigungsschutzgesetzes, beziehen.

☐ Sämtliche Kündigungen können durch Einspruch beim Betriebsrat thematisiert werden. Denn § 80 Abs. 1 Ziff. 3 BetrVG gewährt allen Arbeitnehmern das Recht, sich mit sie betreffenden Fragen an den Betriebsrat zu wenden.

Auch gegenüber einer Kündigung ist eine **Beschwerde** sowohl gegenüber dem Arbeitgeber als auch gegenüber dem Betriebsrat, möglich. Einspruch und Beschwerde können miteinander verbunden werden:

Formulierungsbeispiel:
Ich erhebe hiermit Einspruch gegen meine verhaltensbedingte Kündigung und bitte den Betriebsrat, mich zu unterstützen. Gleichzeitig beschwere ich mich nach § 85 BetrVG, weil die Kündigung nicht nur ohne Grund ausgesprochen worden ist, son-

Einspruch gegen eine Kündigung

dern meiner Meinung nach, um mich zu diskriminieren. Außerdem haben sich seit der Betriebsratsanhörung wesentliche Umstände geändert.
Ich bitte um ein Gespräch und einen Vermittlungsversuch mit dem Arbeitgeber.

Bedeutung für und Behandlung durch den Betriebsrat

☐ Legt ein Arbeitnehmer gegen eine Kündigung Einspruch ein, ist der **Betriebsrat** bzw. der zuständige Ausschuss zunächst **verpflichtet**, zu prüfen, ob der Einspruch unbegründet ist. Wird das bejaht, ergeben sich für den Betriebsrat keine weiteren Pflichten mehr. Es wird auch meistens so sein, dass der Arbeitnehmer in diesem Fall kein Verlangen danach hat, die negative Stellungnahme des Betriebsrats schriftlich zu erhalten.

☐ Beschließt der Betriebsrat, den Einspruch für begründet zu erachten, so muss er versuchen, eine Verständigung mit dem Arbeitgeber herbeizuführen. Bei einem solchen **Verständigungsgespräch** tritt der Betriebsrat jedoch nicht als Bevollmächtigter des Arbeitnehmers auf. Vielmehr versucht der Betriebsrat aus eigenem Recht, eine Lösung zu erzielen, die er dann dem Arbeitnehmer präsentiert. Dieser ist dann frei in der Akzeptanz oder Ablehnung. Sinnvollerweise wird der Betriebsrat in diese **Vermittlungsgespräche** den Vertreter des Arbeitnehmers bzw. diesen selbst mit einbeziehen.

☐ Der Betriebsrat hat für den **Verständigungsversuch keine Frist** einzuhalten. Dennoch dürfte es sinnvoll sein, zu versuchen, die Verständigung vor dem ersten Termin beim Arbeitsgericht, also dem **Gütetermin** (→ Kündigungsschutzklage) herbeizuführen. Der Betriebsrat hat deshalb Anspruch auf eine Gesprächsführung mit dem Arbeitgeber auch **außerhalb** des **Monatsgesprächs** nach § 74 Abs. 1 BetrVG. Der Betriebsrat ist in den Bemühungen, zu einer Verständigung zu gelangen, nicht inhaltlich begrenzt, er kann alle denkbaren Einigungsvorschläge machen, z. B. auch einen → **Aufhebungsvertrag** vorschlagen.

☐ Der Arbeitgeber ist **nicht** zu einer Einigung **verpflichtet**. § 3 KSchG führt nicht zu einem Einigungszwang. Kommt es zu keiner Verständigung, ist auch nicht die **Einigungsstelle** zuständig. Auch nach § 85 Abs. 2 BetrVG wäre eine Einigungsstelle nicht möglich, sie wäre **offensichtlich unzuständig**, da der Anspruch des Arbeitnehmers, gegen eine Kündigung vorzugehen, ein **Rechtsanspruch** ist, der nicht Gegenstand einer Einigungsstelle sein kann.

Erziehungsurlaub

Grundlagen

☐ Der Gesetzgeber hat zur Betreuung von Kindern die Möglichkeit eingeräumt, dass die Eltern **Erziehungsurlaub** nehmen. Um dieses Recht abzusichern sowie in einigen gleich gelagerten Fällen hat er die Zulässigkeit der Kündigung von einer Zustimmung der zuständigen Behörde abhängig gemacht. Das ergibt sich aus § 19 BErzGG.

☐ Der Gesetzgeber hat sich damit **desselben Systems** bedient, das auch dem **Mutterschutz** zugrunde liegt. D. h. wenn es um folgende Fragen geht:
- geschützte Rechtsverhältnisse,
- Beendigung des Arbeitsverhältnisses ohne Kündigung,
- Verzicht auf den Kündigungsschutz nach dem BErzGG,
- Inhalt und Wirkungen des Kündigungsschutzes,
- Verhältnis von verwaltungs- und verwaltungsgerichtlichem Verfahren zum Ausspruch der Kündigung,
- Grundsätze des Verwaltungsverfahrens, Widerspruch und Klage gegen die Zustimmung oder zur Erwirkung der Zustimmung durch den Arbeitgeber,
- Verhältnis vom verwaltungs- und verwaltungsgerichtlichen Verfahren zum arbeitsgerichtlichen Verfahren,

sind dieselben Grundsätze anzuwenden wie beim Mutterschutz, (→ **Mutterschutz, Grundsätzliches**; → **Mutterschutz, Zustimmung zur und Erklärung der Kündigung**).

Einer besonderen, über die allgemeine Schriftform hinausgehenden Form bedarf die Kündigung nach dem BErzGG anders als nach dem MuSchG aber nicht. Ebenso wie nach dem MuSchG lässt der Kündigungsschutz nach dem BErzGG **sonstige Kündigungsbestimmungen** unberührt. Das gilt vor allem dann, wenn sowohl ein Kündigungsschutz nach dem MuSchG als auch ein Kündigungsschutz nach dem BErzGG besteht. Das kann zum einen der Fall sein, wenn eine Frau Erziehungsurlaub verlangt hat und noch in der Mutterschutzfrist ist. Zum anderen betrifft dies Fälle, in denen eine Frau während des Erziehungsurlaubes wieder schwanger wird. Dann ersetzt die Zustimmung zur Kündigung nach dem MuSchG nicht die Zustimmung nach dem BErzGG. Im Übrigen müssen für eine Kündi-

Erziehungsurlaub

gung die Voraussetzungen des KSchG bzw. die für eine außerordentliche Kündigung vorliegen und die Sonderregeln z. B. für Betriebsratsmitglieder beachtet werden.

Wer ist geschützt?

☐ Geschützt sind Personen, die Erziehungsurlaub verlangt haben oder im Erziehungsurlaub sind. **Voraussetzung** ist, dass die gesetzlichen Voraussetzungen für Erziehungsurlaub vorliegen.

Der **besondere Kündigungsschutz** beginnt mit dem Verlangen auf Erziehungsurlaub, jedoch frühestens sechs Wochen vor dem Beginn des Erziehungsurlaubes. Ein ordnungsgemäßes Verlangen setzt voraus, dass der geplante Zeitraum des Erziehungsurlaubes dem Arbeitgeber mitgeteilt wird. Hält der Arbeitnehmer oder die Arbeitnehmerin die gesetzliche Frist für das Verlangen nicht ein, so ist dies jedoch für den besonderen Kündigungsschutz unerheblich. Es hat nur zur Folge, dass der Erziehungsurlaub erst später beginnt.

Der Erziehungsurlaub beginnt, sobald seine gesetzlichen Voraussetzungen vorliegen. Einer besonderen Gewährung durch den Arbeitgeber bedarf es nicht.

Der Kündigungsschutz greift auch ein, wenn der oder die Berechtigte während des Laufs des möglichen Erziehungsurlaubs den **Arbeitgeber wechselt** und beim neuen Arbeitgeber Erziehungsurlaub verlangt. Wird der Erziehungsurlaub gespalten genommen, so ist umstritten, ob für die weiteren Phasen der Kündigungsschutz erst mit Beginn der weiteren Phasen des Erziehungsurlaubs einsetzt oder bereits sechs Wochen vorher.

Der besondere Kündigungsschutz endet mit dem Erziehungsurlaub.

☐ Der besondere Kündigungsschutz besteht auch, wenn der Arbeitnehmer oder die Arbeitnehmerin während ihres Erziehungsurlaubes im gesetzlich erlaubten Umfang Teilzeit arbeitet. Das Gesetz lässt in § 15 Abs. 4 BErzGG eine Teilzeittätigkeit bis zu 19 Stunden zu. Nur wenn die Teilzeittätigkeit darauf beschränkt ist, bleibt auch der besondere Kündigungsschutz bestehen. Tatsächliche vorübergehende Überschreitungen sind jedoch unschädlich. Ob der Kündigungsschutz nach dem BErzGG auch das Teilzeitarbeitsverhältnis schützt, ist in der Literatur umstritten und von der Rechtsprechung noch nicht entschieden.

Das BErzGG erlaubt unter bestimmten Voraussetzungen auch eine Teilzeittätigkeit bei einem anderen Arbeitgeber. Dieses Arbeitsverhältnis ist nicht durch den besonderen Kündigungsschutz des BErzGG geschützt. Arbeitet der oder die Berechtigte ohne Erlaubnis bei einem anderen Arbeitgeber, so berührt dies den besonderen Kündigungsschutz nicht. Allenfalls kann dies einen Grund zur Zustimmung für die Kündigung sein.

☐ Es gibt Arbeitnehmerinnen und Arbeitnehmer, die von vornherein ohnehin nur in gesetzlich erlaubten Umfange Teilzeitarbeit leisten und neben der Erziehung ihres Kindes diese Tätigkeit beibehalten wollen. Diese Arbeitnehmer haben für die Zeit, während derer sie sonst Erziehungsurlaub hätten nehmen können, ebenfalls besonderen Kündigungsschutz. Damit soll ihnen während der Zeit der Kindererziehung die Angst um den Arbeitsplatz genommen werden.

In diesen Fällen kann es passieren, dass der Arbeitgeber von den Voraussetzungen des Kündigungsschutzes nichts weiß. Hier ist in der Literatur streitig und von der Rechtsprechung noch nicht geklärt, ab welcher Frist eine bereits gekündigte Arbeitnehmerin oder ein bereits gekündigter Arbeitnehmer dem Arbeitgeber die Voraussetzungen mitteilen muss. Es liegt wohl am nächsten, die Zwei-Wochen-Frist nach dem MuSchG (→ **Mutterschutz, Grundsätzliches**) entsprechend heranzuziehen. Denkbar ist aber auch die Heranziehung der Grundsätze für die Mitteilung der Schwerbehinderteneigenschaft (→ **Schwerbehinderte**) anzuwenden oder eine unverzügliche, also ohne schuldhaftes Zögern erfolgende Mitteilung zu verlangen. In der Praxis kann der Arbeitnehmerin oder dem Arbeitnehmer nur geraten werden, die Voraussetzungen möglichst umgehend mitzuteilen.

Wer erteilt unter welchen Voraussetzungen die Zustimmung?

☐ Für die Erteilung der Zustimmung sind dieselben **Behörden zuständig**, die auch nach dem **MuSchG** die Zustimmung zur Kündigung erteilen müssen (→ **Mutterschutz** und → **Kündigung**). Nach § 18 Abs. 1 Satz 2 BErzGG kann die Zustimmung in besonderen Fällen ausnahmsweise für zulässig erklärt werden. Hier gibt es bundesweite **Verwaltungsvorschriften**, die aber nur die Verwaltung binden und ansonsten inhaltlich ohne Bedeutung sind (vom 2.1.1986, Bundesanzeiger 1/86, S. 4). Sie nennen vor allem die Fälle der Betriebsstilllegung oder der teilweisen Betriebsstilllegung sowie der Betriebsverlagerung, wenn dies dazu führt, dass der Arbeitnehmer oder die Arbeitnehmerin im Unternehmen nicht mehr weiterbeschäftigt werden können oder einer angebotenen zumutbaren Weiterbeschäftigung nicht zustimmen. Ferner wird darauf abgestellt, ob die Aufrechterhaltung des Arbeitsverhältnisses nach Beendigung des Erziehungsurlaubes die Existenz des Betriebes oder die wirtschaftliche Existenz des Arbeitgebers gefährdet. Des Weiteren sind besonders schwere Verstöße des Arbeitnehmers oder der Arbeitnehmerin gegen arbeitsvertragliche Verpflichtungen und strafbare Handlungen genannt. Die Verwaltungsvorschriften sehen eine Anhörung des Arbeitnehmers und des Betriebs- oder Personalrats vor. Schließlich gehen sie von der Möglichkeit einer Bedingung für die Zustimmung aus und nennen ausdrücklich den Fall, dass die Zustimmung unter der Bedingung erteilt wird, dass die Kündigung zum Ende des Erziehungsurlaubs ausgesprochen wird.

Kann der oder die Berechtigte selbst kündigen?

☐ Der oder die Berechtigte können während des Erziehungsurlaubes ihr Arbeitsverhältnis selbst kündigen. Zum Ende des Erziehungsurlaubes ist dies allerdings nur unter Einhaltung einer Kündigungsfrist von drei Monaten möglich (§ 19 BErzGG). Damit soll der Arbeitgeber vor Überraschungen geschützt werden. Die Kündigung mit einer ansonsten zulässigen kürzeren Kündigungsfrist ist aber zu jedem anderen Zeitpunkt vor und nach Ende des Erziehungsurlaubs zulässig.

Erziehungsurlaub, Befristung mit Ersatzkraft

Was ist das?

☐ An sich war es **immer unbestritten**, dass der Arbeitgeber für eine wegen Schwangerschaft, Erziehungsurlaubs oder Kinderbetreuung ausfallende Person eine Ersatzkraft einstellen und deren Arbeitsvertrag befristen konnte. § 21 des BErzGG hat dies zum einen klargestellt, zum andern aber auch eine **Reihe von Einzelfragen** geregelt, beispielsweise ein Sonderkündigungsrecht des Arbeitgebers geschaffen, wenn der Erziehungsurlaub ohne sein Zutun ein vorzeitiges Ende findet und die beurlaubte Person an den Arbeitsplatz zurückkehrt.

Erfasste Vertretungsfälle

☐ § 21 BErzGG kennt drei Fälle, in denen die Befristung zulässig ist:
- Die **Beschäftigungsverbote** nach dem Mutterschutzgesetz ermöglichen den Abschluss eines befristeten Arbeitsvertrages. Erfasst sind nicht allein die Schutzfristen von sechs Wochen vor der Geburt und von acht Wochen nach der Geburt. Vielmehr geht es auch um Beschäftigungsverbote, die während der Schwangerschaft aus gesundheitlichen Gründen bestehen.
- Möglich ist weiter eine befristete Vertretung **während des Erziehungsurlaubs**. Dieser muss von der dazu berechtigten Person bereits verlangt worden sein; die bloße Möglichkeit reicht nicht aus.
- Dritter Tatbestand ist die Freistellung von der Arbeit zur **Betreuung eines Kindes**, sofern diese auf einem Tarifvertrag, einer Betriebsvereinbarung oder einer arbeitsvertraglichen Abmachung beruht. Die Freistellung muss sich nicht an den Erziehungsurlaub anschließen und kann auch in einer Reduzierung auf Teilzeitarbeit bestehen.

Erziehungsurlaub, Befristung mit Ersatzkraft

Aufnahme des Grundes in den Arbeitsvertrag

☐ Da es sich bei § 21 BErzGG um eine Befristung mit spezifischen Voraussetzungen und spezifischen Folgen handelt, muss diese Gegenstand des Arbeitsvertrags werden. Ein bloßes **Motiv** des Arbeitgebers **genügt nicht.** Meines Erachtens ist sogar zu verlangen, dass dieser Grund in der Befristungsabrede genannt wird, die nach § 623 BGB die → **Schriftform** wahren muss.

Auf welchen Zeitraum kann befristet werden?

☐ § 21 Abs. 1 BErzGG macht von seinem Wortlaut her deutlich, dass die Dauer des Einsatzes von den jeweiligen Anlässen unabhängig ist.
- Möglich ist auf der einen Seite eine »**Langzeitvertretung**«, die während der Schwangerschaft beginnt und mit dem Ende einer sich an den Erziehungsurlaub anschließenden Freistellung ausläuft.
- Auf der anderen Seite kann wie bei anderen Vertretungsfällen **der einzelne Anlass,** wie z. B. der Erziehungsurlaub, **nur teilweise ausgeschöpft** werden.

Beispiel.
Es wird eine auf sechs Monate beschränkte »Erziehungsurlaubsvertretung« vereinbart, obwohl dieser zwei Jahre dauern soll.

- Ob und in welchem Umfang im Vertretungszeitraum auch **Kettenarbeitsverhältnisse** möglich sind, ist umstritten. Genau wie in anderen Fällen sollten mit der Anzahl der Befristungen auch die Anforderungen an den → »**sachlichen Grund**« steigen.
- Die Befristung kann **kalendermäßig bestimmt** sein, muss dies jedoch seit dem Beschäftigungsförderungsgesetz 1996 nicht mehr. Zulässig ist **auch eine** → **Zweckbefristung.** Dabei ist der Vertretungskraft ggf. eine Auslauffrist zu bewilligen.
- Das Ende des Vertretungsanlasses zur **auflösenden Bedingung** für das Arbeitsverhältnis der Vertretungskraft zu machen, ist **nicht zulässig.** Der Gesetzgeber hat eine solche Erweiterung nicht vorgenommen und damit der Tatsache Rechnung getragen, dass bei näherer Betrachtung die Vereinbarung auflösender Bedingungen nur unter sehr viel beschränkteren Voraussetzungen möglich ist als die von Befristungen.
- § 21 Abs. 1 BErzGG hat **nicht** den Sinn, **Daueraushilfen** zu ermöglichen. Ist in einem größeren Unternehmen der Vertretungsbedarf in etwa absehbar, so muss

Erziehungsurlaub, Befristung mit Ersatzkraft

dieser zumindest teilweise über unbefristete Arbeitsverträge gedeckt werden. Nach allerdings umstrittener Auffassung darf § 21 nicht zur Schaffung eines Vertretungspools benutzt werden.

☐ § 21 Abs. 2 BErzGG erstreckt die Möglichkeit zur Befristung auf notwendige **Zeiten einer Einarbeitung.** Diese sind großzügig zu bemessen. In vielen Fällen wird die Einarbeitung durch die zu vertretende Person erfolgen.

Mittelbare Vertretung

☐ Der befristet eingestellte Arbeitnehmer muss nicht auf dem Arbeitsplatz eingesetzt werden, der aufgrund von Erziehungsurlaub u. Ä. vorübergehend frei wurde. Genau wie in anderen Vertretungsfällen kann auch so verfahren werden, dass ein anderer Arbeitnehmer die Vertretungsfunktion übernimmt, dessen Arbeitsplatz dann von dem befristet Beschäftigten eingenommen wird. Insoweit reicht eine **kausale Verknüpfung.**

Beispiel:
Arbeitnehmerin A hat vom 1.2.2000 bis 30.6.2002 Erziehungsurlaub. Sie war als Chefsekretärin tätig. Ihr Arbeitsplatz wird bis zum 30.6.2002 von der B übernommen, die schon bisher im Unternehmen tätig war. An die Stelle der B tritt die Vertretungskraft im Sinne des § 21 BErzGG.

Beendigung des befristeten Arbeitsvertrags

☐ Der Arbeitsvertrag endet mit dem Ablauf der vereinbarten Frist bzw. der Erreichung des vereinbarten Zwecks. Möglich ist zudem eine **außerordentliche Kündigung** nach § 626 BGB, wenn es zu schweren Störungen bei der Durchführung des Vertrages kommt. Eine **ordentliche Kündigung** kann nach herrschender Auffassung arbeitsvertraglich vereinbart werden. Soweit das Arbeitsverhältnis länger als sechs Monate gedauert hat und nicht in einem Kleinbetrieb gearbeitet wird, sind dann allerdings die Voraussetzungen des KSchG zu beachten. Auch der **Sonderkündigungsschutz** nach dem SchwbG, dem MuSchG und anderen Bestimmungen findet insoweit Anwendung.

Erziehungsurlaub, Befristung mit Ersatzkraft

Sonderkündigungsrecht nach § 21 Abs. 4 BErzGG

☐ Um doppelte Lohnkosten für den Vertreter und die zurückkehrende Person zu vermeiden, gibt § 21 Abs. 4 BErzGG dem Arbeitgeber ein Sonderkündigungsrecht mit dreiwöchiger Frist. Voraussetzung ist, dass der **Erziehungsurlaub ohne Zustimmung des Arbeitgebers vorzeitig beendet** wird, was nach dem Gesetz nur bei Tod des Kindes möglich ist. Gleichzustellen ist der entsprechende Fall des § 6 Abs. 1 Satz 3 MuSchG. Vertraglich vorgesehene Kinderbetreuungszeiten sind dagegen nicht erfasst; hier kommt lediglich eine Versetzung oder eine Kündigung nach allgemeinen Grundsätzen in Betracht.

Keine Veränderung der Betriebsgröße

☐ Nach § 21 Abs. 7 BErzGG dürfen bei der Bestimmung der Betriebsgröße die freigestellte Person und die Ersatzkraft **nicht** gleichermaßen **mitgezählt** werden.

Beispiel:
Ein Arbeitgeber, der fünf Vollzeitarbeitnehmer beschäftigt, gerät nicht dadurch in den Anwendungsbereich des KSchG, dass eine Arbeitnehmerin in Erziehungsurlaub geht und für sie eine andere Person befristet eingestellt wird.

☐ Dies schließt im Übrigen nicht aus, dass sowohl der vorübergehend nicht arbeitende wie der zur Aushilfe tätige Arbeitnehmer für den Betriebsrat **wahlberechtigt** sind; lediglich die Größenklasse soll nicht verändert werden.

☐ Der **Arbeitgeber** soll von der Freistellung auch **keinen Vorteil** in dem Sinne haben, dass die Beschäftigtenzahl absinkt. § 21 Abs. 7 Satz 2 BErzGG legt deshalb fest, dass der in Urlaub Befindliche weiter mitzuzählen ist, wenn der Vertreter unberücksichtigt bleibt, weil es sich beispielsweise um einen Auszubildenden handelt, den § 23 Abs. 1 Satz 2 KSchG ausklammert. Obwohl der Fall nicht ausdrücklich angesprochen ist, muss diese Grundentscheidung auch dann Berücksichtigung finden, wenn die Ersatzkraft wegen reduzierter Arbeitszeit nur zu ein halb oder drei viertel mitzählt; die in Urlaub befindliche Person ist hier mit dem verbleibenden Bruchteil mitzurechnen.

Verhältnis zu anderen Bestimmungen

☐ Der Arbeitsvertrag mit der Vertretungskraft kann **aus anderen sachlichen Gründen** oder auch nach dem Beschäftigungsförderungsgesetz befristet werden. Es gelten dann die allgemeinen Grundsätze.

☐ § 9 Nr. 2 AÜG hat Vorrang; der Arbeitsvertrag mit einem **Leiharbeitnehmer** kann beim ersten Mal nur aus Gründen befristet werden, die sich aus seiner Person ergeben.

Beispiel:
Eine Leiharbeitnehmerin wird schwanger. Bei der Einstellung einer gleichfalls als Leiharbeitnehmerin einzusetzenden Vertretungskraft kann nicht auf § 21 BErzGG zurückgegriffen werden.

Freistellung während der Kündigungsfrist

Was ist das?

☐ Im Zusammenhang mit einer fristgerechten → **Kündigung** erklärt häufig der **Arbeitgeber** sein Interesse daran, den **Arbeitnehmer** bis zum Ende der → **Kündigungsfrist** nicht mehr weiterbeschäftigen zu wollen. Deshalb wird der Arbeitnehmer von der Erbringung der Arbeitsleistung freigestellt. Dieser Vorgang wird auch **Suspendierung** genannt.

☐ Durch die Freistellung verzichtet der Arbeitgeber auf seinen Anspruch auf die Arbeitsleistung. Der Arbeitnehmer ist seinerseits nicht mehr verpflichtet, die vertraglich geschuldete Arbeitsleistung zu erbringen. Er behält aber im Regelfall seinen Vergütungsanspruch.

Rechtliche Einordnung der Freistellung

☐ Die **Freistellung** oder **Suspendierung** ist keine → **Kündigung**. Sie wird zwar oft **gleichzeitig** mit einer Kündigung ausgesprochen, kann jedoch auch schon vor einer Kündigung ausgesprochen werden. Die → **Klagefrist** beginnt noch nicht zu laufen.

☐ Der Arbeitgeber muss **deutlich** machen, ob er eine **Freistellung** von der Arbeitsleistung meint oder aber eine → **außerordentliche Kündigung** aussprechen will.

Üblicherweise wird eine Freistellung wie folgt formuliert:

- *Wir stellen Sie hiermit von der Erbringung der Arbeitsleistung unter Fortzahlung der Bezüge frei.*

Oder:

- *Wir verzichten auf Ihre Arbeitsleistung, Sie können bis zum Ende der Kündigungsfrist unter Fortzahlung der Bezüge zu Hause bleiben.*

Unklar ist die Formulierung:

Wir wollen Sie hier nicht mehr sehen, gehen Sie nach Hause.

Freistellung während der Kündigungsfrist

Hier kann sowohl eine fristlose Kündigung gemeint bzw. gewollt sein oder aber auch eine **Freistellung**. Der Grundsatz der **Kündigungsklarheit** (→ **Kündigung**) führt dazu, dass der Arbeitnehmer berechtigt ist, nur von einer Freistellung auszugehen.

☐ Eine Freistellung kann, anders als die Kündigung (→ **Schriftform**), **formfrei** ausgesprochen werden. Allerdings sollte der Arbeitnehmer darauf **bestehen**, dass der Arbeitgeber die Freistellung ausdrücklich **schriftlich bestätigt**. Ansonsten besteht die **Gefahr**, dass der Arbeitgeber dem Arbeitnehmer **wegen Arbeitsverweigerung** kündigt. Weigert sich der Arbeitgeber, eine schriftliche Freistellungserklärung abzugeben, sollte der Arbeitnehmer einen Zeugen, z. B. ein Betriebsratsmitglied, mitnehmen, der den Freistellungsvorgang bekunden kann.

☐ Eine Freistellung kann **unwiderruflich** erfolgen, dann steht bis zum Ende der Kündigungfrist fest, dass der Arbeitnehmer nicht wieder am Arbeitsplatz erscheinen muss.

☐ Eine Freistellung kann aber auch **widerruflich** erfolgen, dann muss der Arbeitnehmer damit rechnen, während des Laufes der **Kündigungsfrist** doch noch zur Arbeitsleistung herangezogen zu werden.

Der Arbeitnehmer ist dann **nicht verpflichtet**, jeden Tag seine Arbeitsleistung beim Arbeitgeber anzubieten, er kann sich auch so vom Wohnort **entfernen**, dass er auf Anforderung des Arbeitgebers in **angemessener Zeit** seine Arbeitsleistung wieder aufnimmt.

☐ Die **Freistellung** ist eine **einseitige Erklärung** des **Arbeitgebers**. Sie muss vom Arbeitnehmer nicht angenommen werden. Ist der Arbeitnehmer mit einer Freistellung nicht einverstanden, kann er dies dem Arbeitgeber mündlich oder schriftlich deutlich machen. Er sollte aber vermeiden, sich in eine Auseinandersetzung mit dem Arbeitgeber hineinziehen zu lassen. Der Arbeitgeber wird ggf., wenn auch ohne Rechtsgrund, von seinem **Hausrecht** Gebrauch machen wollen. Eine solche Eskalation ist der weiteren Auseinandersetzung bzw. evtl. Einigung zur Beendigung eines Arbeitsverhältnisses **nicht dienlich**.

Ggf. sollte der Arbeitnehmer ein Betriebsratsmitglied beiziehen und um Vermittlung bitten.

Rechtsgrundlage für eine Freistellung

☐ Im **Arbeitsvertrag** kann schon bei seinem Abschluss oder später eine **Vereinbarung** getroffen werden, wonach der Arbeitgeber berechtigt ist, den Arbeitnehmer freizustellen. Allerdings muss eine solche Freistellungsmöglichkeit durch den

Freistellung während der Kündigungsfrist

Arbeitgeber begrenzt werden auf den Fall, dass eine ordentliche Kündigung ausgesprochen worden ist. Denn der **Beschäftigungsanspruch** des Arbeitnehmers aus dem Arbeitsvertrag ist **grundgesetzlich** nach Art. 1 und 2 GG geschützt. Es gehört zu den Wertentscheidungen des Grundgesetzes, dass sich der Arbeitnehmer durch Arbeit verwirklichen kann. Dieser besondere Charakter der Arbeitsleistung darf nicht durch eine einseitige Möglichkeit des Entzuges durch den **Arbeitgeber** unverhältnismäßig eingeschränkt werden. Zulässig ist es aber, nur für die **begrenzte Zeitdauer** der Kündigungsfrist eine Freistellungsmöglichkeit vertraglich vorzusehen, wenn der Arbeitgeber dafür erhebliche Gründe anführen kann und der Arbeitnehmer dadurch nicht unbillig benachteiligt wird.

Formulierungsbeispiel:
Sollte das Arbeitsverhältnis durch die Firma fristgerecht gekündigt werden, behält sich die Firma vor, Sie bis zum Ablauf der ordentlichen Kündigungsfrist von der Arbeitsleistung unter Fortzahlung der Bezüge und unter Anrechnung auf den dann noch offenen Urlaubsanspruch von der Arbeitsleistung freizustellen.

☐ Fehlt es an einer entsprechenden Freistellungsvereinbarung im Arbeitsvertrag, hat der Arbeitnehmer auch für den Lauf der ordentlichen Kündigungsfrist Anspruch auf **tatsächliche, ordentliche** und **vertragsgerechte Beschäftigung**. Der Arbeitgeber ist z.B. nicht berechtigt, den Arbeitnehmer während der Kündigungsfrist über das im Rahmen des → **Direktionsrechtes** Mögliche hinaus zu versetzen oder zu anderen Arbeitsbedingungen zu beschäftigen. Der Ablauf der Kündigungsfrist **ändert** die Intensität und das Maß des **Direktionsrechtes** nicht.

☐ Oft wird auch der Arbeitnehmer mit einer Freistellung **einverstanden** sein. Sie gibt ihm Zeit, sich auf die Stellensuche (→ **Freistellung zur Arbeitssuche**) zu begeben, sich fort- und weiterzubilden bzw. Zusatzqualifikationen zu erwerben, eine Regenerationsphase einzulegen u. Ä.

☐ **Häufig** ist es aber auch so, dass der Arbeitnehmer mit einer **Freistellung nicht einverstanden** sein kann, weil die Beschäftigung für ihn **wesentlicher Ausdruck der Persönlichkeit** ist, weil von seiner Tätigkeit seine **Vergütungshöhe** abhängt, beispielsweise bei **provisionsabhängiger Beschäftigung**, weil der Arbeitnehmer nach außen hin nicht zu erkennen geben möchte, dass er seinen Arbeitsplatz verloren hat bzw. verlieren wird.

Oft ist es auch so, dass der Arbeitnehmer **nur** durch seine **Tätigkeit** seine **Qualifikation**, seine **Kenntnisse** und seine **Fähigkeiten** erhalten kann. Gerade in einer sich technisch schnell ändernden Welt wird es zunehmend wichtig, nicht über längere Zeiträume den Anschluss an die **technische Entwicklung** zu verlieren. Ansonsten droht ein **beruflicher** und **sozialer** Abstieg.

Freistellung während der Kündigungsfrist

Beispiele:
- *Ein Arbeitnehmer arbeitet als Software-Ingenieur in der IT-Branche. Er wird für die Dauer einer sechsmonatigen Kündigungsfrist von der Arbeitsleistung freigestellt. Während dieser Zeit hat er keine Möglichkeit, an den betrieblichen und sonstigen technischen Entwicklungen teilzunehmen, weil ihm privat die erforderliche Systemkonfiguration nicht zur Verfügung steht.*

Oder:
- *Ein Pilot im Linienverkehr ist auf tatsächliche Flugstunden angewiesen, um seine Lizenz zu erhalten.*

☐ Der Arbeitnehmer kann seinen **Anspruch auf Beschäftigung** gerichtlich durchsetzen. Aufgrund der zeitlichen Umstände wird das im Regelfall nur im Wege der **einstweiligen Verfügung** möglich sein. Die Gerichte gehen aber mit diesem Instrument nur **äußerst zögerlich** um. Erforderlich ist, dass glaubhaft gemacht wird, dass eine **erhebliche Qualifikations-** bzw. **Einkommensminderung** droht, wenn keine Beschäftigung erfolgt. Es entsteht nicht selten der Eindruck, dass die Gerichte in solchen Eilverfahren zu der Meinung tendieren, Müßiggang sei eine Tugend und nicht aller Laster Anfang.

☐ Oft werden **Freistellungsregelungen** in einem → **Aufhebungsvertrag** aufgenommen bzw. in einem gerichtlichen → **Vergleich**, wenn die Einigung vor Ende der Kündigungsfrist erfolgt.

In einer solchen Regelung können dann auch alle Folgeregelungen aufgenommen werden, insbesondere zur Höhe der fortzuzahlenden Vergütung.

Nicht unüblich ist in einem solchen Fall, dass die Parteien auch vereinbaren, dass das Arbeitsverhältnis des freigestellten Arbeitnehmers durch diesen vor Ende der Kündigungsfrist auf **eigene Initiative** beendet werden kann. Der Arbeitnehmer ist dann in der Lage, früher eine neue, ihm mögliche Arbeitsstelle anzutreten und dort Einkommen zu erzielen.

Häufig wird dann der nicht abgearbeitete Rest der Kündigungsfrist ganz oder teilweise als Erhöhung der → **Abfindung** zugeschlagen. Das ist zulässig, weil das Arbeitsverhältnis weiterhin durch Veranlassung des Arbeitgebers und nicht aufgrund einer **Eigenkündigung** des Arbeitnehmers endet. Es handelt sich hier nicht um eine **verdeckte Abfindung**.

Beispiel:
Die Abfindung erhöht sich für jeden vollendeten Monat, für den das Arbeitsverhältnis vor Ende der Kündigungsfrist beendet wird, um jeweils ein volles Monatsgehalt.

Freistellung während der Kündigungsfrist

Rechtsfolgen der Freistellung

☐ Die wichtigste Rechtsfolge der **Freistellung** ist, dass der Arbeitnehmer von seiner **Arbeitsverpflichtung** befreit wird. Er behält jedoch seinen **Vergütungsanspruch** in voller, **vertraglicher** bzw. **tarifvertraglicher** Höhe. Durch eine Freistellung darf das Einkommen eines Arbeitnehmers nicht angetastet werden.

☐ Ausnahmsweise ist der Arbeitgeber jedoch berechtigt, während eines Freistellungszeitraumes, meistens vor einer außerordentlichen, fristlosen Kündigung, die Vergütungszahlung einzustellen, wenn es dem Arbeitgeber **nicht mehr zumutbar** ist, die Arbeitsleistung des Arbeitnehmers noch abzunehmen.

Beispiel:
Der Arbeitnehmer begeht gegenüber dem Arbeitgeber bzw. Mitarbeitern eine schwere Straftat, z. B. Körperverletzung, Totschlag, Erpressung, Transportgefährdung o. Ä. Vor Ausspruch der außerordentlichen Kündigung muss noch der Betriebsrat angehört werden. Bis zum Ausspruch der Kündigung ist eine Freistellung ohne Vergütungszahlung im Ausnahmefall möglich.

☐ Ist die **Vergütungshöhe** des Arbeitnehmers **schwankend**, z. B. bei **erfolgsabhängiger Beschäftigung, Akkord** usw., ist der Arbeitgeber verpflichtet, eine **Durchschnittsvergütung** weiterzuzahlen. Die **Referenzperiode** wird nach den üblichen Maßstäben gebildet. Bei sehr großen Einkommensschwankungen, z. B. bei Provisionsregelungen im Investitionsgütersektor, kann auch eine Referenzperiode von einem Jahr zulässig sein, ansonsten wird man einen 3-Monats-Zeitraum anlegen.

☐ Ist dem Arbeitnehmer ein **Dienstwagen** auch zur **Privatnutzung** zur Verfügung gestellt worden, ist der Arbeitnehmer berechtigt, diesen auch während einer Freistellungsperiode bis zum Ende des Arbeitsverhältnisses weiter, dann **ausschließlich privat**, zu nutzen. Eine etwaige andere arbeitsvertragliche Vereinbarung wäre unwirksam, weil sie den Charakter einer unzulässigen → **Teilkündigung** hat. Entzieht der Arbeitgeber die **Nutzungsmöglichkeit** des Dienstwagens auch für private Zwecke, hat der Arbeitnehmer Anspruch auf Schadensersatz. Das BAG pauschaliert diesen in Höhe der steuerlichen »1 %-Regelung« pro Monat und lässt andere Berechnungsmethoden, z. B. die ADAC-Tabelle bzw. die hypothetischen Mietwagenkosten, z. B. nach der Tabelle von **Sanden/Danner/Küppersbusch**, nicht zu.

☐ Der **Arbeitgeber** ist berechtigt, auf einen **Freistellungszeitraum** den vom Arbeitnehmer noch nicht genommenen **Urlaubsanspruch anzurechnen**. Das ist aber nur dann möglich, wenn der Arbeitnehmer **unwiderruflich** von der Arbeitsleistung freigestellt ist. Bei **widerruflicher** Freistellung muss sich der Arbeitneh-

Freistellung während der Kündigungsfrist

mer in »Bereitschaft« halten und kann die freien Tage nicht nach urlaubsmäßigen Grundsätzen nutzen, weil er jederzeit mit einer **Zurückrufung** in den Betrieb rechnen muss.

Die **Anrechnung** auf den Freistellungszeitraum muss **ausdrücklich**, klar und eindeutig erfolgen.

Formulierungsbeispiel:
Sie werden bis zum 30. 9. von der Erbringung der Arbeitsleistung unter Fortzahlung Ihrer Vergütungsansprüche freigestellt. Ihr noch offener Urlaubsanspruch von 15 Arbeitstagen für das laufende Urlaubsjahr wird auf den Freistellungsanspruch angerechnet.

☐ **Fehlt** eine solche **Anrechnungsklausel**, ist der Arbeitgeber verpflichtet, den Urlaub nach Ende der Kündigungsfrist nach § 7 Abs. 4 BUrlG in Geld abzugelten. Das kann allerdings sozialrechtliche Auswirkungen im Hinblick auf den **Arbeitslosengeldbezug** haben (→ sozialrechtliche Folgen).

☐ **Angerechnet** werden können auf den Freistellungszeitraum im Einzelfall Ansprüche auf Abgeltung von Mehrarbeit und Überstunden, Zeitguthaben aus entsprechenden flexiblen Arbeitszeitregelungen u. Ä. Auch hier ist eine ausdrückliche Vereinbarung erforderlich. Andernfalls ist eine Abgeltung in Geld vorzunehmen.

☐ Da das Arbeitsverhältnis durch eine Freistellung nicht beendet wird, sondern im Wesentlichen fortbesteht, gilt auch für den Freistellungszeitraum das **vertragliche** → **Wettbewerbsverbot**. Auch alle sonstigen Verpflichtungen des Arbeitnehmers, z. B. zur **Vertraulichkeit**, zur Wahrung von **Geschäftsgeheimnissen** u. Ä., bleiben in Kraft. Allerdings können die Parteien **vereinbaren**, dass diese arbeitnehmerseitigen Verpflichtungen schon für den Freistellungszeitraum **aufgehoben** werden. Das muss jedoch klar und deutlich erfolgen.

Beispiel:
Während der Freistellungszeit sind Sie berechtigt, ein anderes Arbeitsverhältnis anzutreten, auch beim Wettbewerb. Sie sind jedoch weiter verpflichtet, unsere Geschäftsgeheimnisse zu wahren.

☐ Erkrankt der Arbeitnehmer im **Freistellungszeitraum**, ist der Arbeitgeber auch dann zur **Fortzahlung der Vergütung** verpflichtet, wenn der gesetzliche Sechs-Wochen-Zeitraum der Entgeltfortzahlung **überschritten** wird. Denn erste und primäre Ursache für die Nichterbringung der Arbeitsleistung ist die Freistellung durch den Arbeitgeber. Die Erkrankung ist nicht kausal.

☐ Während des Freistellungszeitraumes ist der Arbeitnehmer berechtigt, (außerhalb des Wettbewerbes) **anderweitigen Verdienst** zu erzielen. Da der Vergütungsanspruch im Freistellungszeitraum auf § 615 BGB beruht, also auf dem → **An-**

247

Freistellung während der Kündigungsfrist

nahmeverzug des Arbeitgebers, müsste sich der Arbeitnehmer normalerweise das anrechnen lassen, was er in dem Zeitraum anderweitig verdient.
Die Regelung des § 615 Satz 2 BGB kann jedoch **abbedungen** werden. Dies wird üblicherweise auch konkludent dadurch geschehen, dass eine **Freistellungsvereinbarung** (siehe oben) getroffen wird. Denn dann geben Arbeitgeber und Arbeitnehmer übereinstimmend zu erkennen, dass an der Verwertung der Arbeitskraft zugunsten des Arbeitgebers kein Interesse mehr besteht. Es empfiehlt sich aber eine spezielle Regelung.

☐ Freistellungszeiten werden in vollem Umfange auf die → **Betriebszugehörigkeit** angerechnet. Während der Freistellung besteht auch das aktive Wahlrecht zum Betriebsrat.

☐ Ein **Freistellungszeitraum** in der Kündigungsfrist darf in einem → **Zeugnis nicht vermerkt** werden.

☐ Die Fortzahlung der Vergütung bis zum Ende der Kündigungsfrist stellt keine → **Abfindung** dar. Die steuerlichen Vergünstigungen greifen deshalb nicht ein.

☐ Unter Umständen kommt eine Freistellung auch dann in Betracht, wenn der Arbeitgeber eine → **Änderungskündigung** ausgesprochen hat. Nach Ende der Freistellung und Ende der Kündigungsfrist muss der Arbeitnehmer dann seine Beschäftigung zu den geänderten Bedingungen aufnehmen, wenn er diesen, ggf. **unter Vorbehalt**, zugestimmt hat.

Bedeutung für den Betriebsrat

☐ Nach der **Rechtsprechung des BAG** handelt es sich bei einer **Freistellung** eines Arbeitnehmers während der Kündigungsfrist **nicht** um eine mitbestimmungspflichtige **Versetzung** im Sinne des § 99 BetrVG. Es liegt auch **keine Kurzarbeit** im Sinne des § 87 Abs. 1 Ziff. 3 BetrVG vor, da kein kollektiver Tatbestand gegeben ist und die »Kurzarbeit« auf Dauer, bis zum Ende des Arbeitsverhältnisses, erfolgt (→ **Kurzarbeit**).

☐ Ist ein Betriebsratsmitglied freigestellt, werden dadurch seine Rechte und Pflichten als Betriebsratsmitglied nicht berührt.

Freistellung zur Arbeitssuche

Was ist das?

☐ Ist das Arbeitsverhältnis gekündigt, hat der Arbeitgeber dem Arbeitnehmer nach § 629 BGB auf Verlangen »angemessene Zeit zum Aufsuchen eines anderen Dienstverhältnisses« zu gewähren. Dabei spielt es keine Rolle, wer gekündigt hat. »Aufsuchen eines anderen Dienstverhältnisses« umfasst alle Bemühungen um einen neuen Arbeitsplatz; dazu gehört insbesondere auch der Besuch auf dem Arbeitsamt.

Bedeutung für den Arbeitnehmer

Beispiele:
- *Arbeitnehmer A ist am 15.11. zum Jahresende 2000 gekündigt worden. Am 16.11. ruft er beim örtlichen Arbeitsamt an und erhält für Dienstag, 21.11.2000, 10.00 Uhr einen Termin, um seine weiteren Perspektiven zu besprechen. Dazu soll auch die Möglichkeit einer Umschulung gehören.*
  Der Arbeitgeber ist verpflichtet, den A für den 21.11. so rechtzeitig freizustellen, dass er pünktlich beim Arbeitsamt sein kann. Dauert das Gespräch $1^1/_2$ Stunden oder muss A eine Stunde warten, ist dies rechtlich ohne Bedeutung.
- *Hat A sich bei einem örtlichen Software-Unternehmer beworben und ist er in die engere Wahl gekommen, muss er für die Dauer des Vorstellungsgesprächs freigestellt werden. Macht er dabei einen guten Eindruck, so gehört er ggf. zu den drei Kandidaten, die in die »engste Auswahl« genommen werden. Mit ihnen wird vereinbart, dass sie sich in einem Assessment-Center einer Überprüfung stellen müssen, wobei insbesondere stressige Arbeitssituationen simuliert werden. Als Termin ist der 6.12.2000 vorgesehen. A hat auch insoweit einen Freistellungsanspruch. Dies rechtfertigt sich mit dem Zweck der Vorschrift, die den Gekündigten in die Lage versetzen soll, möglichst schnell einen neuen Arbeitsplatz zu bekommen.*

Einwände des Arbeitgebers

☐ Der Arbeitnehmer darf nicht einfach seiner Arbeit fernbleiben, sondern muss vom Arbeitgeber eine entsprechende **Freistellung** verlangen. Soweit ausreichend Arbeit vorhanden ist, muss man den Arbeitgeber möglichst frühzeitig von den Terminen in Kenntnis setzen, damit er sich darauf einstellen kann. Aus »**zwingenden betrieblichen Gründen**« kann der **Arbeitgeber »nein«** sagen. Er darf dies allerdings nur dann tun, wenn dem Arbeitnehmer eine Verlegung seines Termins zuzumuten ist.

Beispiel:
Für den 21.11. hat sich eine Unternehmensberatungsfirma angekündigt; A ist als »Auskunftsperson« unentbehrlich. Der Termin auf dem Arbeitsamt kann um ein paar Tage verschoben werden. Anders ist dies beim Vorstellungsgespräch oder beim Tag im Assessment-Center. Hier haben die Interessen des Arbeitnehmers den Vorrang. Notfalls muss der Unternehmensberater umdisponieren.

☐ Stellt sich der Arbeitgeber stur, verweigert er die Freistellung, obwohl er sie gestatten müsste, kann sich der Arbeitnehmer nach herrschender Lehre ausnahmsweise darüber hinwegsetzen. Eine solche »**Selbstbeurlaubung**« stellt keine beharrliche Arbeitsverweigerung dar, die zur außerordentlichen Kündigung aus wichtigem Grund nach § 626 BGB berechtigen würde.

Tipp: Wer noch Resturlaub hat, kann »unter Vorbehalt der Rechte nach § 629 BGB« einen Tag Urlaub verlangen. Nach Auslaufen des Arbeitsverhältnisses kann dann darüber gestritten werden (oder sich geeinigt werden), ob der Arbeitnehmer sich wirklich einen Tag Urlaub abziehen lassen muss.

Bezahlung durch den Arbeitgeber?

☐ § 629 BGB gibt lediglich einen Freistellungsanspruch. Die Bezahlung richtet sich nach § 616 BGB, wonach der Arbeitgeber bei »verhältnismäßig nicht erheblicher Zeit« das Entgelt fortbezahlen muss, wenn der Arbeitnehmer durch einen in seiner Person liegenden Grund (Arbeitssuche) ohne sein Verschulden an der Dienstleistung verhindert ist. Was »**verhältnismäßig nicht erhebliche Zeit**« ist, lässt sich nicht exakt bestimmen. Schaub (Arbeitsrechts-Handbuch § 97 II 3) nennt als Faustregel drei Tage bei einer Beschäftigung bis zu sechs Monaten, eine Woche bei einer Beschäftigung bis zu einem Jahr und zwei Wochen bei längerer Betriebszugehörigkeit. Das ist ein durchaus beachtliches Zeitkontingent.

Ein Blick in den Tarifvertrag

☐ Finden auf das Arbeitsverhältnis Tarifverträge Anwendung, so ist Folgendes zu beachten:
- Die **Freistellungsregelung** des § 629 BGB kann **nicht** zu Lasten des Arbeitnehmers **ausgeschlossen** werden. Andernfalls wäre sein Recht auf freie Wahl des Arbeitsplatzes unzulässig verkürzt. Möglich ist lediglich eine tarifliche Konkretisierung, die eine **pauschale Anzahl von »Freistellungstagen«** vorsieht.
- Die **Bezahlung** nach § 616 BGB ist dagegen **abdingbar**. Denkbar ist, dass der Tarifvertrag z. B. eine Entgeltfortzahlung nur für einen Zeitraum von bis zu drei Arbeitstagen für Fälle der Stellensuche vorsieht. Spricht er diesen Bereich überhaupt nicht an, regelt er aber andere Fälle der bezahlten Freistellung, so kommt es darauf an, ob diese Regelung abschließenden Charakter hat. Sollen nur in den ausdrücklich genannten Fällen Entgeltfortzahlungsansprüche bestehen, kann der Arbeitnehmer im Rahmen des § 629 BGB nur unbezahlte Freistellung verlangen. Sind umgekehrt **die ausdrücklich geregelten Fälle nur Beispiele**, bleibt es insoweit bei § 616 BGB. Im Zweifelsfall ist nicht anzunehmen, dass die Entgeltfortzahlung im hier interessierenden Fall durch Tarifvertrag abbedungen ist.

Befristung, Aufhebungsvertrag u. a.

☐ § 629 BGB gilt auch bei befristetem Arbeitsvertrag. In angemessenem Abstand von dem vorgesehenen Ende des Arbeitsverhältnisses kann daher Freistellung zur Stellensuche verlangt werden. Anders verhält es sich lediglich mit kurzfristigen **Aushilfsarbeitsverhältnissen**; wer nur 14 Tage »einspringt«, kann nicht verlangen, dass er wegen eines Vorstellungsgesprächs freigestellt wird. § 629 BGB setzt ein »dauerndes« Arbeitsverhältnis voraus.

☐ Soll ein **Aufhebungsvertrag** nicht sofort, sondern erst in Zukunft wirksam werden, kann in der Zwischenzeit § 629 BGB gleichfalls Anwendung finden.

Beispiel:
Arbeitgeber und Arbeitnehmer vereinbaren am 2.11.2000, dass das Arbeitsverhältnis am 31.1.2001 enden soll. In den Monaten November, Dezember und Januar kann der Arbeitnehmer ggf. Freistellung nach § 629 BGB verlangen.

Freistellung zur Arbeitssuche

☐ Auch auf **Teilzeitkräfte** findet § 629 BGB Anwendung, doch wird eine Kollision mit der Arbeitspflicht seltener auftreten. Anders ist es dann, wenn ganze Tage notwendig sind oder wenn der Arbeitnehmer die Lage des Vorstellungstermins nicht beeinflussen kann und dieser mit der Einsatzzeit im bisherigen Betrieb kollidiert.

Bedeutung für den Betriebsrat

☐ § 629 BGB gibt dem einzelnen Arbeitnehmer Rechte, über deren Beachtung der **Betriebsrat nach § 80 Abs. 1 Nr. 1 BetrVG zu wachen** hat. Bestehen Meinungsverschiedenheiten zwischen Arbeitgeber und Arbeitnehmer, ob eine Freistellung zu einem bestimmten Zeitpunkt erfolgen kann, greift das **Mitbestimmungsrecht des § 87 Abs. 1 Nr. 5 BetrVG** ein. Der dort genannte »Urlaub« erfasst jede (bezahlte oder unbezahlte) Freistellung (DKK-Klebe § 87 Rn. 111 mit weiteren Nachweisen). Der Betriebsrat kann insoweit mit dem Arbeitgeber über die Beibehaltung oder die Verlegung des von dem Arbeitnehmer gewünschten Zeitpunkts verhandeln; notfalls müsste die Einigungsstelle entscheiden. Dies verursacht Zeit und Kosten; vernünftige Arbeitgeber werden daher der Freistellung keine Steine in den Weg legen, sofern ein angemessener zeitlicher Rahmen nicht überschritten wird.

Gleichbehandlung

Grundlagen

☐ Der **Arbeitgeber** ist verpflichtet, wenn er Regelungen aufstellt, diese konsequent auf alle Arbeitnehmer anzuwenden und bei der Aufstellung nicht einzelne Arbeitnehmer ohne sachlichen Grund zu benachteiligen. Er ist an den arbeitsrechtlichen **Gleichbehandlungsgrundsatz gebunden**. Dies gilt auch für die Betriebsparteien im Rahmen von Betriebsvereinbarungen und nach der noch überwiegenden derzeit im Fluss befindlichen Rechtsprechung auch für die Tarifparteien.

Das Gesetz schützt zudem bestimmte Personengruppen bei einer Benachteiligung durch den Arbeitgeber. In erster Linie sind hier Teilzeitkräfte zu nennen, deren Benachteiligung nach § 2 BeschFG verboten ist. Außerdem ist die Benachteiligung wegen des Geschlechts sowohl verfassungs- und europarechtlich als auch gesetzlich nach § 611a BGB sowie § 612 Abs. 3 BGB verboten.

Was bedeutet dies bei Kündigungen und der Beendigung des Arbeitsverhältnisses?

☐ Spricht der Arbeitgeber Beendigungskündigungen aus, so gilt Folgendes:
- Nach Ansicht des BAG ist der Arbeitgeber bei dem Ausspruch von Beendigungskündigungen **nicht** an den Gleichbehandlungsgrundsatz **gebunden**. Er kann z. B. von mehreren Arbeitnehmern, die gleichzeitig falsch gestempelt und die Schicht vorzeitig verlassen haben, auch einzelnen Arbeitnehmern kündigen. Dann muss er allerdings deutlich machen, warum gerade bei diesen Arbeitnehmern die Interessenabwägung für eine Weiterbeschäftigung zu deren Lasten ausgeht, obwohl er andere weiterbeschäftigt. Im Ergebnis läuft dies auf eine ähnliche Wirkung hinaus wie der Gleichbehandlungsgrundsatz (→ **verhaltensbedingte Kündigung**, → **außerordentliche Kündigung**).
- Geht es um die → **Sozialauswahl**, darf der Arbeitgeber nicht von vornherein beim Vergleich der Sozialdaten Vollzeitkräfte herausnehmen, wenn er Teilzeitkräfte kündigen will. Geht es ihm nämlich nur darum, die Stunden abzubauen,

Gleichbehandlung

kommt auch eine → **Änderungskündigung** mit dem Ziel der Reduzierung der Arbeitszeit und je nachdem, wie viele Teilzeitkräfte der Arbeitgeber entlassen will, auch eine Beendigungskündigung von Vollzeitkräften in Betracht. Die beiden Arbeitnehmergruppen sollen aber nach Ansicht des BAG nicht miteinander vergleichbar sein, wenn der Arbeitgeber sich entschließt, die Arbeit nur noch als Vollzeit- oder als Teilzeitarbeit zu organisieren.

Problematisch sind **Kriterien** bei der Sozialauswahl, die überwiegend **zu Lasten von Frauen** gehen. Dazu gehört zum einen die Berücksichtigung von Unterhaltspflichten gegenüber Ehepartnern, weil häufiger Männer als Frauen unterhaltspflichtig sind. Zum anderen gehört dazu die Berücksichtigung der Eigenschaft als »Doppelverdiener« zu Lasten einer zu Kündigenden, wenn ihr Mann auch verdient. Diese Problematik ist aber noch nicht endgültig rechtlich geklärt.

☐ Wird eine Befristung wegen Alters (→ **Altersgrenze**) festgelegt, ist eine unterschiedliche Altersgrenze für Männer und Frauen auch dann nicht zulässig, wenn sie an das unterschiedliche gesetzliche Renteneintrittsalter anknüpft.

☐ Bei einer → **Änderungskündigung** ist der Arbeitgeber in zweierlei Weise auch an den Gleichbehandlungsgrundsatz gebunden: Zum einen darf er keine Änderungskündigung aussprechen, die zu gleichheitswidrigen Arbeitsbedingungen führen würde.

Beispiel:
Einer Teilzeitkraft in einem Warenhaus wird so gekündigt, dass sie künftig nur noch samstags arbeiten muss. Im Ergebnis hat sie zu 100 % ihrer Arbeitszeit mit einer belastenden Schicht zu verbringen, während Vollzeitkräfte dies lediglich zu einem Sechstel haben. Das ist unzulässig.

Zum anderen muss der Arbeitgeber bei Ausspruch von Änderungskündigungen den Gleichbehandlungsgrundsatz beachten. So darf er sich, wenn er z. B. aus wirtschaftlichen Gründen das Arbeitsentgelt abbauen will, nicht die Arbeitnehmer einzelner angeblich defizitärer Abteilungen heraussuchen. Das ist diesen Arbeitnehmern aus Gleichbehandlungsgründen nicht zumutbar.

Umgekehrt ist der Gleichbehandlungsgrundsatz kein Grund für Änderungskündigungen. Hat der Arbeitgeber in der Vergangenheit zulässigerweise aus Bestandsschutzgründen einzelne Arbeitnehmer besser bezahlt, kann er eine Entgeltangleichung nach unten durch Änderungskündigung nicht mit dem Argument durchsetzen, dies sei aus Gleichbehandlungsgründen gegenüber den anderen Arbeitnehmern notwendig.

☐ Tarifliche Regelungen, die Arbeitnehmer besonders schützen (→ **tariflicher Kündigungsschutz**), müssen nach derzeitiger Rechtsprechung dem Gleichbehandlungsgrundsatz in folgender Hinsicht entsprechen:

Gleichbehandlung

- Es ist unzulässig, kürzere Kündigungsfristen für Teilzeitkräfte zu vereinbaren oder Teilzeitkräften erst nach einer längeren Betriebszugehörigkeit als sie bei Vollzeitkräften gilt, einen Schutz vor ordentlicher Kündigung zu geben. Bei einem derartigen Fall gelten für Teilzeitkräfte dieselben Regeln wie für Vollzeitkräfte.

- Bei tariflichen Kündigungsfristen, die zwischen **Arbeitern** und **Angestellten** unterscheiden, wird eine Prüfung anhand des Gleichbehandlungsgrundsatzes vorgenommen. Zeigt sich für den jeweiligen Tarifbereich, dass Arbeiter überwiegend in der Produktion und Angestellte überwiegend in der Verwaltung arbeiten, rechtfertigt dies grundsätzlich eine unterschiedliche Behandlung. Sie ist dann gerechtfertigt, weil der Arbeitgeber schnell und flexibel auf Absatzschwankungen reagieren können soll. Diese wirken sich aber vornehmlich in der Produktion und weniger in der Verwaltung aus. Geht es demgegenüber um verlängerte Kündigungsfristen, die schwerpunktmäßig auch die Betriebstreue der Arbeitnehmer belohnen sollen, so bedarf es schon gewichtiger Gründe für eine unterschiedliche Behandlung. Das gilt vor allen Dingen nach sehr langen Betriebszugehörigkeiten ca. ab 5 Jahren.
Sind die Kündigungsfristen im Einzelfall gleichheitswidrig, gelten die gesetzlichen → **Kündigungsfristen**. Sind die für Angestellte noch besser als die gesetzlichen, kommt – dies ist aber nicht geklärt – auch die Anwendung der besseren Kündigungsfristen in Betracht.

☐ Auch wenn der Arbeitgeber selbst pauschal ohne sachlichen Unterscheidungsgrund bessere Kündigungsfristen für Angestellte als für Arbeiter festlegt, ist dies gleichheitswidrig. In diesem Fall kommen die besseren Kündigungsfristen für Angestellte zur Anwendung.

Hauptfürsorgestelle, Zustimmungsersetzung

Was ist das?

☐ Da die Kündigung von Schwerbehinderten und gleichgestellten Arbeitnehmern der vorhergehenden Zustimmung der Hauptfürsorgestelle bedarf (→ **Schwerbehinderte**) müssen Regeln entwickelt werden, nach denen diese entscheidet, wann sie die Zustimmung erteilt und wann nicht. Das Gesetz äußert sich dazu für wichtige Fallgruppen in § 19 und für die außerordentliche Kündigung in § 21 Abs. 4 SchwbG. Eine allgemeine Regel, an der die Zustimmungserteilung zu messen ist, befindet sich aber nicht ausdrücklich im Gesetz.

Normalfall ordentliche Kündigung

☐ Die allgemeinen **Voraussetzungen**, nach denen die Hauptfürsorgestelle eine Zustimmung erteilen kann, sind zum einen aus dem Zweck des SchwbG abzuleiten. Das SchwbG ist Teil des Sozialgesetzbuches. Dieses Gesetz dient dem Zweck, besondere Belastungen des Lebens abzuwenden oder auszugleichen (§ 1 Abs. 1 SGB I). Deshalb gewährt das SGB soziale Rechte (§ 2 SGB I). Dazu gehört auch das Recht der Behinderten, einen ihren Neigungen entsprechenden Platz in der Gemeinschaft, insbesondere im Arbeitsleben zu finden (§ 10 Nr. 2 SGB I). Die Hauptfürsorgestelle hat also zu prüfen, ob die besondere Belastung, der Behinderte im Arbeitsleben ausgesetzt sind, die Zustimmung möglich macht. Nach Ansicht des BVerwG geht es dabei um eine Interessenabwägung zwischen dem Interesse des Schwerbehinderten auf den Ausgleich seiner Nachteile am Arbeitsmarkt einerseits und der Gestaltungsfreiheit des Arbeitgebers, die möglichst zu wahren ist, andererseits. Aus der amtlichen Überschrift des § 19 SchwbG ergibt sich zudem, dass der Verwaltungsbehörde bei der Erteilung der Zustimmung ein Ermessen zusteht. Nach Ansicht der Rechtsprechung wird dies dadurch ausgeübt, dass die genannte Interessenabwägung vorgenommen wird.

Diese Vorgaben lassen der **Hauptfürsorgestelle** letztlich einen weiten Rahmen. Als allgemeine Regel wird man sagen können, dass an die Kündigung umso höhere Anforderungen zu stellen sind, je näher der Kündigungsgrund der Schwerbehinderung steht. Die größte Zurückhaltung ist deshalb geboten, wenn der Arbeitgeber eine krankheitsbedingte Kündigung aussprechen möchte (→ **Krankheit**). Auch bei verhaltensbedingten Gründen – z. B. der Entwendung geringwertiger Sachen (→ **verhaltensbedingte Kündigung**) – kann entgegen sonstigen Grundsätzen Zurückhaltung geboten sein, wenn das Verhalten auf die Behinderung zurückgeht.

☐ Auch betriebsbedingte Kündigungsgründe können die Kündigung eines Schwerbehinderten rechtfertigen. Hier wird sehr oft die Nähe zur Schwerbehinderung am geringsten sein. Es sind vor allen Dingen Möglichkeiten der **Umorganisation** zu prüfen. Allerdings geht die Rechtsprechung davon aus, dass der Schwerbehinderte nicht die Entlassung eines anderen Arbeitnehmers verlangen kann. Ferner soll der Arbeitgeber berechtigt sein, einen fachlich höher qualifizierten anderen Arbeitnehmer statt des Schwerbehinderten im Betrieb zu halten. Im Übrigen hat der Gesetzgeber gerade für Fälle der betriebsbedingten Kündigung wichtige Fallgestaltungen im Einzelnen geregelt:

§ 19 Abs. 1 SchwbG betrifft die Einschränkung des Ermessens der Hauptfürsorgestelle bei **Betriebsstilllegungen** und bei **Betriebseinschränkungen**. Bei Betriebsstillegungen muss sie, bei Betriebseinschränkungen soll sie – soweit keine besonderen Gründe dagegen sprechen – die Zustimmung erteilen, wenn folgende Voraussetzungen vorliegen:

- Die Betriebsstilllegung oder die Betriebseinschränkung **muss** nicht nur ins Auge gefasst sein, sondern **feststehen**. Die Betriebseinschränkung setzt nach der wohl überwiegenden Meinung voraus, dass – ähnlich wie bei der → **Massenentlassung** – eine erhebliche Zahl von Arbeitnehmern entlassen wird.
- Nach einer Betriebseinschränkung muss der Arbeitgeber auch **weiterhin** die **Pflichtquote** zur Beschäftigung von Schwerbehinderten nach dem SchwbG erfüllen. Die Zahlung der Ausgleichsabgabe reicht nicht.
- Nach Zugang der Kündigung muss noch eine **Entgeltzahlung von drei Monaten** gesichert sein. Auf den Rechtsgrund kommt es nicht an, der Arbeitgeber kann eine solche Zahlung auch verbindlich aus Anlass der Kündigung zusagen.
- Es muss dem Arbeitgeber **unmöglich** sein, den Arbeitnehmer anderweitig zu beschäftigen. Gibt es eine solche Beschäftigungsmöglichkeit im selben Betrieb oder derselben Dienststelle, so kommt es nicht darauf an, ob der Arbeitsplatz auch frei ist. Gibt es eine solche Beschäftigungsmöglichkeit in einem anderen Betrieb oder einer anderen Dienststelle, so kommt es darauf an, ob der andere Arbeitsplatz frei ist. Ist er nicht frei, muss sich der Arbeitnehmer möglicherweise auf einen anderen Arbeitsplatz auf derselben hierarchischen Ebene verweisen lassen, es sei denn dort ist ein Arbeitnehmer beschäftigt, der aus anderen Gründen erheblich sozial schützenswerter ist als der Schwerbehinderte. Es stellen sich letztlich ähnliche Probleme wie bei der → **Sozialauswahl**.

Hauptfürsorgestelle, Zustimmungsersetzung

- Der **Einsatz** auf dem anderen Arbeitsplatz muss dem Arbeitgeber **zumutbar** sein. Das ist er z. B., wenn der Arbeitgeber dies selbst in einem Interessenausgleich (→ **Interessenausgleich/Sozialplan**) zugesagt hat oder sich die Verpflichtung aus einem Tarifvertrag ergibt. Im Übrigen ist der andere Einsatz dem Arbeitgeber dann zumutbar, wenn eine Abwägung diese Zumutbarkeit ergibt.
- Schließlich muss der **Schwerbehinderte** mit dem anderweitigen Einsatz **einverstanden** sein, was er auch noch vor der Hauptfürsorgestelle im Verwaltungsverfahren erklären kann.

Eine weitere Einschränkung des Ermessens der Hauptfürsorgestelle hat der Gesetzgeber für den **Insolvenzfall** vorgesehen. Es geht ihm dabei um die schwerbehindertenrechtliche Absicherung des dort noch vorgesehenen Interessenausgleichs mit Namensliste der zu kündigenden Arbeitnehmer (→ **Insolvenz, Kündigungsschutz in der Insolvenz**). Ist der schwerbehinderte Arbeitnehmer namentlich in einem solchen Interessenausgleich benannt, soll die Hauptfürsorgestelle – soweit nicht im Einzelfall besondere Gründe dagegen sprechen – die Zustimmung erteilen, wenn die folgenden Voraussetzungen gegeben sind (§ 19 Abs. 3 SchwbG):

- Die **Schwerbehindertenvertretung** muss nach ordnungsgemäßer und ausführlicher Unterrichtung am Zustandekommen des Interessenausgleichs beteiligt gewesen sein. Ihre Zustimmung ist nicht erforderlich. Nicht gerichtlich entschieden und in der Literatur kontrovers diskutiert ist die Frage, ob die Einschränkung der Ermessensausübung auch dann greifen kann, wenn im Betrieb überhaupt keine Schwerbehindertenvertretung besteht.
- Den Schwerbehinderten darf kein Sonderopfer zugemutet werden. Deshalb ist in einem ersten Schritt festzustellen, wie viel Prozent der nicht schwerbehinderten Arbeitnehmer entlassen werden sollen und zu dieser die Zahl der zu kündigenden nicht schwerbehinderten Arbeitnehmer in Beziehung zu setzen. In einem weiteren Schritt ist das gleiche Verhältnis bezüglich der schwerbehinderten Arbeitnehmer festzustellen. Diese Vergleichszahl muss genauso hoch oder niedriger als die entsprechende Zahl bei den nicht schwerbehinderten Arbeitnehmern sein. Dabei ist auf den Regelungsbereich des jeweiligen Interessenausgleichs abzustellen, also darauf, ob er für den Tätigkeitsbereich des Gesamtbetriebsrats oder den des Betriebsrats eines Betriebes abgeschlossen ist. Leitende Angestellte sind nicht einzubeziehen, weil für sie das BetrVG nicht gilt. Da es sich letztlich um eine Handlungsanweisung an die Betriebsparteien handelt, kann allein auf die bekannten schwerbehinderten Arbeitnehmer abzustellen sein. Das sind in der Regel diejenigen, die bei der Berechnung der Ausgleichsabgabe für die Erfüllung und Nichterfüllung der Beschäftigungspflicht für Schwerbehinderte berücksichtigt wurden.
- Auch nach den Kündigungen muss die **Pflichtquote** aus dem SchwbG erfüllt

sein. Auch beim Betriebsübergang ist dabei auf den Veräußerer abzustellen, weil sich die gesetzlichen Handlungsanweisungen an die Betriebsparteien beim Veräußerer, also dem Insolvenzverwalter und dem im insolventen Unternehmen gebildeten Betriebsrat, richten.

☐ Schließlich hat der Gesetzgeber in einem übergreifenden Fall angeordnet, dass die Hauptfürsorgestelle die Zustimmung erteilen soll, soweit keine besonderen Gründe dagegen sprechen: dann, wenn dem Schwerbehinderten ein anderer angemessener und gesicherter Arbeitsplatz zur Verfügung steht. Das ist unabhängig davon, ob dieser Arbeitsplatz bei demselben Arbeitgeber besteht oder bei einem anderen. Die Angemessenheit richtet sich nach objektiven Kriterien. Nach Ansicht der Rechtsprechung ist dem Schwerbehinderten eine Verschlechterung nicht zuzumuten, wenn er noch die alte Tätigkeit ausüben kann. Die Frage was zumutbar ist, entscheidet sich nach den persönlichen Umständen des Schwerbehinderten. Gesichert ist der andere Arbeitsplatz dann nicht, wenn er lediglich befristet oder bedingt ist. In der Literatur umstritten ist die Frage, ob so ein Arbeitsplatz gesichert ist, bei dem ein Arbeitnehmer die Wartezeit nach dem KSchG (→ **Wartezeit/Probezeit**) noch nicht erfüllt hat.

Was gilt bei außerordentlicher Kündigung?

☐ Für die außerordentliche Kündigung gelten im SchwbG **dieselben Zustimmungsgründe** wie auch für die ordentliche Kündigung. Soweit allerdings betriebsbedingte Gründe geregelt sind, kommt eine außerordentliche Kündigung meist nicht in Betracht. Allenfalls können diese Gründe heranzuziehen sein, wenn es um eine → **außerordentliche Kündigung** mit Auslauffrist bei tariflich unkündbaren Arbeitnehmern geht.

Daneben schreibt § 21 Abs. 4 SchwbG vor, dass die Hauptfürsorgestelle, soweit keine besonderen Umstände dagegen sprechen, die Zustimmung zur Kündigung erteilen soll, wenn sie aus einem Grund erfolgt, der nicht im Zusammenhang mit der Behinderung steht. Nach der Rechtsprechung kommt es dabei darauf an, welche Gründe der Arbeitgeber hatte. Ob sie wirklich vorliegen, ist unerheblich. Wenn die Gründe die Kündigung arbeitsrechtlich offensichtlich nicht tragen, soll die Zustimmung nicht zu erteilen sein bzw. der Hauptfürsorgestelle steht dann das auch sonst übliche Ermessen zur Seite.

Problematisch ist es, ob dieses eingeschränkte Ermessen auch für die **außerordentliche Kündigung mit Auslauffrist** gilt. Da diese praktisch immer aus betriebsbedingten Gründen ausgesprochen wird, wäre dann die Zustimmung prak-

Hauptfürsorgestelle, Zustimmungsersetzung

tisch auch immer zu erteilen. Die Rechtsprechung neigt dazu, die Sonderregeln des SchwbG für die außerordentliche Kündigung auch auf außerordentliche Kündigungen mit Auslauffristen anzuwenden.

Heimarbeit

Der erfasste Personenkreis

☐ Die »Heimarbeiter« sind die älteste Gruppe jener Personen, die man heute als **»arbeitnehmerähnlich«** bezeichnet. Auf der einen Seite können sie ihre Arbeit nach eigenen Vorstellungen organisieren. Auf der anderen Seite sind sie wirtschaftlich von ihrem Auftraggeber oder ihren Auftraggebern abhängig.

☐ Der »Heimarbeiter« muss in der eigenen Wohnung oder in einer selbstgewählten Betriebsstätte tätig sein. Er darf nicht mehr als 10% seiner Erzeugnisse selbst vermarkten, sondern muss dies dem Auftraggeber überlassen. Wer weitgehenden Bindungen in Bezug auf die Arbeit unterliegt, ist Arbeitnehmer; wer umgekehrt selbst in größerem Umfang auf dem Markt in Erscheinung tritt, ist selbständiger Unternehmer, auf den das Heimarbeitsgesetz keine Anwendung findet.

☐ Ob der Heimarbeiter traditionelle **»Arbeitertätigkeiten«** erbringt (Beispiel: Holzbearbeitung zur Herstellung von Spielzeug) oder ob es sich um eine Angestelltentätigkeit handelt (Beispiel: Schreiben und Redigieren von Texten), ist **grundsätzlich ohne Bedeutung**. Ob auch qualifizierte Tätigkeiten wie z.B. das Programmieren einbezogen sind, war lange zweifelhaft, wird jedoch heute von der weit überwiegenden Meinung bejaht. Allerdings besteht noch immer eine (im Hinblick auf den Gleichheitssatz des Art. 3 Abs. 1 GG fragwürdige) Besonderheit. **Angestelltentätigkeiten** unterliegen **nur dann** dem HAG, **wenn Auftraggeber ein Gewerbetreibender** ist. Handelt es sich bei ihm um einen Freiberufler oder die öffentliche Hand, kommt nur eine Gleichstellung nach § 1 Abs. 2 HAG in Betracht.

☐ Die Eigenschaft als Heimarbeit geht nicht dadurch verloren, dass Familienangehörige mithelfen. Anders ist es dann, wenn bis zu zwei familienfremde Hilfskräfte als Arbeitnehmer oder Heimarbeiter beschäftigt werden. In diesem Fall ist die betreffende Person **»Hausgewerbetreibender«** nach § 2 Abs. 2 HAG. Wer mehr Arbeitskräfte beschäftigt, sich jedoch in einer wirtschaftlich abhängigen Situation befindet, kann gleichgestellt werden. Voraussetzung ist allerdings immer, dass der Hausgewerbetreibende »am Stück« mitarbeitet, sodass diese Figur nur bei traditionellen Arbeitertätigkeiten in Betracht kommt.

Kündigungsfristen

☐ Besteht ein **wichtiger Grund** für die Auflösung des Heimarbeitsverhältnisses, so kann in entsprechender Anwendung des § 626 BGB die Rechtsbeziehung **fristlos beendet** werden. § 29 Abs. 6 HAG verweist insoweit auf § 626 BGB.

☐ Fehlt es an dieser Voraussetzung, so sind **bestimmte Mindestfristen** zu wahren, die im Einzelnen in § 29 HAG niedergelegt sind.

• In der Anfangsphase ist die Bindung eine sehr lockere. Hat das Heimarbeitsverhältnis noch nicht mehr als vier Wochen gedauert, kann es von beiden Seiten **zum Ende des folgenden Tages** gekündigt werden. Die »Frist« wird vom Zugang der Kündigungserklärung an berechnet.

• Hat das Heimarbeitsverhältnis länger als vier Wochen gedauert, beträgt die **Frist für beide Seiten zwei Wochen**. Die Berechnung erfolgt in gleicher Weise. Wie viel Arbeitszeit die Heimarbeit in Anspruch nahm, spielt insoweit keine Rolle.

• Wird der in Heimarbeit Beschäftigte »überwiegend« von einem Auftraggeber beschäftigt, so gelten die **Fristen des § 622 BGB entsprechend**. Dies bedeutet, dass für beide Seiten die Grundkündigungsfrist von vier Wochen zum Fünfzehnten oder zum Monatsende gilt und dass bei länger dauernder Beschäftigung (allein) der Auftraggeber die in § 29 Abs. 4 HAG aufgeführten Fristen beachten muss. Sie stimmen inhaltlich voll mit denen des § 622 Abs. 2 BGB überein.

☐ **Während des Laufs der Kündigungsfrist** darf der Auftraggeber den Heimbeiter nicht »aushungern«, indem er ihm keine Aufträge mehr gewährt. § 29 Abs. 7 HAG sieht insoweit einen Entgeltschutz vor, wonach im Grundsatz der bisherige Durchschnittsverdienst weiterzuzahlen ist.

Müssen Kündigungsgründe vorliegen?

☐ Nach herrschender Rechtsprechung und Literatur **unterliegen die in Heimarbeit Beschäftigten nicht dem KSchG**. Dies folgt mittelbar aus § 29a HAG, der einen in den Betriebsrat gewählten Heimarbeiter ausdrücklich in den für Interessenvertreter geltenden Kündigungsschutz einbezieht.

☐ Die Rechtsprechung hat jedoch mittlerweile anerkannt, dass Heimarbeiter in gleicher Weise wie Arbeitnehmer in Kleinbetrieben nach § 23 Abs. 1 Satz 2 KSchG einen »**Mindestkündigungsschutz**« genießen. Dies bedeutet, dass der Auftraggeber einen **willkürfreien sachlichen Grund** besitzen muss (→ **Kündigungsschutz außerhalb des Kündigungsschutzgesetzes**). Dies gilt auch im Falle des Betriebsübergangs, obwohl § 613a BGB das Heimarbeitsverhältnis nicht erfasst.

Heimarbeit

Ob es auf den Erwerber übergeht, hängt daher von einer entsprechenden Willensrichtung der Beteiligten ab.

☐ Der Sonderkündigungsschutz bei **Mutterschaft** und Erziehungsurlaub sowie der zugunsten von **Schwerbehinderten** bestehende findet auch auf in Heimarbeit Beschäftigte Anwendung.

Einschaltung des Betriebsrats

☐ Wer als **Heimarbeiter** oder Hausgewerbetreibender »in der Hauptsache« für einen Betrieb tätig ist, hat nach § 6 BetrVG das **aktive und passive Wahlrecht zum Betriebsrat**. Den Heimarbeitern Gleichgestellte sind allerdings nicht einbezogen.

☐ »**In der Hauptsache« für einen Betrieb tätig** ist derjenige, der den überwiegenden Teil seiner Arbeitskraft für den Betrieb einsetzt.

☐ Die Einbeziehung in die Betriebsverfassung hat zur Folge, dass der **Betriebsrat vor jeder Kündigung** durch den Auftraggeber **angehört** werden muss. Nimmt der Auftraggeber eine Auswahl vor, muss er dem Betriebsrat auch die hierfür maßgebenden Kriterien mitteilen (BAG NZA 1996, 380). Ob eine **Weiterbeschäftigung** aufgrund Widerspruchs des Betriebsrats in Betracht kommt, ist umstritten; insoweit ist ggf. auf den allgemeinen Weiterbeschäftigungsanspruch (→ **Beschäftigung**) zurückzugreifen.

☐ **In Heimarbeit Beschäftigte, die in den Betriebsrat gewählt** werden, können entsprechend den §§ 103 BetrVG, 15 KSchG nur mit Zustimmung des Betriebsrats und grundsätzlich nur aus »wichtigem Grund« gekündigt werden. Dies hat § 29a HAG ausdrücklich bekräftigt.

Insolvenz, Kündigungsschutz in der Insolvenz

Was ist das?

☐ Ist der Arbeitgeber **zahlungsunfähig**, wird über sein Vermögen das Insolvenzverfahren eröffnet. Voraussetzung ist allerdings, dass wenigstens noch so viel Geld vorhanden ist, dass die Kosten dieses Verfahrens daraus getragen werden können – eine Voraussetzung, die in der Mehrzahl der Fälle nicht gegeben ist. Ist Arbeitgeber eine juristische Person (z. B. eine GmbH), führt auch die **Überschuldung** ggf. zu einem Insolvenzverfahren.

☐ Kommt es zur Insolvenz, wird ein **Verwalter** eingesetzt. Dieser soll nach Kräften versuchen, für das Unternehmen oder einzelne Betriebe einen **Übernehmer** zu finden. Andernfalls wird »dicht gemacht« und das noch vorhandene Vermögen versilbert.

☐ Der **Bestandsschutz** der Arbeitsverhältnisse wird vom Gesetzgeber in gewisser Hinsicht als **Hindernis** für eine schnelle Bewältigung des Insolvenzfalles gesehen. Kündigungen sollen relativ rasch und ohne größere rechtliche Hindernisse möglich sein. Dies erleichtert die Veräußerung von Betrieben an einen Erwerber. Auch wenn dies ausscheidet, wird die Insolvenzmasse »geschont«, was letztlich den Gläubigern zugute kommt. **Rechtspolitisch sind auch andere Einschätzungen möglich.**

Abweichungen vom allgemeinen Arbeitsrecht

☐ Die am 1.1.1999 an die Stelle der »Konkursordnung« getretene »**Insolvenzordnung**« (im Folgenden: InsO) bringt eine Reihe von Veränderungen gegenüber dem allgemeinen Arbeitsrecht. Sie reduziert den Bestandsschutz des Arbeitsverhältnisses.

- Nach § 113 Abs. 1 InsO muss der Insolvenzverwalter höchstens eine **Kündigungsfrist von drei Monaten** wahren.
- Haben die Verhandlungen über einen **Interessenausgleich innerhalb von drei Wochen zu keinem Resultat** geführt, kann sich der Verwalter vom zuständigen Arbeitsgericht ermächtigen lassen, die Betriebsänderung auch ohne weitere Verhandlungen mit dem Betriebsrat durchzuführen.

Insolvenz, Kündigungsschutz in der Insolvenz

- Im Interessenausgleich kann eine **Namensliste** (s. u.) festgelegt werden. Wer von ihr erfasst ist, hat im Kündigungsschutzverfahren kaum mehr eine Chance.
- Das Kündigungsschutzverfahren wird beschleunigt. Insbesondere kann der Verwalter von sich aus initiativ werden und eine **Sammelklage** gegen die zu kündigenden Arbeitnehmer erheben.
- Das **Sozialplanvolumen** (s. u.) ist der Höhe nach drastisch beschränkt.

Kündigungsfristen des Insolvenzverwalters

☐ Der Insolvenzverwalter ist im Grundsatz an die für jedes einzelne Arbeitsverhältnis maßgebenden Kündigungsfristen gebunden. Allerdings macht § 113 Abs. 1 InsO hier eine entscheidende Ausnahme. Ist die gesetzliche, tarifliche oder einzelvertragliche **Kündigungsfrist länger als drei Monate**, kann auf alle Fälle mit dreimonatiger Frist zum Monatsende gekündigt werden. Dasselbe gilt auch dann, wenn der Arbeitnehmer kraft Tarifvertrags oder aus anderen Gründen unkündbar war (→ **Unkündbare Arbeitnehmer**).

☐ Soweit es um den Eingriff in tarifliche Kündigungsfristen und die tarifliche Unkündbarkeit geht, ist die **Vereinbarkeit** dieser Regelung **mit der** verfassungsrechtlich gewährleisteten **Tarifautonomie** zweifelhaft. Das BAG hat jedoch entsprechende Einwände bisher zurückgewiesen.

Anwendungsbereich des § 113 Abs. 1 InsO

☐ Das »Privileg«, keine längere als eine dreimonatige Kündigungsfrist wahren zu müssen, steht dem Insolvenzverwalter zu. Wurde vor Eröffnung des Verfahrens ein sog. **vorläufiger Insolvenzverwalter** eingesetzt, ist dieser an die allgemeinen arbeitsrechtlichen Regeln gebunden. Wurde dem Schuldner die **Eigenverwaltung** übertragen, steht ihm allerdings die Möglichkeit des § 113 Abs. 1 InsO offen.

☐ Die verkürzte Kündigungsfrist gilt für alle Arbeitnehmer, auch für befristet oder auflösend bedingt Beschäftigte. **Auszubildende** sind gleichfalls einbezogen, sofern ihre Ausbildung unter keinen denkbaren Umständen mehr fortgesetzt werden kann. In diesem Fall ist mit Rücksicht auf ihre an sich nach § 15 Abs. 2 Nr. 1 BBiG bestehende »Unkündbarkeit« eine **Drei-Monats-Frist** zu wahren.

Schadensersatzpflicht des Insolvenzverwalters

☐ Die Tatsache, dass sich der Insolvenzverwalter nicht an die ansonsten eingreifenden Kündigungsfristen bzw. die Unkündbarkeit hält, hat zur Folge, dass er sich dem Arbeitnehmer gegenüber schadensersatzpflichtig macht. Dies stellt § 113 Abs. 1 Satz 2 InsO ausdrücklich klar. Allerdings bringt dies dem Arbeitnehmer nicht viel, da sein Anspruch lediglich eine einfache Insolvenzforderung ist, die normalerweise höchstens mit 5 % »bedient« wird.

Insolvenz, Kündigungsschutz in der Insolvenz

Verkürzung der Verhandlungen über den Interessenausgleich

☐ Verhandelt der Insolvenzverwalter mit dem Betriebsrat über einen Interessenausgleich, so greift die Sonderregelung des § 122 InsO ein. Ist nach vollständiger Information des Betriebsrats drei Wochen lang verhandelt worden, kann der **Insolvenzverwalter** beim zuständigen Arbeitsgericht **beantragen**, dass er die **Betriebsänderung ohne weitere Verhandlungen** durchführen darf. In der Regel wird es allerdings schneller gehen, mit dem Betriebsrat weiterzuverhandeln, um einen Interessenausgleich zu erreichen oder sein definitives Scheitern festzustellen.

Namensliste

☐ In der Insolvenz können sich Verwalter und Betriebsrat im Interessenausgleich darauf verständigen, dass bestimmte Arbeitnehmer betriebsbedingt gekündigt werden. Wird eine solche Namenliste vereinbart, wird das Vorliegen »dringender betrieblicher Erfordernisse« insoweit vermutet. Außerdem kann das Arbeitsgericht die soziale Auswahl nur im Hinblick auf die drei Kriterien »Dauer der Betriebszugehörigkeit«, »Lebensalter« und »Unterhaltspflichten« überprüfen. Die Berücksichtigung anderer Gesichtspunkte scheidet für das Gericht aus. Auch insoweit kann es einer Kündigung **nur bei »grober Fehlerhaftigkeit«** die Anerkennung versagen; der ansonsten bestehende Beurteilungsspielraum muss »weit überschritten« sein.

Beispiel:
Bei der Auswahl wird lediglich auf die Dauer der Betriebszugehörigkeit abgestellt; andere Gesichtspunkte spielen überhaupt keine Rolle.

☐ Die Zurücknahme des Prüfungsmaßstabs auf »grobe Fehlerhaftigkeit« wird von der Rechtsprechung auch auf die Frage erstreckt, wie der **Kreis der Beschäftigten abzugrenzen** ist, die als »vergleichbar« in die soziale Auswahl einzubeziehen sind.

☐ »Grobe Fehlerhaftigkeit« ist von vornherein dann ausgeschlossen, wenn durch die Kündigung eine **»ausgewogene Personalstruktur« erhalten oder geschaffen** wird. Durch die Einbeziehung der »Schaffung« einer solchen Personalstruktur geht § 125 InsO über den alten § 1 Abs. 5 KSchG hinaus, der im Zeitraum zwischen 1996 und Ende 1998 nicht nur eine Namenliste vorsah, sondern auch die Herausnahme einzelner Personen mit der »Erhaltung« einer ausgewogenen Personalstruktur rechtfertigte.

Beschleunigung des Kündigungsschutzverfahrens

☐ Nach § 113 Abs. 2 InsO **erstreckt sich** die **Drei-Wochen-Frist des § 4 KSchG auf alle Gründe**, die gegen die Wirksamkeit einer Kündigung sprechen können.

Insolvenz, Kündigungsschutz in der Insolvenz

Auch die fehlerhafte Anhörung des Betriebsrats oder ein etwaiger Gesetzesverstoß müssen daher innerhalb von drei Wochen geltend gemacht werden.

☐ Nach § 126 InsO hat der Verwalter das Recht, im Wege des arbeitsgerichtlichen **Beschlussverfahrens** klären zu lassen, welchen Arbeitnehmern er kündigen kann. An diesem Verfahren sind neben ihm der Betriebsrat sowie die betroffenen Arbeitnehmer beteiligt. Ein derartiges Verfahren ist höchst aufwändig und beschränkt sich überdies auf die Feststellung der sozialen Rechtfertigung; **andere Gründe**, die gegen die Kündigung sprechen, können weiterhin – wenn auch nur im Rahmen der Frist des § 113 Abs. 2 InsO – geltend gemacht werden.

Sozialplanvolumen

☐ Ein zwischen Insolvenzverwalter und Betriebsrat vereinbarter Sozialplan muss die in § 123 InsO festgelegten Obergrenzen wahren. Dies bedeutet, dass das Gesamtvolumen **nicht mehr als zweieinhalb Monatsverdienste** pro betroffenem Arbeitnehmer umfassen darf. Wie dieser »Gesamtbetrag« verteilt wird, entscheiden die Betriebsparteien im Rahmen der Billigkeit nach eigenem Ermessen. Außerdem darf **nicht mehr als ein Drittel der zur Verteilung kommenden Masse** für den Sozialplan verwendet werden.

Handlungsmöglichkeiten des Betriebsrats

☐ Der Betriebsrat behält zwar im Prinzip seine Rechte aus dem BetrVG, doch befindet er sich in einer wenig beneidenswerten Situation. Als »**Mitverwalter der Katastrophe**« kann er nur versuchen, die Auswirkungen auf die Betroffenen möglichst gering zu halten. Im Rahmen der Verhandlungen über den Interessenausgleich wird er umfassende Auskünfte verlangen, da erst nach deren vollständiger Erteilung die Drei-Wochen-Frist des § 122 InsO zu laufen beginnt. Ob er sich auf eine **Namensliste** einlässt, hängt letztlich davon ab, inwieweit der Verwalter ihm auf anderen Gebieten entgegenkommt, beispielsweise Mittel für eine Beschäftigungs- und Qualifizierungsgesellschaft beschafft. Soweit irgend möglich, wird er versuchen, nur solche Personen auf die Namensliste zu setzen, die mit ihrem Ausscheiden einverstanden sind. **Bei Kündigungen** ist er auch dann **anzuhören**, wenn die fragliche Person bereits auf der Namensliste steht. Eine korrekte Anhörung sicherzustellen, ist Sache des Insolvenzverwalters; begeht er insoweit einen Fehler, sind die Kündigungen nach § 102 Abs. 1 Satz 3 BetrVG unwirksam. Dies macht ihn im Zweifel den Gläubigern gegenüber ersatzpflichtig, doch pflegen Verwalter über eine Versicherung gegen Ansprüche dieser Art abgesichert zu sein.

Interessenausgleich/Sozialplan

Was ist das?

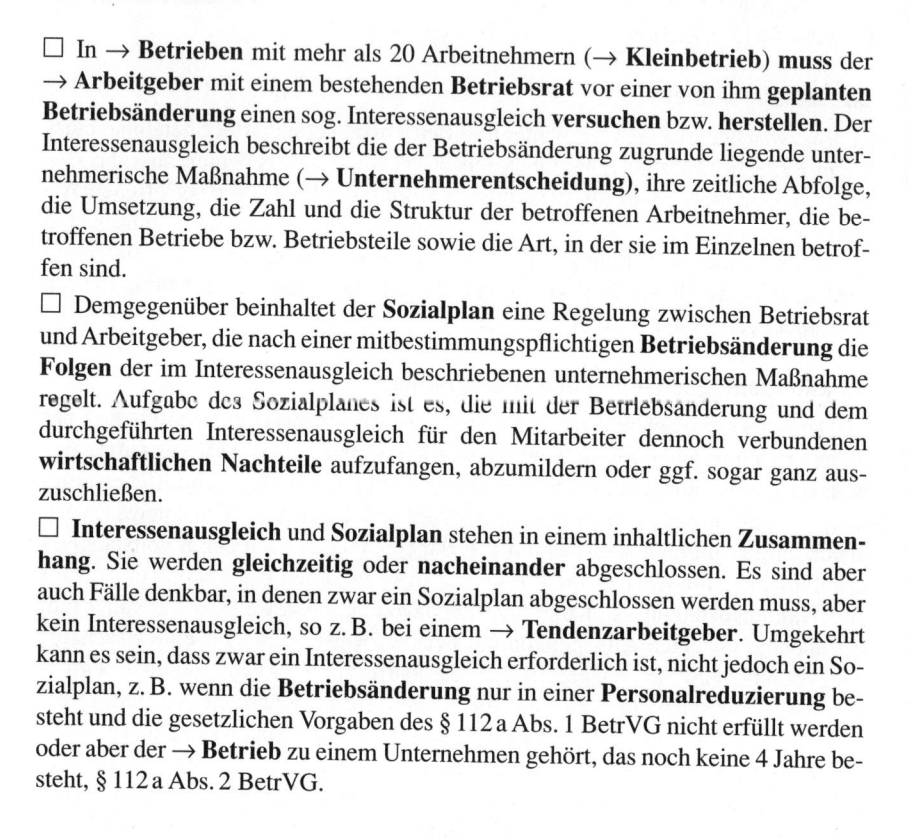

☐ In → **Betrieben** mit mehr als 20 Arbeitnehmern (→ **Kleinbetrieb**) **muss** der → **Arbeitgeber** mit einem bestehenden **Betriebsrat** vor einer von ihm **geplanten Betriebsänderung** einen sog. Interessenausgleich **versuchen** bzw. **herstellen**. Der Interessenausgleich beschreibt die der Betriebsänderung zugrunde liegende unternehmerische Maßnahme (→ **Unternehmerentscheidung**), ihre zeitliche Abfolge, die Umsetzung, die Zahl und die Struktur der betroffenen Arbeitnehmer, die betroffenen Betriebe bzw. Betriebsteile sowie die Art, in der sie im Einzelnen betroffen sind.

☐ Demgegenüber beinhaltet der **Sozialplan** eine Regelung zwischen Betriebsrat und Arbeitgeber, die nach einer mitbestimmungspflichtigen **Betriebsänderung** die **Folgen** der im Interessenausgleich beschriebenen unternehmerischen Maßnahme regelt. Aufgabe des Sozialplanes ist es, die mit der Betriebsänderung und dem durchgeführten Interessenausgleich für den Mitarbeiter dennoch verbundenen **wirtschaftlichen Nachteile** aufzufangen, abzumildern oder ggf. sogar ganz auszuschließen.

☐ **Interessenausgleich** und **Sozialplan** stehen in einem inhaltlichen **Zusammenhang**. Sie werden **gleichzeitig** oder **nacheinander** abgeschlossen. Es sind aber auch Fälle denkbar, in denen zwar ein Sozialplan abgeschlossen werden muss, aber kein Interessenausgleich, so z. B. bei einem → **Tendenzarbeitgeber**. Umgekehrt kann es sein, dass zwar ein Interessenausgleich erforderlich ist, nicht jedoch ein Sozialplan, z. B. wenn die **Betriebsänderung** nur in einer **Personalreduzierung** besteht und die gesetzlichen Vorgaben des § 112a Abs. 1 BetrVG nicht erfüllt werden oder aber der → **Betrieb** zu einem Unternehmen gehört, das noch keine 4 Jahre besteht, § 112a Abs. 2 BetrVG.

Wann ist ein Interessenausgleich erforderlich?

☐ **Erforderlich** ist ein Interessenausgleich in **Betrieben** mit mehr als 20 wahlberechtigten Arbeitnehmern, wobei das BAG diese Vorschrift auch auf → **Kleinbe-**

Interessenausgleich/Sozialplan

triebe von **Unternehmen** anwendet, die mehr als 20 wahlberechtigte Arbeitnehmer haben, vorausgesetzt, es existiert ein **Gesamtbetriebsrat** und die Betriebsänderung bezieht sich auf das gesamte Unternehmen, unabhängig davon, ob in den einzelnen Betrieben mehr als 20 Arbeitnehmer beschäftigt sind.

☐ Ein Interessenausgleich kann nicht mehr abgeschlossen werden, wenn die Betriebsänderung schon durchgeführt ist.

Beispiel:
Der Arbeitgeber kündigt Arbeitnehmern betriebsbedingt und schließt eine große Anzahl von Aufhebungsverträgen ab, so dass anschließend ein wesentlicher Betriebsteil nicht mehr existiert. Jetzt ist nur noch ein Sozialplan für alle betroffenen Arbeitnehmer möglich.

☐ **Betriebsänderungen** sind vor allem:

- **Stilllegung** bzw. **Einschränkung** eines ganzen Betriebes oder von **wesentlichen Betriebsteilen**; eine Einschränkung kann auch in Form eines bloßen **Personalabbaus** erfolgen, dann sind allerdings die Grenzen des § 17 Abs. 1 KSchG zu beachten (→ **Massenentlassung**);
- **Verlegung** eines Betriebes oder wesentlicher Betriebsteile;

Beispiel:
Die Verwaltung eines Produktionsbetriebes ist in Hannover ansässig, die Produktion in Hamburg. Der Arbeitgeber beschließt, die Verwaltung auch in Hamburg anzusiedeln und in Hannover zu schließen.

- **Zusammenschluss** mit anderen Betrieben oder die **Spaltung** von Betrieben (→ **Umwandlung**);

Beispiel:
Der Arbeitgeber unterhält zwei Produktionsbetriebe in Berlin, Tempelhof und Zehlendorf. Die Produktion wird in Zehlendorf zusammengelegt. Für beide Betriebe handelt es sich um eine Betriebsänderung.

- **Grundlegende Änderungen** der Betriebsorganisation, des Betriebszwecks oder der Betriebsanlagen;

Beispiel:
Der Arbeitgeber betreibt ein Hotel, der Hotelbetrieb wird aufgegeben und eine Kurklinik mit angeschlossenem Krankenhaus weiterbetrieben.

- **Einführung** grundlegender neuer **Arbeitsmethoden** und **Fertigungsverfahren**;

Beispiel:
Ein Autohersteller führt in der Produktion flächendeckend Produktionsroboter ein.

Interessenausgleich/Sozialplan

- Der **Betriebsübergang** als solcher ist für sich genommen keine → **Betriebsänderung**;
Er führt jedoch z. B. dann zu einer Betriebsänderung, wenn es zu einer **Spaltung** von Betrieben kommt oder sich grundlegende Änderungen der Betriebsorganisation usw. ergeben (→ **Umwandlung**).

☐ Eine Betriebsänderung ist nicht nur dann gegeben, wenn sie in einem Zuge, in unmittelbarem zeitlichen Zusammenhang, durchgeführt wird. Die Rechtsprechung lässt eine »**Salami-Taktik**« des Arbeitgebers als Umgehungstatbestand dann nicht zu, wenn Maßnahmen etwa im Jahreszeitraum und auf der Basis einer einheitlichen Unternehmerentscheidung durchgeführt werden.

☐ Ist einer der im Gesetz aufgezählten Vorgänge gegeben, dann werden die daraus folgenden **wesentlichen Nachteile** für die Arbeitnehmer zunächst als gegeben unterstellt.

☐ Ein Interessenausgleich setzt voraus, dass ein **Betriebsrat** zum Zeitpunkt der → **Unternehmerentscheidung** zur Betriebsänderung **bereits** besteht oder jedenfalls das Wahlverfahren eingeleitet ist. Wird das Wahlverfahren erst **nach** der Unternehmerentscheidung begonnen, kommt die Bildung eines Betriebsrats **zu spät**.

Beispiel:
Am 5. 5. verkündet der Arbeitgeber, dass ein Betrieb mit 40 Arbeitnehmern geschlossen wird. Daraufhin tun sich am Folgetage Mitarbeiter zusammen, um eine Betriebsversammlung zum Zwecke der Bestellung eines Wahlvorstandes einzuberufen. Diese Aktivität kommt zu spät.

☐ Der → **Tendenzarbeitgeber** muss keinen Interessenausgleich versuchen.

☐ Liegen die gesetzlichen Voraussetzungen für einen Interessenausgleich nicht vor, kann dennoch **freiwillig** zwischen Betriebsrat und Arbeitgeber ein Interessenausgleich herbeigeführt werden.

Wie wird ein Interessenausgleich abgeschlossen?

☐ Der **Arbeitgeber** ist verpflichtet, mit dem Betriebsrat einen Interessenausgleich zu versuchen. Gelingt ein Interessenausgleich nicht, auch nicht in einer **Einigungsstelle**, kann der Arbeitgeber die Betriebsänderung durchführen. Der Interessenausgleich kann nicht **gegen** einen **Arbeitgeber** erzwungen werden, auch nicht durch die **Einigungsstelle**. Der Arbeitgeber ist insoweit in seiner → **Unternehmerentscheidung** frei.

Interessenausgleich/Sozialplan

☐ Kommt ein Interessenausgleich durch Verhandlungen zwischen Betriebsrat und Unternehmer, ggf. nach Hinzuziehung des Präsidenten des LAG, zustande, so muss der Interessenausgleich **schriftlich niedergelegt** und vom Unternehmer und Betriebsrat unterschrieben werden.

☐ Kommt in der Einigungsstelle ein Interessenausgleich zustande, ist auch diese Einigung schriftlich niederzulegen und von den Betriebsverfassungsparteien und vom Vorsitzenden der Einigungsstelle zu unterschreiben.

☐ **Kein Interessenausgleich** ist die Unterschrift des Betriebsrats unter eine **Massenentlassungsanzeige** des Arbeitgebers (→ **Massenentlassung**).

☐ In der Praxis werden Interessenausgleich und Sozialplan nicht immer eindeutig voneinander getrennt. Sie werden oft als **einheitliche Regelung** zusammen verabschiedet. Auch in einem Interessenausgleich kann deshalb de facto ein Sozialplan enthalten sein. Das ist rechtlich unschädlich. Der bloße Sozialplan ersetzt jedoch nicht den Interessenausgleich.

☐ Im Falle der → **Insolvenz** gelten besondere Vorschriften.

Was ist in einem Interessenausgleich geregelt?

☐ Inhalt eines Interessenausgleiches sind nicht die sozialen, vor allem wirtschaftlichen Folgen einer Betriebsänderung, sondern Bestimmungen und **Regelungen zur Durchführung** des Ablaufs und zum Ausmaß der Betriebsänderung in qualitativer, quantitativer und zeitlicher Hinsicht.

☐ In einem Interessenausgleich können Regelungen zur Qualifizierung, Umschulung, Überführung in eine Beschäftigungsgesellschaft, Versetzungen, Kündigungen usw. vereinbart werden. Alle Nachteile, nicht nur die wirtschaftlichen, können geregelt werden, ebenso Maßnahmen wie die Einführung von → **Kurzarbeit**, Maßnahmen zur anderweitigen Arbeitsorganisation, Maßnahmen des Outsourcing usw.

☐ In einem Interessenausgleich können auch → **Auswahlrichtlinien** vereinbart werden. Nicht mehr zulässig ist es, in einem Interessenausgleich eine **Namensliste** von zu kündigenden Arbeitnehmern zu vereinbaren, wenn damit auf die → **Sozialauswahl** Einfluss genommen werden soll. Eine Namensliste im Interessenausgleich kann lediglich die geregelte Betriebsänderung in personeller Hinsicht abgrenzen und somit den Weg für Kündigungen gegenüber den genannten Arbeitnehmern frei machen.

☐ Möglich ist auch die Regelung von zeitlich begrenzten **Kündigungsverboten** gegenüber Arbeitnehmern.

Interessenausgleich/Sozialplan

Beispiel:
Der Arbeitgeber verpflichtet sich, gegenüber sämtlichen Arbeitnehmern des Betriebes oder bestimmter Abteilungen binnen einer Frist von zwei Jahren keine betriebsbedingten Kündigungen auszusprechen.

Wann muss ein Sozialplan aufgestellt werden?

☐ Auch der Sozialplan setzt eine Betriebsänderung voraus. Insofern wird unmittelbar an die Voraussetzungen für den **Interessenausgleich** angeknüpft. Allerdings ist ein Sozialplan dann nicht erforderlich, wenn der Betrieb zu einem Unternehmen gehört, das innerhalb von vier Jahren neu gegründet worden ist. Eine Neugründung liegt jedoch dann nicht vor, wenn sie sich im Zusammenhang mit der rechtlichen Umstrukturierung von **Unternehmen** (→ **Umwandlung**) und → **Konzernen** ergeben hat.

☐ Ein Sozialplan ist auch dann **nicht erforderlich**, wenn eine Betriebsänderung lediglich darin besteht, dass mehr als die in § 112a Abs. 1 BetrVG geforderten Arbeitnehmer das Unternehmen verlassen. Auch hier gilt, was generell bei der → **Massenentlassung** gilt, dass nämlich **alle Beendigungstatbestände**, die auf Veranlassung des Arbeitgebers geschehen, mitzuzählen sind. Also auch Aufhebungsverträge und vom Arbeitgeber veranlasste Eigenkündigungen.

☐ Die betrieblichen Schwellenwerte für eine reine **Personalabbaumaßnahme** mit Sozialplan lauten:

- Zwischen 21 und 59 Arbeitnehmern: 20 %, mindestens 6 Arbeitnehmer
- 60 bis 249 Arbeitnehmer: 20 %, mindestens 37 Arbeitnehmer
- 250 bis 499 Arbeitnehmer: 15 %, mindestens 60 Arbeitnehmer
- 500 und mehr Arbeitnehmer: 10 %, mindestens 60 Arbeitnehmer.

Dabei wird immer auf die **regelmäßige** Beschäftigungszahl abgestellt. Die Entlassung muss sich aber ausschließlich auf **betriebsbedingte** Gründe beziehen.

☐ Ein Sozialplan ist auch dann erforderlich, wenn eine Betriebsänderung im Geltungsbereich eines **Tarifvertrages** erfolgt, der sich mit Betriebsänderungen befasst, z. B. **Rationalisierungsabkommen** und ähnliche Vereinbarungen. Solche Regelungen entfalten **keine Sperrwirkung**. Im Verhältnis der beiden Regelungen zueinander gilt grundsätzlich das **Günstigkeitsprinzip**. Der Sozialplan kann also günstigere Regelungen vorsehen. Unterschreitet er die tarifvertraglichen Bedingungen, gelten nur diese. In der Praxis finden sich auch **Anrechnungsregelungen** bzw. **Subsidiaritätsregelungen**, wonach der Tarifvertrag zurücktritt bzw. Leistungen aus einem Tarifvertrag auf Leistungen eines Sozialplanes angerechnet werden.

☐ Ein Sozialplan kann auch **freiwillig** aufgestellt werden, wenn die gesetzlichen Voraussetzungen nicht vorliegen. In der Praxis wird davon häufig Gebrauch gemacht, um betriebsbedingte Kündigungen, die über einen längeren Zeitraum absehbar sind, zu erfassen und so zu erreichen, dass die Mitarbeiter aufgrund der Abfindung auf eine Kündigungsschutzklage verzichten.

Auch sog. Rahmensozialpläne sind gebräuchlich, in denen entweder allgemeine Grundsätze für zukünftige Fälle von Betriebsänderungen verankert sind oder aber Regelungen, die auf betrieblicher Ebene noch ergänzt werden können, wenn sie vom Konzern- bzw. Gesamtbetriebsrat abgeschlossen wurden.

Wie kommt der Sozialplan zustande?

☐ Im Gegensatz zum Interessenausgleich kann der Sozialplan gegen den Willen des **Arbeitgebers** durch den Betriebsrat **erzwungen** werden. Einigen sich Betriebsrat und Arbeitgeber nicht, ist die Einigungsstelle zuständig, die durch Spruch einen Sozialplan aufstellen kann.

☐ Der Sozialplan kommt bei freiwilliger Einigung zwischen Betriebsrat und Arbeitgeber durch schriftliche Niederlegung der Regelung zustande. Entscheidet die Einigungsstelle durch Spruch, geschieht das durch **Mehrheitsentscheidung**. Der Spruch muss schriftlich niedergelegt und vom Vorsitzenden unterschrieben werden. Der Sozialplan ist im Betrieb zu **veröffentlichen**. Jeder betroffene Arbeitnehmer hat das Recht zur Einsichtnahme.

Inhalt eines Sozialplanes

☐ Die Betriebsverfassungsparteien, aber auch die Einigungsstelle, sind grundsätzlich frei, welche Regelungen sie in einen Sozialplan aufnehmen wollen, um die **wirtschaftlichen Nachteile** aus einer Betriebsänderung für die betroffenen Arbeitnehmer **auszugleichen** oder **abzumildern**.

Kommt ein Sozialplan in freien Verhandlungen zustande, gelten die gesetzlichen Vorgaben des § 112 Abs. 5 BetrVG nicht. Nur die Einigungsstelle muss die dort genannten Vorgaben beachten, insbesondere den Gegebenheiten des Einzelfalles Rechnung tragen, die Aussichten der betroffenen Arbeitnehmer auf dem Arbeitsmarkt berücksichtigen, wobei Arbeitnehmer von Leistungen ausgeschlossen werden können, die eine **zumutbare Weiterbeschäftigung** ablehnen. Vor allem muss die Einigungsstelle bei der Bemessung des Gesamtbetrages der Sozialplanleistun-

Interessenausgleich/Sozialplan

gen darauf achten, dass die **wirtschaftliche Leistungsfähigkeit** des Unternehmens gewahrt bleibt.

☐ Ein Sozialplan muss billigem Ermessen entsprechen, er muss sich im Rahmen des § 75 BetrVG halten und darf **keine Benachteiligungen** bzw. **Diskriminierungen** für besonders geschützte Arbeitnehmergruppen enthalten.

Allerdings hat es das BAG für zulässig gehalten, dass **ältere Arbeitnehmer**, die sich in **rentennahen Jahrgängen** befinden, nur in geringerem Maße an Sozialplanleistungen teilnehmen, weil sie sozial weniger betroffen seien.

☐ Kündigungsschutzrechtlich bedeutsam sind vor allem die in Sozialplänen geregelten → **Abfindungen**. Auch hier haben die Betriebsverfassungsparteien bzw. die Einigungsstelle einen weiten Ermessensspielraum. Allerdings dürfen die **Bemessungskriterien** nicht völlig willkürlich und ohne Bezug zur konkreten Situation des Betriebes und der betroffenen Arbeitnehmer sein. Die jeweilige konkrete Situation der Arbeitnehmer am Arbeitsmarkt ist für die Bemessung der Abfindungshöhe vorrangig maßgeblich. Allerdings können auch weitere Überlegungen einfließen, wie sie üblicherweise bei **Abfindungen** anzutreffen sind (zu den Einzelheiten → **Abfindung**).

☐ Sozialpläne dürfen keine Regelungen vorsehen, die sich als Beschneidung des Rechts zur Erhebung der → **Kündigungsschutzklage** erweisen. Insbesondere dürfen Arbeitnehmer, die Kündigungsschutzklage erheben, nicht von Sozialplanabfindungen ausgeschlossen werden. Zulässig ist jedoch, dass die Zahlung erst dann fällig wird, wenn das Verfahren vor dem Arbeitsgericht endgültig abgeschlossen ist.

Beispiel:
Erhebt ein Arbeitnehmer Kündigungsschutzklage, wird die Abfindung erst dann fällig, wenn das Arbeitsgericht die Klage abgewiesen hat. Spricht das Arbeitsgericht eine Abfindung zu oder wird sie freiwillig vereinbart, wird diese Abfindung auf die Sozialplanabfindung angerechnet.

☐ Generell unzulässig ist es jedoch, in einen Sozialplan Regelungen aufzunehmen, die eine **Belastung** von Mitarbeitern beinhalten, z.B. Lohnkürzungen während der Kündigungsfrist, Kürzung von Betriebsrenten und ähnliche Maßnahmen. Ein Sozialplan hat ausschließlich die Funktion der Milderung bzw. des Ausgleiches von sozialen Nachteilen. Eine Regelungsbefugnis darüber hinaus haben die Betriebsverfassungsparteien nicht. Nachteile, die nicht wirtschaftlicher Natur sind, können nur auf freiwilliger Basis ausgeglichen werden.

☐ In einem Sozialplan können jedoch auch Regelungen über die → **Freistellung** von Arbeitnehmern unter Fortzahlung der Vergütung getroffen werden.

☐ Möglich sind auch Zuschusszahlungen des Arbeitgebers bei → **Kurzarbeit**,

Interessenausgleich/Sozialplan

Umzugskostenregelungen, Mietzuschüsse, Regelungen über bezahlte Freistellung zur Fort- und Weiterbildung, Abgeltung von Deputaten usw.

☐ Oft werden auch Ausgleichszahlungen geregelt, wenn durch Änderungskündigung oder sonst wie eine Abgruppierung erfolgt oder durch die Maßnahme andere finanzielle Nachteile entstehen können.

☐ Neben diesen üblichen und herkömmlichen Regelungen in Sozialplänen besteht jetzt auch die Möglichkeit, unter Einbeziehung der Arbeitsverwaltung sog. **Transfersozialpläne** im Zusammenhang mit Strukturkurzarbeit abzuschließen (→ **Kurzarbeit**).

Dabei geht es um Folgendes:

- Auf freiwilliger Basis, nicht erzwingbar, werden im Rahmen eines Sozialplanes **Beschäftigungs- und Qualifizierungsgesellschaften (BQG)** gegründet, in die Arbeitnehmer versetzt bzw. überführt werden, für die Strukturkurzarbeit (Kurzarbeit Null) gilt, zu den Einzelheiten siehe unter Stichwort (→ **Kurzarbeit**).
- Dadurch sollen die Arbeitsmarktchancen verbessert werden bzw. der Zeitraum bis zum Erreichen der vorgezogenen Altersrente soll überbrückt werden. Durch Einbeziehung von sozialen Transferleistungen (Arbeitsamt u. Ä.) soll Arbeitslosigkeit möglichst vermieden werden. Die BQG stellt die »betriebsorganisatorisch eigenständige Einheit« dar. Im Rahmen von Sozialplänen kann erreicht werden, dass die Verweildauer in der BQG (maximal 24 Monate) möglichst attraktiv ausgestaltet werden kann.

Allerdings ist als Nachteil einer solchen Lösung vor allem zu nennen:

- endgültiger Verlust des Arbeitsplatzes, ohne gerichtliche Überprüfungsmöglichkeit;
- oftmals Einkommensminderung durch Abkürzung der Kündigungsfrist;
- geringere Abfindung.

Rechtsnatur des Sozialplanes

☐ Der Sozialplan hat die Wirkung einer Betriebsvereinbarung nach **§ 77 BetrVG**. Er ist deshalb nach objektiven Maßstäben wie ein Tarifvertrag oder eine Betriebsvereinbarung auszulegen. Dabei kommt es weniger darauf an, was die Betriebsverfassungsparteien gewollt, sondern was sie tatsächlich zum Ausdruck gebracht haben.

☐ Ein Sozialplan wirkt wie eine Betriebsvereinbarung zwingend und normativ. Arbeitnehmer können auf die ihnen im Sozialplan eingeräumten Rechte nur mit Zustimmung des Betriebsrats verzichten. Zulässig ist es aber, Abfindungsan-

Interessenausgleich/Sozialplan

sprüche, die in einem Sozialplan geregelt werden, mit → **Abfindungen**, die in einem **Kündigungsschutzprozess** (→ **Kündigungsschutzklage**) bzw. in einer → **Aufhebungsvereinbarung** geregelt werden, zu **verrechnen**.

Gesetzlicher Abfindungsanspruch nach § 113 Abs. 3 BetrVG

☐ Führt der **Arbeitgeber** keinen **Interessenausgleichsversuch** durch oder **weicht** er von einem geschlossenen Interessenausgleich **ab**, indem beispielsweise mehr bzw. andere Arbeitnehmer gekündigt werden, als im Interessenausgleich vorgesehen, dann haben die insofern betroffenen Arbeitnehmer einen **gesetzlichen Abfindungsanspruch** gem. § 113 Abs. 3 BetrVG. Dieser Abfindungsanspruch tritt nicht an die Stelle eines Sozialplananspruches, sondern neben ihn. Zu den **Einzelheiten** siehe unter Stichwort → **Abfindung**.

Bedeutung für den Betriebsrat

☐ Nur der Betriebsrat kann einen Interessenausgleich und Sozialplan abschließen. Existiert kein Betriebsrat, kommen beide Regelungen nicht in Betracht. Sozialpläne können auch im öffentlichen Dienst nach den jeweiligen personalvertretungsrechtlichen Vorschriften aufgestellt werden.

☐ Deshalb ist es für Betriebe mit regelmäßig mehr als 21 Arbeitnehmern so besonders wichtig, einen Betriebsrat zu wählen. Denn wird z. B. ein solcher Betrieb ganz stillgelegt, kann der Arbeitgeber betriebsbedingt alle Arbeitsverhältnisse kündigen, ohne dass er zu irgendeiner Abfindungszahlung verpflichtet wäre.

☐ Da der Arbeitgeber verpflichtet ist, eine Betriebsänderung rechtzeitig und umfassend mit dem Betriebsrat zu **beraten**, hat der Betriebsrat Anspruch auf alle **erforderlichen Informationen**, die für die Beurteilung der Betriebsänderung und für die Überlegungen des Betriebsrats, auch im Sinne von Alternativüberlegungen, von Bedeutung sind. Solange der Interessenausgleich nicht bis in die Einigungsstelle versucht wurde und dann dort gescheitert ist, darf der Arbeitgeber die beabsichtigte Betriebsänderung nicht durchführen, insbesondere darf er die mit ihr verbundenen kündigungsrechtlichen Maßnahmen nicht umsetzen.

☐ Höchst streitig ist allerdings, ob der Betriebsrat dann, wenn sich der Arbeitgeber nicht an diese Verpflichtung hält und während der noch laufenden oder nicht aufgenommenen Verhandlungen kündigt, einen **Unterlassungsanspruch** im Sinne eines **Kündigungsstoppantrages** hat. Nach richtiger Auffassung verhindert der Arbeitgeber eine ordnungsgemäße Beratung und einen Interessenausgleichsversuch, wenn er die Maßnahme bereits umsetzt. Deshalb muss der Betriebsrat in der Lage sein, dieses Unterlaufen seines Mitwirkungsrechtes zu unterbinden. Einige LAG's, das BAG hat bisher noch nicht entschieden, weil für einstweilige Verfügungsverfahren nicht zuständig, haben einen entsprechenden **Unterlassungsanspruch** bejaht, überwiegend wird er jedoch wohl abgelehnt.

☐ Unterlässt der Betriebsrat die Aufstellung eines Sozialplanes, so macht er sich damit einer groben Amtspflichtverletzung schuldig. Die wirtschaftliche Sicherung der von einer Betriebsänderung betroffenen Arbeitnehmer ist eine wesentliche gesetzliche Aufgabe des Betriebsrates. Deshalb ist ein Betriebsrat **verpflichtet**, bei einer Betriebsänderung einen Sozialplan zum Schutze der betroffenen Arbeitnehmer aufzustellen.

Klagefrist

Grundlagen

☐ Geht es um die Wirksamkeit der Beendigung eines Arbeitsverhältnisses, möchte der Gesetzgeber im Interesse beider Parteien eine schnelle gerichtliche Klärung herbeiführen. Er hat deshalb in drei Bestimmungen Klagefristen festgelegt:

- Unterfällt ein Arbeitnehmer dem KSchG (→ **Kündigungsschutz**) und möchte er geltend machen, die Kündigung sei sozialwidrig – es lägen also weder die Gründe für eine → **verhaltensbedingte**, eine → **personenbedingte** noch für eine → **betriebsbedingte Kündigung** vor – oder möchte er geltend machen, dass die Voraussetzungen einer → **außerordentlichen Kündigung** nicht gegeben seien, so muss er innerhalb von **drei Wochen** seit dem Zugang der Kündigung → **Kündigungsschutzklage** erheben. Teilweise etwas abweichende Fristen gelten für **Seeleute** (→ **Seeleute Kündigungsschutz**) **und Wehr- bzw. Zivildienstleistende** (→ **Arbeitsplatzschutz für Soldaten und Zivildienstleistende**).
Ohne Bindung an diese Frist kann der Arbeitnehmer aber andere Gründe für die Unwirksamkeit der Kündigung geltend machen, z. B. dass der Betriebsrat nicht ordnungsgemäß angehört wurde (→ **Betriebsratsanhörung**) oder dass die Kündigung wegen eines Betriebsübergangs ausgesprochen wurde (→ **Betriebsübergang**).
Ebenso kann auch **ohne Einhaltung der dreiwöchigen Klagefrist** geltend gemacht werden, dass die Kündigung einer behördlichen Zustimmung bedurfte, sei es wegen des Mutterschutzes (→ **Mutterschutz**), des Erziehungsulaubes (→ **Erziehungsurlaub**), weil der Arbeitnehmer schwerbehindert (→ **Schwerbehinderte**) oder Inhaber eines Bergmannsversorgungsscheines (→ **Bergmannsversorgungsschein**) ist. Daneben gilt hier die Besonderheit, dass die Klagefrist ohnehin erst mit der Bekanntgabe der Entscheidung der Behörde beginnt (§ 4 Satz 4 KSchG).
Ist ein → **Ausschuss für Berufsbildungsstreitigkeiten** gebildet, ist im Berufsausbildungsverhältnis die Klagefrist nicht einzuhalten. Ist keiner gebildet, ist sie anzuwenden.

☐ Um in der **Insolvenz** eine besonders rasche Klärung zu ermöglichen, hat der Gesetzgeber dort die Klagefrist verallgemeinert. Es müssen also innerhalb der Klagefrist alle Unwirksamkeitsgründe – z. B. auch mangelnde Betriebsratsanhörung und Unwirksamkeit der Kündigung wegen eines Betriebsübergangs – geltend gemacht werden. Das folgt aus § 113 Abs. 2 InsO (→ **Insolvenz**). Es ist noch nicht geklärt, ob die Sonderregeln für Soldaten, Seeleute und Personen, deren Kündigung der Zustimmung einer Behörde bedarf, und für Auszubildende – soweit ein Ausschuss für Berufsbildungsstreitigkeiten gebildet ist – auch in der Insolvenz gelten.

☐ Will sich der Arbeitnehmer gegen die **Wirksamkeit einer Befristung** wehren, so muss er dies innerhalb von **drei Wochen** nach dem vereinbarten Ende des befristeten Arbeitsvertrages durch Klage geltend machen (§ 1 Abs. 5 BeschFG; → **Befristung**).

☐ Die Frist endet an dem Tag, der seiner Benennung nach drei Wochen später am Tage des Zugangs der Kündigung oder dem letzten Tag der Befristung entspricht. Handelt es sich um einen Samstag, Sonntag oder gesetzlichen Feiertag, so endet die Frist mit dem darauf folgenden Werktag.

Wie wird die Frist eingehalten?

☐ Die Frist wird durch eine wirksame → **Kündigungsschutzklage** oder eine Klage gegen die Befristung (→ **Befristung**) eingehalten. Sie muss rechtzeitig bei Gericht eingehen. Das muss nicht das zuständige Gericht sein, weil die Klage ohne weiteres an das zuständige Gericht verwiesen werden kann. Es reicht aber nicht, wenn sie in der Rechtsantragsstelle eines unzuständigen Gerichts als Klage an das zuständige Gericht nur aufgenommen wird. Dann kommt es darauf an, wann sie beim zuständigen Gericht eingeht.

Kann man etwas gegen eine versäumte Frist tun?

☐ Ist die Frist einmal versäumt, ist es in der Regel für eine wirksame Klage zu spät. In Ausnahmefällen kann eine verspätete Klage jedoch **nachträglich zugelassen** werden, wenn der Arbeitnehmer trotz Anwendung aller ihm nach Lage der Umstände zuzumutenden Sorgfalt verhindert war, die Klage rechtzeitig einzureichen. Hier ist jedoch Zurückhaltung geboten. Es reicht nicht aus, dass der Arbeitnehmer die Frist nicht kannte. Zu denken ist an folgende Fälle:

Klagefrist

- Fehlerhafte Beratung durch eine zuverlässige Person, z. B. gewerkschaftlichen Rechtsschutzsekretär oder Rechtsanwalt. Falsche Auskünfte des Betriebsrats entlasten meist nicht.
- Krankheit nur, wenn sie den Arbeitnehmer daran hinderte, die Kündigung zur Kenntnis zu nehmen oder tätig zu werden, z. B. bei Krankenhausaufenthalt.
- Unvorhergesehene Verzögerungen beim Postlauf.
- Ob das Verschulden des Prozessbevollmächtigten dem Arbeitnehmer zuzurechnen ist, wird von den Gerichten unterschiedlich gesehen. Keinesfalls ist dem Arbeitnehmer das Verschulden des anwaltlichen Büropersonals oder Büropersonals der Gewerkschaft zuzurechnen.
- Urlaub, wenn der Arbeitnehmer deshalb die Kündigung nicht zur Kenntnis genommen hat, nicht aber ein Auslandsaufenthalt für sich genommen.

☐ Der Antrag auf **nachträgliche Zulassung** der Klage ist binnen **zwei Wochen** nach Wegfall des Hindernisses beim Arbeitsgericht einzureichen. Später als **sechs Monate** nach Ablauf der Klagefrist kann ein Antrag auf nachträgliche Zulassung nicht mehr gestellt werden. Gleichzeitig ist die Klage zu erheben. In dem Antrag sind die Tatsachen, die der nachträglichen Zulassung zugrunde liegen, im Einzelnen anzugeben. Außerdem sind Mittel der Glaubhaftmachung – z. B. Urkunden oder eine eidesstattliche Versicherung – beizufügen. Sollen Zeugen vernommen werden, so sind diese anzugeben. Das ist jedoch rechtlich problematisch, weil teilweise angenommen wird, dass der Arbeitnehmer die Zeugen selbst zum Termin mitbringen muss und wenn dies nicht gelingt, dies zu seinen Lasten geht. Hier ist es besser, eine eidesstattliche Versicherung des Zeugen beizufügen. Der eidesstattlichen Versicherung sowohl des Arbeitnehmers als auch möglicher Zeugen müssen die glaubhaft gemachten Tatsachen im Einzelnen zu entnehmen sein. Sie muss ferner wahrheitsgemäß sein, weil eine falsche eidesstattliche Versicherung zur strafrechlichen Verfolgung führen kann. Dass der Unterzeichner der eidesstattlichen Versicherung sich dieser Tatsache bewusst ist, muss aus der eidesstattlichen Versicherung hervorgehen. Das kann z. B. durch folgenden Einleitungssatz sichergestellt sein:

In Kenntnis der Strafbarkeit einer vorsätzlich oder fahrlässig falsch abgegebenen eidesstattlichen Versicherung versichere ich, (Name und Anschrift) zur Verwendung bei Gericht was folgt: (...)

- Die Zwei-Wochen-Frist endet an dem Tag, der seiner Benennung zwei Wochen später dem Tag entspricht, an dem das Hindernis weggefallen ist, also der Arbeitnehmer z. B. nach der Rückkehr aus dem Urlaub die Kündigung im Briefkasten fand. Ist dieser Tag ein Samstag, Sonntag oder gesetzlicher Feiertag, so endet die Frist am darauf folgenden Werktag.
- Die Sechs-Monats-Frist endet an dem Tag, der dem letzten Tag der ursprüng-

lichen Klagefrist in seiner Benennung sechs Monate später entspricht. Gibt es diesen Tag nicht, so endet sie mit dem letzten Tag des Monats. Fällt der Tag auf einen Samstag, Sonntag oder gesetzlichen Feiertag so läuft die Sechs-Monats-Frist am darauf folgenden Werktag ab.

Was ist die Folge einer Fristversäumnis?

☐ Mit der Fristversäumnis steht fest, dass die Kündigung nicht sozialwidrig bzw. in der Insolvenz, dass sie insgesamt wirksam war. Hinsichtlich der Befristung steht fest, dass auch diese wirksam war. Damit ist das Arbeitsverhältnis zum jeweils maßgeblichen Zeitpunkt beendet. Es steht aber nicht fest, dass z. B. die vom Arbeitgeber angenommenen Kündigungsgründe wirklich vorlagen.

Beispiel:
Der Arbeitgeber kündigt fristlos wegen angeblichen Diebstahls. Der Arbeitnehmer versäumt die Klagefrist. Es steht damit fest, dass die außerordentliche Kündigung wirksam und mit ihrem Zugang das Arbeitsverhältnis beendet wurde. Trotzdem kann sich der Arbeitnehmer immer noch darum bemühen, ein → Zeugnis zu erhalten, in dem der Vorwurf des Diebstahls keine Rolle mehr spielt. Hier kann auch eine Beweisaufnahme herbeigeführt werden.

Kleinbetrieb

Was ist das?

☐ Für das Kündigungsschutzrecht ist der Begriff »**Kleinbetrieb**« in zweierlei Hinsicht von Bedeutung. In § 23 Abs. 1 KSchG wird festgelegt, dass → **Kündigungsschutz** nicht für die → **Arbeitnehmer in Betrieben und Verwaltungen** gilt, die in der Regel nur **fünf oder weniger** Arbeitnehmer beschäftigen.

☐ Etwas anders ist der Kleinbetrieb im Sinne des BetrVG. Nach § 1 BetrVG sind **betriebsratsfähig** nur solche Betriebe mit mindestens fünf in der Regel beschäftigten, **wahlberechtigten** Arbeitnehmern. Im Kleinbetrieb hat der Betriebsrat aber Rechte hinsichtlich personeller Einzelmaßnahmen, wie z. B. bei **Versetzungen** und **Eingruppierungen**, dies gilt jedoch nur dann, wenn der Betrieb regelmäßig mehr als 20 wahlberechtigte Arbeitnehmer beschäftigt. Diese Arbeitnehmerzahl ist auch gefordert, um bei **Betriebsänderungen** einen → **Interessenausgleich/Sozialplan** aufstellen zu können, § 111 Satz 1 BetrVG.

Berechnung der Beschäftigtenzahl

☐ Maßgeblich für den Kündigungsschutz ist zunächst der → **Betrieb**. In der öffentlichen Verwaltung ist Anknüpfungspunkt des Kündigungsschutzes nicht die **Dienststelle**, sondern die organisatorische Einheit, in der mehrere Dienststellen zu einer administrativen Hierarchie zusammengefasst worden sind. Hier müssen mehr als fünf Arbeitnehmer beschäftigt sein.

☐ Für die Berechnung der Beschäftigtenzahl kommt es **ausschließlich** auf die beschäftigen → **Arbeitnehmer** an. Ob diese nach den Vorschriften des BetrVG wahlberechtigt sind, ist nicht maßgeblich.

☐ **Auszubildende** (auch Praktikanten, Volontäre, Anlernlinge u. ä. Personen) werden bei der Berechnung der Beschäftigtenzahl nicht **berücksichtigt**.

☐ **Unberücksichtigt bleibt** auch der → **Arbeitgeber** bzw. die Personen, die organschaftlich den Arbeitgeber repräsentieren: Geschäftsführer einer GmbH, Vorstandsmitglieder des Vereins, Gesellschafter der oHG, Vorstandsmitglieder einer AG.

Kleinbetrieb

☐ Arbeitnehmer mit **ruhendem** Arbeitsverhältnis, z. B. Wehr- bzw. Ersatzdienstleistende sowie Mitarbeiter im Erziehungsurlaub, werden **mitgerechnet**. In letzterem Falle allerdings nur dann, wenn **keine Ersatzkraft** eingestellt worden ist.

☐ **Unerheblich** ist, ob alle Beschäftigten nach **deutschem Arbeitsrecht** beschäftigt werden oder ob die Arbeitsverhältnisse nach anderen Rechtsordnungen begründet worden sind. Entscheidend ist, dass eine Beschäftigung existiert, die dem Betrieb zuzurechnen ist. Das ist auch für die Arbeitnehmer anzunehmen, die aus dem deutschen Betrieb vorübergehend ins **Ausland** gesandt worden sind.

☐ Berücksichtigt werden auch **leitende Angestellte**, selbst wenn sie Einstellungs- und Entlassungsbefugnis haben.

☐ Nicht mitzuzählen sind jedoch **Heimarbeiter**, arbeitnehmerähnliche Personen, **Leiharbeitnehmer, freie Mitarbeiter**, die aufgrund eines Werkvertrages bzw. Dienstvertrages im Kleinbetrieb arbeiten.

☐ Gerade in Kleinbetrieben wird es oft so sein, dass **Familienangehörige** des Arbeitnehmers mitarbeiten. Diese werden dann bei der Betriebsgröße mitgerechnet, wenn ein Arbeitsverhältnis begründet worden ist. Das kann auch mündlich geschehen sein. Keine Mitberücksichtigung erfolgt, wenn die Mitarbeit im Kleinbetrieb ausschließlich aufgrund der gesetzlichen familienrechtlichen **Unterhaltsverpflichtungen** des BGB erfolgt. Diese gesetzlichen Verpflichtungen gelten nicht bei Verlöbnissen bzw. **eheähnlichen Gemeinschaften**, so dass hier bei einer Mitarbeit im Betrieb ein Arbeitsverhältnis zugrunde liegt, selbst wenn es nicht ausdrücklich abgeschlossen worden ist.

☐ Eine Berechnung nach »Köpfen« findet aber nur bei **Vollzeitbeschäftigten** statt. **Teilzeitbeschäftigte** werden **anteilig** gerechnet. Teilzeitbeschäftigt sind die Arbeitnehmer, deren **regelmäßige Wochenarbeitszeit** kürzer ist als die regelmäßige Wochenarbeitszeit vergleichbarer vollzeitbeschäftigter Arbeitnehmer des Betriebes.

Beispiel:
Alle Arbeitnehmer des Betriebes arbeiten nur 20 Stunden. Es liegt keine Teilzeitbeschäftigung vor.
Alle Arbeitnehmer arbeiten 40 Stunden, bis auf einen, dieser arbeitet 39 Stunden. Dieser ist teilzeitbeschäftigt.

☐ Das Gesetz legt **feste Grenzen** und **Faktoren** für die vorzunehmende Berechnung bei Teilzeitbeschäftigung fest:
- Arbeitszeit bis einschl. 20 Stunden: Berechnungsfaktor 0,5;
- Arbeitszeit mehr als 20 Stunden bis einschl. 30 Stunden: Berechnungsfaktor 0,75;
- Arbeitszeit mehr als 30 Stunden: Berechnungsfaktor 1,0.

Kleinbetrieb

☐ Teilzeitbeschäftigte in diesem Sinne sind auch **geringfügig beschäftigte Arbeitnehmer** mit dem Berechnungsfaktor 0,5.

☐ Oft sind Teilzeitbeschäftigte als **Aushilfen** tätig. Sie sind dann mit zu berücksichtigen, wenn Aushilfskräfte **regelmäßig** beschäftigt werden. Denn das Gesetz stellt nicht auf eine Stichtagsbetrachtung ab, sondern fordert lediglich, dass »in der Regel« mehr als fünf Beschäftigte vorhanden sind. Zeitlicher Bezugspunkt für die Bewertung der Regelmäßigkeit ist der Zugang der Kündigung. Als Vergleichszeitraum ist grundsätzlich auf 12 Monate abzustellen, wobei die bisherige personelle Situation und die Einschätzung der zukünftigen Entwicklung zu berücksichtigen ist.

☐ Das KSchG gilt immer dann, wenn der **Schwellenwert 5** überschritten ist, es muss also mindestens die **Berechnungszahl** 5,25 erreicht sein:

Beispiel:
3 Vollzeitbeschäftigte, Berechnungszahl 3,
3 Teilzeitbeschäftigte mit 10 Stunden, Berechnungszahl 1,5
1 Teilzeitbeschäftigter mit 25 Stunden, Berechnungszahl 0,75
Gesamtberechnungszahl: 5,25.
Damit gilt das KSchG in diesem Betrieb.

Kleinbetrieb in Unternehmen und Konzern

☐ Steht ein Betrieb mit fünf oder weniger Beschäftigten nicht für sich allein, sondern ist eingebunden in ein anderes **Unternehmen** bzw. besteht er aus verschiedenen kleinen Teil-, Hilfs-, Nebenbetrieben oder **Betriebsstätten,** muss die Berechnung der Arbeitnehmerzahl sich auf das **Unternehmen** beziehen, in das der Betrieb eingebettet ist bzw. zu dem er gehört. Unternehmen in diesem Sinne ist der wirtschaftliche Träger der betrieblichen Aktivitäten, also beispielsweise die GmbH, die mehrere Betriebe unterhält, **Filialen, Niederlassungen,** Verkaufsbüros, Außenlager usw.

☐ Der Unternehmensbegriff setzt jedoch voraus, dass es sich um eine **einheitliche Rechtspersönlichkeit** handelt. Kein Unternehmen in diesem Sinne ist das Nebeneinander verschiedener Rechtsträger, also z. B. zweier eigenständiger Gesellschaften. Diese können allerdings einen **Gemeinschaftsbetrieb** bilden, dessen Arbeitnehmer zusammenzuzählen sind (→ **Umwandlung**; → **Betrieb**).

Beispiel:
Die A-GmbH beschäftigt drei Arbeitnehmer, die B-GmbH vier Arbeitnehmer. Die Geschäftsführer beider Gesellschaften sind personenidentisch und führen den Betrieb gemeinsam an einer Betriebsstätte.

Ist der Arbeitgeber als **GmbH & Co KG** organisiert, handelt es sich um ein **einheitliches Unternehmen**, obwohl es aus zwei Gesellschaften (z. B. einer GmbH und oHG oder Kommanditgesellschaft) besteht.

Beispiele:
- *Eine Einzelhandelsgesellschaft unterhält drei Filialen. In einer Filiale sind drei, in einer fünf, in einer ein Arbeitnehmer beschäftigt. Für alle Arbeitnehmer gilt Kündigungsschutz.*

Oder:
- *Ein Großunternehmen in Hamburg unterhält eine Verkaufsniederlassung in Frankfurt mit vier Arbeitnehmern. Auch diese haben Kündigungsschutz.*

☐ Sind unterschiedliche Rechtsträger bzw. Unternehmen vorhanden, kann ein → **Konzern** vorliegen. Jedoch hat das BAG entschieden, dass z. B. in einer **Holdinggesellschaft** eines Konzerns Kündigungsschutz nicht greift, wenn kein **Gemeinschaftsbetrieb** zwischen der Holdinggesellschaft und der Tochtergesellschaft begründet worden ist. Nur wenn das der Fall ist, sollen die Arbeitnehmer von Tochtergesellschaften der Holdinggesellschaft zugerechnet werden.

Beispiel:
Die Interfunk-Holding AG in Frankfurt beschäftigt drei Arbeitnehmer, zwei Produktionsbetriebe des Konzerns in Hamburg und Berlin beschäftigen jeweils 1000 Arbeitnehmer. Für die Mitarbeiter der Holding besteht kein Kündigungsschutz.

☐ Auf der gleichen Linie liegt die Rechtsprechung des BAG, dass z. B. kein Kündigungsschutz in einer kleinen selbständig organisierten **Kirchengemeinde** besteht, selbst wenn diese der betreffenden Landeskirche angehört.

☐ Diese Rechtsprechung ist allerdings **verfassungsrechtlich bedenklich** (→ **Kündigungsschutz außerhalb des Kündigungsschutzgesetzes**). Denn entscheidend ist, dass die gesetzliche **Verweigerung** des Kündigungsschutzes nur dann **gerechtfertigt** ist, wenn der **Arbeitgeber** geringe Finanz- und Verwaltungskapazitäten hat und durch die Anwendung von Kündigungsschutz als Kleinunternehmen oder als Familienbetrieb besonders belastet wird. Das ist dann nicht der Fall, wenn er in einem leistungsfähigen und auch leistungsbereiten Verbund steht, wie z. B. in einem Konzern oder einer fest gefügten Selbstverwaltungsorganisation.

☐ Gehört ein deutscher Kleinbetrieb zu einem **ausländischen Unternehmen**, das insgesamt mehr als fünf Beschäftigte hat, so genießen die in Deutschland beschäf-

Kleinbetrieb

tigten Arbeitnehmer Kündigungsschutz, unabhängig davon, wo die anderen Betriebe liegen. Das gilt nicht, wenn in Deutschland fünf oder weniger Arbeitnehmer beschäftigt werden.

Beispiel:
Die Power House Ltd. in London beschäftigt 30 Arbeitnehmer, in einer Niederlassung in Deutschland werden drei Arbeitnehmer beschäftigt, für diese gilt kein Kündigungsschutz.

Berechnung der Beschäftigtenzahl nach Betriebsverfassungsrecht

☐ **Betriebsräte** können in allen Betrieben mit mindestens fünf ständigen wahlberechtigten Arbeitnehmern gewählt werden. Wahlberechtigt sind alle Arbeitnehmer, die das 18. Lebensjahr vollendet haben, auch die Auszubildenden. **Teilzeitbeschäftigte**, Heimarbeiter und geringfügig beschäftigte Arbeitnehmer werden **voll** gezählt, eine anteilige Berechnung findet nicht statt. Allerdings sind **leitende Angestellte** im Sinne des § 5 Abs. 3 BetrVG nicht mitzuzählen. Als weitere Voraussetzung stellt das Gesetz die Wählbarkeit von drei Mitarbeitern auf, die dann gegeben ist, wenn eine Betriebszugehörigkeit von sechs Monaten mindestens besteht. Bei neu gegründeten Betrieben wird auf die sechsmonatige Mindestbetriebszugehörigkeit verzichtet, § 8 Abs. 2 BetrVG.

☐ **Kündigungsschutz** und **Betriebsratsfähigkeit** in Betrieben sind somit **nicht deckungsgleich**. Es ist deshalb möglich, dass in einem Betrieb ein Betriebsrat existiert, ohne dass Kündigungsschutz gegeben ist. Umgekehrt kann Kündigungsschutz gegeben sein, ohne dass Betriebsratsfähigkeit vorliegt.

Beispiel:
Im Betrieb sind zwei Vollzeitarbeitnehmer und sechs Teilzeitarbeitnehmer mit 19 Wochenstunden beschäftigt. Für das BetrVG ergeben sich acht Arbeitnehmer, für das KSchG nur fünf.

☐ Zu beachten ist jedoch, dass auch in solchen Betrieben, die **betriebsverfassungsrechtlich** als **Kleinbetrieb** zu bezeichnen sind, die individual-rechtlichen Vorschriften des BetrVG in den §§ 81 ff BetrVG für den einzelnen Arbeitnehmer gelten, also auch die Regelungen in § 81 Abs. 4 BetrVG (→ **betriebsbedingte Kündigung**).

☐ Von einem **betriebsverfassungsrechtlichen Kleinbetrieb** muss auch bei weniger als 21 wahlberechtigten, regelmäßig beschäftigten Arbeitnehmern gesprochen

Kleinbetrieb

werden. Denn in diesen Betrieben hat der Betriebsrat keine **Mitbestimmung** bei personellen Einzelmaßnahmen im Sinne des § 99 BetrVG. Dies gilt insbesondere für die **Umgruppierung** und **Versetzung** (→ **Direktionsrecht**). Ist die Maßnahme jedoch mit einer → **Änderungskündigung** verbunden, findet § 102 BetrVG Anwendung.

Beispiel:
In einem Betrieb mit 17 Beschäftigten will der Arbeitgeber einen Arbeitnehmer ohne Versetzungsklausel an einen anderen Arbeitsplatz versetzen. Der betriebsverfassungsrechtliche Versetzungsbegriff ist erfüllt. Dennoch ist nur die Änderungskündigung dem Betriebsrat zur Anhörung vorzulegen.

☐ Es bestehen auch keine Mitbestimmungsrechte in wirtschaftlichen Angelegenheiten, insbesondere bei → **Betriebsänderungen** nach § 111 BetrVG (→ **Interessenausgleich/Sozialplan**). Ein Sozialplan mit Abfindungsregelungen kann nicht aufgestellt werden.

☐ Allerdings hat das Bundesarbeitsgericht hier eine bedeutende Klarstellung vorgenommen. Wird in einem Unternehmen mit mehreren Betrieben und dort gebildeten Betriebsräten betriebsübergreifend eine Betriebsänderung durchgeführt, die in die Zuständigkeit des **Gesamtbetriebsrats** fällt, dann ist ein **Interessenausgleich** und **Sozialplan** aufzustellen, wenn die Zahl der Arbeitnehmer im Unternehmen insgesamt mehr als 20 beträgt, unabhängig davon, ob in einem betroffenen Einzelbetrieb die Zahl der Arbeitnehmer unter 20 liegt. Entsprechendes wird für **Konzernunternehmen** zu gelten haben, wenn ein entsprechender unternehmensübergreifender konzerneinheitlicher Betriebsänderungswille und ein Konzernbetriebsrat vorhanden ist.

Beispiel:
In einem Unternehmen mit 200 Beschäftigten bestehen fünf Betriebe, einer hat 140 Arbeitnehmer, die restlichen jeweils 15 Arbeitnehmer. In allen Betrieben sind Betriebsräte gebildet worden, diese haben einen Gesamtbetriebsrat errichtet. Der Arbeitgeber will nun die vier kleinen Betriebe schließen. Ein Interessenausgleich und Sozialplan ist erforderlich.

Konzern

Was ist das?

☐ Der **Konzernbegriff** ist weder im Wirtschaftsrecht noch im Arbeits- und Sozialrecht einheitlich definiert. Meistens wird an die Begriffsbestimmung in § 18 AktG angeknüpft. Hier finden sich die wesentlichen Grundaussagen für den sog. **Unterordnungskonzern**. Davon wird dann gesprochen, wenn ein **herrschendes** und ein oder mehrere **abhängige Unternehmen** unter einer **einheitlichen Leitung** zusammengefasst sind. Es besteht eine rechtliche Vermutung dafür, dass zu Gesellschaften mit Mehrheitsanteilen ein herrschendes Konzernverhältnis besteht.

☐ Umgangssprachlich wird oft von der **Konzernmutter**, das ist das herrschende Unternehmen, sowie **Konzerntöchtern**, das sind die beherrschten Unternehmen, gesprochen. Da ein Konzern mehrstufig sein kann, können unterhalb der Tochterunternehmen weitere beherrschte Unternehmen angesiedelt sein, diese Reihe lässt sich beliebig weit fortführen, es entstehen auf diese Weise nicht einfach zu durchschauende **Konglomerate** bzw. **Unternehmensgruppen**. Auf die Rechtsform der beteiligten Unternehmen kommt es innerhalb eines Konzerns nicht an.

☐ Ein Konzern kann als **Vertragskonzern** angelegt sein, dann bestehen zwischen den Unternehmen des Konzerns Unternehmensverträge, z. B. Gewinnabführungsvertrag, Beherrschungsvertrag, Verlustübernahmevertrag u.Ä. Es kann aber auch ein **faktischer Konzern** entstehen, in dem die Beherrschung durch die faktischen Einflussmöglichkeiten über Leitungs-, Kommunikationsstrukturen, technologische Abhängigkeit u. Ä. entsteht.

☐ Von einem **Gleichordnungskonzern** spricht man dann, wenn kein herrschendes Unternehmen vorhanden ist, sondern zu einer Gruppe zusammengefasste Unternehmen gleichberechtigt nebeneinander stehen.

Gibt es ein Konzernarbeitsrecht?

☐ Trotz der zunehmenden Bedeutung der Verbindung von Unternehmen zu Konzernen hat sich ein **Konzernarbeitsrecht** bisher nur in Bruchstücken herausgebil-

Konzern

det. Bisher behilft sich die Rechtsprechung mit der Anwendung der allgemeinen Grundsätze auch auf Arbeitsverhältnisse, die in einem Konzern eingebettet sind.

☐ Schwierigkeiten bereitet im Konzern teilweise die Feststellung des → **Arbeitgebers**. Drei Grundkonstellationen können unterschieden werden:

- Der häufigste Fall ist, dass eine Einstellung bei einem Konzernunternehmen erfolgt und dass dann eine **Entsendung** zu anderen Konzernunternehmen vorgenommen wird, ohne dass sich an der Arbeitgeberstellung des Einstellungsunternehmens irgendetwas ändert.

Beispiel:
Sie werden bei der Interfunk AG als kaufmännischer Angestellter eingestellt. Wir behalten uns jedoch vor, Sie vorübergehend zu Gesellschaften unseres Konzerns zu entsenden.

- Möglich ist auch, dass bei jedem Wechsel von einem Unternehmen zum anderen Konzernunternehmen ein **Arbeitgeberwechsel** vorgenommen wird. Dann verliert der alte Arbeitgeber seine bisherige Stellung, das neue Unternehmen tritt an seine Stelle. Dieser Wechsel des Arbeitgebers ist nur einvernehmlich mit dem betroffenen Arbeitnehmer im Rahmen eines Änderungsvertrages möglich. In diesen Fällen wird regelmäßig die → **Betriebszugehörigkeit** voll angerechnet. Es sind jedoch auch vertragliche Regelungen möglich.

Beispiel:
Sie sind bei der Interfunk AG als kaufmännischer Angestellter eingestellt. Sie erklären sich bereit, in ein anderes Konzernunternehmen zu wechseln. In diesem Falle wird das Konzernunternehmen Ihr neuer Arbeitgeber. Ihre Konzernbetriebszugehörigkeit wird jeweils angerechnet.

- Denkbar ist auch, dass nicht nur zu einem, sondern zu mehreren Konzernunternehmen gleichzeitig ein Arbeitsverhältnis begründet wird, so dass auf Arbeitgeberseite eine **Arbeitgebergruppe** (→ **Arbeitgeber**) entsteht. Jedes Konzernunternehmen steht dann das Direktionsrecht zu.

Beispiel:
Sie sind im Interfunk-Konzern als kaufmännischer Angestellter eingestellt. Arbeitgeber sind alle Konzerngesellschaften, nämlich die Interfunk AG sowie die E-Handels-GmbH und die I-Informations-GmbH.

- Entsteht ein Konzern durch → **Umwandlung**, erfolgt im Regelfall die Zuordnung zu **einem** Konzernunternehmen.

Konzern

Beispiel:
Aus der Interfunk AG wird ein Konzern mit der Interfunk Holding AG sowie den Firmen E-Handels-GmbH und I-Informations GmbH. Die Mitarbeiter der Interfunk AG müssen jeweils einer der drei Gesellschaften zugeordnet werden. Diese ist dann Arbeitgeber.

☐ Die Besonderheit eines Arbeitsverhältnisses im Konzern besteht meistens darin, dass das → **Direktionsrecht** des Arbeitgebers insoweit ausgeweitet wird, als dieser auch berechtigt ist, den Arbeitnehmer in einem anderen Konzernunternehmen einzusetzen, ihn dahin zu entsenden, entweder auf Dauer oder nur vorübergehend. Zwar hat regelmäßig nur der eigentliche Arbeitgeber den Anspruch auf die Arbeitsleistung des Arbeitnehmers. Dies ist aber nach § 613 BGB abdingbar.

• Das kann ausdrücklich erfolgen.

Formulierungsbeispiel:
Sie werden für die A-Gesellschaft eingestellt. Diese behält sich jedoch vor, Sie auch in anderen Gesellschaften des A-Konzerns einzusetzen. Mit Ihrer Zustimmung kann auch ein endgültiger Arbeitgeberwechsel herbeigeführt werden.

• Der Konzernbezug des **Direktionsrechtes** kann auch durch die Üblichkeit und das tatsächliche Verhalten der Parteien entstehen.

Beispiele:
• *Der Arbeitnehmer wird bei der A-Gesellschaft eingestellt. Diese erwirbt die Gesellschaften B und C. Es wird ein Unterordnungskonzern gebildet. A wird vorübergehend immer wieder zu den Gesellschaften B und C entsandt, um dort Tätigkeiten zu erledigen, ohne den Vortrag zu ändern.*
Oder:
• *Im Konzern ist es üblich, dass Arbeitnehmer immer wieder in unterschiedlichen Betrieben und Unternehmen arbeiten.*

☐ § 1 Abs. 3 AÜG bestimmt ausdrücklich, dass im Konzern eine Verleihung von Arbeitnehmern von einem Konzernunternehmen zum anderen auch ohne Genehmigung jedenfalls vorübergehend, darunter wird auch eine längere Zeitspanne bis zu fünf Jahren verstanden, möglich ist.

☐ Auch im konzernbezogenen Arbeitsverhältnis ist kündigungsberechtigt nur der **Arbeitgeber,** nicht irgendein Konzernunternehmen, es sei denn, dieses wäre bevollmächtigt (→ **Arbeitgeber**).

☐ Eine Haftung des herrschenden Unternehmens für Ansprüche von Arbeitnehmern auf Vergütung der z. B. »Abfindungsansprüche« eines zahlungsunfähigen beherrschten Unternehmens wird von der Rechtsprechung nur angenommen, wenn die Konzernobergesellschaft ihre vertragliche oder faktische Leitungsmacht konsequent und auf Dauer ohne Rücksicht auf die Situation der abhängigen Konzerntochter ausgeübt und somit zur Zahlungsunfähigkeit beigetragen hat. Dies nennt man **Konzerndurchgriff**.

Kündigungsschutz und Konzern

☐ Das KSchG ist seiner Grundkonzeption nach **betriebsbezogen** angelegt. Das ist historisch verständlich, aber zunehmend überholt. Das BAG hat aber zumindest teilweise den **ökonomischen Entwicklungstendenzen** insoweit Rechnung getragen, als es anerkannt hat, dass in bestimmten Sonderfällen der Kündigungsschutz auch **konzerndimensional** angelegt ist und die Einbettung eines Betriebes in einen Konzern bei der Bewertung **betriebsbedingter** Kündigungsgründe berücksichtigt werden muss. Dabei bleibt das BAG aber dabei, dass die → **Sozialauswahl** ausschließlich betriebsbezogen vorzunehmen ist, es sei denn, im Rahmen von → **Auswahlrichtlinien** wäre etwas anderes zwischen den Betriebsverfassungsparteien vereinbart.

☐ Allerdings tut sich das BAG insgesamt bei der Anlegung eines konzerndimensionalen Maßstabes des Kündigungsschutzes sehr schwer und hat bisher nur in den **folgenden Fällen** die Notwendigkeit geprüft, eine Versetzung auf einen freien Arbeitsplatz in einem anderen Konzernbetrieb vorzunehmen:

- Es liegt eine vertragliche oder ausdrückliche **Vereinbarung** über einen konzernweiten Einsatz eines Arbeitnehmers vor. Dem wird gleichgestellt, dass sich durch den Einsatz des betroffenen Arbeitnehmers in verschiedenen Konzerngesellschaften bzw. aus der allgemeinen Praxis im Konzern und dem damit verbundenen Einfluss des Arbeitgebers eine Selbstbindung des Arbeitgebers ergeben hat, die sich zu einer Pflicht zur Verschaffung eines Konzernarbeitsplatzes konkretisiert hat.

Beispiel:
Der Arbeitnehmer ist bei der Konzerngesellschaft A beschäftigt. In den letzten fünf Jahren ist er immer wieder mit seinem Einverständnis vorübergehend in anderen Konzerngesellschaften auf Wunsch seines Arbeitgebers, in Absprache mit der Einsatzgesellschaft, tätig geworden

☐ Maßgebend für die Realisierung des **konzernweiten Kündigungsschutzes** ist die Frage, ob der kündigende Arbeitgeber ein **herrschendes Unternehmen** ist. Dann hat es auch im Hinblick auf die Versetzungsmöglichkeiten die **personelle Hoheit** und den Durchgriff auf die Tochterunternehmen. Anders ist die Lage, wenn ein abhängiges Unternehmen kündigt. In diesem Falle kommt es darauf an, ob ent-

Konzern

weder aufgrund der konkreten Vereinbarung im Arbeitsvertrag im Sinne einer durchgreifenden Konzernklausel oder aber im Sinne einer konzernüblichen Praxis ein Anspruch darauf besteht, dass das herrschende Unternehmen seinen Einfluss geltend macht, einen Arbeitsplatz bei ihm selbst oder bei einem weiteren Tochterunternehmen mit dem zur Kündigung anstehenden Arbeitnehmer zu besetzen.

Beispiel:
In einem Konzern ist personalpolitische Praxis, dass das herrschende Unternehmen die Personalsteuerung auch in den jeweiligen abhängigen Gesellschaften vornimmt und Stellenbesetzungen im Konzern gesellschaftsübergreifend durchführt.

☐ Dabei geht es immer um die Beschäftigung auf einem anderweitigen freien Arbeitsplatz. Insofern ist die Rechtslage nicht anders, als wenn es um eine Versetzung von einem Betrieb eines Unternehmens in einen anderen Betrieb geht, um eine → **betriebsbedingte Kündigung** zu vermeiden.

☐ Ist der Arbeitnehmer innerhalb des Konzerns **mehrfach versetzt** worden, so ergibt sich daraus für den Konzern insgesamt eine Verpflichtung, bei einer Kündigungsnotwendigkeit beim »Letztbetrieb«, dass die versetzenden Unternehmen **freie** Arbeitsplätze anbieten. Andernfalls bestünde die Gefahr, dass im Konzern der Kündigungsschutz dadurch unterlaufen wird, dass Arbeitnehmer in Betriebe versetzt werden, wo sie trotz sozialer Schutzwürdigkeit (Konzernzugehörigkeit) keinen Kündigungsschutz genießen, weil beispielsweise keine vergleichbaren Arbeitnehmer tätig sind. Der **Konzernbezug** eines Arbeitsverhältnisses darf von der Grundkonzeption des Gesetzes nicht zu weniger, sondern muss zu mehr Kündigungsschutz führen.

Beispiel:
Der Arbeitnehmer hat eine Konzernklausel vereinbart, wonach bei Wechsel der Gesellschaft auch ein Arbeitgeberwechsel eintritt. Er wird dann vom Unternehmen A in das Unternehmen B »versetzt«, ein Jahr später in das Unternehmen C, das als besonders krisenanfällig gilt, während die Unternehmen A und B gesund sind. Ein Jahr später kommt es zu einer Entlassungswelle im Unternehmen C, von dem auch der Arbeitnehmer betroffen sein soll.

☐ Bisher nicht entschieden sind die Fallkonstellationen, in denen ohne die oben genannten Voraussetzungen durch ein abhängiges Unternehmen, das die Möglichkeit hätte, eine Versetzung in andere Konzernunternehmen vorzunehmen, betriebsbedingt gekündigt wird. Nach richtiger Auffassung wird man auch in diesem Falle annehmen müssen, dass der »**Konzernarbeitgeber**«, d. h. der Arbeitgeber des herrschenden Unternehmens, kraft seiner Leitungsmacht verpflichtet ist, die zu kündigenden Arbeitnehmer auf einen freien Arbeitsplatz bei einem abhängigen Unternehmen zu beschäftigen. Ein abhängiges Unternehmen kann vom herrschenden

Unternehmen verpflichtet werden, die Einstellung des ansonsten durch ein anderes Konzernunternehmen zu kündigenden Arbeitnehmers vorzunehmen. Ist also ein Arbeitsplatz vorhanden, ist dieses Unternehmen nicht berechtigt, zur Vermeidung einer solchen »Konzernversetzung« selbst einen Arbeitnehmer einzustellen, um so den freien Arbeitsplatz zu besetzen und dem im anderen Unternehmen zur Kündigung anstehenden Arbeitnehmer die Berufung auf einen freien Arbeitsplatz zu verwehren. Es greift das Ultima-ratio-Prinzip.

☐ Diese Grundsätze können jedoch nicht auf den Fall angewandt werden, dass das herrschende Unternehmen keinen Einfluss auf die Personalpolitik der beherrschten Unternehmen geltend machen kann. Hier kann auf den entweder ausdrücklich vertraglichen oder im Sinne eines Vertrauenstatbestandes entstandenen Konzernbezug nicht verzichtet werden.

☐ Ein Fall der **Selbstbindung** eines Konzernes ist auch dann gegeben, wenn der Konzern dadurch entstanden ist, dass ein zuvor einheitliches Unternehmen geteilt und in verschiedene selbständige Gesellschaften **aufgespalten (→ Umwandlung)** wurde. Der in § 323 UmWG enthaltene Rechtsgedanke ist für den konzerndimensionalen Kündigungsschutz dahingehend anzuwenden, dass dann, wenn aus einem **Umwandlungsvorgang** ein **Konzern** entsteht, dieser weiterhin kündigungsschutzrechtlich als Unternehmen zu betrachten ist, das als Bezugspunkt für die Zurverfügungstellung freier Arbeitsplätze gelten muss. Je länger die Konzernbildung andauert und damit der Bezug zum ehemals einheitlichen Betrieb bzw. Unternehmen, umso geringer werden die Selbstbindungen, die das Unternehmen durch die Konzernbildung eingegangen ist. Nach Ablauf von fünf Jahren wird man keine konzernweite Aussprechung des Kündigungsschutzes mehr annehmen können. Einzelheiten sind auch unter → **Betriebsübergang** dargestellt.

Bedeutung für den Betriebsrat

☐ Die Versetzung von einem Konzernbetrieb in einen anderen stellt betriebsverfassungsrechtlich beim aufnehmenden Betrieb eine Einstellung dar und muss auch von diesem im Sinne des **§ 99 BetrVG** behandelt werden. Für den Betriebsrat des **abgebenden** Betriebes ist die Versetzung nur dann betriebsverfassungsrechtlich relevant, wenn die Versetzung nur **vorübergehend** erfolgt mit der Maßgabe, dass der Arbeitnehmer wieder in den alten Betrieb zurückkehrt. Ist die Versetzung **endgültig angelegt**, scheidet der Arbeitnehmer aus dem Betrieb aus, ohne dass Mitbestimmungsrechte des Betriebsrates des abgebenden Betriebs eingreifen könnten.

☐ Kündigt der Arbeitgeber eines Konzernbetriebes, sollte dessen Betriebsrat im

Konzern

Rahmen des **Anhörungsverfahrens** nach § 102 BetrVG prüfen, ob eine Widerspruchsmöglichkeit besteht, mit dem Hinweis auf eine Weiterbeschäftigung auf einem freien Arbeitsplatz in einem anderen Konzernunternehmen. Das setzt eine gegenseitige Kommunikation voraus. Empfehlenswert sind konzernweite Stellenausschreibungen.

☐ **Widerspricht** der Betriebsrat des **aufnehmenden** Betriebes der Einstellung des aus einem anderen Konzernunternehmen versetzten, ansonsten zur Kündigung anstehenden Arbeitnehmers, ist der Arbeitgeber verpflichtet, das Zustimmungsersetzungsverfahren zu betreiben, d. h. einen Antrag nach § 99 Abs. 4 BetrVG beim Arbeitsgericht zu stellen. Wird der Zustimmungsersetzungsantrag des Arbeitgebers abgewiesen, steht fest, dass ein freier Arbeitsplatz nicht vorhanden ist, der durch den zu ersetzenden Arbeitnehmer besetzt werden könnte. Dann besteht auch keine »Aufnahmepflicht« des Konzernunternehmens. Allerdings ist der Betriebsrat des aufnehmenden Betriebes gut beraten, eine Ablehnung eines ansonsten zur Kündigung anstehenden Arbeitnehmers des Konzerns besonders sorgfältig zu überlegen. Ein Schadensersatzanspruch des Arbeitnehmers gegen den zustimmungsverweigernden Betriebsrat besteht jedoch nicht. Betriebsrat des abgebenden und des aufnehmenden Betriebes sollten in diesen Fällen sachgerecht zusammenarbeiten.

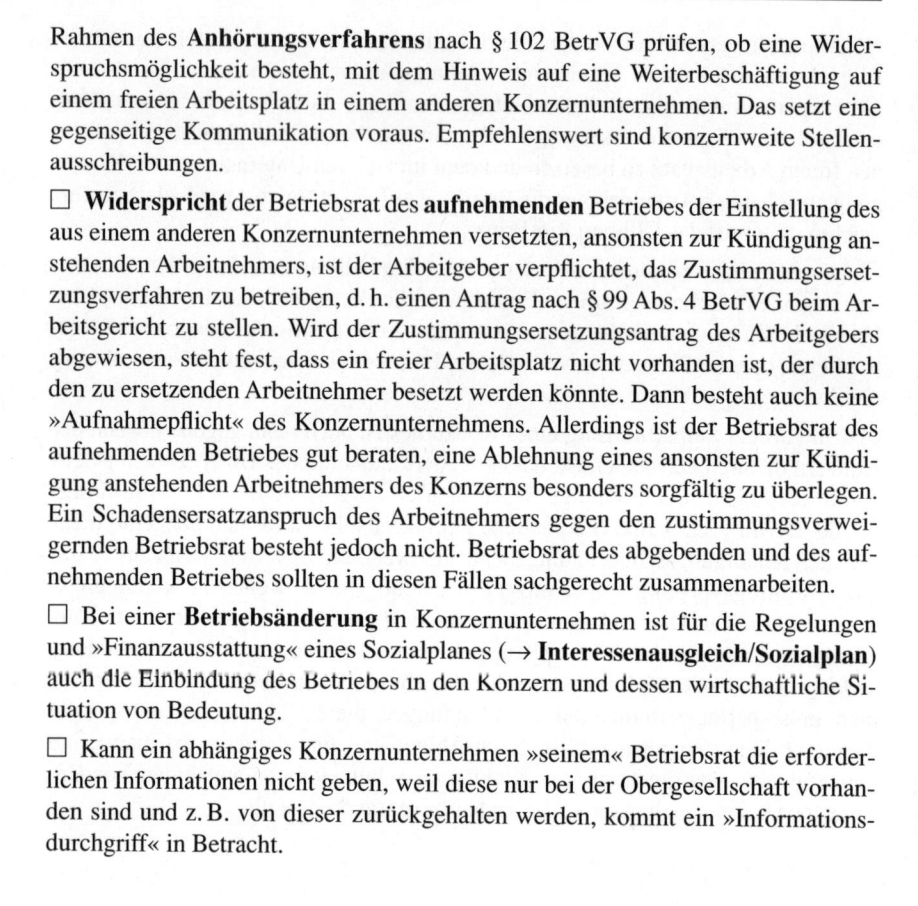

☐ Bei einer **Betriebsänderung** in Konzernunternehmen ist für die Regelungen und »Finanzausstattung« eines Sozialplanes (→ **Interessenausgleich/Sozialplan**) auch die Einbindung des Betriebes in den Konzern und dessen wirtschaftliche Situation von Bedeutung.

☐ Kann ein abhängiges Konzernunternehmen »seinem« Betriebsrat die erforderlichen Informationen nicht geben, weil diese nur bei der Obergesellschaft vorhanden sind und z. B. von dieser zurückgehalten werden, kommt ein »Informationsdurchgriff« in Betracht.

Krankheit

Grundlagen

☐ Die Krankheit des Arbeitnehmers kann für ein Arbeitsverhältnis eine schwerwiegende Belastung darstellen. Auf der einen Seite ist der Arbeitgeber auf die Arbeitsleistung angewiesen, andernfalls hätte er ja den Arbeitsvertrag nicht abgeschlossen. Auf der anderen Seite stellt Krankheit ohnehin einen schweren Eingriff in die Lebensgestaltung des Arbeitnehmers dar. Wenn unter diesen Umständen möglicherweise auch noch Probleme im Arbeitsverhältnis, bis hin zur Kündigung entstehen, verschärft dies die Belastungen. Vor diesem Hintergrund spielt sich die arbeitsrechtliche Lage bei Krankheit ab.

☐ Bei Arbeitnehmern ist die Ansicht weit verbreitet, während sie krank seien, könnten sie nicht gekündigt werden. Diese Ansicht ist rechtlich unzutreffend. Geht eine **Kündigung während der Krankheit** zu (→ **Kündigungserklärung des Arbeitgebers**) ist dies genauso wirksam wie während jeder anderen Zeit. Krankheit ist im Gegenteil u. U. ein Kündigungsgrund; sie schließt die Kündigung also nicht aus, sondern ermöglicht sie unter gewissen Voraussetzungen.

☐ Da der Arbeitnehmer bei Krankheit berechtigt seine Arbeitsleistung einstellen kann und unter bestimmten Umständen noch Entgeltfortzahlungsansprüche hat, gibt ihm das Gesetz verschiedene **Melde- und Nachweispflichten** auf. Ferner verbietet es ihm, sich während der Krankheit genesungswidrig zu verhalten und schließlich ist eine **Vortäuschung von Krankheit**, um etwa bei Entgeltfortzahlung des Arbeitgebers anderweitig zu arbeiten, ein arbeitsrechtlicher Verstoß. Diese Probleme können alle zu einer außerordentlichen (→ **außerordentliche Kündigung**) oder einer verhaltensbedingten (→ **verhaltensbedingte Kündigung**) Kündigung berechtigen. Derartige Sachverhalte entstehen zwar anlässlich von – angeblicher – Krankheit, haben aber mit Krankheit an sich nichts zu tun.

☐ Der Arbeitnehmer ist nicht verpflichtet, dem Arbeitgeber über den Nachweis der Arbeitsunfähigkeit hinaus Angaben über seinen Gesundheitszustand zu machen. Unterlässt er dies, kann darauf keine Kündigung gestützt werden.

Die davon zu unterscheidende Frage ist, ob es sich im Einzelfall lohnen kann, trotzdem Angaben zu machen. Das hängt davon ab, ob es dem Arbeitgeber bei seiner Frage danach letztlich nur um die Sammlung von Material für eine Kündigung oder

Krankheit

einen späteren Kündigungsschutzprozess geht, oder ob im Zusammenhang mit der Krankheit vernünftige innerbetriebliche Maßnahmen angestrebt werden und möglich erscheinen. Beispielsweise wäre es denkbar, dass der Arbeitgeber, nachdem er Verwendungsausschlüsse kennt, den Arbeitnehmer auf einen anderen Arbeitsplatz versetzt oder im Fall einer Sucht das Ergebnis einer Therapie abwartet.

Keinesfalls sollte der Arbeitnehmer – im Übrigen meistens auch medizinisch irreführende – Atteste beim Arbeitgeber abliefern, wonach er **auf Dauer** für die von ihm ausgeübte Tätigkeit nicht **mehr geeignet** ist und der Arbeitgeber bitte von Kündigungen absehen möge. Derartige Schreiben kann der Arbeitgeber nur als Aufforderung zur krankheitsbedingten Kündigung auffassen.

Wann kann wegen Krankheit gekündigt werden?

☐ Krankheit ist der klassische Grund zur personenbedingten Kündigung (→ **personenbedingte Kündigung**). Grundsätzlich ist deshalb das Prüfungsschema, das die Rechtsprechung für die personenbedingte Kündigung entwickelt hat, auch auf krankheitsbedingte Kündigungen anzuwenden. Immerhin gibt es drei typische Fallgruppen der krankheitsbedingten Kündigung, für die dieses Prüfungsschema jeweils im Einzelnen präzisiert wurde:

☐ Häufige Kurzerkrankungen

- Voraussetzung der Kündigung ist eine **negative Gesundheitsprognose**. Dafür ist festzustellen, ob der Arbeitnehmer – über einen längeren Zeitraum betrachtet – häufig kurzfristig erkrankt war. Was ein längerer Zeitraum ist, wird in der Praxis verschieden gehandhabt. Das BAG ist einmal von 15 Monaten ausgegangen, viele Arbeitsgerichte legen drei Jahre zugrunde. Die Erkrankungen in der Vergangenheit lassen grundsätzlich den Schluss auf ähnlich häufige Erkrankungen in der Zukunft zu. Diese Annahme kann jedoch dadurch ausgeräumt werden, dass im konkreten Fall die Art der Erkrankungen nicht auf eine negative Zukunftsprognose schließen lässt. Der Arbeitnehmer muss notfalls im gerichtlichen Verfahren die notwendigen Tatsachen einführen, auch indem er seine Ärzte von der Schweigepflicht entbindet. In diesem Sinne fallen eindeutig ausgeheilte Krankheiten oder Unfälle und ihre Folgen aus der Betrachtung heraus. Etwas anderes gilt nur dann, wenn die Unfallhäufigkeit auf eine Unfallanfälligkeit oder unfallträchtige Lebensumstände – z. B. Unvorsichtigkeiten bei einem Sport, den der Arbeitnehmer nicht aufgegeben hat – schließen lässt.

Zu prüfen ist weiter, ob sich die **Prognose** durch innerbetriebliche Maßnahmen wie den Einsatz auf einem anderen freien Arbeitsplatz oder einfache Umorgani-

Krankheit

sationsmaßnahmen **vermeiden** lässt. Die Umorganisation muss dem Arbeitgeber und den anderen Arbeitnehmern zumutbar sein. Das ist z. B. nicht der Fall, wenn sich durch die Umorganisation die gesundheitlichen Belastungen für die anderen Beschäftigten deutlich erhöhen.

- Die so zu erwartenden künftigen Kurzerkrankungen müssen zu erheblichen **Beeinträchtigungen beim Arbeitgeber** führen. Dafür hat das BAG zwei Fallgestaltungen herausgearbeitet. Zum einen stellt es auf **Betriebsablaufstörungen** ab. Führt das häufige und unkalkulierbare Fehlen des Arbeitnehmers dazu, dass die arbeitgeberische Tätigkeit nicht oder nur unter erheblichen Aufwendungen sachgemäß durchgeführt werden kann, so ist darin eine erhebliche Betriebsablaufstörung zu sehen. Allerdings muss sich der Arbeitgeber alle Möglichkeiten, die Betriebsablaufstörungen zu vermeiden, entgegenhalten lassen. Dazu gehört es z. B., wenn er eine betriebliche Personalreserve vorhält. Ebenso gehören hierher zumutbare Umorganisationen, wobei aber nach überwiegender Praxis die Möglichkeit, andere Arbeitnehmer zu Überstunden heranzuziehen, nicht zugunsten des gekündigten Arbeitnehmers ausschlägt. Das folgt aus den damit verbundenen Störungen des Betriebsfriedens.

  Zum anderen kann sich der Arbeitgeber für die Kündigung auf eine **außergewöhnliche Kostenbelastung** berufen. Nach zwischenzeitlich ständiger, aber hoch kritisierter Rechtsprechung des BAG ist eine solche Kostenbelastung dann anzunehmen, wenn der Arbeitgeber mit Entgeltfortzahlungskosten über den gesetzlichen Zeitraum von sechs Wochen hinaus belastet wird.

- Schließlich ist eine **Interessenabwägung** vorzunehmen. Auf Seiten des Arbeitgebers spielt dabei vor allen Dingen die Schwere der Betriebsablaufstörungen und die Häufigkeit der Erkrankungen eine Rolle. Unterhält der Arbeitgeber eine Personalreserve und liegen trotzdem die Voraussetzungen erheblicher Beeinträchtigungen vor, spricht auch das bei der Interessenabwägung zugunsten des Arbeitgebers. Das kann der Fall sein, weil auch mit der Personalreserve das Fehlen des Arbeitnehmers nur schwer aufzufangen ist oder weil die Belastung mit Entgeltfortzahlungsansprüchen ins Gewicht fällt.

  Zugunsten des Arbeitnehmers spricht es vor allen Dingen, wenn die Krankheiten betriebliche Ursachen haben, vor allen Dingen wenn es sich um nicht selbstverschuldete Arbeitsunfälle im Betrieb – also nicht Wegeunfälle – oder Berufskrankheiten handelt. Bei derartigen Fallgestaltungen wird eine Kündigung nur selten in Betracht kommen. Für den Arbeitnehmer sprechen weiterhin die Dauer der Betriebszugehörigkeit, sein Lebensalter und die Unterhaltspflichten. Bei der Betriebszugehörigkeit ist nur eine störungsfreie, also ihrerseits nicht durch Krankheiten belastete Betriebszugehörigkeit zu berücksichtigen. Andernfalls würde der Arbeitgeber durch ein Abwarten mit der Hoffnung auf Besserung bestraft.

Krankheit

☐ Dauererkrankung

- Auch eine Krankheit, von der zu vermuten ist, dass sie auf Dauer besteht oder hinsichtlich deren **Dauer** es eine **objektiv nicht ausräumbare Ungewissheit** gibt, kann eine Grundlage für eine krankheitsbedingte Kündigung darstellen. Aus dem bisherigen Krankheitsverlauf müssen sich Anhaltspunkte für eine solche Dauererkrankung ergeben. Meist ist der Anhaltspunkt, dass der Arbeitnehmer schon länger krank ist. Die Praxis, wann in diesem Sinne eine längere Krankheit angenommen wird, ist uneinheitlich. Eine solche Prognose kann sich aber auch aus der konkreten Krankheit ergeben. Eine Kündigung kommt nicht mehr in Betracht, wenn das Ende der Krankheit absehbar ist.
  Die Tatsache, dass der Arbeitnehmer eine Erwerbsunfähigkeitsrente bezieht, bedeutet nicht, dass er auf Dauer krank ist. Der sozialrechtliche Begriff der Erwerbsunfähigkeit deckt sich nicht mit dem arbeitsrechtlichen der Arbeitsunfähigkeit.
- Aus der zu erwartenden Dauerkrankheit oder der Ungewissheit müssen sich **erhebliche Beeinträchtigungen** des Arbeitsverhältnisses ergeben. Dabei spielen Entgeltfortzahlungskosten keine Rolle, weil bei einer einheitlichen Krankheit diese nur maximal sechs Wochen im Jahr betragen. Betriebliche Organisationsschwierigkeiten können nur bei einer Ungewissheit über den weiteren Krankheitsverlauf auftreten, weil sich dadurch Probleme in der Organisation von Überbrückungsmaßnahmen ergeben können. Immerhin ist es unproblematisch, wenn der Arbeitnehmer voraussichtlich nicht länger als zwei Jahre krank ist, weil bis zu diesem Zeitraum ein Arbeitsverhältnis ohne weiteres wirksam aufgrund des BeschFG befristet werden kann (→ **Beschäftigungsförderungsgesetz, Befristung**).
  Steht allerdings fest, dass der Arbeitnehmer nicht mehr arbeitsfähig wird oder über zwei Jahre hinaus auf unabsehbare Zeit vermutlich arbeitsunfähig bleibt, liegt eine erhebliche Beeinträchtigung des Arbeitsverhältnisses vor. Es ist dann als Austauschverhältnis sinnentleert. Damit liegt eine Beeinträchtigung betrieblicher Interessen vor.
- Schließlich ist eine Interessenabwägung vorzunehmen, die – jedenfalls bei völlig sinnentleerten Arbeitsverhältnissen – oft zugunsten des Arbeitgebers ausgehen wird. Für den Arbeitnehmer sprechen die üblichen Gesichtspunkte: eine lange durch Krankheiten ungestörte Beschäftigungsdauer, hohes Lebensalter, Unterhaltspflichten oder betriebliche Veranlassung der Krankheit. Zudem kann zu seinen Gunsten zu berücksichtigen sein, ob er aus sozialrechtlichen Gründen auf das Weiterbestehen des Arbeitsverhältnisses angewiesen ist. Das kann der Fall sein, wenn ihm sonst ein Krankengeldanspruch verloren geht oder dieser gemindert wird.

Krankheit

☐ Sucht

Auch **Suchtverhalten** – sei es Alkoholsucht oder Drogensucht – kann unter gewissen Umständen eine **krankheitsbedingte Kündigung** rechtfertigen. Dass die Benutzung mancher Drogen daneben noch strafbar ist, kann nur in Ausnahmefällen – abhängig vom Beschäftigungsbereich des Arbeitnehmers – für sich genommen eine Kündigung rechtfertigen. Es ist zwischen einem Fehlverhalten, das im Zusammenhang mit Genussmitteln steht, und Sucht zu unterscheiden. Verstößt ein Arbeitnehmer gegen das betriebliche Alkoholverbot oder kommt er wegen Alkoholgenusses am Vortrag zu spät zur Arbeit, sind derartige Vorgänge im Rahmen einer verhaltensbedingten Kündigung (→ **verhaltensbedingte Kündigung**) möglicherweise auch einer außerordentlichen Kündigung (→ **außerordentliche Kündigung**) zu überprüfen. Nur dann, wenn die Genussmittelabhängigkeit **nicht mehr steuerbar und damit krankhaft** ist, kommen die Grundsätze einer krankheitsbedingten Kündigung zur Anwendung. Eine suchtbedingte Kündigung hat folgende Voraussetzungen:

- Zunächst muss die Sucht überhaupt zu Störungen im Arbeitsverhältnis geführt haben. Gelingt es dem Süchtigen, seine Arbeit ordentlich zu verrichten, ist es unerheblich, ob er in seiner Freizeit Suchtverhalten zeigt. Beeinträchtigungen können zum einen suchtbedingte Fehlleistungen, beispielsweise ständiges Zuspätkommen, zum anderen aber auch suchtbedingte Fehlzeiten sein.
- Aufgrund einer negativen Prognose muss sich ergeben, dass auch künftig mit einer derartigen Störung zu rechnen ist. Dabei kommen bei der Sucht besondere Regeln zur Anwendung. Zum einen kann nach Ansicht des BAG eine solche negative Prognose umso eher angenommen werden, wenn der Arbeitnehmer nach einer Entziehungskur bereits rückfällig geworden ist. Zum anderen erfordert eine solche negative Prognose in der Regel, dass der Arbeitnehmer **nicht therapiebereit** ist. Die überwiegende Praxis nimmt zudem an, dass der Arbeitgeber von sich aus vor einer Kündigung auf eine Therapie hinwirken muss. Man wird davon ausgehen können, dass dies jedenfalls dann gilt, wenn der Arbeitgeber Gründe hatte, eine Sucht anzunehmen. Der Arbeitgeber muss dabei auch mit dem Ende des Arbeitsverhältnisses drohen.
- Ebenso wie bei häufigen Kurzerkrankungen und nach denselben Gesichtspunkten ist dann eine **Interessenabwägung** vorzunehmen. Soweit der Arbeitnehmer die Sucht selber verschuldet hat, geht dies bei der Interessenabwägung zu seinen Lasten.

☐ Nach allgemeinen Rechtsgrundsätzen sind die Voraussetzungen einer krankheitsbedingten Kündigung bezogen auf den Zeitpunkt des Zugangs (→ **Kündigungserklärung**) der Kündigung zu prüfen. Spätere Änderungen, z. B. eine erfolgreiche Operation, berühren die Wirksamkeit der Kündigung nicht. Sie können jedoch zu einem Wiedereinstellungsanspruch führen (→ **Wiedereinstellung**).

Krankheit

Was kann der Betriebsrat tun?

☐ Die Aufgaben des Betriebsrats liegen bei krankheitsbedingten Kündigungen vor allem im Vorfeld:

- Als Frage der **Ordnung des Betriebes** bzw. des Verhaltens der Arbeitnehmer (§ 87 Abs. 1 Nr. 1 BetrVG) kann der Betriebsrat **mitbestimmen**, welche Verhaltenspflichten sich aus Anlass einer Krankheit ergeben, insbesondere ob Arbeitsunfähigkeitsbescheinigungen bereits vor der gesetzlichen Drei-Tages-Frist abzugeben sind. Gibt es keine Pflicht zur unmittelbaren Abgabe von Arbeitsunfähigkeitsbescheinigungen, kann auf die Verletzung dieser Pflicht auch keine Kündigung gestützt werden.
- Arbeitgeber streben oft **Krankengespräche** mit Arbeitnehmern an, die nach der Krankheit ihre Arbeit wieder aufnehmen. Auch dies ist **mitbestimmungspflichtig**. Der Betriebsrat kann es zum Anlass nehmen, näher zu umschreiben, welche Verfahren gefunden werden können, um betriebliche Krankheitsursachen zu bekämpfen. Nach § 95 BetrVG hat der Betriebsrat ein Mitbestimmungsrecht, wenn der Arbeitgeber seinerseits die Voraussetzungen für krankheitsbedingte Kündigungen festlegen will, weil es sich dann um Auswahlrichtlinien handelt. In Betrieben mit mehr als 1000 Arbeitnehmern kann der Betriebsrat seinerseits solche Auswahlrichtlinien verlangen, die die Voraussetzungen krankheitsbedingter Kündigungen teilweise näher bestimmen.
- Im Rahmen der Unterrichtungs- und Beratungsrechte des Betriebsrats über die Planung von Arbeitsverfahren und Arbeitsabläufen bzw. Arbeitsplätzen kann der Betriebsrat versuchen, seine **arbeitswissenschaftlichen Erkenntnisse** in den Planungsprozess einzubringen (§ 90 BetrVG). Es gibt ein entsprechendes Mitbestimmungsrecht, wenn die Arbeitsumgebung nach gesicherten arbeitswissenschaftlichen Erkenntnissen der menschengerechten Gestaltung der Arbeit offensichtlich widerspricht und die Arbeitnehmer in besonderer Weise belastet werden. Dann kann der Betriebsrat eine Milderung oder einen Ausgleich für die Belastung verlangen. Notfalls entscheidet die Einigungsstelle (§ 91 BetrVG).
- In vielen Betrieben sind bereits **Suchtvereinbarungen** abgeschlossen worden, die den Umgang mit Sucht regeln, Suchtberater vorsehen und die Voraussetzungen suchtbedingter Kündigungen bestimmen.
- Kommt es zu einer krankheitsbedingten Kündigung, kann der Betriebsrat im Rahmen des Anhörungsverfahrens oder später versuchen, anderweitige Beschäftigungsmöglichkeiten aufzuzeigen, die eine Kündigung entbehrlich machen. Ein Mitbestimmungsrecht steht ihm insoweit aber nicht zur Seite.

Kündigung als Verstoß gegen Grundrechte

Was ist das?

Grundrechte gestalten nicht nur das Verhältnis zwischen Bürger und Staat; vielmehr sind sie **auch für die Beziehungen zwischen Privaten** und damit auch für das Arbeitsverhältnis **von großer Bedeutung**. Man spricht insoweit von einer »**Drittwirkung**«.

☐ Nach herrschender Rechtsprechung ist es **Aufgabe des Gesetzgebers** und des ggf. an seiner Stelle handelnden Richters, **dafür zu sorgen**, dass Grundrechte eines Menschen nicht durch die (allzu) freie Entfaltung eines anderen Privatrechtssubjekts ausgehöhlt oder gar gegenstandslos gemacht werden. Den Staat trifft insoweit eine »**Schutzpflicht**«. Bezogen auf das Arbeitsverhältnis, muss er die grundrechtlich geschützten Interessen der Arbeitnehmer und die der Arbeitgeber zu einem angemessenen Ausgleich bringen. Angesichts unterschiedlicher Ausgangspunkte und Durchsetzungsmöglichkeiten von Arbeitnehmern und Arbeitgebern läuft dies in der Regel darauf hinaus, dass in erster Linie die **Entfaltungsmöglichkeiten der Arbeitnehmer rechtliche Absicherung** erfahren.

Anwendungsfälle

☐ Grundrechte sind für den Kündigungsschutz in verschiedener Hinsicht von Bedeutung.
- Bei der **Bestimmung arbeitsvertraglicher Nebenpflichten** ist grundrechtlichen Wertentscheidungen Rechnung zu tragen. Bestimmte Verhaltensweisen können deshalb nicht verboten und damit auch nicht zum Anlass für eine (verhaltensbedingte) Kündigung genommen werden.

Beispiel:
Die Berufsfreiheit des Art. 12 Abs. 1 GG gebietet, **Nebentätigkeiten** *nur dann auszuschließen, wenn sie sich negativ auf das Arbeitsverhältnis auswirken. Spielt der kaufmännische Angestellte A am Wochenende als angestellter Musiker gelegentlich in einer Disco, so kann er deshalb nicht gekündigt werden.*

Kündigung als Verstoß gegen Grundrechte

- Informationen über den Arbeitnehmer, die in grundrechtswidriger Weise erlangt wurden, dürfen nicht zur Begründung einer Kündigung herangezogen werden.

  Beispiel:
  Mit einer versteckten Kamera, von deren Installierung auch der Betriebsrat nichts wusste, wird festgehalten, dass der Arbeitnehmer des Öfteren zwischen 13.00 und 15.00 Uhr seine Aktivitäten sehr einschränkte und bisweilen am Arbeitsplatz einschlief. Dies kann nicht als Begründung für eine Abmahnung oder für eine Kündigung herangezogen werden.

- Die **Berufsfreiheit des Art. 12 Abs. 1 GG** verpflichtet den Richter, die zivilrechtlichen Generalklauseln der §§ 138, 242 BGB in einer Weise zu handhaben, dass auch außerhalb des Anwendungsbereichs des KSchG ein gewisser Schutz gegen Kündigungen gewährt wird (→ **Kündigungsschutz außerhalb des Kündigungsschutzgesetzes**).
- Der **Gleichheitssatz des Art. 3 Abs. 1 GG** verbietet es, bei Kündigungen in sachwidriger Weise zwischen einzelnen Arbeitnehmern oder Arbeitnehmergruppen zu differenzieren (→ **Gleichbehandlung**).
- Mit Rücksicht auf das Grundrecht auf freie Entfaltung der Persönlichkeit und das Grundrecht der Berufsfreiheit müssen die **Nebenpflichten aus dem Arbeitsverhältnis** so bestimmt werden, dass der Arbeitnehmer während des Kündigungsschutzverfahrens unter bestimmten Voraussetzungen weiterbeschäftigt werden muss (→ **Beschäftigung**).

Im vorliegenden Zusammenhang verdienen besondere Hervorhebung:

Keine Kündigung wegen Verhaltens in der Freizeit

☐ Soweit das Arbeitsverhältnis nicht konkret beeinträchtigt wird, ist der Arbeitnehmer in der Gestaltung seiner Freizeit keinen arbeitsrechtlichen Bindungen unterworfen. Auf diese Weise wird dem Grundrecht auf freie Entfaltung der Persönlichkeit nach Art. 2 Abs. 1 GG Rechnung getragen. Eine Kündigung darf daher nicht mit einem Freizeitverhalten gerechtfertigt werden.

Beispiel:
Der Arbeitnehmer spielt am Wochenende in einer Fußballmannschaft. In einem Spiel gegen den Lokalrivalen, dessen Fan sein Arbeitgeber ist, begeht er ein schweres Foul. Auch wenn sich der Arbeitgeber darüber empört, wäre eine Kündigung unzulässig.

Kündigung als Verstoß gegen Grundrechte

☐ **Selbst strafbare Handlungen** sind arbeitsrechtlich ohne Bedeutung, wenn sie sich nicht gegen den Arbeitgeber oder Arbeitskollegen richten und wenn sie die Arbeitsleistung nicht beeinträchtigen.

Beispiel:
Ein Straßenbahnschaffner wird wegen »Geheimbündelei« zu einer Freiheitsstrafe auf Bewährung verurteilt.

Freie Entscheidung über das eigene Äußere

☐ Aus Art. 2 Abs. 1 GG folgt das Recht des Arbeitnehmers, seine **Garderobe**, seine **Haartracht** und seinen **Schmuck** nach eigenem Gutdünken zu bestimmen. Erfasst ist damit auch das Tragen von Ansteckknöpfen, Sympathienadeln und Mitgliedsabzeichen.

☐ Besteht ein **berechtigtes Arbeitgeberinteresse an einer bestimmten »Kleiderordnung«**, muss der Arbeitnehmer ggf. seine eigenen Präferenzen zurückstellen.

Beispiel:
Die Lufthansa kann vorschreiben, in welcher Farbe Stewardessen gekleidet sind. Dabei darf jedoch keine übermäßige Reglementierung erfolgen.

☐ Soweit der Eigenbereich des Einzelnen nicht eingeschränkt ist, kann auch unerwünschtes Auftreten nicht zum Anlass für eine Abmahnung oder Kündigung genommen werden.

Recht am gesprochenen Wort

☐ Findet zwischen dem Arbeitgeber bzw. seinem Beauftragten und dem Arbeitnehmer ein Gespräch unter vier Augen statt, **hört** aber auf Veranlassung des Arbeitgebers eine **dritte Person mit**, so stellt dies einen Eingriff in das allgemeine Persönlichkeitsrecht des Arbeitnehmers dar. Auf diesem Wege erlangte **Informationen dürfen nicht verwertet werden**; der angeblich bei dem Gespräch geschlossene Vertrag konnte daher trotz des »aussagebereiten« Zeugen nicht belegt werden.

☐ Das Mithören ist nach § 201 Abs. 2 Nr. 1 StGB **strafbar, wenn** dabei ein **»Abhörgerät«** verwendet wird. Die Installierung von »Wanzen« ist deshalb untersagt.

Kündigung als Verstoß gegen Grundrechte

Auf diese Weise gewonnenes Wissen darf nicht verwertet werden. Dies gilt auch für dienstliche Gespräche.

☐ Der Schutz des gesprochenen Wortes hat allerdings Grenzen. **Droht** etwa der **Verrat eines Betriebs- oder Geschäftsgeheimnisses** und sind keine anderen Mittel zur Klärung des Sachverhalts verfügbar, so kommt auch eine Einschaltung in Telefongespräche in Betracht; für den Arbeitgeber besteht hier eine Art **Notwehrsituation**. Darüber hinaus hat das BAG eine unbemerkte Einschaltung in Gespräche auch dann zugelassen, wenn der Arbeitgeber lediglich **überprüfen** wollte, ob die von **Neueingestellten** geführten Gespräche sachgerecht waren und den Eindruck von Kompetenz vermittelten.

Rauchverbot im Betrieb

☐ Soweit ein betriebliches Rauchverbot zulässig ist, stellt seine Übertretung eine Pflichtverletzung dar, die ggf. zu einer Abmahnung oder Kündigung führen kann. Angesichts der weithin angenommenen Gefährlichkeit des Passivrauchens ist ein **Rauchverbot in den Arbeitsräumen zulässig**, soweit auch den Rauchern noch ausreichende Möglichkeiten bleiben. Ein generelles Rauchverbot in allen Lebensbereichen lässt sich aus der Pflicht zum Schutz von Leben und Gesundheit nach Art. 2 Abs. 2 GG nicht herleiten.

Beispiel:
Im Betrieb besteht eine **Betriebsvereinbarung***, wonach* **Rauchen** *nur während der Pausen und im Freien gestattet ist. Dies ist nach dem BAG zulässig. Raucht der A verschiedentlich und trotz Ermahnungen während der Arbeitszeit, kann er abgemahnt, im Wiederholungsfall auch gekündigt werden.*

Schutz der Glaubensfreiheit

☐ Der Gesetzgeber bzw. die an seiner Stelle handelnde Rechtsprechung sind gehalten, die **Glaubensfreiheit des Arbeitnehmers und** die **wirtschaftliche Betätigungsfreiheit des Arbeitgebers** zu einem **angemessenen Ausgleich** zu bringen. Dabei steht ihnen ein erheblicher Entscheidungsspielraum zu.

- Verweigert ein Arbeitnehmer **an einem bestimmten Tag** die Arbeit mit der Begründung, es handle sich um einen hohen Feiertag seiner Religion, kann er mit wenig Entgegenkommen der Gerichte rechnen; eine Abmahnung bzw. Kündigung würde bestätigt. So konnte sich ein Arbeitnehmer nicht erfolgreich auf Art. 4 Abs. 1 GG berufen, als er der Arbeit fernbleiben und an einer **Fronleichnamsprozession** teilnehmen wollte.

• Will sich der Arbeitnehmer **aus religiösen Gründen in bestimmter Weise kleiden**, ist ihm dies grundsätzlich unbenommen. So stellte es nach Auffassung des ArbG Frankfurt/Main (AiB 1993, 472) keinen Kündigungsgrund dar, dass eine marokkanische Arbeitnehmerin muslimischen Glaubens auch als Kassiererin im Supermarkt ein **Kopftuch** trug und sich trotz entsprechender Aufforderung weigerte, dieses abzulegen. Auch ein der Glaubensgemeinschaft der Sikhs angehörender Arbeitnehmer darf seine Arbeit in einem Fastfood-Restaurant mit **Turban** verrichten, obwohl die Arbeitgeberfirma ansonsten von allen Beschäftigten das Tragen einer Papierfaltmütze verlangt (ArbG Hamburg/AuR 1996, 243).

Schutz der Gewissensfreiheit

☐ Nach der Rechtsprechung des BAG darf der Arbeitgeber dem Arbeitnehmer keine Arbeit zuweisen, »die den Arbeitnehmer in einen Gewissenskonflikt versetzt, der unter Abwägung der beiderseitigen Interessen vermeidbar gewesen wäre«. Dabei ist im Einzelnen zu differenzieren:

• Musste der Arbeitnehmer **schon bei Vertragsabschluss** konkret **damit rechnen, eine bestimmte Arbeit** zugewiesen zu erhalten, kann er sie nicht unter Berufung auf sein Gewissen verweigern. Die abstrakte Möglichkeit, mit einer zu Gewissenskonflikten führenden Tätigkeit betraut zu werden, reicht allerdings nicht aus.

Beispiel:
Wer sich bei einer Rüstungsfirma bewirbt, kann nicht plötzlich die Arbeit mit der Begründung verweigern, er verstehe sich als Pazifist und gerate durch die Tätigkeit in einen Gewissenskonflikt. Anders dann, wenn die Firma im Zeitpunkt der Einstellung nur Staubsauger herstellte, dann jedoch auch Präzisionsgewehre in ihr Programm aufnahm.

Ebenso wurde entschieden, wenn **angestellte Ärzte** pharmazeutische Produkte entwickeln sollen und plötzlich damit konfrontiert werden, an einem **Mittel** arbeiten zu müssen, das **im Nuklearkrieg** Verwendung finden könnte.

• War der **Gewissenskonflikt nicht voraussehbar**, so muss der Arbeitgeber grundsätzlich auf die Situation des Arbeitnehmers Rücksicht nehmen. Bestehen

Kündigung als Verstoß gegen Grundrechte

im Betrieb Alternativen, kann er den Arbeitnehmer **mit einer »gewissensneutralen« Aufgabe betrauen**, muss er dies tun.

Beispiel:
Ein anerkannter Kriegsdienstverweigerer lehnt es ab, an einem Druckauftrag mitzuarbeiten, bei dem es um Prospekte für kriegsverherrlichende Literatur geht. Der Arbeitgeber muss ihm eine andere Arbeit zuweisen und einen Arbeitskollegen mit dem problematischen Auftrag betrauen.

☐ **Fehlt** eine betriebliche **Ausweichmöglichkeit** und geht es nur um eine vorübergehend anfallende Aufgabe, so kommt auch der Antritt von Erholungsurlaub oder eine unbezahlte Freistellung in Betracht. Scheiden diese Auswege aus, weil es um eine **längerfristige Aufgabe** geht und der Arbeitnehmer auch nicht ersetzt werden kann, lässt sich eine personenbedingte Kündigung nicht generell ausschließen, doch wird der Arbeitgeber – ähnlich wie bei Erkrankungen – ein gewisses Maß an Arbeitsausfall hinzunehmen haben.

Kündigung wegen unerwünschter Meinungsäußerungen?

☐ Das **BVerfG** hat festgestellt, dass es **Meinungsfreiheit auch am Arbeitsplatz** geben muss; dies gelte auch für politische Äußerungen. Allerdings kann der Arbeitnehmer mit Rücksicht auf Überzeugungen des Arbeitgebers verpflichtet sein, auf bestimmte Äußerungen zu verzichten. Im Einzelnen ist zu differenzieren:

- Soweit Meinungsbekundungen nur im Betrieb erfolgen, sind sie **unbedenklich, soweit** die **Arbeitsleistung nicht beeinträchtigt** und strafrechtliche Vorschriften (wie das Verbot der Beleidigung) nicht verletzt werden. Der Gedanke des »Betriebsfriedens« kann nur dann eine Verpflichtung zur Zurückhaltung begründen, wenn die Arbeitsabläufe konkret gestört werden könnten. Eine Anti-Atom-Plakette ist bei Angestellten der Lufthansa daher hinzunehmen.
- Bei **Aufklebern** könnten sich dann Probleme ergeben, wenn der Schutzhelm oder die Arbeitskleidung dem Arbeitgeber gehört. Lassen sie sich jedoch wieder entfernen, ohne dass irgendwelche Spuren zurückbleiben, so muss der Arbeitgeber ein solches Verhalten nach § 242 BGB dulden. Dasselbe gilt dann, wenn im Arbeitsraum **Plakate** künstlerischen oder weniger künstlerischen Inhalts aufgehängt werden. Ihre Entfernung kommt lediglich dann in Betracht, wenn der Raum auch von Personen genutzt wird, die sich mit der Aussage des Plakats nicht identifizieren wollen.

- Anders sind ggf. Fälle zu behandeln, in denen der **Arbeitnehmer die Arbeitgeberfirma nach außen hin repräsentiert**. Hier ist jedenfalls dann Zurückhaltung geboten, wenn andernfalls die Gefahr einer Geschäftsschädigung eintritt.

Beispiel:
Wer Zigaretten an Großabnehmer verkaufen soll, muss darauf verzichten, eine Plakette mit der Aufschrift »Rauchen tötet« oder »Rauchen verursacht Krebs« zu tragen.

Die bloße Gefahr, dass Geschäftspartner eine bestimmte Meinung wie z. B. die Kritik an der Kernkraft nicht schätzen, ist ohne Bedeutung.

- **Kritik am Arbeitgeber** ist auch in Betriebsversammlungen erlaubt. Nach der Rechtsprechung soll allerdings die Pflicht bestehen, die Kritik so vorzubringen, dass Verletzungen und Störungen des Betriebsfriedens vermieden würden; wer die Worte »Gemeinheit« und »Schikane« gebraucht, riskiert daher ggf. eine Kündigung.

- Der **Gang in die Öffentlichkeit** dürfte nur dann erlaubt sein, wenn innerbetriebliche Abhilfe nicht in Betracht kommt, weil klargestellt ist, dass man entsprechenden Initiativen mit scharfer Ablehnung gegenübersteht.

- **Neonazistische Propaganda** ist zum Teil schon deshalb verboten, weil sie strafbar ist, beispielsweise den Tatbestand der Volksverhetzung nach § 130 StGB erfüllt. Die Herabwürdigung und Ausgrenzung von bestimmten Gruppen ist außerdem durch § 75 Abs. 1 BetrVG verboten.

Eine Reihe von Arbeitsgerichten neigte dazu, **ausländerfeindliche Agitation** zwar als rechtswidrig zu qualifizieren, im Einzelfall jedoch nach Wegen zu suchen, um über die Interessenabwägung eine Kündigung an den konkreten Umständen scheitern zu lassen. So hat etwa das ArbG Siegburg in seiner Entscheidung v. 4. 11. 1993 (DB 1994, 1146) die Äußerung »Ausländer und Türken müsste man verbrennen« als Kündigungsgrund gewertet, gleichzeitig jedoch ausgeführt, die weniger weit gehende Aussage »Ausländer raus, Türken raus« und »die Braunen müssen wiederkommen« seien noch vom Grundrecht der Meinungsfreiheit gedeckt. Dies ist mit Recht kritisiert worden.

Pressefreiheit

☐ Das Grundrecht der Pressefreiheit nach Art. 5 Abs. 1 Satz 2 GG gilt nach Auffassung des BVerfG auch in Bezug auf die vom Arbeitgeber herausgegebene **Werkszeitung**. Stimmt man dem zu, so muss dasselbe für die von Arbeitnehmern herausgegebene **Betriebszeitung** gelten. Praktische Bedeutung hat dies insbesondere im

Kündigung als Verstoß gegen Grundrechte

Hinblick auf den Informantenschutz, der in Bezug auf alle Presseerzeugnisse gilt. Niemand kann also den »Redakteur« einer Betriebszeitung zwingen, den Namen dessen preiszugeben, der ihm eine bestimmte Information gegeben hat. Eine Weigerung kann deshalb auch nicht als Kündigungsgrund herangezogen werden.

Schutz von Ehe und Familie

☐ Der in Art. 6 Abs. 1 GG niedergelegte Schutz von Ehe und Familie verbietet die sog. **Zölibatsklausel**, wonach das Arbeitsverhältnis durch die Eheschließung der Arbeitnehmerin auflösend bedingt ist. Dasselbe gilt dann, wenn den getroffenen Vereinbarungen entsprechend das **Arbeitsverhältnis mit der Feststellung einer Schwangerschaft enden** soll; hier wäre insbesondere Art. 6 Abs. 4 GG umgangen, wonach jede Mutter ein Recht auf den Schutz und die Fürsorge der Gemeinschaft hat.

☐ Sehr viel mehr Brisanz besitzt heute die Frage, inwieweit das **Arbeitsrecht** insgesamt **auf familiäre Verpflichtungen Rücksicht nehmen** muss. Der Gesetzgeber hat nur wenige Kollisionsfälle geregelt. Zu nennen ist neben dem MuSchG das BErzGG sowie der Anspruch auf Freistellung nach § 616 BGB und nach § 45 SGB V, wenn Kinder unter 12 Jahren erkranken, pflegebedürftig sind und keine andere Pflegeperson zur Verfügung steht. Wie darüber hinaus zu verfahren ist, scheint nicht voll geklärt. Das BAG vertritt den Standpunkt, eine **nicht sichergestellte Betreuung von (gesunden) Kindern** gebe keinen Anspruch auf Arbeitsbefreiung; die Abwägung der beiderseitigen Interessen könne in einem solchen Fall sogar eine ordentliche Kündigung rechtfertigen. Weniger dramatisch ist die Frage, ob der Arbeitgeber **bei der Lage der Arbeitszeit auf familiäre Pflichten Rücksicht** zu nehmen hat. Da hier sein »Opfer« in der Regel gering sein wird, sollte die Frage bejaht werden.

Kündigungen wegen gewerkschaftlicher Betätigung

☐ Art. 9 Abs. 3 Satz 2 GG erklärt jede gegen die Koalitionsfreiheit gerichtete Maßnahme für rechtswidrig. Dieses Grundrecht hat deshalb **unmittelbare Drittwirkung**.

☐ Wird wegen der Zugehörigkeit zu einer Gewerkschaft abgemahnt oder gekündigt, so ist dies nach § 134 BGB in Verbindung mit Art. 9 Abs. 3 Satz 2 GG unwirksam. Erst recht kann der bloße **Verdacht der Zugehörigkeit zur Gewerkschaft keine Kündigung** rechtfertigen.

☐ Rechtswidrig und nichtig ist weiter eine **Kündigung, die wegen eines gewerkschaftlichen Engagements im Betrieb** erfolgt. Die Betätigung darf auch dann nicht sanktioniert werden, wenn sie den Interessen des Arbeitgebers diametral entgegenläuft: Auch wer einen (legalen) Streik vorbereitet, ist geschützt. Wenig verständlich ist unter diesen Umständen eine Entscheidung des LAG Berlin, wonach die Wahl zum hauptamtlichen Landesvorsitzenden einer Gewerkschaft die außerordentliche Kündigung eines bereits freigestellten Betriebsratsmitglieds rechtfertigen soll. Abgesehen davon, dass hier entgegen Art. 9 Abs. 3 Satz 2 GG eine legale gewerkschaftliche Betätigung mit Sanktionen belegt wird, macht auch eine Abwägung der beiderseitigen Interessen deutlich, dass der Arbeitgeber durch die Fortführung der Freistellung nur ein sehr geringes Opfer erbracht hätte.

Kündigung durch den Arbeitnehmer

Ordentliche Kündigung

☐ Der Arbeitnehmer hat das Recht, **jederzeit ordentlich zu kündigen**. Er muss dabei lediglich die Frist des § 622 Abs. 1 BGB wahren; dies bedeutet **vier Wochen zum Fünfzehnten oder zum Ende eines Kalendermonats**. Während der Probezeit ist eine Kündigung mit einer Frist von zwei Wochen möglich (§ 622 Abs. 3). Die längeren, mit der Dauer der Betriebszugehörigkeit ansteigenden Fristen des § 622 Abs. 2 greifen nur dann ein, wenn die Kündigung vom Arbeitgeber ausgesprochen wird.

☐ Zur arbeitsvertraglichen und tariflichen Verlängerung → **Kündigungsfristen**.

Außerordentliche Kündigung

☐ Nach § 626 BGB kann auch der Arbeitnehmer fristlos kündigen, wenn ein »**wichtiger Grund**« vorliegt und ihm ein **weiteres Verbleiben** im Arbeitsverhältnis unter Berücksichtigung der beiderseitigen Interessen **nicht zumutbar** ist. Ähnlich wie bei einer Kündigung durch den Arbeitgeber ist im Einzelfall allerdings immer zu prüfen, ob nicht eine bloße **Abmahnung** genügt.

☐ Im Einzelnen kommen folgende Fälle in Betracht:
- Der **Arbeitgeber** kommt mit einem erheblichen Teil der geschuldeten Vergütung in **Verzug** und bezahlt trotz entsprechender Abmahnung nicht. Wird nur ein Teil des Entgelts nicht bezahlt, muss dieser »erheblich« sein; auch ist dem Arbeitnehmer ggf. ein längeres Zuwarten zuzumuten. Werden keine Beiträge zur Sozialversicherung oder wird **keine Lohnsteuer abgeführt**, ist eine Abmahnung nur erforderlich, wenn es sich um einen Irrtum handeln dürfte.
- Ausreichend für eine fristlose Kündigung durch den Arbeitnehmer ist weiter eine **schwere persönliche Missachtung**, z. B. eine strafbare Beleidigung. Ein massiver Unterschlagungsvorwurf würde gleichfalls genügen. Der **Ausspruch einer sozial ungerechtfertigten Kündigung** rechtfertigt **als solche** keine fristlose Auflösung durch den Arbeitnehmer. Dies ist nur dann der Fall, wenn **gra-**

vierende Umstände hinzutreten, dem Arbeitnehmer beispielsweise ohne ersichtlichen Grund Hausverbot erteilt wird oder die Kündigung mit besonders kränkender Begründung (»Wir haben eh schon zu viele Türken«) versehen wird.
- **Schwer erträgliche Arbeitsbedingungen** können gleichfalls eine außerordentliche Kündigung rechtfertigen. Dazu gehört z. B. die regelmäßige Überschreitung der Arbeitszeit-Höchstgrenzen, wie sie im ArbZG festgelegt sind. Allerdings muss der Arbeitnehmer zunächst verlangen, dass er nur noch im gesetzlich zulässigen Umfang eingesetzt wird. Ausreichend ist weiter auch mangelnder Schutz durch den Arbeitgeber, wenn man durch Vorgesetzte oder Arbeitskollegen tätlich angegriffen oder systematisch schikaniert wird. Auch **Fälle sexueller Belästigung** zählen hierzu.
- Der **Arbeitnehmer** kann u. U. auch aus Gründen außerordentlich kündigen, die in **seiner Person** liegen. Dies ist etwa der Fall, wenn er auf Dauer arbeitsunfähig wird oder ihn die Tätigkeit in einen **unausweichlichen Gewissenskonflikt** bringt, die Versetzung an einen »gewissensneutralen« Arbeitsplatz aber nicht in Betracht kommt. **Familienpflichten** reichen als solche nicht aus; bei Auslaufen des Erziehungsurlaubs sieht § 19 BErzGG ein Sonderkündigungsrecht mit dreimonatiger Frist vor.
- **Ein »besseres Angebot« von einem anderen Arbeitgeber** ist **kein Grund**, das bisherige Arbeitsverhältnis ohne Wahrung einer Frist aufzulösen. Davon wird dann eine Ausnahme gemacht, wenn es sich um eine »**außergewöhnliche Lebenschance**« handelt, die bei Wahrung der Kündigungsfrist verloren gehen würde. Von der Literatur ist der Vorschlag gemacht worden, **bei untertariflicher Bezahlung** ein fristloses Kündigungsrecht anzuerkennen, wenn ein Wechsel in eine tariflich (oder besser) bezahlte Tätigkeit möglich ist (KDZ-Däubler § 626 BGB Rn. 193), doch ist bisher Rechtsprechung hierzu nicht ersichtlich.

In anderen Fällen kann ein Überwechseln zu einem neuen Arbeitgeber dadurch möglich gemacht werden, dass der **Arbeitnehmer ordentlich kündigt** und während des Laufes der Kündigungsfrist den ihm zustehenden **Erholungsurlaub** nimmt. Auch wird der Arbeitgeber häufig zu einer **einvernehmlichen Beendigung** bereit sein, da ein gegen seinen Willen festgehaltener Arbeitnehmer häufig keine sehr verlässliche Arbeitsleistung erbringen wird.

☐ Auch der Arbeitnehmer hat bei einer außerordentlichen Kündigung die **Zwei-Wochen-Frist des § 626 Abs. 2 BGB** zu beachten. Beim Arbeitslosengeld droht eine **Sperrfrist** nur dann, wenn der wichtige Grund und die Unzumutbarkeit der Weiterbeschäftigung nicht belegt werden können.

Kündigungserklärung des Arbeitgebers

Was ist das?

☐ Die Kündigung des → **Arbeitgebers** ist eine **einseitige empfangsbedürftige Willenserklärung**, die das Arbeitsverhältnis entweder sofort oder nach Ablauf einer Frist gegen den Willen des Arbeitnehmers beendet, ohne dass der Arbeitnehmer an der Beendigung noch mitwirken müsste. Eine Annahme einer Kündigung ist nicht erforderlich. Eine Kündigung ist nur dann wirksam, wenn sie dem Arbeitnehmer **zugeht**, er also Kenntnis von der Erklärung genommen hat oder hätte Kenntnis nehmen können, sog. **Zugang**.

☐ In der Wirkung, nämlich Beendigung des Arbeitsverhältnisses gleich, doch an andere Voraussetzungen geknüpft und rechtlich anders ausgestaltet, sind sonstige Formen der Beendigung des Arbeitsverhältnisses, vor allem:

- **Nichtigkeit,** → **Anfechtung** wegen Täuschung, Irrtum über Eigenschaften usw.
- → **Befristung**
- → **auflösende Bedingung**
- → **Aufhebungsvertrag**
- → **Tod des Arbeitnehmers oder Arbeitgebers**
- → **Ausscheiden wegen Erreichens der Altersgrenze**

☐ Unter einer **Entlassung** versteht man, im Gegensatz zur Kündigung, nicht die auf die Beendigung gerichtete **Willenserklärung**, sondern den **Eintritt der Wirkung** der Kündigung, also die Beendigung als solche (→ **Massenentlassung**), das Ausscheiden aus dem Arbeitsverhältnis. **Umgangssprachlich** wird aber oft der Begriff der Entlassung und der Begriff der Kündigung synonym verwandt.

Arbeitgeberkündigung in der Rechtsordnung

☐ Im Grundsatz besteht Kündigungsfreiheit, d. h. der Arbeitgeber ist berechtigt, ein auf Dauer angelegtes Arbeitsverhältnis durch Kündigung zu beenden. Allerdings ist diese generelle Kündigungsfreiheit im Rahmen des **Sozialstaatsprinzips** des Grundgesetzes und im Rahmen der **Berufsfreiheit** der Arbeitnehmer, deren Be-

Kündigungserklärung des Arbeitgebers

standsschutzinteresse an einer sozialen Sicherung durch Verwertung ihrer Arbeitskraft, in wesentlichen Bereichen eingeschränkt, vor allem durch den **besonderen** und → **allgemeinen Kündigungsschutz.** Selbst dort, wo kündigungsschutzrechtliche Regeln nicht greifen, hat das BVerfG die Kündigungsfreiheit der Arbeitgeber, wenn auch keineswegs völlig, eingeschränkt (→ **Kündigungsschutz außerhalb des Kündigungsschutzgesetzes;** → **Kündigung als Verstoß gegen Grundrechte**).

☐ Die Einschränkung der Kündigungsfreiheit des **Arbeitgebers** durch den **Kündigungsschutz** bezieht sich jedoch nur auf die ordentliche Kündigung nicht auf die → **außerordentliche Kündigung.** Diese kann weder durch Tarifvertrag noch Betriebsvereinbarung noch durch Einzelvertrag ausgeschlossen werden. Denn das Arbeitsverhältnis ist zwar als Dauerschuldverhältnis angelegt, aber nicht auf ewig geschlossen. Gründe, die eine Fortführung des Arbeitsverhältnisses unzumutbar machen, berechtigen trotz Kündigungsschutzes zur außerordentlichen Kündigung.

Formen und Arten der Kündigung

☐ Am häufigsten wird eine **ordentliche** Kündigung ausgesprochen, die die Beendigung des Arbeitsverhältnisses nach Ablauf der im Einzelfall aufgrund Arbeitsvertrages, Tarifvertrages oder Gesetz vorgesehenen → **Kündigungsfrist** bewirkt. Durch Tarifvertrag, Betriebsvereinbarung und Arbeitsvertrag kann eine ordentliche Kündigung völlig ausgeschlossen werden (→ **unkündbare Arbeitnehmer**).

☐ Eine → **außerordentliche Kündigung** nach § 626 Abs. 1 BGB, die auch **fristlose** Kündigung genannt wird, beendet das Arbeitsverhältnis aus wichtigem Grund sofort, d. h. mit **Zugang** der Kündigung.

☐ Der Arbeitgeber kann aber auch eine **außerordentliche Kündigung** mit einer **sozialen Auslauffrist** aussprechen. Diese Kündigung verlangt ebenfalls einen wichtigen Grund im Sinne des § **626 BGB**, beendet das Arbeitsverhältnis aber nicht fristlos, sondern unter Einhaltung einer vom Arbeitgeber im Regelfall an der ordentlichen Kündigungsfrist orientierten Frist.

Eine solche Kündigung wird immer dann vom Arbeitgeber ausgesprochen, wenn er soziale Härten beim Arbeitnehmer vermeiden will oder unsicher im Hinblick auf die Erfolgsaussichten einer **fristlosen** außerordentlichen Kündigung ist oder wenn es sich um → **unkündbare Arbeitnehmer** handelt.

Beispiel:
Wir kündigen Ihnen hiermit außerordentlich wegen Ihres gravierenden Fehlverhaltens am heutigen 15.6.2000. Wegen Ihrer besonderen sozialen Situation räumen wir

Kündigungserklärung des Arbeitgebers

*Ihnen eine soziale Auslauffrist bis zum 30. 9. 2000 ein. Bis dahin werden Sie von der Arbeitsleistung freigestellt (→ **Freistellung**).*

☐ Ordentliche und außerordentliche Kündigung werden meistens als **Beendigungskündigung** ausgesprochen und führen unmittelbar zur Beendigung des Arbeitsverhältnisses.

☐ → **Änderungskündigungen** sollen aus der Sicht des Arbeitgebers das Arbeitsverhältnis nicht vorrangig beenden, sondern es inhaltlich umgestalten. Für den Ausspruch einer Änderungskündigung gelten die gleichen Grundsätze wie für die Beendigungskündigung.

☐ Durch eine → **Teilkündigung** versucht der Arbeitgeber, nicht das gesamte Arbeitsverhältnis zu ändern oder zur Disposition zu stellen, wie bei der Änderungskündigung, sondern ihm geht es darum, nur einzelne Teile und Elemente des Arbeitsverhältnisses »wegzukündigen.«

☐ In der betrieblichen Praxis sorgen oft sog. **vorsorgliche Kündigungen** für Verwirrung. Eine vorsorgliche Kündigung, sei sie ordentlich, sei sie außerordentlich, ist nichts anderes als eine unmittelbar wirkende Kündigung. Der Begriff der Vorsorge soll lediglich zum Ausdruck bringen, dass der Arbeitgeber noch damit rechnet, dass sich Änderungen ergeben könnten. Diese dürfen den Arbeitnehmer aber nicht veranlassen, die → **Klagefrist** zu verpassen. In der Rechtswirkung sind vorsorgliche Kündigungen in gleicher Weise wirksam oder unwirksam wie »normale« Kündigungen.

Formulierungsbeispiel:
Hiermit kündigen wir das zwischen uns bestehende Arbeitsverhältnis aus betrieblichen Gründen vorsorglich zum 31. 12. 2000. Wir hoffen, dass es uns gelingt, neue Aufträge hereinzubekommen.
Ist die vorsorgliche Kündigung am 3. 7. zugegangen, muss spätestens am 24. 7. Klage erhoben sein.

☐ Von einer **hilfsweisen Kündigung** wird dann gesprochen, wenn der Arbeitgeber **zunächst** und **vorrangig** eine bestimmte Kündigung ausspricht, beispielsweise eine außerordentliche Kündigung oder eine Kündigung zu einem feststehenden Termin, und gleichzeitig bzw. anschließend noch eine weitere Kündigung zu einem anderen Termin oder beispielsweise ordentlich ausspricht.

• Der Arbeitgeber will damit erreichen, dass für den Fall, dass die zunächst und vorrangig ausgesprochene Kündigung vom Gericht für unwirksam erkannt wird, jedenfalls die zweite, für diesen Fall ausgesprochene hilfsweise Kündigung wirksam ist.

• In der Wirkung bleibt es zunächst dabei, dass das Arbeitsverhältnis aufgrund der vorrangig ausgesprochenen Kündigung beendet wird. Die hilfsweise Kündigung kommt erst dann ins Spiel, wenn das Arbeitsgericht über die zunächst ausgesprochene Kündigung zugunsten des Arbeitnehmers im → **Kündigungsschutzprozess** entschieden hat.

Formulierungsbeispiel:
Hiermit kündigen wir das bestehende Arbeitsverhältnis wegen des von Ihnen begangenen Diebstahls fristlos. Hilfsweise kündigen wir außerdem vorsorglich ordentlich unter Einhaltung der gesetzlichen Kündigungsfrist zum 31.12.2000.

Der Arbeitnehmer hat es in der Hand, entweder gegen beide Kündigungen vorzugehen oder aber nur gegen die erste und vorrangig ausgesprochene. Tut er dies, endet das Arbeitsverhältnis aufgrund der zweiten Kündigung. Geht er gegen beide Kündigungen vor, kommt es auf die hilfsweise ausgesprochene Kündigung nur an, wenn die erste Kündigung nicht rechtmäßig ist.

☐ Eine **bedingte** Kündigung liegt dann vor, wenn der Arbeitgeber die Wirksamkeit der Kündigung von dem Eintritt eines bestimmten Umstandes abhängig macht. Die Kündigung soll nur dann wirken, wenn das als Bedingung genannte Ereignis oder der entsprechende Umstand eingetreten ist.

- Grundsätzlich ist eine **bedingte** Kündigung **unwirksam**, denn Kündigungen sind bedingungsfeindlich.
- Zulässig ist eine bedingte Kündigung nur in Form der → **Änderungskündigung**. Hier hat es nämlich allein der Arbeitnehmer in der Hand, die Bedingung für die Beendigung des Arbeitsverhältnisses zu setzen, nämlich die angebotenen neuen Arbeitsbedingungen anzunehmen oder abzulehnen.

☐ Eine **Wiederholungskündigung** bzw. eine **Kettenkündigung** liegt dann vor, wenn der Arbeitgeber zwei oder mehrere Kündigungen ausspricht, die nicht in ein Verhältnis der Eventualität wie bei der **hilfsweisen Kündigung** gestellt werden.

- Der Arbeitnehmer muss jede Kündigung gerichtlich angreifen (→ **Klagefrist**), wenn er vermeiden will, dass die Beendigung des Arbeitsverhältnisses durch Wiederholungs- oder Kettenkündigung eintritt. Er kann jedoch auch einen allgemeinen Feststellungsantrag im **Kündigungsschutzprozess** stellen, auch »Schleppnetzantrag« genannt. So genannt, weil mit einem solchen Antrag alle möglichen Beendigungsgründe »abgefangen« werden sollen.

Beispiel:
Ich beantrage, festzustellen, dass das Arbeitsverhältnis der Parteien weder durch die mit Schreiben vom 15.10. noch mit Schreiben vom 7.11. ausgesprochene Kündigung noch sonst wie aufgelöst worden ist, sondern unverändert über den 31.12. hinaus fortbesteht.

Kündigungserklärung des Arbeitgebers

- Eine Wiederholungs- bzw. Kettenkündigung kann aufgrund ihrer Vielzahl schon deshalb rechtsunwirksam sein, weil sie sittenwidrig bzw. treuwidrig ist. Dies gilt insbesondere dann, wenn immer wieder neue Kündigungen auf den gleichen Kündigungsgrund gestützt werden.

☐ Eine **Prozesskündigung** ist dann gegeben, wenn in einem schon laufenden (Kündigungsschutz-)Prozess der Arbeitgeber, oft durch Rechtsanwalt oder Arbeitgeberverband vertreten, eine (erneute) Kündigung ausspricht. Der Arbeitnehmer muss eine solche Kündigung durch einen gesonderten Antrag bekämpfen. Einer besonderen Vollmacht bedarf es nur dann nicht, wenn schon vorher eine Vollmacht vorgelegt wurde, die auch das Kündigungsrecht umfasst.

☐ Von einer **herausgreifenden** Kündigung wird dann gesprochen, wenn der Arbeitgeber aus einer Gruppe von z. B. sich vertragswidrig verhaltenden Arbeitnehmern nur einen oder wenige kündigt. Zwar gilt grundsätzlich für das Kündigungsrecht der allgemeine betriebliche Gleichbehandlungsgrundsatz nicht. In Fällen vergleichbarer Sachverhaltsgestaltung führt jedoch eine Kündigung zu einer besonderen Diskriminierung durch den Arbeitgeber. Außerdem gibt der Arbeitgeber zu erkennen, dass das Verhalten nicht so gravierend sein kann.

Beispiel:
Fünf vergleichbare Arbeitnehmer begehen gemeinsam einen Diebstahl, nur einem wird fristlos gekündigt, die übrigen erhalten lediglich Abmahnungen.

☐ Zur → **Druckkündigung**

☐ Spricht der Arbeitgeber eine so genannte **Suspendierung** oder **Freistellung** aus, berührt das den Bestand des Arbeitsverhältnisses nicht.

Will der Arbeitgeber das Arbeitsverhältnis bei Freistellung beenden, muss er ausdrücklich **zusätzlich** eine Kündigung aussprechen.

Beispiel:
Hiermit stellen wir Sie unwiderruflich ab sofort von der Arbeitsleistung frei. Gleichzeitig sprechen wir hiermit die fristgerechte Kündigung zum 31.12. aus.

Ausspruch der Kündigung

☐ Vor einer Kündigung ist eine **Anhörung** des Arbeitnehmers nur erforderlich, wenn dies vertraglich oder z. B. im Tarifvertrag oder in → **Auswahlrichtlinien** vereinbart ist, sonst nur im Falle der → **Verdachtskündigung**.

☐ Die Kündigung muss durch den → **Arbeitgeber ausgesprochen** werden. Der

Kündigungserklärung des Arbeitgebers

Arbeitgeber kann sich durch Betriebsangehörige vertreten lassen, er kann auch dritte Personen bevollmächtigen, z. B. einen Rechtsanwalt, einen Vertreter des Arbeitgeberverbandes, in dem er Mitglied ist. Zur Vollmachtsvorlage → **Arbeitgeber**.

☐ Seit dem 1.5.2000 muss eine Kündigung schriftlich ausgesprochen werden, wenn sie Wirkung haben soll, § 623 BGB (→ **Schriftform**).

☐ Eine ordentliche Kündigung muss im Regelfall **nicht begründet** werden. Es ist dem Arbeitgeber aber unbenommen, eine Kündigungsbegründung in das Kündigungsschreiben aufzunehmen.

☐ Nur für den Fall der → **außerordentlichen Kündigung** kann der Arbeitnehmer nach § 626 Abs. 2 Satz 2 BGB **unverzüglich** nach Zugang der Kündigung verlangen, dass ihm die Kündigungsgründe **schriftlich mitgeteilt** werden. Unterlässt der Arbeitgeber dieses, ist die Kündigung nicht unwirksam, sein Verhalten kann aber zu Schadensersatzansprüchen des Arbeitnehmers im Hinblick auf Kosten eines unnötigen Kündigungsschutzprozesses führen

Beispiel:
Ich fordere Sie hiermit auf, die gestern von Ihnen ausgesprochene außerordentliche Kündigung mir gegenüber unverzüglich schriftlich zu begründen. Mit pauschalen Wertungen bin ich nicht einverstanden, ich verlange eine detaillierte Angabe der Gründe.

☐ Eine Kündigung muss klar und deutlich ausgesprochen werden, es gilt der Grundsatz der **Kündigungsklarheit**. Der Kündigungsempfänger muss wissen, woran er ist. Er darf weder über die **Art** der Kündigung noch über das **Beendigungsdatum** im Unklaren gelassen werden. Zwar ist nicht erforderlich, dass der Begriff der Kündigung verwandt wird, der Arbeitgeber kann auch andere Begriffe verwenden, die deutlich machen, dass es dem Arbeitgeber tatsächlich auf eine Beendigung, nicht nur auf eine **Suspendierung** oder **Umgestaltung** des Arbeitsverhältnisses ankommt oder auf **Widerruf** bestimmter Leistungen.

Formulierungsbeispiele:
Unklare und damit unwirksame Kündigung:
- *Wir werden Ihnen demnächst kündigen.*

Wirksame Kündigung:
- *Hiermit kündigen wir das bestehende Arbeitsverhältnis fristgerecht zum nächstmöglichen Termin.*

Hier kann sich der Arbeitnehmer selbst ausrechnen, welche **Kündigungsfrist** für sein Arbeitsverhältnis gilt und wann das Arbeitsverhältnis somit endet.

☐ Eine bestimmte Sprache ist nicht vorgeschrieben. Üblich ist, dass eine Kündi-

Kündigungserklärung des Arbeitgebers

gung in **deutscher Sprache** ausgesprochen wird. Allerdings sollte der Arbeitgeber bei **ausländischen** Arbeitnehmern eine Übersetzung beifügen, wenn er weiß, dass keine ausreichenden Sprachkenntnisse vorhanden sind. Wird im Betrieb üblicherweise z. B. **Englisch** gesprochen, kann die Kündigung auch in Englisch verfasst werden.

Zugang der Kündigung

☐ Als **empfangsbedürftige Willenserklärung** muss die Kündigung des Arbeitgebers dem Arbeitnehmer **zugehen**. Zugang liegt dann vor, wenn der Arbeitnehmer in der Lage ist, von dem Inhalt einer Kündigungserklärung tatsächlich Kenntnis zu nehmen. Ob er wirklich Kenntnis nimmt, ist unerheblich.

☐ Da eine Kündigung nur wirksam **schriftlich** ausgesprochen werden kann, muss der Arbeitgeber dem Arbeitnehmer die schriftliche Kündigung zustellen. Dies kann durch **tatsächliche Übergabe** am Arbeitsplatz, aber auch im Privatbereich des Arbeitnehmers erfolgen.

☐ Wird die Kündigungserklärung dem Arbeitnehmer nicht **persönlich übergeben**, muss sie ihm so **zugesandt** werden, dass er Kenntnis nehmen kann, z. B. durch **Einwurf in den Briefkasten**, durch Post, Botenunternehmen oder Mitarbeiter. Falsch ist die Vorstellung, eine Kündigung müsse per **Einschreiben** ausgesprochen werden. Wird eine Kündigung per Einschreiben ausgesprochen, geht sie erst dann zu, wenn das Einschreiben abgeholt oder als Einwurf-Einschreiben versandt wird.

☐ Eine Kündigung ist auch dann zugegangen, wenn der Arbeitnehmer sich nicht in seinem Privatbereich aufhält, z. B. wegen **Urlaub, Dienstreise** oder **Krankheit**. Nimmt der Arbeitnehmer erst nach einer gewissen Zeit von der Kündigung Kenntnis und versäumt dadurch die → **Klagefrist**, kann er nach § 5 KSchG einen **Antrag** auf Zulassung der verspäteten Kündigungsschutzklage stellen.

Beispiel:
Ein zu kündigender Arbeitnehmer ist wohnungsabwesend für eine Woche. Am zweiten Tag der Abwesenheit, um 19.00 Uhr, wird das Kündigungsschreiben durch Boten in den Briefkasten geworfen. Der Zugang ist am nächsten Morgen zu dem Zeitpunkt erfolgt, an dem üblicherweise Briefsendungen zugestellt werden.

☐ Der Arbeitnehmer darf nicht **treuwidrig** den Zugang eines Kündigungsschreibens **vereiteln**. In einem solchen Fall wird er so behandelt, als sei die Kündigung ihm tatsächlich zugegangen und er habe Kenntnis nehmen können.

Beispiel:
Der Arbeitgeber will dem Arbeitnehmer am Arbeitsplatz ein Kündigungsschreiben überreichen. Der Arbeitnehmer entfernt sich vom Arbeitsplatz oder zerreißt den Kündigungsbrief ungelesen. Der Arbeitnehmer entfernt seinen Briefkasten, weil er ein Kündigungsschreiben nicht zur Kenntnis nehmen will.

☐ Der Arbeitgeber ist berechtigt, sich auch eines **Empfangsbotens** für den Zugang zu bedienen. Das ist dann der Fall, wenn das Kündigungsschreiben Personen ausgehändigt wird, die als ermächtigt angesehen werden, den Empfänger von Schriftstücken bei der Entgegennahme zu vertreten. Bei diesem Personenkreis handelt es sich vor allem um im Haushalt lebende Familienangehörige, Lebensgefährten, Hausangestellte sowie Vermieter. Lehnt ein Empfangsbote den Zugang ab, muss sich der Arbeitnehmer den Zugang nur dann zurechnen lassen, wenn er durch eine Absprache mit dem Empfangsboten auf diesen Vorgang vorher Einfluss genommen hat.

☐ Generell ist dem Arbeitnehmer zu raten, keine **Zugangsvereitelung** zu versuchen, sondern eine Kündigung entgegenzunehmen, wobei die Quittierung der Entgegennahme möglich und unschädlich ist.

Formulierungsbeispiel:
Ich bestätige hiermit den Erhalt des Kündigungsschreibens vom 14.1. am 15.1., 15.00 Uhr.

Allerdings sollte genau darauf geachtet werden, dass nicht gleichzeitig eine → **Ausgleichsquittung** bzw. ein Einverständnis mit der Kündigung unterschrieben wird.

☐ Der **Zugangszeitpunkt** ist allein maßgeblich für die gerichtliche **Überprüfung** einer Kündigung. Nur ausnahmsweise kommt es auf die danach stattfindende Entwicklung an (→ **Wiedereinstellung**; → **Krankheit**).

Reaktionsmöglichkeiten des Arbeitnehmers auf eine Kündigung

☐ Nimmt der Arbeitnehmer eine Kündigung hin, treten die Wirkungen ein, das Arbeitsverhältnis endet, unabhängig davon, ob die Kündigung berechtigt ist oder nicht.

Kündigungserklärung des Arbeitgebers

Beispiel:
Der Arbeitgeber kündigt ohne jeden Grund fristlos. Anschließend fordert er den Arbeitnehmer wieder zur Arbeit auf, weil die Kündigung unwirksam sei. Der Arbeitnehmer muss dem nicht folgen.

☐ Der Arbeitnehmer kann aus Anlass einer Kündigung mit dem Arbeitgeber einen → **Aufhebungsvertrag** abschließen, teilweise auch **Abwicklungsvertrag** genannt.

☐ Der Arbeitnehmer kann eine **gerichtliche Überprüfung** der Rechtmäßigkeit der Kündigung herbeiführen. Dazu ist die Erhebung einer Klage beim Arbeitsgericht erforderlich (→ **Kündigungsschutzklage**; → **Klagefrist**).

☐ Solange das Gericht noch keine Entscheidung über die Wirksamkeit der Kündigung getroffen hat, treten die Folgen der Kündigung tatsächlich ein (Ausnahme: **Geltendmachung des** → **Weiterbeschäftigungsanspruchs** durch den Arbeitnehmer). D. h. der Arbeitnehmer ist berechtigt bzw. verpflichtet, sich eine neue Arbeitsstelle zu suchen, er muss sich ggf. arbeitslos melden (→ **Annahmeverzug**).

☐ Im gerichtlichen Verfahren ist eine Umdeutung einer **außerordentlichen Kündigung** in eine ordentliche Kündigung durch das Gericht möglich dann, wenn sich die unwirksame Kündigung als unwirksam erweist und feststeht, dass der Arbeitgeber auf jeden Fall das Arbeitsverhältnis beenden wollte.

Beispiel:
Der Arbeitgeber kündigt fristlos, ohne dass ein Grund dafür vorliegt; im Kündigungsschutzprozess stellt sich heraus, dass eine fristgemäße ordentliche Kündigung berechtigt wäre. Dann kann die Kündigung entsprechend umgedeutet werden, das Arbeitsverhältnis endet dann mit Ende der Kündigungsfrist.

Stellt das Arbeitsgericht fest, dass die Kündigung unwirksam ist, wird der Arbeitnehmer und das Arbeitsverhältnis so behandelt, als sei die Kündigung nicht ausgesprochen worden.

Bedeutung für den Betriebsrat

☐ Vor jeder Kündigung ist der Betriebsrat nach § 102 BetrVG anzuhören (→ **Betriebsratsanhörung**). Für den Bereich der Personalratsanhörung gelten ähnliche Regelungen. Teilweise besteht ein echtes Zustimmungsrecht (→ **Personalrat**).

Kündigungsfristen

Was ist das?

☐ Auch wenn die Kündigung eines Arbeitsverhältnisses berechtigt ist, hat der Arbeitnehmer ein Interesse daran, sich zumindest in Ruhe nach einem **neuen Arbeitsplatz umsehen** zu können. Umgekehrt hat auch der Arbeitgeber bei einer Kündigung des Arbeitnehmers ein Interesse daran, einen **neuen Arbeitnehmer zu suchen**. Deshalb legt das Gesetz in § 622 BGB ein System von Kündigungsfristen fest. Weitere Regelungen finden sich für die Insolvenz (→ **Insolvenz**), für → **Seeleute, für Auszubildende** (→ **Auszubildende, Kündigungsschutz**), für → **Schwerbehinderte** und die für die Eigenkündigung von Personen im → **Erziehungsurlaub** und → **Mutterschutz**.

Welche Kündigungsfristen gelten?

☐ Das Gesetz legt zunächst eine Grundkündigungsfrist fest. Sie beträgt **vier Wochen zum 15. oder zum Ende eines Kalendermonats**. Maßgeblich ist der Zugang der Kündigung. Es ist zum angestrebten Kündigungstermin zurückzurechnen und der Tag zu ermitteln, der in seiner Bezeichnung vier Wochen vorher dem angekündigten Kündigungstermin entspricht. Auf Sonnabende, Sonntage oder gesetzliche Feiertage kommt es nicht an. Der so ermittelte Tag ist der letzte Tag, an dem eine Kündigung zu dem genannten Termin zugehen kann.

Von der so geltenden **Grundkündigungsfrist** können zu Lasten des Arbeitnehmers in folgenden Fällen **Ausnahmen** gemacht werden:

- Für die ersten sechs Monate des Arbeitsverhältnisses kann eine Probezeit vereinbart werden. Dann beträgt die Kündigungsfrist zwei Wochen zu keinem bestimmten Termin. Die Kündigung wird an dem Tag wirksam, der in seiner Benennung zwei Wochen später dem des Zugangs der Kündigung entspricht (→ **Kündigungserklärung**). Auf Sonnabend, Sonntag oder gesetzliche Feiertage kommt es nicht an.
- Ist ein Arbeitnehmer nur zur **vorübergehenden Aushilfe**, also zur Deckung

Kündigungsfristen

eines vorübergehenden Bedarfs eingestellt, und ist dies im Arbeitsvertrag ausgewiesen, kann dort eine kürzere Kündigungsfrist vereinbart werden. Auch eine Kündigungsfrist von Null ist zulässig. Wird das Arbeitsverhältnis länger als drei Monate fortgesetzt, gelten die gesetzlichen Kündigungsfristen.

- Beschäftigt der Arbeitgeber in der Regel **nicht mehr als 20 Arbeitnehmer**, kann die Grundkündigungsfrist auf vier Wochen ohne bestimmten Termin verkürzt werden. Für die Berechnung der Arbeitnehmerzahl gelten dieselben Regeln wie bei der Kleinbetriebsklausel nach dem KSchG (→ **Kleinbetrieb**).

☐ Nur für die Kündigung durch den Arbeitgeber, nicht aber für den kündigenden Arbeitnehmer, **erhöhen** sich die **Kündigungsfristen** bei einem länger dauernden Beschäftigungsverhältnis. Allerdings werden Beschäftigungszeiten, die vor Vollendung des 25. Lebensjahres des Arbeitnehmers liegen, nicht berücksichtigt. Außer einer verlängerten Kündigungsfrist ändert sich dann auch der Kündigungstermin: Die Kündigung kann mit der gesetzlich festgelegten Frist nur zum Ende eines Kalendermonats, nicht mehr zum 15., gekündigt werden. Im Einzelnen gilt:

Anrechenbare Beschäftigungszeit	Kündigungsfrist
2 Jahre	1 Monat
5 Jahre	2 Monate
8 Jahre	3 Monate
10 Jahre	4 Monate
12 Jahre	5 Monate
15 Jahre	6 Monate
20 Jahre	7 Monate

Unter bestimmten Umständen sind mehrere Beschäftigungsverhältnisse beim selben Arbeitgeber zusammenzurechnen (→ **Wiedereinstellung**). Zeiten des Berufsausbildungsverhältnisses sind bei unmittelbarer Übernahme anzurechnen. Erziehungsurlaub rechnet bei der Berechnung der Beschäftigungszeit mit.

☐ **Längere** als die gesetzlichen **Kündigungsfristen** können kraft ausdrücklicher gesetzlicher Vorschriften **vereinbart** werden, auch wenn sie den Arbeitnehmer länger binden. Verboten ist lediglich eine Vereinbarung, mit der der Arbeitnehmer länger gebunden wird als der Arbeitgeber. Das verbietet nicht nur längere Kündigungsfristen für den Arbeitnehmer, sondern auch andere Vertragsgestaltungen, die auf das Gleiche hinauslaufen.

Beispiel:
Für den Fall der Kündigung des Arbeitsverhältnisses durch den Arbeitnehmer wird der Verfall bereits verdienter Provisionen vereinbart. Das ist unzulässig.

Können die Tarifvertragsparteien tätig werden?

☐ Kraft ausdrücklicher gesetzlicher Vorschriften können die **Tarifvertragsparteien** Kündigungsfristen unabhängig von den gesetzlichen Fristen **regeln**. Das gilt auch, wenn die tariflichen Fristen für den Arbeitnehmer schlechter sind als im Gesetz.

☐ Die tariflichen Vorschriften sind in zwei Fällen maßgeblich:
- Wenn der Tarifvertrag aufgrund des Tarifrechts gilt. Das ist dann der Fall, wenn es sich um den jeweils einschlägigen Tarifvertrag handelt, der Arbeitnehmer Mitglied der Gewerkschaft ist und der Arbeitgeber entweder dem Arbeitgeberverband angehört oder selbst den Tarifvertrag geschlossen hat. Dem entspricht es, wenn der einschlägige Tarifvertrag für allgemeinverbindlich erklärt wurde. Läuft der Tarifvertrag aus, so wirkt er nach, bis er durch eine andere Vereinbarung – das kann auch eine arbeitsvertragliche sein – ersetzt wird.
- Die Arbeitsvertragsparteien können aber auch die für die Kündigung geltenden Vorschriften des Tarifvertrages vereinbaren, der für sie gelten würde, lägen die tarifrechtlichen Voraussetzungen vor. Soweit es für den Arbeitnehmer um schlechtere Kündigungsfristen geht, ist es aber nicht zulässig, die Kündigungsbestimmungen eines anderen Tarifvertrages in Bezug zu nehmen.

Beispiel:
Ein Arbeitnehmer arbeitet in Bremen, arbeitsvertraglich sind aber die Regelungen des niedersächsischen Tarifvertrages in Bezug genommen, der kürzere Kündigungsfristen vorsieht als die gesetzlichen. Die Vereinbarung entfaltet keine Wirkung.

Es muss nicht der gesamte Tarifvertrag vereinbart werden, ausreichend ist, dass die Kündigungsbestimmungen in Bezug genommen sind. Diese müssen aber vollständig einbezogen sein.

☐ Bei der Ausgestaltung ihrer Kündigungsfristen sind die Tarifvertragsparteien nach gängiger Praxis des BAG an den Gleichbehandlungsgrundsatz gebunden (→ **Gleichbehandlung**). Zudem wird angenommen, dass auch sie keine längeren Kündigungsfristen für Arbeitnehmer als für Arbeitgeber vereinbaren können.

☐ Gilt der Tarifvertrag tarifrechtlich, besteht aber daneben noch eine arbeitsvertragliche Vereinbarung, so gilt die Regelung, die **günstiger** ist. Das wirft folgende Probleme auf:
- Enthält die arbeitsvertragliche Regelung eine Kombination von Kündigungsfrist und Kündigungstermin – z. B. sechs Wochen zum Quartalsende – ist unklar was günstiger ist. Es kann dann Fallgestaltungen geben, bei denen sechs Wochen

Kündigungsfristen

zum Quartalsende günstiger sind als z. B. eine Kündigungsfrist von zwei Monaten zum Ende jedes Kalendermonats und umgekehrt.

Beispiel:
Kündigt der Arbeitgeber am 15. März, so endet das Arbeitsverhältnis bei einer Frist von sechs Wochen zum Quartalsende am 30. Juni, bei einer Frist von zwei Monaten zum Monatsende am 31. Mai. Kündigt der Arbeitgeber dagegen am 8. Februar, so endet das Arbeitsverhältnis bei einer Kündigungsfrist von sechs Wochen zum Quartalsende am 31.März, bei einer von zwei Monaten zum Monatsende am 30. April.

Was in einer solchen Situation gilt, ist noch nicht abschliessend geklärt. Es ist wohl auf den jeweiligen Termin des Kündigungszuganges abzustellen.

- Tarifverträge enthalten oft umfassende Regelungen über die Kündigungsfristen. Sie sehen dann meist eine Verlängerung nur für die Kündigung durch den Arbeitgeber vor. In diesem Fall ist wohl eine einzelvertragliche Verlängerung der Kündigungsfristen auch für den Arbeitnehmer insoweit unwirksam. Das gilt insbesondere auch für die verbreitete Klausel, nach der eine für den Arbeitgeber geltende gesetzliche oder tarifliche Verlängerung von Kündigungsfristen auch für die Kündigung durch den Arbeitnehmer gelten soll.

Was passiert, wenn Kündigungsfristen nicht eingehalten wurden?

☐ Hält der Arbeitgeber die Kündigungsfrist nicht ein, so kommt er in → **Annahmeverzug**. Das gilt auch wenn – was normalerweise anzunehmen ist – eine außerordentliche Kündigung in eine ordentliche umzudeuten und diese wirksam ist.

☐ Hält der Arbeitnehmer die Kündigungsfristen nicht ein, so gilt Folgendes:

- Der Arbeitnehmer kann sich **schadensersatzpflichtig** machen. Ein Schaden kann dem Arbeitgeber dadurch entstehen, dass er die ausfallende Arbeitskraft des Arbeitnehmers teurer anderweitig ersetzen muss, z. B. durch zuschlagspflichtige Überstunden oder durch eine Neueinstellung, die nur zu einem höheren Gehalt möglich war. Die ersparte Gehaltszahlung an den vorzeitig ausscheidenden Arbeitnehmer ist aber gegenzurechnen.

- Während des Bestehens des Arbeitsverhältnisses gilt auch das **Wettbewerbsverbot** weiter. Der Arbeitgeber kann dem Arbeitnehmer untersagen, bei einem Wettbewerber tätig zu werden. Hier kommt auch eine einstweilige Verfügung in Betracht.

Kündigungsfristen

- Oft ist eine **Vertragsstrafe** vereinbart. Diese wird dann **fällig**. Voraussetzung ist, dass sie genau genug formuliert wurde. In ihrer Höhe kann sie gerichtlich auf Angemessenheit überprüft werden. Die dabei von den Gerichten angewandten Maßstäbe sind unterschiedlich.

Kündigungsrücknahme

Was ist das?

☐ Umgangssprachlich ist die **Kündigungsrücknahme** der Versuch des → **Arbeitgebers**, eine von ihm ausgesprochene **Kündigung** (→ **Kündigung durch den Arbeitgeber**) rückgängig zu machen, sie ungeschehen zu machen und das Arbeitsverhältnis fortzusetzen.

☐ Rechtlich liegen die Dinge aber etwas komplizierter, weil die Kündigung als einseitige **empfangsbedürftige Willenserklärung** mit dem **Zugang** beim Kündigungsempfänger **wirksam** geworden ist. Die bloße Aussage des Arbeitgebers, er wolle die Wirkungen der Kündigung beseitigen, die Kündigung zurücknehmen, ist deshalb zunächst ohne Bedeutung. Allerdings kann in ihr das **Angebot** auf **Fortsetzung** des Arbeitsverhältnisses bzw. auf **Neubegründung** des schon beendeten Arbeitsverhältnisses gesehen werden.

☐ Ersteres gilt, wenn die Rücknahme der Kündigung noch **während** der → **Kündigungsfrist** erfolgt, dann setzt sich das Arbeitsverhältnis nahtlos fort, wenn der Arbeitnehmer zustimmt.

☐ Nach **Ablauf** der Kündigungsfrist wird eine entsprechende Arbeitgebererklärung unterschiedlich zu verstehen sein:

- Erfolgt sie ohne jeden **Vorbehalt** oder ohne jede **Einschränkung**, so gilt auch hier die **ununterbrochene** Fortsetzung des Arbeitsverhältnisses.

Beispiel:
Wir nehmen hiermit die in unserem Schreiben vom 15.10. ausgesprochene betriebsbedingte Kündigung mit sofortiger Wirkung zurück.

- Erklärt der Arbeitgeber jedoch, die Kündigung werde erst mit Wirkung ab einem bestimmten Zeitpunkt zurückgenommen, so führt dies zur **Neubegründung** des Arbeitsverhältnisses. Dies allerdings immer nur dann, wenn der Arbeitnehmer die Erklärung des Arbeitgebers auf Kündigungsrücknahme angenommen hat, entweder ausdrücklich oder als konkludente Handlung bzw. Erklärung.

Warum erfolgt eine Kündigungsrücknahme?

☐ Hat der Arbeitgeber das Arbeitsverhältnis gekündigt, sollte davon ausgegangen werden, dass es bei dieser Erklärung bleibt. Dennoch sind viele Gründe denkbar, warum der Arbeitgeber, insbesondere während einer laufenden → **Kündigungsschutzklage**, die Kündigung zurücknimmt, was nicht immer im Sinne des gekündigten Arbeitnehmers sein kann und wird:

- Der Arbeitgeber stellt nach einer → **betriebsbedingten Kündigung** fest, dass der Arbeitskräftebedarf doch höher ist als angenommen.
- Die der Kündigung zugrunde gelegten Annahmen treffen nicht ein oder erweisen sich als falsch.
- Der Arbeitgeber erkennt während des laufenden Prozesses die **Aussichtslosigkeit** des Verfahrens für ihn selbst.

☐ Relativ häufig ist aber auch die Situation, dass der Arbeitgeber die Kündigungsrücknahme aus **taktischen Gründen** erklärt. Insbesondere diese taktische Kündigungsrücknahme wird von vielen Arbeitnehmern gefürchtet. Denn nicht in allen Fällen zielen Arbeitnehmer mit einer Kündigungsschutzklage auf eine wirkliche Wiedereinstellung, die Rückkehr in den Betrieb. Dafür haben sie **gute Gründe**, denn durch eine Kündigung des Arbeitgebers kann

- das Vertrauensverhältnis völlig zerstört sein,
- die Motivation des Arbeitnehmers, in einem Betrieb zu arbeiten, verloren gehen,
- die Gefahr bestehen, dass es nach Rückkehr in den Betrieb im Anschluss an einen gewonnenen Prozess zu **Mobbing** kommt,

so dass sich der Prozesserfolg mittel- und langfristig als negativ herausstellt. (Dazu im Einzelnen auch → **Auflösungsantrag**.)

☐ Da während des Kündigungsschutzprozesses (→ **Kündigungsschutzklage**) die Verpflichtung besteht, **Zwischenverdienste** zu erzielen (→ **Annahmeverzug**), begründen viele Arbeitnehmer ein **neues** Arbeitsverhältnis, das zu verlassen sich oftmals nicht als sinnvoll herausstellt. Das Prozessziel vieler Arbeitnehmer im Kündigungsschutzprozess ist deshalb verständlicherweise nicht die Rückkehr in den Betrieb, sondern eine → **Abfindung**.

☐ Diese Zielvorstellung will in vielen Fällen der **Arbeitgeber** dadurch durchkreuzen, dass er die **Kündigungsrücknahme** erklärt. Deshalb ergibt sich die **paradoxe** Situation, dass der durch die Kündigungsschutzklage »an sich« erstrebte Prozesserfolg als negativ, ja als bedrohlich gesehen wird, weil die Rücknahme einer Kündigung dazu führen soll, dass die ungeliebte Rückkehr in den Betrieb anstelle einer **Abfindung** ansteht.

Reaktionsmöglichkeiten des Arbeitnehmers

☐ Der Arbeitnehmer kann das in der **Kündigungsrücknahme** liegende **Angebot** des Arbeitgebers **annehmen** durch:

- Weiterarbeit im Betrieb;
- ausdrückliche **Erklärung** innerhalb und außerhalb des Kündigungsschutzprozesses;

Beispiel:
Ich bin mit der von Ihnen ausgesprochenen Rücknahme der Kündigung einverstanden und werde die Arbeit unverzüglich wieder aufnehmen.

- Beantragung eines Anerkenntnisurteils im Kündigungsschutzprozess.

☐ Der Arbeitnehmer kann einen → **Auflösungsantrag** stellen und so versuchen, eine → **Abfindung** durch das Gericht zugesprochen zu erhalten. Ein Aufhebungsvertrag oder ein **Vergleich** wird in einer solchen prozessualen Situation kaum noch möglich sein.

☐ Der Arbeitnehmer erklärt das Kündigungsschutzverfahren für **erledigt**, dieses ist beendet. Er kann jedoch durch das Gericht feststellen lassen, dass die Kündigung nicht wirksam war, wenn daran ein nachvollziehbares Interesse besteht.

Beispiel:
Der Arbeitnehmer wird mit der Begründung außerordentlich gekündigt, er habe gestohlen. Der Arbeitgeber zieht die Kündigung zurück. Der Arbeitnehmer will nicht in den Betrieb zurück. Für seine weitere berufliche Entwicklung ist es aber wichtig, dass der Diebstahlsverdacht ausgeräumt wird. Deshalb hat er ein berechtigtes Interesse daran, dass das Arbeitsgericht die Rechtsunwirksamkeit *der später zurückgenommenen Kündigung* feststellt.

☐ Aufgrund dieser unterschiedlichen **Reaktionsmöglichkeiten** hat es der Arbeitnehmer in der Hand, ob er in den Betrieb zurückkehrt oder nicht. **Gegen seinen Willen** kann er durch den Arbeitgeber **nicht zur Weiterarbeit gezwungen** werden.

Beispiel:
Der Arbeitgeber hat eine fristlose Kündigung zum 15. 6. ausgesprochen. Die Arbeitnehmerin beginnt am 1. 8. ein neues Arbeitsverhältnis. Am 15. 8. nimmt der Arbeitgeber die Kündigung zurück. Die Arbeitnehmerin kann ihr neues Arbeitsverhältnis ungestört fortsetzen.

☐ Auswirkung auf Annahmeverzug und Sozialplanabfindung (→ **Interessenausgleich/Sozialplan**)

Kündigungsrücknahme

☐ Eine Kündigungsrücknahme des Arbeitgebers hat auch Auswirkungen auf die **Annahmeverzugsansprüche** des Arbeitnehmers. Diese enden dann, wenn der Arbeitgeber nicht nur die Kündigung zurückgenommen, sondern auch erklärt hat, auf die Wirkungen aus der Kündigung zu verzichten und den Arbeitnehmer wieder vertraglich zu beschäftigen, und diese Erklärung mit der Aussage verbunden wird, dass die Kündigung rechtswidrig war. Denn dann ist der gesamte Angriff des Arbeitnehmers gegen die Kündigung gegenstandslos geworden. Nimmt der Arbeitgeber die Kündigung nur zurück, ohne weitere Erklärungen abzugeben, ist der Arbeitnehmer nicht verpflichtet, seine Arbeitsleistung tatsächlich zu erbringen.

☐ Oft werden auch Kündigungen zurückgenommen, die aufgrund einer **Betriebsänderung** im Rahmen von Sozialplanregelungen ausgesprochen worden sind. Das kann z. B. deshalb der Fall sein, weil ein zur Stilllegung vorgesehener Betrieb doch noch an einen Unternehmer verkauft werden kann (→ **Betriebsübergang**). Nimmt dann der Arbeitnehmer das in der Kündigungsrücknahme liegende Angebot auf **Weiterführung** des Arbeitsverhältnisses an, besteht kein Abfindungsanspruch mehr, weil das Arbeitsverhältnis nicht geendet hat.

☐ Auch hier wird es vorkommen, dass der gekündigte Arbeitnehmer bereits eine **neue Stelle** gefunden hat und bei dem **neuen Arbeitgeber** bleiben will oder auch muss, weil er dort z. B. eine **Vertragsstrafe** vereinbart hat. Ist der zugrunde liegende **Sozialplan weiter gültig**, kann sich der Arbeitnehmer darauf berufen, dass die Kündigung wirkt. Er hat dann den **Sozialplananspruch**.

☐ Allerdings kann es so sein, dass der Sozialplan nicht mehr gilt, weil die Voraussetzungen für den **Wegfall der Geschäftsgrundlage** vorliegen. Ist das der Fall, muss zunächst abgewartet werden, wie die dann anstehenden Verhandlungen zwischen Arbeitgeber und Betriebsrat über eine **Anpassung des Sozialplanes** ausgehen. Stellen die Betriebsverfassungsparteien eine Neuregelung für den Sozialplananspruch auf, kann der Arbeitnehmer die Kündigung als **wirksam anerkennen**, die Kündigungsschutzklage nicht weiterverfolgen und somit die Sozialplanabfindung erhalten.

Bedeutung für den Betriebsrat

☐ Die Rücknahme der Kündigungserklärung durch den Arbeitgeber hat für den Betriebsrat nur dann betriebsverfassungsrechtliche Folgen, wenn die Kündigungsfrist bereits abgelaufen und der Arbeitnehmer aus dem Betrieb ausgeschieden ist. Nimmt der Arbeitnehmer die Rücknahmeerklärung des Arbeitgebers an und wird somit das Arbeitsverhältnis entweder weitergeführt oder neu begründet, so stehen

Kündigungsrücknahme

dem Betriebsrat die Zustimmungsrechte nach § 99 BetrVG zu, weil es sich dann um eine **Einstellung** handelt. Der Mitbestimmung unterliegt allerdings nicht die Rücknahmeerklärung des Arbeitgebers als solche, sondern allein die Wiederaufnahme der Tätigkeit im Betrieb, die sog. Eingliederung.

Kündigungsschutz

Grundlagen

☐ Der Begriff **Kündigungsschutz** bezieht sich auf **Kündigungen**, die vom → **Arbeitgeber** zur **Beendigung** oder **Umgestaltung** des Arbeitsverhältnisses gegenüber dem → **Arbeitnehmer** ausgesprochen werden.

☐ Der Arbeitnehmer soll **nicht vor** dem Ausspruch von Kündigungen geschützt werden, denn der Arbeitgeber ist in der Lage, die einseitige Willenserklärung abzugeben. Ob die Erklärung wirksam, ist ist eine ganz andere Frage. Vielmehr soll der Arbeitnehmer durch den Kündigungsschutz vor den **Wirkungen** und **Folgen** einer Kündigung **geschützt** werden, die rechtswidrig ist.

☐ Die Rechtsordnung hat wegen der Bedeutung des Arbeitsverhältnisses für den weit überwiegenden Teil der Erwerbstätigen als Ausprägung des **Sozialstaatsprinzips** eine Vielzahl von Regelungen und Normen aufgestellt, die insgesamt das **Kündigungsschutzrecht** abbilden, deren Ziel es ist, das Interesse des Arbeitnehmers an der Aufrechterhaltung der Quelle seines Lebensunterhaltes in Einklang zu bringen mit den gesellschaftlichen Interessen an Flexibilität und Anpassung der Arbeitsverhältnisse (→ **Kündigungsschutz außerhalb des Kündigungsschutzgesetzes**).

☐ Will ein **Arbeitnehmer** Kündigungsschutz geltend machen, gelingt ihm das dann, wenn auf das gekündigte Arbeitsverhältnis besondere oder allgemeine **Kündigungsschutzvorschriften** Anwendung finden.

Keine Kündigungsschutzvorschriften in diesem Sinne sind z. B. die Regelungen über die Dauer der → **Kündigungsfrist** und gesetzliche Vorschriften, tarifliche Regelungen und sonstige Vereinbarungen, in denen es lediglich um die formelle Seite einer Kündigung geht.

Die formellen Kündigungsvorschriften knüpfen an den Akt der **Kündigung** (→ **Kündigungserklärung durch den Arbeitgeber**) an.

Als Beispiele dafür können vor allem gelten:
- *fehlende oder unzureichende* → **Betriebsratsanhörung**
- *keine ordnungsgemäße Vertretung des Arbeitgebers bei Ausspruch der Kündigung* (→ **Arbeitgeber**)
- *fehlender Zugang der Kündigung* (→ **Kündigungserklärung**)
- *Missachtung von Formvorschriften* (→ **Schriftform**)

Kündigungsschutz

☐ Neben diesen formellen Unwirksamkeitsgründen kommen auch aus der Rechtsordnung abgeleitete, unter Berücksichtigung der **Werteordnung** des **Grundgesetzes** aufgestellte Prinzipien als Begrenzung der Kündigungsfreiheit des Arbeitgebers in Betracht, wenn der Arbeitnehmer keinen besonderen oder allgemeinen Kündigungsschutz genießt. Nähere Einzelheiten finden sich ausführlich unter → **Kündigungsschutz außerhalb des Kündigungsschutzgesetzes.**

☐ Wehrt sich ein Arbeitnehmer nur dagegen, dass der Arbeitgeber eine → **außerordentliche Kündigung** ausgesprochen hat, und ist er mit einer, möglicherweise durch **Umdeutung** erklärten, ordentlichen Kündigung einverstanden, so kann der Arbeitnehmer auch unabhängig von allen speziellen Kündigungsschutzvorschriften gerichtlich feststellen lassen, dass das Arbeitsverhältnis nicht durch wichtige Gründe im Sinne einer außerordentlichen Kündigung beendet worden ist, sondern lediglich unter Einhaltung der jeweils einschlägigen Kündigungsfrist.

Beispiel:
Der Arbeitgeber kündigt fristgerecht am 15.7. zum 30.9. Am 1.8. kündigt er fristlos. Der Arbeitnehmer kann seine Feststellungsklage dahin begrenzen, dass festgestellt wird, dass das Arbeitsverhältnis durch Kündigung des Arbeitgebers erst am 30.9. geendet hat.

☐ Zusammenfassend kann deshalb formuliert werden, dass der **engere** Begriff des Kündigungsschutzes der ist, der die Anwendung des Kündigungsschutzgesetzes voraussetzt. Besonderer Kündigungsschutz ist der, der durch besondere materiell rechtliche Schutzvorschriften gewährt wird.

Kündigungsmöglichkeit des Arbeitgebers

☐ Der Arbeitgeber **kann** jedes Arbeitsverhältnis durch den Ausspruch einer Kündigung beenden. Kündigt der Arbeitgeber und **wehrt** sich der Arbeitnehmer dagegen **nicht**, wirkt die Kündigung zu dem Zeitpunkt, zu dem sie ausgesprochen ist bzw. an dem die Kündigungsfrist endet.

Selbst dann, wenn die gesetzliche oder tarifliche Kündigungsfrist nicht eingehalten worden ist oder die Kündigung so offensichtlich rechtswidrig ist, weil besondere Schutzgesetze missachtet wurden, tritt diese Rechtsfolge ein. Nur dann, wenn ein Gericht feststellt, dass die Kündigung unwirksam ist, kann sich der Arbeitnehmer darauf berufen. Diese Feststellung muss im Geltungsbereich des Kündigungsschutzgesetzes innerhalb der → **Klagefrist** durch eine Klageerhebung beim Arbeitsgericht angestrebt werden.

☐ Ansonsten ist es auch möglich, die gerichtliche Feststellung außerhalb der Klagefrist zu erreichen, wobei keine allzu lange Zeitdauer verstreichen darf, weil die Gefahr besteht, dass die Klagemöglichkeit **verwirkt**. Das ist dann gegeben, wenn aufgrund der Dauer, der Zeit und der Umstände des Einzelfalls der Arbeitgeber damit rechnen kann und muss, dass sich der Arbeitnehmer nicht mehr gegen die Kündigung wehren wird.

☐ Der Arbeitnehmer, auch derjenige, der den »allgemeinen« oder besonderen Kündigungsschutz genießt, ist seinerseits **nicht verpflichtet,** gerichtlich gegen eine Kündigung vorzugehen. Er kann eine Kündigung auch dann gegen sich gelten lassen, wenn sie an sich unwirksam wäre.

Beispiel:
Der Arbeitgeber kündigt unberechtigt fristlos einem tariflich unkündbaren Schwerbehinderten. Der Arbeitnehmer klagt nicht. Der Arbeitgeber kann den Arbeitnehmer nicht zur Weiterarbeit auffordern, weil er nun behauptet, die Kündigung sei unwirksam (→ **sozialversicherungsrechtliche Folgen***).*

Besonderer Kündigungsschutz

☐ Neben dem »allgemeinen Kündigungsschutz des Kündigungsschutzgesetzes« existieren **Sondernormen**, die bestimmte **Arbeitnehmergruppen** unter einen **besonderen**, über das Kündigungsschutzgesetz hinaus gehenden gesetzlichen Schutz stellen. Dieser Schutz tritt nicht an die Stelle des allgemeinen Kündigungsschutzes, sondern **ergänzt** diesen und **sichert** ihn besonders für die Personengruppen ab, die im Arbeitsverhältnis entweder besonderen **Gefährdungen** im Hinblick auf den Bestand des Arbeitsverhältnisses unterliegen oder aber aus ihrer **persönlichen** Situation heraus besonders schutzbedürftig sind.

☐ **Besonderer Kündigungsschutz** gilt zum einen für Arbeitnehmer, die **spezielle Funktionen und Aufgaben** teilweise im betrieblichen, teilweise im übergeordneten Interesse übernommen haben:

- Betriebsratsmitglieder bzw. Personalratsmitglieder (→ **Betriebsverfassungsorgane, Kündigung**);
- Abgeordnete und sonstige Mitglieder von Parlamenten auf allen staatlichen Ebenen (→ **Abgeordnete, Kündigungsschutz**);
- Wehrdienstleistende;
- Zivildienstleistende.

☐ **Besonderen** gesetzlichen **Kündigungsschutz** genießen auch besonders

schutzbedürftige Arbeitnehmergruppen wie z. B.: → **Schwerbehinderte, Schwangere** (→ **Mutterschutz, Grundsätzliches**).

☐ Eine besondere Form des Kündigungsschutzes sind tarifvertragliche **Unkündbarkeitsregelungen** (→ **Unkündbare Arbeitnehmer**) bzw. vertragliche Regelungen zur Dauerbeschäftigung auf Lebenszeit bzw. bis zur Erreichung der gesetzlichen Altersgrenze.

☐ Kündigungsverbote können auch in einem → **Interessenausgleich** zugunsten einzelner Arbeitnehmer oder Arbeitnehmergruppen geregelt werden. Sie gewähren Kündigungsschutz auf Zeit.

Beispiel:
Das Unternehmen verpflichtet sich, nach Durchführung der Umstrukturierung in der Elektroabteilung gegenüber den dort beschäftigten Arbeitnehmern bis zum 31.12.2003 keine betriebsbedingte Kündigung auszusprechen.

Wann besteht Kündigungsschutz im Sinne des Kündigungsschutzgesetzes?

☐ **Zentrales** Gesetz für den **Kündigungsschutz** der abhängig beschäftigten → **Arbeitnehmer** ist das **Kündigungsschutzgesetz**. Dieses gilt nur für **Arbeitsverhältnisse**, die nach **deutschem Recht** begründet sind. Dabei kommt es nicht darauf an, dass auch die Beschäftigung in Deutschland erfolgt. Kündigungsschutz besteht auch bei im **Ausland** tätigen Arbeitnehmern.

☐ Kündigungsschutz genießen die **Arbeitnehmer aller Betriebe**, unabhängig von ihrem **Betriebszweck**. Auch Seeleute, Binnenschiffer und Angehörige des fliegenden Personals in der Luftfahrt, Künstler, Sportler usw. genießen Kündigungsschutz. Gleiches gilt für Arbeitnehmer, die bei einem → **Tendenzarbeitgeber** beschäftigt werden, also Kirchen und Kirchengemeinden, Parteien, Gewerkschaften, Arbeitgeberverbänden, Parlamentsfraktionen usw. Keinen Kündigungsschutz in diesem Sinne genießen Auszubildende, weil ihnen gegenüber nur eine außerordentliche Kündigung in Frage kommt, **§ 15 BBiG**.

☐ Kündigungsschutz besteht unabhängig vom **Alter** und der **Staatsangehörigkeit** des Arbeitnehmers, er gilt also auch vor der Volljährigkeit und nach Erreichen der Regelaltersgrenze des § 35 SGB VI. Kündigungsschutz gilt auch dann, wenn die Beschäftigung nur als **Nebenbeschäftigung**, als **Teilzeitbeschäftigung** oder als **geringfügige Beschäftigung** ausgeübt wird.

Soweit Personen, die an sich keine Arbeitnehmer sind, wie z. B. Beamte, freie Handelsvertreter usw., neben dieser Tätigkeit noch in einem Arbeitsverhältnis stehen, genießen sie in diesem, aber auch nur in diesem, Kündigungsschutz.

☐ Das **Kündigungsschutzgesetz** unterstellt die »**Schutzbedürftigkeit**« der abhängig beschäftigten Arbeitnehmer, unabhängig davon, ob sie im konkreten **Einzelfall** tatsächlich **schutzbedürftig** sind. Deshalb kommt es nicht auf die Höhe des im Arbeitsverhältnis erzielten Einkommens sowie auch nicht auf die Frage an, ob der Arbeitnehmer anderweitig sozial abgesichert ist oder nicht und auf das Einkommen aus dem Arbeitsverhältnis angewiesen ist oder nicht. Das Kündigungsschutzrecht ist insofern **kein »Sozialrecht«**. Kündigungsschutz realisiert nicht nur die ökonomischen Interessen des abhängig beschäftigten Arbeitnehmers, sondern auch dessen grundgesetzlichen Anspruch auf **Selbstverwirklichung durch Arbeit** (→ **Beschäftigung**).

☐ Der Kündigungsschutz des Kündigungsschutzgesetzes ist **zwingend** und **unverzichtbar**. Vereinbarungen und Absprachen, die das Recht auf Kündigungsschutz einschränken oder ausschließen, sind unwirksam.

Allerdings kann im Einzelfall die Qualität einer Regelung mit ihrer Auswirkung auf den Kündigungsschutz von ambivalenter Wirkung sein. Typisches Beispiel ist eine tarifliche oder vertragliche Regelung zur **Unkündbarkeit** (→ **Unkündbare Arbeitnehmer**). Diese führt zwar bei dem betroffenen Arbeitnehmer zu einem erhöhten Schutz. Besteht im Betrieb jedoch die Notwendigkeit einer betriebsbedingten Kündigung, wird möglicherweise dadurch ein Arbeitnehmer, der sonst im Rahmen der → **Sozialauswahl** geschützt wäre, in den Kreis der zu Kündigenden einbezogen. Es wird deshalb bei allen Regelungen, die möglicherweise Einfluss auf den Kündigungsschutz und seine zwingende Wirkung haben können, zu prüfen sein, ob sie zulässig sind bzw. nicht mehr zulässig.

Auch auf den Kündigungsschutz aus den besonderen Schutzgesetzen kann der Arbeitnehmer nicht verzichten.

☐ Kein unzulässiger Kündigungsschutzverzicht liegt jedoch bei folgendem Beispiel vor:

- *Die Arbeitsvertragsparteien vereinbaren:*
  Bei Ausspruch einer ordentlichen Kündigung erhält der Arbeitnehmer eine Abfindung von einem Monatsgehalt pro vollendetem Beschäftigungsjahr.
  Hier bleibt dem Arbeitnehmer die Möglichkeit erhalten, gegen eine Kündigung zu klagen, wenn er weiterbeschäftigt werden möchte. Er muss dann allerdings auf die vertraglich zugesagte Abfindung »verzichten«.

☐ **Kein** generell **unzulässiger Verzicht** auf Kündigungsschutz ist dann gegeben, wenn der Arbeitnehmer **nach** einer Kündigung auf die Erhebung einer Kündigungsschutzklage im Rahmen einer → **Ausgleichsquittung** oder eines → **Aufhe-**

Kündigungsschutz

bungsvertrages oder eines gerichtlichen oder sonstigen → **Vergleichs** verzichtet oder eine schon erhobene **Klage** wieder **zurücknimmt**, so dass die Kündigung wirksam wird.

Bedeutung für den Betriebsrat

☐ Im Rahmen der → **Betriebsratsanhörung** ist die Frage, ob der einzelne Arbeitnehmer den allgemeinen, den besonderen oder keinen Kündigungsschutz genießt, zunächst ohne Bedeutung. Der Arbeitgeber hat den Betriebsrat unabhängig von der Frage der Geltung von Kündigungsschutzvorschriften im erforderlichen Umfange nach § 102 BetrVG anzuhören.

☐ Der Kündigungsschutz wird für den Betriebsrat dann von Bedeutung, wenn er der Kündigung nach § 102 BetrVG mit der Wirkung eines Weiterbeschäftigungsanspruches des Arbeitnehmers **widersprechen** (→ **Widerspruch des Betriebsrats**) will.

☐ Der Schutz von Betriebs- bzw. Personalräten wird dadurch effektiviert, dass der **Betriebsrat** einer beabsichtigten Kündigung zustimmen muss. (→ **Zustimmungsersetzung zur Kündigung von Betriebsratsmitgliedern**).

☐ Der Betriebsrat kann bei Arbeitnehmern, die keinen Kündigungsschutz haben, im Rahmen der Betriebsratsanhörung **Bedenken** geltend machen, die den Arbeitgeber veranlassen, seine Entscheidung noch einmal zu überprüfen.

Kündigungsschutz außerhalb des Kündigungsschutzgesetzes

Was ist das?

☐ Das KSchG greift nur dann ein, wenn im Betrieb mehr als fünf Arbeitnehmer beschäftigt sind. Einzelheiten sind an anderer Stelle abgehandelt (→ **Kleinbetrieb**). Außerdem kann sich der Einzelne auf das Gesetz nur dann berufen, wenn sein Arbeitsverhältnis zum selben Arbeitgeber mindestens sechs Monate gedauert hat (→ **Wartezeit/Probezeit**). Die auf diese Weise vom KSchG ausgenommenen Arbeitnehmer sind **keineswegs völlig ungeschützt**. Im Einzelfall kann die Kündigung an Vorschriften scheitern, die für alle Arbeitsverhältnisse gelten. Außerdem verlangt die neueste Rechtsprechung des Bundesverfassungsgerichts, dass die Kündigung bestimmten inhaltlichen Mindestforderungen genügen muss, also nicht willkürlich und ohne sachlichen Grund ausgesprochen werden darf. Zunächst zu den allgemeinen und im Grundsatz unbestrittenen Grenzen:

Sonderkündigungsschutz

☐ Ohne Rücksicht auf die Betriebsgröße greift der Sonderkündigungsschutz nach dem MuSchG (→ **Mutterschutz**), nach § 18 BErzGG (→ **Erziehungsurlaub**) und nach den §§ 15 ff. SchwbG (→ **Schwerbehindertenkündigung**) ein. Dasselbe gilt für die Beschränkung der Kündigungsmöglichkeiten des Ausbildenden nach Ablauf der Probezeit (→ **Auszubildende, Kündigung**). Im Einzelfall kann es auch zu einer Kandidatur für den Betriebsrat kommen; in solchen Fällen greift § 15 KSchG ein.

☐ Alle diese Regeln gelten auch dann, wenn die sechsmonatige **Wartefrist noch nicht abgelaufen** ist. Eine Ausnahme bildet lediglich § 20 Abs. 1 Nr. 1 SchwbG, wonach ein Schwerbehinderter erst dann Sonderkündigungsschutz genießt, wenn die sechs Monate abgelaufen sind. Bei Auszubildenden kommt es darauf an, ob die höchstens drei Monate betragende Probezeit bereits abgelaufen ist oder nicht.

Verstoß gegen das Diskriminierungsverbot des § 611a BGB

☐ Auch wenn das KSchG nicht eingreift, kann eine Kündigung deshalb unwirksam sein, weil sie mit Rücksicht auf das Geschlecht ausgesprochen wurde. Dies ist etwa dann der Fall, wenn **an geschlechtsspezifische Eigenschaften angeknüpft** wird.

Beispiel:
Die Arbeitnehmerin unterzieht sich einem medizinischen Eingriff, um schwanger zu werden. Der Arbeitgeber nimmt dies zum Anlass, um ihr zu kündigen.

Unzulässig wäre auch eine Kündigung nach dem Motto »Frauen können das nicht«.

Beispiele aus der Rechtsprechung:
- *Einer Landschaftsgärtnerin wird gekündigt, weil sie als Frau keine Pflastersteine verlegen könne.*

Oder:
- *Das Rollen von Bierfässern sei Frauen nicht zuzumuten.*

Nach § 611a Abs. 1 Satz 3 BGB reicht es aus, wenn die betroffene Arbeitnehmerin die **Gründe plausibel** macht; der Arbeitgeber muss dann andere Gründe benennen und notfalls beweisen, die nichts mit dem Geschlecht zu tun haben. Trotz dieser Erleichterung fällt es sehr schwer, einen Verstoß gegen § 611a BGB zu belegen.

Keine Kündigung wegen legaler Ausübung von Rechten

☐ **§ 612a BGB** verbietet es ausdrücklich, wegen der Ausübung von Rechten zu kündigen. Erfasst ist etwa der Fall, dass der Arbeitnehmer die vom Arbeitgeber vorgeschlagene Veränderung der Arbeitsbedingungen ablehnt und daraufhin eine Änderungskündigung erhält, die ihn noch schlechter stellt. Dasselbe gilt, wenn der nach dem Tarif mögliche **Antrag auf Altersteilzeit** mit einer Kündigung beantwortet wird.

Beispiel:
In einem Kleinbetrieb wird einer Mutter deshalb gekündigt, weil sie wegen der Erkrankung ihres Kindes den **Freistellungsanspruch nach § 45 Abs. 3 Satz 1 SGB V** *geltend gemacht hatte.*

Kündigungsschutz außerhalb des Kündigungsschutzgesetzes

☐ Das Problem des § 612a BGB liegt darin, dass die Rechtsausübung »**tragender Beweggrund**« für die Kündigung sein muss. Außerdem muss der Arbeitnehmer die »Maßregelung« im Streitfall beweisen, da § 611a Abs. 1 Satz 3 BGB keine entsprechende Anwendung findet. Immerhin kann bei typischen Geschehensabläufen oder Erfahrungssätzen ein Beweis des ersten Anscheins für die Unzulässigkeit der Kündigung sprechen.

Beispiel:
Zwei Tage nach Eingang des Antrags auf Altersteilzeit wird gekündigt, ohne dass irgendein anderer Grund namhaft gemacht würde.

Keine Kündigung wegen eines Betriebsübergangs

☐ Ohne Rücksicht auf die Betriebsgröße und die Dauer des Arbeitsverhältnisses ist eine Kündigung unzulässig, die wegen eines → **Betriebsübergangs** ausgesprochen wird (§ 613a Abs. 4 BGB). Auch hier muss es sich – ähnlich wie bei § 612a BGB – um einen »**tragenden Beweggrund**« handeln, was im Einzelfall schwierig zu beweisen ist.

Verstoß gegen ein gesetzliches Verbot nach § 134 BGB

☐ Die Kündigung kann im Einzelfall auch gegen ein anderes gesetzliches Verbot als die bisher genannten (§§ 611a, 612a, 613a Abs. 4 BGB) verstoßen. Dazu gehört etwa die Kündigung unter Verletzung von Grundrechten (→ **Kündigung als Verstoß gegen Grundrechte**).

Beispiel:
Ein Arbeitnehmer weigert sich, eine vom Arbeitgeber verfasste »Erklärung gegen die Wahl eines Betriebsrats« zu unterzeichnen; ihm wird anschließend gekündigt. Verstoß gegen das Verbot der Behinderung der Betriebsratswahl nach § 20 Abs. 1 BetrVG.

Kein Verstoß gegen § 138 BGB

☐ Verboten sind nach § 138 Abs. 1 BGB sog. sittenwidrige Kündigungen. Erfasst sind damit **Extremfälle**, in denen **grob gegen die allgemeinen Wertvorstellungen verstoßen** wird. Dies kann den Kündigungsgrund betreffen.

Beispiel:
Der Arbeitnehmer weigert sich, an strafbaren Handlungen des Arbeitgebers teilzunehmen; ihm wird deshalb gekündigt.

☐ Daneben kommen verwerfliche Motive wie Rachsucht und Vergeltung in Betracht. Schließlich können auch die **Umstände, wie** die **Kündigung ausgesprochen** wird, sittenwidrig sein.

Beispiel:
Dem Arbeitnehmer wird schriftlich mitgeteilt, seine Faulheit und Untätigkeit stinke gen Himmel, er sei das größte Tränentier Deutschlands. Derartige beleidigende Kündigungsschreiben verstoßen gegen § 138 Abs. 1 BGB.

Kündigung als Widerspruch gegen früheres Verhalten des Arbeitgebers

☐ Eine Kündigung ist dann wegen Verstoßes gegen Treu und Glauben nach § 242 BGB unwirksam, wenn der **Arbeitgeber** den Eindruck erweckt hat, ihm sei **an einer längerfristigen Bindung gelegen**, und wenn er dann gleichwohl ohne Änderung der Umstände kündigt.

Beispiel:
Der Arbeitnehmer möchte gern selbst kündigen und bespricht dies mit dem Arbeitgeber. Dieser bringt ihn von dem Kündigungsentschluss ab, da er für den Betrieb unentbehrlich sei. Drei Monate später wird ihm gleichwohl gekündigt.

☐ Wird dem Arbeitnehmer bei der Einstellung eine »**Lebensstellung**« zugesagt, kann dies als Vereinbarung gewertet werden, wonach das KSchG sofort eingreifen soll. Ist dies nicht der Fall, wird man zumindest davon ausgehen können, dass auch ohne Eingreifen des KSchG keine jederzeitige Kündigung ohne einsichtigen Grund möglich sein sollte.

☐ Widersprüchlich ist es auch, wenn der Arbeitgeber aus **Gründen** kündigt, **die ihm schon bei der Einstellung bekannt** waren. Wurden etwa Mitarbeiter des MfS durch den Bundesgrenzschutz übernommen und war die Bedeutung ihrer früheren

Kündigungsschutz außerhalb des Kündigungsschutzgesetzes

Tätigkeit bekannt, so wäre ein Rückgriff auf die Kündigungsmöglichkeit des → **Einigungsvertrags** ein Verstoß gegen das Verbot des widersprüchlichen Verhaltens und deshalb unwirksam.

Beispiel:
Es wird eine Probezeit von nur drei Monaten vereinbart. Nach deren Ablauf wird ohne sachlichen Grund gekündigt.

Die sog. ungehörige Kündigung

☐ Die Kündigung kann wegen Verstoßes gegen § 242 BGB auch deshalb unwirksam sein, weil ihre Art und Weise inakzeptabel ist.

- Die **Form der Kündigung** kann gegen Treu und Glauben verstoßen, so wenn ein Auszubildender damit beauftragt wird, einem leitenden Angestellten zu kündigen, oder wenn die Kündigung vor versammelter Mannschaft ausgesprochen wird.
- Auch der **Ort** und die **Umgebung** können so gewählt sein, dass ein unbefangener Betrachter mit Kopfschütteln reagieren würde und deshalb ein Verstoß gegen Treu und Glauben anzunehmen ist. Dies gilt etwa für eine Kündigung, die in einem Toilettenraum ausgesprochen wird. Dasselbe soll dann gelten, wenn die Kündigung auf einer Hochzeits- oder Betriebsfeier sowie beim gemeinsamen Kirchgang ausgesprochen wird. Sehr häufig werden solche Fälle allerdings nicht auftreten.
- Der Arbeitgeber darf für die Kündigung keinen **Zeitpunkt** wählen, **der den Arbeitnehmer besonders stark belastet.**

Beispiel:
Der Arbeitnehmer wird aufgrund eines schweren Arbeitsunfalls ins Krankenhaus gebracht und erhält dort kurz vor der Operation die durch Boten überbrachte betriebsbedingte Kündigung.

☐ Ob die **Kündigung** auch **am Heiligen Abend** zugehen darf oder ob dies in unangemessener Weise die Weihnachtsfreude stört, ist seit jeher umstritten. Ein Verstoß gegen Treu und Glauben läge nur dann vor, wenn sich der Kündigende durch die Wahl des Zeitpunkts bewusst oder aus Gedankenlosigkeit über die Belange des Kündigungsempfängers hinwegsetzen würde. Dies wäre etwa dann der Fall, wenn die Kündigung am 24. Dezember bewusst um 17.00 Uhr durch Boten überbracht wird, während der Vormittag des 24. 12. insoweit unbedenklich ist.

Kündigungsschutz außerhalb des Kündigungsschutzgesetzes

Die neue Rechtsprechung: Verbot der grundlosen Kündigung

☐ Die hier skizzierten Kündigungsschranken mögen ihrer großen Zahl wegen beeindruckend wirken. Abgesehen vom Sonderkündigungsschutz erfassen sie jedoch **atypische Fälle**, die in der Praxis allenfalls bei extrem bösartigen oder ungeschickten Arbeitgebern auftreten. Eine **inhaltliche Überprüfung des Kündigungsgrundes** fand **traditionellerweise nicht** statt; es ging lediglich darum, die Kündigung bei Vorliegen bestimmter »verpönter« Gründe oder bei einer höchst unangemessenen Verfahrensweise des Arbeitgebers zu verhindern. Eine solche Beschränkung des Kündigungsschutzes lässt sich nicht mit der Berufsfreiheit des Arbeitnehmers aus Art. 12 Abs. 1 GG vereinbaren.

Die Entscheidung des Bundesverfassungsgerichts

☐ Im Zusammenhang mit der → **Kleinbetriebsklausel** hat das BVerfG am 27. 1. 1998 eine Grundsatzentscheidung getroffen (BVerfG vom 27. 1. 1998, NZA 1998, 469 ff.). Das Gericht hat die Kleinbetriebsklausel nur deshalb als verfassungskonform angesehen, weil der **Arbeitnehmer der Kündigung** durch den Arbeitgeber **nicht schutzlos ausgeliefert** sei; vielmehr müsse der Arbeitgeber insoweit ein Minimum an inhaltlichem Kündigungsschutz wahren. Das BVerfG hat dabei drei Gesichtspunkte genannt, die der kündigende Arbeitgeber unabhängig vom KSchG zu beachten hat:

- Die Kündigung darf **nicht willkürlich** sein oder auf sachfremden Motiven beruhen.
- Bei der **Auswahl** der zu kündigenden Personen ist ein gewisses Maß an **sozialer Rücksichtnahme** geboten.
- Ein durch langjährige Mitarbeit erdientes **Vertrauen in den Fortbestand des Arbeitsverhältnisses** darf nicht unberücksichtigt bleiben.

☐ Die **frühere Rechtsprechung** der Arbeitsgerichte, wonach außerhalb des KSchG nicht nach dem Vorliegen von Gründen gefragt werden darf, die im Rahmen der sozialen Rechtfertigung nach § 1 Abs. 2 KSchG eine Rolle spielen können, ist damit **überholt**. Die inhaltlichen Anforderungen an eine Kündigung bleiben zwar außerhalb des Anwendungsbereichs des KSchG geringer als bei dessen Eingreifen, beschränken aber gleichwohl die Entscheidungsfreiheit des Arbeitgebers.

Das Verbot der grundlosen Kündigung

☐ Wie hoch die **Anforderungen an den Kündigungsgrund** sein müssen, ist vom BVerfG nicht entschieden worden. Den Arbeitsgerichten kommt insoweit ein relativ großer Gestaltungsspielraum zu. Das BAG hat in anderem Zusammenhang be-

Kündigungsschutz außerhalb des Kündigungsschutzgesetzes

tont, der bloße subjektive Vertrauensverlust des Arbeitgebers gegenüber einem Arbeitnehmer könne keine Kündigung rechtfertigen. Andernfalls wäre Art. 12 Abs. 1 GG verletzt. Daraus lässt sich schließen, dass eine **objektive Störung des Arbeitsverhältnisses** vorliegen muss.

Beispiel:
Der Arbeitgeber kann als Kündigungsgrund lediglich anführen, das Auftreten des Arbeitnehmers sei ihm nicht sympathisch oder er würde gerne »neue Gesichter« sehen. Dies ist kein ausreichender sachlicher Grund.

☐ Weiter muss der **Kündigungsgrund »schlüssig«** in dem Sinne sein, dass er **nicht nur einen Teil des** zum Anlass genommenen **Lebenssachverhalts** berücksichtigen darf. Würde etwa ein Arbeitnehmer gekündigt, weil er keine Überstunden ableisten will, so wäre auch zu berücksichtigen, ob er in der zurückliegenden Zeit sehr viel (oder sehr wenig) Mehrarbeit geleistet hat. Ähnlich wäre bei **Kündigung wegen Krankheit** vorzugehen. Beruht diese etwa auf einem Arbeitsunfall, ist mehr Rücksichtnahme geschuldet, als wenn es um einen Beinbruch beim Skifahren geht.

Unterschiedliche Anforderungen

☐ In seiner Entscheidung zur Kleinbetriebsklausel hat das BVerfG weiter ausgesprochen, der Grundrechtsschutz des Arbeitnehmers (und damit sein Bestandsschutz) sei umso schwächer, je stärker die mit der Kleinbetriebsklausel geschützten Grundrechtspositionen des Arbeitgebers im Einzelfall betroffen seien. Konkret bedeutet dies, dass man **innerhalb der Kleinbetriebe differenzieren muss**. Sich vom einzigen Arbeitnehmer wegen einer Störung des Vertrauensverhältnisses zu trennen, muss leichter möglich sein als ein entsprechender Personalabbau in einer Einheit mit drei Vollzeit- und vier Halbtagsbeschäftigten.

☐ In der Entscheidung zur sog. Warteschleife hatte das BVerfG zu Recht denselben Ansatz auch in Bezug auf die Arbeitnehmerseite praktiziert. Danach war die automatische Beendigung von Arbeitsverhältnissen durch den Einigungsvertrag nur dann mit Art. 12 Abs. 1 GG vereinbar, wenn für bestimmte Problemgruppen wie insbesondere Schwerbehinderte, ältere Arbeitnehmer und Alleinerziehende Ausgleichsmechanismen vorgesehen waren, die eine Reintegration in das Arbeitsleben erleichterten. Dieser Gedanke muss auch auf den vorliegenden Zusammenhang übertragen werden. Bei der Abwägung der Interessen der Beteiligten ist zu berücksichtigen, dass **einzelne Beschäftigte** wie insbesondere ältere Arbeitnehmer und solche mit zusätzlichen Familienpflichten **durch eine Kündigung besonders hart getroffen** werden, weil ihre Chancen auf dem Arbeitsmarkt deutlich geringer als die anderer Arbeitnehmer sind.

☐ **Schon vor der Entscheidung des BVerfG** hat die Rechtsprechung der Ar-

Kündigungsschutz außerhalb des Kündigungsschutzgesetzes

beitsgerichte entgegen ihrem eigenen Ausgangspunkt hin und wieder eine **inhaltliche Überprüfung** des Kündigungsgrundes vorgenommen. Fälle dieser Art sind auch weiterhin von Belang.

- Dem Arbeitnehmer wird wegen des gerüchteweise aufgetauchten **Verdachts von Haschischkonsum** gekündigt, ohne dass ihm Gelegenheit zur Stellungnahme gegeben wird. Dies ist nach BAG (AP Nr. 29 zu § 102 BetrVG 1972) unzulässig.
- Dem Arbeitnehmer wird wegen seiner **homosexuellen Veranlagung** während der Probezeit gekündigt. Eine Kündigung, die aus diesem Grunde ausgesprochen wird, ist unzulässig (vgl. BAG v. 23. 6. 1994, NZA 1994, 1080).
- Der gekündigten Arbeitnehmerin wird unterstellt, sie hätte in Bezug auf den Arbeitgeber von einer »**betrügerischen Firma**« gesprochen, obwohl dafür keinerlei konkrete Anhaltspunkte vorlagen (LAG Düsseldorf v. 31. 5. 1978, BB 1978, 1266).

Auswahlentscheidungen

☐ Im Einzelfall kann sich auch im Kleinbetrieb oder während der Wartezeit nach § 1 Abs. 1 KSchG das Problem stellen, wer von mehreren vergleichbaren Arbeitnehmern gekündigt wird.

Beispiel:
Die kleine Spedition beschäftigt vier Fahrer, von denen einer entlassen werden soll.

☐ Aus der Entscheidung des BVerfG zur Kleinbetriebsklausel folgt nur, dass **soziale Gesichtspunkte eine Rolle** spielen müssen. Welchen Rang sie haben, ist damit nicht gesagt. Anhaltspunkte kann die Rechtsprechung des BAG zu den Kündigungen nach dem → **Einigungsvertrag** wegen mangelnden Bedarfs geben. Dort war § 1 Abs. 3 KSchG gleichfalls nicht anwendbar, doch waren die dienstlichen Belange (keine überflüssigen Arbeitskräfte zu bezahlen) gleichwohl mit den sozialen Belangen der Betroffenen abzuwägen. Bei Letzteren komme es insbesondere auf das Lebensalter und die Unterhaltspflichten an. Der Arbeitgeber besitzt sicherlich größere Einschätzungsspielräume als im Anwendungsbereich des § 1 Abs. 3 KSchG. Wollte er aber beispielsweise einem der drei Hauptgesichtspunkte (Dauer der Betriebszugehörigkeit, Lebensalter, Unterhaltspflichten) gar keine Bedeutung beimessen oder einen erlittenen **Arbeitsunfall** völlig **ignorieren**, würde die Kündigung gegen § 242 BGB verstoßen.

Berücksichtigung der Betriebszugehörigkeit

☐ Nach der Rechtsprechung des BVerfG muss der Arbeitgeber auch außerhalb des KSchG das durch langjährige Mitarbeit erdiente Vertrauen in den Fortbestand des

Arbeitsverhältnisses berücksichtigen. Dies bedeutet, dass **bei langjährig Beschäftigten** der **Kündigungsgrund gewichtiger** sein muss als bei Personen, die erst kurz beim Arbeitgeber beschäftigt sind.

Beispiel:
Wer seit zehn Jahren beim Arbeitgeber beschäftigt ist, dem kann auch außerhalb des KSchG nicht deshalb gekündigt werden, weil er ein- oder zweimal eine halbe Stunde zu spät zur Arbeit kam. Hier reicht eine Abmahnung aus.

☐ Außerdem ist im Einzelfall zu prüfen, ob nicht eine **stillschweigende Vertragsergänzung** in der Richtung vorliegt, dass nur noch aus Gründen gekündigt werden kann, die grundsätzlich auch nach dem KSchG ausreichen würden.

Einzelfälle

☐ Denkt man die Rechtsprechung des BVerfG und die vorhandenen Ansätze in der arbeitsrechtlichen Literatur konsequent zu Ende, könnten sich folgende Regeln für einen »Kündigungsschutz 2. Klasse« ergeben:

- Will der Arbeitgeber wegen einer **Pflichtverletzung** des Arbeitnehmers kündigen, so scheiden jedenfalls alle diejenigen Verstöße aus, die im Geltungsbereich des KSchG ihrer Geringfügigkeit wegen **nicht einmal eine Abmahnung** rechtfertigen würden. Wegen Lappalien darf das Arbeitsverhältnis auch in Kleinbetrieben nicht in Gefahr kommen. Anders ist insoweit für die ersten sechs Monate zu entscheiden. Ist die Pflichtverletzung abmahnungsfähig, so hängt es von den Umständen ab, ob sofort gekündigt werden kann oder ob auch hier eine Abmahnung vorauszugehen hat. Letzteres wird dann anzunehmen sein, wenn dem Betrieb keine wesentlichen Nachteile entstanden sind und wenn auch die Zusammenarbeit mit der Person des Arbeitgebers nicht unmittelbar betroffen ist.
- Bei **krankheitsbedingten Gründen** werden die allgemeinen Maßstäbe häufiger zur Bejahung der Kündigungsmöglichkeit führen, da die betrieblichen Auswirkungen spürbarer und in vielen Fällen schwerer zu überwinden sind. Dass **arbeitsbedingte Erkrankungen**, insbesondere Arbeitsunfälle, eine Sonderbehandlung verdienen, ist allerdings immer zu berücksichtigen.
- Bei **betriebsbedingten Kündigungen** stellt sich in der Regel nur ein **Auswahlproblem**, da die unternehmerischen Dispositionen als solche keinen geringeren Schutz als unter dem KSchG genießen. Allerdings sind Fälle denkbar, in denen ein Kleinstunternehmer seine Aufgaben aufs gröblichste missachtet; in einer solchen Situation wäre zu überlegen, ob eine Entscheidung für Personalabbau nicht als grob unsachlich oder willkürlich außer Betracht bleiben soll. Ob man wei-

tergehen und mit Rücksicht auf die persönliche Verbundenheit von mitarbeitendem Chef und Beschäftigten auch verlangen will, dass die Beteiligten eine »**Durststrecke**« **gemeinsam durchstehen** müssen, scheint wenig erörtert zu sein.

Beweislast

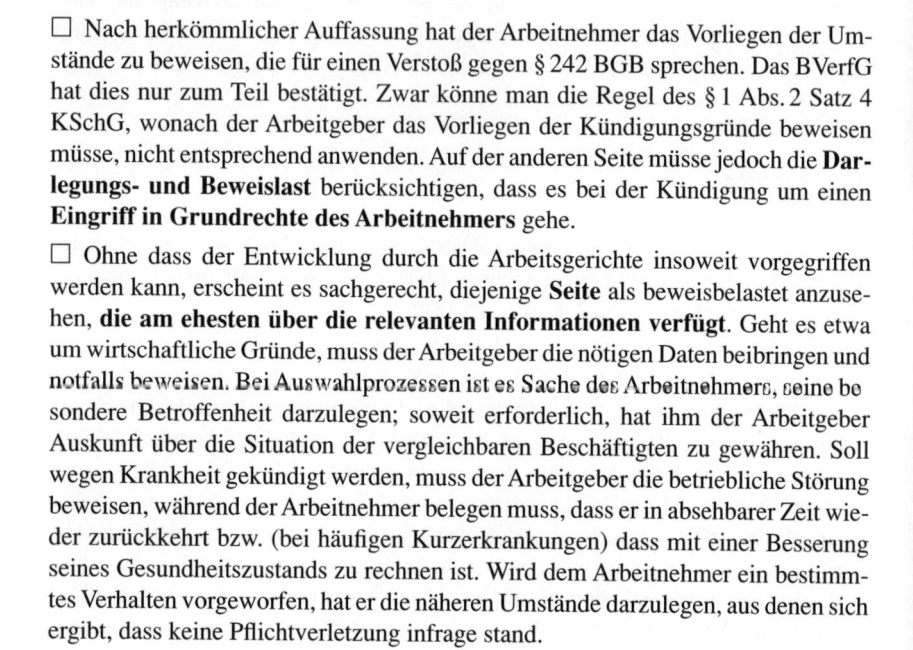

☐ Nach herkömmlicher Auffassung hat der Arbeitnehmer das Vorliegen der Umstände zu beweisen, die für einen Verstoß gegen § 242 BGB sprechen. Das BVerfG hat dies nur zum Teil bestätigt. Zwar könne man die Regel des § 1 Abs. 2 Satz 4 KSchG, wonach der Arbeitgeber das Vorliegen der Kündigungsgründe beweisen müsse, nicht entsprechend anwenden. Auf der anderen Seite müsse jedoch die **Darlegungs- und Beweislast** berücksichtigen, dass es bei der Kündigung um einen **Eingriff in Grundrechte des Arbeitnehmers** gehe.

☐ Ohne dass der Entwicklung durch die Arbeitsgerichte insoweit vorgegriffen werden kann, erscheint es sachgerecht, diejenige **Seite** als beweisbelastet anzusehen, **die am ehesten über die relevanten Informationen verfügt**. Geht es etwa um wirtschaftliche Gründe, muss der Arbeitgeber die nötigen Daten beibringen und notfalls beweisen. Bei Auswahlprozessen ist es Sache des Arbeitnehmers, seine besondere Betroffenheit darzulegen; soweit erforderlich, hat ihm der Arbeitgeber Auskunft über die Situation der vergleichbaren Beschäftigten zu gewähren. Soll wegen Krankheit gekündigt werden, muss der Arbeitgeber die betriebliche Störung beweisen, während der Arbeitnehmer belegen muss, dass er in absehbarer Zeit wieder zurückkehrt bzw. (bei häufigen Kurzerkrankungen) dass mit einer Besserung seines Gesundheitszustands zu rechnen ist. Wird dem Arbeitnehmer ein bestimmtes Verhalten vorgeworfen, hat er die näheren Umstände darzulegen, aus denen sich ergibt, dass keine Pflichtverletzung infrage stand.

Bedeutung für den Betriebsrat

☐ Soweit ein Betriebsrat existiert, ist dieser nach § 102 Abs. 1 BetrVG **vor der Kündigung anzuhören**. Dabei sind ihm alle Gründe mitzuteilen, die den Arbeitgeber zur Kündigung veranlassen. Ob die Vorschriften über das Widerspruchsrecht nach § 102 Abs. 3 BetrVG und die Weiterbeschäftigung des Arbeitnehmers nach § 102 Abs. 5 BetrVG entsprechend anzuwenden sind, ist bislang in der gerichtlichen Praxis nicht entschieden worden.

Kündigungsschutz außerhalb des Kündigungsschutzgesetzes

Checkliste zum Kündigungsschutz außerhalb des Kündigungsschutzgesetzes

1. Ist das KSchG wirklich nicht anwendbar, weil der Arbeitgeber nur fünf (oder weniger) Arbeitnehmer beschäftigt? Ist beachtet worden, dass auch eine Reinigungskraft, die nur vier Stunden in der Woche kommt, zu $1/2$ mitzählt?
2. Greift zugunsten des gekündigten Arbeitnehmers ein Sonderkündigungsschutz wie nach dem MuSchG oder dem SchwbG ein?
3. Stellt die Kündigung eine Diskriminierung wegen des Geschlechts oder wegen der Ausübung von Rechten dar?
4. Erfolgte die Kündigung wegen eines Betriebsübergangs nach § 613a BGB?
5. Verstößt die Kündigung gegen ein gesetzliches Verbot, z. B. gegen Grundrechte?
6. Verstößt die Kündigung gegen die guten Sitten, weil sich der Arbeitnehmer z. B. weigert, an illegalen Machenschaften des Arbeitgebers mitzuwirken?
7. Hat der Arbeitgeber eine »Dauerstellung« oder gar eine »Lebensstellung« zugesagt?
8. War die Art und Weise der Kündigung völlig inakzeptabel?
9. Stützte sich die Kündigung auf einen sachlichen Grund?
10. Unterstellt, es ging um eine Pflichtverletzung: War diese eine Lappalie oder war sie von einigem Gewicht?
    Unterstellt, es wurde aus wirtschaftlichen Gründen gekündigt: Kamen dann eher andere Arbeitnehmer in Betracht?
11. Lag eine längere Betriebszugehörigkeit vor?

Kündigungsschutzklage

Grundlagen

☐ Hat der Arbeitgeber das Arbeitsverhältnis gekündigt, so bleibt dem Arbeitnehmer nichts anderes übrig, als die **Unwirksamkeit** dieser Kündigung gerichtlich geltend zu machen, wenn er seine Rechtsposition durchsetzen will. In den meisten Fällen muss er dies sogar, weil er eine → **Klagefrist** einzuhalten hat. Gleiches gilt, wenn sich der Arbeitgeber auf eine Befristung des Arbeitsverhältnisses beruft (→ **Befristung**).

Die Klage kann entweder an das **Arbeitsgericht** gerichtet werden, bei dem der Arbeitgeber seinen Sitz hat, oder aber – aus der Sicht des Arbeitnehmers meist nahe liegender – dort, wo der Arbeitnehmer gearbeitet hat. Beim wechselnden Arbeitsort kommt es darauf an, von wo aus die Arbeitsanweisungen erteilt wurden. Befindet sich die für den Arbeitnehmer zuständige Personalverwaltung in einem anderen Ort, kann der Arbeitnehmer auch das für diesen Ort zuständige Arbeitsgericht anrufen.

Wie kann eine Klage eingereicht werden?

☐ Der übliche Weg, eine Klage einzureichen, ist ein **Schreiben** an das **zuständige Gericht**. Daneben gibt es die Möglichkeit, sich an die Rechtsantragsstelle des dafür zuständigen Arbeitsgerichts oder eines anderen Arbeitsgerichts zu wenden. Theoretisch kann man sich auch an ein Amtsgericht und dessen Rechtsantragsstelle wenden. Wendet man sich an die Rechtsantragsstelle eines unzuständigen Gerichts, können aber Fristprobleme entstehen (→ **Klagefrist**).

Kann man sich im Verfahren vertreten lassen?

☐ Es ist ohne weiteres möglich, sich im Verfahren vertreten zu lassen. Man kann z. B. auch einen Freund oder Verwandten zur Rechtsantragsstelle schicken. Dann empfiehlt es sich, eine schriftliche Vollmacht mitzugeben, das ist aber nicht zwingende Voraussetzung. Die Vollmacht kann auch nachgereicht werden. Üblicherweise lassen sich die Parteien aber entweder von einem gewerkschaftlichen Rechtsschutzsekretär oder von einem Rechtsanwalt vertreten. Rechtsbeistände dürfen zwar die Klage einreichen, aber nicht im späteren Verfahren tätig werden. Personen, die – ohne dazu ausdrücklich zugelassen zu sein – gewerbsmäßig Rechtsberatung betreiben, können keine wirksame Kündigungsschutzklage einreichen.

Vor dem LAG muss sich der Arbeitnehmer entweder durch einen gewerkschaftlichen Rechtsschutzsekretär oder durch einen Rechtsanwalt vertreten lassen. Vor dem BAG dürfen nur Rechtsanwälte auftreten.

Welche Angaben muss eine Kündigungsschutzklage enthalten?

☐ Die **Kündigungsschutzklage** muss folgende Angaben enthalten, um wirksam erhoben zu sein:
- Name und Anschrift des klagenden Arbeitnehmers.
- Die Angabe, wer verklagt werden soll, also des Arbeitgebers. Kommt es hier zu Verwechslungen, wird beispielsweise von zwei Firmen mit ähnlichem Namen die falsche benannt, kann dies dazu führen, dass die Kündigungsschutzklage keine Wirkung entfaltet.
- Es muss deutlich werden, dass der Arbeitnehmer gekündigt wurde und sich gegen diese Kündigung wendet. Am besten geschieht dies dadurch, dass das Datum und die Art der Kündigung angegeben werden und die Klage den Antrag enthält, die Unwirksamkeit der Kündigung festzustellen.

☐ Die Klage sollte darüber hinaus Angaben zur Beschäftigtenzahl im Betrieb des Arbeitgebers, der Dauer des Arbeitsverhältnisses, Lebensalter des Klägers und seine Unterhaltspflichten enthalten. Schließlich sollte er rügen, dass die soziale Auswahl (→ **Sozialauswahl**) nicht ordnungsgemäß vorgenommen wurde. Außerdem sollte er bestreiten, dass Kündigungsgründe vorliegen. Besteht im Betrieb ein Betriebsrat, so ist dies dem Gericht mitzuteilen und der Arbeitnehmer sollte die ordnungsgemäße Anhörung des Betriebsrats mit Nichtwissen bestreiten.

☐ Die Kündigungsschutzklage richtet sich immer nur gegen eine bestimmte Kündigung. Gewinnt der Arbeitnehmer den Prozess, nutzt ihm das gar nichts, wenn er versehentlich eine weitere Kündigung nicht angegriffen hat, z. B. weil er meint, die Sache liege ja schon beim Gericht. Das ist besonders gefährlich, wenn eine »Schriftsatzkündigung« ausgesprochen wird. Das ist eine Kündigung, die sich in den Arbeitgeberschriftsätzen an das Gericht – oft an versteckter Stelle – befindet.

Kündigungsschutzklage

Beispiel:
Der Arbeitnehmer greift eine außerordentliche Kündigung an. In seinen Ausführungen zur Klageerwiderung begründet der Arbeitgeber genau, wie gemein der Arbeitnehmer zu ihm aus seiner Sicht war. Die Ausführungen enden mit dem Satz »Die Kündigung, die ich hiermit vorsorglich nochmals erneut als weitere Kündigung ausspreche, ist deshalb begründet.« Der Arbeitnehmer muss auch diese Kündigung angreifen.

Um hier sicherzugehen, empfiehlt es sich, einen allgemeinen **Antrag auf Feststellung des Bestehens des Arbeitsverhältnisses** zu stellen. Ein solcher Antrag richtet sich nicht nur gegen eine einzelne Kündigung, wahrt aber die Frist gegenüber jeder – auch später – ausgesprochenen Kündigung. Seine Zulässigkeit ist zwar, wenn eine solche Kündigung nicht im Raum steht, umstritten. Da er aber keine nennenswerten Kosten verursacht, ist er aus Sicherheitsgründen zu empfehlen.

☐ Typischerweise sollte eine Kündigungsschutzklage mit allgemeinem Feststellungsantrag wie folgt formuliert werden:

Rudolf Rau

Müllerweg 3
01234 Oststadt
Datum

An das
Arbeitsgericht
Gerechtigkeitsweg 1

01235 Oststadt

                    Klage
                    gegen

die **Aus & Beute GmbH**, vertreten durch ihren Geschäftsführer Norbert Neureich, Industriestr. 14, 01 236 Oststadt,

wegen: Unwirksamkeit einer Kündigung u. a.

Hiermit erhebe ich Klage mit dem Antrage,
1. festzustellen, dass mein Arbeitsverhältnis zur Beklagten weiterbesteht und insbesondere nicht durch die schriftliche Kündigung vom ..., mir zugegangen am ..., aufgelöst wurde.

2. die Beklagte zu verurteilen, mich zu unveränderten Arbeitsbedingungen als ... weiterzubeschäftigen.

Begründung:
Ich bin seit dem ... aufgrund eines Arbeitsvertrages vom ... bei der Beklagten als ... tätig. Bei der Beklagten arbeiten ständig mehr als 5 Arbeitnehmer i. S. des KSchG, nämlich ca. ... Ich bin am ... geboren und gegenüber ... Personen unterhaltspflichtig.

Kündigungsschutzklage

Die Beklagte kündigte das Arbeitsverhältnis mit Schreiben vom (...), das ich am (...) erhalten habe, zum (...). Kündigungsgründe liegen jedoch nicht vor. Soweit sich die Beklagte auf betriebsbedingte Kündigungsgründe berufen sollte, rüge ich die Einhaltung der sozialen Auswahl.

Im Betrieb der Beklagten besteht ein Betriebsrat. Dessen ordnungsgemäße Anhörung bestreite ich mit Nichtwissen.

Ich mache geltend, dass die Kündigung unwirksam ist und da ich weitere Kündigungen befürchte, möchte ich das Weiterbestehen des Arbeitsverhältnisses festgestellt wissen. Die Beklagte hat mich auch weiterzubeschäftigen, überwiegende Gründe, die gegen die Weiterbeschäftigung sprechen, bestehen nicht.

Rudolf Rau

Wie geht das Verfahren weiter?

☐ Mit Einreichung der Klage wird innerhalb einer verhältnismäßig kurzen Frist eine **Güteverhandlung** anberaumt, die vor dem Vorsitzenden alleine stattfindet. Hier wird der Sachverhalt im Wesentlichen erörtert und es besteht die Möglichkeit, einen Vergleich zu schließen (→ **Vergleich**). Ist das nicht erfolgreich, wird ein **Termin vor der Kammer** – ein Vorsitzender und je ein ehrenamtlicher Richter aus Kreisen der Arbeitnehmer und Arbeitgeber – anberaumt, in dem dann die Sache endgültig entschieden werden kann, soweit nicht später noch eine gütliche Erledigung eintritt. Der Vorsitzende wird einen Auflagenbeschluss machen und **Fristen** setzen, innerhalb derer sich die Parteien des Verfahrens äußern müssen. Zur Vermeidung des Prozessverlustes müssen diese Fristen eingehalten und die geforderten Angaben rechtzeitig gemacht werden. Eine Fristverlängerung auf Antrag ist allerdings möglich. Dafür müssen Gründe angegeben werden. Auch später noch kann der Vorsitzende Fristen setzen.

Soweit sich der Arbeitnehmer gegen die Schilderungen des Arbeitgebers wehren oder Auflagen – also Anfragen – des Gerichts zu bestimmten Punkten nachkommen will, muss er den Sachverhalt so ausführlich schildern, dass das Gericht versteht, was passiert sein soll. Außerdem ist Beweis anzutreten. So sind z. B. Urkunden in Kopie einzureichen und ausdrücklich anzugeben, wer als Zeuge gehört werden soll. Dabei ist auch die Anschrift, ggf. auch die geschäftliche, anzugeben.

Nach der ersten Instanz kann die unterlegene Partei zum LAG in die Berufung gehen. Dort wird der Fall in tatsächlicher und rechtlicher Hinsicht umfassend nachgeprüft. Nur in Ausnahmefällen ist der Weg zum BAG eröffnet, wo es nur noch um Rechtsfragen geht.

Welche Kostenrisiken bestehen?

Die **Gerichtskosten** sind bei den Gerichten der Arbeitsgerichtsbarkeit **verhältnismäßig gering**. Der klagende Arbeitnehmer muss auch keine Vorschüsse einzahlen. Erheblicher sind schon die Kosten eines in Anspruch genommenen Anwalts. Immerhin muss man die Anwaltskosten der Gegenseite, soweit sie für die erste Instanz angefallen sind, auch dann nicht ersetzen, wenn man verliert. Wird die Arbeitgeberseite – was recht häufig vorkommt – durch den Arbeitgeberverband vertreten, muss man die Kosten der Vertretung nie ersetzen. Beim BAG muss allerdings auch der Arbeitgeber einen Rechtsanwalt einschalten.

Der Arbeitnehmer sollte auf jeden Fall versuchen, die Möglichkeiten der **Prozesskostenhilfe** wahrzunehmen. Damit sind in bestimmten Fällen zumindestens die eigenen Anwaltskosten und die Gerichtskosten erst einmal abgedeckt. Kostenerstattungsansprüche der Gegenseite übernimmt die Prozesskostenhilfe allerdings nicht.

Am besten ist es, der Arbeitnehmer ist Mitglied einer Gewerkschaft. Das gibt ihm die Möglichkeit, den Prozess von der **Gewerkschaft** durchführen zu lassen. Erteilt sie eine Rechtsschutzzusage, übernimmt sie auch die Kosten der Arbeitgeberseite, wenn der Arbeitnehmer den Prozess verliert.

Außerdem besteht auch die Möglichkeit einer **Rechtsschutzversicherung**. Schließt diese Arbeitsrechtsschutz ein, sind auch die Kosten einer Kündigungsschutzklage gedeckt.

Die Höhe der Anwaltskosten hängt sehr vom Einzelfall ab. Sie steigen mit dem Streitwert, der seinerseits wiederum vom Bruttomonatsgehalt abhängt.

Welche weiteren Wirkungen hat sie?

Bestehen tarifliche oder vertragliche **Ausschlussfristen**, die die schriftliche Geltendmachung einer Forderung vorsehen, so können sie durch die **Klage gewahrt** sein. Voraussetzung ist, dass das Bestehen der Ansprüche vom Bestehen des Arbeitsverhältnisses abhängt. Das ist bei Entgeltansprüchen für Zeiträume ab dem Zeitpunkt, zu dem die Kündigung ausgesprochen ist, der Fall. Es kommt aber nicht auf den Eingang bei Gericht, sondern auf die rechtzeitige Zuleitung an den Arbeitgeber an.

Sieht die maßgebliche Regelung nicht nur eine schriftliche, sondern auch eine gerichtliche Geltendmachung von Ansprüchen vor, so wird sie durch eine Kündi-

Kündigungsschutzklage

gungsschutzklage nicht gewahrt. Es ist also Klage auf die geltend gemachte Leistung – also z. B. das Arbeitsentgelt – zu erheben. Manchmal treffen Tarifverträge aber die Regelung, dass Ausschlussfristen für Ansprüche, die vom Erfolg einer Kündigungsschutzklage abhängen, nicht anzuwenden sind oder erst nach deren Abschluss zu laufen beginnen.

Kurzarbeit

Was ist das?

☐ **Kündigungsschutzrechtlich** ist der Begriff der **Kurzarbeit** vor allem von Bedeutung im Zusammenhang mit einer → **betriebsbedingten Kündigung** bzw. einer entsprechenden → **Änderungskündigung**. Sie begleitet oft eine geplante **Betriebsänderung** (→ **Interessenausgleich/Sozialplan**) bzw. eine beabsichtigte → **Massenentlassung**.

☐ **Kurzarbeit** ist die **vorübergehende** Verkürzung der **betriebsüblichen** Arbeitszeit und entsprechend der Vergütungsansprüche der Arbeitnehmer. Diese Verkürzung kann auch dazu führen, dass für einen vorübergehenden Zeitraum im Betrieb überhaupt nicht mehr gearbeitet wird (sog. **Kurzarbeit Null** oder **Struktur-Kurzarbeit**). Wird die Arbeitszeit auf Dauer gekürzt oder werden nur einzelne Arbeitsverhältnisse auf Teilzeit eingestellt, liegt keine Kurzarbeit vor.

☐ Kurzarbeit muss sich nicht auf den **gesamten** → **Betrieb** beziehen, sondern kann sich auf einzelne organisatorisch abgrenzbare Teile eines Betriebes (Abteilungen, Bereiche u. Ä.) beschränken.

☐ Sozialversicherungsrechtlich setzt der Bezug von **Kurzarbeitergeld** während der Kurzarbeit voraus, dass die formellen und materiellen Bedingungen nach §§ 169 ff. SGB III vorliegen.

☐ Der Sinn der Kurzarbeit besteht darin, den Betrieb durch Einsparung von Lohnkosten wirtschaftlich zu entlasten, um so Arbeitsplätze auf Dauer zu erhalten und betriebsbedingte Kündigungen zu vermeiden, während die Arbeitnehmer durch den Bezug von Kurzarbeitergeld sozial teilweise abgesichert werden sollen.

Wann darf Kurzarbeit eingeführt werden?

☐ Da der Arbeitgeber das **Betriebsrisiko** trägt, darf er Schwankungen in der betrieblichen Auslastung, im Regelfall nicht einseitig auf den Arbeitnehmer abwälzen. Die Einführung von Kurzarbeit durch die schlichte Ausübung von → **Direktionsrechten**, ohne weitere Rechtsgrundlage, ist nicht möglich.

Kurzarbeit

Im Arbeitsvertrag kann jedoch eine **Kurzarbeitsklausel** vereinbart werden, die den Arbeitgeber berechtigt, **einseitig** Kurzarbeit einzuführen.

Formulierungsbeispiel:
Sie erklären sich damit einverstanden, für den Fall, dass der Betrieb nicht ausgelastet ist, für einen Zeitraum bis zu 4 Wochen Kurzarbeit bis zur hälftigen Arbeitszeit zu akzeptieren.

Solche Kurzarbeitsklauseln unterliegen einer **gerichtlichen Überprüfungskontrolle**, da sie geeignet sein können, den Schutz des KSchG auch vor inhaltlichen Änderungen des Arbeitsverhältnisses zu **umgehen**. Denn grundsätzlich gilt, dass Arbeitsverträge auch in wirtschaftlich angespannten Situationen des Betriebes im Hinblick auf die Vergütungsverpflichtung des Arbeitgebers voll **einzuhalten** und zu **erfüllen** sind.

☐ Sind im Arbeitsvertrag keine entsprechenden Klauseln vereinbart, kann Kurzarbeit nur auf einer **tariflichen Ermächtigungsgrundlage** oder auf der Basis einer **Betriebsvereinbarung** eingeführt werden.

☐ **Tarifliche Kurzarbeitsregelungen** bestimmen im Einzelnen die Berechtigung des Arbeitgebers, Kurzarbeit anzuordnen. Umstritten ist die Frage, ob es sich bei solchen Regelungen um sog. **Betriebsnormen** oder **Inhaltsnormen** handelt. Letztere wären für den einzelnen Arbeitnehmer nur verbindlich, wenn für ihn der Tarifvertrag kraft **Tarifbindung** bzw. **einzelvertragliche Vereinbarung** gilt. Liegt eine **Betriebsnorm** vor, kommt es **allein** darauf an, ob der **Arbeitgeber tarifgebunden** ist.

☐ Diese Streitfrage verliert aber an Bedeutung, da Kurzarbeit überwiegend in Betrieben mit Betriebsräten eingeführt wird. Da der **Betriebsrat** nach § 87 Abs. 1 Ziffer 3 BetrVG bei der **Einführung** von Kurzarbeit **mitzubestimmen** hat, muss der Arbeitgeber trotz Vorliegens einer tariflichen Ermächtigungsnorm das Mitbestimmungsrecht des Betriebsrates beachten. Das Mitbestimmungsrecht bezieht sich auch auf die Ausgestaltung und Durchführung der Kurzarbeit, die zeitliche Lage und Abfolge.

Auch ohne tarifvertragliche Regelung kann durch Betriebsvereinbarung die Verpflichtung des Arbeitnehmers entstehen, nur noch »kurz« zu arbeiten. § 87 Abs. 1 Ziff. 3 BetrVG berechtigt die Betriebsverfassungsparteien, in den Inhalt des Arbeitsvertrages **gestaltend**, zum **Nachteil** des Arbeitnehmers, einzugreifen. Dieser kann sich gegen eine wirksame Betriebsvereinbarung zur Kurzarbeit und seine Einbeziehung nicht mit dem Hinweis wehren, dass in seinem Arbeitsvertrag keine **Kurzarbeitsklausel** enthalten sei.

☐ Schließt der Arbeitgeber mit dem Betriebsrat keine Betriebsvereinbarung ab,

Kurzarbeit

sondern nur eine **Regelungsabrede**, die anders als die Betriebsvereinbarung keine normative Wirkung hat, oder besteht kein Betriebsrat, dann kann der Arbeitgeber Kurzarbeit nur dadurch einführen, dass er den betroffenen Arbeitnehmern gegenüber → **Änderungskündigungen** ausspricht.

☐ Sind die Voraussetzungen einer → **Massenentlassung** gegeben und ist der Arbeitgeber nicht in der Lage, bis zum Ablauf der **Sperrfrist** die zu entlassenden Arbeitnehmer voll zu beschäftigen, kann nach § 19 KSchG Kurzarbeit auch dadurch eingeführt werden, dass das **Landesarbeitsamt** diese zulässt. In diesem Fall ist weder eine tarifvertragliche noch eine betriebsverfassungsrechtliche Ermächtigungsnorm erforderlich. Der Arbeitgeber muss und kann die Kurzarbeit dann gegenüber den betroffenen Arbeitnehmern **umsetzen**. Liegen jedoch tarifliche Regelungen vor, die für Fälle der Einführung von Kurzarbeit gelten, muss der Arbeitgeber diese Rahmenregelungen auch bei einer Kurzarbeit nach § 19 KSchG beachten.

☐ Sog. **strukturelle Kurzarbeit** liegt vor, wenn die Kurzarbeit nicht dazu dient, durch ihre Einführung die bisherigen Arbeitsplätze der betroffenen Arbeitnehmer zu erhalten, sondern es allein darum geht, die Aussichten der mit Sicherheit zur Entlassung anstehenden Arbeitnehmer, deren Arbeitsverhältnis auch nicht mehr durch vorübergehende Kurzarbeit gehalten werden kann, dadurch zu verbessern, dass die Arbeitnehmer noch in einem Arbeitsverhältnis bleiben, Kurzarbeitergeld beziehen und somit (noch) nicht entlassen werden müssen.

☐ Die **Struktur-Kurzarbeit** ist in § 175 SGB III geregelt. Sie hat folgende Voraussetzungen:

- **Strukturveränderungen** für einen Betrieb gehen mit einer **Einschränkung** und **Stilllegung** des ganzen Betriebes oder von wesentlichen Betriebsteilen einher und sind mit **Personalanpassungsmaßnahmen** in erheblichem Umfange verbunden. Somit wird diese Form der Kurzarbeit nur dann in Betracht kommen, wenn der Arbeitgeber eine **Betriebsänderung** durchführt, die mit einem → **Interessenausgleich/Sozialplan** verbunden ist.
- Die von dem Arbeitsausfall betroffenen Arbeitnehmer müssen in einer **betriebsorganisatorisch eigenständigen Einheit (bE)** zusammengefasst werden. Den so zusammengefassten Arbeitnehmern sollen eine **berufliche Qualifizierung**, zeitlich begrenzte **Beschäftigungen** bei einem anderen Arbeitgeber oder ähnliche Möglichkeiten geboten werden, um nach Ende der strukturellen Kurzarbeit auf dem **Arbeitsmarkt** erfolgreich zu sein. Bei älteren Mitarbeitern geht es auch um eine Heranführung an den Zeitpunkt des frühest möglichen Termins des Bezugs von Altersruhegeld (→ **Sozialversicherungsrechtliche Folgen**).
- Strukturelle Kurzarbeit ist dann **nicht möglich**, wenn die Arbeitnehmer nach ihrem Ende wieder auf einem anderen Arbeitsplatz des Betriebes eingesetzt werden sollen.

Kurzarbeit

- Die Einzelheiten zur strukturellen Kurzarbeit werden üblicherweise in einem **Interessenausgleich und Sozialplan** geregelt. Durch diese Art der Kurzarbeit wird der Verlust von Arbeitsplätzen und das Ende von bestehenden Arbeitsverhältnissen nicht verhindert, sondern nur herausgezögert.

Kurzarbeit und Kündigung

☐ Da die Kurzarbeit, außerhalb des § 19 KSchG, nicht mit einer Kündigungssperre verbunden ist, ist auch während eines Kurzarbeitzeitraumes der Arbeitgeber berechtigt, Kündigungen auszusprechen. Dies gilt nicht nur für → **personen- und verhaltensbedingte Kündigungen**, sondern auch für → **betriebsbedingte Kündigungen**. Allerdings ist eine betriebsbedingte Kündigung nur dann möglich, wenn sich trotz der Kurzarbeit **weiter gehende Umstände** ergeben haben, die ein dringendes betriebliches Erfordernis für die Kündigung des Arbeitsverhältnisses ergeben. Die bloße Tatsache, dass **Kurzarbeit** rechtmäßig eingeführt worden ist, stellt für sich genommen keinen Kündigungsgrund dar. Allerdings kann durch Tarifvertrag eine Kündigungssperre für die Dauer der Kurzarbeit eingeführt werden.

Beispiel:
Aufgrund Arbeitsmangel ist im Betrieb Kurzarbeit bis zum 30.9. vereinbart. Nun bricht auf Dauer ein Exportmarkt zusätzlich ein. Trotz Kurzarbeit sind ab dem 1.7. keine Aufträge mehr vorhanden. In diesem Sonderfall kann auch schon vor Ablauf der Kurzarbeit betriebsbedingt gekündigt werden.

☐ Die Kurzarbeit und ihre Einführung ist in der Praxis ein adäquates und geeignetes Mittel, um Entlassungen zu vermeiden. Unter Gesichtspunkten des **Verhältnismäßigkeitsgrundsatzes** wird deshalb im Zusammenhang mit der → **betriebsbedingten Kündigung** diskutiert, ob der Arbeitgeber zur **Vermeidung** von Kündigungen nicht auch verpflichtet ist, Kurzarbeit im Betrieb anzuordnen. Die Rechtsprechung des BAG ist diesen Überlegungen nicht gefolgt. Sie sieht den Arbeitgeber als nicht verpflichtet an, vor Ausspruch von betriebsbedingten Kündigungen zu versuchen, den Arbeitsplatzüberhang durch Kurzarbeit abzubauen. Nach der Rechtsprechung stellt die Entscheidung des Arbeitgebers, Kurzarbeit einzuführen oder nicht, eine → **Unternehmerentscheidung** dar, zu der der Arbeitgeber nicht durch die Gerichte »gezwungen« werden kann.

☐ Allerdings ist der Betriebsrat berechtigt, die **Initiative** zu ergreifen und vom Arbeitgeber, zur Vermeidung von Kündigungen, die Einführung von Kurzarbeit zu

Kurzarbeit

verlangen. Das BAG hat ein entsprechendes »**Initiativrecht**« des Betriebsrats ausdrücklich bejaht.

Kommt es dann, ggf. in der **Einigungsstelle**, zu einer Betriebsvereinbarung über Kurzarbeit, ist der Arbeitgeber **verpflichtet**, diese auch umzusetzen und anzuwenden. Tut der Arbeitgeber das nicht, sondern spricht stattdessen betriebsbedingte Kündigungen aus, sind diese sozial ungerechtfertigt.

Das Gleiche gilt, wenn der Arbeitgeber eine vereinbarte Kurzarbeitsperiode einseitig abkürzt und anstelle der Weiterführung der Kurzarbeit die Beendigung von Arbeitsverhältnissen vornimmt.

Alternativen zur Kurzarbeit

☐ Da Kurzarbeit nur dann gegeben ist, wenn die betriebsübliche Arbeitszeit vorübergehend, längstens solange, wie nach den Vorschriften des SGB III Kurzarbeitergeld bezogen werden kann, verkürzt wird, sind die Ausführungen zur Kurzarbeit auf **andere Formen** der **Arbeitszeitreduzierung** nicht übertragbar.

Auch diese können jedoch in der Lage und geeignet sein, den vorhandenen Bestand an Arbeitskräften an die dringenden betrieblichen Bedürfnisse im Sinne von § 1 KSchG anzupassen.

☐ Beispielsweise ist keine Kurzarbeit gegeben, wenn im Betrieb, mit Zustimmung des Betriebsrats, eine **flexible Arbeitszeit** im Rahmen der tarifvertraglichen Bestimmungen vereinbart wird, die zu **Arbeitszeitkonten** führt. Durch eine **zulässige** anderweitige **Verteilung** der Arbeitszeit kann es dazu kommen, dass in bestimmten Zeitperioden die Arbeitszeit der Arbeitnehmer reduziert, dafür in anderen Perioden erhöht wird. Die Einführung von solchen flexiblen Arbeitszeitmodellen kann betriebsbedingte Kündigungen verhindern.

☐ Keine Kurzarbeit liegt vor, wenn auf Dauer die Arbeitszeit des gesamten Betriebes oder einzelner Abteilungen verringert wird. Solche **Arbeitszeitreduzierungen** können, wenn keine tarifvertragliche Reduzierung erfolgt, nur mit Zustimmung aller Arbeitnehmer geschehen bzw. durch → **Änderungskündigung**, nicht jedoch durch das → **Direktionsrecht** des Arbeitgebers.

Dabei kann es sich um **Teilzeitmodelle** handeln. Es kann aber auch so sein, dass trotz Reduzierung der Arbeitszeit weiter von einer **Vollbeschäftigung** auszugehen ist, weil generell die tarifliche Regelarbeitszeit dauerhaft reduziert wird.

☐ Denkbar ist auch die Nutzung von Möglichkeiten der → **Altersteilzeit**.

☐ Der Arbeitgeber kann **nicht gezwungen** werden, so die Rechtsprechung des

BAG, solche Überlegungen nicht nur anzustellen, sondern auch umzusetzen, bevor eine betriebsbedingte Kündigung erfolgt. Auch hier gilt das Primat der freien → **Unternehmerentscheidung.**

☐ Allerdings sind **freiwillige Regelungen** hier nicht ausgeschlossen, sie können und sollten durch Betriebsvereinbarungen abgesichert werden, soweit diese möglich und zulässig sind.

Bestehen solche Modelle zur Reduzierung des Arbeitsvolumens, können betriebsbedingte Kündigungen nur dann ausgesprochen werden, wenn trotz der Arbeitszeitreduzierung ein weiter gehender Arbeitsmangel und damit ein entsprechendes dringendes Bedürfnis besteht.

Bedeutung für den Betriebsrat

☐ Mitbestimmungsrechte des Betriebsrats bei der Einführung, Ausgestaltung, Durchführung und Beendigung von Kurzarbeit ergeben sich aus § 87 Abs. 1 Ziff. 3 BetrVG. Im Rahmen einer **Betriebsänderung** ist die Einführung von Kurzarbeit zudem nach § 111 BetrVG mitbestimmungspflichtig. In einem → **Interessenausgleich/Sozialplan** ist der Betriebsrat berechtigt, Einzelheiten festzulegen. Ansonsten empfiehlt sich der Abschluss einer **Betriebsvereinbarung.** Der Betriebsrat sollte der **Einführung** von Kurzarbeit zustimmen, sofern und soweit dadurch betriebsbedingte Kündigungen vermieden werden können. Das Mitbestimmungsrecht nach § 87 Abs. 1 Ziffer 3 BetrVG bezieht sich allerdings nicht auf die Frage, ob der Arbeitgeber verpflichtet ist oder werden kann, **Zuschüsse zum Kurzarbeitergeld,** die nicht tariflich geregelt sind, zu zahlen. Im Rahmen eines **Sozialplanes** besteht jedoch auch insoweit ein erzwingbares Mitbestimmungsrecht, weil es um den Ausgleich von wirtschaftlichen Nachteilen geht.

☐ Soweit der Betriebsrat von seinem **Initiativrecht** zur Einführung von Kurzarbeit nicht Gebrauch macht und soweit er andere Formen der Arbeitszeitreduzierung vorschlägt, ist der Betriebsrat auf freiwillige Vereinbarungen nach § 88 BetrVG angewiesen. Der Betriebsrat kann darüber hinaus Anregungen nach § 80 BetrVG im Hinblick auf die Gestaltung der Arbeitszeit zur Vermeidung betriebsbedingter Kündigungen geben und diese mit dem Arbeitgeber, auch im Rahmen der Personalplanungsberatungen nach § 92 BetrVG, besprechen.

☐ Soll Struktur-Kurzarbeit eingeführt werden, wird der Betriebsrat verantwortungsbewusst überlegen, ob eine solche Regelung sinnvoll ist oder ob er nicht den Interessen der Arbeitnehmer eher dadurch gerecht wird, dass in einem **Interessenausgleich/Sozialplan** Ansprüche auf → **Abfindungen** geregelt werden. Struktur-

Kurzarbeit

Kurzarbeit kann nur im Rahmen eines Interessenausgleiches, nicht im Rahmen eines Sozialplanes, somit nicht gegen den Willen des Betriebsrats oder des Arbeitgebers durchgesetzt werden.

Leitende Angestellte

Grundlagen

☐ Nach § 5 Abs. 3 des BetrVG unterfallen leitende Angestellte nicht dem BetrVG. Dabei geht es um Angestellte, die Aufgaben wahrnehmen, die für den **Bestand und die Entwicklung des Unternehmens** oder eines Betriebes **von Bedeutung** sind und dabei besondere Erfahrungen und Kenntnisse benötigen, vorausgesetzt sie treffen ihre Entscheidungen im Wesentlichen frei von Weisungen. Hierher gehören z. B. Personen, die zur selbständigen Einstellung und Entlassung berechtigt sind oder eine nicht unbedeutende Generalvollmacht oder Prokura haben. Im Ergebnis heißt dies, dass für sie der **Betriebsrat nicht zuständig** ist. Beabsichtigt der Arbeitgeber sie zu entlassen, so hat er das dem Betriebsrat lediglich mitzuteilen (§ 105 BetrVG). Damit auch dieser Personenkreis eine gewisse Vertretung gegenüber dem Arbeitgeber hat, wurde das Sprecherausschussgesetz geschaffen. Danach können diese Arbeitnehmer **Sprecherausschüsse der leitenden Angestellten** wählen.

Welche Auswirkungen hat das auf den Kündigungsschutz?

☐ Da der Betriebsrat nicht für leitende Angestellte zuständig ist, ist er vor der **Kündigung** eines leitenden Angestellten nicht anzuhören (→ **Anhörung des Betriebsrats**) und hat damit auch nicht die Möglichkeit, einer Kündigung zu widersprechen (→ **Widerspruch des Betriebsrats**). Der Arbeitgeber hat jedoch den **Sprecherausschuss** der leitenden Angestellten vor jeder Kündigung anzuhören (§ 31 Abs. 3 des SprAuG). Bei dieser Anhörung gelten dieselben Regeln, wie sie bei anderen Arbeitnehmern für die Anhörung des Betriebsrat gelten (→ **Betriebsratsanhörung**). Der Sprecherausschuss hat aber nicht das Recht, der Kündigung eines leitenden Angestellten zu widersprechen.

Auch die **Mitglieder des Sprecherausschusses** besitzen keinen besonderen Kündigungsschutz (→ **Betriebsverfassungsorgane, Kündigungsschutz**). Es ist allerdings verboten, Mitglieder des Sprecherausschusses wegen ihrer Tätigkeit zu benachteiligen, auch nicht bei ihrer beruflichen Entwicklung (§ 2 Abs. 3 Satz 2 des

Leitende Angestellte

SprAuG). Eine Kündigung, die der Arbeitgeber ausspricht, um ein Sprecherausschussmitglied wegen dieser Tätigkeit zu maßregeln, würde deshalb wegen eines Verstoßes gegen ein gesetzliches Verbot unwirksam sein.

Welche Regeln gelten sonst?

☐ Abgesehen von den Einschränkungen in der Betriebsverfassung gelten für leitende Angestellte rechtlich dieselben Grundsätze wie für andere Arbeitnehmer auch. In der Praxis bestehen allerdings oft andere Vereinbarungen, z. B. erheblich längere Kündigungsfristen als sonst. Auch werden leitende Angestellte sehr oft von Tarifverträgen nicht mehr erfasst, unterliegen also nicht dem tariflichen Kündigungsschutz (→ **tariflicher Kündigungsschutz**).

Es gibt außerdem auch Arbeitnehmer, die noch nicht leitende Angestellte im Sinne des BetrVG sind, aber trotzdem nicht mehr von Tarifverträgen erfasst werden (»außertarifliche Angestellte«). Für sie entfällt zwar der tarifliche Kündigungsschutz, aber nicht der aus der Betriebsverfassung.

Für eine bestimmte Gruppe von leitenden Angestellten ist es dem Arbeitgeber aber möglich, im Kündigungsschutzprozess unter **erleichterten Bedingungen** einen → **Auflösungsantrag** zu stellen.

Massenentlassung

Was ist das?

☐ Unter **Massenentlassung** versteht man **kündigungsschutzrechtlich** vor allem die fristgerechte **tatsächliche Beendigung** des Arbeitsverhältnisses im Hinblick auf eine Vielzahl von im Betrieb beschäftigten → **Arbeitnehmern**. Es kommt ausschließlich darauf an, dass die Beendigung durch den Arbeitgeber veranlasst ist und die Zahlenwerte des § 17 KSchG erreicht werden.

☐ Daneben wird der Begriff der **Massenkündigung** verwandt, um auf die Besonderheiten aufmerksam zu machen, die dann entstehen, wenn nicht nur ein einzelner Arbeitnehmer gekündigt, sondern z. B. ein ganzer **Betrieb** bzw. ein **Betriebsteil** geschlossen wird. Die Massenkündigung knüpft am **Ausspruch** der → **Kündigung**, nicht an der **Beendigung** an. Bei ihr ergeben sich vor allem besondere Anforderungen im kollektiven Bereich im Zusammenhang mit einer **Betriebsänderung** nach § 111 BetrVG (→ **Interessenausgleich/Sozialplan**).

Anzeigepflicht nach § 17 KSchG

☐ Bei Massenentlassungen hat der Arbeitgeber eine rechtzeitige Anzeigepflicht gegenüber dem zuständigen Arbeitsamt. Im → **Konzern** kann sich der Betriebsinhaber des beherrschten Unternehmens nicht »verstecken«, weil er vom herrschenden Unternehmen keine ausreichenden Informationen erhalten hat.

☐ Sachlicher Ausgangspunkt für die Frage, ob eine Massenentlassung und damit eine Anzeigepflicht besteht, ist der → **Betrieb**, nicht das **Unternehmen** oder der **Konzern**. Es gelten folgende **Zahlenwerte** für **Entlassungen** innerhalb von **30 Kalendertagen**, wobei hinsichtlich des Zeitraums nicht auf den Ausspruch der Kündigung abzustellen ist, sondern **ausschließlich** auf den **Beendigungszeitpunkt:**

- Mehr als 20 und weniger als 60 Arbeitnehmer: mehr als 5 Arbeitnehmer
- mindestens 60 und weniger als 500 Arbeitnehmer: 10 % aber mindestens mehr als 25 Arbeitnehmer
- Betriebe mit mehr als 500 Arbeitnehmern: mindestens 30 Arbeitnehmer.

Massenentlassung

Dabei ist maßgeblich die regelmäßige Beschäftigungszahl. Vorübergehende Schwankungen, sofern es nicht um einen **Saison- oder Kampagnebetrieb** (→ **Betrieb**) geht, bleiben außer Betracht. Für Baubetriebe, deren ganzjährige Beschäftigung gefördert wird, gelten keine Sonderregelungen, § 22 KSchG.

Beispiel:
Der Betrieb hat 100 Arbeitnehmer, 10 Arbeitnehmern wird zum 30. 9., 10 Arbeitnehmern zum 31. 10. und 10 Arbeitnehmern zum 30. 11. gekündigt. Eine Anzeigepflicht besteht nicht, da die erforderliche Zahl von Entlassungen (25) nicht innerhalb von 30 Tagen erfolgte.

☐ Im öffentlichen Dienst sind die Vorschriften über die Massenentlassung nur anzuwenden, wenn es sich um Betriebe und Verwaltungen mit wirtschaftlicher Zwecksetzung handelt, wie z. B. beim Städtischen Weingut und städtisch betriebenen Freizeitparks.

☐ Eine Massenentlassung findet nicht nur aus **betriebsbedingten Gründen** statt, auch bei **verhaltensbedingten** und **sonstigen** Gründen kann eine Massenentlassung vorliegen, auch dann, wenn eine → **Änderungskündigung** ausgesprochen wurde und die Arbeitnehmer die geänderten Arbeitsbedingungen nicht annehmen.

Veranlasst der Arbeitgeber → **Aufhebungsverträge** oder **Eigenkündigungen** von Arbeitnehmern, sind diese bei den Zahlenwerten mitzuberücksichtigen.

☐ Sind die Zahlenwerte überschritten, muss der Arbeitgeber **alle** Beendigungstatbestände dem Arbeitsamt anzeigen. Tut er dies, beginnt die **einmonatige Sperrfrist** zu laufen. Innerhalb dieses Monats darf **kein Arbeitsverhältnis enden**. Auch hier ist maßgeblich **nicht** der **Ausspruch** der Kündigung, sondern die **tatsächliche Entlassung** des Arbeitnehmers aus dem Betrieb.

☐ Die **Sperrfrist** kann auf zwei Monate verlängert werden. Die Sperrfrist führt nicht zu einer Verlängerung der → **Klagefrist**. Sie schiebt jedoch die Wirkung einer kurzen Kündigungsfrist bis an deren Ende hinaus.

Beispiel:
Der Arbeitgeber kündigt am 15. 6. mit zwei Wochen Kündigungsfrist zum 30. 6. Die Sperrfrist läuft am 15. 7. ab. Das Arbeitsverhältnis endet am 15. 07, die Klagefrist endet am 6. 7.

☐ Der Sperrzeit folgt die so genannte **Freifrist** von 90 Tagen, innerhalb derer der Arbeitgeber die Entlassungen (auch hier nicht die Kündigungen) **durchgeführt** haben muss. Geschieht das nicht, muss ggf. eine erneute Anzeige vorgenommen werden.

Massenentlassung

Beispiel:
Die Sperrzeit läuft am 30. 6. ab. Die Freifrist endet am 30. 9. Arbeitnehmern, denen nur mit viermonatiger Kündigungsfrist gekündigt werden kann, muss bereits spätestens am 31. 5 gekündigt werden.

☐ Ist der Arbeitgeber in der Sperrzeit nicht in der Lage, die Mitarbeiter zu beschäftigen, kann **Kurzarbeit** angeordnet werden. Zu den Einzelheiten → **Kurzarbeit**.

Verstoß gegen die Anzeigepflicht

☐ **Unterlässt** der **Arbeitgeber** eine an sich **erforderliche Anzeige** völlig oder sind die »**Formalien**« einer erfolgten Anzeige **nicht ausreichend** (z. B. fehlende Gründe für eine beabsichtigte Maßnahme, keine konkreten Angaben zu Zahl und Zeitraum der zu kündigenden Arbeitnehmer), dann kann der Arbeitnehmer sich auf die **Unwirksamkeit** der dennoch ausgesprochenen Kündigung berufen, selbst wenn die dreiwöchige → **Klagefrist** abgelaufen ist. Streitig ist, ob eine fehlende oder unzureichende Unterrichtung des **Betriebsrats** zur Unwirksamkeit der Kündigung führt. Wegen der Bedeutung einer Massenentlassung für den Betrieb wird man das bejahen müssen.

☐ Allerdings darf der Arbeitnehmer keine **Verwirkung** eintreten lassen, d. h. er muss innerhalb eines angemessenen Zeitraumes Klage erheben. Im **laufenden Kündigungsschutzprozess** (→ **Kündigungsschutzklage**) kann sich der Arbeitnehmer jederzeit auf die fehlende Anzeige als **Unwirksamkeitsgrund** berufen.

☐ Eine fehlende oder unzureichende Massenentlassungsanzeige führt auch zur Unwirksamkeit eines → **Aufhebungsvertrages**, wenn dieser im Zusammenhang mit einer Massenentlassung abgeschlossen wird. Der Arbeitnehmer, nicht der Arbeitgeber, kann sich auf die Unwirksamkeit berufen.

Beispiel:
In einem Betrieb mit 110 Arbeitnehmern werden 25 Arbeitnehmer zum 30. 6. gekündigt. Eine Massenentlassungsanzeige erfolgt nicht. Mit zwei Arbeitnehmern schließt der Arbeitgeber zum gleichen Endtermin Aufhebungsverträge ab. Diese sind unwirksam, weil die Grenze des § 17 KSchG überschritten wurde (nämlich mehr als 25 Arbeitnehmer).

Massenentlassung

Ausspruch von Massenkündigungen

☐ Spricht der Arbeitgeber **Massenkündigungen** aus, muss er diese jeweils einzeln begründen und muss auch im Einzelfall eine → **Sozialauswahl** durchführen.

☐ Durch eine **Massenkündigung** verliert die Kündigung nicht den Charakter eines individuellen Gestaltungsrechtes. Sie muss jedem einzelnen Arbeitnehmer des Betriebes **zugehen** (→ **Kündigung**). Eine Pauschalkündigung ist unzulässig.

☐ Auch im Rahmen der → **Betriebsratsanhörung** muss der Betriebsrat, jeweils bezogen auf den Einzelfall, informiert und **nicht pauschal** angehört werden. Die **Wochenfrist** zur Äußerung des Betriebsrates wird **nicht** wegen der anfallenden Arbeitsbelastung für den Betriebsrat automatisch **verlängert**. Allerdings ist zwischen Betriebsrat und Arbeitgeber in diesen Fällen eine einvernehmliche Verlängerung der Frist möglich.

Beispiel:
Wir sind uns darüber einig, dass der Betriebsrat berechtigt ist, die Anhörungsfrist auf bis zu 14 Tage zu verlängern. Bedenken und Widersprüche müssen jedoch spätestens am 15. 7. bei der Personalabteilung vorliegen.

Bedeutung für den Betriebsrat

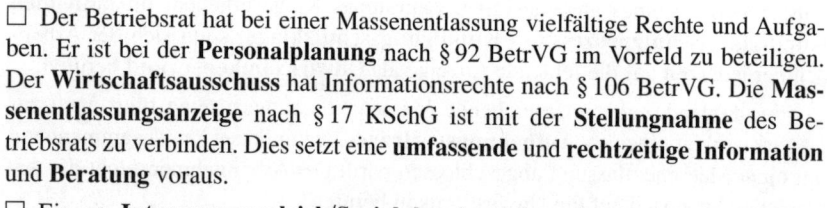

☐ Der Betriebsrat hat bei einer Massenentlassung vielfältige Rechte und Aufgaben. Er ist bei der **Personalplanung** nach § 92 BetrVG im Vorfeld zu beteiligen. Der **Wirtschaftsausschuss** hat Informationsrechte nach § 106 BetrVG. Die **Massenentlassungsanzeige** nach § 17 KSchG ist mit der **Stellungnahme** des Betriebsrats zu verbinden. Dies setzt eine **umfassende** und **rechtzeitige Information** und **Beratung** voraus.

☐ Ein → **Interessenausgleich/Sozialplan** ist aufzustellen, wenn die Massenentlassung **betriebsbedingt** begründet ist und eine **Betriebsänderung** vorliegt. Insoweit kommt es nicht darauf an, dass die Arbeitsverhältnisse durch den Arbeitgeber beendet worden sind. Auch durch die **Betriebsänderung veranlasste Eigenkündigungen** sowie vom Arbeitgeber im Zusammenhang mit der Betriebsänderung veranlasste → **Aufhebungsverträge** sind mitzuberücksichtigen.

Mutterschutz und Kündigung

Grundlagen

☐ Während der Schwangerschaft und innerhalb von vier Monaten nach der Entbindung darf eine Arbeitnehmerin nur mit Zustimmung der Behörde gekündigt werden (→ **Mutterschutz, Grundsätzliches**). Es ist daher festzustellen, wie die Zustimmung zu erlangen ist, welche Verfahrensregeln einzuhalten sind und wann der Arbeitgeber die Kündigung aussprechen darf.

Welches Verfahren ist einzuhalten?

☐ Die **Zuständigkeit** für die Zustimmung richtet sich nach Landesrecht, überwiegend ist sie bei den Gewerbeaufsichtsämtern oder den Ämtern für Arbeitsschutz angesiedelt.

☐ Für das **Verfahren** der Behörde gilt Folgendes:
- Das Verfahren setzt einen **Antrag** des Arbeitgebers voraus, wenn er auch formlos gestellt werden kann. Eine Frist ist gesetzlich nicht vorgesehen. Unter Heranziehung allgemeiner Rechtsgrundsätze muss der Arbeitgeber, wenn er eine → **außerordentliche Kündigung** beantragen will, den Antrag innerhalb der Ausschlussfrist des § 626 Abs. 2 BGB stellen.
- Die Behörde hat den Sachverhalt **von Amts wegen** zu ermitteln und kann nach pflichtgemäßem Ermessen Beweise erheben. Die Arbeitnehmerin muss angehört werden. Die Anhörung kann allerdings auch später im Verfahren nachgeholt werden.
- Die Behörde kann entweder die Zustimmung erteilen oder die Erteilung ablehnen. Nach den Bestimmungen des Landesverwaltungsverfahrensrechtes ist es auch möglich, Nebenbestimmungen zu treffen. Denkbar ist z. B., für bestimmte Fälle einen Wiedereinstellungsanspruch anzuordnen. Ob dies auch für die Zustimmung zur Kündigung nach dem MuSchG gilt, ist in der Literatur kontrovers diskutiert.
- Der **Bescheid** ist zu begründen und mit einer Rechtsbehelfsbelehrung zu versehen.

Mutterschutz und Kündigung

- Gegen den **Bescheid** ist, wenn der Antrag abgelehnt wurde vom Arbeitgeber, wenn ihm stattgegeben wurde von der Arbeitnehmerin der **Widerspruch möglich**. Er ist innerhalb eines Monats nach der Bekanntgabe der Entscheidung schriftlich oder zu Protokoll der Geschäftsstelle einzulegen. Enthält der Bescheid keine Rechtsbehelfsbelehrung, kann er innerhalb eines Jahres, bei höherer Gewalt auch danach eingelegt werden. Der Widerspruchsbescheid hat eine Rechtsmittelbelehrung zu enthalten.

☐ Wird mit der abschließenden Verwaltungsentscheidung der Antrag abgelehnt, so steht dagegen dem Arbeitgeber, wird ihm stattgegeben, steht der Arbeitnehmerin die Möglichkeit offen, den **Verwaltungsrechtsweg** zu beschreiten. Die Klage ist innerhalb eines Monats nach Zustellung des Widerspruchsbescheides einzulegen, fehlt die Rechtsmittelbelehrung, innerhalb eines Jahres nach der Zustellung, in Fällen höherer Gewalt auch danach.

Enthält die Verwaltungsentscheidung eine **Auflage** – z. B. zur möglichen Wiedereinstellung der gekündigten Arbeitnehmerin – so kann diese Auflage für sich genommen nur angefochten werden, wenn der Bescheid an sich nach dem Zusammenhang der Entscheidung noch Sinn macht. Das ist dann der Fall, wenn die Verwaltung die Entscheidung so ersichtlich auch ohne die Auflage erlassen hätte. Ansonsten kann der Arbeitgeber nur den Bescheid insgesamt anfechten. Dann entscheidet die Verwaltung erneut darüber, ob die Zustimmung auch ohne die Auflage erteilt wird.

Wann wird die Zustimmung erteilt?

☐ Nach § 9 Abs. 3 Satz 1 MuSchG kann die zuständige Behörde die Zustimmung in **besonderen Fällen** ausnahmsweise erteilen, die nicht mit dem Zustand der Frau während der **Schwangerschaft** oder ihrer Lage **bis zum Ablauf von vier Monaten nach der Entbindung** im Zusammenhang stehen. Dabei wird angenommen, dass im Grundsatz die Interessen der Frau am Erhalt ihres Arbeitsplatzes vorgehen. Etwas anderes gilt nur bei außergewöhnlichen Umständen, die ein Zurückstehen der Interessen der Frau rechtfertigen. Es reicht nicht aus, dass nach dem allgemeinen Kündigungsrecht ein Kündigungsgrund gegeben ist. In **Einzelfällen** gilt:

- Ist ein Arbeitsverhältnis aus betrieblichen Gründen unwirtschaftlich und seines Wesens völlig entkleidet, kann die Zustimmung gerechtfertigt sein. Das gilt, wenn eine Umsetzung innerhalb des Betriebes oder Unternehmens völlig unmöglich ist oder die Arbeitnehmerin dies ablehnt. In solchen Fällen kommt es nicht auf die wirtschaftliche Lage des Arbeitgebers an. Ziel des Gesetzes ist nicht die Absicherung der Arbeitnehmerin um jeden Preis.

- Die Belastungen nach dem MuSchG reichen nach der Rechtsprechung aus, wenn der Arbeitgeber in die Nähe einer Existenzgefährdung gerät. Es kommt nicht darauf an, ob die Arbeitnehmerin anderweitig abgesichert ist. Teilweise wird angenommen, es reiche aus, dass wegen eines Beschäftigungsverbotes kein Ersatzarbeitsplatz vorhanden sei, vorausgesetzt die wirtschaftliche Lage des Arbeitgebers sei ungünstig.
- Bei schweren Pflichtverstößen kann die Zustimmung zur Kündigung erteilt werden, wenn der Weiterlauf des Arbeitsverhältnisses bis zum Ablauf der Schutzfrist dem Arbeitgeber ein unzumutbares Opfer auferlegt. Die Behörde muss prüfen, ob ein solches Opfer auch bei Berücksichtigung der Folgen für die werdende Mutter vorliegt. Es reicht nicht, wenn die Ehefrau des Geschäftsführers von der Arbeitnehmerin zutreffend auf dessen eheliche Untreue hingewiesen wird. Es reicht auch nicht aus, wenn die Arbeitnehmerin der Arbeit fernbleibt, ohne dies mit dem Arbeitgeber abzusprechen und Urlaub in Anspruch nimmt. Ferner erleichtert es nicht die Kündigung, wenn im Arbeitsverhältnis lange Kündigungsfristen gelten.
- Die Behörde entscheidet nach Ermessen, wenn die genannten Voraussetzungen vorliegen. In der verwaltungsgerichtlichen Rechtsprechung wird teilweise angenommen, sie könne dieses Ermessen ohne weiteres zugunsten des Arbeitgebers ausüben.

Wann und wie ist die Kündigung auszusprechen?

☐ Die Kündigung ist auszusprechen, wenn die Zustimmung zur Kündigung vorliegt. Es reicht nicht aus, wenn die Verwaltung bestätigt, eine Zustimmung sei nicht erforderlich. Dabei kommt es darauf an, ob die Zustimmung zur Kündigung zum Zeitpunkt des Zugangs der Kündigung vorliegt, nicht darauf, ob sie schon bei der Absendung vorlag.

Nach hinten hin ist die **Kündigungsmöglichkeit** nicht ausdrücklich beschränkt. In der Literatur wird jedoch zu Recht angenommen, dass jedenfalls bei einer außerordentlichen Kündigung diese nach allgemeinen Rechtsgrundsätzen unverzüglich nach Zugang der Zulässigkeitserklärung auszusprechen ist. Dabei kommt es darauf an, ob der Arbeitgeber den Ausspruch schuldhaft verzögert oder nicht. Es reicht, wenn das Anhörungsverfahren beim Betriebsrat eingeleitet und nach dessen Abschluss umgehend gekündigt wird.

Es gibt Rechtsprechung, die auch von einem Großteil der Literatur gebilligt wird, wonach es ausreicht, wenn der Arbeitgeber kündigt, sobald in einem Verfahrensstadium des verwaltungs- oder verwaltungsgerichtlichen Verfahrens die Zustim-

Mutterschutz und Kündigung

mung zur Kündigung erteilt wird. Danach ist es nicht erforderlich, dass der Bescheid bereits bestandskräftig ist. Es ist vielmehr unschädlich, wenn die Arbeitnehmerin weiterhin die Zustimmungerklärung angreift. Teilweise wird aber die Ansicht vertreten, die Verwaltungsbehörde müsse nach den einschlägigen verwaltungsrechtlichen Regeln die sofortige Vollziehbarkeit der Kündigung anordnen, damit der Arbeitgeber sofort kündigen kann.

☐ Das MuSchG sieht für die Kündigung eine besondere Form vor. Sie muss nicht nur – wie nunmehr alle Kündigungen – schriftlich ausgesprochen werden, sondern nach § 9 Abs. 3 Satz 2 des MuSchG auch einen zulässigen Kündigungsgrund enthalten. Die sich daran anknüpfenden Fragen an die Wirksamkeit der Kündigung und die Möglichkeit, im gerichtlichen Verfahren Kündigungsgründe nachzuschieben, sind nach denselben Grundsätzen zu beantworten wie bei der Kündigung von Auszubildenden (→ **Auszubildende, Kündigung**).

☐ Eine wirksame Kündigung beendet das Arbeitsverhältnis. Auch in diesem Falle bleibt der Arbeitnehmerin aber der Anspruch auf Mutterschaftsgeld und den Arbeitgeberzuschuss zum Mutterschaftsgeld erhalten.

Arbeitsgerichtliches und verwaltungsgerichtliches Verfahren

☐ Eine gekündigte Arbeitnehmerin, die dem Mutterschutz unterliegt, kann in gleicher Weise wie jeder andere Arbeitnehmer die **Arbeitsgerichte** gegen die Kündigung anrufen. Unabhängig vom MuSchG kann die Kündigung ja auch aus anderen Gründen unwirksam sein (→ **Mutterschutz, Grundsätzliches**). Damit stellt sich die Frage nach dem Verhältnis zwischen dem arbeitsgerichtlichen Verfahren auf der einen und dem Verwaltungsverfahren und dem verwaltungsgerichtlichen Verfahren auf der anderen Seite. Geht man davon aus, dass der Arbeitgeber ohne weiteres kündigen kann, sobald in einem Verfahrensstadium die Zustimmung zur Kündigung erteilt wurde, wird dies ein recht häufiger Fall sein. Nimmt man an, der Arbeitgeber müsse wenigstens warten, bis die Entscheidung für vorläufig vollziehbar erklärt wurde, stellt sich die Frage ebenfalls, weil auch die sofortige Vollziehung eine spätere Aufhebung der Zustimmungsentscheidung nicht ausschließt. Die sich daraus ergebenden Probleme sind so zu lösen wie im Schwerbehindertenrecht, wenn es um eine spätere Aufhebung der Zustimmung der Hauptfürsorgestelle zur Kündigung geht (→ **Schwerbehindertenkündigung**).

Kündigung der Frau

Neben ihrem normalen Kündigungsrecht steht der Frau ein Sonderkündigungsrecht zum Ende der **Schutzfrist** zu. Diese beträgt acht Wochen nach der Entbindung, bei Früh- oder Mehrlingsgeburten zwölf Wochen. Eine Frist muss die Frau nicht einhalten. Wird sie binnen eines Jahres nach der Entbindung wieder eingestellt, werden alte Betriebszugehörigkeitszeiten – ob auch die Zeit der Unterbrechung, ist nicht geklärt – angerechnet. Das ergibt sich aus § 10 MuSchG.

Mutterschutz, Grundsätzliches

Grundlagen

☐ **Werdende Mütter** bedürfen des besonderen gesetzlichen Schutzes, zum einen deshalb, weil sie sich in der Situation der Schwangerschaft und unmittelbar nach der Entbindung **keine Existenzsorgen** machen sollen, zum anderen deshalb weil Schwangeren bestimmte Rechte zustehen, die der Arbeitgeber nicht durch eine Kündigung beeinträchtigen können soll. Das Gesetz hat deshalb einen umfassenden Kündigungsschutz für Frauen während der Schwangerschaft und nach der Entbindung vorgesehen. Die Kündigung ist dann nur mit Zustimmung der zuständigen Behörde möglich.

Wer ist geschützt?

☐ Geschützt sind Frauen die im einem **Arbeitsverhältnis** – auch einem Berufsausbildungsverhältnis – stehen.

☐ Der Schutz beginnt mit der Schwangerschaft. Eine Bauchhöhlenschwangerschaft reicht aus. Der Beginn der Schwangerschaft wird dadurch errechnet, dass vom voraussichtlichen Tag der Entbindung – ohne ihn selbst mitzuzählen – 280 Tage zurückgerechnet werden. Der Arbeitgeber kann allerdings Anhaltspunkte vortragen, wonach die letzte Regelblutung tatsächlich nach Ausspruch der Kündigung vorlag. Gelingt dies, muss die Frau ihrerseits nachweisen, dass sie trotzdem schon schwanger war. Das kann sie z.B. durch die Entbindung ihrer Ärzte von der Schweigepflicht tun. Lediglich deshalb, weil sich die Geburt im Ergebnis um zwei Wochen verzögert, ist der Beweiswert der ärztlichen Bescheinigung aber nicht erschüttert.

☐ Der Schutz **endet** vier Monate nach der Entbindung. Die Frist endet mit Ablauf des Tages, der in der Benennung dem Tag der Entbindung entspricht und vier Monate später liegt. Gibt es diesen Tag beim Ablauf des Monats nicht, so endet die

Frist mit dem letzten Tag des Monats. Eine Kündigung ohne Zustimmung der Behörde ist unwirksam, wenn sie innerhalb dieser Frist der Frau zugeht. Eine Fristverlängerung, weil der Ablauf auf ein Wochenende oder einen gesetzlichen Feiertag fällt, gibt es nicht.

Endet die Schwangerschaft, ohne dass es zu einer Entbindung im Rechtssinne kommt, endet auch der Kündigungsschutz. Das ist der Fall, wenn ein Schwangerschaftsabbruch und – nach Ansicht der Rechtsprechung – wenn eine Fehlgeburt eintritt. Demgegenüber sind sowohl die Totgeburt als auch die Frühgeburt Entbindungen im Rechtssinne.

☐ Das Gesetz setzt weiter voraus, dass der **Arbeitgeber** beim Zugang der Kündigung entweder um die **Schwangerschaft weiß** oder sie ihm innerhalb von zwei Wochen nach diesem Zeitpunkt mitgeteilt wird (→ **Kündigungserklärung**).

- Kenntnis des Arbeitgebers liegt zum einen vor, wenn er selbst um die Schwangerschaft weiß. Gibt es mehrere Arbeitgeber, so reicht es, wenn einer von ihnen die Kenntnis erlangt. Bei einem → **Betriebsübergang** ist derjenige Arbeitgeber zu unterrichten, der zum Zeitpunkt der Unterrichtung Arbeitgeber ist. Widerspricht die Frau dem Betriebsübergang, kommt es auf den Veräußerer an.
- Zum anderen reicht es aus, wenn ein maßgeblicher Vertreter des Arbeitgebers die notwendige Kenntnis hat. Das ist letztlich der, der üblicherweise im Betrieb über Schwangerschaften unterrichtet wird, derjenige der kündigen darf oder auch der Prozessbevollmächtigte des Arbeitgebers, wenn die Kündigung schon angegriffen wurde. Die Kenntnis des Werksarztes reicht dagegen nicht aus, weil er der Schweigepflicht unterliegt.
- Hatte der Arbeitgeber keine Kenntnisse in diesem Sinne, reicht es, wenn die Schwangerschaft ihm innerhalb von zwei Wochen nach Zugang der Kündigung mitgeteilt wird. Dabei kommt es auf den Tag an, der zwei Wochen später in der Benennung dem Tag des Zugangs der Kündigung entspricht. Fällt der Tag auf ein Wochenende oder einen gesetzlichen Feiertag, so ist der nächste Werktag maßgeblich.

☐ Hat die Frau die **Mitteilungsfrist** ohne Verschulden verpasst, so ist auch noch eine spätere Mitteilung ausreichend. Verschulden ist grobes Verschulden gegen sich selbst, nicht jede Nachlässigkeit. Zwar ist es der Frau zuzurechnen, wenn sie um die Schwangerschaft weiß oder zwingende Gründe für eine solche Annahme sprechen und sie die Mitteilung verzögert. Das gilt aber schon dann nicht mehr, wenn sie – z. B. wegen Urlaubs – von der Kündigung keine Kenntnis nehmen konnte und auch nicht mit einer Kündigung zu rechnen brauchte. Es kann der Frau weder zum Vorwurf gemacht werden, dass sie sich nicht sofort beim Ausbleiben der Regelblutung untersuchen ließ, noch wenn sie eine bloß vermutete Schwangerschaft nicht mitteilt. Auch kann sie warten, bis der Beginn der Schwangerschaft feststeht. Es reicht, wenn sie die Mitteilung im Rahmen eines Kündigungsprozesses weiterleitet. Verzögert sich die Mitteilung allerdings aus Verschulden der Frau – z. B. weil sie eine falsche Adresse auf den Brief schreibt –, so geht dies zu ihren Lasten. Anders ist es, wenn z. B. der Prozessbevollmächtigte als Vertreter oder sonstige Personen, die in die Übermittlung eingeschaltet sind, Fehler machen.

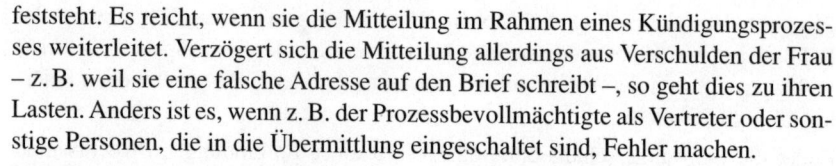

☐ Die Frau ist **nicht verpflichtet**, die Schwangerschaft nachzuweisen. Es reicht auch, wenn sie dem Arbeitgeber oder seinen Beauftragten rechtzeitig im erörterten Sinne mitteilt, sie sei vermutlich schwanger. Erfolgt die Mitteilung nach der Kündigung, muss aber klargestellt werden, dass die Frau bereits zum Zeitpunkt des Zugangs der Kündigung schwanger war.

Wogegen ist sie geschützt?

☐ Das MuSchG schützt gegen **Kündigungen**, und zwar gegen solche, die im Schutzzeitraum zugehen. Es verhindert keine Kündigungen, die vorher ausgesprochen aber erst im Mutterschutzzeitraum wirksam wurden, wohl aber solche, die im Schutzzeitraum zugingen aber danach wirksam werden sollen. Der Schutz betrifft alle Kündigungen, sowohl außerordentliche als auch ordentliche, Beendigungs- und Änderungskündigungen.

Andere Beendigungstatbestände wie z.B die Bedingung (→ **Auflösend bedingter Arbeitsvertrag**), die Befristung (→ **Befristung**) oder die **Anfechtung des Arbeitsverhältnisses** (→ **Anfechtung des Arbeitsvertrags**) bleiben unberührt. Es darf aber nicht vereinbart werden, dass das Arbeitsverhältnis mit einer Schwangerschaft endet, und es darf auch nicht befristet werden, um festzustellen, ob im Laufe der Befristung eine Schwangerschaft auftritt. Die Anfechtung eines Arbeitsvertrages wegen einer falsch beantworteten Frage nach der Schwangerschaft ist nicht möglich.

Ein Antrag des Arbeitgebers, das Arbeitsverhältnis aufzulösen (→ **Auflösungsantrag**) bleibt zwar möglich, ihm darf jedoch vom Arbeitsgericht nur stattgegeben werden, wenn auch die Zustimmung zu einer Kündigung zu erteilen wäre. Verstößt eine Kündigung des Arbeitgebers allerdings nicht nur gegen das KSchG, sondern auch gegen andere Vorschriften wie z. B. Kündigungsschutz nach dem MuSchG, ist ein Auflösungsantrag ohnehin nicht möglich.

Kann die Frau verzichten?

☐ Der Kündigungsschutz nach dem MuSchG ist **nicht** im Voraus **verzichtbar**. Es ist aber möglich, einen Aufhebungsvertrag zu schließen. Nach Ansicht des BAG ist ein solcher Aufhebungsvertrag auch nicht anfechtbar, also nicht einseitig durch die Arbeitnehmerin zu beseitigen, wenn sie bei seinem Abschluss nicht wusste, dass sie schwanger war oder dies zwar wusste, ihr aber nicht bekannt war, dass sie damit auf Rechte im Hinblick auf die Schwangerschaft verzichtet.

Die Arbeitnehmerin kann sich auf den Kündigungsschutz nicht mehr berufen, wenn sie ohne ersichtlichen Vorbehalt eine **Abfindung** wegen Beendigung des Arbeitsverhältnisses annimmt oder wenn sie selbst den Arbeitgeber aufgefordert hat, ihr zu kündigen und zu verstehen gegeben hat, sie wolle die Kündigung hinnehmen. Dadurch, dass die Frau sich auf die Kündigung nicht äußert, verliert sie die Rechte nach dem MuSchG nicht.

Die Frau kann auch selbst ihr Arbeitsverhältnis wirksam kündigen.

Was ist mit anderen Bestimmungen?

☐ Der Kündigungsschutz nach dem MuSchG lässt daneben bestehende andere Rechte weiterbestehen. Das gilt zum einen für das allgemeine Kündigungsschutzrecht, also das KSchG und die Bestimmungen über die außerordentliche Kündigung. Es gilt daneben aber auch, wenn die Frau einen weiteren besonderen Kündigungsschutz z. B. als Betriebsrätin oder – was in der Praxis bedeutsam ist – als Erziehungsurlauberin (→ **Erziehungsurlaub**) hat.

Was passiert bei unzulässiger Kündigung?

☐ Kündigt der Arbeitgeber ohne die erforderliche Zustimmung der Behörde, ist die Kündigung nicht nur **unwirksam**, sondern er gerät auch in → **Annahmeverzug**. Deshalb muss er grundsätzlich das Arbeitsentgelt weiterzahlen. Etwas anderes gilt nur bei ganz **schwerwiegenden Verfehlungen** der Frau, wenn sie Leib, Leben, Freiheit, Gesundheit, Ehre, Persönlichkeitsrecht oder Eigentum des Arbeitgebers, seiner Angehörigen oder der Betriebsangehörigen unmittelbar gefährdet. Diese Gefährdung muss so nachhaltig sein, dass ihre Abwehr Vorrang vor dem Mutterschutz hat.

Mutterschutz, Grundsätzliches

Der Annahmeverzug kann auch entfallen, wenn die Frau ihre Schwangerschaft nur behauptet, aber nicht nachgewiesen hat. Verlangt dann der Arbeitgeber die Nachweise und bietet gleichzeitig an, die Kosten des Nachweises zu übernehmen, so kann der Anspruch auf Entgeltfortzahlung ausgeschlossen sein, wenn die Arbeitnehmerin den Nachweis nicht erbringt. Das folgt daraus, dass die Arbeitnehmerin gesetzlich verpflichtet ist, ihre Schwangerschaft nachzuweisen.

Nichtigkeit des Arbeitsvertrags

Was ist das?

☐ »Nichtig« ist ein Arbeitsvertrag, der **keinerlei rechtliche Wirkungen** entfaltet. Dies ist insbesondere dann der Fall, wenn er gegen ein **gesetzliches Verbot** nach § 134 BGB oder gegen die **guten Sitten** nach § 138 BGB verstößt. Wiegt der Verstoß nicht besonders schwer, werden jedoch die **Grundsätze über das faktische Arbeitsverhältnis** (→ Anfechtung des Arbeitsvertrags) entsprechend herangezogen. Soweit effektiv gearbeitet wurde, wird dann das Rechtsverhältnis wie ein gültig zustande gekommenes behandelt.

☐ Vom nichtigen ist der **nicht zustande gekommene Arbeitsvertrag** zu unterscheiden. Er liegt vor, wenn die Vorstellungen beider Seiten weit auseinander gehen.

Beispiel:
A hilft dem B bei dessen privatem Hausbau und meint, einen Arbeitsvertrag abgeschlossen zu haben und deshalb einen normalen Bauarbeiterlohn verlangen zu können. B ist der Auffassung, es handle sich um eine Gefälligkeit unter Freunden. Ein solcher **Dissens** *steht der Annahme eines Arbeitsvertrags entgegen.*

Verstoß gegen ein Gesetz

☐ Nach § 134 BGB ist ein Arbeitsvertrag im Zweifel nichtig, wenn er gegen ein gesetzliches Verbot verstößt. Insoweit existieren verschiedene Fallgruppen.

• § 134 BGB greift dann ein, wenn die versprochene Arbeit vorwiegend oder ausschließlich in der **Begehung strafbarer Handlungen** besteht.

Beispiel:
Der Arbeitnehmer soll beim illegalen Einschleusen von Menschen, beim Schmuggel oder bei der Falschgeldherstellung mitwirken.

Die **Beteiligung an einer Steuerhinterziehung** führt nur dann zur Anwendung des § 134 BGB, wenn diese alleiniger Zweck der Tätigkeit ist.

Nichtigkeit des Arbeitsvertrags

- Nichtig ist weiter ein Arbeitsvertrag, der **gegen das Verbot der Kinderarbeit** nach § 5 Abs. 1 JArbSchG verstößt. Werden dagegen Jugendliche zu Arbeiten verpflichtet, die für sie nicht geeignet sind (gefährliche Arbeiten nach § 22 JArbSchG; Akkordarbeit nach § 23 JArbSchG), so ist lediglich diese Abmachung als solche unwirksam; an ihre Stelle tritt die Verpflichtung zu »normaler« Arbeit, die der Arbeitgeber ggf. zu ermöglichen hat. Wird eine nach dem ArbZG **unzulässige Dauer der Arbeitszeit** vereinbart, ist gleichfalls nur diese Abmachung, nicht jedoch der gesamte Arbeitsvertrag nichtig.
- Werden **Ausländer ohne Arbeitsgenehmigung** beschäftigt, lässt dies die Gültigkeit ihres Arbeitsvertrags nach der Rechtsprechung unberührt. Es besteht lediglich ein Beschäftigungshindernis, das den Arbeitgeber ggf. zur Kündigung berechtigt.
- Wird **Schwarzarbeit** in der Weise geleistet, dass keine Lohnsteuer und/oder keine Sozialversicherungsbeiträge abgeführt werden, so hat auch dies nicht die Unwirksamkeit des Arbeitsvertrags zur Folge; vielmehr ist nur die entsprechende Klausel unwirksam.

Sittenwidriger Arbeitsvertrag

⎵ Nach § 138 Abs. 1 BGB ist ein Rechtsgeschäft, das gegen die guten Sitten verstößt, nichtig. Der Begriff der »guten Sitten« wird traditionellerweise mit dem »**Anstandsgefühl aller billig und gerecht Denkenden**« identifiziert. Diese Formel wird in der Praxis nur dadurch handhabbar, dass die Rechtsprechung einzelne **Fallgruppen** entwickelt hat. Das Gesetz selbst kennt als Konkretisierung nur den **Wucher** nach § 138 Abs. 2 BGB, der dann vorliegt, wenn zwischen Leistung und Gegenleistung ein auffälliges Missverhältnis besteht und wenn überdies ein subjektives Moment wie die »Ausbeutung der Zwangslage« des schwächeren Teils hinzukommt. Im Einzelnen gilt Folgendes:

- Die **Tätigkeit als solche verstößt** gegen die guten Sitten. Dies sind relativ seltene Fälle. Die Rechtsprechung hat dies etwa dann angenommen, wenn ein Paar arbeitsvertraglich verpflichtet wurde, den Geschlechtsverkehr auf der Bühne vorzuführen. Ob auch das Striptease gegen die guten Sitten verstößt, blieb in der Rechtsprechung dahinstehen, sollte aber verneint werden.
- Denkbar ist weiter, dass die **Modalitäten der Tätigkeit** gegen die guten Sitten verstoßen. Dies ist etwa dann der Fall, wenn der **Arbeitnehmer** das volle **Risiko des Geschäftserfolgs** trägt, also z. B. trotz ungewisser Geschäftsaussichten lediglich Provision, jedoch kein Fixum erhält. Dasselbe gilt dann, wenn eine Serviererin in einer Gaststätte ausschließlich nach der Zahl der bedienten Kunden

vergütet wird. In diesen Fällen ist **lediglich** die **Vergütungsabrede**, nicht aber der Arbeitsvertrag als solcher **unwirksam**.

- Sind zu Lasten des Arbeitnehmers die Voraussetzungen des § 138 Abs. 2 BGB erfüllt, liegt ein sog. **Lohnwucher** vor. Nach der **Rechtsprechung des BGH** besteht das dort vorausgesetzte auffallende Missverhältnis zwischen Leistung und Gegenleistung bereits dann, wenn der für die betreffende Tätigkeit vorgesehene **Tariflohn um ein Drittel unterschritten** wird. Hinzu kommen muss dann allerdings noch die »subjektive Seite«, wonach der stärkere Teil die **Zwangslage**, die Unerfahrenheit, den Mangel an Urteilsvermögen oder die erhebliche Willensschwäche des anderen Teils **ausgebeutet** haben muss. Dies setzt Kenntnis der maßgebenden Umstände voraus. Lassen sich solche Umstände nicht belegen, ist Sittenwidrigkeit nach § 138 Abs. 1 anzunehmen, wenn der Tariflohn um mindestens die Hälfte unterschritten ist.

Rechtsfolgen

Ist der **ganze Arbeitsvertrag nichtig** (was nur dann der Fall ist, wenn die Tätigkeit als solche gegen ein gesetzliches Verbot oder die guten Sitten verstößt), so entstehen aus ihm keine Rechte und Pflichten. Die **Grundsätze über das faktische Arbeitsverhältnis** finden für in der Vergangenheit geleistete Arbeit dann Anwendung, wenn der Verstoß keinen besonderes gravierenden Charakter hat. Werden jedoch Grundüberzeugungen der Rechtsordnung verletzt, ist auch eine zeitlich beschränkte Behandlung nach Arbeitsrecht nicht hinnehmbar.

Beispiel:
Wer sich arbeitsvertraglich verpflichtet, das illegale Einschleusen von Menschen zu bewerkstelligen, kann für durchgeführte Fahrten über die Grenze keine »angemessene Vergütung« verlangen. Auch für die Dienste als geschickter Fälscher von Urkunden kann man nicht nachträglich Geld verlangen. Anders bei sittenwidriger Vermarktung von Sexualität; wenn insoweit ein Entgelt für geleistete Arbeit bezahlt wird, erscheint dies nicht »völlig unerträglich«.

☐ Auf die Nichtigkeit des Arbeitsvertrags kann sich **jede Seite berufen**, sobald ihr dies sinnvoll erscheint.

☐ Sind **lediglich einzelne Bestimmungen des Arbeitsvertrags unwirksam**, bleiben die übrigen Teile gültig. § 139 BGB, der für solche Fälle im Zweifel die Nichtigkeit des gesamten Vertrages vorsieht, findet im Arbeitsrecht keine Anwendung. Für den Arbeitnehmer wäre wenig gewonnen, wenn er die Berufung auf un-

Nichtigkeit des Arbeitsvertrags

zulässige Nachtarbeit oder unzulässigen Lohnwucher automatisch mit dem Verlust des Arbeitsplatzes bezahlen müsste.

An die Stelle der unwirksamen Abrede tritt eine gesetzes- oder sittenkonforme. Im Falle einer unzulänglichen Vergütung ist nach § 612 Abs. 2 BGB eine »angemessene« Vergütung geschuldet, die sich in der Regel nach dem ortsüblichen Tarifvertrag bemisst.

Bedeutung für den Betriebsrat

Die Berufung auf die Nichtigkeit des Arbeitsvertrags ist **keine Kündigung.** § 102 BetrVG findet deshalb keine Anwendung. Der Betriebsrat hat lediglich die Möglichkeit, den betroffenen Arbeitnehmer zu beraten.

Personalrat

Was ist das?

☐ Das BetrVG gilt nach seinem § 130 nicht in **Verwaltungen** und Betrieben des Bundes, der Länder, der Gemeinden und sonstiger Körperschaften, Anstalten und Stiftungen des öffentlichen Rechtes. In diesem Bereich gilt vielmehr das Personalvertretungsrecht. Dabei ist bei Bundesbehörden und solchen Körperschaften und Anstalten, die der Aufsicht des Bundes unterstehen, das Bundespersonalvertretungsrecht und im Bereich der Länder das Landespersonalvertretungsrecht des jeweiligen Landes anzuwenden.

In den genannten öffentlichen Körperschaften und Anstalten arbeiten nicht nur Arbeitnehmer, sondern auch **Beamte**. Personalvertretungsrechtliche Regelungen nehmen hierauf Rücksicht.

Was heißt das für die Kündigung von Arbeitnehmern?

☐ Die Mitwirkung des Personalrats bei der **Kündigung** von Arbeitnehmern ist für den **Bundesbereich** in § 79 des BPersVG geregelt. Die Regelung entspricht im Wesentlichen der des

☐ § 102 BetrVG. Es gelten also die dafür anzuwendenden Rechtsprinzipien (→ **Betriebsratsanhörung**; → **Widerspruch des Betriebsrats**). Für die Entbindung von der Weiterbeschäftigungspflicht ist das Arbeitsgericht und nicht das Verwaltungsgericht zuständig.

Leitet die Dienststelle die Mitwirkung des Personalrats durch einen unzuständigen Vertreter ein, so kann der Personalrat dies rügen. Tut er dies nicht, hat dies auf die Wirksamkeit der Personalratsmitwirkung keine Auswirkungen.

Von der Rechtsprechung noch nicht ganz geklärt ist die Frage, ob der Personalrat – so wie bei anderen Angelegenheiten als Kündigungen, bei denen ihm ein Mitwirkungsrecht zusteht – verlangen kann, dass die übergeordnete Dienststelle entscheidet.

☐ Die **Landespersonalvertretungsgesetze** haben eigene Regeln über die Beteiligung des Personalrats bei Kündigungen. Zum Teil wird sie für bestimmte Arbeit-

Personalrat

nehmergruppen – z. B. wissenschaftliche oder künstlerische Angestellte – nicht angewendet. Soweit die Personalvertretungsgesetze der Länder vorsehen, dass der Personalrat an einer Kündigung in irgendeiner Form mitzuwirken hat, ist eine ohne diese Mitwirkung oder bei fehlerhafter Mitwirkung ausgesprochene Kündigung unwirksam. Das folgt aus der Bestimmung des § 108 Abs. 2 des BPersVG.

Wie sind Mitglieder von Personalvertretungsorganen geschützt?

☐ Das Gesetz unterwirft Mitglieder von Personalvertretungsorganen demselben System des **Kündigungsschutzes** wie Mitglieder von Betriebsverfassungsorganen (→ **Betriebsverfassungsorgane, Kündigung**). Das ergibt sich aus § 15 Abs. 2 und Abs. 3 KSchG einerseits sowie § 47 Abs. 1 – für den Bereich des Bundes – und § 108 Abs. 1 BPersVG – für den Bereich der Länder – andererseits. Allerdings sind von diesem besonderen Kündigungsschutz nach § 47 Abs. 3 Satz 1 BPersVG Arbeitnehmer in einer Berufsausbildung ausgeschlossen, die dem Vorbereitungsdienst für Beamte entspricht.

Eine weitere Besonderheit ergibt sich daraus, dass das Verfahren auf Ersetzung der Zustimmung des Personalrates zur Kündigung (→ **Betriebsverfassungsorgane, Kündigung**) nicht vor dem Arbeitsgericht, sondern vor dem Verwaltungsgericht einzuleiten ist.

Personenbedingte Kündigung

Was ist das?

☐ Das Arbeitsverhältnis ist ein Austauschverhältnis, d. h. es muss wirtschaftlich für beide Seiten Sinn machen, wobei allerdings die wirtschaftlichen Interessen des Arbeitgebers deshalb nicht im Vordergrund stehen, weil der Arbeitnehmer besonders schutzbedürftig ist. Er ist für seine soziale Existenz in der Regel auf das Arbeitsverhältnis angewiesen.

Geht es deshalb um die Beendigung von Arbeitsverhältnissen, spielt die Frage, ob ein Arbeitsverhältnis noch Sinn macht oder in seinem **Gesamtgefüge gestört** ist, eine wesentliche Rolle. Macht das Arbeitsverhältnis aus der Sicht des Arbeitgebers und seiner Planungen keinen Sinn, so geht es um eine Frage der betriebsbedingten Kündigung (→ **betriebsbedingte Kündigung**). Hat sich der Arbeitnehmer in einer Art und Weise verhalten, die möglicherweise die Grundlage einer gedeihlichen Zusammenarbeit stört, stellt sich die Frage nach einer außerordentlichen Kündigung (→ **außerordentliche Kündigung**) oder nach einer verhaltensbedingten Kündigung (→ **verhaltensbedingte Kündigung**). Liegen die Probleme im Bereich des Arbeitnehmers, so kommt eine personenbedingte Kündigung in Betracht. Personen- und verhaltensbedingte Kündigungen werden danach abgegrenzt, ob ein **Verhalten** des Arbeitnehmers **vorwerfbar** ist oder nicht. Sie folgen unterschiedlichen Regeln, insbesondere ist bei verhaltensbedingten Gründen zu prüfen, ob nicht eine → **Abmahnung** erforderlich ist. Bei der personenbedingten Kündigung bedarf es dagegen keiner Abmahnung.

Der tatsächlich wichtigste Fall einer personenbedingten Kündigung ist der **Krankheitsfall** (→ **Krankheit**). In ihrer rechtlichen Einordnung zweifelhaft, letztlich aber als besondere Fallgruppen der Kündigungsberechtigung in der Rechtsprechung anerkannt sind die → **Verdachtskündigung** und die → **Druckkündigung**.

Personenbedingte Kündigung

Welche Voraussetzungen müssen für eine personenbedingte Kündigung vorliegen?

☐ Die Rechtsprechung hat ein dreistufiges Prüfungsschema entwickelt. Danach gilt Folgendes:

• Es muss eine **konkrete Störung** oder eine **erhebliche Beeinträchtigung** betrieblicher oder vertraglicher Interessen vorliegen. Diese muss auch in der **Zukunft** zu erwarten sein. Die Kündigung ist keine Bestrafung für Vorgänge in der Vergangenheit.

• Es darf keine **milderen Mittel** geben, um die Störung zu beseitigen. Die Kündigung ist letztes Mittel (»ultima ratio«) des Arbeitgebers.

• Es muss schließlich eine **Interessenabwägung** zwischen den berechtigten Interessen beider Seiten stattfinden. Dabei gilt ein strenger Maßstab. Heranzuziehen sind zunächst die Umstände des Arbeitsverhältnisses, nämlich die Betriebszugehörigkeit und betriebliche Ursachen der Störung, sowie die Stellung des Arbeitnehmers im Betrieb. Schließlich sind die persönlichen Lebensumstände des Arbeitnehmers wie sein Lebensalter und die Unterhaltspflichten heranzuziehen.

Welche Fälle kommen für eine Kündigung in Betracht?

☐ Die Beurteilung einer personenbedingten Kündigung ist – ebenso wie die verhaltensbedingte Kündigung und wesentlich mehr als die betriebsbedingte Kündigung – eine Frage der Beurteilung des **Einzelfalls**. Jedoch haben sich nach der Rechtsprechung Fallgruppen entwickelt, die als Kündigungsgrund in Betracht kommen und Fallgruppen, die nicht als Kündigungsgrund in Betracht kommen. Selbst dort, wo eine Kündigung in Betracht kommt, heißt dies nicht, dass sie auch im Einzelfall begründet ist. Die nachstehenden Ausführungen können deshalb nur einen ersten Anhaltspunkt für die arbeitsrechtliche Beurteilung eines möglicherweise kündigungserheblichen Sachverhaltes geben.

☐ Außer den anderweitig behandelten Fällen der Krankheit, einschließlich der Sucht, kommen als personenbedingte Kündigungsgründe in Betracht:

• **Fehlende Eignung, den Arbeitsplatz auszufüllen**
Das kann zum einen der Fall sein, wenn der Arbeitnehmer alters- oder krankheitsbedingt seine Tätigkeit nicht mehr ausüben kann. Es kann zum anderen aber auch der Fall sein, wenn öffentlich-rechtliche Erlaubnisse, z. B. die Arbeits- oder Aufenthaltsgenehmigung, die Fahrerlaubnis oder die Fluglizenz, fehlen. Vo-

raussetzung für eine derartige Kündigung ist jedoch, dass in absehbarer Zeit mit der Erteilung der Erlaubnis nicht zu rechnen ist und der Arbeitnehmer auch nicht anderweitig eingesetzt werden kann. Welche Zeit des Wartens dem Arbeitgeber dabei zuzumuten ist, hängt von den zu erwartenden betrieblichen Beeinträchtigungen ab.

- **Straftat/Haft**
Wenn und soweit Straftaten einen **dienstlichen** Bezug haben, ist dies eine Frage der verhaltensbedingten oder außerordentlichen Kündigung. Haben Straftaten keinen dienstlichen Bezug, so kann sich aus ihnen doch ergeben, dass die Eignung für die ausgeübte Tätigkeit nicht mehr vorhanden ist. Dies kann im Einzelfall eine Kündigung rechtfertigen.

Beispiel:
Ein Bankkassierer wird wegen Unterschlagung verurteilt, weil er in seiner Eigenschaft als Kassenwart eines Sportvereins Gelder privat verwendet hat.

Wird ein Arbeitnehmer in Straf- oder Untersuchungshaft genommen, so kann dies eine Kündigung rechtfertigen, da dadurch das Arbeitsverhältnis in seinem Vollzug beeinträchtigt ist. Es hängt aber viel vom Einzelfall ab.

Beispiel:
Ein seit 20 Jahren unbeanstandet in einer Fabrik tätiger gewerblicher Arbeitnehmer wird wegen fahrlässiger Tötung im Straßenverkehr zu einer Freiheitsstrafe von zehn Monaten ohne Bewährung verurteilt. Der Arbeitgeber hält eine Personalreserve vor. In diesem Fall kann es angebracht sein, den Arbeitgeber auf Überbrückungsmaßnahmen zu verweisen, z. B. auf die befristete Einstellung einer Ersatzkraft.

- **Nachlassende Leistungsfähigkeit**
Ergibt sich entweder deswegen, weil der Arbeitnehmer alters- oder gesundheitsbedingt nicht mehr seine frühere Leistung erbringen kann oder weil sich die Anforderungen der Produktion so ändern, dass der Arbeitnehmer nicht mehr leistungsfähig ist, kann darauf möglicherweise eine Kündigung gestützt werden. Gerade hier ist aber besonders zu überprüfen, ob nicht im Wege der Nachschulung oder der Umsetzung ein anderweitiger Einsatz des Arbeitnehmers möglich ist. Ob solche Nachschulungsmaßnahmen vom Arbeitgeber zu verlangen sind, ist eine Frage der Zumutbarkeit und der Möglichkeit des Arbeitgebers, während der Zeit der Nachschulung den Ausfall des Arbeitnehmers zu überbrücken. Auch gehen Versetzungen auf einen anderen Arbeitsplatz vor.
- Eine Leistungsminderung ist kündigungsrechtlich aber erst dann erheblich, wenn sie in deutlicher Weise von der Leistungsfähigkeit eines Arbeitnehmer abweicht, dessen Fähigkeiten zwar unter dem Durchschnitt liegen, aber gerade noch hinnehmbar sind.

Personenbedingte Kündigung

- Hat der **Betriebsrat** wirksam der Einstellung eines Arbeitnehmers nach § 99 des BetrVG **widersprochen** und ergibt sich nach Abschluss eines gerichtlichen Verfahrens, dass der Widerspruch berechtigt war, kann der Arbeitgeber diesen Arbeitnehmer personenbedingt fristgemäß kündigen.
- Die **Beeinträchtigung** des Zwecks des Arbeitsverhältnisses aus dem privaten Bereich kann im Einzelfall zu einer personenbedingten Kündigung führen, wobei jedoch Zurückhaltung geboten ist: Im öffentlichen Dienst stellt sich das Problem der Verfassungstreue. Bei **Tendenzträgern**, insbesondere Kirchen, stellt ein privates tendenzwidriges Verhalten möglicherweise einen Grund zur Kündigung dar. Der praktisch wichtigste Fall ist der der Eheschließung des kirchlichen Beschäftigten entgegen der Lehre der Kirche. Hier ist nach der Rechtsprechung eine Kündigung möglich, wenn die Interessenabwägung zu Lasten des Arbeitnehmers ausgeht.

  Ferner sind Fälle denkbar, in denen Zustände im privaten Bereich des Arbeitnehmers objektiv aus der Sicht des Arbeitgebers Bedenken an der Zuverlässigkeit des Arbeitnehmers wecken können. Zu nennen sind zum einen **Sicherheitsbedenken** im Rüstungsbereich und gleichzustellen ist die ernsthafte Gefährdung von Betriebsgeheimnissen.

  Beispiel:
  - *Der Arbeitnehmer übt eine Vertrauensstellung z. B. im Bereich neuer Forschungen und Entwicklungen aus, hat aber privat Schulden.*

  Oder:
  - *Der Vertriebsbeauftragte und Verwalter der Kundenlisten einer Firma ist privat mit der Geschäftsführerin eines Konkurrenzunternehmens liiert.*

- Einen personenbedingten Kündigungsgrund können u. U. auch gewissensbedingte Arbeitsverweigerungen darstellen, die dafür aber nicht als verhaltensbedingter Kündigungsgrund in Betracht kommen. Hier ist zu unterscheiden, ob verweigerte Arbeit vorn vornherein im Arbeitsverhältnis angelegt war oder ob es sich erst später ergab, dass sie auszuführen ist.

  Beispiel:
  - *Ein Entwicklungsingenieur eines Rüstungsbetriebes wird zum Pazifisten und kann die Entwicklung von Waffen nicht mehr mit seinem Gewissen vereinbaren. Hier ist in der Regel ein Kündigungsgrund gegeben.*

  Oder:
  - *In einem Druckbetrieb wird nach Jahren üblicher Tätigkeit plötzlich ein Dauerauftrag einer rechtsradikalen Partei angenommen, mit dem diese dort ihr Wahlkampfmaterial und ihre regelmäßigen Mitgliedermitteilungsblätter drucken lässt. Ein Arbeitnehmer, dessen Familie unter der Verfolgung im Nationalsozialismus gelitten hat, kann den Druck dieser »Erzeugnisse« nicht mit*

*seinem Gewissen vereinbaren. **Hier ist eine Kündigung nur möglich, wenn eine Umorganisation der Arbeit nicht in Betracht kommt und der Arbeitnehmer deswegen praktisch überhaupt nicht mehr einsetzbar ist.***

☐ Von vornherein gar nicht als personenbedingter Kündigungsgrund kommen in Betracht:

- **Aids** wegen der bloßen Tatsache der Infizierung, anders wenn die Krankheit wirklich ausgebrochen ist.
- Das **Lebensalter**. Hier kann jedoch möglicherweise eine wirksame → **Altersgrenze** vereinbart sein und das Arbeitsverhältnis auch ohne Kündigung enden.
- Die Übernahme öffentlicher und privater **Ehrenämter**.
- Die **sexuelle Orientierung** oder eine Geschlechtsumwandlung.
- Umstände, die einen **besonderen Kündigungsschutz** auslösen, wie Schwangerschaft, Wehrdienst u.Ä.

Was kann der Betriebsrat tun?

Im Bereich der personenbedingten Kündigung ist es denkbar, dass der Betriebsrat sowohl gegenüber dem Arbeitgeber als auch gegenüber den anderen Arbeitnehmern praktisch tätig wird, um den Kündigungsgrund zu beseitigen oder die Kündigung sonst zu verhindern. Beispielsweise kann er um Verständnis für Aidsinfizierte werben und darauf hinweisen, dass eine Ansteckungsgefahr nicht besteht. Oder er kann gegenüber dem Arbeitgeber bei der gewissensbedingten Arbeitsverweigerung auf Umorganisationsmöglichkeiten hinweisen, die dieser sonst nicht gesehen hätte oder die ohne das Einwirken des Betriebsrats von den Kollegen nicht hingenommen worden wären. Verhandlungsmöglichkeiten des Betriebsrats liegen also eher auf betriebspolitischer Ebene als auf der Ebene der Ausübung gesetzlich garantierter Mitbestimmungsrechte. Rechtlich legitimiert ist ein derartiges Handeln durch § 80 Abs. 1 Nr. 2 BetrVG, wonach der Betriebsrat Maßnahmen, die dem Betrieb und der Belegschaft dienen, beim Arbeitgeber beantragen kann.

Rückzahlungsansprüche des Arbeitgebers

Grundlagen

☐ Endet das Arbeitsverhältnis, ist es unter Berücksichtigung der noch bestehenden beiderseitigen Ansprüche abzurechnen. Bei dieser **Abrechnung** ist vielfach der Arbeitgeber berechtigt, Ansprüche, die während des bestehenden Arbeitsverhältnisses nicht bzw. noch nicht fällig waren, **fällig zu stellen** und gegenüber dem ausscheidenden Arbeitnehmer geltend zu machen, auch durch **Aufrechnung**.

☐ Da sich insbesondere der auf Veranlassung des Arbeitgebers ausscheidende Arbeitnehmer oft in einer finanziell schwierigen Lage befindet, sind solche Rückzahlungsansprüche besonders belastend.

☐ Plant der Arbeitnehmer eine **Eigenkündigung** (→ **Kündigung durch den Arbeitnehmer**), können sich Rückzahlungsbelastungen als **erhebliche Kündigungserschwerung** darstellen.

☐ Rückzahlungsverpflichtungen des Arbeitnehmers können entweder durch **Überzahlungen** des Arbeitgebers während des laufenden Arbeitsverhältnisses entstehen oder aufgrund besonderer vertraglicher Vereinbarung, z. B. Arbeitgeberdarlehen, Mietvorauszahlungen usw.

☐ Daneben sind **spezielle Sachverhalte** häufig mit sog. **Rückzahlungsklauseln** im Arbeitsvertrag oder in besonderen Vereinbarungen zum Arbeitsvertrag geregelt. Solche Rückzahlungsklauseln finden sich vor allem im Zusammenhang mit der Gewährung von **Gratifikationen** und ähnlichen Einmal- bzw. Sonderzahlungen (→ **Einmalzahlungen**), mit **Urlaubsansprüchen**, Urlaubsentgeltansprüchen und mit **Umzugskosten**.

☐ In der Praxis ein sehr häufiger Fall ist die vom Arbeitgeber voll- bzw. teilfinanzierte **Aus- bzw. Weiterbildung** des Arbeitnehmers mit einer vom Arbeitnehmer eingegangenen **Rückzahlungsverpflichtung** der vom Arbeitgeber aufgewandten Kosten, wenn das Arbeitsverhältnis vor Ablauf einer bestimmten festgelegten Zeit endet.

Beispiel:
Sie verpflichten sich, nach Vollendung der Probezeit eine außerbetriebliche Schulung zum Marketing-Fachmann zu durchlaufen. Die dadurch entstehenden Kosten trägt

das Unternehmen. Scheiden Sie vor dem 31.12.2003 aus dem Unternehmen aus, sind Sie verpflichtet, die aufgewendeten Schulungskosten (anteilig) zurückzuzahlen.

Rückzahlung eines Arbeitgeberdarlehens

☐ Vereinbaren die Parteien die Gewährung eines Darlehens durch den → **Arbeitgeber**, findet nach der Rechtsprechung dann das Gesetz über die Allgemeinen Geschäftsbedingungen Anwendung, wenn der Arbeitgeber einen **vorformulierten** Darlehensvertrag verwendet. In diesem Falle sind die Bestimmungen des Darlehensvertrages daraufhin zu überprüfen, ob eine **unangemessene Benachteiligung** des Kreditnehmers vorliegt.

☐ Wie jedes andere Darlehen kann auch das Arbeitgeberdarlehen **gekündigt** werden. Eine Kündigung eines Arbeitgeberdarlehens ist aber **nicht automatisch** mit dem Ausscheiden des Arbeitnehmers aus dem Arbeitsverhältnis verbunden, auch wird **nicht automatisch** der **Rückzahlungsanspruch** des Arbeitgebers aus dem Darlehen fällig. Der Fortbestand des Arbeitsverhältnisses ist nicht Geschäftsgrundlage für den Darlehensvertrag, weil der Arbeitnehmer die Darlehenssumme meistens außerhalb des Betriebes und des Zwecks des Arbeitsverhältnisses verwendet. Es gilt jedoch eine Ausnahme für Darlehen, die zur Ausbildungsfinanzierung verwandt werden, es gelten dann die unten dargestellten Regelungen.

☐ Eine vertragliche Vereinbarung, wonach die **sofortige Rückzahlung** des Darlehens bei Beendigung des Arbeitsverhältnisses erfolgen muss, wird nur in äußerst engen Grenzen zulässig sein. Sie scheidet aus, wenn der Arbeitgeber den Grund für die Beendigung des Arbeitsverhältnisses gesetzt oder veranlasst hat. Deshalb sind sofortige Fälligkeiten für die Rückzahlung bei → **betriebsbedingter Kündigung** generell unzulässig.

☐ Zulässig ist es allerdings, dass nach Ende des Arbeitsverhältnisses **Zinsvergünstigungen** enden und ein Arbeitgeberdarlehen nach marktüblichen Konditionen fortgesetzt wird. Das bezieht sich allerdings nur für den Zeitraum ab Ende des Arbeitsverhältnisses, eine rückwirkende Zinsanpassung hält einer Inhaltskontrolle nicht stand.

Überzahlte Vergütung

☐ Hat der Arbeitnehmer während des Arbeitsverhältnisses **zu viel Vergütung** bezogen, kann der Arbeitgeber die erfolgte Überzahlung bei Ausscheiden des Arbeit-

Rückzahlungsansprüche des Arbeitgebers

nehmers abrechnen. Allerdings kann es im Einzelnen so sein, dass der Arbeitgeber überzahlte Vergütungen deshalb nicht zurückfordern kann, weil der Arbeitnehmer **entreichert** ist. Das kann insbesondere dann der Fall sein, wenn es sich um relativ geringfügige Beträge handelt, die überzahlt wurden und die vom Arbeitnehmer für den laufenden Lebensbedarf verwandt worden sind. Auf solche Ansprüche sind **tarifliche Ausschlussfristen** anwendbar.

Beispiel:
Irrtümlich hat der Arbeitgeber mit dem monatlichen Lohn 7,50 DM zu viel überwiesen. Da die Lohnhöhe schwankte, fiel das kaum auf. Der Arbeitnehmer hat das Geld für seine tägliche Lebensführung verbraucht.

Allgemeine Rückzahlungsklauseln

☐ **Rückzahlungsklauseln** bedürfen einer ausdrücklichen Vereinbarung, diese kann im Einzelarbeitsvertrag, aber auch in einem Tarifvertrag oder in einer Betriebsvereinbarung enthalten sein. Sie können **formfrei** vereinbart werden, in der Regel ist jedoch die **Schriftform** nicht nur sinnvoll, sondern auch üblich.

☐ Rückzahlungsklauseln sind einer **gerichtlichen Überprüfung** zugänglich. Die Rechtskontrolle soll gewährleisten, dass unbillige Vereinbarungen und Belastungen des Arbeitnehmers durch Zahlungsvereinbarungen, insbesondere bei Ausscheiden aus dem Arbeitsverhältnis, unterbleiben. Gegenstand der Billigkeitskontrolle ist dabei insbesondere, ob in solchen Klauseln eine **unzulässige Kündigungserschwerung für den Arbeitnehmer** besteht, die diesen daran hindern könnte, von seinem grundgesetzlich geschützten Recht auf **Berufsfreiheit** (Art. 12 GG) Gebrauch zu machen. Die gerichtliche Kontrolle bezieht sich aber auch auf den Rechtsgrund der Rückzahlungsklausel und die Modalitäten der Rückzahlung im einzelnen. Maßstab für die Zulässigkeit von entsprechenden Vereinbarungen kann auch die Dauer der **Kündigungsfrist** sein. Je länger diese ist, umso eher kann sich der Arbeitnehmer auf die Rückzahlungssituation einstellen.

Rückzahlung von Ausbildungskosten, ein Sonderfall

☐ Häufig wird eine Rückzahlungsklausel im Zusammenhang mit **Aus- oder Weiterbildungskosten** vereinbart. Im **Berufsausbildungsverhältnis** und ähnlichen bzw. gleichgestellten Ausbildungsgängen sind Rückzahlungsklauseln generell untersagt. Der Arbeitgeber hat die Kosten der Ausbildung selbst zu tragen.

☐ **Absolut unzulässig** ist es auch, gesetzliche Ausbildungsverpflichtungen des Arbeitgebers kostenmäßig dem Arbeitnehmer zuzuweisen. Dies gilt z. B. für die Einweisungskosten in den Arbeitsplatz des Arbeitnehmers gem. § 81 BetrVG, für die Kosten, die bei **Umschulungs-** bzw. **Weiterbildungsmaßnahmen** zur Vermeidung einer → **betriebsbedingten Kündigung** vom Arbeitgeber zu tragen sind, für solche Bildungsmaßnahmen, die der Arbeitgeber gesetzlich für den Betrieb benötigt oder aufgrund gesetzlicher Verpflichtung durchführen muss, wie z. B. **Bildungsurlaub**, Fortbildung von → **Betriebsbeauftragten**, wie z. B. Datenschutzbeauftragter, Betriebsarzt und Betriebsratsschulung.

☐ Soweit Rückzahlungsvereinbarungen zulässig sind, unterliegen sie einer doppelten **gerichtlichen Kontrolle**.

- **Bildungsmaßnahmen,** die nur **betriebsbezogen** sind, lediglich schon vorhandene Kenntnisse auffrischen, absichern oder weiterentwickeln bzw. an die vom Arbeitgeber vorgenommene Ausstattung und Entwicklung des Betriebes, die eingesetzten Maschinen, EDV-System u. Ä. anpassen, sind kostenmäßig **allein** vom **Arbeitgeber** zu tragen.

Beispiele:
- *Fortbildungsseminare für Bankangestellte im Zusammenhang mit in der Bank neu eingeführten EDV-Systemen;*
- *Lehrgänge zur zeitgerechten Personalführung für Mitarbeiter einer Personalabteilung; Lehrgänge für Rechtsanwaltsfachangestellte im Hinblick auf gesetzliche Fortentwicklung u. Ä.*

- Kosten einer Ausbildungsmaßnahme, durch die der Arbeitnehmer **nicht nur betriebsbezogen** aus- und weitergebildet wird, sondern durch die er für den innerbetrieblichen oder außerbetrieblichen Arbeitsmarkt zusätzlich qualifiziert wird, so dass ihm mit der Aus- oder Weiterbildung zum einen ein finanzieller Vorteil gewährt wird, der in einer höheren Eingruppierung bestehen kann und darüber hinaus ihm die Möglichkeit eröffnen wird, auf besser qualifizierten Arbeitsplätzen, auch außerhalb des bisherigen Betriebes, tätig zu werden, können grundsätzlich auf den Arbeitnehmer abgewälzt werden.

Beispiel:
Der Arbeitgeber bezahlt dem Arbeitnehmer eine Ausbildung zu einer bisher nicht vorhandenen Zusatzqualifikation, die der Arbeitnehmer am bisherigen Arbeitsplatz nicht benötigt, z. B. ermöglicht der Arbeitgeber den Erwerb eines Abschlusses als Marketing-Fachmann. Der Arbeitnehmer, der zuvor als Sachbearbeiter tätig war, kann nun mit Führungsaufgaben im Marketing-Bereich eingesetzt werden und verdient dadurch wesentlich mehr.

Rückzahlungsansprüche des Arbeitgebers

☐ Liegt eine zulässige Rückzahlungsvereinbarung dem Grunde nach vor, dann muss geprüft werden, ob die vereinbarten **Modalitäten** insgesamt interessengerecht sind. Unzulässig sind unzumutbar lange **Bindungsfristen**. Die Bindungsfristen müssen in einem angemessenen Verhältnis zur Dauer der Fortbildungsmaßnahme stehen, auch die Kosten der Maßnahme und die Vorteile des Arbeitnehmers können berücksichtigt werden.

Beispiel:
Nach der Rechtsprechung ist z. B. bei den Kosten für den Erwerb der Musterberechtigung zum Führen eines Flugzeuges eine Bindungsdauer von nur einem Jahr zulässig.

☐ Eine längere Bindungsdauer als drei Jahre wird nur in **extremen** Ausnahmefällen in Betracht kommen, wenn die Kosten besonders hoch sind und sich der »Marktwert« des Arbeitnehmers überproportional steigert.

☐ Unzulässig sind Rückzahlungsvereinbarungen oder Darlehensgewährungen, die ohne **zeitliche Staffelung** angelegt sind. Üblicherweise werden deshalb Vereinbarungen getroffen, wonach die Rückzahlungsverpflichtung sich **gleichmäßig** innerhalb des Bindungszeitraumes reduziert.

Beispiele:
- *Die zulässige Bindungsdauer beträgt zwei Jahre. Der zurückzuzahlende Betrag verringert sich für jeden Monat seit Ende der Ausbildung um $1/24$.*
- *Unzulässig ist die Vereinbarung, dass nach einem Jahr drei viertel der aufgewendeten Kosten zurückzuzahlen ist, nach zwei Jahren die Hälfte.*

☐ Die Rückzahlungsverpflichtung darf nur die unmittelbaren Ausbildungskosten umfassen, keine etwaigen Zusatzkosten des Arbeitgebers. Zahlt der Arbeitgeber während der Ausbildung die Vergütung weiter, kann u. U. auch diese in die Rückzahlungsverpflichtung eingestellt werden.

☐ **Endet** das **Arbeitsverhältnis**, ohne dass der Bindungszeitraum schon abgelaufen ist, entsteht die (anteilige) **Rückzahlungsverpflichtung** des Arbeitnehmers, wenn er selbst das Arbeitsverhältnis beendet hat oder eine arbeitgeberseitige Kündigung erfolgt ist, die verhaltensbedingt ggf. personenbedingt gerechtfertigt war. Eine Rückzahlungsverpflichtung entfällt, wenn das Ausscheiden aufgrund **betriebsbedingter Kündigung** eines vom Arbeitgeber veranlassten Aufhebungsvertrages oder deshalb erfolgt ist, weil der Arbeitnehmer aufgrund rechtswidrigen Verhaltens des Arbeitgebers selbst gekündigt hat (→ **Kündigung des Arbeitnehmers**).

Rückzahlung von Umzugskostenerstattung

☐ Ist der Arbeitnehmer aufgrund einer arbeitgeberseitigen Veranlassung **betrieblich bedingt** umgezogen, so zahlt der Arbeitgeber im Regelfall die **Umzugskosten**. Eine entsprechende Vereinbarung kann mit einer Rückzahlungsvereinbarung verknüpft werden. Eine solche ist jedoch nur zulässig, wenn der Umzug zumindest **auch im Interesse** des Arbeitnehmers lag. Liegt er ausschließlich im Interesse des Arbeitgebers, ist eine Rückzahlungsvereinbarung nicht zulässig.

Beispiel:
Der Arbeitgeber hat einen Rückforderungsanspruch von 5000,- DM. Die Pfändungsfreigrenze des Arbeitnehmers beträgt monatlich 1712,50 DM. Während der viermonatigen Kündigungsfrist kann der Arbeitgeber auf das Netto-Gehalt des Arbeitnehmers von 2500,- DM nur jeweils 787,50 DM monatlich aufrechnen.

☐ Rückzahlungsvereinbarungen über Umzugskosten dürfen keine **unzulässige Bindungsdauer** beinhalten und müssen während der Bindungsdauer eine **gestaffelte Rückführung** beinhalten. Angemessen ist auch hier eine monatliche Staffelung in Relation zur Bindungsdauer, die drei Jahre nicht überschreiten darf.

☐ Endet das Arbeitsverhältnis, wird die Rückzahlung nur fällig, wenn das Ende des Arbeitsverhältnisses durch den **Arbeitnehmer**, durch Eigenkündigung, von ihm veranlassten Aufhebungsvertrag oder vertragswidrigem Verhalten verursacht ist. Keine Rückzahlungsverpflichtung entsteht, wenn das Arbeitsverhältnis betriebsbedingt oder personenbedingt durch den Arbeitgeber gekündigt wird oder der Arbeitgeber sich so rechtswidrig verhalten hat, dass der Arbeitnehmer dadurch zur Kündigung gezwungen war.

Zu viel erhaltener Urlaub

☐ Nach § 5 Abs. 3 BUrlG muss der Arbeitnehmer, der nach sechsmonatiger → **Betriebszugehörigkeit** in der ersten Hälfte eines Kalenderjahres aus dem Arbeitsverhältnis ausscheidet, das Urlaubsgeld für zu viel erhaltene Urlaubstage **nicht** zurückzahlen.

☐ Diese Vorschrift bezieht sich aber nur auf den **gesetzlichen Mindesturlaub** von 24 Urlaubstagen. Da dieser jedoch regelmäßig deutlich überschritten wird, können für den darüber hinausgehenden Urlaub anderweitige Rückzahlungsvereinbarungen getroffen werden. Diese sind jedoch einer gerichtlichen Inhaltskontrolle zugänglich.

Rückzahlungsansprüche des Arbeitgebers

Gratifikationen und sonstige Einmalzahlungen

☐ Siehe dazu im Einzelnen unter → **Einmalzahlung**.

Aufrechnung durch den Arbeitgeber

☐ Stehen dem Arbeitgeber bei Ende des Arbeitsverhältnisses Rückzahlungsansprüche zu, kann er diese mit Ansprüchen, die dem Arbeitnehmer zustehen, **aufrechnen**. Von dieser Möglichkeit wird häufig Gebrauch gemacht.

☐ Allerdings ist die Aufrechnungsmöglichkeit des Arbeitgebers durch die sog. **Pfändungsfreigrenzen** eingeschränkt. Nach den zwangsvollstreckungsrechtlichen Vorschriften der ZPO müssen einem Schuldner Mindestbeträge, gestaffelt nach familiärer Situation, von der Arbeitsvergütung verbleiben, damit er seinen Lebensunterhalt ohne staatliche Hilfe bestreiten kann.

☐ Der Arbeitgeber kann deshalb mit seinen Rückzahlungsansprüchen nur bis zur Höhe des **Pfändungsfreibetrages** aufrechnen. Dieser muss zur **Auszahlung** gebracht werden. Dies gilt auch dann, wenn absehbar ist, dass der ausscheidende Arbeitnehmer nach Ende des Arbeitsverhältnisses kaum in der Lage ist, die noch offenen Rückzahlungsansprüche des Arbeitgebers zu befriedigen.

Bedeutung für den Betriebsrat

☐ **Mitbestimmungsrechte** des Betriebsrats können im Zusammenhang mit **aus- und weiterbildungsbezogenen** Rückzahlungsklauseln im Zusammenhang mit § 98 BetrVG entstehen. Denn zur Durchführung **betrieblicher Berufsbildung** gehört auch die Regelung von Kostenfragen und Rückzahlungsklauseln.

☐ Bei der Gewährung von **Arbeitgeberdarlehen** kommt das Mitbestimmungsrecht nach § 87 Abs. 1 Ziff. 10 bzw. ggf. auch Ziff. 8 BetrVG in Betracht.

☐ **Mitbestimmungsrechte** des Betriebsrats nach § 87 Abs. 1 Ziff. 10, evtl. auch Ziff. 4 BetrVG im Zusammenhang mit Rückzahlungsklauseln bestehen immer dann, wenn die vorher geleisteten Zahlungen des Arbeitgebers einen **Vergütungscharakter**, keinen Auslagenersatzcharakter wie bei Umzugskosten, haben.

☐ Rückzahlungsvereinbarungen im Zusammenhang mit zu viel gewährtem Urlaub sind mitbestimmungspflichtig nach § 87 Abs. 1 Ziff. 5 BetrVG, was die Ausgestaltung der Zahlungsverpflichtung angeht.

Sachlicher Grund

Was ist das?

☐ Der Abschluss eines befristeten Arbeitsvertrages ist nur zulässig, wenn für die Befristung ein »sachlicher Grund« spricht. Dies ist von der Rechtsprechung des BAG schon frühzeitig betont und mittlerweile zu einem **allgemeinen Rechtsgrundsatz** ausgebaut worden. Für bestimmte Bereiche ist der Gesetzgeber allerdings davon abgewichen (→ **Befristung**).

☐ Wann ist ein Grund »sachlich«? Nach der Rechtsprechung muss er von »**verständigen und verantwortungsbewussten Partnern**« akzeptiert werden. Dabei sind die Interessen des Arbeitgebers wie die des Arbeitnehmers zu berücksichtigen.

☐ Das Erfordernis des »sachlichen Grundes« soll **verhindern, dass** der **Kündigungsschutz** durch den Abschluss befristeter Verträge ausgehöhlt oder **gegenstandslos** gemacht wird. Je stärker der in einer gleichartigen Situation bei einem unbefristeten Arbeitsverhältnis in Betracht kommende Kündigungsschutz wäre, umso höher sind die Anforderungen an den »sachlichen Grund«.

☐ In **Kleinbetrieben** mit weniger als sechs Beschäftigten und in den ersten sechs Monaten des Arbeitsverhältnisses ist nach überkommener Rechtsprechung im Regelfall überhaupt kein sachlicher Grund erforderlich, da ja auch das KSchG nicht eingreifen würde. Mittlerweile ist dort jedoch auch ein Minimum an Kündigungsschutz zu wahren (→ **Kündigungsschutz außerhalb des Kündigungsschutzgesetzes**), sodass zumindest willkürfreie, nachvollziehbare Erwägungen nötig sind. Rechtsprechung dazu existiert allerdings noch nicht.

☐ Der **Normalfall** des »sachlichen Grundes« ist dann gegeben, wenn bei unbefristetem Arbeitsverhältnis das KSchG eingreifen würde.

☐ Könnte sich der Arbeitnehmer ohne die Befristung auf einen **Sonderkündigungsschutz** – etwa nach dem MuSchG oder nach § 15 KSchG – berufen, sind an den sachlichen Grund besonders hohe Anforderungen zu stellen. Die Arbeitgeberinteressen, die für eine Befristung sprechen, müssen in solchen Fällen besonders gravierend sein.

Sachlicher Grund

Fallgruppen

☐ Die Rechtsprechung hat zahlreiche Anwendungsfälle für den »sachlichen Grund« entwickelt. Dieser kann in der Person des Arbeitnehmers, aber auch in der Sphäre des Arbeitgebers liegen. Daneben kommt der (gerichtliche oder außergerichtliche) Vergleich als sachlicher Grund in Betracht. Der besseren Übersichtlichkeit wegen sollen im Folgenden die einzelnen sachlichen Gründe **alphabetisch aufgelistet** werden:

ABM

Bei Arbeitsbeschaffungsmaßnahmen (ABM) ist es allgemein üblich, das Arbeitsverhältnis des »zugewiesenen« Arbeitnehmers für die Förderungsdauer zu befristen, die zwischen einem und drei Jahren liegt. Das BAG billigt in ständiger Rechtsprechung diese Praxis. Allerdings existiert eine Reihe von Ausnahmen:
- Die Befristung ist zwar auch dann wirksam, wenn der **Zuweisungsbescheid** in Bezug auf die ABM-Kraft **fehlerhaft** ist, wenn er z. B. die persönlichen Voraussetzungen für die Förderung nicht korrekt bestimmt hat. Leidet der Zuweisungsbescheid jedoch an so groben Mängeln, so dass er nichtig ist, kann er die Befristung nicht rechtfertigen.
- Der Arbeitgeber hat die **Zuweisung** durch unzutreffende Tatsachenbehauptungen **erschlichen**.
- Die **Dauer der Befristung und die Dauer der Förderung** stimmen nicht überein. Wird der Arbeitsvertrag für einen längeren Zeitraum abgeschlossen, als vom Arbeitsamt bewilligt wurde, lässt er sich nicht mit der Förderung rechtfertigen. Dasselbe ist auch dann anzunehmen, wenn die Förderungsdauer nicht ganz unerheblich unterschritten wird.
- Nach der Rechtsprechung des BAG ist die Befristung trotz ordnungsgemäßer Zuweisung dann unwirksam, wenn der Arbeitnehmer **vorher beim selben Arbeitgeber beschäftigt** war, von diesem zur Auflösung seines Arbeitsverhältnisses veranlasst wurde und nunmehr bei ihm zur Erledigung unaufschiebbarer Daueraufgaben (also nicht ABM-konform) eingesetzt wird. Dies lässt sich m. E. dahingehend verallgemeinern, dass der Befristungsgrund »ABM« immer dann ausscheidet, wenn der zugewiesene Arbeitnehmer vorwiegend mit anderen als den vom Arbeitgeber in Aussicht genommenen Aufgaben betraut wird.

Abwicklungsarbeiten

Denkbar ist, dass bestimmte Tätigkeiten mit hoher Wahrscheinlichkeit nach Ablauf einer bestimmten Frist nicht mehr notwendig sein werden. Dies gilt etwa bei Abwicklungsarbeiten in der **Insolvenz** oder in sonstigen Fällen der Geschäftsaufgabe,

Sachlicher Grund

bei denen ausnahmsweise niemand aus der bisherigen Belegschaft mehr zur Verfügung steht und deshalb eine befristete Einstellung in Betracht kommt.

Arbeitserlaubnis
s. Ausländische Arbeitnehmer

Aufgaben von begrenzter Dauer
Eine Befristung ist dann zulässig, wenn die Arbeitsaufgabe ihrem Inhalt nach nur für eine bestimmte Zeit anfällt.

Beispiele:
- *Das Unternehmen will sich an der Ausschreibung eines Bauprojekts beteiligen; die Erarbeitung der dafür nötigen Unterlagen erfordert zwei Monate.*
- *Ein Forschungsprojekt soll in drei Jahren abgeschlossen sein und auch keine Fortsetzung erfahren.*

Denkbar ist weiter, dass im öffentlichen Dienst Sonderprogramme aufgelegt werden, die nur einen zeitlich begrenzten Arbeitsbedarf zur Folge haben.

Aus- und Fortbildung
Arbeitsverträge können deshalb befristet werden, weil sie der Aus- und Weiterbildung des Arbeitnehmers dienen. Mit dem Bestehen der Prüfung oder dem sonstigen Qualifikationserwerb ist der Zweck der Beschäftigung erreicht, sodass es gerechtfertigt erscheint, das Arbeitsverhältnis zu diesem Zeitpunkt auslaufen zu lassen.

☐ Notwendig ist, dass über den Lerneffekt jeder Aufgabenerfüllung hinaus eine bestimmte Qualifikation vermittelt wird.

Beispiel:
Das Industrieunternehmen U schließt mit dem Informatiker I einen Arbeitsvertrag, wonach dieser aufgrund seiner Tätigkeit als Externer an der Universität promovieren soll.

☐ Der Gedanke der Fortbildung rechtfertigt es auch, die Tätigkeit in einer **Beschäftigungs- und Qualifizierungsgesellschaft** zu befristen. Nicht genügend ist es dagegen, wenn die durch eine berufliche Erstausbildung erworbenen Kenntnisse lediglich »vertieft« werden sollen.

Aushilfskraft
s. Aufgaben von begrenzter Dauer; Vertretung

Sachlicher Grund

Ausländische Arbeitnehmer

Wer kein Staatsangehöriger eines EU-Mitgliedslands ist, bedarf zur Aufnahme einer Tätigkeit nach §§ 284 ff. SGB III der **Arbeitserlaubnis**. Diese wird häufig nur befristet erteilt. Das kann es nahe legen, den Arbeitsvertrag mit dem ausländischen Arbeitnehmer auf die Dauer der Arbeitserlaubnis zu befristen. Zulässig ist dies allerdings nur dann, wenn von vornherein mit einiger Sicherheit **feststeht**, dass eine **Verlängerung** entgegen dem Üblichen **nicht** beantragt oder **erteilt** wird. Eine vertraglich vereinbarte Befristung ist deshalb nicht zu vermuten; vielmehr muss ein entsprechender Wille der Arbeitsvertragsparteien mit aller Eindeutigkeit zum Ausdruck gekommen sein.

Drittmittel

Wird ein bestimmtes Vorhaben, eine Betriebsabteilung oder ein ganzer Betrieb von der öffentlichen Hand oder einem anderen Zuwendungsgeber finanziert, so ist dies im Grundsatz arbeitsrechtlich ohne Bedeutung. Die Unsicherheit, ob die Finanzierung in Zukunft fortgeführt wird oder ob man sich nach einem anderen Zuwendungsgeber wie z.B. einer Stiftung umschauen muss, ist Teil des unternehmerischen Risikos.

☐ Die Situation ändert sich, wenn der Drittmittelgeber detaillierte Vorgaben über die Art und Weise der Aufgabenerfüllung macht und die Förderung zeitlich begrenzt. Hier liegt ähnlich wie bei der haushaltsrechtlichen »Befristung« einer Stelle eine Entscheidung vor, die einen zeitlich begrenzten Einsatz rechtfertigt.

Eingliederungszuschuss

Die Gewährung eines Eingliederungszuschusses stellt keinen Befristungsgrund dar. Sein Zweck liegt in der Erleichterung der Beschäftigung, nicht in der »befristeten« Schaffung von Arbeitsplätzen. Insoweit liegt der Fall anders als bei einer Arbeitsbeschaffungsmaßnahme.

Erprobung

Die Rechtsprechung anerkennt es als »sachlichen Grund«, wenn das Arbeitsverhältnis befristet wird, um während dieser Zeit die Eignung des Arbeitnehmers für den Arbeitsplatz zu erproben. Dem kann entgegengehalten werden, dass dies auch im Rahmen eines unbefristeten Arbeitsverhältnisses möglich ist, da der Kündigungsschutz erst nach sechs Monaten eingreift und bei nicht erfolgreicher Zusammenarbeit daher eine vorzeitige Kündigung jederzeit möglich ist.

☐ Das BAG hat allerdings eine Reihe einschränkender Voraussetzungen entwickelt:

Sachlicher Grund

- Die Festlegung einer bloßen Probezeit reicht nicht für die Annahme einer Befristung. Diese muss vielmehr **zweifelsfrei vereinbart** sein.
- Anders als sonstige »sachlichen Gründe« muss der Erprobungszweck **Inhalt des Arbeitsvertrags** geworden sein. Ein bloßes Motiv des Arbeitgebers ist auch dann unbeachtlich, wenn es dem Arbeitnehmer bekannt ist.
- Ein Probearbeitsverhältnis scheidet aus, **wenn** der **Arbeitgeber** die **Fähigkeiten** des Arbeitnehmers bereits in vollem Umfang aufgrund der bisherigen Tätigkeit **beurteilen** kann. Die Beschäftigung als Auszubildender soll dafür allerdings nicht genügen.
- Das befristete Probearbeitsverhältnis darf nur so lange dauern, wie es erforderlich ist, um dem Arbeitgeber ein vollständiges Bild von der Tätigkeit des Arbeitnehmers zu geben. Im Allgemeinen sind **sechs Monate ausreichend**. Bei einfachen Routinetätigkeiten ist in der Regel eine kürzere Zeit von zwei bis drei Monaten angemessen. Im Einzelfall können die sechs Monate auch überschritten werden, wenn der Arbeitnehmer lange Zeit nicht mehr in seinem erlernten Beruf gearbeitet hat oder wenn es sich um eine Tätigkeit handelt, die wie die eines **Künstlers oder Wissenschaftlers** im Laufe von sechs Monaten nicht vollständig beurteilt werden kann.

Ersatzkraft
s. Vertretung

Fortbildung
s. Aus- und Weiterbildung

Fremdsprachenlektoren
Lange Zeit ging die Rechtsprechung davon aus, dass die Arbeitsverträge mit Fremdsprachenlektoren befristet werden könnten, da bei längerer Abwesenheit der Kontakt zur heimischen Kultur leide. In der Zwischenzeit ist dies schon wegen der modernen Kommunikationsformen nicht mehr überzeugend; auch stellte die entsprechende Praxis eine vom Europäischen Gerichtshof beanstandete Benachteiligung anderer EU-Staatsangehöriger dar. Im Hochschulbereich ist dieser Befristungsgrund ausdrücklich beseitigt worden; auch in anderen Tätigkeitsfeldern ist er **nicht mehr anzuerkennen**.

Haushaltsplan
- Eine Befristung ist zulässig, wenn im öffentlichen Dienst eine bestimmte Stelle nur befristet bewilligt wurde oder wenn ihre **Streichung** in einem künftigen Haushaltsplan **mit hinreichender Sicherheit** zu erwarten ist.

Sachlicher Grund

- Die allgemeine Gefahr, dass ein künftiger Haushaltsplan Stellen streichen wird, reicht nicht aus; andernfalls könnte die öffentliche Hand sämtliche Arbeitsverträge befristen. Auch eine zu erwartende allgemeine Mittelkürzung oder – weiter gehend – die Anordnung **allgemeiner Einsparungen** ist als solche ohne Bedeutung.
- Entscheidungen ausländischer Haushaltsgesetzgeber in Bezug auf die Beschäftigung deutscher Arbeitnehmer werden nicht in gleichem Umfang als maßgebend erachtet. Vielmehr ist immer zu prüfen, inwieweit zumindest objektiv deutsches Kündigungsschutzrecht umgangen wird.
- Umstritten ist, ob eine vorübergehende Mittelbewilligung auch dann eine Befristung rechtfertigt, wenn absehbar ist, dass die Mittel auch in künftigen Haushaltsjahren zur Verfügung stehen werden.

Beispiel:
Durch freiwillige Teilzeit von Arbeitnehmern des öffentlichen Dienstes werden Mittel frei, die für Neueinstellungen verwendet werden. Soweit sich die »Teilzeitquote« auch in künftigen Haushaltsjahren mit hinreichender Sicherheit wieder einstellen wird, fehlt es entgegen der Rechtsprechung des BAG an einem ausreichenden sachlichen Grund für eine Befristung.

Kampagnebetriebe
s. Saisonbetriebe

Lehrer
Bei der Beschäftigung angestellter Lehrer im öffentlichen Dienst ist die **Befristung besonders weit verbreitet**. Häufig erfolgt eine Rechtfertigung unter Hinweis auf das Haushaltsrecht (s. oben). Die Rechtsprechung hat es weiter zugelassen, den **Vertretungsbedarf zu pauschalieren**. Die Zuordnung einer »Vertretungskraft« zu einer oder zwei (nicht oder nur teilweise besetzten) Stellen ist nicht erforderlich. Dabei kann auf den Gesamtbereich der Schulverwaltungsbehörde abgestellt werden. Die Tatsache, dass der Vertretungsbedarf auf Dauer besteht, wird nicht als rechtlich bedeutsam angesehen, obwohl die Wahrnehmung von Daueraufgaben an sich jeder Befristung entgegensteht.

Maßgebender Zeitpunkt
Nach ständiger Rechtsprechung des BAG kommt es allein darauf an, ob der »sachliche Grund« im Zeitpunkt des Vertragsabschlusses vorlag. Spätere Veränderungen sollen ohne Bedeutung sein. Dies gilt dann, wenn ein zunächst fehlender sachlicher Grund nachträglich entsteht, aber auch für den Fall, wenn der zunächst vorhandene Grund nachträglich wegfällt. Die Literatur stimmt dem mehrheitlich zu.

Sachlicher Grund

Nebentätigkeiten

Die Tatsache, dass ein Arbeitsverhältnis eine »Nebentätigkeit« darstellt, begründet keinen besonderen »sachlichen Grund«. Zulässig ist jedoch eine Befristung mit Rücksicht auf die Erfordernisse der Haupttätigkeit.

Beispiel:
Der Arbeitnehmer hat durch längere Arbeitszeiten ein größeres **Freizeitkonto** *angesammelt, das er aber nicht zur Pflege von Hobbys oder zu einer Weltreise nutzt. Vielmehr schließt er mit einem anderen Arbeitgeber einen befristeten Arbeitsvertrag über einige Monate.*

Rundfunkmitarbeit

Nach der Rechtsprechung des BVerfG soll die Rundfunkfreiheit nach Art. 5 Abs. 1 Satz 2 GG beeinträchtigt sein, wenn der Träger der Einrichtung sich nicht die Möglichkeit vorbehalten kann, programmgestaltende Mitarbeiter nach einiger Zeit auszuwechseln. Im Einzelnen gilt Folgendes:

- **»Programmgestaltend«** sind **alle Mitarbeiter**, die das Programm inhaltlich mit beeinflussen. Auch »Lokalreporter« zählen dazu. Wer lediglich ausführende Funktion hat, wie beispielsweise ein Kamera-Assistent, ein Rundfunksprecher oder ein Übersetzer, gehört nicht dazu.
- Auch bei programmgestaltenden Mitarbeitern ist der Abschluss befristeter Arbeitsverträge nicht beliebig zulässig. Vielmehr treten nach der Rechtsprechung lediglich die Interessen stärker zurück, die gegen eine Befristung und für ein Arbeitsverhältnis auf unbestimmte Dauer sprechen. Je länger ein Mitarbeiter **beschäftigt** wurde, **umso stärker** kommt der **Gedanke des Bestandsschutzes** zur Geltung, weil der bisherige Verlauf des Arbeitsverhältnisses deutlich macht, dass normalerweise kein Bedürfnis nach einem personellen Wechsel besteht. Spätestens nach zehn Jahren überwiegt das Bestandsschutzinteresse des Beschäftigten.
- Die Rundfunkfreiheit umfasst nicht nur das Recht, innerhalb bestehender Programme durch Personenaustausch andere Akzente zu setzen. Von ihr wird auch das Recht zur **Erprobung neuer Programme** erfasst. Auch insoweit sind Befristungen möglich.

Saisonbetriebe

Die Tatsache, dass der Arbeitnehmer für den Saison- oder Kampagnebetrieb des Arbeitgebers tätig ist, rechtfertigt gleichfalls die Befristung.
Nach herrschender Lesart sind Saisonbetriebe solche Unternehmen, die zwar **ganzjährig tätig** sind, die jedoch innerhalb bestimmter wiederkehrender Perioden ihre Geschäftstätigkeit erheblich ausdehnen.

Sachlicher Grund

Beispiel:
Ganzjährig geöffnetes Hotel in einem Feriengebiet
Im Gegensatz dazu arbeitet ein **Kampagnebetrieb** nur wenige Monate im Jahr.
Beispiel:
Fremdenverkehrsunternehmen, Freibad
Bei Saisonbetrieben ist die Befristung nur für solche Personen zulässig, die gerade mit dem erhöhten Arbeitsanfall wie z. B. der Produktion von Speiseeis befasst sind.

Schauspieler
Die Arbeitsverträge mit Schauspielern können grundsätzlich befristet werden. Nach verbreiteter Einschätzung wünscht das **Publikum** »Abwechslung« und will nicht immer dieselben Sänger, Schauspieler und Schönheitstänzerinnen vorgesetzt bekommen. Dabei ist allerdings immer vorausgesetzt, dass es sich um eine Person mit individualisierbarer Leistung und **in herausgehobener Position** handelt. Wer als Mitglied eines Chores, eines Orchesters oder eines Balletts tätig ist, wird als Individuum vom Publikum praktisch nicht wahrgenommen, sodass insoweit auch kein »Abwechslungsbedürfnis« und damit kein sachlicher Grund für eine Befristung besteht.
Die verbreiteten Tarifverträge haben an der Befristung als solcher nichts geändert. Sie verlangen lediglich eine rechtzeitige **Nicht-Verlängerungsmitteilung**, soll sich das Arbeitsverhältnis nicht automatisch um ein Jahr fortsetzen. Diese kann wiederum nur nach vorheriger Anhörung des Arbeitnehmers erfolgen. Wird sie durchgeführt, reicht schon die subjektive Motivation des Intendanten, um eine Verlängerung der Beschäftigung auszuschließen; eine inhaltliche Überprüfung der getroffenen Entscheidung findet nicht statt.

Sozialamt, Maßnahmen des Sozialamts
Das Sozialamt hat nach § 19 Abs. 2 BSHG die Möglichkeit, arbeitslosen Sozialhilfeempfängern »Gelegenheit zu gemeinnütziger und zusätzlicher Arbeit« zu verschaffen. Das bedeutet, dass diese mit **allen Tätigkeiten** betraut werden können, **die** nicht im Interesse eines bestimmten Unternehmers liegen und die »**zusätzlich**« sind, d. h. die sonst nicht, nicht in diesem Umfang oder nicht zu diesem Zeitpunkt verrichtet worden wären. Dabei sind die Beschäftigten grundsätzlich in einem Arbeitsverhältnis zu beschäftigen. Dieses kann befristet werden, da die Maßnahmen der Sozialhilfe insgesamt **nur vorübergehenden Charakter** haben und der (Wieder-) Eingliederung des Betroffenen in das normale gesellschaftliche Leben dienen. Dauert die Maßnahme allerdings länger als fünf Jahre, kann eine Entfristung verlangt werden.

Sachlicher Grund

Strukturanpassungsmaßnahmen

Die Beschäftigung in sog. Strukturanpassungsmaßnahmen folgt nach § 278 SGB III denselben Grundsätzen wie die Tätigkeit im Rahmen einer Arbeitsbeschaffungsmaßnahme. S. ABM

Studenten

Die Befristung von Arbeitsverträgen mit Studenten wurde lange Zeit als völlig unproblematisch empfunden. Nach der neueren BAG-Rechtsprechung ist zu differenzieren.
Der Abschluss befristeter Arbeitsverträge ist zulässig, wenn nur dadurch ein ordnungsgemäßes Studium sichergestellt wird. Besteht etwa während der Vorlesungszeit keine sinnvolle Einsatzmöglichkeit, so können jeweils befristete Verträge für die Zeit der **Semesterferien** (oder einen Teil davon) abgeschlossen werden.
Die Situation ist anders, wenn den **Erfordernissen des Studiums** bereits auf andere Weise, etwa durch flexible Gestaltung der Arbeitszeit oder durch Kündigungsmöglichkeiten, Rechnung getragen ist. In diesem Fall stellt die **Eigenschaft als Student keinen Befristungsgrund** dar. Damit wird auch der Tatsache Rechnung getragen, dass der Student keine existenzsichernde Haupttätigkeit besitzt, sondern in der Regel sein Studium durch die Teilzeitarbeit finanzieren muss. Von daher ist er wie jeder andere Arbeitnehmer zu sehen. Auch eine Befristung auf die Dauer des Studiums kommt nicht in Betracht, da keineswegs automatisch mit einer Anschlussbeschäftigung in dem erlernten Beruf gerechnet werden kann.

Überbrückung

Ein sachlicher Grund für die Befristung ist auch dann gegeben, wenn der Arbeitgeber den Arbeitnehmer im **Anschluss an ein wirksam gekündigtes Arbeitsverhältnis** für einige Zeit weiterbeschäftigt, um ihm so die Suche nach einem neuen Arbeitsplatz oder die Orientierung auf eine andere Lebensgestaltung zu erleichtern. Dasselbe gilt, wenn ein wirksam befristeter Arbeitsvertrag ausläuft oder wenn ein Auszubildender nach Abschluss seiner Ausbildung für einige Zeit weiterbeschäftigt wird.
Ob wirklich soziale Gründe vorliegen, ob es also bei der Befristung um die Überwindung von Übergangsschwierigkeiten geht, ist sorgfältig zu prüfen. Das BAG stellt insoweit zu Recht »strenge Anforderungen«, da die Gefahr nicht von der Hand zu weisen ist, dass der Arbeitgeber vorwiegend Eigeninteressen verfolgt. Ein gewichtiges Indiz, dass dies nicht der Fall ist, ist die Bereitschaft, den Arbeitnehmer ggf. mit sofortiger Wirkung freizustellen, wenn er einen anderen Arbeitsplatz gefunden hat. Ein weiteres Indiz ist die Tatsache, dass ohne den Arbeitnehmer die Arbeit von den Übrigen mit erledigt worden oder liegen geblieben wäre.

Sachlicher Grund

Vergleich

Wird in einem **gerichtlichen** Vergleich eine befristete Weiterbeschäftigung vereinbart, stellt auch dies einen ausreichenden sachlichen Grund dar. Das Gericht verhindere in aller Regel, dass die Interessen einer Partei unangemessen stark berücksichtigt würden. Allerdings kann nur eine einmalige Befristung erfolgen.
Ob auch ein **außergerichtlicher** Vergleich genügt, ist umstritten. Das BAG verlangt zumindest, dass offener Streit besteht und der Arbeitnehmer jederzeit eine gerichtliche Auseinandersetzung beginnen könnte. Die Gefahr, dass der Arbeitgeber einen Streit vom Zaune bricht und der Arbeitnehmer die Befristung als bessere Alternative im Vergleich zu einer sofortigen Kündigung sieht, ist jedoch nicht von der Hand zu weisen.

Vertretung

Nach ständiger Rechtsprechung des BAG und nach allgemeiner Auffassung in der Literatur liegt ein »sachlicher Grund« auch dann vor, wenn der Arbeitnehmer **einen vorübergehend ausfallenden** anderen **Beschäftigten** vertritt. Der Ausfall kann auf Krankheit oder Urlaub, aber auch auf der Ableistung von Wehr- oder Zivildienst sowie auf der Abordnung des Stelleninhabers in eine andere Niederlassung oder ins Ausland beruhen. Die Vertretung anlässlich des Erziehungsurlaubs hat in § 21 BErzGG eine ausdrückliche Regelung erfahren.
Dem Arbeitgeber wird ein beträchtliches Maß an Entscheidungsfreiheit eingeräumt.

- Die Vertretung muss sich nicht notwendigerweise auf das Aufgabengebiet des vorübergehend ausgefallenen Arbeitnehmers beziehen. Möglich ist auch, diese Funktion von einem anderen Arbeitnehmer erfüllen zu lassen und an dessen Stelle die »Aushilfskraft« zu beschäftigen.
- Der Arbeitgeber ist nicht verpflichtet, die Aushilfskraft für den gesamten Zeitraum einzustellen, für den ein Vertretungsbedarf besteht. Vielmehr liegt es in seinem freien unternehmerischen Ermessen, ob er die Arbeit von anderen mit erledigen lässt, ob er für die ganze Zeit oder ob er nur für einen Teil eine Vertretungskraft einstellt.
- Auch eine mehrmalige Befristung zur Vertretung ist zulässig. Je häufiger befristet wird, umso eher muss der Arbeitgeber Gründe angeben, weshalb nur eine zeitlich beschränkte Tätigkeit in Betracht kommt.

Allerdings existieren auch bei der »Vertretungsbefristung« Grenzen. Die Einstellung einer »**Daueraushilfe**« ist nur auf der Basis eines unbefristeten Arbeitsverhältnisses zulässig. Wann der »Umschlag« zur Daueraushilfe erfolgt, ist höchstrichterlich nicht geklärt; m. E. ist von ein bis eineinhalb Jahren auszugehen.
Scheidet die vertretene Person endgültig aus, ändert dies im Grundsatz an der Be-

fristung nichts. Allerdings wird man eine Fortsetzung für eine angemessene Zeitdauer annehmen können.

Wunsch des Arbeitnehmers
Die Befristung eines Arbeitsvertrags ist schließlich wirksam, wenn sie dem ausdrücklichen Wunsch des Arbeitnehmers entspricht. Dieser kann allerdings nicht aus der Unterschrift unter den befristeten Vertrag rückgeschlossen werden. Notwendig ist vielmehr, dass objektive Anhaltspunkte dafür bestehen, dass der Arbeitnehmer von sich aus an einer Befristung interessiert war.

Beispiel:
Ein Student will durch eine zeitlich befristete Tätigkeit Einblick in die Berufspraxis gewinnen.
Ähnliches gilt, wenn man die Zeit bis zum Antritt einer bereits fest zugesagten Stelle überbrücken möchte. Oft lässt sich das Bestehen eines Wunsches auch durch die hypothetische Frage klären, ob der Arbeitnehmer auf einer befristeten Tätigkeit auch dann bestanden hätte, wenn ihm der Arbeitgeber einen unbefristeten Arbeitsvertrag angeboten hätte.

Gesetzliche Regelung

Das geplante Teilzeit- und Befristungsgesetz will die wichtigsten »sachlichen Gründe« ausdrücklich nennen, bringt inhaltlich insoweit jedoch keine Änderungen.

Schriftform bei der Beendigung des Arbeitsverhältnisses

Grundlagen

☐ Im Zivilrecht wie im Arbeitsrecht gilt an sich der **Grundsatz der Formfreiheit**. Der Abschluss von Verträgen, aber auch der Ausspruch von Kündigungen ist auch mündlich oder durch sog. konkludente Erklärung möglich.

Beispiel:
Man legt im Supermarkt die ausgesuchte Ware auf das Band und erklärt damit »konkludent« (= schlüssig), sie kaufen zu wollen.

Auch der Abschluss und die Beendigung von Arbeitsverhältnissen war unter diesen Umständen »formlos« möglich. Das **NachwG** sieht **lediglich** eine **nachträgliche Dokumentation** der wesentlichen Arbeitsbedingungen vor; unterbleibt diese, hat dies keine Auswirkungen auf die Gültigkeit der getroffenen Vereinbarungen.

☐ **An diesem Rechtszustand hat sich mit Wirkung vom 1. Mai 2000 im Arbeitsrecht Wesentliches geändert.** Der neu ins BGB eingefügte § 623 bestimmt:

»Die Beendigung von Arbeitsverhältnissen durch Kündigung oder Auflösungsvertrag sowie die Befristung bedürfen zu ihrer Wirksamkeit der Schriftform.«

Vorher hatte es Derartiges **nur** aufgrund einzelner gesetzlicher Regelungen wie des **BBiG** und insbesondere aufgrund von **Tarifverträgen** gegeben.

Welche Beendigungstatbestände sind erfasst?

☐ § 623 BGB bezieht sich einmal auf die **»Kündigung«**. Dabei spielt es keine Rolle, ob sie vom Arbeitgeber oder vom Arbeitnehmer ausgesprochen wurde. Umstritten ist, ob dasselbe auch für die → **Anfechtung** eines Arbeitsvertrags gilt. M. E. ist dies wegen der vergleichbaren Wirkung zu bejahen.

☐ Auch der **Auflösungs- oder Aufhebungsvertrag** bedarf der Schriftform. Anderes gilt dann, wenn das Arbeitsverhältnis schon aus anderen Gründen beendet ist und nunmehr lediglich die Modalitäten der Abwicklung festgelegt werden.

☐ Auch die **Befristung des Arbeitsverhältnisses** muss nunmehr **schriftlich** erfolgen. Dasselbe gilt nach weit überwiegender Auffassung für die Vereinbarung einer auflösenden Bedingung.

Was heißt »Schriftform«?

Sieht das Gesetz für eine Erklärung die Schriftform vor, so muss nach § 126 Abs. 1 BGB die Urkunde von dem Aussteller »**eigenhändig durch Namensunterschrift**« unterschrieben sein. Dass der Text selbst mit PC oder Schreibmaschine erstellt wurde, ist unschädlich. Korrekterweise müsste man daher von »**Unterschriftsform**« sprechen.

☐ Die **Unterschrift** muss **nicht leserlich** sein, doch reichen Abkürzungen wie die bloßen Anfangsbuchstaben nicht aus. Auch ein **Fax genügt nicht**, da es nur die Kopie einer Unterschrift enthält. Eine **E-Mail** ist kein »Schriftstück« im Sinne des § 623 BGB. Daran hat auch das sog. **Signaturgesetz** nichts geändert. Allerdings sieht eine EG-Richtlinie vor, dass elektronische Signaturen den handschriftlichen Unterschriften gleichzustellen sind; ob dies auch auf den Fall des § 623 BGB erstreckt wird, ist derzeit noch offen.

☐ Bei der **Kündigung** reicht die Unterschrift durch den Kündigenden. Beim **Auflösungsvertrag** und bei der **Befristungsabrede** gibt es **zwei Möglichkeiten:**

- Beide Parteien unterschreiben auf derselben Urkunde. Von dieser werden dann ggf. Duplikate hergestellt.
- Alternativ dazu besteht die Möglichkeit, dass mindestens **zwei gleich lautende Schriftstücke** hergestellt werden und jede Seite das Exemplar unterzeichnet, das für die andere bestimmt ist.

☐ Ein **bloßer Briefwechsel** genügt nicht, da ja die beiden Briefe nicht wortidentisch sind. Auch würde es nicht ausreichen, ein »**Bestätigungsschreiben**« in Bezug auf einen mündlich geschlossenen Aufhebungsvertrag zu schicken, dem die andere Seite nicht widerspricht.

Was passiert, wenn die Schriftform nicht gewahrt wurde?

Wird eine gesetzlich vorgeschriebene Schriftform nicht eingehalten, so ist die in Frage stehende **Erklärung** nach § 125 BGB **nichtig**. Die mündlich ausgesprochene Kündigung lässt daher das Arbeitsverhältnis bestehen; dasselbe gilt für den münd-

Schriftform bei der Beendigung des Arbeitsverhältnisses

lich geschlossenen Aufhebungsvertrag. Die Befristungsabrede ist unwirksam, so dass ein **unbefristetes Arbeitsverhältnis entsteht.**

☐ § 623 BGB hat den **Sinn**, unter den Beteiligten für klare Verhältnisse zu sorgen und – was noch wichtiger ist – den Einzelnen vor unüberlegten Handlungen zu bewahren. Eine Aussage des Arbeitgebers »Ich will Sie hier nicht mehr sehen« oder eine Erklärung des Arbeitnehmers »Unter diesen Umständen habe ich keine Lust mehr« kann keine wirksame Kündigung darstellen. Durch § 623 BGB wird **Rechtssicherheit** geschaffen, was zahlreiche überflüssige arbeitsgerichtliche Verfahren vermeiden soll.

Einzelprobleme bei der Kündigung durch den Arbeitgeber

☐ § 623 BGB betrifft die ordentliche wie die außerordentliche Kündigung; **auch eine Änderungskündigung** ist nach allgemeiner Auffassung erfasst.

Nur die Kündigung als solche bedarf der Schriftform; die **Mitteilung der Kündigungsgründe** kann **unterbleiben.** Anderes gilt nur nach § 15 Abs. 3 BBiG sowie aufgrund tarifvertraglicher Regelungen.

Will der Arbeitgeber **lediglich einzelne Arbeitsbedingungen** wie z. B. eine Zulage widerrufen, greift § 623 BGB nicht ein. Dasselbe gilt für die Abmahnung, da sie keinen Beendigungstatbestand darstellt.

Die **schriftliche Kündigung** muss dem Arbeitnehmer **zugehen**, was bedeutet, dass sie ihm im Betrieb überreicht wird oder dass sie ihm durch die Post oder per Boten in die Wohnung gebracht wird. Für den Zugang reicht der Einwurf in den Briefkasten.

☐ Wurde ohne Wahrung der Schriftform gekündigt, ist die **Kündigung unwirksam.** Dies kann auch noch **nach Ablauf der Drei-Wochen-Frist** des § 4 KSchG geltend gemacht werden; insoweit liegt ein »sonstiger Unwirksamkeitsgrund« nach § 13 Abs. 3 KSchG vor. Nur nach längerer Zeit und wenn der Arbeitgeber andere Dispositionen getroffen hat, wäre das Klagerecht des Arbeitnehmers verwirkt.

☐ Die Formnichtigkeit der Kündigung schließt es nicht aus, dass der **Arbeitgeber erneut** – und dieses Mal schriftlich – **kündigt.** Allerdings ist denkbar, dass die → **Zwei-Wochen-Frist** des § 626 Abs. 2 BGB dann bereits verstrichen ist und deshalb statt einer außerordentlichen nur noch eine ordentliche Kündigung in Betracht kommt.

☐ Ist lediglich eine wegen Verstoßes gegen § 623 BGB unwirksame Kündigung ausgesprochen, gegen die sich der Arbeitnehmer zur Wehr setzt, liegt ein Fall des Annahmeverzuges nach § 615 BGB vor. Es kann daher **Entgeltfortzahlung** verlangt werden. Wird zunächst formnichtig, dann formgerecht gekündigt, greift § 615 BGB jedenfalls bis zum Zeitpunkt der zweiten Kündigung ein. Danach gelten die allgemeinen Grundsätze.

Einzelprobleme bei Kündigung durch den Arbeitnehmer

☐ Wahrt der Arbeitnehmer die Schriftform nicht, bleibt das Arbeitsverhältnis bestehen. Allerdings hat er sich ja vom Arbeitsverhältnis »losgesagt«; insoweit **scheidet** ein Annahmeverzug des Arbeitgebers und eine daraus folgende Pflicht zur **Entgeltfortzahlung** nach § 615 BGB **aus**.

☐ Will der Arbeitnehmer das Arbeitsverhältnis fortsetzen, sich also auf die Formnichtigkeit der Kündigung berufen, muss er seine **Bereitschaft zur Arbeit dem Arbeitgeber gegenüber erklären**. Von diesem Moment an besteht dann auch wieder ein Anspruch nach § 615 BGB.

☐ Ist längere Zeit vergangen und hat der Arbeitgeber den Arbeitsplatz **anderweitig besetzt**, kann er dem Arbeitnehmer entgegenhalten, er verstoße gegen Treu und Glauben, wenn er sich nunmehr auf die Formnichtigkeit seiner früheren Kündigung berufe. Allerdings wird man hier strenge Maßstäbe anlegen müssen, da der Arbeitgeber einen einfachen Weg besitzt, um sich die nötige Klarheit zu verschaffen. Er kann den Arbeitnehmer zur Fortsetzung der Arbeit auffordern und bei Nichterscheinen am Arbeitsplatz eine außerordentliche Kündigung aussprechen. Verzichtet er darauf, nimmt er grundsätzlich in Kauf, dass der Arbeitnehmer sich in absehbarer Zeit auf den Fortbestand des Arbeitsverhältnisses beruft.

Einzelprobleme beim Abschluss eines Aufhebungsvertrags

☐ Der Gesetzestext spricht entgegen der üblichen Terminologie nicht von »Aufhebungsvertrag«, sondern von »**Auflösungsvertrag**«. Darin liegt jedoch kein sachlicher Unterschied. Erfasst ist die **einvernehmliche Beendigung des Arbeitsverhältnisses**. Allein dann ist die Gleichstellung mit der Kündigung und der Befristungsabrede gerechtfertigt.

Schriftform bei der Beendigung des Arbeitsverhältnisses

☐ Ohne Bedeutung ist, unter welchen konkreten Bedingungen der Aufhebungsvertrag geschlossen wurde; auch ein außergerichtlicher oder gerichtlicher **Vergleich** kommt in Betracht.

☐ Ist der Aufhebungsvertrag formnichtig, so besteht das Arbeitsverhältnis fort. **Ging die Initiative** für den Vertragsschluss **vom Arbeitgeber aus**, so wird man ebenso wie bei einer formnichtigen Kündigung einen Fall des § 615 BGB annehmen. Ging umgekehrt die Initiative vom Arbeitnehmer aus, wird wie bei dessen Eigenkündigung zu verfahren sein. Will der Arbeitnehmer weiterarbeiten, kann er auf Feststellung klagen, dass das Arbeitsverhältnis durch den formnichtigen Aufhebungsvertrag nicht aufgelöst wurde. Eine Klagefrist besteht nicht; insoweit kommt bei längerem Zuwarten nur Verwirkung in Betracht.

Einzelprobleme bei der Befristung

☐ Der Schriftform bedarf jede Befristungsabrede, da auch sie das Arbeitsverhältnis beendet. Dies gilt gleichermaßen für eine **kalendermäßig bestimmte wie für eine Zweckbefristung**. Bei Letzterer muss auch der »Zweck« in der schriftlichen Urkunde niedergelegt sein. Muss das Auslaufen des Arbeitsvertrags in diesen Fällen unter Wahrung einer bestimmten Frist angekündigt werden (→ **Zweckbefristung**), bedarf auch diese **Ankündigungserklärung** als definitiver Beendigungstatbestand der Schriftform.

☐ Die **Befristung einzelner Arbeitsbedingungen** wird von § 623 BGB nicht erfasst, da in diesem Fall nicht das Arbeitsverhältnis als solches zur Disposition steht.

☐ Erfüllt die Befristungsabrede nicht die gesetzlich vorgeschriebene Form, ist sie unwirksam. Die übrigen Teile des Arbeitsvertrags bleiben jedoch gültig, so dass **automatisch ein unbefristetes Arbeitsverhältnis** entsteht. Allerdings ist **§ 1 Abs. 5 BeschFG** zu beachten. Die Unwirksamkeit der Befristung muss **spätestens drei Wochen nach Ausscheiden aus dem Arbeitsverhältnis gerichtlich geltend gemacht werden**. Nach überwiegender Auffassung in der Literatur gilt dies auch für den hier interessierenden Formmangel.

Literatur zu § 623 BGB:

Däubler, Obligatorische Schriftform für Kündigungen, Aufhebungsverträge und Befristungen. Der neue § 623 BGB, AiB 2000, 188–192

Schaub, Gesetz zur Vereinfachung und Beschleunigung des arbeitsgerichtlichen Verfahrens, NZA 2000, 344–348

Preis-Gotthardt, Schriftformerfordernis für Kündigungen, Aufhebungsverträge und Befristungen nach § 623 BGB, NZA 2000, 348–361

Rolfs, Schriftform für Kündigungen und Beschleunigung des arbeitsgerichtlichen Verfahrens, NJW 2000, 1227–1231
Richardi-Annuß, Der neue § 623 BGB – Eine Falle im Arbeitsrecht? NJW 2000, 1231–1235
Trittin-Backmeister, Arbeitsgerichtsbeschleunigungsgesetz, DB 2000, 618–622
Bader, Klagefrist bei formunwirksamen Befristungen von Arbeitsverträgen? NZA 2000, 635–637

Schwerbehinderte

Grundlagen

☐ Schwerbehinderte sind eine auf dem Arbeitsmarkt besonders **benachteiligte Gruppe**. Um dem gerecht zu werden, wird im Hinblick darauf, dass nach Art. 3 Abs. 3 Satz 2 GG niemand wegen seiner Behinderung benachteiligt werden darf, durch das SchwbG zum einen eine Pflichtquote zur Beschäftigung von Schwerbehinderten geschaffen, bei deren Verletzung die Arbeitgeber eine Abgabe zahlen müssen und zum anderen der Schwerbehinderte auch mit einem besonderen Kündigungsschutz ausgestattet.

Danach ist grundsätzlich die Kündigung eines Schwerbehinderten nur nach vorheriger **Zustimmung der Hauptfürsorgestelle** möglich (§ 15 SchwbG). Das Gesetz sieht in § 14c SchwbG ferner vor, dass der Arbeitgeber im Vorfeld einer möglichen Kündigung sowohl mit der Betriebs- oder Personalvertretung als auch mit der Schwerbehindertenvertretung Kontakt aufnimmt, um sie durch geeignete Maßnahmen zu verhindern.

Wer ist geschützt?

☐ Geschützt sind zunächst Arbeitnehmer, die ihren gewöhnlichen Aufenthalt oder ihren Arbeitsplatz rechtmäßig in Deutschland haben und einen Grad der Behinderung von mindestens **50 %** aufweisen (§ 1 SchwbG). Weitere Voraussetzung ist, dass die nach dem BundesversorgungsG zuständigen Behörden – das sind die Versorgungsämter – die Behinderung festgestellt haben (§ 4 SchwbG). Nach Ansicht des BAG setzt der Schutz zusätzlich voraus, dass zum Zeitpunkt des Zugangs der Kündigung jedenfalls schon ein Antrag auf Feststellung der Schwerbehinderteneigenschaft gestellt ist. Dann wirkt die rückwirkende Feststellung zu Lasten des Arbeitgebers.

Dem Schutz unterliegen ferner solche Arbeitnehmer, die einen Grad der Behinderung von **weniger als 50 % aber mindestens 30 %** haben, wenn es ihnen aufgrund ihrer Behinderung nicht möglich ist, einen geeigneten Arbeitsplatz zu erlangen. Sie können Schwerbehinderten gleichgestellt werden. Für die Gleichstellung ist ausdrücklich gesetzlich geregelt, dass sie erst mit dem Tag des Eingangs des Antrags wirksam werden kann (§ 2 SchwbG).

Fallen die Voraussetzungen der Schwerbehinderung weg und werden die entsprechenden Bescheide aufgehoben, so wird diese Entscheidung drei Monate nach Bestandskraft des Bescheides wirksam (§ 38 Abs. 1 und 2 SchwbG).

Ausnahmen hinsichtlich des geschützten Personenkreises ergeben sich aus § 20 Abs. 1 Nrn. 1 und 2 des SchwbG. Der Schutz gilt demnach nicht für

- Arbeitnehmer, deren Arbeitsverhältnis zum Zeitpunkt des Zugangs der Kündigungserklärung ohne Unterbrechung noch nicht länger als sechs Monate besteht. Auch der Kündigungsschutz nach dem SchwbG unterliegt deshalb derselben Wartezeit wie der allgemeine Kündigungsschutz (→ **Wartezeit/Probezeit**).
- Im Übrigen sind vom Kündigungsschutz Arbeitnehmer ausgenommen, die gerade wegen ihrer Behinderung in Maßnahmen beschäftigt werden, Teilnehmer an Arbeitsbeschaffungs- und Strukturanpassungsmaßnahmen, Personen, die ein Arbeitsverhältnis nach § 19 des BSHG erhalten haben, sowie Arbeitnehmer, die nach ständiger Übung in ihre Stellen gewählt werden.

Weitere Voraussetzung für den Kündigungsschutz ist, dass der Arbeitgeber **rechtzeitig** von der Schwerbehinderteneigenschaft oder der Gleichstellung unterrichtet wird. Das ist dann der Fall, wenn er bereits bei Zugang der Kündigung von der Stellung des Antrags oder der Schwerbehinderteneigenschaft wusste. Es reicht aber nach der Rechtsprechung auch aus, wenn der Arbeitnehmner den Arbeitgeber innerhalb eines Monats nach Zugang der Kündigung von dem Antrag der Schwerbehinderteneigenschaft bzw. der Gleichstellung unterrichtet. Die Unterrichtung kann unterbleiben, wenn es offensichtlich ist, dass der Arbeitnehmer schwerbehindert ist, z. B. wenn er alle fünf Finger einer Hand, einen Arm oder ein Bein verloren hat.

Wogegen ist der Arbeitnehmer geschützt?

☐ Der besondere Kündigungsschutz und damit die Notwendigkeit, vorher die Zustimmung der Hauptfürsorgestelle einzuholen, umfasst jede Art von Kündigung: die ordentliche und die außerordentliche – für die allerdings zum Teil besondere Verfahrensregeln gelten –, die Beendigungs- und die Änderungskündigung, Kündigungen innerhalb und außerhalb der Insolvenz. Das Gesetz sieht jedoch in § 20 Abs. 1 Nr. 3 und § 20 Abs. 2 SchwbG zwei Ausnahmen vor:

- Arbeitnehmer, die entweder sowohl das 58. Lebensjahr vollendet haben als auch aufgrund der Kündigung Anspruch auf eine Abfindung, Entschädigung oder

Schwerbehinderte

ähnliche Leistungen aufgrund eines Sozialplans haben oder denen andererseits Knappschaftsausgleichsleistung nach dem SGB VI oder Anpassungsgeld für entlassene Arbeitnehmer des Bergbaus zusteht, können ohne die Zustimmung der Hauptfürsorgestelle gekündigt werden. Der Arbeitgeber muss ihnen die Kündigungsabsicht rechtzeitig mitteilen und sie dürfen der beabsichtigten Kündigung bis zu deren Ausspruch nicht widersprochen haben. In der Literatur wird eine Mitteilung eine Woche vor Ausspruch der Kündigung als ausreichend angesehen.

- Ebenfalls nicht erfasst werden Kündigungen, die aus Witterungsgründen erfolgen, wenn gewährleistet ist, dass der Schwerbehinderte bei Wiederaufnahme der Arbeit neu eingestellt wird.

☐ Nach § 22 des SchwbG sind auch die – seltenen – Fälle von der Genehmigungspflicht erfasst, dass das Arbeitsverhältnis bei Eintritt der Berufsunfähigkeit oder der Erwerbsunfähigkeit auf Zeit ohne Kündigung endet.

☐ Dagegen betrifft der **besondere Kündigungsschutz** nicht die Fälle, in denen das Arbeitsverhältnis aus anderen Gründen, insbesondere aufgrund einer auflösenden Bedingung oder Befristung (→ **Befristung; auflösend bedingter Arbeitsvertrag**) endet. Besteht allerdings nach den dafür maßgeblichen allgemeinen Grundsätzen ein Anstellungsanspruch, weil der Arbeitgeber den Eindruck erweckt hat, unter bestimmten Bedingungen werde das Arbeitsverhältnis nach Ablauf der Befristung verlängert, so gilt das auch, wenn der Arbeitnehmer schwerbehindert ist. Auch das Recht zur Anfechtung des Arbeitsverhältnisses wird durch das SchwbG nicht berührt. In bestimmten Fällen soll sogar die Anfechtung wegen Verschweigens der Schwerbehinderteneigenschaft möglich sein (→ **Anfechtung des Arbeitsvertrages**). Ein Auflösungsantrag im Kündigungsschutzprozess (→ **Auflösungsantrag**) ist nach überwiegender Meinung auch ohne eine Zustimmung der Hauptfürsorgestelle zulässig. Ihm kann jedoch nur vom Gericht stattgegeben werden, wenn die Voraussetzungen einer Kündigungsgenehmigung nach dem SchwbG vorliegen.

☐ Hat der Arbeitgeber einen Arbeitnehmer **vorläufig** eingestellt und läuft ein Verfahren zur Ersetzung der Zustimmung des Betriebsrats zur Einstellung (§§ 99 ff. BetrVG), so bedarf die Kündigung eines Arbeitnehmers, der in ein vollwertiges Arbeitsverhältnis eingestellt wurde, der Zustimmung der Hauptfürsorgestelle. Der betriebsverfassungsrechtlichen Pflicht, bei einem Verlust des Zustimmungsersetzungsverfahrens die Einstellung zu unterlassen, kommt der Arbeitgeber dadurch nach, dass er einen entsprechenden Antrag stellt.

Verzicht möglich?

☐ Auf die Rechte aus dem SchwbG kann ebenso wenig wie auf die meisten anderen Arbeitnehmerschutzrechte **verzichtet** werden. Es verstößt auch nicht gegen Treu und Glauben, die Rechte erst wahrzunehmen, wenn die Kündigung droht oder dem Arbeitgeber eine schon lange bestehende Anerkennung als Schwerbehinderter erst mitzuteilen, nachdem die Kündigung ausgesprochen wurde.

☐ Zulässig ist es aber, wenn der Arbeitnehmer einen Aufhebungsvertrag schließt oder selbst kündigt. Dieser Aufhebungsvertrag ist anfechtbar, wenn der Arbeitgeber mit der Zustimmung der Hauptfürsorgestelle zur Kündigung droht, obwohl das Verfahren dort noch nicht abgeschlossen ist.

Was passiert bei unwirksamer Kündigung?

☐ Ist die Kündigung unwirksam, gerät der Arbeitgeber in **Annahmeverzug** und muss auch ohne Arbeit den Lohn nachzahlen (→ **Annahmeverzug**). Ausnahmen gelten lediglich in Extremfällen, wenn durch die Weiterbeschäftigung Leib, Leben, Freiheit, Gesundheit, Ehre, Persönlichkeitsrecht oder Eigentum des Arbeitgebers und seiner Angehörigen oder der Betriebsangehörigen unmittelbar und nachhaltig gefährdet ist. Diese Gefährdung muss wegen ihrer Schwere Vorrang vor den Interessen des Schwerbehinderten haben. Ausreichend sind danach z. B. tätliche Angriffe, nicht ausreichend hingegen die bloße Furcht weiterer Unterschlagungen oder Ähnliches. Das gilt auch, wenn die Zustimmung der Hauptfürsorgestelle zunächst erteilt aber später aufgehoben wurde (→ **Schwerbehindertenkündigung**).

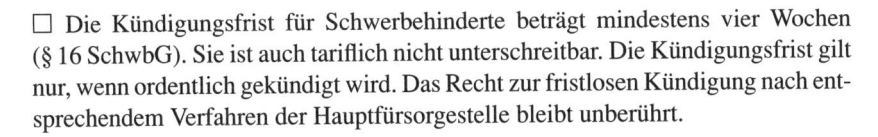

Kündigungsfrist

☐ Die Kündigungsfrist für Schwerbehinderte beträgt mindestens vier Wochen (§ 16 SchwbG). Sie ist auch tariflich nicht unterschreitbar. Die Kündigungsfrist gilt nur, wenn ordentlich gekündigt wird. Das Recht zur fristlosen Kündigung nach entsprechendem Verfahren der Hauptfürsorgestelle bleibt unberührt.

Andere Regelungen

☐ Das SchwbG ist ein zusätzlicher Schutz für Schwerbehinderte. Alle anderen Regeln, die die Kündigung von Arbeitnehmern einschränken, bleiben **daneben** bestehen. Das gilt vor allem für das KSchG, aber auch für besondere Regeln wie z. B. das MuSchG oder die Einschränkung der Kündigung im Erziehungsurlaub.

Schwerbehindertenkündigung, Verfahren und Ausspruch

Was ist das?

☐ Die Verfahren auf Anerkennung als Schwerbehinderter, auf Gleichstellung und auf Zustimmung zur Kündigung unterliegen hinsichtlich der Zuständigkeit, der Durchführung und der gerichtlichen Überprüfung besonderen Regeln.

☐ Die **Verzahnung** des Schwerbehindertenrechtes – Anerkennungsverfahren als Schwerbehinderter und Gleichstellungsverfahren sowie Zustimmungsverfahren der Hauptfürsorgestelle – mit der Kündigung wirft eine Reihe von **Problemen** auf. Das betrifft zum einen die formalen Voraussetzungen der Kündigungserklärung und zum anderen das Verhältnis der verschiedenen Verfahren miteinander sowie mit dem Kündigungsschutzverfahren.

Das Problem stellt sich in verschiedenen Verfahrensstadien jeweils anders dar. Unproblematisch ist nach der Rechtsprechung lediglich die Situation, dass zum Zeitpunkt der Kündigung der Arbeitnehmer noch keinen Antrag auf Anerkennung als Schwerbehinderter oder auf Gleichstellung gestellt hatte. In diesem Fall kommt das besondere Recht des SchwbG nicht zur Anwendung.

Anerkennungs- und Gleichstellungsverfahren

Die Anerkennung als Schwerbehinderter und die Gleichstellung haben unterschiedliche Voraussetzungen (→ **Schwerbehinderte**) und Zuständigkeiten. Für die Anerkennung als Schwerbehinderter ist das Versorgungsamt zuständig. Über die Gleichstellung entscheidet das Arbeitsamt. Für die gerichtliche Anfechtung, die erst nach einem Widerspruchsverfahren zulässig ist, sind die Sozialgerichte zuständig.

Kündigungen, die nach Antragstellung zugehen, sind unwirksam, wenn der Arbeitnehmer letztlich anerkannt wird. Deshalb empfiehlt es sich für den Arbeitnehmer möglichst frühzeitig sowohl den Antrag auf Anerkennung, als auch den auf Gleichstellung zu stellen.

☐ Erfährt der Arbeitgeber von einem Antrag des Arbeitnehmers auf Anerkennung, so ist er nicht gezwungen abzuwarten, bis über diesen Antrag entschieden ist. Er

Schwerbehindertenkündigung

kann auch nach den allgemein dafür geltenden Regeln einen Antrag auf Zustimmung der Hauptfürsorgestelle zur Kündigung stellen, für den Fall, dass der Arbeitnehmer anerkannt wird. Die Hauptfürsorgestelle hat dabei das normale Verfahren einzuhalten und auf der Basis zu entscheiden, dass der Arbeitnehmer anerkannt wird.

Hatte der Arbeitgeber schon gekündigt, so kann er diese Zustimmung allerdings nur für eine weitere Kündigung beantragen. Die kann er wiederum vorsorglich für den Fall aussprechen, dass seine erste Kündigung sich als unwirksam erweisen sollte, weil der Arbeitnehmer dem Schwerbehindertenschutz unterlag.

Zustimmung zur Kündigung

☐ Zuständig für die Entscheidung über die Zustimmung zur Kündigung ist die Hauptfürsorgestelle am Sitz des Betriebes oder der Dienststelle, wo der Arbeitnehmer arbeitet.

☐ Der Antrag ist **schriftlich** einzureichen (§ 17 Abs. 1 Satz 1 SchwbG). Das ist Wirksamkeitsvoraussetzung. Ein nicht unterschriebener Antrag ist deshalb unwirksam, der Mangel kann aber geheilt werden. Es reicht die Form aus, die auch für die Klageerhebung geboten ist, z. B. auch Telefax oder Telegramm.

Bei der ordentlichen Kündigung unterliegt der Antrag keiner besonderen Frist. Bei der außerordentlichen Kündigung gilt § 21 Abs. 2 SchwbG. Danach muss der Antrag innerhalb von zwei Wochen, nachdem der Arbeitgeber von den maßgeblichen Tatsachen Kenntnis erlangt hat, bei der Hauptfürsorgestelle eingehen. Dabei gelten dieselben Regeln, wie sie allgemein bei der Zwei-Wochen-Frist zum Ausspruch der Kündigung bei außerordentlichen Kündigungen (→ **außerordentliche Kündigung**) anzuwenden sind. Hat der Arbeitgeber die Zwei-Wochen-Frist bei der außerordentlichen Kündigung eingehalten und erfährt nachher, dass der Arbeitnehmer schwerbehindert ist, so beginnt die Zwei-Wochen-Frist für die Antragstellung bei der Hauptfürsorgestelle zum Ausspruch einer weiteren neu von diesem Zeitpunkt an zu laufen.

☐ Für das Verfahren gilt:

- Am Verfahren beteiligt sind der Arbeitgeber und der Schwerbehinderte, beide können sich – der Arbeitgeber auch bereits bei der Antragstellung – nach allgemeinen Grundsätzen vertreten lassen.
- Die Behörde ermittelt von Amts wegen die Tatsachen, die für ihre Entscheidung rechtlich erheblich sind. Dabei gibt es nach § 17 Abs. 2 über die allgemeinen Regeln hinausgehende Anhörungspflichten. Es sind Stellungnahmen einzuholen

Schwerbehindertenkündigung

vom Arbeitsamt, der Betriebs- oder Personalvertretung sowie der Schwerbehindertenvertretung. Ferner ist der Schwerbehinderte anzuhören. Fehler können im Laufe des Verfahrens noch geheilt werden. Fraglich ist, ob dies auch gilt, wenn der Schwerbehinderte nicht angehört wurde.

- Die Hauptfürsorgestelle hat »falls erforderlich« (§ 18 Abs. 1 SchwbG) eine **mündliche Verhandlung** durchzuführen. Das wird oft die zweckmäßigste Form sein, die Stellungnahmen einzuholen. Auch die schriftliche Einholung von Stellungnahmen ist möglich, jedoch müssen mündliche Stellungnahmen immer entgegengenommen werden. Nach freiem Ermessen kann die Behörde auch Beweis erheben.

- Bei der ordentlichen Kündigung soll die Hauptfürsorgestelle, soweit nicht besondere Gründe dagegensprechen, innerhalb von **einem Monat** nach Eingang des Antrages entscheiden (§ 18 Abs. 1 SchwbG). Tut sie dies nicht, wird die Kündigung dadurch nicht zulässig.

- Anders ist die Regelung bei der außerordentlichen Kündigung. Hier gilt die Zustimmung als erteilt, wenn die Hauptfürsorgestelle nicht innerhalb von zwei Wochen vom Tage des Eingangs des Antrags an entschieden hat (§ 21 Abs. 3 SchwbG).

- Die **Entscheidung** ist – soweit sie nicht bei der außerordentlichen Kündigung durch Zeitablauf erfolgt – schriftlich abzufassen, zu begründen und mit einer Rechtsbehelfsbelehrung den Beteiligten zuzustellen. Eine nicht zugestellte Entscheidung ist rechtlich – vom schon genannten Fall der Zustimmung zur außerordentlichen Kündigung durch Zeitablauf abgesehen – unbeachtlich. Ob auch außerordentliche Kündigungen (→ **außerordentliche Kündigung**) mit Auslauffrist wie sonstige außerordentliche Kündigungen zu behandeln sind, kann fraglich sein. Die Rechtsprechung neigt dazu.

- Die Hauptfürsorgestelle kann entweder der Kündigung zustimmen oder die Kündigung ablehnen. Sie kann außerdem – und muss dies in geeigneten Fällen – einen Bescheid darüber erteilen, dass die Kündigung der Zustimmung nicht bedarf. Der Bescheid steht der Zustimmung gleich.

☐ Die Zustimmung kann mit Auflagen und Bedingungen versehen werden. Geht es darum, die Voraussetzungen der Kündigung (→ **Hauptfürsorgestelle; Zustimmungsersetzung**) zu sichern, so ist eine Kündigung unwirksam, wenn der Arbeitgeber die Voraussetzungen für die Zustimmung nicht erfüllt. Werden andere Auflagen erteilt, z. B. einen anderen Schwerbehinderten einzustellen, so ist die Erfüllung der Bedingung nicht Voraussetzung für die Wirksamkeit der Kündigung. Dann kann jedoch der Bescheid widerrufen werden und die Kündigung ist rückwirkend unwirksam.

Widerspruchs- und Klageverfahren gegen die Zustimmung

☐ Gegen den Bescheid kann vom Belasteten, also vom Schwerbehinderten, wenn die Zustimmung erteilt und vom Arbeitgeber, wenn sie nicht erteilt wurde, **Widerspruch** eingelegt werden. Wurde eine ordnungsgemäße Rechtsbehelfsbelehrung erteilt, ist der Widerspruch innerhalb eines Monats nach der Bekanntgabe des Bescheides einzulegen. Enthält der Bescheid dagegen keine Rechtsbehelfsbelehrung, so beträgt die Frist für die Einlegung des Widerspruchs ein Jahr. Bei höherer Gewalt gilt selbst diese Frist nicht. Auch die durch Zeitablauf erteilte Zustimmung zur außerordentlichen Kündigung stellt einen Bescheid in diesem Sinne dar. Da sie nie eine Rechtsbehelfsbelehrung enthält, gilt für den Widerspruch die Jahresfrist.

Über den Widerspruch wird durch Widerspruchsausschüsse (§ 41 SchwbG) entschieden. Ihnen gehören auch Vertreter der Schwerbehinderten und der Arbeitgeber an. Der Ausschuss muss den Arbeitgeber und den Schwerbehinderten vor seiner Entscheidung hören. Es ist nicht geklärt, ob dieser Fehler später noch im Klageverfahren geheilt werden kann. Der Widerspruchsausschuss kann nicht durch Untätigkeit eine Zustimmung zur außerordentlichen Kündigung erteilen.

☐ Sowohl der Schwerbehinderte, dessen Kündigung im Verwaltungsverfahren die Zustimmung erteilt wurde, als auch der Arbeitgeber, dessen Antrag abgelehnt wurde, kann sich nach dem Widerspruchsverfahren an das Verwaltungsgericht wenden, wenn dort zu seinen Lasten entschieden wurde. Das geht innerhalb von einem Monat ab Zustellung des Widerspruchsbescheides, wenn er eine Rechtsmittelbelehrung enthält. Enthält er keine Rechtsmittelbelehrung, so kann die Klage noch innerhalb eines Jahres danach, in Fällen höherer Gewalt auch später eingereicht werden.

☐ Wehrt sich der Arbeitgeber gegen eine Auflage, so ist die bloße Aufhebung der Auflage mit der Folge, dass die Zustimmung allein wirksam bliebe, nur dann möglich, wenn nach dem von der Verwaltung hergestellten Zusammenhang die Zustimmung auch ohne die in der Auflage festgelegte Voraussetzung erfolgt ist oder nach den rechtlichen Bestimmungen hätte erfolgen müssen. In anderen Fällen kann der Arbeitgeber nur erreichen, dass die Verwaltung erneut über seinen Zustimmungsantrag entscheiden muss.

☐ Weder der Widerspruch des Schwerbehinderten gegen die Zustimmung zur Kündigung noch die Klage dagegen haben aufschiebende Wirkung (§ 18 Abs. 4 SchwbG).

Nicht völlig geklärt ist, ob nach den Vorschriften der VwGO das VerwG die Vollziehung der Zustimmung **aussetzen** kann. Dies hätte möglicherweise zur Folge, dass der Arbeitnehmer trotz einer Kündigung weiterzubeschäftigen wäre. Erweist sich die Kündigung im Endergebnis doch als berechtigt, wäre diese Weiterbeschäftigung ebenso wie eine Weiterbeschäftigung während des Kündigungsschutzprozesses rückabzuwickeln (→ **Beschäftigung**).

Ausspruch der Kündigung durch den Arbeitgeber bei Zustimmung

☐ Für den Ausspruch der Kündigung durch den Arbeitgeber gelten nach der Rechtsprechung des BAG unterschiedliche Voraussetzungen, je nachdem ob es sich um eine ordentliche oder um eine außerordentliche Kündigung handelt.

☐ Bei der ordentlichen Kündigung gilt:

- Der Arbeitgeber darf die Kündigung **frühestens** aussprechen, wenn ihm die Zustimmung zur Kündigung förmlich zugestellt wurde. Ausspruch in diesem Sinne ist der Zugang der Kündigung beim Arbeitnehmer (→ **Kündigungserklärung**). D. h. es ist möglich, die Kündigung schon abzusenden, bevor die Zustimmung förmlich zugestellt wurde. Entscheidend ist, ob sie dem Arbeitnehmer zuging, nachdem die Zustellung der Zustimmung an den Arbeitgeber erfolgte. Auf den Zeitpunkt der Zustellung der Zustimmung beim Arbeitnehmer kommt es dagegen nicht an.
- Die Kündigung muss **spätestens** innerhalb eines Monats nach Zustellung der Zustimmung ausgesprochen werden (§ 18 Abs. 3 SchwbG). Dabei kommt es auf den Zugang der Kündigung beim Arbeitnehmer an. Es reicht also nicht aus, wenn der Arbeitgeber innerhalb dieser Frist die Kündigung nur absendet. Die Monatsfrist läuft an dem Tag des nächsten Monats ab, der nach seiner Benennung dem Tag der Zustellung der Zustimmung der Kündigung beim Arbeitgeber entspricht. Fällt dieser Tag auf einen Sonnabend, Sonntag oder gesetzlichen Feiertag, ist der darauf folgende Wochentag maßgeblich. Fehlt der entsprechende Tag in der Bezeichnung des darauf folgenden Monats, so läuft die Frist am letzten Tag des Monats ab.

☐ Bei der außerordentlichen Kündigung dagegen gilt:

- Die Kündigung kann **frühestens** ausgesprochen werden, wenn die zustimmende Entscheidung der Hauptfürsorgestelle fingiert wird. Das ist der Tag nach dem letzten Tag, an dem sie noch entscheiden kann. Das wiederum ist der Tag, der in der zweiten Woche nach dem Eingang des Antrages, der in seiner Benennung dem Tag des Einganges des Antrages entspricht. Ist das ein Samstag, Sonntag oder gesetzlicher Feiertag, so kommt es auf den nächsten Werktag an. Erst am darauf folgenden Tag kann der Arbeitgeber kündigen.

Schwerbehindertenkündigung

Entscheidet die Hauptfürsorgestelle nicht durch Zeitablauf, sondern durch Erteilung der Zustimmung, kommt es bei der außerordentlichen Kündigung darauf an, wann diese abgesandt oder dem Arbeitgeber formlos mitgeteilt wird. Der Zeitpunkt der Zustellung ist hier nicht entscheidend.

- Nach **hinten** ist der Ausspruch der Kündigung zeitlich dadurch **beschränkt**, dass der Arbeitgeber die außerordentliche Kündigung unverzüglich aussprechen muss (§ 21 Abs. 5 SchwbG). Nach einer älteren Entscheidung des BAG soll dies auch dann gelten, wenn der Arbeitgeber zwar nicht unverzüglich, aber noch innerhalb der Zwei-Wochen-Frist des § 626 Abs. 2 BGB, die sich zum Zeitpunkt der Kenntnis der maßgeblichen Umstände an berechnet, kündigt (→ **außerordentliche Kündigung**).

Die Kündigung muss ohne schuldhaftes Zögern ausgesprochen werden (§ 121 Abs. 1 Satz 1 BGB). Alle Verzögerungen, die der Arbeitgeber zu vertreten hat, gehen zu seinen Lasten. Das gilt z. B., wenn das Schreiben falsch adressiert ist. Der Arbeitgeber muss sich auch erkundigen, wann sein Antrag bei der Hauptfürsorgestelle eingegangen ist, um den Zeitpunkt der Zustimmungsfiktion genau errechnen zu können.

Allerdings kann der Arbeitgeber den Betriebsrat erst nach Erteilung der Zustimmung oder nach Ablauf der Entscheidungsfrist der Hauptfürsorgestelle beteiligen. So muss er aber unverzüglich nach Stellungnahme des Betriebsrats oder nach Ablauf der Drei-Tages-Frist die Anhörung bei außerordentlichen Kündigungen (→ **Betriebsratsanhörung**) aussprechen.

Ist der Schwerbehinderte Betriebsratsmitglied, so gilt diese dreitägige Anhörungsfrist entsprechend, bevor der Arbeitgeber beim Arbeitsgericht einen Antrag auf Ersetzung der Zustimmung des Betriebsrates beantragen kann, falls sich der Betriebsrat nicht äußert oder die Zustimmung ablehnt (→ **Betriebsverfassungsorgane, Kündigung**). In diesem Fall muss der Arbeitgeber unverzüglich den Antrag beim Arbeitsgericht stellen.

☐ Nach der Rechtsprechung des BAG gelten bei der außerordentlichen Kündigung mit Auslauffrist für den Ausspruch der Kündigung durch den Arbeitgeber die Regeln für die außerordentliche und nicht für die ordentliche Kündigung. Ob das auch im Schwerbehindertenrecht gilt, ist fraglich. Auch die außerordentliche Kündigung mit Auslauffrist dürfte den Regeln über die außerordentliche Kündigung entsprechen.

☐ Da Widerspruch und Anfechtungsklage des Schwerbehinderten gegen die Zustimmung zur Kündigung keine aufschiebende Wirkung haben, reicht es aus, wenn irgendwann im verwaltungs- oder verwaltungsgerichtlichen Verfahren eine Stelle die Zustimmung zur Kündigung erteilt. Das kann z. B. der Widerspruchsausschuss sein, wenn die Hauptfürsorgestelle die Zustimmung abgelehnt hat. Der Arbeitgeber muss dann innerhalb der jeweils für die ordentliche und außerordentliche Kündigung geltenden Zeitbeschränkungen die Kündigung aussprechen.

☐ Wenn ein noch nicht abgeschlossenes **Verfahren auf Anerkennung** als Schwerbehinderter oder Gleichstellung läuft, hindert dies den Ausspruch der Kündigung nicht. Erst eine erfolgte Anerkennung steht der Kündigung entgegen. Erfolgt die Entscheidung später und geht sie zugunsten des Arbeitnehmers aus, macht sie die Kündigung rückwirkend unwirksam.

☐ Ob die Zustimmung zur außerordentlichen Kündigung in eine Zustimmung zur ordentlichen Kündigung **umgedeutet** werden kann, ist in der Literatur umstritten.

Verhältnis verschiedener Verfahren zueinander

☐ Die rechtliche Lage eines möglicherweise Schwerbehinderten oder Gleichgestellten ist nach Verwaltungs- und Sozialrecht unter Umständen in **drei nebeneinander laufenden Verfahren** zu prüfen: Es kann gleichzeitig ein Antrag auf Anerkennung als Schwerbehinderter, ein Antrag auf Gleichstellung als Schwerbehinderter und auf Zustimmung zur Kündigung laufen. Unabhängig davon steht dem Arbeitnehmer zusätzlich – wie jedem anderen Arbeitnehmer auch – das Recht zu, eine ausgesprochene Kündigung vor dem Arbeitsgericht durch Klage anzugreifen.

Damit stellen sich Fragen, wie mit einer solchen Situation umzugehen ist. Es gilt für das Verhältnis der verschiedenen Verfahren:

Zwischen Anerkennungs- und Gleichstellungsverfahren

☐ Die Anerkennung als Schwerbehinderter (→ **Schwerbehinderte**) und die Gleichstellung haben unterschiedliche Voraussetzungen. Kündigungen, die nach Antragstellung zugehen, sind unwirksam, wenn der Arbeitnehmer letztlich anerkannt wird. Deshalb empfiehlt es sich für den Arbeitnehmer, möglichst frühzeitig sowohl den Antrag auf Anerkennung als auch den auf Gleichstellung zu stellen. Dabei können beide Verfahren nebeneinander betrieben werden. Das für die Gleichstellung zuständige Arbeitsamt kann auf der Basis, dass der Arbeitnehmer mindestens einen Grad der Behinderung von 30 hat, einen Bescheid erlassen.

Arbeitsgerichtliches Verfahren

☐ Die wenigsten Probleme stellen sich im arbeitsgerichtlichen Verfahren, wenn sich herausstellt, dass die **Kündigung** aus Gründen, die mit der Schwerbehinderteneigenschaft nichts zu tun haben, ohnehin **unwirksam** ist. Dann ist entsprechend zu entscheiden, es bedarf keiner Aussetzung des Verfahrens.

Anders stellt sich die Sachlage dar, wenn arbeitsrechtlich betrachtet die Kündigung wirksam ist und es damit auf die Rechtslage nach dem Schwerbehindertenrecht ankommt. Dabei werden die verwaltungs- und sozialrechtlichen Entscheidungen von den Verwaltungs- und Sozialgerichten bzw. den zuständigen Behörden mit Wirkung auch für die Arbeitsgerichtsbarkeit getroffen. Damit ist im Grundsatz eine **Aussetzung** des arbeitsgerichtlichen Verfahrens bis zur Entscheidung dort denkbar. Allerdings muss das Interesse an einer Beschleunigung des Verfahrens, das das Gesetz gerade für das Kündigungsschutzverfahren betont (§ 61a Abs. 1 ArbeitsGG), mit dem Interesse einer Verhinderung widersprüchlicher Entscheidungen abgewogen werden. Dabei ist zu beachten, dass die arbeitsgerichtliche Entscheidung nach einer gegenläufigen verwaltungs- und sozialrechtlichen Entscheidung beseitigt werden kann.

Hat das Arbeitsgericht die Kündigungsschutzklage rechtskräftig abgewiesen und stellt sich **nachher** heraus, dass der Arbeitnehmer als Schwerbehinderter anzuerkennen bzw. gleichzustellen war, oder wird die Zustimmung zur Kündigung aufgehoben, so kann dies im Wege der Restitutionsklage durch Wiederaufnahme des Verfahrens geltend gemacht werden. Das hat folgende Voraussetzungen:

- Der Arbeitnehmer muss im Kündigungsschutzverfahren vor dem Arbeitsgericht soweit wie möglich auch seine Position als Schwerbehinderter einbringen. Er muss also in das Verfahren eingeführt haben, dass er einen Antrag auf Anerkennung als Schwerbehinderter gestellt hat oder die Zustimmung zur Kündigung im Verwaltungsverfahren oder im gerichtlichen Verfahren angegriffen hat. Es ist aber nicht erforderlich, dass der Arbeitnehmer wegen eines noch nicht endgültig abgeschlossenen Verfahrens der Verwaltung bzw. der Sozial- oder Verwaltungsgerichtsbarkeit im arbeitsgerichtlichen Verfahren Berufung einlegt. Dieser Sachverhalt ist für sich genommen auch kein Grund für die Berufung.
- Er muss die Frist zur Restitutionsklage einhalten. Sie läuft innerhalb eines Monats nach Kenntnis der Gründe für die Anfechtung des arbeitsgerichtlichen Urteils ab. Der Anfechtungsgrund ist die rechtskräftige Entscheidung im Verwaltungsverfahren oder im sozial- bzw. verwaltungsgerichtlichen Verfahren, die zugunsten des Arbeitnehmers ausgegangen ist.
- Unabhängig von der Monatsfrist ist die absolute Grenze zur Anfechtung einzuhalten. Das sind fünf Jahre nach Rechtskraft des arbeitsgerichtlichen Urteils.

Schwerbehindertenkündigung

Liegt zu diesem Zeitpunkt immer noch keine endgültige verwaltungs- oder sozialgerichtliche Entscheidung vor, muss der Arbeitnehmer im Hinblick darauf Restitutionsklage erheben. Dieses Klageverfahren ist dann zwingend vom Arbeitsgericht solange auszusetzen, bis die rechtskräftige Entscheidung in der Verwaltungs- oder Sozialgerichtsbarkeit vorliegt.

Verwaltungs- und sozialgerichtliches Verfahren

☐ Der schwerbehinderte Arbeitnehmer verliert sein **Rechtschutzinteresse** an der Durchführung des verwaltungsgerichtlichen Verfahrens, das sich gegen die Zustimmung der Hauptfürsorgestelle richtet, sobald er vor dem Arbeitsgericht gewonnen hat. Er könnte dann durch die Beseitigung der Zustimmung ja keine Vorteile mehr haben.

Demgegenüber ist das arbeitsgerichtliche Verfahren gegen die Kündigung völlig unerheblich für das Rechtsschutzinteresse im Verfahren auf Anerkennung als Schwerbehinderter oder Gleichstellung. Der Rechtszustand kommt dem Arbeitnehmer ja auch noch im Hinblick auf künftige Kündigungen, ggf. von anderen neuen Arbeitgebern, zugute.

Schwerbehindertenvertretung

Was ist das?

☐ Wegen der besonderen Schutzbedürftigkeit der **Schwerbehinderten** hat sich der Gesetzgeber nicht darauf beschränkt, eine Pflichtquote zur Beschäftigung anzuordnen und die schwerbehinderten Arbeitnehmer einem besonderen Kündigungsschutz zu unterstellen. Er hat ihnen vielmehr auch die Möglichkeit gegeben, ihre **eigene Vertretung** zu wählen. Damit stellt sich zum einen die Frage, inwieweit diese Vertretung in den Kündigungsschutz des Arbeitnehmers eingebunden ist und inwieweit zum anderen die Mitglieder der Schwerbehindertenvertretung ihrerseits gegenüber Kündigungen des Arbeitgebers besonders geschützt sind.

Beteiligungen bei Kündigungen

☐ Das SchwbG schreibt in § 25 Abs. 2 vor, dass die Schwerbehindertenvertretung vom Arbeitgeber in allen Angelegenheiten, die den einzelnen Schwerbehinderten berühren, rechtzeitig und umfassend zu unterrichten und vor der Entscheidung zu hören ist. Die getroffene Entscheidung ist ihr unverzüglich mitzuteilen. Diese Bestimmung gilt auch für → **Schwerbehinderte**, für die wegen der noch kurzen Dauer ihres Beschäftigungsverhältnisses oder wegen der Art ihres Einsatzes der Kündigungsschutz des SchwbG nicht gilt. Das Gesetz schreibt eine umfassende Beteiligung vor. Handelt es sich um die Beendigung des Arbeitsverhältnisses, ist die Schwerbehindertenvertretung deshalb zu beteiligen bei:

- Abmahnungen,
- dem Antrag an die Hauptfürsorgestelle auf Zustimmung zur Kündigung,
- Kündigungen. Dabei ist die Beteiligung vor dem Antrag an die Hauptfürsorgestelle aber zugleich die Beteiligung bei der Kündigung,
- Aufhebungsverträgen.

Allerdings schreibt das Gesetz keine Unwirksamkeit der Maßnahme vor, wenn die Schwerbehindertenvertretung nicht gehört wurde. Vielmehr enthält es in § 25 Abs. 2 Satz 2 nur eine Regelung, wonach der Arbeitgeber die Maßnahme nicht vollziehen darf. Er muss dann die Beteiligung innerhalb von sieben Tagen nachholen und hat sodann endgültig zu entscheiden. Das bedeutet im Ergebnis, dass die Maßnahmen wirksam bleiben, aber vor der Beteiligung der Schwerbehindertenvertretung nicht vollzogen werden darf. Der Arbeitnehmer ist also z. B. trotz Kündigung weiterzubeschäftigen. Ob die Hauptfürsorgestelle über einen Antrag, der ohne Beteiligung der Schwerbehindertenvertretung gestellt wurde, entscheiden darf, wird in der Literatur unterschiedlich beantwortet.

Wurde die Schwerbehindertenvertretung nicht an einem **Aufhebungsvertrag** beteiligt, kann dies eine Anfechtung wegen Drohung erleichtern, weil dann die Vermutung der irregulären Vorgehensweise des Arbeitgebers nahe liegt (→ **Aufhebungsvertrag**).

Die Schwerbehindertenvertretung selbst kann ihre Rechte – auch durch **einstweilige Verfügung** – im arbeitsgerichtlichen **Beschlussverfahren** durchsetzen. Darüber hinaus ist nach § 14c SchwbG die Schwerbehindertenvertretung bereits im Vorfeld einer möglichen Kündigung zu beteiligen, um Maßnahmen zu ihrer Abwendung zu prüfen.

Schutz der Schwerbehindertenvertreter

☐ Das Gesetz verbietet in § 26 Abs. 3 SchwbG jede Benachteiligung der Schwerbehindertenvertreter auch in ihrer beruflichen Entwicklung und ordnet in Abs. 3 dieser Vorschrift an, dass sie dieselbe persönliche Rechtsstellung haben wie die Betriebs- oder Personalratsmitglieder in ihrem Betrieb oder ihrer Dienststelle. Kündigungsrechtlich heißt dies, dass die Regeln über die **Kündigung von Betriebsratsmitgliedern** (→ **Betriebsverfassungsorgane, Kündigung**) ebenso für die Schwerbehindertenvertreter gelten.

Das Gesetz enthält keine ausdrückliche Vorschrift über Wahlbewerber. Hier liegt es nahe, ist aber noch nicht gerichtlich entschieden, die Bestimmungen zum Schutz von Wahlbewerbern zum Betriebsrat entsprechend heranzuziehen.

Seeleute, Kündigungsschutz

Die Regeln des Seemannsgesetzes (SeemG)

☐ Die §§ 62 ff. SeemG enthalten eine eingehende Regelung in Bezug auf die Kündigung von Besatzungsmitgliedern und Kapitänen. Ihre **praktische Bedeutung** ist immer mehr **geschrumpft**, da in der Regel ausländische Seeleute nach ausländischem Recht beschäftigt werden. Dies wird dadurch möglich, dass das Schiff in das sog. **Zweite Schiffsregister** eingetragen oder an eine Tochtergesellschaft übertragen oder verchartert wird, die in einem sog. **Billigflaggenland** wie Antigua, Barbados, Panama usw. errichtet wurde.

Besonderheiten

☐ In den letzten zehn Jahren sind kaum mehr Entscheidungen zu den §§ 62 ff. SeemG ergangen. Deshalb nur ein kurzer Hinweis auf einige Besonderheiten.
- § 64 SeemG kennt für die außerordentliche Kündigung sog. **absolute Kündigungsgründe**. Sie rechtfertigen die Auflösung des Arbeitsverhältnisses automatisch, ohne dass es einer Abwägung der beiderseitigen Interessen bedarf. Ob dies verfassungsrechtlich zulässig ist, erscheint bedenklich.
- **Kapitäne** sind zwar leitende Angestellte, doch gibt es für sie einen besonderen MTV.
- Wird das Arbeitsverhältnis eines Besatzungsmitglieds außerhalb des deutschen Territoriums gelöst, besteht nach § 72 SeemG in vielen Fällen ein **Rückbeförderungsanspruch** gegenüber dem Reeder.
- Aufgrund von Tarifverträgen nach § 48 Abs. 2 ArbGG sind für Streitigkeiten zwischen deutschen Seeleuten und ihren Arbeitgebern die **Arbeitsgerichte in Hamburg und Bremerhaven örtlich zuständig.**

Zweites Schiffsregister und Ausflaggung
- Aufgrund eines Gesetzes aus dem Jahr 1989 kann jedes deutsche Seeschiff in das sog. Zweite Schiffsregister eingetragen werden. Dies hat zur Folge, dass die

Flagge für die Bestimmung des anwendbaren Rechts keine Rolle mehr spielt. Es ist deshalb möglich, **trotz deutscher Flagge Arbeitskräfte aus Entwicklungsländern** anzuheuern, die zum Teil nur ein Zehntel der deutschen Löhne bekommen. Sie unterliegen ihrem ausländischen Recht, doch bleibt deutsches Betriebsverfassungs- und Sozialversicherungsrecht anwendbar.

- Weiter geht die sog. **Ausflaggung**, wonach das Schiff die Flagge eines sog. Billigflaggenlandes führt. In diesen Fällen ist ausschließlich ausländisches Arbeitsrecht anwendbar.
- Im Einzelfall kann auf Zweitregister- wie auf Billigflaggenschiffen deutsches Arbeitsrecht vereinbart werden; auch durch Tarifvertrag lässt sich Entsprechendes vorsehen. In der Praxis ist dies aber die Ausnahme.
- Werden **ausländische Seeleute gekündigt**, können sie dagegen ein deutsches Arbeitsgericht anrufen, sofern der Reeder seinen Sitz im Inland hat oder sofern im Zeitpunkt der Kündigung das Schiff in einem deutschen Hafen liegt (§ 23 ZPO). Das **Arbeitsgericht** entscheidet dann **nach ausländischem Recht**. Sieht dieses keinen Kündigungsschutz vor, würde dies gegen den deutschen Ordre public im Sinne des Art. 6 EGBGB verstoßen. In einem solchen Fall würde »ersatzweise« deutsches Kündigungsschutzrecht angewandt. Bleibt das ausländische Recht lediglich hinter dem deutschen zurück, ändert sich allerdings nichts an dessen Anwendbarkeit.

Sozialauswahl

Was ist das?

☐ Die **Sozialauswahl** ist von wesentlicher Bedeutung im Zusammenhang mit einer → **betriebsbedingten Kündigung**. Sie bezeichnet die persönliche Bestimmung der Arbeitnehmer aus einer Gesamtgruppe von vergleichbaren Arbeitnehmern, die entweder aufgrund einer konkreten Auswahl oder aufgrund von → **Auswahlrichtlinien** aus Anlass einer → **Unternehmerentscheidung** gekündigt werden, weil sie im Vergleich zu den nicht gekündigten Arbeitnehmern durch einen Verlust ihres Arbeitsplatzes **sozial** weniger belastet werden.

☐ Die Sozialauswahl ist vom → **Arbeitgeber** durchzuführen, der seine **Auswahlentscheidung** nicht auf andere Arbeitnehmer oder den Betriebsrat übertragen darf. Sie ist jedoch keine kündigungsschutzrechtlich relevante → **Unternehmerentscheidung**.

Wirkung der Sozialauswahl

☐ Da eine Sozialauswahl nur bei einer betriebsbedingten Kündigung vorzunehmen ist, die ihrerseits nur in Betracht kommt, wenn sich ein **dringendes Bedürfnis** für die Reduzierung der Belegschaft ergeben hat, führt die Sozialauswahl nicht zur Korrektur der **Unternehmerentscheidung,** sondern **verschiebt** den Arbeitsplatzverlust von dem Arbeitsplatz, an dem sich der fehlende Bedarf konkretisiert und personifiziert, auf einen ggf. nicht unmittelbar betroffenen Arbeitnehmer, dessen Arbeitsplatz an sich im Betrieb weiter benötigt wird.

Beispiel:
In der Dreherei besteht die dringende betriebliche Notwendigkeit, ein Arbeitsverhältnis zu beenden, weil eine Maschine nicht mehr erforderlich ist. Der hier tätige Arbeitnehmer ist älter und länger beschäftigt als die Arbeitnehmer an den anderen Maschinen. Deshalb trifft der Verlust des Arbeitsplatzes einen der hier tätigen Arbeitnehmer.

☐ In der Wirkung erweist sich deshalb der Grundsatz der Sozialauswahl als **Ein-**

griff in den **Bestandsschutz** dieser Arbeitnehmer. Das macht in der betrieblichen und gerichtlichen Praxis den Umgang mit der Sozialauswahl so schwierig.

Durchführung der Sozialauswahl

☐ Da der Arbeitgeber die Kündigung aufgrund seiner Entscheidung ausspricht, muss er prüfen, ob
- eine Sozialauswahl möglich ist. Sie ist z. B. unmöglich, wenn ein ganzer Betrieb geschlossen wird und alle Arbeitnehmer gekündigt werden;
- vergleichbare Arbeitnehmer vorhanden sind, die unterschiedliche Sozialdaten aufweisen;
- Arbeitnehmer gegenüber anderen Arbeitnehmern schutzwürdiger sind;
- berechtigte betriebliche Interessen einer Sozialauswahl entgegenstehen.

☐ Sachlicher und **räumlicher Bezugspunkt** für die Sozialauswahl ist ausschließlich der → **Betrieb**, und zwar der **gesamte** Betrieb, jedoch nicht das Unternehmen oder der → **Konzern**. Sollen sich Personalreduzierungen nur auf eine **Betriebsabteilung** oder einen **Betriebsteil** beschränken, ist eine **übergreifende** Sozialauswahl vorzunehmen, in die alle Arbeitnehmer mit vergleichbarer Tätigkeit des **Betriebes** einzubeziehen sind, gleich wo und in welcher Abteilung sie arbeiten.

Beispiel:
In einer Fertigungsabteilung für Motorräder besteht ein Personalüberhang von zehn Arbeitsplätzen, da der Export auf Dauer eingebrochen ist. Die hier beschäftigten Arbeitnehmer sind überwiegend in der Lohngruppe IV eingruppiert, als Facharbeiter im Metallbereich. Ebenfalls in der Fertigungsabteilung für Fahrräder sind die Mitarbeiter mit gleicher Qualifikation gleich eingruppiert, hier besteht kein Arbeitskräfteüberhang. Die Sozialauswahl hat sich nun auf alle Arbeitnehmer in beiden Abteilungen zu beziehen.

☐ Im sog. **Gemeinschaftsbetrieb** (→ **Betrieb**) erfolgt die Sozialauswahl über alle beteiligten Unternehmen hinweg, nicht nur bezogen auf den jeweiligen → **Arbeitgeber**.

☐ **Persönlicher Bezugspunkt** der Sozialauswahl ist die **Vergleichbarkeit**. Diese ist grundsätzlich dann gegeben, wenn Arbeitnehmer **austauschbar** sind und ihre Arbeitsleistung aufgrund des → **Direktionsrechtes** des Arbeitgebers auch auf einem anderen Arbeitsplatz erbringen können, ohne dass eine unzumutbare Einarbeitungszeit bzw. ein entsprechender Aufwand betrieben werden muss (sog. **Austauschbarkeit**).

Sozialauswahl

☐ Vergleichbarkeit setzt auch voraus, dass eine **finanzielle** Vergleichbarkeit gegeben ist, die sich z. B. in einer **Eingruppierung** in dieselbe Vergütungsgruppe ausdrücken kann. Denn im Rahmen des Weisungsrechtes ist der Arbeitgeber nicht befugt, in die Vergütungsansprüche des Arbeitnehmers einseitig einzugreifen.

☐ Der Vergleich vollzieht sich deshalb nur auf derselben Ebene der **Betriebshierarchie**, sog. **horizontale Vergleichbarkeit**. Anders als bei der Besetzung freier Stellen findet ein Vergleich mit anderen Hierarchie-Ebenen (sog. **vertikaler Vergleich**) nicht statt. Nach der Rechtsprechung soll keine Sozialauswahl mit sog. Beförderungsstellen stattfinden.

Beispiel:
Im Betrieb werden in einer Abteilung fünf Mitarbeiter in Lohngruppe V, in einer anderen fünf Mitarbeiter in Lohngruppe IV beschäftigt. Die Anforderungen an die Gruppe V sind wesentlich höher als die in Gruppe IV. Müssen nun drei Arbeitnehmer aus der Abteilung Lohngruppe IV entlassen werden und sind im sonstigen Betrieb keine Arbeitnehmer vergleichbar in Lohngruppe IV beschäftigt, muss die Sozialauswahl nur unter den fünf Arbeitnehmern der Abteilung durchgeführt werden.

Dies gilt auch dann, wenn der Arbeitnehmer erklärt, er wolle auch zu schlechteren Bedingungen weiterarbeiten. Hier greift nicht der Vorrang der → **Änderungskündigung**, der sich allein auf die Besetzung **freier** Stellen bezieht. Dadurch soll verhindert werden, dass höher qualifizierte Arbeitnehmer weniger qualifizierte Arbeitnehmer aus dem Betrieb drücken, ohne dass das durch die Aufgabenstellung geboten ist.

Beispiel:
Im Betrieb werden in einer Abteilung fünf Mitarbeiter in Lohngruppe V, in einer anderen fünf Mitarbeiter in Lohngruppe IV beschäftigt. Die Anforderungen an die Gruppe V sind wesentlich höher als die in Gruppe IV. Müssen nun drei Arbeitnehmer aus der Abteilung Lohngruppe V entlassen werden, können diese sich nicht darauf berufen, freiwillig eine Lohngruppe herunterzugehen, um so in die Sozialauswahl mit den fünf Arbeitnehmern der Lohngruppe IV zu kommen. Die Sozialauswahl beschränkt sich auf die Lohngruppe V, die Arbeitnehmer der Lohngruppe IV werden nicht mit einbezogen.

☐ Nicht in die Sozialauswahl einbezogen werden Arbeitnehmer, die **besonders gesetzlich geschützt** sind (→ **Kündigungsschutz**), z. B. → **Schwerbehinderte**, Schwangere (→ **Mutterschutz, Grundsätzliches**), Betriebsratsmitglieder (→ **Betriebsverfassungsorgane, Kündigung**). Erst dann, wenn die Kündigungshemmnisse beseitigt sind, z. B. durch Zustimmung der Behörden, kann eine Einbeziehung erfolgen.

Sozialauswahl

Gleiches gilt für die Arbeitnehmer, die aufgrund einzelvertraglicher Vereinbarung oder aufgrund Tarifvertrag oder Betriebsvereinbarung **unkündbar** sind (→ **unkündbare Arbeitnehmer**; → **Auswahlrichtlinien**).

☐ Arbeitnehmer ohne Kündigungsschutz (→ **Wartezeit/Probezeit**) werden nicht einbezogen. Diese müssen vorab gekündigt werden.

☐ Eine Sozialauswahl findet jedoch zwischen Teilzeitbeschäftigten und Vollzeitbeschäftigen statt. Nur wenn der Arbeitgeber die → **Unternehmerentscheidung** getroffen hat, bestimmte Stellen und Arbeitsplätze nur mit bestimmten Arbeitszeitformen zu besetzen, scheidet eine Sozialauswahl aus.

Beispiel:
In einer Abteilung sind alle Arbeitnehmer in Lohngruppe IV eingruppiert, die Hälfte arbeitet jedoch nur Teilzeit. Müssen in dieser Abteilung Arbeitnehmer entlassen werden, müssen alle Arbeitnehmer in die Sozialauswahl einbezogen werden. Ausnahme: Der Arbeitgeber trifft die Entscheidung, in Zukunft in dieser Abteilung generell nur noch Vollzeitarbeiter zu beschäftigen, was betrieblich begründet ist.

☐ Stehen die aufgrund der Sozialauswahl zu kündigenden Arbeitnehmer fest, dann ist der Arbeitgeber berechtigt zu prüfen ob **betriebstechnische, wirtschaftliche** oder sonstige berechtigte **betriebliche Bedürfnisse** die Weiterbeschäftigung bestimmter Arbeitnehmer, die in die Sozialauswahl einbezogen waren, bedingen.

☐ Diese Bedürfnisse müssen dringend sein, es reicht, dass ein Verbleib im Betrieb **sachlich erforderlich ist**.

Beispiele:
- *Vorhandensein von* erhöhter *oder* zusätzlicher Qualifikation, *besondere Betriebs- und Fachkenntnisse, spezielle Kundenkontakte mit Bedeutung für den Betrieb;*
- Leistungsunterschiede *kommen nur dann in Betracht, wenn sie in ganz außergewöhnlichem Ausmaße für den Betrieb bedeutsam sind;*
- häufige Erkrankungen *dürfen nur dann berücksichtigt werden, wenn eine krankheitsbedingte Kündigung* (→ *Krankheit) möglich wäre.*

Erforderlichkeit einer Sozialauswahl

☐ Eine Sozialauswahl ist bei allen betriebsbedingten Kündigungen erforderlich, dies gilt auch für → **Änderungskündigungen**, bei denen vergleichbare Arbeitnehmer vorhanden sind.

Sozialauswahl

☐ Allerdings kann es die Notwendigkeit der **Vielzahl von Kündigungen** mit sich bringen, dass sich die betrieblichen Bedürfnisse für den Arbeitgeber im Rahmen der Sozialauswahl oder des Verhältnismäßigkeitsgrundsatzes anders darstellen als bei einer echten Einzelfallbetrachtung (→ **Massenentlassung**).

• Das BAG erlaubt dem Arbeitgeber, zunächst festzustellen, welche Arbeitnehmer in einer fortzuführenden Abteilung ohne ernsthafte Gefährdung des Arbeitsprozesses ausgetauscht werden können. Zwischen den so ermittelten sozial am wenigsten Schutzbedürftigen und dem in der zu schließenden Abteilung schutzbedürftigsten austauschbaren Arbeitnehmer ist eine Sozialauswahl vorzunehmen.

• Wird eine **Betriebsstilllegung** etappenweise durchgeführt, hat ebenfalls eine Sozialauswahl stattzufinden. Die sozial schwächsten Arbeitnehmer haben Anspruch darauf, am längsten beschäftigt zu werden.

Allerdings ist es auch möglich, dass, aufgrund der längeren Kündigungsfristen, an sich sozial schutzbedürftigen Arbeitnehmern zuerst gekündigt werden muss. Dies setzt aber voraus, dass dann auch der Betrieb tatsächlich geschlossen wird, ansonsten läge eine Umgehung der Sozialauswahl vor.

Beispiel:
Der Arbeitgeber beschließt am 30.11.2000 den Betrieb zum 31.12.2001 zu schließen. Einige Arbeitnehmer haben eine Kündigungsfrist von einem Jahr zum Quartalsende. Diesen Arbeitnehmern muss dann schon Ende 2000 gekündigt werden, selbst wenn sie sozial am stärksten geschützt sind.

☐ Eine Sozialauswahl hat auch in der Insolvenz stattzufinden. Hier bestehen aber Besonderheiten. Diese werden unter dem Stichwort → **Insolvenz** dargestellt.

☐ Sind → **Auswahlrichtlinien** vereinbart, muss der Arbeitgeber diese anwenden und darf keine davon abweichende Sozialauswahl vornehmen. Ansonsten ist jeweils eine konkrete und individuelle Auswahlentscheidung erforderlich.

☐ Eine Sozialauswahl ist auch dann vorzunehmen, wenn in einem **Betrieb**, **Unternehmen** oder **Konzern** der Arbeitgeber verpflichtet und in der Lage ist, vorhandene andere **freie Stellen** mit zu kündigenden Arbeitnehmern zu besetzen (→ **betriebsbedingte Kündigung**). Unzulässig ist es, dass zunächst die freien Arbeitsplätze ohne Berücksichtigung sozialer Gesichtspunkte »aufgefüllt« werden, um dann die nicht versetzten Arbeitnehmer zu kündigen.

Beispiel:
In einer Abteilung werden Festnetz-Telefone hergestellt. Hier müssen 20 Arbeitnehmer entlassen werden. In der Abteilung, in der Handys produziert werden, gibt es zehn freie Stellen. Aus den 20 Arbeitnehmern sind die zehn mit den stärksten Sozialdaten auszuwählen und in die Handyabteilung zu versetzen. Erst dann hat die Sozialauswahl, ggf. auch betriebsbezogen, stattzufinden.

Kriterien für die Sozialauswahl

☐ Gesetzlich festgeschriebene **Kriterien** existieren ebenso wenig wie gesetzliche Vorschriften über die **Gewichtung** der Kriterien. Jedoch besteht Einigkeit darüber, dass die Sozialauswahl arbeitsplatzbezogen, d. h. zugeschnitten auf das Arbeitsverhältnis und die Person des Arbeitnehmers ist. Deshalb sind die wesentlichen Kriterien:

- Dauer der → **Betriebszugehörigkeit**;
- das **Lebensalter**; zu Lasten eines Arbeitnehmers darf nicht berücksichtigt werden, dass der Arbeitnehmer vor Vollendung des 65. Lebensjahres Altersrente beziehen könnte oder aber dass die Berechtigung zur Inanspruchnahme von → **Altersteilzeit** besteht. Nach Vollendung des 65. Lebensjahres und einem gesetzlichen **Rentenanspruch** und ist die Einbeziehung in die Sozialauswahl jedoch möglich.
- die **Unterhaltspflichten**;
- Es können weitere Umstände hinzukommen, wie Schwerbehinderung, Erkrankungen, z. B. aufgrund eines Arbeitsunfalles, besondere persönliche Umstände und finanzielle Belastungen.

Der Katalog ist nicht abschließend, maßgebend ist die konkrete Situation.

☐ Der Arbeitgeber hat bei der Sozialauswahl die jeweiligen Kriterien zu gewichten. Eine feste Schematik besteht hier nicht. Überwiegend wird aber der **Betriebszugehörigkeit** vor allen anderen Kriterien das Schwergewicht eingeräumt. Jedoch kann es im Einzelfall auch so sein, dass die Betriebszugehörigkeit zurück-, dafür ein anderes Kriterium hervortritt.

Deshalb ist die schematische Durchführung einer Sozialauswahl durch Anwendung einer **Punktetabelle** unzulässig. Das BAG lässt lediglich eine **Vorauswahl** zu, wenn diese mit einer sich daran anschließenden Einzelfallbetrachtung, die die Besonderheiten des jeweiligen Falls berücksichtigt, verbunden ist.

Beispiel für eine Punktetabelle zur Sozialauswahl:
- *Unterhaltspflicht für Ehegatten: 8 Punkte*
- *Unterhaltspflicht für jedes Kind: 4 Punkte*
- *Betriebszugehörigkeit bis 10 Dienstjahre: je Dienstjahr 1 Punkt*
  ab dem 11. Dienstjahr: je Dienstjahr 2 Punkte (berücksichtigt werden nur Betriebszugehörigkeiten bis zum vollendeten 55. Lebensjahr und maximal 70 Punkte)
- *Lebensalter: jedes vollendete Lebensjahr (maximal 55 Punkte) 1 Punkt*

Ausdrücklich ist darauf hinzuweisen, dass die Gerichte nicht verpflichtet sind, sich an solchen Punktetabellen verbindlich zu orientieren, eine Ausnahme besteht nur, wenn es sich um echte → **Auswahlrichtlinien** handelt.

Sozialauswahl

Gerichtliche Überprüfung der Sozialauswahl

☐ Das Arbeitsgericht prüft im Rahmen des **Kündigungsschutzverfahrens**, ob der Arbeitgeber bei der Auswahl soziale Gesichtspunkte überhaupt nicht oder **nicht ausreichend** berücksichtigt hat. Dabei räumen die Arbeitsgerichte dem Arbeitgeber einen **gewissen Beurteilungsspielraum** ein. Soziale Gesichtspunkte sind dann noch ausreichend berücksichtigt, wenn der gekündigte Arbeitnehmer nur sozial geringfügig schlechter gestellt ist, als ein ungekündigter, vergleichbarer Arbeitnehmer oder wenn die Wertungsüberlegungen des Arbeitgebers sachlich begründet sind.

Im Rahmen seiner Auswahlentscheidung kann der Arbeitgeber auch z. B. berücksichtigen, wie ein objektiver Dritter eine Entscheidung treffen würde. Eine eher vernachlässigenswerte Fehleinschätzung in der Bewertung führt nicht zur Fehlerhaftigkeit.

Beispiel:
Der Arbeitgeber muss ein Arbeitsverhältnis beenden. Zwei Arbeitnehmer sind vergleichbar und stehen zur Auswahl. Ein Arbeitnehmer ist drei Jahre beschäftigt, 30 Jahre alt, eine Arbeitnehmerin zwei Jahre beschäftigt und 31 Jahre. Wird diese nicht gekündigt, ist das, wenn keine sonstigen Umstände zu berücksichtigen sind, nicht zu beanstanden.

☐ Der Arbeitgeber ist verpflichtet, dem Arbeitnehmer auf dessen **Verlangen** die Gründe **mitzuteilen**, die zu der getroffenen Auswahl geführt haben. Dieses Verlangen muss vom Arbeitnehmer ausdrücklich vor dem oder im Prozess geltend gemacht werden. Dann ist der Arbeitgeber verpflichtet, die Namen der vergleichbaren Arbeitnehmer, die Auswahlkriterien und ihre Gewichtung im Prozess mitzuteilen. Die Mitteilungspflicht bezieht sich nach der Rechtsprechung aber nur auf die Mitteilung der subjektiven Auswahlüberlegungen.

Beispiel:
Ich fordere Sie nach § 1 KSchG hiermit auf, mir die Gründe zu nennen, die in Bezug auf meine Kündigung von Ihnen angeführt werden. Ich bitte Sie, mir mitzuteilen, welcher Arbeitnehmer in die Sozialauswahl einbezogen wurde und welche Sozialdaten dieser hat.

☐ Die **Darlegungs- und Beweislast** dafür, dass die Kündigung wegen fehlerhafter Sozialauswahl sozial ungerechtfertigt ist, hat der Arbeitnehmer, allerdings im Rahmen einer abgestuften Darlegungs- und Beweislast. Das von der Rechtsprechung entwickelte System besteht aus sechs Stufen:

- Der Arbeitnehmer hat zu behaupten, dass die soziale Auswahl fehlerhaft vorgenommen wurde.

Sozialauswahl

- Bestreitet der Arbeitnehmer auf die entsprechende Mitteilung des Arbeitgebers die Richtigkeit der sozialen Auswahl, muss er **andere Arbeitnehmer** benennen, die weniger schutzbedürftig sein sollen. Wird deren geringe Schutzbedürftigkeit vom Arbeitgeber bestritten, trägt der Arbeitnehmer für seine Behauptung die Beweislast.
- Hat der Betriebsrat wegen der Sozialauswahl **widersprochen** (→ **Widerspruch des Betriebsrats**), spricht der Beweis des ersten Anscheines für eine unzureichende Sozialauswahl.
- Hat der Arbeitgeber die soziale Auswahl mitgeteilt, kann der Arbeitnehmer aber nicht zu den Gründen Stellung nehmen, muss er den Arbeitgeber zu der Begründung der getroffenen Auswahlentscheidung auffordern.
- Gibt der Arbeitgeber dem Arbeitnehmer **Auskunft**, so ist die Darlegungs- und Beweislast wieder beim Arbeitnehmer.
- Nur dann, wenn der Arbeitgeber einem **berechtigten Auskunftsverlangen** des Arbeitnehmers nicht nachkommt, kann sich dieser auf das Bestreiten der Ordnungsgemäßheit der Sozialauswahl beschränken.

☐ Für die Praxis bedeutet das, dass im Regelfall der **Arbeitnehmer gezwungen** ist, im Prozess die **Namen** derjenigen Kollegen zu **nennen**, die nach seiner Auffassung eher gekündigt werden müssen.

Nicht ausreichend ist ein pauschaler Vortrag wie:

Im Betrieb sind noch genügend andere Arbeitnehmer vorhanden, die nicht in die Sozialauswahl einbezogen worden sind. Sie wissen am besten, wer das ist.

☐ Stellt das Arbeitsgericht fest, dass der Arbeitgeber seinen **Beurteilungsspielraum** überhaupt **nicht oder falsch** genutzt hat und keine ordnungsgemäße Sozialauswahl vorliegt, ist die Kündigung insgesamt sozialwidrig.

Dies gilt auch dann, wenn mehrere Arbeitnehmer eines Betriebes die **gleichen Fehler** in der Sozialauswahl rügen. Eine fehlerhafte Sozialauswahl führt bei allen Arbeitnehmern, die sozial schwächer als der nicht gekündigte Arbeitnehmer sind, zur Sozialwidrigkeit.

Beispiel:
In einem Betrieb sind zehn vergleichbare Arbeitnehmer in die Sozialauswahl einzubeziehen. Einer dieser Arbeitnehmer ist erst ein Jahr im Betrieb und 25 Jahre alt. Die übrigen neun Arbeitnehmer sind jeweils mindestens fünf Jahre im Betrieb und mindestens 30 Jahre alt. Fünf Arbeitnehmern muss gekündigt werden. Der Arbeitgeber kündigt jedoch nicht dem 25-Jährigen. Alle gekündigten Arbeitnehmer können sich auf diesen Fehler berufen.

☐ Die Besonderheit der Sozialauswahl bei Vorliegen von **Auswahlrichtlinien** sind im Einzelnen dort dargestellt (→ **Auswahlrichtlinien**).

Sozialauswahl

Bedeutung für den Betriebsrat

☐ Wegen der bedeutungsvollen Stellung der Sozialauswahl bei einer betriebsbedingten Kündigung muss der Betriebsrat die vom Arbeitgeber vorgenommene Sozialauswahl sorgfältig prüfen und ggf. **Widerspruch** (→ **Widerspruch des Betriebsrats**) erheben. Die Sozialdaten des betroffenen und der vergleichbaren Arbeitnehmer sind dem Betriebsrat **unaufgefordert** mitzuteilen. Allerdings muss der Arbeitgeber nur die für ihn **subjektiv** maßgebenden Überlegungen offen legen. Darauf, ob die Sozialauswahl richtig oder falsch ist, kommt es für die Ordnungsgemäßheit der Anhörung nicht an. Ist sie falsch, ist ein darauf gestützter Widerspruch des Betriebsrats berechtigt.

☐ Sind → **Auswahlrichtlinien** vereinbart, muss der Betriebsrat darauf achten, dass diese auch tatsächlich eingehalten werden. Geschieht das nicht, rechtfertigt dies einen darauf gestützten **Widerspruch**.

Sozialversicherungsrechtliche Folgen der Beendigung von Arbeitsverhältnissen

Grundlagen

☐ Die wichtigsten sozialversicherungsrechtlichen Konsequenzen im Anschluss an die Beendigung eines Arbeitsverhältnisses ergeben sich, wenn **Arbeitslosigkeit** eintritt. Bei **älteren Arbeitnehmern** entstehen besondere Probleme dann, wenn das frühstmögliche gesetzliche Rentenalter zum Ausscheidenszeitpunkt noch nicht erreicht ist.

☐ Da sozialrechtliche Konsequenzen bei allen wesentlichen Beendigungstatbeständen eintreten können, bei der Eigenkündigung (→ **Kündigung durch den Arbeitnehmer**), der → **Kündigungserklärung des Arbeitgebers**, insbesondere aber auch bei einem → **Aufhebungsvertrag** und → **Vergleich** im Zusammenhang mit einer Kündigung oder einer Kündigungsabsicht des Arbeitgebers, sollte bei drohender Arbeitslosigkeit dieser Thematik besondere Aufmerksamkeit gewidmet werden. Dies gilt insbesondere dann, wenn das Ausscheiden mit einer **Abfindungszahlung** (→ **Abfindung**) durch den Arbeitgeber verbunden ist. Denn in vielfältiger Weise können Sachverhalte entstehen, die den Bezug von Arbeitslosengeld und später dann ggf. von Arbeitslosenhilfe beeinträchtigen können.

☐ Da das Sozialversicherungsrecht zu den Rechtsgebieten gehört, die einem ständigen Wandel auch durch den Gesetzgeber unterworfen sind, ist eine fachkundige Information anhand des jeweils neuesten Rechtszustandes unumgänglich. Dies ist z. Zt. insbesondere deshalb der Fall, weil in den Gesprächen zum »Bündnis für Arbeit« politisch verabredet ist, die gesamte Thematik grundlegend neu zu regeln. Bei Zweifelsfragen sollten auch die Beratungsstellen der Arbeitsämter bzw. der Rentenversicherungsträger (Bundesanstalt für Arbeit) bzw. Landesversicherungsanstalten, Bundesknappschaft usw. eingeschaltet werden.

☐ Fragen im Zusammenhang mit der gesetzlichen Altersrente sind unter → **Altersteilzeit** dargestellt.

Sozialversicherungsrechtliche Folgen

Wann besteht ein Anspruch auf Arbeitslosengeld?

☐ Tritt nach dem Ende eines Arbeitsverhältnisses Arbeitslosigkeit ein, dann hat der betreffende Arbeitnehmer Anspruch auf Arbeitslosengeld, wenn er innerhalb der **dreijährigen Rahmenfrist** des § 124 SGB III mindestens **zwölf Monate** in einer versicherungspflichtigen Beschäftigung gestanden hat und nicht gleichzeitig in einem Teilzeitarbeitsverhältnis von 15 Stunden und mehr steht. Arbeitslosigkeit setzt voraus, dass der Arbeitslose sich beim Arbeitsamt **gemeldet** hat und für die Aufnahme von Arbeit auf dem Arbeitsmarkt **zur Verfügung** steht. Für Wehrdienst- und Zivildienstleistende ist die Anwartschaftszeit innerhalb der Rahmenfrist auf zehn Monate, für Saisonarbeiter auf sechs Monate verkürzt.

☐ Die **Dauer des Anspruchs** auf Arbeitslosengeld beträgt mindestens sechs Monate und höchstens 32 Monate. Innerhalb dieser beiden Werte steigt die Leistungsbezugsdauer je nach erhöhter Beschäftigungszeit und Lebensalter etwa im Verhältnis 2:1 bis auf 32 Monate an, die nach Vollendung des 57. Lebensjahres erreicht werden.

☐ Das Arbeitslosengeld beträgt für Arbeitslose, die mindestens ein zu berücksichtigendes Kind im Sinne des Steuerrechts haben, **67 %** und für die übrigen Arbeitslosen **60 %** des pauschalierten Nettoarbeitsentgeltes. Maßgeblich ist danach das in den letzten 52 Wochen vor dem Entstehen des Anspruchs auf Arbeitslosengeld bezogene wöchentliche Entgelt.

☐ Während des Bezugs von Arbeitslosengeld kann **Nebeneinkommen** durch eine Beschäftigung erzielt werden, wenn sie weniger als 15 Stunden wöchentlich ausgeübt wird. Jedoch wird das Arbeitsentgelt in Höhe von $^1/_{14}$ der Bezugsgröße des Arbeitslosengeldes für den Kalendermonat, in dem die Beschäftigung ausgeübt wird, angerechnet.

☐ Ein Arbeitsloser, der vier Wochen lang berechtigt war, Arbeitslosengeld nach den oben dargestellten Grundsätzen zu beziehen, hat Anspruch auf **Überbrückungsgeld** nach § 57 SGB III, und zwar für die Dauer von sechs Monaten in Höhe des Arbeitslosengeldes, wenn er sich **selbständig** machen will. Innerhalb dieses Zeitraumes kann der Arbeitnehmer dann den Versuch unternehmen, sich auf eigene Beine zu stellen und unter Einsatz auch des gezahlten Überbrückungsgeldes eine neue Existenz aufbauen.

Wann ist das Arbeitsamt berechtigt, kein Arbeitslosengeld zu zahlen?

Sperrzeit und Verhalten des Arbeitnehmers

☐ Der arbeitslose Arbeitnehmer hat dann keinen Anspruch auf das Arbeitslosengeld, wenn das Arbeitsamt berechtigt ist, eine sog. **Sperrzeit** nach § 144 SGB III zu verhängen.

• Im Zusammenhang mit der Beendigung eines Arbeitsverhältnisses wird eine Sperrzeit dann verhängt, wenn der Arbeitnehmer zuvor das Arbeitsverhältnis selbst gelöst hatte. Im Falle der **Eigenkündigung** des Arbeitnehmers (→ **Kündigung durch den Arbeitnehmer**) wird auch dann eine Sperrzeit verhängt, wenn der Arbeitnehmer die Kündigung fristgerecht ausgesprochen hat.

Von einer Sperrzeit muss jedoch abgesehen werden, wenn der Arbeitnehmer für die Eigenkündigung **gewichtige Gründe** hatte und es ihm nicht gelungen ist, den Arbeitgeber zu veranlassen, diese gewichtigen Gründe, die der Fortsetzung des Arbeitsverhältnisses entgegenstehen, auszuräumen.

Beispiel:
Die Arbeitnehmerin ist im Betrieb mehrfach sexuell belästigt worden. Sie hat sich darüber beim Betriebsrat und beim Arbeitgeber beschwert. Abhilfe erfolgt nicht, vielmehr wird sie vertröstet, ihr wird geraten, die Angelegenheit nicht so ernst zu nehmen. Jetzt kündigt die Arbeitnehmerin selbst fristlos, weil sie auch gesundheitlich stark beeinträchtigt ist.

• Wichtige Gründe für einen Arbeitnehmer, das Arbeitsverhältnis zu beenden, können aber auch Umstände sein, die sich in seiner **Privatsphäre** ergeben, wenn z. B. der Arbeitnehmer durch ärztliches Attest nachweisen kann, dass er den ursprünglichen Arbeitsplatz gesundheitlich nicht mehr bewältigen kann. Anerkannt wird beispielsweise auch, dass ein Arbeitsverhältnis gekündigt wird, damit die Ehe von beiden Ehepartnern an einem Ort gelebt werden kann.

☐ Eine Sperrzeit wird auch dann verhängt, wenn der Arbeitnehmer durch sein Verhalten eine Kündigung des Arbeitgebers provoziert, also in Fällen der ordentlichen oder außerordentlichen verhaltensbedingten Kündigung.

Beispiele:
• *Der Arbeitnehmer ist ständig unpünktlich, er wird mehrfach abgemahnt. Nachdem er einen weiteren Tag gebummelt hat, kündigt der Arbeitgeber fristlos. Hier ist eine Sperrzeit berechtigt.*
Oder:
• *Der Arbeitnehmer weigert sich, berechtigte Weisungen des Arbeitgebers zu befolgen und geht stattdessen nach Hause. Auch hier ist eine Sperrzeit berechtigt.*

Sozialversicherungsrechtliche Folgen

☐ Kündigt der Arbeitgeber unberechtigt verhaltensbedingt, obwohl überhaupt keine Kündigungsgründe vorliegen, darf auch keine Sperrzeit verhängt werden.

Aufhebungsvertrag und Sperrzeit

☐ Besonders häufig und unangenehm ist die Verhängung einer Sperrzeit im Zusammenhang mit einem → **Aufhebungsvertrag** oder auch einem so genannten **Abwicklungsvertrag**, mit dem Arbeitgeber und Arbeitnehmer darin übereinstimmen, dass das Arbeitsverhältnis auf Veranlassung des Arbeitgebers beendet wird bzw. dass das Arbeitsverhältnis nach Ausspruch einer Kündigung durch den Arbeitgeber beendet werden soll.

- Wird der Arbeitnehmer selbst aktiv und bittet beim Arbeitgeber darum, das Arbeitsverhältnis zu beenden und in diesem Zusammenhang einen Aufhebungsvertrag zu schließen, verhängt das Arbeitsamt eine Sperrzeit, weil der spätere Arbeitslose in diesem Fall an einer Lösung des Arbeitsverhältnisses ohne wesentliche Mitverantwortung des Arbeitgebers teilgenommen hat.

Beispiel:
Der Arbeitnehmer will eine längere Reise unternehmen. Er bittet den Arbeitgeber, eine Kündigung auszusprechen oder einen Aufhebungsvertrag betriebsbedingt zu schließen, »damit er wenigstens Arbeitslosengeld beziehen könne«.

- Die Arbeitsverwaltung geht davon aus, dass dann, wenn der Arbeitnehmer eine rechtswidrige Arbeitgeberkündigung hinnimmt und der Arbeitnehmer die **Rechtswidrigkeit** der Kündigung **offensichtlich** erkennen muss, eine Beteiligung im Sinne eines Sperrzeittatbestandes besteht. Hier ist aber zu berücksichtigen, dass niemand gezwungen werden kann, gegen eine Kündigung gerichtlich vorzugehen und die dadurch z. B. entstehenden Kosten zu tragen, die beim Arbeitsgericht auch im Obsiegensfalle dem Arbeitnehmer hinsichtlich der Rechtsanwaltskosten auferlegt bleiben. Deshalb erscheint diese Verwaltungspraxis der Arbeitsämter problematisch.

Beispiel:
Einem schwerbehinderten Arbeitnehmer, der psychisch sehr labil ist, wird ohne Zustimmung der Hauptfürsorgestelle gekündigt. Sein Arzt rät ihm, von einem Arbeitsgerichtsprozess aufgrund der damit verbundenen psychischen Belastungen Abstand zu nehmen.

- Besonders zweifelhaft sind die Fälle, in denen der Arbeitgeber sich an den Arbeitnehmer wendet und diesem mitteilt, dass eine Kündigung bevorstehe und dem Arbeitnehmer gleichzeitig vorschlägt, einen Aufhebungs- oder Abwicklungsvertrag abzuschließen.
Die Arbeitsverwaltung ist der Auffassung, dass dann, wenn der Arbeitgeber die

Sozialversicherungsrechtliche Folgen

Kündigungsabsicht rechtswidrig äußert und dann eine Absprache zustande kommt, eine Sperrzeit verhängt werden könne. Wenn dann auch noch eine Abfindung gezahlt werde, sei davon auszugehen, dass der Arbeitnehmer unzulässig an der Beendigung des Arbeitsverhältnisses mitgewirkt habe.

- Ein ähnlicher Sachverhalt ist dann gegeben, wenn eine offensichtlich rechtswidrige Kündigung aufgrund einer finanziellen Zusage des Arbeitgebers, eine Abfindung zu zahlen, gerichtlich nicht angegriffen wird. Auch hier neigt die Arbeitsverwaltung dazu, eine Sperrzeit zu verhängen.
- Die Rechtsauffassung der Arbeitsverwaltung kann nur für die Extremfälle akzeptiert werden, in denen es zu Absprachen zwischen Arbeitgeber und Arbeitnehmer im Zusammenhang mit der Beendigung eines Arbeitsverhältnisses kommt, die nichts anderes im Sinn haben, als ohne einen zugrunde liegenden Sachverhalt das Arbeitsverhältnis zu beenden.
- Das ist aber im Regelfall und in der betrieblichen Praxis nur sehr selten anzutreffen. Weit überwiegend ist es so, dass der Arbeitgeber dem Arbeitnehmer stichhaltige Gründe für eine Kündigung nennt, ohne dass der Arbeitnehmer in der Lage ist, rechtlich abschätzen zu können, ob die vom Arbeitgeber genannten Gründe eine Kündigung rechtfertigen oder nicht bzw. ob rechtliche Möglichkeiten bestehen, erfolgreich gegen eine Kündigung vorzugehen.
- Allerdings wird man verlangen müssen, dass der Arbeitgeber seine Kündigungsabsicht ernsthaft erklärt. Zur Vermeidung von Zweifelsfragen zu Lasten des Arbeitnehmers sollte schriftlich Klarheit darüber getroffen werden, dass eine Kündigung schon ausgesprochen ist bzw. ausgesprochen werden hätte müssen aufgrund ganz bestimmter Umstände.
- Hat der Arbeitgeber eine Kündigung ausgesprochen und kommt es daraufhin zu einem gerichtlichen Verfahren, darin zu einem → **Vergleich**, wird im Regelfall die Annahme ausscheiden müssen, der Arbeitnehmer habe gewusst, dass die Kündigung offensichtlich rechtsunwirksam war.
- ☐ Zusammenfassend lässt sich deshalb sagen, dass eine Sperrzeit bei einem Aufhebungs- bzw. Abwicklungsvertrag immer dann droht, wenn der Arbeitnehmer diese Vereinbarungen selbst initiiert hat, der Arbeitgeber ernsthaft eine Kündigungsabsicht nicht gehabt hat bzw. von vorneherein klar und deutlich war, dass eine beabsichtigte bzw. ausgesprochene Kündigung offensichtlich rechtsunwirksam ist.

Die offensichtliche Unwirksamkeit einer Kündigung ist dann nicht gegeben, wenn Streit über die einzelnen Kündigungsgründe besteht, so z. B. über die Betriebsbedingtheit der Kündigung, die Ordnungsgemäßheit der Sozialauswahl, die Ordnungsgemäßheit der Betriebsratsanhörung usw.

Sozialversicherungsrechtliche Folgen

Die Verhängung der Sperrzeit

☐ Der Arbeitnehmer ist verpflichtet, wahrheitsgetreue Angaben zu den Umständen des Ausscheidens und zu Abfindungszahlungen auf den dafür vorgesehenen Fragebögen und Formularen zu machen.

☐ Die Dauer der Sperrzeit beträgt im Regelfall zwölf Wochen. Sie beginnt mit dem Tage nach dem Ereignis, das die Sperrzeit begründet oder, wenn dieser Tag in eine Sperrzeit fällt, mit dem Ende der Sperrzeit. Bei einer besonderen Härte für den Arbeitslosen kann die Sperrzeit auch nur vier Wochen betragen.

Durch die Sperrzeit vermindert sich die Anspruchsdauer entsprechend, § 128 SGB III.

☐ Wichtig ist, dass während der Sperrzeit im Anschluss an das Arbeitsverhältnis zunächst für einen Monat der sog. nachgehende Leistungsanspruch der **Krankenversicherung** besteht. Ab dem zweiten Monat bis zur zwölften Woche der Sperrzeit besteht Versicherungspflicht und deshalb **Versicherungsschutz** in der **Krankenversicherung**.

Für **freiwillig Krankenversicherte** ist aber zu beachten, dass sie für den ersten Monat der Sperrzeit ihre Versicherung freiwillig aufrecht erhalten, also weiterhin freiwillige Beiträge zahlen.

Das Ruhen des Anspruchs auf Arbeitslosengeld

☐ Von einem **Ruhen** des Anspruchs auf Arbeitslosengeld wird dann gesprochen, wenn der Arbeitslose zwar arbeitslos ist, an sich auch Anspruch auf Arbeitslosengeld hätte, aber Zahlungen des Arbeitgebers vorliegen, die das Arbeitsamt veranlasst, für einen bestimmten Zeitraum kein Arbeitslosengeld auszuzahlen. Für diesen Zeitraum muss dann der Arbeitnehmer von der Leistung des Arbeitgebers seinen Lebensunterhalt bestreiten.

Hat der Arbeitnehmer zunächst nur einen Anspruch, leistet der Arbeitgeber (noch) nicht, dann zahlt das Arbeitsamt zunächst das Arbeitslosengeld aus, sog. Gleichwohlgewährung. Wenn dann die Leistung des Arbeitgebers erfolgt, ist es zurückzuzahlen.

Ruhen bei Nachwirkungen des Arbeitsverhältnisses

☐ Wenn das Arbeitsverhältnis beendet wurde, ohne dass der Arbeitnehmer in der Lage war, den ihm zustehenden Urlaub ganz oder teilweise zu nehmen, entsteht ein sog. **Urlaubsabgeltungsanspruch**, d. h. der Arbeitgeber muss den noch offenen Urlaubsanspruch in Geld umrechnen und den sich ergebenden Abgeltungsbetrag an den Arbeitnehmer auszahlen.

Sozialversicherungsrechtliche Folgen

Beispiel:
Das Arbeitsverhältnis endet am 30.6. Es ist ein Teilurlaubsanspruch in Höhe von zehn Urlaubstagen, bei 20 Arbeitstagen im Monat, entstanden. Das monatliche Bruttogehalt des Arbeitnehmers beträgt 5000,– DM. Der Urlaubsabgeltungsanspruch beträgt somit 2500,– DM. Das Arbeitslosengeld ruht dann für die Zeit des abgegoltenen Urlaubs, im obigen Beispiel also für zehn Tage.

Dieser Ruhenstatbestand ist auch immer dann gegeben, wenn der Arbeitnehmer, der arbeitslos ist, noch Anspruch auf Arbeitsentgelt gegenüber seinem Arbeitgeber hat oder tatsächlich noch Entgelt erhält.

☐ Besteht nach Ende des Arbeitsverhältnisses Anspruch auf Krankengeld, Verletztengeld, Mutterschaftsgeld o.ä. Zahlungen, ruht solange der Anspruch auf Arbeitslosengeld, § 142 SGB III.

Beispiel:
Der Arbeitgeber kündigt das Arbeitsverhältnis zum 31.12. Ab 15.12. ist der Arbeitnehmer krank bis zum 31.3. des Folgejahres. Bis zum 31.12. erfolgt Entgeltzahlung durch den Arbeitgeber, anschließend Krankengeldzahlung durch die Krankenkasse, ab 1.4. wird Arbeitslosengeld gezahlt.

Ruhen und Abfindung

☐ Ein wichtiger Fall des Ruhens von Arbeitslosengeld ist dann gegeben, wenn der Arbeitslose eine Abfindung, die sozialversicherungsrechtlich Entlassungsentschädigung genannt wird, erhalten hat (zu den Einzelheiten → **Abfindung**). Dieser Ruhenstatbestand ist in § 143a SGB III regelt. Zwei Grundfälle sind zu unterscheiden:

• Das Arbeitsverhältnis wird durch Kündigung oder Aufhebungsvertrag ohne Einhaltung der an sich einzuhaltenden → **Kündigungsfrist** beendet und der Arbeitnehmer erhält eine Abfindung vom Arbeitgeber. In diesem Fall beginnt die Ruhenszeit an dem Tage, nach dem das Arbeitsverhältnis geendet hat, und dauert bis zu dem Tage, an dem es bei Einhaltung der ordentlichen Frist geendet hätte.

Beispiel:
Die ordentliche Kündigungsfrist ist sechs Monate zum Quartalsende. Der Arbeitgeber kündigt am 1.5. zum 30.6. Da die ordentliche Kündigung erst zum 31.12. möglich gewesen wäre, endet der Ruhenszeitraum am 31.12.

☐ Ein Ruhensfall ist auch dann gegeben, wenn der Arbeitnehmer an sich **unkündbar** ist (unkündbare Arbeitnehmer). Hier ist zu unterscheiden:

Liegt ein **zeitlich unbegrenzter Ausschluss** einer Kündigung vor, gilt für den Fall

Sozialversicherungsrechtliche Folgen

der Berechnung der Ruhenszeit eine Kündigungsfrist von 18 Monaten, bei zeitlich begrenztem Ausschluss oder dann, wenn die Voraussetzungen für eine fristgebundene Kündigung aus wichtigem Grunde vorliegen, die ohne den Ausschluss der ordentlichen Kündigung maßgebend gewesene Frist.

Wenn vereinbart ist, dass dem Arbeitnehmer nur nach Abfindungszahlung gekündigt werden kann, gilt eine Kündigungsfrist von einem Jahr.

☐ In jedem Einzelfall ist die Berechnung der Ruhenszeit konkret vorzunehmen. Die **längste Ruhenszeit** beträgt **ein Jahr**.

Die Ruhenszeit darf aber auch nicht länger dauern als bis zu dem Tage, an dem das Arbeitsverhältnis infolge einer Befristung sowieso geendet hätte oder an dem der Arbeitgeber das Arbeitsverhältnis aus wichtigem Grunde ohne Einhaltung einer Kündigungsfrist hätte kündigen können.

☐ Bei der Berechnung der Ruhenszeit werden zunächst 60% der Abfindung (Entlassungsentschädigung) zugrunde gelegt, 40% bleiben also von vornherein außer Betracht.

Der Anteil von 60% vermindert sich zum einen für je 5 Jahre des Bestandes des Arbeitsverhältnisses im selben Betrieb oder Unternehmen oder auch für je 5 Lebensjahre nach Vollendung des 35. Lebensjahres und je 5%.

Mindestens werden jedoch 25% der Entlassungsentschädigung herangezogen.

Der so berechnete Teil der Abfindung wird durch das während der letzten Beschäftigungszeit (52 Wochen) kalendertäglich verdiente Arbeitsentgelt dividiert. So berechnet sich dann der Ruhenszeitraum nach Kalendertagen.

Aus diesen Überlegungen ergibt sich folgende **Tabelle**, aus der abgelesen werden kann, wie sich der Ruhenszeitraum berechnet (oben Lebensalter; links Jahre der Betriebszugehörigkeit):

	Unter 40 %	Ab 40 %	Ab 45 %	Ab 50 %	Ab 55 %	Ab 60 %
Weniger als 5 Jahre	60	55	50	45	40	35
5 und mehr Jahre	55	50	45	40	35	30
10 und mehr Jahre	50	45	40	35	30	25
15 und mehr Jahre	45	40	35	30	25	25
20 und mehr Jahre	40	35	30	25	25	25
25 und mehr Jahre	35	30	25	25	25	25
30 und mehr Jahre		25	25	25	25	25
35 und mehr Jahre			25	25	25	25

Sozialversicherungsrechtliche Folgen

Weitere Folgen der Ruhenszeit

☐ Während der Ruhenszeit findet eine **Krankenversicherung** nicht statt, denn der Arbeitslose ist in der Lage und verpflichtet, sich aus den Leistungen des Arbeitgebers zu versichern.

☐ Ist auch eine **Sperrzeit** verhängt worden, verlängert sich der Ruhenszeitraum nicht.

☐ Für Streitigkeiten im Zusammenhang mit Sperrzeiten und Ruhenszeiten ist nach einem Widerspruchsverfahren bei der Bundesanstalt für Arbeit das jeweilige Sozialgericht zuständig.

Arbeitslosigkeit älterer Arbeitnehmer

☐ Endet das Arbeitsverhältnis in relativer Nähe zum 60. Lebensjahr, besteht die Möglichkeit, vorzeitig gesetzliche Altersrente in Anspruch zu nehmen. Dies setzt voraus, dass **mindestens** ein **Jahr Arbeitslosigkeit** bestanden hat.

Allerdings wird die Altersgrenze wegen Arbeitslosigkeit angehoben, stufenweise auf das Alter von 65 Jahren bis 2007. Die Rente kann jedoch weiterhin vorzeitig, allerdings mit erheblichen Abschlägen, frühestens ab dem 60. Lebensjahr beansprucht werden. Die Abschläge können in der Spitze bis zu 18% betragen.

Erstattungsansprüche des Arbeitsamtes gegenüber dem Arbeitgeber

☐ Weniger aus Arbeitnehmersicht, denn aus der Perspektive des Arbeitgebers sind **Erstattungsansprüche** von Bedeutung, die seitens des Arbeitsamtes nach § 147a SGB III gegen den Arbeitgeber geltend gemacht werden können, wenn das Arbeitsverhältnis eines Arbeitnehmers am Tage der Vollendung seines 56. Lebensjahres oder später gegen Abfindungszahlung beendet wird.

Die gesetzliche Regelung gilt voraussichtlich nur noch übergangsweise. Es ist mit einer Neustrukturierung der Problematik zu rechnen. Diese besteht darin, dass die Unternehmen in der Vergangenheit ältere Mitarbeiter unter Ausnutzung sozialversicherungsrechtlicher Gestaltungsmechanismen bevorzugt entlassen haben. Vielfach ist der Missbrauch solcher Maßnahmen beklagt worden. Rechtspolitisch wird versucht, durch das Angebot von → **Altersteilzeit** gegenzusteuern.

Sozialversicherungsrechtliche Folgen

Aus der Sicht des Arbeitnehmers führen berechtigte Erstattungsansprüche des Arbeitsamtes naturgemäß dazu, dass die Bereitschaft des Arbeitgebers eine **Abfindung** zu zahlen, sinkt bzw. die Höhe der Abfindung wird auch mit Blick auf etwaige Erstattungsansprüche niedriger ausfallen.

☐ Die Erstattungspflicht tritt grundsätzlich für die Zeit nach Vollendung des 58. Lebensjahres des Arbeitslosen ein, wenn der Arbeitslose innerhalb der letzten vier Jahre vor dem Tag der Arbeitslosigkeit mindestens 24 Monate in einem Versicherungspflichtverhältnis gestanden hat. Die Erstattungspflicht schließt auch die auf das Arbeitslosengeld entfallenden Beiträge zur Kranken- Pflege- und Rentenversicherung ein. Die grundsätzlich bestehende Erstattungspflicht ist jedoch mit zahlreichen Ausnahmen versehen. Die wichtigsten Ausnahmetatbestände sind z. B.:

- → **Kleinbetriebe** unter 21 Arbeitnehmern
- Eigenkündigung des Arbeitnehmers ohne Abfindung
- Sozialgerechtfertigte Arbeitgeberkündigung
- Arbeitgeberkündigung aus wichtigem Grund
- Drastischer Personalabbau.

Der Arbeitgeber muss gegenüber dem Arbeitsamt das Vorliegen von Ausnahmetatbestände darlegen und beweisen. Für Streitigkeiten sind die Sozialgerichte zuständig.

Arbeitnehmeransprüche in der Insolvenz des Arbeitgebers

☐ Arbeitsverhältnisse enden auch im Zusammenhang mit der Zahlungsunfähigkeit des Arbeitgebers. Zu den Einzelheiten wird auf → **Insolvenz** verwiesen.

Ist die Zahlungsunfähigkeit des Arbeitgebers so gravierend, dass auch die laufende Vergütung bis zum Ende der Insolvenzkündigungsfrist nicht gezahlt werden kann, bestehen unter den gesetzlichen Voraussetzungen des § 183 SGB III Ansprüche gegenüber dem Arbeitsamt auf **Insolvenzgeld**, das frühere sog. Konkursausfallgeld.

Dies setzt voraus, dass entweder

- über das Vermögen des Arbeitgebers das **Insolvenzverfahren** eröffnet ist oder
- eine **Abweisung** des Antrages auf Eröffnung des Insolvenzverfahrens **mangels Masse** erfolgt ist oder
- eine **vollständige Beendigung** der Betriebstätigkeit im Inland gegeben ist, wenn ein Antrag auf Eröffnung des Insolvenzverfahrens nicht gestellt worden ist und ein Insolvenzverfahren offensichtlich mangels Masse nicht in Betracht kommt.

Sozialversicherungsrechtliche Folgen

☐ Die drei genannten Sachverhalte werden als Insolvenzereignis bezeichnet. Dieses ist sowohl relevant für die Berechnung des **Drei-Monats-Zeitraumes**, für den Insolvenzgeld gezahlt wird, als auch für die Berechnung der zweimonatigen Antragsfrist. Maßgeblich ist der Eintritt des frühesten Insolvenzereignisses.

☐ Ein Anspruch auf Insolvenzgeld besteht nur für das ausgefallene Arbeitsentgelt, das auf die letzten drei Monate entfällt, die dem Insolvenzereignis vorausgehen. Nicht maßgeblich sind die drei letzten Monate des Arbeitsverhältnisses:

Beispiel:
Das Arbeitsverhältnis endet am 30.9.2001. Das Insolvenzverfahren wird am 31.10.2001 eröffnet. Der Arbeitnehmer hat seit Juli keine Vergütung mehr bekommen. Insolvenzgeld erhält der Arbeitnehmer nur für den Zeitraum vom 1.8. bis zum 30.9.20001.

☐ Durch das Insolvenzgeld werden nur die Vergütungsansprüche ausgeglichen, die dem Arbeitgeber im Insolvenzgeldzeitraum (also bis zu drei Monaten) zustanden. Bei **Einmal- und Sonderzahlungen** kommt es darauf an, ob eine **anteilige Zuordnung** für den Insolvenzgeldzeitraum möglich ist. Das ist z. B. dann der Fall, wenn ein 13. Gehalt vereinbart worden war. Zu den Einzelheiten siehe auch unter → **Einmalzahlungen.**

☐ Für Streitigkeiten im Zusammenhang mit dem Insolvenzgeld und dem Arbeitslosengeld sind die Sozialgerichte und nicht die Arbeitsgerichte zuständig.

Tariflicher Kündigungsschutz

Verhältnis zum Gesetz

☐ Die gesetzlichen Regeln über die vom Arbeitgeber ausgesprochene Kündigung können in gewissem Umfang durch Tarifvertrag verändert werden.

☐ Eine **ausdrückliche Ermächtigung** enthält insoweit allerdings nur § 622 Abs. 4 BGB, wonach die **Kündigungsfristen** durch Tarifvertrag verlängert, aber auch verkürzt werden können. Bei allen übrigen Fragen geht die Rechtsprechung von dem ungeschriebenen Grundsatz aus, dass der **Tarifvertrag nur zugunsten der Arbeitnehmer** von der gesetzlichen Regelung abweichen kann.

Form der Kündigung

☐ Vom Erfordernis der **Schriftform** nach § 623 BGB kann nicht abgewichen werden. Durch Tarifvertrag könnte also nicht zur mündlich oder konkludent erklärten Kündigung zurückgekehrt werden. Auf der anderen Seite kann man die Formerfordernisse jedoch verschärfen und beispielsweise in Anlehnung an § 15 Abs. 3 BBiG verlangen, dass auch die **Kündigungsgründe schriftlich** niedergelegt werden. Der eigentliche Schwerpunkt tariflicher Regelungen liegt aber auf dem sog. materiellen Kündigungsschutz, d. h. auf der Frage, **aus welchen Gründen** eine **Kündigung zulässig** ist.

Wann liegt eine Unterschreitung des gesetzlichen Niveaus vor?

☐ Die Tarifparteien dürfen das Recht des Arbeitgebers zur Kündigung **nicht** auf **Fälle** erstrecken, die nach dem Gesetz nicht erfasst sind.

• Das Recht des Arbeitgebers zur **außerordentlichen Kündigung** darf **nicht** auf andere als »wichtige Gründe« erstreckt werden. Auch ist es **unzulässig**, zu sog. **absoluten Kündigungsgründen** zurückzukehren, wie sie vor 1969 in § 123 der GewO niedergelegt waren.

Beispiel:
Der Tarifvertrag bestimmt, jedermann könne fristlos gekündigt werden, der mehr als zwei Stunden zu spät komme oder den Arbeitgeber beleidige. Diese Vereinbarung ist unzulässig, da § 626 Abs. 1 BGB außerdem noch eine Abwägung der beiderseitigen Interessen verlangt, die hier unterbleiben würde.

Unwirksam ist weiter auch eine **Verlängerung der Zwei-Wochen-Frist** des § 626 Abs. 2 BGB. Das »Damoklesschwert« der außerordentlichen Kündigung darf nicht länger als im Gesetz vorgesehen über dem Arbeitnehmer hängen.

- Bei der **ordentlichen Kündigung** kann ein Tarifvertrag nicht etwa vorsehen, dass der Kündigungsschutz nach dem KSchG erst mit dem 18. Lebensjahr oder erst nach Absolvierung einer **Wartefrist von neun Monaten** einsetzt. Unzulässig ist es deshalb auch, bei der Sechs-Monats-Frist des § 1 Abs. 1 KSchG nicht auf den Bestand des Arbeitsverhältnisses, sondern auf die tatsächliche Beschäftigung abzustellen. Die bei der **Interessenabwägung** zu berücksichtigenden Gesichtspunkte können näher eingegrenzt werden, doch darf sich dadurch der Spielraum des Arbeitgebers nicht wesentlich erweitern.

Verbesserung des Kündigungsschutzes

☐ Dem grundsätzlichen Verhältnis zwischen Gesetz und Tarifvertrag entspricht es, dass die Kündigung des Arbeitgebers von engeren als den im Gesetz vorgesehenen Voraussetzungen abhängig gemacht werden kann. Dabei ist zu differenzieren.

Außerordentliche Kündigung

☐ Das Recht des Arbeitgebers zur außerordentlichen Kündigung kann als solches **nicht ausgeschlossen** werden. Die Lösung aus einer unzumutbar gewordenen Vertragsbeziehung muss immer möglich sein.

☐ Dieses Grundprinzip schließt es nicht aus, dass das Kündigungsrecht durch Tarifvertrag **auf fest umrissene Tatbestände beschränkt** wird. Insoweit ist zu Lasten des Arbeitgebers eine Rückkehr zu der abschließenden Aufzählung der

Kündigungsgründe durch § 123 GewO möglich. Nach allerdings umstrittener Auffassung kann die außerordentliche Kündigung bei betrieblichen und personenbedingten Gründen generell ausgeschlossen werden. Soweit dies nicht akzeptiert wird, ist jedenfalls die Konkretisierung der Faktoren möglich, die bei einer Interessenabwägung zu berücksichtigen sind. Letztlich bestimmt die Arbeitgeberseite selbst darüber, was sie sich zumuten will.

Ordentliche Kündigung

☐ Die größte praktische Bedeutung haben Tarifregelungen, die die ordentliche Kündigung **einschränken oder ausschließen**. Im Einzelnen kommen folgende Bestimmungen vor:

- Der **Anwendungsbereich des KSchG** wird auf **Kleinbetriebe** erstreckt. Auch soll das Gesetz bereits vor Ablauf der Sechs-Monats-Frist des § 1 Abs. 1 KSchG eingreifen; dies kann auch der erste Tag des Arbeitsverhältnisses sein.
- Tarifverträge können die **Voraussetzungen für eine ordentliche Kündigung enger** bestimmen als das Gesetz, beispielsweise nur Betriebsstilllegung und Erwerbsunfähigkeit genügen lassen. Bei schweren Pflichtverletzungen greift dann lediglich § 626 BGB ein.
- Das Recht des Arbeitgebers zur ordentlichen Kündigung kann auch ganz ausgeschlossen werden (→ **Unkündbare Arbeitnehmer**). Praktische Bedeutung hat dies allerdings fast nur für den Schutz älterer Arbeitnehmer sowie für eine zeitlich befristete Kündigungssperre, die mit Konzessionen auf anderen Gebieten erkauft wird.
- Durch Tarifvertrag können bestimmte **Kündigungsvermeidungsstrategien** vorgeschrieben werden. Der Arbeitgeber wird beispielsweise ausdrücklich verpflichtet, betriebsbedingte Kündigungen nur dann auszusprechen, wenn er **zuvor Kurzarbeit** eingeführt oder jedenfalls einen entsprechenden Versuch unternommen hat. Dasselbe kann für die Arbeitszeitverkürzung ohne Lohnausgleich gelten. Eine tariflich vorgesehene Verbesserung des Kündigungsschutzes liegt auch darin, dass die (betriebsbedingte) Kündigung nur dann zulässig sein soll, wenn **im ganzen Konzern** kein vergleichbarer Arbeitsplatz unbesetzt ist.

Erweiterung der Betriebsratsbefugnisse bei Kündigung

☐ Die Beteiligungsrechte des Betriebsrats bei Kündigungen können nach der Rechtsprechung und der herrschenden Auffassung in der Literatur durch Tarifvertrag erweitert werden.

Tariflicher Kündigungsschutz

- Dem Betriebsrat kann ein **generelles Widerspruchsrecht** eingeräumt werden, das vom Vorliegen der Voraussetzungen des § 102 Abs. 3 BetrVG unabhängig ist. Arbeitnehmer, die gegen den Widerspruch des Betriebsrats gekündigt würden, wären bis zum Ende eines von ihnen angestrengten Kündigungsschutzverfahrens nach Maßgabe des § 102 Abs. 5 BetrVG weiterzubeschäftigen.
- Dem Betriebsrat kann ein **volles Mitbestimmungsrecht** bei Kündigungen eingeräumt werden. Dies bedeutet, dass diese ohne seine Zustimmung unwirksam sind; notfalls würde die Einigungsstelle entscheiden, ob die Zustimmung des Betriebsrats zu ersetzen ist.
- Denkbar ist schließlich, dem Betriebsrat ein **Vetorecht** einzuräumen, das auch über die Einigungsstelle nicht auszuräumen wäre. Eine solche Lösung kommt allerdings nur dann in Betracht, wenn die fragliche Kündigung auch ganz verboten werden könnte; die Zulässigkeit mit Zustimmung des Betriebsrats stellt insoweit die weniger weit gehende Regelung dar.

Erweiterung der Beteiligungsrechte des Personalrats?

☐ Die Rechte des Personalrats können grundsätzlich nicht durch Tarifvertrag erweitert werden (§§ 3, 97 BPersVG). Möglich ist daher nur, die Kündigung inhaltlich zu beschränken, die ordentliche Kündigung beispielsweise generell zu verbieten, sie mit Zustimmung des Personalrats aber zuzulassen.

Abfindungen und Zuschüsse zum Arbeitslosengeld

☐ Die Tarifparteien können vorsehen, dass der Arbeitgeber bei jeder betriebsbedingten Kündigung eine Abfindung zu zahlen hat. In vielen geltenden Rationalisierungsschutzabkommen finden sich entsprechende Bestimmungen. Damit würde die Ungereimtheit beseitigt, dass die Größe des Betriebs und die Existenz eines Betriebsrats letztlich darüber entscheiden, ob der betriebsbedingt Gekündigte mit hinreichender Sicherheit eine Abfindung erhält oder nicht. Möglich ist sogar, nach dem **Vorbild des italienischen Rechts** an **jede Kündigung eine Abfindungspflicht** zu knüpfen.

☐ Während die Abfindung allen Arbeitnehmern, auch den durch die Kündigung weniger betroffenen, zugute kommt, kann man stattdessen auch gezielt die finanzielle Situation derjenigen verbessern, die nicht sofort wieder einen Arbeitsplatz finden. Ein Beispiel dieser Art stellt der Tarifvertrag über den Unterstützungsverein der chemischen Industrie dar, der für langjährig Beschäftigte einen **Zuschuss zum Arbeitslosengeld** in Höhe von rund 15 % des Nettolohnes vorsieht.

Tariflicher Kündigungsschutz

Anspruch auf Wiedereinstellung

☐ Insbesondere im **Baugewerbe** existieren Tarifverträge, wonach die wegen schlechter Witterung Entlassenen einen Anspruch auf Wiedereinstellung besitzen, sobald die Weiterbeschäftigung möglich ist. Auch in der chemischen Industrie gibt es Tarifverträge, die innerhalb bestimmter Fristen den betriebsbedingt Gekündigten das Recht einräumen, bei der Neubesetzung von geeigneten Arbeitsplätzen bevorzugt berücksichtigt zu werden. Gegen derartige Vorschriften bestehen keine inhaltlichen Bedenken.

Teilkündigung und teilweise Veränderung des Arbeitsvertrages

Was ist das?

☐ Während die → **Kündigung** ein Arbeitsverhältnis **beendet** oder, wenn als → **Änderungskündigung** ausgesprochen, **inhaltlich** das Arbeitsverhältnis **verändert**, betrifft die **Teilkündigung** nur einen Teil der durch einen Arbeitsvertrag begründeten Rechtsstellung der Vertragspartner. Dies betrifft einzelne Sonderleistungen wie:

- **Dienstwagennutzung** für private Zwecke,
- besondere Aufgabenstellungen wie **Außendiensttätigkeit**,
- einzelne **Gehaltsbestandteile**, wie z. B. **Tantieme**, → **Einmalzahlungen, Gratifikationen** u.Ä.,
- bestimmte **Einsatzorte** usw.

☐ Grundsätzlich kann sich eine Teilkündigung auf alle Elemente, Rechte und Pflichten eines Arbeitsverhältnisses beziehen. Davon abzugrenzen sind tatsächlich ähnliche, rechtlich unterschiedliche Vorgänge wie die Ausübung eines **Freiwilligkeits- oder Widerrufsvorbehaltes**. Auch die **Änderungskündigung** hat eine **ähnliche Rechtswirkung** wie eine Teilkündigung, unterliegt aber völlig anderen rechtlichen Rahmenbedingungen (→ **Änderungskündigung**). Gleiches gilt für die Ausübung des → **Direktionsrechtes** durch den Arbeitgeber.

Zulässigkeit und Wirkung einer Teilkündigung

☐ Im Unterschied zur Änderungskündigung führt die **Teilkündigung nicht** zu einer **Wahlmöglichkeit** des Arbeitnehmers, entweder das Arbeitsverhältnis zu den sich nach der Teilkündigung ergebenden Bedingungen – ggf. unter **Vorbehalt** – weiterzuführen oder es zu **beenden**. Die Teilkündigung will vielmehr das Arbeitsverhältnis als solches und in seinem übrigen Bestand **unangetastet** lassen, es soll lediglich ohne den **herausgekündigten** Teilaspekt weitergeführt werden. Eine Teilkündigung führt somit gegen den Willen eines Vertragspartners zu einer Änderung des Vertragsinhaltes. Deshalb gilt **grundsätzlich**, dass eine Teilkündigung

Teilkündigung des Arbeitsvertrages

eines Arbeitsvertrages **nicht zulässig** ist, weil durch sie der **Grundgedanke** des **Kündigungsschutzes** unterlaufen wird.

Beispiel:
Im Arbeitsvertrag ist vereinbart, dass bei einer 37,5 Stunden-Woche ein monatliches Bruttogehalt von 5000,– DM gezahlt wird.
Der Arbeitgeber erklärt: Hiermit wird unsere Absprache bezüglich der Wochenarbeitszeit und der Vergütung gekündigt. Sie arbeiten ab 1. 7. 40 Stunden bei einem Monatsgehalt von 5000,– DM.
Diese Teilkündigung ist unwirksam.

☐ Außerdem widerspricht die unbegrenzte Zulässigkeit einer Teilkündigung dem **grundgesetzlich** geschützten Prinzip der **Vertragsfreiheit**. Denn durch eine Teilkündigung wird ein Vertragspartner gegenüber dem anderen, ohne dessen Zustimmung, bevorteilt, weil er den Inhalt eines Vertrages, abweichend von der bisherigen Willensübereinstimmung, **einseitig bestimmen** könnte.

☐ **Keine Teilkündigung** ist gegeben, wenn zwischen Arbeitgeber und Arbeitnehmer ein aus mehreren Teilen **zusammengesetztes Rechtsverhältnis** besteht und der Arbeitgeber nur ein Rechtsverhältnis kündigen will.

Beispiel:
Arbeitgeber und Arbeitnehmer vereinbaren einen Arbeitsvertrag. In einem weiteren Vertrag wird ein Mietverhältnis über eine Wohnung des Arbeitgebers abgeschlossen. In einem weiteren Vertrag räumt der Arbeitgeber dem Arbeitnehmer ein Darlehen ein.

- Wenn die Parteien jeweils **getrennte Rechtsgeschäfte** gewollt haben, dies auch zum Ausdruck bringen, kann jedes Rechtsverhältnis **für sich gekündigt** werden. Wird z. B. dann das Arbeitsverhältnis gekündigt, bleibt der Darlehensvertrag ebenso unberührt wie der Mietvertrag und umgekehrt.
- Ist allerdings zwischen den Parteien in Wirklichkeit gewollt, dass alle drei Vertragsbestandteile eine **Einheit** bilden, deren einzelne Bestandteile nicht unabhängig voneinander gelöst werden sollen, dann gelten die gleichen Grundsätze wie oben. Grundsätzlich ist die Teilkündigung ausgeschlossen, es sei denn, sie wäre für die einzelnen Teile des Vertrages ausdrücklich **vorbehalten**.

Vertragliche Vereinbarung einer Teilkündigung

☐ Allerdings können sich Arbeitgeber und Arbeitnehmer bei Vertragsschluss **vorbehalten**, dass bestimmte **Teilaspekte** des Arbeitsvertrages aus dem allgemeinen

Teilkündigung des Arbeitsvertrages

kündigungsschutzrechtlichen **Bestands- und Inhaltsschutz herausgenommen** werden und gesondert, auch im Sinne einer Teilkündigung, gekündigt werden können.

☐ Eine solche Möglichkeit der Teilkündigung muss aber im Arbeitsvertrag **ausdrücklich** vorgesehen werden.

☐ Die **Vereinbarung** einer **Teilkündigung** ist allerdings nur dann **rechtlich zulässig**, wenn dadurch nicht das **ausgewogene Verhältnis** zwischen Leistung und Gegenleistung nachhaltig **gestört** wird. Eine Vereinbarung im Arbeitsvertrag, dass eine Teilkündigung auch beispielsweise hinsichtlich **wesentlicher Gehaltsbestandteile** zulässig ist, wäre wegen **Umgehung** des Kündigungsschutzes **unwirksam**.

Als Maßstab für die Zulässigkeit einer Teilkündigung muss auch gelten, ob dafür ein vernünftiger, → **sachlicher Grund** vorliegt, der den **billigenswerten Interessen** beider Vertragspartner entspricht.

Beispiel:
Die Parteien des Arbeitsvertrages vereinbaren, dass der Arbeitnehmer vorübergehend eine Zusatzaufgabe übernimmt und dafür auch eine erhöhte Vergütung bekommt. In diesem Falle können die Parteien auch vereinbaren, dass diese Zusatzvereinbarung teilgekündigt werden kann und dass durch eine Teilkündigung der ursprüngliche Bestand des Arbeitsverhältnisses nicht berührt wird.

☐ Für den Fall, dass eine Teilkündigung arbeitsvertraglich wirksam vereinbart wird, gelten die für den Arbeitsvertrag als solchen geltenden gesetzlichen, tarifvertraglichen bzw. vertraglichen → **Kündigungsfristen**. Es gelten auch die jeweiligen **Formvorschriften** (→ **Schriftform**).

☐ **Teilkündigungen** sind teilweise in **Tarifverträgen** vorgesehen und für zulässig erklärt, dies gilt z. B. für **Nebenabreden** im Sinne des § 4 Ziffer 2 BAT. Die Tarifvertragsparteien können für solche Teilkündigungen eigenständige Kündigungsfristen festsetzen, was im Bereich des BAT auch geschehen ist, z. B. SR2c BAT Nr. 8 Abs. 5.

Abgrenzung zu anderen Rechtsinstituten

☐ Wie eine Teilkündigung wirkt die Wahrnehmung eines **Widerrufsvorbehaltes** bzw. die Ausübung eines **Freiwilligkeitsvorbehaltes** durch den Arbeitgeber, deshalb bestehen in der Praxis oft Schwierigkeiten in der Abgrenzung zwischen diesen drei genannten Instrumenten der arbeitsvertraglichen Veränderung.

Teilkündigung des Arbeitsvertrages

☐ Während die Teilkündigung grundsätzlich **unzulässig** ist, wird die Vereinbarung von **Widerrufsvorbehalten** oder von **Freiwilligkeitsvorbehalten grundsätzlich für zulässig** gehalten.

- Unter einem **Widerrufsvorbehalt** wird die Berechtigung des Arbeitgebers verstanden, dem Arbeitnehmer zugesagte Ansprüche, z. B. eine außertarifliche Zulage, ein Weihnachtsgeld, Deputatleistungen u.Ä., zu widerrufen und damit die Verpflichtung zur Leistung zu beenden.

Beispiel:
Sie erhalten eine monatliche, außertarifliche Zulage in Höhe von 500,– DM. Diese Zulage ist jederzeit widerruflich.

- Im Unterschied dazu formuliert ein sog. **Freiwilligkeitsvorbehalt**, dass der Arbeitgeber sich schon im Grundsatz gar **nicht verpflichten** will, bestimmte Leistungen zu erbringen, wie z. B. eine Zulage, einen Bonus, eine Tantieme oder Ähnliches (→ **Einmalzahlungen**). Der Arbeitgeber will sich vielmehr **vorbehalten**, selbst und im Einzelfall zu entscheiden, ob eine bestimmte Zahlung erfolgt oder nicht.

Beispiel:
Wir weisen ausdrücklich darauf hin, dass die Zahlung der Weihnachtsgratifikation freiwillig, ohne Anerkennung einer Rechtspflicht und ohne Übernahme einer Verpflichtung für die Zukunft erfolgt. Die Zahlung steht im Ermessen des Arbeitgebers.

- Hier ist von vorneherein klar, dass überhaupt kein Anspruch auf die freiwillig zugesagte Leistung besteht. Der Arbeitnehmer weiß auch von vorneherein, dass der Arbeitgeber **keine Verpflichtung** eingehen will.

☐ Es ist Sache des Arbeitnehmers, sich zu entscheiden, ob er sich mit einem solchen **Freiwilligkeitsvorbehalt** einverstanden erklärt. Da dem Arbeitnehmer im Grundsatz keine Rechte entzogen, sondern nur mögliche Ansprüche gewährt werden, sind Freiwilligkeitsvorbehalte von der Rechtsprechung als zulässiges Gestaltungsmittel anerkannt worden. Dies aber nur dann, wenn der zugesagte Arbeitsvertragsinhalt ansonsten den Anforderungen der Rechtsordnung und insbesondere den tariflichen Vorschriften entspricht.

☐ Bei der Vereinbarung von Freiwilligkeitsregelungen im Arbeitsvertrag ist **Vorsicht** geboten. Die bloße Hoffnung, dass der Arbeitgeber sich zu freiwilligen Leistungen veranlasst sehen wird, ist rechtlich nicht geschützt, sie kann deshalb auch rechtlich **nicht durchgesetzt** werden.

☐ Macht der **Arbeitgeber** von seinem Freiwilligkeitsvorbehalt **Gebrauch**, gewährt er also z. B. freiwillig zugesagte Leistungen überhaupt nicht oder beendet er entsprechende Zahlungen, kommt eine **gerichtliche Überprüfung** nicht in Betracht.

Teilkündigung des Arbeitsvertrages

Allerdings hat das BAG eine wichtige Ausnahme für die häufig anzutreffende Konstellation entwickelt, dass der Arbeitgeber seinen Freiwilligkeitsvorbehalt über einen **längeren Zeitraum** hinweg **nicht realisiert** und die freiwillig zugesagten Leistungen **ohne Hinweis** auf die **Freiwilligkeit tatsächlich geleistet** hat.

☐ In diesen Fällen nimmt das BAG an, dass durch das tatsächliche Verhalten des Arbeitgebers ein zeitlich unbegrenzter Anspruch mit **Widerrufsvorbehalt** erwachsen kann.

☐ Denn das Verhalten des Arbeitgebers ist **rechtsähnlich** zu behandeln wie das Entstehen einer **Betriebsübung**. Hier besteht das **berechtigte Vertrauen** des Arbeitnehmers dahin, dass der Arbeitgeber auch in **Zukunft** von seinem Freiwilligkeitsvorbehalt **keinen Gebrauch** machen wird. Eine solche **»Quasibetriebsübung«** bzw. ein solches Entstehen eines **»Anspruchs mit Widerrufsvorbehalt«** setzt allerdings voraus, dass der Arbeitnehmer **berechtigterweise** annehmen konnte, und zwar aufgrund des **Verhaltens** des **Arbeitgebers** und seiner **Erklärungen** und Handlungen im Betrieb sowie aller Begleitumstände, dass auch in Zukunft mit solchen Zahlungen gerechnet werden könne.

☐ Ein solcher Vertrauenstatbestand kann jedoch z. B. dann nicht bestehen, wenn der Arbeitgeber bei jeder Zahlung **ausdrücklich darauf hinweist**, dass es sich um eine freiwillige Zahlung handelt oder der Arbeitgeber erklärt hat, auch die längere Zahlung freiwilliger Leistungen führe nicht zu einer **Betriebsübung** bzw. einem **Widerrufsvorbehalt**.

Formulierungsbeispiele:
- *Sie erhalten auch in diesem Jahre eine Sonderzahlung in Höhe von DM 1000,–. Wie Sie wissen, handelt es sich um eine freiwillige Zahlung, für die auch in der Zukunft kein Anspruch besteht.*

Es reicht aus, wenn in der **Gehaltsabrechnung** ein entsprechender Vorbehalt enthalten ist.

Gerichtliche Überprüfung

☐ Da die vertraglich zulässige **Teilkündigung** und der **Widerrufsvorbehalt** fast **identische Rechtsfolgen** haben, wendet die Rechtsprechung auf beide die gleichen Überlegungen an.

☐ Durch das **einseitige Bestimmungsrecht** eines Vertragspartners darf keine **Ungleichgewichtigkeit** im Vertrag entstehen, es darf nicht in den Kernbereich des Arbeitsverhältnisses eingegriffen werden.

Teilkündigung des Arbeitsvertrages

☐ Das BAG geht davon aus, dass eine **Umgehung** des Kündigungsschutzes dann gegeben ist, wenn durch Teilkündigung oder Widerrufsvorbehalt **Nebenbestandteile** des Arbeitsvertrages geändert bzw. wegfallen können, die mehr als 15 % der Gesamtbezüge des Arbeitnehmers ausmachen. Bei Bestandteilen, die keinen Entlohnungscharakter haben, ist ein entsprechender quantitativer bzw. qualitativer Wertungsmaßstab anzulegen.

Beispiel:
Im Arbeitsvertrag wird vereinbart: Frau Müller erhält neben ihrem Gehalt in Höhe von 5000,– DM eine monatliche Leistungszulage in Höhe von 3000,– DM. Diese Leistungszulage kann durch Teilkündigung beseitigt werden. Hier liegt eine Umgehung des Kündigungsschutzes vor.

☐ Ist danach ein Eingriff an sich zulässig, muss die konkrete Ausübung des jeweiligen Rechtes geprüft werden.

• Als **Prüfungsmaßstab** benutzt das BAG in ständiger und mittlerweile gefestigter Rechtsprechung die Regelung des § 315 BGB, wonach derjenige, der den Inhalt eines Vertrages bestimmen kann, dieses **Bestimmungsrecht** nach **billigem Ermessen** ausüben muss. Der Begriff des billigen Ermessens stellt eine **Generalklausel** dar, die von den Gerichten in jedem Einzelfall konkret auszufüllen ist.

• Billiges Ermessen steht in einem Gegensatz zum sog. **freien Ermessen**. Dieses **freie Ermessen** steht dem Arbeitgeber nur bei dem **Freiwilligkeitsvorbehalt** zu, nicht jedoch beim **Widerrufsvorbehalt** oder bei der **Teilkündigung**.

☐ **Billiges Ermessen** ist immer nur dann gegeben, wenn die **wesentlichen Umstände** des Falles abgewogen und die **beiderseitigen Interessen angemessen** berücksichtigt werden und ein sachlicher Grund für die Ausübung des Vorbehaltes vorhanden ist. In diesem Rahmen muss auch der betriebliche **Gleichbehandlungsgrundsatz** berücksichtigt werden.

Beispiel:
In allen Arbeitsverträgen vereinbart der Arbeitgeber mit seinen Arbeitnehmern eine Zulage unter Widerrufsvorbehalt. Am Jahresende widerruft der Arbeitgeber nur bei den Arbeitnehmerinnen des Betriebes die Zulage, nicht jedoch bei den männlichen Arbeitnehmern. Das ist unzulässig.

Nicht nur die **Interessen des Arbeitgebers** an einer Änderung des Arbeitsvertrages müssen in die Billigkeitsprüfung einfließen, sondern auch die **Interessen des Arbeitnehmers** aufgrund seiner sozialen Situation, seiner Leistungen für den Betrieb, seiner Verpflichtung aus dem Arbeitsvertrag, seiner Leistungsfähigkeit und Bereitschaft usw. Allerdings ist der Prüfungsmaßstab des § 315 BGB ein **völlig an-**

Teilkündigung des Arbeitsvertrages

derer als im Rahmen des **Kündigungsschutzes**. Er gewährt keinen wirklichen Inhaltsschutz. Jedoch darf das einseitige Handeln des Arbeitgebers dem Arbeitnehmer nicht ungerechtfertigt den gesetzlichen Kündigungsschutz entziehen.

☐ Möglich ist, dass der **Widerrufsvorbehalt** in einen bestimmten **sachlichen Zusammenhang** gestellt wird, z. B. die Ertragslage des Unternehmens, die Leistungsfähigkeit und Leistungserbringung des Arbeitnehmers u.ä. **Sachgründe**. Dann muss der Arbeitgeber den Widerruf bzw. die Teilkündigung im **Rahmen der vorgegebenen Sachgründe** ausüben. Es wäre dann unzulässig, andere Sachgründe als Rechtfertigung für die Umgestaltung des Arbeitsvertrages zu nennen:

Beispiel:
Wird eine Zulage vereinbart und wird gleichzeitig vereinbart, dass der Arbeitgeber die Zulage bei nicht mehr gegebener Leistungsfähigkeit des Arbeitnehmers widerrufen kann, so ist ein Widerruf wegen wirtschaftlicher Schwierigkeiten des Unternehmens nicht möglich.

Abgrenzung der Teilkündigung zur Ausübung des Direktionsrechtes durch den Arbeitgeber

☐ **Keine Teilkündigung** liegt vor, wenn der Arbeitgeber im Rahmen des Direktionsrechtes Weisungen an den Arbeitgeber erteilt, die in den Bestand des Arbeitsvertrages eingreifen.

Beispiel:
Der Arbeitgeber versetzt einen kaufmännischen Angestellten von der Kreditoren- in die Debitorenbuchhaltung.

☐ Der Umfang des **Direktionsrechtes** des Arbeitgebers richtet sich nach der konkreten Festlegung im Arbeitsvertrag. Dieser kann das **Weisungsrecht** des Arbeitgebers **einschränken**. Ist das der Fall, ist eine Weisung des Arbeitgebers, die sich nicht an den arbeitsvertraglichen Rahmen hält, rechtswidrig und muss vom Arbeitnehmer nicht beachtet werden.

Im Rahmen der Reichweite des **Direktionsrechtes** ist der Arbeitgeber weder auf eine **Teilkündigung** noch auf eine **Änderungskündigung** angewiesen. Er kann die von ihm gewünschte Vertragsgestaltung durch einseitige Weisung durchsetzen.

Zu den Einzelheiten → **Direktionsrecht**.

Teilkündigung des Arbeitsvertrages

Bedeutung für den Betriebsrat

☐ Spricht der Arbeitgeber eine **Teilkündigung** aus, so wird das Arbeitsverhältnis nicht beendet, deshalb ist eine → **Betriebsratsanhörung** nach § 102 BetrVG nicht erforderlich.

☐ Allerdings kann mit einer **Teilkündigung** oder der Ausübung von **Freiwilligkeits- bzw. Widerrufsvorbehalten** und **Weisungsrechten** die Zuweisung eines anderen **Arbeitsbereiches** im Sinne des § 95 Abs. 3 BetrVG verbunden sein. Dann liegt eine **Versetzung** nach § 99 BetrVG vor, so dass der Betriebsrat vor Ausübung der Arbeitgeberrechte nach § 99 Abs. 1 BetrVG zu **beteiligen** ist. Dem Betriebsrat steht dann das Mitbestimmungsrecht aus § 99 Abs. 2 BetrVG zu. Dies gilt unabhängig davon, ob der Arbeitgeber die Maßnahme als Versetzung bezeichnet oder nicht, entscheidend ist, ob durch sie eine **Änderung im Arbeitsbereich** eintritt. Solange der Betriebsrat nicht zugestimmt hat, ist die Maßnahme dem Arbeitnehmer gegenüber rechtsunwirksam.

☐ Wird mit dem Ausspruch einer Teilkündigung bzw. der Ausübung des Vorbehaltsrechtes in **Gehaltsbestandteile** eingegriffen, so ergeben sich unter Umständen **Mitbestimmungsrechte** des Betriebsrats nach § 87 Abs. 1 Ziffer 10 und Ziffer 11 BetrVG, falls keine Tarifregelung vorliegt. Diese hat der Betriebsrat auch bei **freiwilligen Leistungen** des Arbeitgebers. Das gilt insbesondere bei außertariflichen Zulagen, übertariflichen Leistungen und → **Einmalzahlungen**. Der Arbeitgeber kann also nicht mit Blick auf die Freiwilligkeit die Mitbestimmung verweigern. Allerdings ist die Mitbestimmung des Betriebsrates eingeschränkt, weil sie sich nicht auf den sog. **Dotierungsrahmen**, also das vom Arbeitgeber zur Verfügung gestellte materielle, finanzielle Volumen erstreckt, sondern nur auf dessen Verteilung. Mitbestimmungsfrei ist auch z. B. die Zweckbestimmung, die Bestimmung des Berechtigtenkreises und die Dauer vom Arbeitgeber festzusetzen.

Beziehen sich die Maßnahmen des Arbeitgebers auf die **Arbeitszeit,** ist § 87 Abs. 1 Ziffer 2 und 3 BetrVG zu beachten. Näheres → **Direktionsrecht.**

Tendenzarbeitgeber

Was ist das?

☐ Unter einem **Tendenzbetrieb** wird in Anlehnung an § 118 BetrVG der → **Betrieb** verstanden, der seiner unmittelbaren und überwiegenden **Zweckbestimmung** nach Ziele verfolgt, die in einem direkten Zusammenhang zu speziellen, überwiegend **grundgesetzlich** geschützten Positionen des → **Arbeitgebers** stehen. **Tendenzarbeitgeber** ist derjenige, der Rechtsträger des Betriebes ist und dem das → **Direktionsrecht** zusteht.

Beispiele:
Typische Tendenzarbeitgeber sind politische Parteien, Gewerkschaften und Arbeitgeberverbände, Einrichtungen, die sich wissenschaftlichen Zwecken widmen, z.B. Forschungsinstitute, Privatuniversitäten, Betriebe mit künstlerischer Ausrichtung, z.B. Theater, Opernhäuser, Filmstudios, Betriebe, die sich Zwecken der Berichterstattung bzw. Meinungsäußerung widmen, Verlage, Rundfunk und Fernsehgesellschaften, unabhängig davon, ob es sich um Print- oder elektronische Medien handelt.

Nicht unmittelbar einem spezifischen Grundrecht zugeordnet sind **karitative** Einrichtungen, z. B. Deutsches Rotes Kreuz, Aids-Hilfe, bei denen keine Gewinnerzielungsabsicht vorhanden ist, oder **erzieherische Einrichtungen**, z. B. Privatschulen.

☐ Zahlenmäßig größte Tendenzarbeitgeber sind die **Religionsgemeinschaften und Kirchen**, die unter dem besonderen Schutz des Artikel 140 GG stehen.

☐ **Keine Tendenzarbeitgeber** in diesem Sinne sind Arbeitgeber, die ihre Absicht, sich am Wirtschaftsleben zu beteiligen, mit ethischen, moralischen, altruistischen Zielen verbinden bzw. ihren Betriebszweck an bestimmten immateriellen Vorstellungen orientieren.

Rechtliche Grundlagen

☐ Die Begriffsbestimmung stammt aus dem kollektiven Recht der **Mitbestimmung** und Mitwirkung der Arbeitnehmer. Dort wird das Mitbestimmungsrecht der Arbeitnehmer **eingeschränkt**, um eine ausgewogene Regelung zwischen **Sozialstaatsprinzip** einerseits und den **Grund- und Freiheitsrechten** der **Tendenzarbeitgeber** andererseits herbeizuführen. Der Gesetzgeber hat die **Kirchen** völlig von betriebsverfassungsrechtlichen und mitbestimmungsrechtlichen Regelungen freigestellt. Die hier entstandene **Regelungslücke** ist nur teilweise dadurch ausgefüllt worden, dass durch innerkirchliches Recht sog. **Mitarbeitervertretungen** zugelassen werden.

☐ **Kündigungsschutzrechtlich** besteht jedoch **kein spezieller Tendenzvorbehalt**. Somit ist das gesamte Kündigungsschutzrecht auf alle Kündigungen in allen Tendenzunternehmen anzuwenden, soweit es sich um die Beschäftigung von Arbeitnehmern handelt.

Besonderheiten des Kündigungsschutzes

☐ Das **Spannungsverhältnis** zwischen Grundrechtsverwirklichung des Arbeitgebers einerseits (→ Grundrechte, Kündigung als Verstoß gegen -), freier Entfaltung der Persönlichkeit des Arbeitnehmers in Verbindung mit seinem Bestandsschutzinteresse andererseits führt zu einigen **Besonderheiten** des Kündigungsschutzrechtes, die sich aus den erhöhten **Loyalitätspflichten** ergeben, die durch ein Arbeitsverhältnis im Tendenzbetrieb begründet werden.

☐ Tritt ein Arbeitnehmer in eine Beschäftigung, die der **Tendenzverwirklichung** des Arbeitgebers dient, muss er gewärtig sein, eigene Auffassungen, Meinungen, Vorstellungen, Tendenzen zurückzustellen.

Beispiel:
Der Mitarbeiter einer Gewerkschaft darf sich nicht privat für eine Abschaffung der Gewerkschaften einsetzen.

☐ Zwar führt ein Arbeitsverhältnis im Tendenzbetrieb nicht dazu, sich voll und ganz dem Arbeitgeber zu verschreiben. Der Arbeitgeber kann aber eine Haltung innerhalb und außerhalb des Arbeitsverhältnisses verlangen, die sich mit seiner Tendenzverwirklichung in Einklang bringen lässt. Dabei werden im Einzelfall die Grenzen schwierig zu ziehen sein. Allerdings ist auch im Tendenzbetrieb der Arbeitnehmer **Träger von Grundrechten**. Die **widerstreitenden** grundrechtlich ge-

Tendenzarbeitgeber

schützten Positionen sind sorgfältig gegeneinander **abzuwägen**, ohne dass von vorneherein der **Tendenzeigenschaft** des Arbeitgebers der **Vorrang** zu geben ist.

☐ Man wird unterscheiden müssen zwischen **Eigenschaften** und **Verhalten**, die einer Verwirklichung der Tendenz insgesamt entgegenstehen bzw. die die Tendenz lediglich berühren, beeinträchtigen oder erschweren. In den letzteren Fällen sind kündigungsschutzrechtliche Besonderheiten nicht gegeben, wenn auch die Tendenzverwirklichung des Arbeitgebers zu berücksichtigen ist. Bei einer Tendenzverhinderung wird man eher den Tendenzverwirklichungsinteressen des Arbeitgebers Rechnung zu tragen haben, auch im Rahmen eines → **Auflösungsantrages**.

☐ Diese Überlegungen beziehen sich auch auf die **Eignung** des Arbeitnehmers insgesamt bei der **Einstellung** und bei der **Fortführung** des Arbeitsverhältnisses. Der **Tendenzarbeitgeber** ist berechtigt, die Eignung des Arbeitnehmers auch unter Tendenzgesichtspunkten zu prüfen, so dass bei einer → **personenbedingten Kündigung** auch **Tendenzgesichtspunkte** eine Rolle spielen können.

Beispiel:
Der ehrenamtliche Kassierer eines Ortsvereins der SPD wird als Buchhalter eines Landesverbandes der CDU nicht die erforderliche Eignung mitbringen.

☐ **Tendenzgesichtspunkte** beeinflussen auch das → **Direktionsrecht** des Arbeitgebers, indem dem Arbeitnehmer spezifische **Verhaltenspflichten** für den **dienstlichen Bereich** und den **außerdienstlichen Bereich auferlegt** werden können. Verstößt der Arbeitnehmer gegen solche Anweisungen im tendenzgeschützten Bereich, ist eine → **verhaltensbedingte Kündigung** oder → **Abmahnung** möglich.

☐ Eine **personenbedingte Kündigung** kommt auch in Betracht, wenn der Arbeitnehmer sich während des laufenden tendenzbezogenen Arbeitsverhältnisses »**Eigenschaften zulegt**«, z. B. durch **Mitgliedschaft** in gegnerischen Vereinigungen und Verbänden, die **tendenzschädlich** sind.

Beispiel:
Ein Gewerkschaftsmitglied wird von einer Gewerkschaft als Tarifsekretär angestellt. Es tritt aus der Gewerkschaft aus und schließt sich einer rechtsradikalen Partei an.

☐ Im Tendenzbetrieb kann es zu einem **Spannungsverhältnis** zur **Gewissensfreiheit** des Arbeitnehmers kommen. Kündigungsschutzrechtlich ist insoweit bedeutsam, ob und dass der Arbeitnehmer bei Begründung des Arbeitsverhältnisses über die Tendenz des Arbeitgebers entweder **aufgeklärt** worden ist oder diese sich aus der **Natur des Arbeitsverhältnisses** ergab. Der Arbeitnehmer, der sich in ein solches Arbeitsverhältnis begibt, muss damit rechnen, tendenzbezogene Aufgaben, die seinem Gewissen möglicherweise widerstreben, ausführen zu müssen. Er kann sich dann nicht nachfolgend auf die Gewissensfreiheit berufen. Etwas anderes gilt

Tendenzarbeitgeber

jedoch, wenn der **Arbeitgeber** eine **bisher** vertretene **Tendenz aufgibt** bzw. **ändert** und sich dadurch für den **Arbeitnehmer** ein Gewissenskonflikt ergibt.

Beispiel:
Eine Tageszeitung tritt für Abrüstung ein. Ein Kriegsdienstverweigerer wird als Redakteur eingestellt. Dann ändert die Zeitung ihre Ausrichtung in Richtung einer Befürwortung einer verstärkten Aufrüstung.

☐ **Kein Tendenzbezug** in dem hier genannten Sinne ist dann gegeben, wenn der Arbeitgeber in Bezug auf ein Arbeitsverhältnis gesteigerte **Loyalitätspflichten** einfordert, die aber im Wesentlichen **ökonomisch** begründet sind.

Beispiel:
Der Arbeitnehmer eines Autoherstellers ist aus dem Gesichtspunkt einer Loyalitätspflicht des Arbeitsverhältnisses nicht verpflichtet, ein Auto gerade des Arbeitgebers zu erwerben und zu benutzen. Er darf ein Konkurrenzprodukt fahren.

☐ Der Kündigungsschutz eines Arbeitnehmers im Tendenzbetrieb ist nur dann relativiert, wenn es sich um einen **Tendenzträger** handelt, also einen solchen Arbeitnehmer, der tatsächlich unmittelbar mit der **Verwirklichung** der **Tendenz** des Arbeitgebers befasst ist.

Beispiele:
* *Die Reinigungskraft in einer Parteizentrale ist keine Tendenzträgerin, auch nicht die Poststellenangestellte in einer Gewerkschaft.*
* *Tendenzträger ist aber der Redakteur einer Zeitschrift, der Tarifsekretär einer Gewerkschaft, der Geschäftsführer der Aids-Hilfe.*

Kündigungsschutz im Kirchenarbeitsverhältnis

☐ Da den Kirchen **verfassungsrechtlich** über Artikel 140 GG eine **Sonderstellung** eingeräumt worden ist, ist nach Meinung des BVerfG die **Bestimmungsmacht** über die spezifischen **Grundverpflichtungen** eines **kirchlichen Arbeitsverhältnisses** ausschließlich den Kirchen überantwortet. Somit obliegt es allein den Kirchen, verbindlich festzulegen, welche spezifischen **Loyalitätsobliegenheiten** in dem Arbeitsverhältnis bestehen, und zwar nicht nur im Hinblick auf »Tendenzträger«, sondern im Hinblick auf alle Arbeitsverhältnisse. Die Arbeitsgerichte sind deshalb nicht befugt, die Loyalitätsmaßstäbe der Kirchen zu überprüfen, auch wenn sie sich in **Kündigung**, **Abmahnungen** oder Ausübung des **Direktionsrechtes** ausdrücken.

☐ Allerdings steht es den Kirchen nicht zu, **absolute** Kündigungsgründe zu definieren. Vielmehr kann die Unwirksamkeit einer Kündigung von den Arbeitsgerichten unter allen sonstigen rechtlichen Kriterien überprüft werden, beispielsweise im Hinblick auf das Erfordernis einer → **Abmahnung**, der Möglichkeit, eine **Weiterbeschäftigung** auf einem anderen Arbeitsplatz vorzunehmen. Die katholische Kirche hat sich seit dem 1.1.1994 eine »Grundordnung des kirchlichen Dienstes im Rahmen kirchlicher Arbeitsverhältnisse« gegeben.

Beispiele für die Wirksamkeit einer Kündigung im kirchlichen Bereich:
- *Kirchenaustritt eines Arztes in einem katholischen Krankenhaus;*
- *Wiederheirat eines geschiedenen Ehepartners in der katholischen Kirche;*
- *Homosexualität stellt auch in der katholischen Kirche keinen Kündigungsgrund dar.*

Bedeutung für den Betriebsrat

☐ § 102 Abs. 1 BetrVG gilt **ausnahmslos** auch für **Tendenzbetriebe**, somit ist der Betriebsrat vor allen Kündigungen, auch solchen gegenüber Tendenzträgern, anzuhören. Dem Betriebsrat müssen alle Gründe für die Kündigung, auch tendenzbezogene, mitgeteilt werden, denn die Information des Betriebsrates als solche bezieht sich nicht auf die Tendenzverwirklichung.

☐ Einschränkungen in der betriebsratlichen Mitwirkung bei **Kündigungen** und **Versetzungen** (§ 99 BetrVG) können sich nur insofern ergeben, als es sich um **Tendenzträger** handelt. Sofern die Maßnahmen **tendenzbezogen** sind, scheidet ein **Widerspruchsrecht** bzw. ein Zustimmungsverweigerungsrecht zu den geplanten personellen Maßnahmen aus. Der Betriebsrat kann dann lediglich dem Arbeitgeber, ohne dass das weitere Rechtsfolgen hätte, die von ihm eingenommene Haltung mitteilen und versuchen, ihn argumentativ zu überzeugen.

☐ Kommt es im Tendenzbetrieb zu **Betriebsänderungen**, kann der Betriebsrat einen **Interessenausgleich** (→ **Interessenausgleich/Sozialplan**) bzw. den Versuch desselben nicht erzwingen. Allerdings ist der Arbeitgeber verpflichtet, mit dem im Betrieb bestehenden Betriebsrat einen **Sozialplan** aufzustellen. Wird das unterlassen, stehen dem Arbeitnehmer in analoger Anwendung des § 113 Abs. 3 BetrVG **Abfindungsansprüche** (→ **Abfindung**) zu.

☐ Für den Abschluss eines **Sozialplanes** ergeben sich im Tendenzbetrieb keine Besonderheiten. Es wäre auch nicht zulässig, Tendenzträger mit niedrigeren Abfindungen zu versehen, denn im Rahmen des § 75 BetrVG, der auch auf den Sozialplan Anwendung findet, hat eine unzulässige Differenzierung und Diskriminierung von Arbeitnehmern zu unterbleiben.

Umwandlung

Was ist das?

☐ **Umwandlung** ist die im sog. Umwandlungsgesetz geregelte Möglichkeit und Befugnis der Rechtsperson bzw. des Rechtsträgers des → **Arbeitgebers**, eine **Änderung** der **Vermögenszuordnung** des → **Betriebes** bzw. einen **Formwechsel** von einer Rechtsform in die andere vorzunehmen.

☐ Die Umwandlung ist die **Übertragung** einer **Gesamtheit von Vermögenswerten**, z. B. also eines ganzen **Betriebes**, eines **Betriebsteiles**, auf den oder die neuen Rechtsträger. Dabei handelt es sich zunächst um einen **gesellschaftsrechtlichen Vorgang**, der aber auch erhebliche **arbeitsrechtliche** Bedeutung haben kann.

☐ Mit der Umwandlung ist arbeitsrechtlich meistens, wenn auch nicht zwingend, ein → **Betriebsübergang** nach § 613 a BGB verbunden. Das Umwandlungsgesetz und die darin enthaltenen arbeitsrechtlichen Vorschriften der §§ 321–325 UmWG regeln den **Schutz** der Arbeitnehmer im Falle von **Kündigungen** im Zusammenhang mit Umwandlungen, sie regeln darüber hinaus **betriebsverfassungsrechtliche Übergangsverhältnisse**.

☐ Die Umwandlung stellt eine **Form** der **Gesamtrechtsnachfolge** dar. Sie kann sich immer nur auf den **Arbeitgeber** beziehen. Der **Inhalt** des Arbeitsverhältnisses wird durch die Umwandlung des Betriebes des Arbeitgebers **nicht berührt**. Es bleibt unverändert bestehen. Allerdings stellt sich bei einer Umwandlung die Frage, zu welchem Arbeitgeber das Arbeitsverhältnis (noch) besteht.

☐ Die **Arten** der Umwandlung des Rechtseigners sind im UmwG abschließend geregelt. Das UmwG gilt für **alle Rechtsträger und Rechtspersonen,** also nicht nur Gesellschaften, sondern auch Vereine, Stiftungen, natürliche Personen usw.

☐ Das UmwG findet auch dann Anwendung, wenn es zu Umwandlungen im Bereich der **öffentlichen Hand** kommt und z. B. Betriebe und Verwaltungen »privatisiert« werden.

Die Arten der Umwandlung

☐ Einfachste Art der Umwandlung ist der **Formwechsel**. Hier bleibt der **Rechtsträger** an sich **unverändert**, nur seine rechtliche **Gestaltungsform** ändert sich.

Beispiele:
* *Eine Gesellschaft mit beschränkter Haftung wird in eine Aktiengesellschaft umgewandelt bzw. umgekehrt.*
* *Aus einem Verein wird eine Gesellschaft mit beschränkter Haftung oder umgekehrt.*
* *Der Inhaber einer Einzelfirma gründet eine GmbH und betreibt das Geschäft bzw. den Betrieb als Gesellschaft mit beschränkter Haftung weiter.*

☐ Eine Umwandlung liegt auch bei einer **Verschmelzung** vor. Die Verschmelzung ist die **Zusammenfassung** der Vermögenswerte verschiedener Rechtsträger auf einen Rechtsträger. Sowohl bei der **aufnehmenden** als auch bei der **neu zu gründenden** Verschmelzung sind mindestens zwei Rechtsträger erforderlich, es kann aber auch eine Vielzahl von Rechtsträgern sein, die sich zu einer Verschmelzung zusammenschließen. Verschmolzen werden in der Praxis meistens Gesellschaften.

Eine **Verschmelzung durch Aufnahme** führt dazu, dass die aufnehmende Firma weiter existiert, während die aufgenommene Gesellschaft **erlischt**.

Beispiele:
* *Drei Gesellschaften, die Müller GmbH, die Maier GmbH und die Schulze GmbH, vereinbaren, dass sämtliche Aktivitäten und Aktiva auf die Müller GmbH übergehen. Diese Gesellschaft stellt dann den neuen Rechtsträger dar, während die beiden anderen Gesellschaften ihr Ende finden.*
* *Eine Neugründung läge vor, wenn die drei Gesellschaften ein völlig neues Unternehmen gründen, z.B. die Neu GmbH. Die neue Gesellschaft tritt an die Stelle der alten Gesellschaften, die erlöschen.*

☐ Eine für den → **Kündigungsschutz** besonders wichtige Form der Umwandlung ist die **Spaltung**, die sich in dreierlei Formen darstellen kann.
* Die sog. Aufspaltung vollzieht sich in der Weise, dass ein bestehender Rechtsträger aufgeteilt und die einzelnen Teile auf **übernehmende Rechtsträger** übertragen werden.

Beispiele:
* *Die Müller GmbH wird in drei Teile aufgespalten: Verwaltung, Vertrieb und Produktion. Diese Teile werden auf schon bestehende oder erst zu diesem Zweck neu gegründete Gesellschaften jeweils für sich übertragen, es entstehen dann*

Umwandlung

die Müller Verwaltungs-GmbH, die Müller Vertriebs-GmbH und die Müller Produktions-GmbH.
- *Eine Aufspaltung ist aber auch dann gegeben, wenn die Produktion z. B. auf die A-GmbH, der Vertrieb auf die B-GmbH und die Verwaltung auf die C-GmbH übertragen wird, unabhängig davon, dass es sich bei diesen Gesellschaften um schon existierende Gesellschaften handelt, die möglicherweise zu unterschiedlichen Konzernen gehören.*
- Ebenfalls eine **Aufspaltung** im umwandlungsrechtlichen Sinne ist die Abspaltung. Hier bleibt der übertragende Rechtsträger bestehen, er spaltet lediglich Teile des Vermögens ab und überträgt es auf eine oder mehrere andere schon bestehende oder neu gegründete Rechtsträger.

Beispiel:
Die Müller GmbH spaltet die Produktion und den Vertrieb ab. Sie bleibt als Müller GmbH bestehen. Die Produktion wird zur Müller Produktions-GmbH, der Vertrieb zur Müller Vertriebs-GmbH.

- Eine Unterform der Abspaltung ist die **Ausgliederung**. Die Besonderheit besteht hier lediglich darin, dass die übertragende Gesellschaft bzw. der übertragende Rechtsträger **selbst Anteile** des ausgegliederten Unternehmens hält, während es ansonsten so ist, dass die **Anteile** von den Anteilseignern des ausgegründeten Unternehmens gehalten werden.

☐ Eine besondere Form der Umwandlung ist die so genannte **Vermögensübertragung** im Sinne einer Voll-Übertragung oder einer Teil-Übertragung. Sie findet statt, wenn Vermögen auf den Bund, ein Land oder eine Gebietskörperschaft bzw. den Zusammenschluss mehrerer Gebietskörperschaften übertragen wird oder aber, wenn es zu Vermögensübertragungen zwischen Versicherungsgesellschaften kommt. Die Voll-Übertragung ist letztlich nichts anderes als eine Verschmelzung, die Teil-Übertragung eine Form der Spaltung.

☐ **Keine Umwandlung** in diesem Sinne sind folgende Erscheinungsformen der Veränderung des Arbeitgebers, die in der **Praxis** sehr häufig vorkommen:

- **Namensänderung** des Arbeitgebers: Der Name einer Firma, einer Gesellschaft, insgesamt der Name des Arbeitgebers ist für den Bestand und die Dauer des Arbeitsverhältnisses uninteressant und ohne Bedeutung.

Beispiel:
Die Firma Drei Glocken GmbH ändert ihren Namen in Internet Handels GmbH.

- Auch wenn die Namensänderung mit einer **Änderung des Betriebszwecks** verbunden ist, führt das nicht zu einer Umwandlung im umwandlungsrechtlichen Sinne, eine solche Änderung hat auch keinen unmittelbaren Einfluss auf den Bestand des Arbeitsverhältnisses.

Umwandlung

Beispiel:
Die Firma Türen-Produktions GmbH, die Türen produziert, ändert ihren Betriebszweck, stellt keine Türen mehr her, sondern vertreibt ausschließlich Handelsware und ändert ihren Namen in Türen-Vertriebsgesellschaft mbH.

- Keine Umwandlung, weil keine Auswirkung auf das Arbeitsverhältnis und die Arbeitgeberstellung besteht, ist auch ein **Gesellschafterwechsel** bzw. eine völlige **Veränderung** der Gesellschafter. Dies gilt auch dann, wenn bei einer Aktiengesellschaft sich die Struktur und die Mehrheitsverhältnisse der Aktionäre ändern und neue Mehrheitsverhältnisse entstehen.

Beispiele:
- *Gesellschafter einer GmbH sind zu je 25 % die Herren Müller und Maier sowie die Damen Schulze und Schwarze. Die Gesellschafter verkaufen ihre Anteile an die Gesellschafter Schmidt, Hartmann, Deichmann, Maier.*
- *Die Aktien der Fa. Mobil Telefon AG werden von der Interfunk GmbH übernommen. Dabei kommt es nicht darauf an, ob durch den neuen Gesellschafter die Zuordnung zu einem Konzern erfolgt. Die konzernrechtliche Zuordnung ist für den Bestand des Arbeitsverhältnisses unerheblich.*

☐ Keine **Umwandlung** ist der Fall der **Erbfolge**. Wenn der Arbeitgeber stirbt, geht das Arbeitsverhältnis auf seine Erben über (→ **Arbeitgeber**).

☐ Keine **Umwandlung** ist der bloße → **Betriebsübergang**, d. h. die Übertragung eines Betriebes oder eines Betriebsteiles, oder ein Erwerb durch Verkauf, Verpachtung und sonstiges Rechtsgeschäft.

☐ Oft kommt es bei einer Umwandlung allerdings zu einem → **Betriebsübergang**. Die arbeitsrechtlichen Folgen des Betriebsüberganges sind in § 613a BGB geregelt. § 324 UWG stellt ausdrücklich klar, dass ein Betriebsübergang die **Folge** einer Umwandlung sein kann.

☐ Allerdings schließt das nicht aus, dass im Einzelfall trotz Umwandlung ein Betriebsübergang **nicht gegeben** ist. Dies ist immer dann der Fall, wenn weder ein Betrieb noch ein Betriebsteil übergeht. Solche »**Betriebssplitter**« können auch aufgrund von Regelungen in einem → **Interessenausgleich** entstehen, die einzelne Arbeitnehmer **namentlich** benennen, die einer bestimmten betrieblichen Einheit zugeordnet werden sollen.

☐ § 324 UWG ist dem Inhalt nach eine sog. **Rechtsgrundverweisung**. Die Folgen und Wirkungen des § 613 a BGB treten nur ein, wenn die **Voraussetzungen** des § 613 a BGB auch **tatsächlich** vorliegen, es muss sich also um einen **Betrieb** oder zumindest einen **Betriebsteil** handeln. Werden nur einzelne Arbeitnehmer »übertragen«, dann geschieht kein quasi automatischer von Gesetzes wegen vollzogener Übergang. Vielmehr müssen die einzelnen Arbeitnehmer bei einer solchen nur um-

471

Umwandlung

wandlungsrechtlichen, nicht betriebsübergangsrechtlichen Übergangssituation der Veränderung des Arbeitgebers ausdrücklich zustimmen, sonst scheitert die Übertragung.

☐ Keine Umwandlung ist auch das so genannte Outsourcing, in dem betriebliche Tätigkeiten oder Aufgaben auf ein anderes Unternehmen übertragen werden.

Beispiel:
Der Arbeitgeber beschließt, die EDV-Abteilung stillzulegen und sämtliche EDV-Leistungen bei einem großen Provider-Unternehmen einzukaufen.

Bedeutung der Umwandlung für das Arbeitsverhältnis

Durch eine Umwandlung wird in das Arbeitsverhältnis insofern **eingegriffen**, als sich der **Rechtsstatus** oder die Person eines **Vertragspartners**, nämlich des → **Arbeitgebers**, ändert.

☐ Der Fall des bloßen **Formwechsels** ist dabei für die arbeitsrechtliche Betrachtung problemlos. Der Formwechsel führt nicht zu einer Veränderung der eigentlichen Arbeitgeberstellung. Der Arbeitgeber tritt dem Arbeitnehmer vielmehr nur in »neuer Form« gegenüber.

Eine Besonderheit ergibt sich nur insofern, als bei einem **Formwechsel** ein **persönlich haftender Gesellschafter** wegfallen kann, z. B. dann, wenn ein Einzelkaufmann oder eine oHG einen Formwechsel auf eine Gesellschaft mit beschränkter Haftung vornimmt. Dann bleibt zwar die Arbeitgeberstellung gewahrt, die persönliche Haftung bleibt jedoch für den ehemals persönlich Haftenden erhalten, wenn eine Forderung innerhalb von 5 Jahren nach Eintragung des Formwechsels fällig und gegenüber dem persönlich Haftenden gerichtlich geltend gemacht oder von ihm anerkannt ist.

Kündigungsrechtliche Folgen von Umwandlungen

☐ Die wesentliche kündigungsrechtliche Folgerung einer Umwandlung ist die Anwendung des § 613a Abs. 4 BGB, also das **Kündigungsverbot** »wegen des Übergangs«. Wegen einer Umwandlung und der damit verbundenen Betriebsübergangslage darf eine → **Kündigung** nicht erfolgen, jedoch bleibt das Recht zur Kündigung des Arbeitsverhältnisses aus anderen Gründen als dem der Umwandlung unberührt (→ **Betriebsübergang**).

Umwandlung

Beispiele:
- *Aus der Müller GmbH wird die Müller Produktions-GmbH abgespalten. Die Müller Produktions-GmbH bleibt auf ihren Produkten sitzen, der Markt ist zusammengebrochen. Eine deshalb aus betriebsbedingten Gründen ausgesprochene Kündigung ist möglich und nicht durch § 613a BGB ausgeschlossen. Zum Ganzen → Betriebsübergang.*
- *Die Müller GmbH und die Maier GmbH werden verschmolzen. Der so entstandenen neuen GmbH gelingt es durch erhebliche Altlasten der Müller GmbH nicht, eine bisherige Produktionslinie weiterzuführen. Die Mitarbeiter werden betriebsbedingt gekündigt.*

☐ Durch die Umwandlung des Arbeitgebers, vor allem die **Spaltung,** können **kündigungsschutzrechtliche Positionen**, die der einzelne Arbeitnehmer aufgrund seiner → **Betriebszugehörigkeit** beim bisherigen Arbeitgeber erworben hatte, verloren gehen. Das wird durch § 323 UmWG verhindert, der sicherstellt, das für die Dauer von zwei Jahren die kündigungsschutzrechtliche Stellung nicht verschlechtert wird.

Beispiel:
Ein Betrieb mit 20 Arbeitnehmern spaltet sich auf in 4 Kleinbetriebe mit 5 Arbeitnehmern. Während der alte Betrieb dem Kündigungsschutzgesetz unterlag, erreichen die neuen Betriebe nicht die Mindestzahl des § 23 KSchG, mehr als 5 Beschäftigte (→ Kleinbetrieb). Die Arbeitnehmer, die in dem Ausgangsbetrieb schon Kündigungsschutz erworben hatten, als es zu der Umwandlung kam, behalten nach der Regelung in § 323 UmWG ihren Kündigungsschutz. Allerdings nur für die Dauer von 2 Jahren ab dem Zeitpunkt des Wirksamwerdens der Umwandlung.
War ein Arbeitnehmer zum Zeitpunkt der Umwandlung erst 5,5 Monate im Ausgangsbetrieb beschäftigt, kann ihm im neuen Betrieb gekündigt werden, weil er die Wartezeit noch nicht erfüllt hatte.

Der aufgespaltene Betrieb könnte jedoch auch ein **Gemeinschaftsbetrieb** sein (→ **Betrieb**), dann werden die Arbeitnehmer weiterhin zu einem einheitlichen Betrieb gerechnet. Das ist dann der Fall, wenn der Betrieb gemeinsam geführt wird. Das Gesetz stellt bei einer Spaltung eine entsprechende Vermutung auf.

☐ Durch eine Umwandlung kann auch eine Einbindung in einen → **Konzern** erfolgen. Wird von der »neuen« Konzerngesellschaft gekündigt, greift die Rechtsfigur des sog. »konzerndimensionalen Kündigungsschutzes« ein (→ **Konzern**).

Umwandlung

Bedeutung für den Betriebsrat

☐ **Umwandlungen** können eine **Betriebsänderung** darstellen, das ist vor allem bei der **Spaltung** der Fall. Dann gelten die §§ 111 ff BetrVG. In einem **Interessenausgleich und Sozialplan** können bei Vorliegen der gesetzlichen Voraussetzungen für eine **Betriebsänderung** spezielle Regelungen im Zusammenhang mit einer Umwandlung abgeschlossen werden. § 323 UWG erlaubt es, dass in einem **Interessenausgleich** die Arbeitnehmer **namentlich** bezeichnet werden, die nach einer **Umwandlung bestimmten Betrieben** oder Betriebsteilen zugeordnet werden und auf diese Weise im Rahmen eines Betriebsübergangs auf einen neuen Arbeitgeber übergehen. Ein solche Festlegung hat für den konkret zugeordneten Arbeitnehmer die Folge, dass er gerichtlich die **Zuordnung** zu einem anderen, (neuen) Betrieb nur dann erreichen kann, wenn die Zuordnung im Interessenausgleich **grob fehlerhaft** ist.

☐ Da in Umwandlungsfällen die Information der Mitarbeiter von besonderer Bedeutung ist, sollte der Betriebsrat rechtzeitig, ggf. über den **Wirtschaftsausschuss**, seine Informationsrechte nach den §§ 106, 111 BetrVG geltend machen.

☐ Bei **Verschmelzungen** werden die Folgen der Verschmelzung für die Arbeitnehmer im **Verschmelzungsvertrag** geregelt. Dieser bzw. ein Entwurf ist dem Betriebsrat spätestens einen Monat vor der Entscheidungsfindung der Antragseigner zuzuleiten. Der Betriebsrat muss und kann dann seine Mitwirkungsrechte geltend machen.

☐ Bei **Spaltungen** eines Betriebes bleibt der Betriebsrat solange im Amt und führt seine Geschäfte auch für die »neuen Betriebe«, soweit sie betriebsratsfähig sind, bis dort neue Betriebsräte gewählt worden sind. Dieses sog. **Übergangsmandat** besteht jedoch höchstens für sechs Monate. Wird in dieser Zeit kein neuer Betriebsrat gewählt, entsteht eine »betriebsratslose Zeit« mit allen Folgen, der Betrieb könnte dann ohne → **Interessenausgleich/Sozialplan** stillgelegt werden.

☐ Umstritten ist, ob auch in anderen Umwandlungs- bzw. Umstrukturierungsfällen ein Übergangsmandat des Betriebsrats des Ausgangsbetriebes besteht. Unter dem Gesichtspunkt der lückenlosen Vertretung der Arbeitnehmer gegenüber dem Arbeitgeber ist eine solche Rechtsfortbildung zu bejahen. Die Rechtsprechung ist jedoch zögerlich.

Entsprechende Regelungen können in einem Interessenausgleich vorgesehen werden

☐ Wird im Falle einer Spaltung die bisherige Organisation nicht geändert, wird vermutet, dass ein **Gemeinschaftsbetrieb** entstanden ist, für den der bisherige Betriebsrat weiter zuständig ist.

Unkündbare Arbeitnehmer

Was ist das?

☐ Verbreitetem Sprachgebrauch nach wird ein Arbeitnehmer »unkündbar«, wenn ihm gegenüber die **ordentliche Kündigung** (in der Regel durch Tarifvertrag) **ausgeschlossen** ist. Die außerordentliche Kündigung bleibt demgegenüber immer möglich; insoweit ist die Bezeichnung in gewissem Umfang irreführend.

Zulässigkeit?

☐ In der Literatur sind zum Teil Bedenken gegen den Ausschluss der ordentlichen Kündigung erhoben worden, da dies die Rechtsstellung der übrigen Arbeitnehmer verschlechtere. Im Falle eines betriebsbedingten Personalabbaus wird in der Tat der in die soziale Auswahl einzubeziehende Personenkreis auf diese Weise kleiner. Dennoch hat die **Rechtsprechung** im Ergebnis diese **tariflichen Regelungen immer aufrechterhalten**. Die Grundsätze über die soziale Auswahl sind nicht insoweit zwingend, als die Rahmenbedingungen unverändert bleiben müssten. So bestehen auch keine rechtlichen Hindernisse dagegen, dass der Arbeitgeber durch organisatorische Maßnahmen den Kreis der in die soziale Auswahl einzubeziehenden vergleichbaren Arbeitnehmer verkleinert und so die »Arbeitsplatzsicherheit« des Einzelnen verschlechtert.

Rechtsfolgen

☐ Wird trotz tariflicher Unkündbarkeit eine ordentliche Kündigung ausgesprochen, so ist diese wegen Verstoßes gegen die zwingende Vorschrift des Tarifvertrags **gem. § 134 BGB unwirksam**. Da kein Verstoß gegen § 1 KSchG vorliegt, ist gem. § 13 Abs. 3 KSchG die Drei-Wochen-Frist des § 4 KSchG nicht zu wahren. Bei längerem Zuwarten besteht allerdings die Gefahr einer Verwirkung.

☐ Steht ein Arbeitnehmer **kurz vor der »Unkündbarkeit«**, kann ihm gleichwohl

Unkündbare Arbeitnehmer

noch gekündigt werden. Maßgeblich ist allein der Zeitpunkt, zu dem die Kündigung zugeht. Davon gibt es jedoch eine **Ausnahme**. Wird nicht zum nächstzulässigen, sondern zu einem weiter in der Zukunft liegenden Zeitpunkt gekündigt, liegt eine unzulässige Umgehung des tariflichen Kündigungsschutzes vor, wenn die Kündigung unter Wahrung der normalen Frist zu dem gewählten Zeitpunkt nicht mehr möglich gewesen wäre.

Beispiel:
Der Arbeitnehmer wird am 30.6.2000 unkündbar. Der Arbeitgeber kann nur mit dreimonatiger Frist kündigen. Im März 2000 spricht er eine Kündigung zum 30.9. 2000 aus. Diese Kündigung ist unzulässig.

Außerordentliche Kündigung unkündbarer Arbeitnehmer

☐ Dass unkündbare Arbeitnehmer außerordentlich gekündigt werden können, wenn die Voraussetzungen des § 626 BGB vorliegen, ist außer Streit. Nach der Rechtsprechung führt die fehlende Möglichkeit zur ordentlichen Kündigung unter Umständen jedoch dazu, dass die **Weiterbeschäftigung** eines Unkündbaren auch dann **unzumutbar** wird, **wenn** der infrage stehende **Grund nur eine ordentliche Kündigung rechtfertigen würde**. Im Einzelnen gilt Folgendes:

- Bei **verhaltensbedingten Gründen** wirkt der Ausschluss der ordentlichen Kündigung zugunsten des Arbeitnehmers, wenn es sich um einmalige Vorfälle ohne Wiederholungsgefahr handelt. Ein langfristiges Arbeitsverhältnis kann leichter eine einmalige schwere Erschütterung vertragen. Handelt es sich dagegen um einen Vorfall mit Wiederholungsgefahr oder um einen Dauertatbestand, so ist die Schwelle der außerordentlichen Kündigung für den Arbeitgeber schneller erreicht.

Beispiel:
Der Arbeitnehmer hat durch fahrlässiges Verhalten zum Bekanntwerden eines Betriebs- und Geschäftsgeheimnisses beigetragen. Eine außerordentliche Kündigung kann in Betracht gezogen werden.

- Bei **personenbedingten Gründen** wie z.B. Alkoholabhängigkeit soll die Fortsetzung des Arbeitsverhältnisses nach der Rechtsprechung des BAG bei Unkündbaren eher unzumutbar sein als dann, wenn eine ordentliche Kündigung möglich ist. Dabei ist allerdings zu beachten, dass keine dauernde Entgeltfortzahlungspflicht des Arbeitgebers besteht. Ist mit dauerhafter Arbeitsunfähigkeit

Unkündbare Arbeitnehmer

zu rechnen, ergeben sich auch keine organisatorischen Probleme bei der Gewinnung einer Ersatzkraft. Eine außerordentliche Kündigung kommt daher allenfalls dann in Betracht, wenn der Arbeitnehmer fast täglich (aber eben nicht immer) zur Erbringung der Arbeit außerstande ist.

- Wird das gesamte **Unternehmen stillgelegt**, besteht auch für unkündbare Arbeitnehmer ersichtlich keine Beschäftigungsmöglichkeit mehr. Würde man ihr Arbeitsverhältnis aufrechterhalten, wäre der Arbeitgeber grundsätzlich bis zur Altersgrenze der Unkündbaren zur Entgeltfortzahlung verpflichtet. Dies wird allgemein als unzumutbar angesehen; die Rechtsprechung gibt daher dem Arbeitgeber in diesem Fall die **Möglichkeit zur außerordentlichen Kündigung**. Bleiben noch **einige wenige Arbeitsplätze erhalten**, so werden diejenigen Unkündbaren von einer Auflösung ihres Arbeitsverhältnisses verschont, die nach sozialen Gesichtspunkten am schutzwürdigsten sind; § 1 Abs. 3 KSchG findet entsprechende Anwendung.
- Wird nur **ein Betrieb des Unternehmens stillgelegt**, so ist im Rahmen des Möglichen und Zumutbaren eine Versetzung in einen anderen Betrieb vorzunehmen. **Notfalls** ist ein **Arbeitsplatz**, für den der Unkündbare die nötige Qualifikation mitbringt, durch Kündigung **freizumachen**. Fällt nur ein einzelner Arbeitsplatz weg, so sind alle betrieblich möglichen und zumutbaren Maßnahmen zu ergreifen, um die Weiterbeschäftigung zu ermöglichen. Auch hier ist notfalls ein Arbeitsplatz freizukündigen.
- Der unkündbare Arbeitnehmer muss notfalls **für die andere Tätigkeit umgeschult** werden. Nach der Rechtsprechung des BAG ist dies dem Arbeitgeber allerdings dann nicht zuzumuten, wenn es sich um einen älteren Arbeitnehmer handelt, der ggf. vorzeitig in Rente geht. Eine Frist von fünf Jahren erschien dem BAG nicht mehr hinnehmbar.

Wahrung der Kündigungsfrist

☐ In allen Fällen, in denen bei zulässiger ordentlicher Kündigung gar keine Unzumutbarkeit für den Arbeitgeber eintreten würde, ist die außerordentliche Kündigung notwendigerweise befristet. Zu wahren ist diejenige Frist, die kraft Gesetzes oder Tarifvertrags eingreifen würde, wenn das Arbeitsverhältnis ordentlich kündbar wäre.

Beispiel:
Der Arbeitnehmer A ist seit 20 Jahren im Betrieb tätig und seit fünf Jahren unkündbar. Der Betrieb soll zum 30. 6. 2000 geschlossen werden; andere Betriebe sind nicht

Unkündbare Arbeitnehmer

vorhanden. Nach § 622 Abs. 2 Satz 1 Nr. 7 kann nur mit einer Frist von sieben Monaten zum Monatsende gekündigt werden. Wird die Entscheidung über die Betriebsschließung erst im Februar 2000 getroffen, muss die Vergütung bis 30. 9. 2000 fortbezahlt werden, soweit umgehend die Kündigung ausgesprochen wird. Sieht ein Tarifvertrag für langjährig beschäftigte (aber noch nicht unkündbare) Arbeitnehmer längere als die gesetzlichen Fristen vor, sind diese zugrunde zu legen.

Bedeutung für den Betriebsrat

☐ Der Betriebsrat ist in gleicher Weise wie bei einer ordentlichen Kündigung nach § 102 BetrVG zu beteiligen. Dies bedeutet insbesondere, dass er anders als bei der »normalen« außerordentlichen Kündigung eine **Überlegungsfrist von sieben Tagen** hat und außerdem ggf. nach § 102 Abs. 3 BetrVG Widerspruch erheben kann.

Unternehmerentscheidung

Was ist das?

☐ Nach der Rechtsprechung des BAG setzt der Ausspruch einer → **betriebsbedingten Kündigung** eine Unternehmerentscheidung voraus. Diese wird vom → **Arbeitgeber** getroffen, im Sinne einer Einschränkung des betrieblichen Arbeitsvolumens. Die für die Reduzierung erforderlichen **Umsetzungsentscheidungen** sind nicht Teil der eigentlichen Unternehmerentscheidung, sondern ihr nachgeordnet.

☐ Für die Unternehmerentscheidung kann der Arbeitgeber die im Grundgesetz geschützte **Unternehmerfreiheit** in Anspruch nehmen. Da die Entscheidung auf die Beendigung von Arbeitsverhältnissen gerichtet ist, muss sie mit den Regeln im Einklang stehen, die den **Schutz** von Arbeitsverhältnissen bewirken, also z. B. dem KSchG oder auch den Sonderschutzgesetzen. Zu den Einzelheiten → **Kündigungsschutz**.

☐ Die Unternehmerentscheidung als solche unterliegt nur einer sehr **eingeschränkten** rechtlichen Überprüfung: Offenbare **Unbilligkeit**, **Unvernünftigkeit** oder **Willkür** berechtigt die **Arbeitsgerichte**, in eine Unternehmerentscheidung einzugreifen. Ansonsten müssen die Arbeitsgerichte diese akzeptieren. Das führt dazu, dass der Arbeitgeber berechtigt ist, die Grundlage für eine betriebsbedingte Kündigung **überprüfungsfrei** selbst zu setzen. Der eigentliche **Kündigungsschutz** greift dann erst bei der erforderlichen **Umsetzungsentscheidung** gegenüber den betroffenen Arbeitnehmern.

Beispiele:
Für Unternehmerentscheidungen:
- *Schließung, Verkauf eines Betriebes oder eines Betriebsteiles*
- *Outsourcing (Fremdvergabe) von bisher im Betrieb erledigten Tätigkeiten*
- *generelle Umstellung von Vollzeit- auf Teilzeitbeschäftigung und umgekehrt*
- *Änderung des Betriebszwecks, der Betriebsanlagen,*
  der Betriebsorganisation, der Arbeitsmethoden und Fertigungsverfahren
- *Zusammenlegung von Abteilungen, Betriebsteilen und Betrieben*
- *→ Umwandlungen nach dem UmwG*

Unternehmerentscheidung

Keine Unternehmerentscheidungen:
- *Die Stellenbesetzung durch Teilzeit- oder Vollzeitkräfte*
- *Stellenplanreduzierungen im öffentlichen Dienst durch bloße Aufnahme eines »KW-Vermerks«*
- *Senkung von Lohnkosten bzw. Reduzierung der Vergütung*
- *Kündigungsentscheidung als solche und ihre Durchführung*
- *Schlichte Gewinnerhöhungsabsicht ohne Organisationsentscheidung*
- *Die Durchführung der → Sozialauswahl*

Abgrenzungsprobleme

☐ Neuerdings sieht das BAG bereits in der Entscheidung des Arbeitgebers, die Zahl der **Beschäftigten zu reduzieren** und den Betrieb zu verkleinern, eine **Unternehmerentscheidung**. Dadurch werden jedoch Unternehmerentscheidung und Kündigung so eng aneinander herangeführt, dass eine sinnvolle und sachgerechte Differenzierung der richterlichen Überprüfungskompetenz kaum mehr möglich ist.

Beispiel:
Der Arbeitgeber trägt vor: Meine unternehmerische Entscheidung besteht darin, von den bisher 200 Arbeitsplätzen im Produktionsbereich 20% abzubauen oder 10% der Belegschaft des Gesamtbetriebes abzubauen.

☐ Es besteht die Gefahr, dass auch der **Kündigungsentschluss** als solcher in die Sphäre der Unternehmerfreiheit gehoben und so der kündigungsschutzrechtlichen Kontrolle entzogen wird.

☐ Eine **sinnvolle Abstimmung** der beiden Ebenen kann nur erfolgen, wenn die **Unternehmerentscheidung** eingebunden wird in die auch **verfassungsrechtlich** gebotene Berücksichtigung der Grundrechte der Arbeitnehmer im Rahmen des **Sozialstaatsgebotes** (→ **Kündigungsschutz außerhalb des Kündigungsschutzgesetzes**).

☐ Eine freie Unternehmerentscheidung kann deshalb **nur** dort **anerkannt** werden, wo es um die **Ausrichtung** der **Geschäfts- und Unternehmenspolitik** im engeren Sinne geht. So kann z. B. die Entscheidung »**Personalabbau**« als solche nur dann von den Arbeitsgerichten »hingenommen« werden, wenn dahinter eine konkrete unternehmerische, auf den Geschäftserfolg ausgerichtete, rationale, am Markt orientierte Überlegung steht und diese eigentliche unternehmerische Entscheidung offen gelegt wird. Erst dann lässt sich überprüfen, ob sie vorliegt und ob sie den Personalabbau erfordert, der Teil einer arbeitsorganisatorischen Maßnahme ist, die nicht nur darin besteht, den verbleibenden Arbeitnehmern durch Leistungsverdichtung und Zusatzaufgaben ein erhöhtes Arbeitsvolumen aufzuerlegen.

☐ Auch bei einer so definierten Unternehmerentscheidung entstehen kündigungsrelevante **Folgeentscheidungen**. Dazu gehört z. B. auch die Entscheidung, ob vorhandene Möglichkeiten zur **Kündigungsvermeidung** genutzt werden sollen.

Beispiele:
- *Einführung von* → **Kurzarbeit** *oder Teilzeit*
- *einvernehmliche oder einseitige Vertragsänderung (*→ **Änderungskündigung**; → **Direktionsrecht***)*
- *sonstige betriebliche Einsparmaßnahmen*
- *allgemeine bzw. betriebliche Ausbildungs- und Umschulungsmaßnahmen; anders allerdings, wenn ein zu kündigender Arbeitnehmer auf einem freien Arbeitsplatz nach entsprechender Maßnahme weiterbeschäftigt werden kann.*

☐ Die Rechtsprechung neigt hier zunehmend dazu, auch diese Entscheidung des Arbeitgebers als freie Unternehmerentscheidung zu bewerten. Deshalb kann der Arbeitgeber dazu nicht »gezwungen« werden, um eine → betriebsbedingte Kündigung zu vermeiden. Allerdings wird diskutiert, ob aus der gesetzlichen Regelung in § 2 Abs. 1 SGB III, die die besondere Verantwortung des Arbeitgebers für die Entwicklung des Arbeitsmarktes regelt, die Verpflichtung abgeleitet werden kann, dass der Arbeitgeber bei seiner unternehmerischen Entscheidung auch die sozialpolitischen Folgewirkungen bedenkt. Überwiegend wird jedoch eine kündigungsschutzrechtliche Relevanz dieser Vorschrift abgelehnt oder nur äußerst gering eingeschätzt.

Reichweite und Überprüfbarkeit der Unternehmensentscheidung

☐ Hat ein Arbeitgeber eine Unternehmerentscheidung getroffen, können nur solche Kündigungen durch sie gerechtfertigt werden, die sich als **unausweichliche** Folge der Entscheidung erweisen. Das ist z. B. dann nicht (mehr) der Fall, wenn die Zahl der Arbeitnehmer schon aus Gründen der natürlichen Fluktuation zurückgegangen ist oder wenn sich die wirtschaftlichen Rahmenbedingungen geändert haben und von daher keine Notwendigkeit mehr für eine Kündigung besteht.

☐ Auch wenn die Unternehmerentscheidung gerichtlich nur darauf überprüfbar ist, ob sie »offenbar unsachlich, unvernünftig oder willkürlich« ist, ist der Arbeitgeber verpflichtet, dem **Arbeitsgericht** im Rahmen einer → **Kündigungsschutz-**

Unternehmerentscheidung

klage die Entscheidung nachvollziehbar und überprüfbar, unter Angabe der relevanten **Tatsachen**, vorzutragen. Das Gericht prüft dann, ob die zugrunde gelegten Tatsachen wirklich vorliegen. Die Beweislast trägt der Arbeitgeber.

☐ Überprüfbar ist eine **Unternehmerentscheidung** darauf, ob sie selbst **gegen Gesetze** oder **Verträge verstößt**. Dann ist sie unwirksam und kann einer Kündigung nicht zugrunde gelegt werden. Das gilt aber nur dann, wenn die jeweilige Regelung zwingend ist und als Rechtsfolge die Rechtsunwirksamkeit einer Maßnahme nach sich zieht.

Beispiele:
Für rechtliche Unwirksamkeitsgründe:
- *Der Arbeitgeber will* **Arbeitszeiten** *einführen, die* **tarifvertragswidrig** *sind.*
- *Der Arbeitgeber verstößt mit seiner Entscheidung gegen öffentliches Recht, z. B. fehlende Genehmigung, Wettbewerbsrecht, UWG, Kartellrecht usw.*

Keine Unwirksamkeitsgründe sind:
- *Der Beschluss, einen Betrieb stillzulegen, wird in einer GmbH ohne Gesellschafterbeschluss getroffen, denn nur für die Liquidation einer Gesellschaft sieht das Gesetz einen Gesellschafterbeschluss vor.*
- *Der Arbeitgeber hat den* **Betriebsrat** *nicht rechtzeitig informiert, obwohl eine* **Betriebsänderung** *nach § 111 BetrVG vorliegt. Hier ergeben sich lediglich Konsequenzen nach § 113 Abs. 3 BetrVG (→ Abfindung) bzw. der Betriebsrat kann ggf. einen Unterlassungsanspruch geltend machen (→ Interessenausgleich/Sozialplan).*

Bedeutung für den Betriebsrat

☐ Unternehmerische Entscheidungen lösen vielfältige **Mitbestimmungsrechte und Mitwirkungsrechte** aus, auch wenn sie kündigungsschutzrechtlich für den Arbeitgeber frei sind.

Dies gilt vor allem für den gesamten Bereich der **Betriebsänderung** nach § 111 BetrVG (→ **Interessenausgleich/Sozialplan**), aber auch für die **sozialen Mitbestimmungsrechte** nach § 87 BetrVG und die Mitwirkungsrechte nach § 90 und § 92 BetrVG.

Der Unternehmer kann seine Entscheidung kündigungsschutzrechtlich durch Kündigungen nur umsetzen, wenn er den Betriebsrat ordnungsgemäß beteiligt hat.

Verdachtskündigung

Was ist das?

☐ Nach der Rechtsprechung des BAG soll eine außerordentliche Kündigung nach § 626 BGB auch dann zulässig sein, wenn gegen den Arbeitnehmer der schwerwiegende Verdacht einer strafbaren Handlung oder einer sonstigen Verfehlung besteht. Ein Beweis, dass der Arbeitnehmer die fragliche Handlung tatsächlich begangen hat, wird nicht verlangt. Die Zusammenarbeit mit einem »Verdächtigen« wird als unerträgliche Belastung für das Arbeitsverhältnis angesehen. Trotz erheblicher Kritik in der Literatur ist das BAG bisher bei seiner Meinung geblieben.

Voraussetzungen im Einzelnen

☐ Damit der Arbeitgeber eine Verdachtskündigung aussprechen kann, müssen drei Voraussetzungen erfüllt sein:
- Bei dem Verhalten, das dem Arbeitnehmer unterstellt wird, muss es sich um eine »gewichtige« oder »schwerwiegende« Straftat handeln. Gleichgestellt sind sonstige Verfehlungen mit ähnlichem Gewicht.

Beispiel:
Fahren unter Alkohol genügt nicht, wohl aber der Verrat von Betriebsgeheimnissen.

Das fragliche Verhalten müsste auf jeden Fall eine fristlose Kündigung rechtfertigen, wenn es bewiesen wäre.
- Die Verdachtsmomente müssen »stark« oder »dringend« sein. Eine gewisse Wahrscheinlichkeit genügt nicht.

Beispiel:
Es ist denkbar, dass der Arbeitnehmer 30 000,– DM aus der Kasse entwendet hat, doch kann man nicht ausschließen, dass ein anderer der Täter war, weil zu der fraglichen Zeit zwei betriebsfremde Personen im Betrieb gesichtet wurden. Es liegt kein »dringender« Verdacht vor.

Verdachtskündigung

- Der Arbeitgeber muss alle zumutbaren Anstrengungen unternommen haben, um den Sachverhalt aufzuklären. Nur bei nicht ausräumbarem Verdacht kann die Kündigung in Betracht kommen.
Zu den »Aufklärungsmaßnahmen« gehört insbesondere die **Anhörung des verdächtigten Arbeitnehmers**. Dieser muss so konkret mit den Beschuldigungen konfrontiert werden, dass er sich darauf einlassen und eine inhaltliche Stellungnahme abgeben kann. Auch muss die Anhörung unter zumutbaren Bedingungen erfolgen; wird der verdächtige Arbeitnehmer lediglich angerufen und sind Kunden im Raum, ist diese Voraussetzung nicht erfüllt.
Sind keine ausreichenden Ermittlungen angestellt worden, fehlte es insbesondere an der Anhörung des Arbeitnehmers, ist die Verdachtskündigung von vorneherein unwirksam.

Wahrung der Zwei-Wochen-Frist des § 626 Abs. 2 BGB

☐ Stellt der Arbeitgeber Ermittlungen an, werden diese häufig mehr als zwei Wochen in Anspruch nehmen. Die Rechtsprechung geht deshalb davon aus, dass die Frist des § 626 Abs. 2 BGB erst nach Abschluss der Ermittlungen beginnt. Ob diese abgeschlossen sind, entscheidet nicht der Arbeitgeber nach freiem Belieben; vielmehr ist dies immer dann der Fall, wenn so viele Fakten zutage gefördert sind, dass sich der Arbeitgeber ein eigenes Urteil über das Verhalten des Arbeitnehmers und den Grad des Verdachts bilden kann.

Tatkündigung statt Verdachtskündigung

☐ Dem Arbeitgeber steht es frei, wegen der Straftat selbst (bzw. einer entsprechend gravierenden sonstigen Verfehlung) zu kündigen. Man spricht in einem solchen Fall von einer sog. Tatkündigung. Die Literatur verweist mit Recht darauf, dass an sich diese Möglichkeit ausreichen würde. Hält der Arbeitgeber nämlich die Existenz der Straftat oder der sonstigen Verfehlung für mehr oder weniger gesichert, so kann er kündigen. Deutet das Gericht dann einen etwas anderen Standpunkt an, wird er einen Abfindungsvergleich schließen. Geht er – so die gegenteilige Variante – davon aus, dass der Verdacht vielleicht doch nicht berechtigt sei, muss er auf Sanktionen verzichten. Er kann lediglich Vorkehrungen dagegen treffen, dass es in Zukunft entsprechende Vorfälle gibt. Damit ist seinen Interessen ausreichend Rechnung getragen.

Nachträglicher Wegfall des Verdachts

☐ Stellt sich während des Kündigungsschutzprozesses die Unschuld des Arbeitnehmers heraus oder besteht kein »dringender« Verdacht mehr, so hat der Arbeitnehmer einen **Anspruch auf Wiedereinstellung**.

Verdachtskündigung

Beispiel:
Im o. g. Fall wird erst im Laufe des Kündigungsschutzverfahrens deutlich, dass zur fraglichen Zeit auch betriebsfremde Personen anwesend waren.

☐ Der Verdacht ist allerdings nicht schon dann entkräftet, wenn ein zunächst eröffnetes Ermittlungsverfahren der Staatsanwaltschaft nachträglich eingestellt wird.

☐ Fällt der Verdacht während des Kündigungsschutzverfahrens weg, hat der Arbeitnehmer von diesem Zeitpunkt an einen Anspruch auf Entgelt nach § 615 BGB. Wird gar kein Kündigungsschutzprozess geführt, besteht der Entgeltanspruch von dem Moment an, in dem nach Wegfall des Verdachts Weiterbeschäftigung verlangt wurde.

☐ Wurde die Klage des Arbeitnehmers rechtskräftig abgewiesen, so soll eine Korrektur nur noch im Wege des Wiederaufnahmeverfahrens möglich sein.

Handlungsmöglichkeiten des Betriebsrats

☐ Wie bei anderen Kündigungen, ist der Betriebsrat auch vor einer Verdachtskündigung gem. § 102 Abs. 1 BetrVG anzuhören. Er wird ggf. seine Aufgabe darin sehen, in der Stellungnahme gegenüber dem Arbeitgeber auf entlastende Momente hinzuweisen. Auch steht es ihm selbstredend frei, von sich aus Ermittlungen anzustellen; inwieweit er dafür auch Reisekosten verursachen darf, scheint bisher höchstrichterlich noch nicht geklärt.

Vergleich

Was ist das?

☐ Geht es um die Beendigung eines Arbeitsverhältnisses, kann der Arbeitnehmer die Unwirksamkeit der Beendigung geltend machen und z. B. → **Kündigungsschutzklage** erheben. Das Klageziel ist die Wiedererlangung des Arbeitsplatzes. Das wird im Interesse des Arbeitnehmern liegen, weil er sich seinen Arbeitsplatz erhalten will. Auf der anderen Seite sieht er sich **Prozessrisiken** ausgesetzt, verliert er den Prozess, hat er auch seinen Arbeitsplatz endgültig verloren. Zudem ist er rechtlich verpflichtet, anderweitige Einnahmen zu erzielen, und wird deshalb einen neuen Arbeitsplatz suchen. Manchmal zieht es der Arbeitnehmer nach der Kündigung auch vor, sich endgültig anderweitig zu orientieren. Auch der Arbeitgeber sieht sich dem Prozess ausgesetzt. Das birgt auch für ihn Risiken.

Das alles legt eine **einvernehmliche Lösung** des Konflikts nahe, die üblicherweise im Abschluss eines gerichtlichen oder außergerichtlichen Vergleichs besteht. Ein vor Gericht abgeschlossener und dort protokollierter Vergleich hat den Vorteil, dass aus ihm sofort die Zwangsvollstreckung betrieben werden kann, z. B. wenn eine Abfindung vereinbart ist.

☐ Bei Kündigungsschutzklagen sieht der **Standardvergleich** so aus, dass das Arbeitsverhältnis gegen Abfindung beendet wird. Hierfür haben sich in den verschiedenen Gerichtsbezirken **Formeln** herausgebildet, nach denen die Abfindung berechnet wird. Dabei sind die Berechnungsgrößen unterschiedlich. Die am meisten benutzte Formel ist jedoch die eines halben Bruttomonatsgehalts pro Beschäftigungsjahr. Je nach Gerichtsbezirk kann dies entweder die Abfindung sein, die vom Gericht maximal vorgeschlagen wird, wenn die Chancen für den Arbeitnehmer recht gut stehen, oder es kann sich um eine bei offenen Prozesschancen vorgeschlagene Abfindungshöhe handeln, von der je nach Risikolage Abschläge oder Zuschläge gemacht werden.

Der Kündigungsschutzrechtsstreit muss aber nicht mit einer Abfindung enden. Denkbar sind auch **andere Lösungen**. Eine solche Lösung ist es z. B., die Wiedereinstellung des Arbeitnehmers zu vereinbaren, seine alte Betriebszugehörigkeit anzurechnen, die Zeit seines faktischen Ausscheidens aus dem Betrieb aber nicht zu bezahlen.

Was ist bei einem Vergleich zu beachten?

☐ Auf Folgendes ist Wert zu legen:
- Überlegt sich der Arbeitnehmer, ob er einen Vergleich abschließen soll, setzt dies zunächst eine bewusste Einschätzung der **prozessualen Lage** voraus. Gemessen an der jeweils im zuständigen Gerichtsbezirk üblichen Abfindungsform muss dann erwogen werden, ob eine vorgeschlagene Abfindung den Prozesschancen entspricht. Eine wissenschaftliche Genauigkeit in Grenzbereichen ist hier allerdings nicht herstellbar. Auch hängt ein Abfindungsvergleich natürlich davon ab, welche Abfindung der Arbeitgeber seinerseits bereit ist auszuzahlen und wie er seine Prozesschancen einschätzt.
- Es sollte immer überprüft werden, ob nicht in irgendeiner Form einvernehmlich eine Lösung für den der Kündigung zugrunde liegenden Konflikt gefunden werden kann, die das Arbeitsverhältnis bestehen lässt. Denkbar wäre z. B. ein Einsatz unter geänderten Arbeitsbedingungen oder ein Wiedereinstellungsvergleich.
- Kommt es zu einer Beendigung des Arbeitsverhältnisses, sind im Vergleich inhaltlich dieselben Grenzen und Vorgaben zu beachten wie beim → **Aufhebungsvertrag**.

Wann ist ein Vergleich unwirksam?

☐ Auch die Unwirksamkeit des Vergleichs bestimmt sich nach den allgemeinen Regeln, so dass auf die Ausführungen zum → **Aufhebungsvertrag** verwiesen werden kann. Daneben gibt es aber einige besondere Fallgestaltungen, die typischerweise im Zusammenhang mit Vergleichen auftreten.

☐ Wird ein Vergleich vor Gericht geschlossen, behalten sich die Parteien oft den Widerruf dieses Vergleichs vor. Das hat den Hintergrund, dass der Prozessvertreter oft noch mit dem Arbeitnehmer oder auch dem Arbeitgeber endgültig beraten will, ob die Regelung angemessen ist und akzeptiert werden soll. Dabei kann es Unklarheiten geben, wem gegenüber der Widerruf zu erklären ist, wenn im Vergleich eine eindeutige Regelung fehlt. Deshalb wird jetzt üblicherweise klargestellt, dass der Widerruf gegenüber dem Gericht zu erfolgen hat. Ein dann gegenüber dem Arbeitgeber ausgesprochener Widerruf ist unwirksam. Wird die Widerrufsfrist verpasst, gibt es dagegen keine Möglichkeit einer Wiedereinsetzung oder einer nachträglichen Zulassung des Widerrufs.

☐ Auch in Vergleichen, selbst in gerichtlichen Vergleichen, kann grundsätzlich nicht auf **unverzichtbare Rechte** verzichtet werden. Etwas anderes nimmt die

Vergleich

Rechtsprechung an, wenn es um gesetzlich geregelte Rechte des Arbeitnehmers, wie Entgeltfortzahlung im Krankheitsfall, geht und für die Vergangenheit auf die gesetzlichen Rechte verzichtet wird. Nicht verzichtet werden kann dagegen auf den gesetzlichen Mindesturlaub und mit bestimmten Einschränkungen für unverfallbare Ansprüche aus der betrieblichen Altersversorgung.

Auf tarifliche Ansprüche, wenn der Tarifvertrag kraft Tarifbindung oder kraft Allgemeinverbindlichkeit des Arbeitgebers im Arbeitgeberverband oder eigener Tarifvertrag des Arbeitgebers gilt, sowie auf Ansprüche aus Betriebsvereinbarungen kann nur mit Zustimmung der Parteien, die den Tarifvertrag oder die Betriebsvereinbarung abgeschlossen haben, verzichtet werden. Tarifbindung setzt voraus, dass der Arbeitnehmer Gewerkschaftsmitglied ist und der Arbeitgeber entweder den Tarifvertrag selbst abgeschlossen hat, oder Mitglied im Arbeitgeberverband ist.

Die Rechtsprechung lässt jedoch hinsichtlich unverzichtbarer Rechte einen **Tatsachenvergleich** zu.

Beispiel:
Den Parteien ist bei Ende des Arbeitsverhältnisses noch unklar, ob der Arbeitnehmer von dem ihm zustehenden gesetzlichen Mindesturlaub von vier Wochen bereits drei oder nur eine gewährt bekommen hat. Hier können sich die Parteien darauf einigen, dass dem Arbeitnehmer zwei Wochen Urlaub gewährt wurden und der restliche Urlaub abzurechnen ist. Demgegenüber wäre ein Verzicht auf den restlichen Urlaub unzulässig.

Ansprüche aus **Heimarbeit** können auch nicht Gegenstand eines Tatsachenvergleichs sein, weil das Gesetz hier staatliche Stellen vorsieht, die die Ansprüche der Heimarbeiter einklagen können.

☐ Bei der rechtlichen Beurteilung, ob ein Vergleich unwirksam ist, wird in erhöhtem Umfang auf einseitige oder beidseitige Irrtümer der Parteien Rücksicht genommen. So wird der Vergleich angepasst, wenn bei der Aushandlung von Restzahlungen eine Partei übersieht, dass schon Zahlungen geflossen sind. Übersehen beide Parteien einen **Umstand**, der ihren Konflikt **offensichtlich gegenstandslos** gemacht hätte, so ist ein Vergleich nach § 779 BGB unwirksam. Doch betrifft dies nur Ungewissheiten, die nicht gerade durch den Vergleich geregelt werden sollen. Beispielsweise kann aber ein Abfindungsvergleich unwirksam sein, wenn das Arbeitsverhältnis in Wirklichkeit zu einer völlig anderen Firma bestanden hätte als der, die die Abfindung zugesagt hat.

Entstehen nach dem Vergleichsabschluss die Voraussetzungen eines Anspruchs auf → **Wiedereinstellung**, kann dies zu einer Anpassungsverpflichtung bis hin zur Unbeachtlichkeit des Vergleichs führen. Das ist ein eher seltener Fall.

Vergleich

In der Rechtsprechung wird zum Teil angenommen, dass falsche Angaben des Arbeitnehmers darüber, ob er bereits einen **neuen Arbeitsplatz** gefunden hat, den Vergleich anfechtbar machen, der Arbeitgeber ihn also durch einseitige Erklärung vernichten kann (zu den Voraussetzungen der Anfechtbarkeit allgemein → **Anfechtung des Arbeitsvertrags**).

Verhaltensbedingte Kündigung

Was ist das?

Verletzt der Arbeitnehmer seine arbeitsvertraglichen Pflichten, so kommt eine »verhaltensbedingte Kündigung« in Betracht. Der Verstoß muss **weniger gravierend** sein **als bei** einer → **außerordentlichen Kündigung** nach § 626 BGB, doch ist die Abgrenzung nicht immer ganz einfach. Auf der anderen Seite können Bagatellverstöße keine Kündigung rechtfertigen.

Allgemeine Grundsätze

☐ Die **Vertragsverletzung muss schuldhaft** begangen sein. Wer sich in einem unverschuldeten Rechtsirrtum befindet, kann jedenfalls nicht verhaltensbedingt gekündigt werden.

Beispiel:
Aufgrund einer Auskunft seines Rechtsanwalts ist A der Auffassung, sich an einem Streik beteiligen zu können. Erwies sich der Streik nachträglich als rechtswidrig, fehlt es beim Arbeitnehmer jedenfalls an dem erforderlichen Verschulden.

☐ Eine verhaltensbedingte Kündigung scheidet von vorneherein bei »**außerdienstlichem**« **Verhalten** aus, das keinerlei Rückwirkungen auf das Arbeitsverhältnis hat.

Beispiel:
Der Angestellte verursacht unter Alkoholeinfluss bei einer privaten Fahrt einen schweren Unfall. Ihm wird der Führerschein für ein Jahr entzogen. Dies ist kein Kündigungsgrund; er kann ja mit öffentlichen Verkehrsmitteln zum Arbeitsplatz kommen. Ist er als Kraftfahrer oder Außendienstmitarbeiter eingestellt, kann allerdings die persönliche Eignung entfallen und von daher eine personenbedingte Kündigung in Betracht zu ziehen sein. Allerdings hat die Rechtsprechung einem Außendienstmitarbeiter gestattet, auf eigene Kosten einen Chauffeur anzuheuern und so die durch sein Verhalten bedingte betriebliche »Störung« zu vermeiden.

Verhaltensbedingte Kündigung

☐ **Kleine Verstöße** können **in ihrer Summierung** einen kündigungsrelevanten Verstoß darstellen.

Beispiel:
Wer fünf Minuten zu spät kommt, hat in aller Regel keinen Kündigungsgrund gesetzt. Anders ist es dann, wenn dies jeden zweiten Tag passiert und dadurch der Arbeitsablauf beeinträchtigt wird.

☐ In aller Regel muss arbeitsvertragswidriges Verhalten **zunächst abgemahnt** werden; nur in recht schweren Fällen, die an der Grenze zur außerordentlichen Kündigung liegen, kann auf die → **Abmahnung** verzichtet werden.

☐ Ob eine verhaltensbedingte Kündigung gerechtfertigt ist, wird üblicherweise in zwei Etappen geprüft:

- Die Verletzung arbeitsvertraglicher Pflichten muss jedenfalls so gewichtig sein, dass sie »an sich« eine verhaltensbedingte Kündigung rechtfertigen kann. **Bagatellen scheiden** von vorneherein **aus.**
- Zum Zweiten muss dann unter **Abwägung der Arbeitgeber- und der Arbeitnehmerinteressen** bestimmt werden, ob das infrage stehende Verhalten wirklich eine Kündigung rechtfertigt. Hier sind alle Umstände des Einzelfalls zu berücksichtigen.

Das »Prüfungsschema« für die verhaltensbedingte Kündigung entspricht insoweit dem bei der außerordentlichen Kündigung wegen schwerer Pflichtverletzung des Arbeitnehmers angewandten (→ **außerordentliche Kündigung**).

Kündigungsgründe

Eine **abschließende Aufzählung** der Pflichtverletzungen, die eine verhaltensbedingte Kündigung rechtfertigen könnten, ist **nicht möglich**. Es haben sich jedoch eine Reihe von Fallgruppen herausgebildet, die hier kurz zu skizzieren sind.

Arbeitsverweigerung

☐ Der **Arbeitnehmer verweigert** die Erbringung der geschuldeten **Arbeitsleistung.** Dies kann auch darin liegen, dass er nur bestimmte Teilaufgaben nicht erfüllt. Genauso ist der Fall zu behandeln, dass die kraft Tarifvertrags oder auf anderer Rechtsgrundlage geschuldete Mehrarbeit nicht erbracht wird.

☐ Die Verweigerung der Arbeitsleistung kann **ausnahmsweise gerechtfertigt** sein, wenn dem Arbeitnehmer ein Zurückbehaltungsrecht zusteht. Dasselbe gilt dann, wenn er an einem rechtmäßigen Streik teilnimmt.

Verhaltensbedingte Kündigung

☐ **Eigenmächtiger Urlaubsantritt** und eigenmächtige Urlaubsverlängerung stellen gleichfalls Formen der Arbeitsverweigerung dar; ebenso eine nicht ganz unbedeutende Unpünktlichkeit.

Strafbare Handlungen

☐ Eine Vertragsverletzung stellt es dar, wenn der Arbeitnehmer dem Arbeitgeber oder einen Vorgesetzten beleidigt oder ihm gegenüber tätlich wird. Dasselbe gilt erst recht für **Untreue und Betrug gegenüber dem Arbeitgeber**. Die Entgegennahme von Schmiergeldern stellt gleichfalls eine (strafbare) Pflichtverletzung dar.

Schädigung unternehmerischer Interessen

☐ Die Tatsache, dass der Arbeitnehmer den Arbeitgeber wechseln oder ein eigenes Unternehmen aufmachen will, ist arbeitsrechtlich ohne Bedeutung. Unzulässig und eine Verletzung arbeitsvertraglicher Pflichten ist es lediglich, wenn **Arbeitskollegen unter Einsatz unlauterer Mittel abgeworben** werden.

☐ Macht der Arbeitnehmer dem Arbeitgeber in der Freizeit **Konkurrenz**, stellt auch dies eine Pflichtverletzung dar.

Beispiel:
Der angestellte Steuerberater fertigt am Wochenende Steuererklärungen gegen Entgelt an.

Erst recht gilt dies, wenn dem Arbeitgeber Kunden abgeworben werden.

☐ Unternehmerische Interessen sind auch dann verletzt, wenn der Arbeitnehmer **Betriebs- oder Geschäftsgeheimnisse** schuldhaft **an einen Unbefugten gelangen** lässt oder gar veröffentlicht.

Verstoß gegen innerbetriebliche Verhaltensregeln

☐ Ein Verstoß gegen ein **innerbetriebliches Rauch- und Alkoholverbot** kann ggf. ein Kündigungsgrund sein. Insoweit gilt das zum → **wichtigen Grund** Gesagte entsprechend. Allerdings reicht für eine mögliche verhaltensbedingte Kündigung bereits ein weniger gravierender Verstoß. Ob das Tragen von Plaketten oder Abzeichen eine Vertragsverletzung sein kann, richtet sich nach dem Stellenwert des Grundrechts der Meinungsfreiheit im Arbeitsverhältnis (→ **Kündigung als Verstoß gegen Grundrechte**). Ausländerfeindliche Äußerungen sind von Verfassungs wegen unzulässig, da sie gegen den Gedanken der Völkerverständigung verstoßen, was in Art. 9 Abs. 2 GG ausdrücklich als Grundrechtsschranke genannt ist.

☐ Die **Denunziation von Arbeitskollegen** kann einen Kündigungsgrund darstellen. Dasselbe gilt für die sexuelle Belästigung von anderen Betriebsangehörigen sowie für Mobbinghandlungen.

Allgemeine Loyalitätspflichten

Auch insoweit ist zunächst auf die Ausführungen zum → **wichtigen Grund** zu verweisen. In der Rechtsprechung ist daneben noch der Fall genannt, dass der Arbeitnehmer Teile seines Gehalts abtritt, obwohl die **Gehaltsabtretung** im Arbeitsvertrag ausdrücklich **ausgeschlossen** war. Auch ist es nur dann zulässig, den Arbeitgeber in der Öffentlichkeit anzugreifen oder Behörden wie die Gewerbeaufsicht oder die Staatsanwaltschaft von bestimmten Vorfällen zu unterrichten, wenn **innerbetriebliche Gegenvorstellungen** vergeblich waren oder von vorneherein keinerlei Aussicht auf Erfolg hatten.

Interessenabwägung

☐ Liegt ein Kündigungsgrund vor, so ist **im zweiten Schritt** zu prüfen, ob die Kündigung unter **Abwägung** der beiderseitigen **Interessen** gerechtfertigt ist. Dabei sind folgende Gesichtspunkte zu berücksichtigen.

☐ Die verhaltensbedingte Kündigung ist keine Strafmaßnahme. Sie lässt sich deshalb nur rechtfertigen, wenn auch in Zukunft Vertragsverletzungen drohen. Die Rechtsprechung verlangt insoweit eine »**Negativprognose**«.

☐ Statt der verhaltensbedingten Kündigung darf es **kein weniger weit reichendes Mittel** geben, das den Interessen des Arbeitgebers Rechnung tragen würde.

Beispiel:
Der Arbeitnehmer, der durch Übertretung des Rauchverbots die Gefahr einer Explosion geschaffen hat, kann in eine Abteilung versetzt werden, wo es kein Rauchverbot und keine Explosionsgefahr gibt.

Das **Ultima-ratio-Prinzip** verlangt vom Arbeitgeber insbesondere, dass er zunächst eine **Abmahnung** ausspricht. Auch hat er ggf. zu prüfen, ob Umschulungs- oder Fortbildungsmaßnahmen eine Wiederholung der Vorfälle vermeiden könnten.

Bei der Würdigung der Umstände des Einzelfalls spricht die Art und Schwere der Pflichtwidrigkeit und ein hoher Grad des Verschuldens für die Kündigung. In dieselbe Richtung geht eine erhebliche betriebliche Störung oder ein definitiv entstandener Schaden. Gegen die Kündigung spricht eine längere Dauer der Betriebszugehörigkeit sowie die soziale Lage des Arbeitnehmers und seine Chancen auf

Verhaltensbedingte Kündigung

dem Arbeitsmarkt. Dem Richter steht insoweit ein beträchtlicher Beurteilungsspielraum zu.

Beweislast

Der Arbeitgeber hat alle Tatsachen zu beweisen, die die Kündigung rechtfertigen sollen. Dazu gehören nicht nur der Vertragsverstoß als solcher, sondern auch diejenigen Tatsachen, die im Rahmen der Interessenabwägung für die Kündigung sprechen.

Bedeutung für den Betriebsrat

Vor jeder verhaltensbedingten Kündigung muss – wie bei anderen Kündigungen – der Betriebsrat nach § 102 Abs. 1 BetrVG angehört werden. Ggf. kann er der Kündigung nach § 102 Abs. 3 BetrVG widersprechen.

Wartezeit/Probezeit

Was ist das?

☐ Unter **Wartezeit** wird der **sechsmonatige Zeitraum** seit Eintritt in einen Betrieb bezeichnet, der abgeschlossen sein muss, will der Arbeitnehmer für sich → **Kündigungsschutz** in Anspruch nehmen. Die Wartezeit ist im § 1 Abs. 1 KSchG geregelt. Sie tritt **unabhängig** von einer entsprechenden **Vereinbarung** der Parteien ein. Sie setzt entweder ein Ausbildungs- oder Arbeitsverhältnis voraus.

☐ Demgegenüber ist die **Probezeit** die Vereinbarung der Arbeitsvertragsparteien, einen Zeitraum, der nach § 622 Abs. 3 BGB **bis zu sechs Monaten** dauern kann, als Probezeit anzulegen, um zu erproben, ob ein unbefristetes Arbeitsverhältnis in Betracht kommt. Probezeitregelungen sind auch oft in **Tarifverträgen** enthalten, manchmal in **Betriebsvereinbarungen**. Die Probezeit dient der beidseitigen Erprobung und Überlegung. In dieser Zeit soll auch eine **schnelle Trennung** möglich sein. Deshalb ist die Vereinbarung einer Probezeit mit der Folge einer **Verkürzung** der → **Kündigungsfrist** auf zwei Wochen versehen, § 626 Abs. 3 BGB. Es kann allerdings auch eine längere Probezeitfrist vereinbart werden.

Formulierungsbeispiele:
- *Die ersten sechs Monate gelten als Probezeit. In dieser kann das Arbeitsverhältnis mit einer Frist von zwei Wochen zum Monatsende gekündigt werden.*

Oder:
- *In den ersten drei Monaten wollen wir uns gegenseitig kennen lernen und prüfen, ob wir zusammenpassen.*

☐ Die Probezeit kann aber auch als **befristetes Arbeitsverhältnis** angelegt werden (→ **Befristung**; → **sachlicher Grund**). Die Befristungsdauer beträgt höchstens sechs Monate. Äußerst sich keine Seite im Hinblick auf die Fortführung als »Normalarbeitsverhältnis«, endet die Vertragsbeziehung mit Auslaufen der Probezeit. Eine → **Kündigung** ist dann nicht mehr erforderlich.

Wartezeit/Probezeit

Formulierungsbeispiel:
Das Arbeitsverhältnis wird zunächst für die Dauer von sechs Monaten auf Probe abgeschlossen. Spätestens einen Monat vor Ende der Probezeit müssen die Parteien erklären, ob sie das Arbeitsverhältnis fortsetzen wollen.

Wie verhalten sich Probe- und Wartezeit zueinander?

☐ Da sowohl **Probezeit** als auch **Wartezeit** sechs Monate lang sind bzw. sein können, ist bei einer Neueinstellung in einen Betrieb oft **Deckungsgleichheit** beider Zeiträume gegeben.

☐ Die **Wartezeit** ist nur bedeutsam für den **Kündigungsschutz**, die **Probezeit** ist nur bedeutsam für die **Kündigungsfrist**.

Da die Probezeit in vielen Fällen **kürzer** ist als die Wartezeit, folgt aus der Absolvierung der Probezeit noch nicht der Kündigungsschutz, dieser setzt auch die **zusätzliche Absolvierung** der Wartezeit voraus. Ist eine längere Probezeit von sechs Monaten vereinbart, oder ist die Probezeit verlängert worden, hat das **keinen Einfluss** auf die Wartezeit, ist also für den Kündigungsschutz unschädlich.

Beispiel:
Es ist eine Probezeit von drei Monaten vereinbart worden. Anschließend verlangt der Arbeitgeber, dass die Probezeit um vier Monate verlängert wird. Der Arbeitnehmer stimmt zu. Nach sechs Monaten besteht Kündigungsschutz.

Die gesetzliche Wartezeit

☐ Die Wartezeit bezieht sich auf den ununterbrochenen **rechtlichen Bestand** des Arbeitsverhältnisses. Nicht entscheidend ist, dass eine ununterbrochene **Beschäftigung** vorliegt. Ist der Arbeitnehmer in den ersten sechs Monaten eines Arbeitsverhältnisses krank, hat er Urlaub, nimmt er an einem Arbeitskampf teil oder nimmt er Erziehungsurlaub in Anspruch, besteht das Arbeitsverhältnis weiter, die Wartezeit läuft und kann auch während einer solchen Unterbrechung der Beschäftigung ablaufen.

Beispiel:
Die Einstellung erfolgt zum 1.7. Vom 1.8. bis 14.8. besteht Arbeitsunfähigkeit. Urlaub wird vom 1.10. bis 8.10. genommen, vom 2.12. bis 10.12. wird gestreikt. Die Wartezeit läuft am 31.12. ab.

Wartezeit/Probezeit

☐ Die gesetzliche Wartezeit ist **einseitig zwingend**, d. h. sie kann **nicht verlängert** werden. Sie kann aber einzelvertraglich oder auch kollektiv-vertraglich **verkürzt**, ja **ganz ausgeschlossen** werden. Dies muss aber ausdrücklich geschehen.

Formulierungsbeispiel:
- *Die gesetzliche Wartezeit des § 1 KSchG wird auf drei Monate verkürzt*
Oder:
- *Das Arbeitsverhältnis unterliegt von Anbeginn dem Kündigungsschutz, eine Wartezeit besteht nicht.*

☐ Die Wartezeit ist mit Vollendung des Tages, an dem das Arbeitsverhältnis sechs Monate bestanden hat, **abgelaufen**.

Beispiel:
- *Das Arbeitsverhältnis beginnt am 1.9., dann ist die Wartezeit am 28.2, im Schaltjahr am 29.2., beendet, 24.00 Uhr.*

☐ Maßgeblicher Zeitpunkt für die Erfüllung der Wartezeit ist nicht der Ausspruch der Kündigung, sondern der Tag des Zuganges der → **Kündigung**. Unerheblich ist dabei, dass das Ende der Kündigungsfrist außerhalb der Wartezeit liegt.

Beispiel:
Endet die Wartezeit am 31.3., wird die Kündigung am 29.3. ausgesprochen und geht am 31.3. spätestens zu, besteht kein Kündigungsschutz; geht die Kündigung erst am 1.4. zu, ist Kündigungsschutz gegeben.

☐ Nur im Ausnahmefall ist eine Kündigung, die kurz vor Ablauf der Wartezeit ausgesprochen wird, wegen Verstoß gegen Treu und Glauben unwirksam (→ **Kündigungsschutz außerhalb des Kündigungsschutzgesetzes**).

Berechnung der Wartezeit im Einzelnen

☐ Die **Wartezeit** beginnt mit dem **Beginn** des Arbeitsverhältnisses. Der Beginn des Arbeitsverhältnisses wird im Arbeitsvertrag festgelegt oder beginnt dadurch, dass der Arbeitnehmer die **Arbeit aufnimmt**. Ist der Erste eines Monats ein **Feiertag** (z. B. Neujahr oder 1. Mai) oder ein arbeitsfreies Wochenende, endet die Wartezeit dennoch am Ende des sechsten Monats, denn es kommt nicht auf die Beschäftigung an, selbst wenn der Beginn des Arbeitsverhältnisses bewusst auf den ersten Arbeitstag des Monats gelegt wird.

Wartezeit/Probezeit

Beispiel:
Das Arbeitsverhältnis beginnt am Sonntag, dem 1.5. Im Betrieb wird nicht gearbeitet. Die Wartezeit ist am 30.11. abgelaufen.

☐ Für die Wartezeit maßgebend ist nicht der Bestand des Arbeitsverhältnisses zum selben Betrieb, es reicht ein Arbeitsverhältnis zum **Unternehmen**, d.h. auch in einem anderen Betrieb. Maßgeblich ist hier der Bestand des Arbeitsverhältnisses zum → **Arbeitgeber**.

☐ Im Falle eines → **Betriebsübergangs** läuft die Wartezeit ununterbrochen weiter.

☐ Vorbeschäftigungszeiten in einem anderen **Konzernunternehmen** (→ **Konzern**) werden, da es sich um ein anderes Unternehmen im Rechtssinne handelt, im Grundsatz nicht angerechnet. Allerdings kann durch ausdrückliche oder stillschweigende Vereinbarung, nicht unüblich sind auch entsprechende **tarifliche Regelungen** bzw. **Betriebsvereinbarungen**, geregelt werden, dass der Übergang von einem Konzernarbeitsverhältnis auf das andere wartezeitrechtlich zu berücksichtigen ist.

☐ Ohne Auswirkungen auf die Wartezeit ist die **zeitliche Aneinanderreihung** mehrerer Arbeitsverhältnisse (→ **Befristung**), unabhängig davon, ob es sich um eine identische Tätigkeit gehandelt hat oder nicht.

☐ Werden aneinander gereihte Arbeitsverhältnisse **kurz unterbrochen**, ohne dass der enge **sachliche Zusammenhang** zwischen den Arbeitsverhältnissen aufgelöst wird, erfolgt eine Zusammenrechnung, die Zeit der **Unterbrechung** zählt allerdings **nicht** zur Wartezeit.

Beispiel:
Ein Arbeitnehmer wird befristet bis zum Beginn der Betriebsferien für zwei Monate eingestellt, der Betrieb geht dann einen Monat in Betriebsferien. In unmittelbarem Anschluss daran wird der Arbeitnehmer weiterbeschäftigt. Nach insgesamt sieben Monaten ist die Wartezeit erfüllt.

☐ Ist eine Beschäftigungsphase im Rahmen einer **Arbeitsbeschaffungsmaßnahme** nach den §§ 260 ff. SGB III absolviert, so erfolgt eine **Zusammenrechnung**, das Gleiche gilt für die Beschäftigung im Rahmen eines **Eingliederungsvertrages** gemäß § 231 SGB III. Erfolgt eine Beschäftigung jedoch nur im Rahmen einer von der Bundesanstalt für Arbeit geförderten **Fortbildungsmaßnahme** ist keine Zusammenrechnung vorzunehmen.

☐ Eine Zusammenrechnung kann aber nur dann erfolgen, wenn es sich um **Arbeitsverhältnisse** handelt und der Arbeitnehmer als Arbeitnehmer im → **Betrieb** beschäftigt ist.

Zeiten als **freier Mitarbeiter, Handelsvertreter, Beamter, Geschäftsführer, Praktikant, Leiharbeitnehmer, Freigänger im Strafvollzug** werden nicht angerechnet (zu den Einzelheiten → **Arbeitnehmer**), jedoch die Zeiten in einem **Ausbildungsverhältnis**.

☐ Der Begriff der **Wartezeit** steht in einem engen und tatsächlichen Zusammenhang mit dem Begriff der → **Betriebszugehörigkeit**. Die Wartezeit ist sozusagen der erste, sechsmonatige Teil der gesamten Betriebszugehörigkeit.

☐ Ohne Einwirkung auf die Wartezeit sind **Mutterschaftsurlaub** (→ **Mutterschutz, Grundsätzliches**), → **Erziehungsurlaub** sowie ein generell ruhendes Arbeitsverhältnis.

Zum Ganzen: → **Betriebszugehörigkeit**.

Die Probezeit und ihre Bedeutung

☐ Da in der Probezeit »ausprobiert« werden soll, ob die Arbeitsvertragsparteien zusammen passen, besteht der wesentliche Effekt einer entsprechenden Vereinbarung darin, eine schnellere Kündigungsmöglichkeit zu eröffnen. Wenn nichts anders vereinbart ist, gilt eine → **Kündigungsfrist** von **14 Tagen**. Entscheidend ist, dass überhaupt eine Probezeit vereinbart ist. Eine ausdrückliche Verkürzung der gesetzlichen Kündigungsfrist ist dann nicht mehr erforderlich.

☐ Geht die → **Kündigung** am letzten Tage der Probezeit zu, kann der Kündigende sich noch auf die kurze Kündigungsfrist berufen. Unabhängig davon, ob das Ende der Frist außerhalb der Probezeit liegt.

Beispiel:
Die Probezeit endet am 31.3. Geht die Kündigung spätestens an diesem Tage zu, endet das Arbeitsverhältnis am 14.4. Geht die Kündigung am 1.4. zu, gilt die gesetzlich oder vertraglich vereinbarte Kündigungsfrist.

☐ Wird eine Probezeit vereinbart, die **länger** als sechs Monate ist, endet die Möglichkeit, mit der kurzen Probezeitkündigungsfrist zu kündigen, am letzten Tage der Sechs-Monats-Frist. Danach gilt die **gesetzliche** oder → **vertragliche Kündigungsfrist**. Die Wartezeit ist dann auch erfüllt. Die Probezeit kann also, anders als die Wartezeit, verlängert werden. Daraus ergeben sich jedoch so gut wie keine rechtlichen Nachteile für den Arbeitnehmer.

☐ **Inhaltlich** bedeutet die Vereinbarung einer Probezeit, dass der **Maßstab** an eine **verhaltens-** bzw. → **personenbedingte** fristlose → **außerordentliche Kündigung** verändert wird. Denn da der Sinn und Zweck der Probezeit gerade die Frage

Wartezeit/Probezeit

beantworten soll, ob der Arbeitnehmer die Fähigkeiten und Kenntnisse hat, die Geschicklichkeit, die Ausdauer und ähnliche Charaktereigenschaften, um die arbeitsvertragliche Verpflichtung zu erfüllen, können Fehlleistungen und Fehlhandlungen des Arbeitnehmers nur **ausnahmsweise** ein Grund für eine außerordentliche Kündigung sein. Es ist dem Arbeitgeber während der Probezeit zuzumuten, bis zum Ablauf der kurzen Kündigungsfrist das Arbeitsverhältnis weiter zu führen. Nur wenn die Leistungen des Arbeitnehmers bzw. seine Eignung **völlig unbrauchbar** sind, kommt eine fristlose Kündigung in Betracht.

☐ Gleiches gilt auch für die → **Kündigung des Arbeitnehmers**, er muss in der Probezeit in der Regel die kurze Frist einhalten.

☐ Im **Ausbildungsverhältnis** gilt die Sonderregelung des § 13 BBiG. Die Dauer der Probezeit beträgt mindestens einen Monat und darf drei Monate nicht überschreiten. Während der Probezeit kann jede Seite das Arbeitsverhältnis ohne Einhaltung einer Kündigungsfrist kündigen (→ **Auszubildende, Kündigungsschutz**).

☐ Tritt während der Probezeit eine längere **Unterbrechung** der Beschäftigung ein, Urlaub, Krankheit, Mutterschutz, Arbeitskampf usw., ist also der Erprobungszweck nicht realisierbar, kann eine Verlängerung der Probezeit erfolgen. Ohne eine entsprechende Vereinbarung verlängert sich jedoch die Probezeit nicht automatisch. Die **Wartezeit** wird dadurch nicht herausgeschoben, wenn die Sechs-Monats-Grenze überschritten wird.

☐ Die Dauer der Probezeit ist vielfach in **Tarifverträgen** geregelt. Bei einfachen Arbeitsaufgaben wird die Probezeit höchstens bis zu **drei Monaten** betragen, bei höherwertigen bis zu **sechs Monaten**. Bei **wissenschaftlich** anspruchsvollen und bei **künstlerischen** Tätigkeiten wird eine Probezeit auch länger als sechs Monate dauern können, damit eine nachhaltige Erprobung möglich ist. Die Wartezeit ist erfüllt.

Kündigung in der Probezeit und Wartezeit

☐ Während der **Wartezeit**, die wie dargestellt nicht mit der **Probezeit identisch** sein muss aber kann, kann **ohne Angabe** von **Gründen** ordentlich gekündigt werden. Der Arbeitgeber ist nicht verpflichtet, die Gründe für eine Kündigung dem Arbeitnehmer mitzuteilen. Der Arbeitnehmer kann sich gegen eine Kündigung nur wehren, wenn sie aus anderen Gründen als denen des Kündigungsschutzes unwirksam ist (→ **Kündigungsschutz außerhalb des Kündigungsschutzgesetzes**).

☐ Wird während der Probe- bzw. Wartezeit eine → **außerordentliche Kündigung** ausgesprochen, gilt § 626 Abs. 2 Satz 1 BGB. Auch während dieser Zeit muss

Wartezeit/Probezeit

der Kündigende dem anderen Teil auf **Verlangen** den Kündigungsgrund unverzüglich schriftlich mitteilen.

☐ Teilt der Arbeitgeber die Kündigungsgründe freiwillig oder nach der genannten Vorschrift mit, können diese Kündigungsgründe einer rechtlichen Überprüfung außerhalb des KSchG unterzogen werden (→ **Kündigungsschutz außerhalb des Kündigungsschutzgesetzes**).

☐ Ist eine Kündigung innerhalb der Wartezeit aus formellen oder sonstigen Gründen unwirksam, tritt Kündigungsschutz für den Arbeitnehmer ein, wenn der Arbeitgeber nicht innerhalb der Wartezeit noch einmal wirksam kündigt.

Beispiel:
Der Arbeitgeber kündigt das am 1.1. begonnene Arbeitsverhältnis am 15.3. zum 31.3., ohne den Betriebsrat zu hören. Der Arbeitnehmer erhebt Klage und rügt die fehlende Betriebsratsanhörung. Darauf kündigt der Arbeitgeber am 3.7. nach Anhörung des Betriebsrats. Der Arbeitnehmer hat Kündigungsschutz.

☐ Während der Wartezeit besteht der besondere Schutz für → **Schwerbehinderte** noch nicht, § 20 Abs. 1 Ziffer 1 SchwbG.

Bedeutung für den Betriebsrat

☐ Auch gegenüber noch in Warte- bzw. Probezeit befindlichen Arbeitnehmern stehen dem Betriebsrat die **Mitbestimmungsrechte** bei **personellen Einzelmaßnahmen** zu, also bei Versetzungen und bei Versetzungen nach § 99 BetrVG und bei Kündigungen nach § 102 BetrVG. Bei Letzteren ist das BAG allerdings der Auffassung, dass der Arbeitgeber bei noch nicht erfüllter Wartezeit lediglich mitteilen muss, welche konkreten Umstände oder subjektiven Vorstellungen zum **Kündigungsentschluss** geführt haben. Hat der Arbeitgeber überhaupt keine Kündigungsgründe, so muss er den Betriebsrat lediglich darüber informieren. (→ **Betriebsratsanhörung**).

☐ Der Betriebsrat seinerseits kann sowohl **Bedenken** äußern als auch nach § 102 Abs. 3 BetrVG der Kündigung **widersprechen**. Allerdings führt der → **Widerspruch** nicht zu einem Weiterbeschäftigungsanspruch, dieser setzt die Anwendung des KSchG voraus.

☐ → **Auswahlrichtlinien** können sich auch auf solche Mitarbeiter beziehen, die in der Probezeit sind bzw. noch nicht die Wartezeit erfüllt haben.

☐ Die Informationsansprüche des Betriebsrates hinsichtlich der **Personalplanung** beziehen sich auch auf Arbeitnehmer in Warte- und Probezeit.

Wartezeit/Probezeit

☐ Solche Arbeitnehmer können auch von **Betriebsänderungen** erfasst sein. Dann kann der Betriebsrat auch für diese Arbeitnehmergruppen Interessenausgleichsregelungen bzw. Sozialplanregelungen (→ **Interessenausgleich/ Sozialplan**) fordern, diese können auch → **Abfindungen** vorsehen.

Weiterarbeit nach Auslaufen des Arbeitsvertrags

Was ist das?

Nach § 625 BGB entsteht **automatisch ein unbefristetes Arbeitsverhältnis**, sofern nach Ende des Arbeitsverhältnisses mit Wissen des Arbeitgebers weitergearbeitet wird. Dieser nicht besonderes häufige Tatbestand ist vom Vorliegen bestimmter Voraussetzungen abhängig.

Auslaufen des Arbeitsverhältnisses

☐ Das zunächst bestehende Arbeitsverhältnis muss ausgelaufen sein. Beim befristeten Arbeitsvertrag wird z. B. das vereinbarte **Enddatum überschritten**, beim unbefristeten Arbeitsverhältnis wird nach Auslaufen der Kündigungsfrist weitergearbeitet. Dabei spielt es keine Rolle, wie die bisherige Tätigkeit beschaffen war. **Auch** ein **Probearbeitsverhältnis** kann nach § 625 BGB in ein unbefristetes verwandelt werden.

Fortsetzung der Tätigkeit

☐ § 625 BGB setzt weiter voraus, dass die Tätigkeit als solche fortgesetzt wird. Ob man sich dabei bewusst ist, über das an sich bestehende Ende hinaus zu arbeiten, spielt keine Rolle. Nach der Rechtsprechung muss die Fortsetzung allerdings **direkt an das bisherige Arbeitsverhältnis anschließen**; bei einer zeitlichen Unterbrechung käme lediglich die Begründung eines neuen Arbeitsverhältnisses in Betracht. Möglich ist allerdings, dass die Tätigkeit an einem anderen Arbeitsplatz fortgeführt wird.

☐ Ist der **Arbeitnehmer** bei Auslaufen des Arbeitsverhältnisses **krank**, kann § 625 BGB keine Anwendung finden. Wird die Vergütung über das Ende des Arbeitsverhältnisses hinaus bezahlt, kann hierin jedoch der konkludente Abschluss eines »Verlängerungsvertrags« liegen.

Weiterarbeit nach Auslaufen des Arbeitsvertrags

Kenntnis des Arbeitgebers

☐ Ein unbefristetes Arbeitsverhältnis entsteht nach § 625 BGB nur, wenn der Arbeitgeber Kenntnis von der Fortsetzung der Tätigkeit hatte. Dies bedeutet, dass er **von dem Vorgang** als solchem **informiert**, nicht aber, dass er damit auch einverstanden war. Würde man Letzteres verlangen, hätte § 625 BGB praktisch keinen Anwendungsbereich mehr, da in solchen Fällen immer eine konkludente Verlängerung vorläge.

☐ Informiert müssen entweder der Arbeitgeber oder solche **Personen** sein, **die über den Abschluss von Arbeitsverträgen entscheiden** können. Bei Letzteren genügt es, dass der Arbeitgeber ein entsprechendes Verhalten duldet; eine ausdrückliche Vollmacht ist nicht erforderlich. Auch muss der Arbeitgeber die Arbeit nicht als »terminüberschreitende« wahrgenommen haben.

Fehlen eines Widerspruchs

☐ Sobald der Arbeitgeber Kenntnis von der Fortsetzung der Tätigkeit hat, kann er die Entstehung eines unbefristeten Arbeitsverhältnisses dadurch verhindern, dass er »unverzüglich« widerspricht. Dies kann auch konkludent erfolgen.

Beispiel:
Dem Arbeitnehmer werden die Arbeitspapiere samt Zeugnis an dem Tage ausgehändigt, an dem der Arbeitgeber von der Fortsetzung der Tätigkeit Kenntnis hatte.

☐ Der **Widerspruch** ist in der Regel nicht mehr »unverzüglich«, wenn er **später als eine Woche** nach Kenntnis durch den Arbeitgeber zum Ausdruck gebracht wird.

☐ Im Einzelfall kann es dazu kommen, dass der **Arbeitgeber** zwar **widerspricht**, der **Arbeitnehmer** (mit Unterstützung seiner Kollegen) jedoch gleichwohl **weiterarbeitet**. Geschieht dies während längerer Zeit und gibt der Arbeitgeber zu erkennen, dass er sich mit diesem Zustand abfindet, so liegt der konkludente Neuabschluss eines Arbeitsvertrags vor.

Rechtsfolgen

☐ Liegen die beschriebenen Voraussetzungen vor, kommt kraft Gesetzes ein **unbefristetes Arbeitsverhältnis** zustande. Die bisherigen Rechte und Pflichten wer-

Weiterarbeit nach Auslaufen des Arbeitsvertrags

den unverändert fortgesetzt. Bestand ein befristetes Arbeitsverhältnis, wird die Befristungsabrede allerdings gegenstandslos.

Abweichende Vereinbarungen

☐ **§ 625 BGB** kann **abbedungen** werden. Dies kann bei Auslaufen des Arbeitsverhältnisses erfolgen.

Beispiel:
Arbeitgeber und Arbeitnehmer kommen überein, dass der Arbeitnehmer bis zu einer endgültigen Entscheidung über die weitere Zusammenarbeit seine Tätigkeit fortsetzt.

☐ § 625 BGB kann auch **bereits im Arbeitsvertrag** abbedungen werden. In einem solchen Fall ist dann allerdings immer zu fragen, ob in der Fortsetzung der Tätigkeit wegen der gleichzeitigen Kenntnis des Arbeitgebers nicht der stillschweigende Abschluss eines neuen Arbeitsverhältnisses liegt.

Bedeutung für den Betriebsrat

Der Eintritt der Rechtsfolge nach § 625 BGB ist nicht von der Beteiligung des Betriebsrats abhängig. Dieser kann lediglich die Betroffenen auf die Rechtslage aufmerksam machen.

Weiterbeschäftigung trotz wirksamer Befristung?

Was ist das?

In einigen wenigen Fällen hat der befristet beschäftigte Arbeitnehmer **Anspruch auf Übernahme** in ein weiteres befristetes oder in ein **unbefristetes Arbeitsverhältnis**. Davon zu unterscheiden ist der Fall, dass Letzteres nach § 625 BGB automatisch entsteht, weil der Arbeitnehmer nach Ablauf des Arbeitsvertrags mit Wissen des Arbeitgebers weiter für diesen tätig ist (→ **Weiterarbeit nach Auslaufen des Arbeitsvertrags**).

Für einen Weiterbeschäftigungsanspruch kommen **verschiedene Rechtsgrundlagen** in Betracht.

Wegfall des sachlichen Grundes

☐ Ist aus sachlichem Grund befristet worden, führt dessen nachträglicher Wegfall nicht zu einem **Anspruch** auf Weiterbeschäftigung.

Beispiel:
Der Arbeitnehmer ist als Vertretung für eine Erziehungsurlauberin befristet beschäftigt worden. Diese kommt nicht wieder.

Im Einzelfall ist es allerdings möglich, dass dem Arbeitnehmer sinngemäß die Zusage gewährt wurde, bei Wegfall des sachlichen Grundes in ein unbefristetes Arbeitsverhältnis überführt zu werden.

Beispiel:
Wird dem Arbeitnehmer erklärt, man würde ihn gerne auf Dauer beschäftigen, doch habe man leider nur eine zeitlich befristete Aufgabe, so dürfte die Berufung auf die Befristung gegen Treu und Glauben verstoßen, wenn die Tätigkeit entgegen der ursprünglichen Einschätzung auf Dauer anfällt.

Zusage der Weiterbeschäftigung, insbesondere bei Bewährung

☐ Ein Anspruch auf Weiterbeschäftigung besteht selbstredend dann, wenn der Arbeitgeber **ausdrücklich** eine entsprechende **Zusage** gemacht hat. Diese wird in der Regel unter einer Bedingung abgegeben; es wird beispielsweise vorausgesetzt, dass neue Mittel bewilligt werden oder der Arbeitnehmer sich in seiner Tätigkeit bewährt hat. Die bloße **Bewährung** gibt **als solche keinen derartigen Anspruch.**

☐ Die Zusage hat die Bedeutung eines **Vorvertrags** und verpflichtet den Arbeitgeber, einen neuen (in der Regel unbefristeten) Arbeitsvertrag abzuschließen. Es tritt **keine automatische Verlängerung** ein.

Vertrauensschutz zugunsten des Arbeitnehmers

☐ Der Arbeitnehmer kann Weiterbeschäftigung auch dann verlangen, wenn zwar keine entsprechende Zusage vorliegt, wenn der **Arbeitgeber** jedoch **die Erwartung geweckt** hat, bei entsprechender Eignung und Bewährung erfolge die **Übernahme** in ein unbefristetes Arbeitsverhältnis. Ein solcher »Vertrauenstatbestand« kann schon bei der Einstellung, aber auch später geschaffen werden. Das Vertrauen des Arbeitnehmers in eine künftige Verlängerung des Arbeitsverhältnisses kann sich aus unterschiedlichen Umständen ergeben.

- Der Vertrag ist von vornherein **für den Fall der Bewährung auf eine Dauerbeschäftigung zugeschnitten.** Steht diese fest, würde der Arbeitgeber treuwidrig handeln, wollte er nunmehr auf der Befristung bestehen. Dies ist etwa dann der Fall, wenn die **Befristung** zur »**reinen Formsache**« erklärt wurde.
- Der Arbeitgeber hat den Arbeitnehmer während des befristeten Arbeitsverhältnisses in der Erwartung bestärkt, die **Prüfung einer Übernahme** in ein Dauerarbeitsverhältnis werde **wohl positiv ausgehen**, und der Arbeitnehmer schlägt deshalb eine **andere Stelle** aus.
- Wird die **Übernahme** »**in Aussicht gestellt**«, so muss der Arbeitgeber entsprechend § 315 BGB nach billigem Ermessen entscheiden. Dabei kann eine Nicht-Übernahme auf Gründe gestützt werden, die für sich allein keine Kündigung rechtfertigen würden. Fehlt es auch daran, muss eine Weiterbeschäftigung erfolgen.
- Im **öffentlichen Dienst** entsteht ein Vertrauen in die Fortsetzung des Beschäftigungsverhältnisses auch dann, wenn während längerer Zeit eine bestimmte Aufgabe erfüllt wurde und diese auch in nächster Zukunft weiter besteht.

Nicht-Weiterbeschäftigung als Rechtsmissbrauch

☐ Lehnt der Arbeitgeber eine Weiterbeschäftigung ab, kann dies insbesondere **bei inzwischen eingetretener Schwangerschaft** unter bestimmten Voraussetzungen einen Rechtsmissbrauch darstellen. Wird z. B. ausdrücklich »wegen der Schwangerschaft« oder »wegen der (inzwischen eingetretenen) Schwerbehinderung« eine Übernahme in ein unbefristetes Arbeitsverhältnis abgelehnt, würde man einen solchen Fall annehmen. Dabei kommt die **Beweiserleichterung** des § 611a Abs. 1 Satz 3 BGB zur Anwendung, der mit Rücksicht auf das Benachteiligungsverbot nach Art. 3 Abs. 3 Satz 2 GG auch im Falle der Schwerbehinderung anzuwenden ist.

Beispiel:
Die nicht übernommene schwangere Arbeitnehmerin verweist darauf, zwei Kolleginnen seien im Laufe der letzten zwei Jahre übernommen worden, eine Nicht-Übernahme habe es bei Frauen nur in einem anderen Schwangerschaftsfall gegeben. Damit sind deutliche Anhaltspunkte für eine Benachteiligung wegen des Geschlechts vorgebracht; der Arbeitgeber muss sachliche Gründe vorbringen können, weshalb er im konkreten Fall auf eine Übernahme verzichtete.

☐ Dieselben Grundsätze gelten für Personen, die inzwischen zu betrieblichen Interessenvertretern gewählt wurden. Auch hier müssen überzeugende sachliche Gründe für die Nicht-Übernahme vorliegen.

Gleichbehandlung

☐ Werden **gekündigte Arbeitnehmer** in größerer Zahl **wieder eingestellt**, dabei jedoch **ein Einzelner ohne sachlichen Grund ausgenommen**, ist nach der Rechtsprechung des BAG der Gleichbehandlungsgrundsatz verletzt; die ausgeschlossene Person kann gleichfalls Wiedereinstellung verlangen. Dies muss in ähnlicher Weise dann gelten, wenn eine größere Anzahl befristet Beschäftigter in ein unbefristetes Arbeitsverhältnis übernommen, eine bestimmte Person oder eine kleine Gruppe von in vergleichbarer Lage Befindlichen jedoch trotz entsprechender Arbeitsmöglichkeit davon ausgenommen wird.

Beispiel:
Werden innerhalb eines Jahres 20 befristet Beschäftigte übernommen, so bedarf es eines rechtfertigenden Grundes, wenn der 21. keinen Fortsetzungsvertrag erhält. Dieser kann in fehlenden Beschäftigungsmöglichkeiten, aber auch darin liegen, dass er die erwarteten Leistungen nicht erbracht hat.

Weiterbeschäftigung trotz wirksamer Befristung?

☐ Wird nur ein Teil der in vergleichbarer Lage Befindlichen weiterbeschäftigt, so muss der Arbeitgeber nicht die sozial schutzbedürftigsten einstellen; **§ 1 Abs. 3 KSchG** findet **keine entsprechende Anwendung**. Dies schließt es allerdings nicht aus, dennoch ein gewisses Maß an sozialer Rücksichtnahme zu verlangen; insoweit gilt Entsprechendes wie beim → **Kündigungsschutz außerhalb des Kündigungsschutzgesetzes**.

Tarifliche Weiterbeschäftigungsregeln

☐ Zulässig ist eine Tarifklausel, die den Arbeitgeber verpflichtet, befristet Beschäftigte **in ein unbefristetes Arbeitsverhältnis zu übernehmen**, es sei denn, es würde ein Kündigungsgrund vorliegen. In der Regel beziehen sich solche Bestimmungen allerdings nur auf **einzelne Kategorien von Beschäftigten**, sie sehen beispielsweise die (befristete) Weiterbeschäftigung von Auszubildenden vor. In Betracht kommt außerdem, **Saisonarbeitskräften** einen Anspruch auf Wiedereinstellung bei Beginn der folgenden Saison einzuräumen. Ein Tarifvertrag kann weiter vorsehen, dass der Arbeitgeber nach billigem Ermessen entscheiden soll, ob er einen **Auszubildenden übernimmt**. Dabei sind die beiderseitigen Interessen eingehend abzuwägen. Eine unerwünschte, sich aber im Rahmen von Art. 5 Abs. 1 GG bewegende Meinungsäußerung stellt nach Auffassung des BVerfG keinen Grund für eine Verweigerung der Übernahme dar. Erreichen **Piloten** die **tarifliche Altersgrenze von 55 Jahren**, ist über die zugelassene Verlängerung nach billigem Ermessen zu entscheiden.

☐ Für **Arbeitnehmer im Bühnenbereich** besteht eine tarifliche Regelung des Inhalts, dass eine automatische Verlängerung des Arbeitsverhältnisses um eine Spielzeit eintritt, wenn nicht bis zu einem bestimmten Zeitpunkt eine sog. **Nicht-Verlängerungsmitteilung** erfolgt. Diese darf nur aufgrund einer **vorherigen Anhörung des betroffenen Arbeitnehmers** ausgesprochen werden, bei der diesem konkrete und nachvollziehbare Gründe für die Nicht-Verlängerung übermittelt werden müssen. Fehlt es daran, kann die Nicht-Verlängerungsmitteilung keine Rechtswirkung entfalten; es tritt eine automatische Verlängerung ein.

Weiterbeschäftigung trotz wirksamer Befristung?

Checkliste zur Weiterbeschäftigung nach Auslaufen des Arbeitsvertrags

1. Ist dem Arbeitnehmer zugesagt worden, wenn der Befristungsgrund entfalle, solle er weiterbeschäftigt werden?
2. Ist Weiterbeschäftigung für den Fall der Bewährung zugesagt worden?
3. Lässt sich 1 oder 2 beweisen?
4. Hat der Arbeitgeber sich so verhalten, dass der Arbeitnehmer darauf vertrauen konnte, weiterbeschäftigt zu werden?
5. Ist der Arbeitnehmer nur deshalb nicht weiterbeschäftigt worden, weil der Arbeitgeber den Eintritt eines Sonderkündigungsschutzes nach MuSchG oder nach SchwbG vermeiden wollte?
6. Sind vergleichbare Arbeitnehmer bisher immer übernommen worden?
7. Gibt es tarifliche Regeln, die eine Weiterbeschäftigung vorsehen?

Wettbewerbsverbot

Was ist das?

☐ Arbeitsrechtlich wird zwischen dem **vertraglichen** und dem **nachvertraglichen Wettbewerbsverbot** unterschieden. Ersteres bedarf keiner besonderen vertraglichen Vereinbarung, es ergibt sich aus dem Grundgedanken des Arbeitsverhältnisses und beinhaltet die Verpflichtung, während des Arbeitsverhältnisses keine **Tätigkeit** für einen **Konkurrenten** des Arbeitgebers auszuüben.

☐ Nach dem **Ende** des **Arbeitsverhältnisses** ist der Arbeitnehmer **grundsätzlich frei**, seine Arbeitskraft auch bei der **Konkurrenz** zu verwerten. Diese Freiheit kann jedoch für einen Zeitraum bis zu zwei Jahren eingeschränkt werden, wenn dies **vereinbart** wird und die gesetzlichen Rahmenbedingungen der §§ 74 ff. HGB eingehalten werden. Solche Vereinbarungen sind bei Arbeitnehmern häufig, die besondere, für den Betrieb und den Markt wichtige Fähigkeiten und Kenntnisse haben.

Kündigung wegen Verstoßes gegen das vertragliche Wettbewerbsverbot

☐ Verstößt der Arbeitnehmer gegen ein vertragliches Wettbewerbsverbot während des laufenden Arbeitsverhältnisses, kann eine → **verhaltensbedingte Kündigung** oder sogar eine → **außerordentliche Kündigung** ausgesprochen werden. Voraussetzung ist allerdings, dass eine **konkrete Wettbewerbshandlung** gegen den Willen des Arbeitgebers vorliegt.
Keine Wettbewerbshandlung ist eine sog. **Vorbereitungshandlung**.

Beispiel:
Der Arbeitnehmer will sich in der Branche des Arbeitgebers selbständig machen, mietet Räume an, stellt Mitarbeiter ein, lässt Visitenkarten drucken. Erst wenn der Arbeitnehmer aktiv auf dem Markt werbend auftritt, ist die Grenze zur zulässigen Vorbereitungshandlung überschritten, zuvor nicht.

Wettbewerbsverbot

☐ Problematisch ist die Situation, in die ein gekündigter Arbeitnehmer gerät, der nach ausgesprochener Kündigung eine → **Kündigungsschutzklage** erhebt und nach Ablauf der → **Kündigungsfrist** bei einem Konkurrenten als Arbeitnehmer eine neue Stelle findet.

☐ Obwohl der Arbeitnehmer verpflichtet ist, während des → **Annahmeverzuges** des Arbeitgebers sog. Zwischenverdienst zu erzielen, lässt die Rechtsprechung eine neue, jetzt mit Wettbewerbsverstoß begründete Kündigung zu, wenn der Arbeitnehmer ein auf Dauer gerichtetes **Konkurrenzarbeitsverhältnis** aufnimmt. Allerdings kommt es auf die Umstände des Einzelfalls an. Zu empfehlen ist eine vorherige Kontaktaufnahme mit dem alten Arbeitgeber. Äußert dieser sich nicht, gibt er zu erkennen, dass ihm das Verhalten des klagenden Arbeitnehmers gleichgültig ist. Dann darf er später auch nicht kündigen.

☐ Neben bzw. anstelle einer Kündigung kann der Arbeitgeber auch **Schadensersatz** verlangen bzw. ein sog. **Eintrittsrecht** geltend machen, d. h. das herausverlangen, was der Arbeitnehmer durch seine Wettbewerbstätigkeit als Gewinn erzielt hat.

Nachvertragliches Wettbewerbsverbot

☐ Ein nachvertragliches Wettbewerbsverbot
- muss **schriftlich** abgeschlossen sein und die **Urkunde** dem Arbeitnehmer **ausgehändigt** werden;
- muss den **berechtigten** geschäftlichen **Interessen** des Arbeitgebers entsprechen;
- muss einen **konkreten Bezug** zur bisherigen Tätigkeit aufweisen;
- muss den Umfang in **fachlicher** und **räumlicher** Hinsicht exakt bezeichnen;
- muss eine sog. **Karenzentschädigung** vorsehen, die mindestens 50% der **bisherigen vertraglichen Vergütung** umfasst;
- darf insgesamt die **Berufsfreiheit** des Arbeitnehmers aus Art. 12 GG nicht unbillig erschweren;
- darf die **Geltungsdauer** von **zwei Jahren** nicht überschreiten.

☐ Ist ein Wettbewerbsverbot wirksam vereinbart, ergeben sich diese **Rechtsfolgen:**
- Der Arbeitnehmer muss sich jeden **Wettbewerbs enthalten**. Bei einem **Verstoß** muss der Arbeitgeber die vorgesehene **Karenzentschädigung** nicht zahlen. Der Arbeitgeber kann **gerichtlich** durchsetzen, dass der Arbeitnehmer seine Tätigkeit beim **Wettbewerber einstellt**. Oft wird auch eine **Vertragsstrafe** fällig, die jedoch ausdrücklich vereinbart sein muss.

- Der Arbeitnehmer darf es **nicht böswillig unterlassen**, anderweitigen **Verdienst** zu erzielen (→ **Annahmeverzug**), und muss dem Arbeitgeber **Auskunft** über sein anderweitiges **Erwerbseinkommen** erteilen.

  Beispiele:
  - *Während des Wettbewerbsverbotes qualifiziert sich der Arbeitnehmer für seinen bisherigen Beruf und für eine neue Tätigkeit auf eigene Kosten weiter. Hier liegt im Regelfall kein böswilliges Unterlassen vor.*
  - *Der Arbeitnehmer meldet sich während des Wettbewerbsverbotes nicht beim Arbeitsamt als arbeitssuchend, Stellenhinweise seines ehemaligen Arbeitgebers, die einschlägig wären, übergeht er ohne jede Reaktion. Stellensuchanzeigen werden nicht geschaltet. Hier liegt böswilliges Unterlassen vor.*

- Der Arbeitgeber muss dem Arbeitnehmer die **Karenzentschädigung** zahlen. Jedoch muss sich der Arbeitnehmer das anrechnen lassen, was er außerhalb des Wettbewerbs verdient hat, einschließlich des Arbeitslosengeldes, bezogen auf eine Bemessungsgrenze von 110 % der bisherigen Vergütung.

  Beispiel:
  Gehalt beim alten Arbeitgeber: 10 000,– DM
  Höhe der Karenzentschädigung: 50 %
  Verdienst beim neuen Arbeitgeber: 7500,– DM
  Bemessungsgrenze 110 %: 11 000,– DM
  Zahlungsverpflichtung des alten Arbeitgebers: 3500,– DM

- Muss der Arbeitnehmer in eine andere Region umziehen, weil er in seiner Region keinen neuen Arbeitsplatz außerhalb des Wettbewerbs findet, erhöht sich die Bemessungsgrenze auf 125 %.

  Beispiel:
  Gehalt beim alten Arbeitgeber: 10 000,– DM
  Höhe der Karenzentschädigung: 50 %
  Verdienst beim neuen Arbeitgeber: 7500,– DM
  Bemessungsgrenze 125 %: 12 500,– DM
  Zahlungsverpflichtung des alten Arbeitgebers: Null

Unverbindlichkeit, Wegfall des Wettbewerbsverbotes und Wahlrechte

☐ Wenn das nachvertragliche Wettbewerbsverbot **unverbindlich** ist, weil z. B. keine ausreichende Karenzentschädigung vorgesehen ist, hat der Arbeitnehmer ein **Wahlrecht**.

Wettbewerbsverbot

Er kann sich für die **Einhaltung des Verbotes** entscheiden, dann steht ihm die Karenzentschädigung zu, oder aber **Wettbewerb betreiben**, dann ohne Entschädigung.

Beispiel:
Als Wettbewerbsverbot ist vereinbart: Sie verpflichten sich, nach Ende des Arbeitsverhältnisses, für einen Zeitraum von 30 Monaten, nicht im Wettbewerb tätig zu werden. Halten Sie sich an diese Verpflichtung, zahlen wir eine Karenzentschädigung von 45% Ihrer bisherigen Monatsvergütung.

☐ Ein ähnliches **Wahlrecht** besteht für den **Arbeitnehmer**, wenn der **Arbeitgeber** aus Gründen **kündigt**, für die der **Arbeitnehmer** in seiner **Person** oder seinem **Verhalten keinen erheblichen Anlass** gegeben hat.

☐ Kündigt der Arbeitgeber rechtswirksam **außerordentlich** (→ **außerordentliche Kündigung**), hat der **Arbeitgeber** ein **Wahlrecht**, ob er den Arbeitnehmer vom Wettbewerb fern halten will (dann Verpflichtung zur Karenzentschädigung) oder nicht.

☐ Das Wettbewerbsverbot kann jederzeit **einvernehmlich aufgehoben** werden. Wird im Zusammenhang mit einem Kündigungsschutzverfahren ein → **Aufhebungsvertrag** oder ein → **Vergleich** abgeschlossen oder wird vom Arbeitnehmer eine → **Ausgleichsquittung** unterzeichnet, so ist damit keine Aufhebung oder ein Verzicht auf ein nachträgliches Wettbewerbsverbot ohne weiteres verbunden. Soll das der Fall sein, muss dieses ausdrücklich vereinbart werden.

☐ Der **Arbeitgeber** kann jederzeit einseitig auf ein Wettbewerbsverbot **verzichten**, dieser Verzicht kann auch mit dem Ausspruch der → **Kündigung verbunden** sein, vorher oder später erfolgen. Dann hat der **Arbeitnehmer** ein **Wahlrecht**. Er kann ab Ende des Arbeitsverhältnisses Wettbewerb treiben, kann aber auch **Karenzzahlung** bei Einhaltung des Verbots verlangen, jedoch nur für die Dauer **eines Jahres** seit Zugang der Verzichtserklärung.

Beispiel:
Wettbewerbsverbotsdauer zwei Jahre. Der Arbeitgeber kündigt am 31.3.2000 zum 31.12.2000 und verzichtet gleichzeitig auf das Wettbewerbsverbot. Der Arbeitnehmer hat Anspruch auf die Karenzentschädigung vom 1.1. bis 31.3.2001, wenn er sich an das Wettbewerbsverbot hält.

Für eine Verzichtserklärung:
Hiermit verzichten wir auf das zwischen uns vereinbarte Wettbewerbsverbot aus dem Vertrag vom 15.11.1975.

Indirektes Wettbewerbsverbot

☐ Neben diesen direkten Vereinbarungen können auch sonstige Vereinbarungen den Charakter eines Wettbewerbsverbots annehmen, man spricht dann von einem sog. indirekten **Wettbewerbsverbot.**

Beispiel:
In einem Kündigungsschutzprozess wird ein → **Aufhebungsvertrag** *mit folgendem Inhalt geschlossen: Der Arbeitnehmer erhält eine Abfindung für den Verlust des Arbeitsplatzes in Höhe von 24 000,– DM. Der Arbeitnehmer verpflichtet sich zur Einhaltung eines Wettbewerbsverbotes für die Dauer von zwölf Monaten.*

☐ Eine solche Vereinbarung ist hinsichtlich des Wettbewerbsverbotes unwirksam, denn die Abfindung ist keine Karenzentschädigung, sondern stellt eine Entschädigung für den Verlust des Arbeitsplatzes dar. Der Arbeitnehmer behält also auch dann seine Abfindung, wenn er eine Beschäftigung beim Wettbewerber nach Ende des Arbeitsverhältnisses aufnimmt.

☐ Eine solche Vereinbarung ist solange und soweit zulässig, als der **Arbeitgeber,** ohne dazu verpflichtet zu sein, eine **zusätzliche Leistung** für den Fall verspricht, dass der Arbeitnehmer, ohne dazu seinerseits verpflichtet zu sein, keinen Wettbewerb treibt. Es muss für den Arbeitnehmer aber ein echtes Wahlrecht bestehen. Das ist dann nicht mehr gegeben, wenn der Arbeitnehmer die Leistung des Arbeitgebers schon erhalten, er z. B. das Optionsrecht auf Aktien bereits ausgeübt hat.

Bedeutung für den Betriebsrat

☐ Mitbestimmungsrechte des Betriebsrats bestehen nicht. Zwar besteht die Möglichkeit, Regelungen zum Wettbewerb in eine freiwillige Betriebsvereinbarung nach § 88 BetrVG aufzunehmen, davon wird aber zu Recht selten Gebrauch gemacht, weil die konkrete Rechtmäßigkeit eines nachvertraglichen Wettbewerbsverbotes immer nur im Einzelfall angemessen geprüft werden kann.

Wichtiger Grund

Was ist das?

☐ Das Vorliegen eines »wichtigen Grundes« ist die **primäre Voraussetzung für eine außerordentliche Kündigung** nach § 626 BGB. Dabei handelt es sich um Vorfälle und Tatsachen, die ggf. – d. h. wenn die Umstände des Einzelfalls einen solchen Schluss rechtfertigen – eine Weiterbeschäftigung selbst für die Dauer der ordentlichen Kündigungsfrist für die andere Seite unzumutbar machen. Einzelheiten sind an anderer Stelle dargelegt (→ **außerordentliche Kündigung**).

☐ Der Arbeitgeber kann einen wichtigen Grund für eine außerordentliche Kündigung haben. Auch der Arbeitnehmer kann sich jedoch mit einer Situation konfrontiert sehen, die ein weiteres Festhalten am Arbeitsverhältnis für ihn unzumutbar macht. In beiden Fällen macht sich derjenige, der schuldhaft einen »wichtigen Grund« herbeigeführt hat, wegen sog. → **Auflösungsverschuldens** schadensersatzpflichtig.

»Wichtiger Grund« für den Arbeitgeber

☐ Der »wichtige Grund« kann für den Arbeitgeber **nicht nur** im **Fehlverhalten des Arbeitnehmers** liegen. Daneben kommen auch personenbedingte und betriebliche Gründe in Betracht. Insoweit ist im Folgenden zu differenzieren.

»Wichtiger Grund« für den Arbeitnehmer

☐ Konstellationen, die den Arbeitnehmer zur außerordentlichen Kündigung berechtigen, sind sehr viel seltener. Da sie einen anderen Zuschnitt besitzen, sind sie getrennt aufgeführt (s. unten).

Schwere Pflichtverletzung des Arbeitnehmers als »wichtiger Grund«

Im Prinzip kann jede Pflichtverletzung einen wichtigen Grund darstellen, sofern sie eine gewisse Schwere aufweist. In der Praxis haben sich aber **eine Reihe von typischen Fällen** herausgebildet.

Arbeitsverweigerung

Weigert sich der Arbeitnehmer, die ihm übertragene Aufgabe zu erfüllen, so stellt dies prinzipiell einen wichtigen Grund dar. **Voraussetzung** ist allerdings, dass er **zu der** in Frage stehenden **Tätigkeit überhaupt verpflichtet** ist.

Beispiel:
Der EDV-Fachmann wird zum Reinigen des Büros oder als Portier beschäftigt. Da er zu solchen Tätigkeiten nicht verpflichtet ist, stellt seine Weigerung auch keinen wichtigen Grund dar.

Die **Arbeitsverweigerung** muss weiter »**beharrlich**« sein. Ein einmaliger Verstoß genügt grundsätzlich nicht. Anderes gilt allerdings, wenn der Arbeitnehmer ausdrücklich auf seine Pflicht hingewiesen wurde und sich trotzdem weigert, oder wenn der »einmalige Verstoß« aus einer vierwöchigen Arbeitsverweigerung besteht. Einige Anwendungsfälle tauchen immer wieder auf.

- **Verweigerung von Überstunden.** Sie ist allerdings nur dann rechtlich von Bedeutung, wenn ein Tarifvertrag, eine Betriebsvereinbarung oder der Arbeitsvertrag die Ableistung von Überstunden vorsieht. Ohne eine solche Festlegung besteht nur in Notfällen eine Pflicht, über das vereinbarte Arbeitsquantum hinaus für den Arbeitgeber tätig zu sein.
- **Eigenmächtiger Urlaubsantritt.** Nimmt sich der Arbeitnehmer seinen Urlaub einfach selbst, begeht er eine schwere Pflichtverletzung, doch ist bei der Interessenabwägung zu seinen Gunsten zu berücksichtigen, ob der Arbeitgeber den Urlaub hätte gewähren müssen oder ob er den Betrieb so organisiert hatte, dass die Gewährung von Urlaub an die Beschäftigten praktisch nicht in Betracht kam. Auch spricht die Tatsache, dass der Arbeitgeber die **angekündigte Selbstbeurlaubung kommentarlos hinnahm** und nicht auf betriebliche Probleme hinwies, entscheidend zugunsten des Arbeitnehmers. Kehrt der Arbeitnehmer **verspätet aus dem Urlaub zurück**, so kann auch dies im Prinzip einen »wichtigen Grund« darstellen, sofern die Arbeitsversäumnis nicht nur geringfügig war oder die rechtzeitige Rückkehr durch eine Naturkatastrophe verhindert wurde.
- **Langsamarbeiten.** Wird bewusst langsam oder schlecht gearbeitet, so stellt auch dies eine Pflichtverletzung dar. Entgegen dem BAG sollte man anders ent-

Wichtiger Grund

scheiden, wenn der Arbeitnehmer **im Leistungslohn beschäftigt** ist und so die finanziellen Konsequenzen seiner Arbeitszurückhaltung selbst tragen muss.
- **Zuspätkommen.** Kommt der Arbeitnehmer verschiedene Male zu spät, so kann auch dies ein »wichtiger Grund« sein, wenn es nach Grad und Ausmaß einer beharrlichen Arbeitsverweigerung gleichsteht. Die betrieblichen Auswirkungen, insbesondere die Möglichkeit zu kurzfristigen Überbrückungsmaßnahmen, sind ausschließlich im Rahmen der Interessenabwägung zu berücksichtigen.

☐ Die **Verletzung** der Arbeitspflicht ist dann **gerechtfertigt, wenn** dem **Arbeitnehmer** ein **Zurückbehaltungsrecht** zusteht.

Beispiel:
Der Arbeitgeber verletzt Regeln des Arbeitsschutzes, stellt z.B. keine Schutzkleidung zur Verfügung. Der Arbeitnehmer kann die Arbeit verweigern, bis der Arbeitgeber zu einem rechtmäßigen Verhalten zurückgekehrt ist. Rechtmäßig ist auch die Arbeitsverweigerung im Rahmen eines legalen Streiks. Zur Verweigerung der Arbeitsleistung aus Gewissensgründen → Kündigung als Verstoß gegen Grundrechte.

Strafbare Handlungen

Steht die strafbare Handlung in **keinem inneren Zusammenhang mit dem Arbeitsverhältnis**, so stellt sie auch keinen »wichtigen Grund« dar. Im Einzelfall kann sie allerdings die Eignung für die im Arbeitsverhältnis geschuldete Tätigkeit entfallen lassen.

Beispiel:
Der Fernfahrer verliert aufgrund einer Privatfahrt unter Alkohol die Fahrerlaubnis. Wenn keine andere Beschäftigungsmöglichkeit besteht, kommt eine personenbedingte Kündigung in Betracht. Unerheblich ist es jedoch, wenn ein Triebwagenführer einer U-Bahn aus demselben Anlass seine Fahrerlaubnis verliert, da er diese in seiner Haupttätigkeit nicht benötigt und kein Anlass besteht, an seiner Fahrtüchtigkeit konkret zu zweifeln.

Wirkt sich der **Konsum von Drogen** in keiner Weise auf die Arbeitsleistung aus, spielt auch dieser Tatbestand keine Rolle. Die Situation ist anders, wenn die **Straftat gegen den Arbeitgeber** oder seine Interessen **gerichtet** ist. Insoweit ergeben sich erhebliche Konsequenzen.
- Wird **Eigentum des Arbeitgebers entwendet**, so stellt dies prinzipiell einen »wichtigen Grund« dar. Nach der Rechtsprechung des BAG gilt dies sogar dann, wenn es sich um geringwertige Gegenstände wie drei Kiwi-Früchte oder ein Stück **Bienenstichkuchen** handelt. Die unteren Instanzen haben jedoch zum Teil anders entschieden.
- Auch bei der falschen Abrechnung von Reisekosten und ähnlichen Fällen von

Wichtiger Grund

Spesenbetrug sollten **geringfügige Verstöße** nicht ausreichen. Lediglich bei Personen in besonderer Vertrauensstellung hat das BAG die Auffassung vertreten, schon eine einmalige Täuschung wegen eines geringen Betrages könne die außerordentliche Kündigung rechtfertigen. Außerdem ist immer danach zu fragen, wie die bisherige Handhabung im Betrieb beschaffen war.

Beispiel:
Haben »ungenaue« Abrechnungen bislang immer nur zu »Ermahnungen« geführt, wäre es unzulässig, nunmehr plötzlich in einem vergleichbaren Fall eine außerordentliche Kündigung auszusprechen.

- Wird an **Stempeluhren manipuliert**, so soll dies grundsätzlich einen »wichtigen Grund« darstellen. Dasselbe gilt dann, wenn der Arbeitnehmer an seiner **Stempelkarte** Veränderungen vornimmt und so einen Mehrlohn von 10,– DM erzielt. Dasselbe soll bei der Benutzung der **Chipkarte** eines Kollegen der Fall sein. Dies ist durchaus kritisch zu sehen. Während man bei Personen in Führungspositionen, wo volle persönliche Integrität zum Inhalt des Arbeitsverhältnisses gehört, ggf. schon einen geringen Schaden von z. B. 10,– DM ausreichen lassen kann, um »an sich« einen »wichtigen Grund« anzunehmen, dürfte die Grenze bei normalen Arbeitnehmern sehr viel höher anzusetzen sein. Das LAG Sachsen-Anhalt hat den Missbrauch einer Chipkarte dann nicht genügen lassen, wenn bereits geleistete, aber elektronisch nicht erfasste Arbeit auf diese Weise nachträglich ins System eingegeben wurde.
- Wer dem Arbeitgeber oder einem Vorgesetzten gegenüber Tätlichkeiten begeht, hat einen »wichtigen Grund« gesetzt. Auch bei langjähriger Betriebszugehörigkeit wird die **Interessenabwägung nur ausnahmsweise zugunsten des Arbeitnehmers** ausfallen. Dabei ist wie bei allen Straftaten Rechtswidrigkeit und Verschulden erforderlich. Wer selbst angegriffen wird, darf selbstredend **Notwehr üben** und schafft damit keinen »wichtigen Grund«. Alkoholabhängigkeit schließt häufig, aber nicht generell, das Verschulden aus. Erst recht ist eine außerordentliche Kündigung in aller Regel gerechtfertigt, wenn der Angriff mit Hilfe eines gefährlichen Werkzeugs wie eines Messers erfolgt.
- **Beleidigungen** gegenüber dem Arbeitgeber oder Vorgesetzten müssen eine erhebliche Ehrverletzung enthalten. Dies ist etwa dann der Fall, wenn der Abteilungsleiter mit einem Hauptverantwortlichen für die Massenvernichtung im Dritten Reich verglichen wird. Zum Teil wird der einmalige Gebrauch eines Schimpfworts (»**Verbrecher**«) nicht als ausreichend angesehen. Die Beleidigung von Arbeitskollegen ist nur dann von arbeitsrechtlicher Bedeutung, wenn darunter die Arbeitsabläufe im Betrieb leiden. Die Verwendung des **Götz-Zitates** ist allenfalls als einfache Beleidigung einzustufen, die für sich allein arbeitsrechtlich nicht erheblich ist.

Wichtiger Grund

- Werden **Kunden** des Arbeitgebers in strafrechtlich relevanter Weise **geschädigt**, so liegt ein besonders schwerer Verstoß vor, der im Regelfall die Fortsetzung der Tätigkeit unzumutbar macht. Ähnliches gilt, wenn der Arbeitnehmer entgegen den Vorschriften des Waffengesetzes Waffen mitführt und dadurch ggf. Dritte gefährdet.

Beispiel:
Der Kundendienstmonteur lässt eine wertvolle Vase mitgehen oder bezeichnet den Kunden als »Stinktier«.

Verstoß gegen innerbetriebliche Verhaltensregeln

Denkbar ist, dass der Arbeitnehmer gegen die (geschriebenen oder ungeschriebenen) **Regeln der innerbetrieblichen Zusammenarbeit** verstößt. Im Einzelnen sind dabei insbesondere folgende Fälle zu nennen:

- **Alkohol.** Nach deutschem Recht gibt es **kein generelles Verbot** von Alkohol am Arbeitsplatz. Sein Genuss ist lediglich dann untersagt, wenn dadurch die Leistung beeinträchtigt wird oder Unfallgefahren entstehen.

  Beispiele: Pilot, Chirurg

  Bei **Kraftfahrern** reicht Übermüdung zusammen mit einem die Strafbarkeitsgrenze nicht erreichenden Promillegehalt aus, doch ist dann immer im Rahmen der Interessenabwägung zu fragen, wie die Ursachen (z. B. für die Übermüdung) im Einzelnen beschaffen waren. Die Verhängung eines generellen **Alkoholverbots** ist **mitbestimmungspflichtig**; nur wenn der Betriebsrat zustimmt oder seine Zustimmung durch die Einigungsstelle ersetzt wird, entsteht eine wirksame Pflicht für den Arbeitnehmer, keinen Alkohol zu sich zu nehmen. Eine entsprechende Betriebsvereinbarung ist nur dann gerechtfertigt, wenn es hierfür betriebliche Gründe gibt, die insbesondere in der Natur des Arbeitsprozesses liegen. Ist diese Voraussetzung erfüllt, kann eine Übertretung in der Tat einen »wichtigen Grund« darstellen.
  Ein betriebliches **Alkoholverbot darf kritisiert werden**. Dies ist von der Meinungsfreiheit nach Art. 5 Abs. 1 GG gedeckt. Zulässig ist es nach Auffassung des LAG Niedersachsen sogar, dass der Kritiker auf einer Betriebsversammlung demonstrativ einen Schluck aus einer mitgebrachten Bierdose nimmt.

- **Arbeitsschutz.** Beachtet ein Arbeitnehmer die für ihn geltenden Vorschriften über den Arbeitsschutz nicht, so liegt darin eine Pflichtverletzung, die zunächst allenfalls eine Abmahnung, jedoch keine Kündigung rechtfertigt. Dies ändert sich dann, wenn der Arbeitnehmer trotz einer Abmahnung den Verstoß fortsetzt oder wenn Dritte akut gefährdet werden.

Wichtiger Grund

Beispiel:
Durch Rauchen wird die Gefahr einer Staubexplosion in einem Holz verarbeitenden Betrieb hervorgerufen.

Dies lässt sich dahingehend verallgemeinern, dass **die Übertretung des Rauchverbots** überall dort einen »wichtigen Grund« darstellt, wo dieses **wegen Explosionsgefahr** besteht. Ein wichtiger Grund liegt auch dann vor, wenn dem Arbeitgeber hoheitliche Sanktionen wie Bußgeld oder Konzessionsentzug drohen und Abmahnungen fruchtlos bleiben. In allen anderen Fällen ist zu beachten, dass das Rauchverbot der Zustimmung des Betriebsrats bedarf und dass Verstöße **zunächst nur eine Abmahnung** rechtfertigen können.

- **Drogen.** Der Genuss von Drogen ist grundsätzlich wie der Genuss von Alkohol zu behandeln. Soweit das Arbeitsverhältnis nicht berührt wird, handelt es sich um ein privates Verhalten, das ggf. strafrechtliche Sanktionen zur Folge hat, aber keine Kündigung rechtfertigen kann.
- **Mitteilungspflichten bei Krankheit.** Erkrankt der Arbeitnehmer und ist er arbeitsunfähig, so hat er dies nach § 5 Abs. 1 EFZG dem Arbeitgeber unverzüglich mitzuteilen. Unterlässt er dies und entsteht dadurch dem Betrieb ein **erheblicher Schaden**, kann eine außerordentliche Kündigung in Betracht kommen. Bei einem Angestellten in verantwortlicher Stellung, dessen Anwesenheit im Betrieb aus besonderem Anlass notwendig ist, verlangt das BAG darüber hinaus auch Maßnahmen, wie die durch seinen Ausfall entstandene Situation bewältigt werden soll. Wird **lediglich** die **Pflicht zur Vorlage eines ärztlichen Zeugnisses verletzt**, so stellt dies für sich allein noch keinen Grund für eine außerordentliche Kündigung dar. Insofern müssen noch weitere Umstände, wie z. B. ein häufiges Verhalten dieser Art trotz Abmahnung, hinzu kommen. Verlangt der Arbeitgeber die Vorlage eines ärztlichen Zeugnisses bereits vor dem vierten Krankheitstag (was er nach dem Gesetz kann), so bedarf er hierfür der Zustimmung des Betriebsrats nach § 87 Abs. 1 Nr. 1 BetrVG.
- **Mobbing.** Soweit ein Arbeitnehmer Arbeitskollegen bewusst schikaniert, kommt als Sanktion u. U. auch eine außerordentliche Kündigung in Betracht. Diese setzt allerdings voraus, dass ein entsprechendes Verhalten bewiesen werden kann. Auch ist immer die Frage zu stellen, inwieweit **mildere Mittel** wie eine Versetzung oder eine Abmahnung das Problem gleichfalls aus der Welt schaffen können.
- **Sexuelle Belästigung.** Ein Arbeitnehmer, der sich einer sexuellen Belästigung schuldig macht, kann in besonders schweren Fällen außerordentlich gekündigt werden. Der Begriff »sexuelle Belästigung« ist in § 2 Abs. 2 des Beschäftigtenschutzgesetzes definiert. Er erfasst u. a. auch solche Verhaltensweisen, die nach ihrem äußeren Erscheinungsbild einen Bezug zum Geschlechtlichen aufweisen

Wichtiger Grund

und von der betroffenen Person erkennbar abgelehnt werden, bei denen jedoch sexuelle Absichten nicht beweisbar sind. Das Gesetz hat allerdings primär klarstellende Funktion. Auch für die Begründung von Sanktionen, insbesondere von Kündigungen, ergeben sich keine neuen Maßstäbe.

Schädigung der unternehmerischen Interessen

Ein »wichtiger Grund« kann auch dann vorliegen, wenn der Arbeitnehmer wirtschaftliche Interessen des Arbeitgebers schädigt.

- **Verletzung des Wettbewerbsverbots.** Arbeitet der Arbeitnehmer während des Arbeitsverhältnisses auch für einen Konkurrenten oder betreibt er eine **eigene Konkurrenzfirma**, so wird dies in aller Regel einen »wichtigen Grund« darstellen. Das gilt auch dann, wenn er als Gesellschafter in ein Konkurrenzunternehmen eintritt und dieses mit dem nötigen Kapital ausstattet. Konsequenterweise ist es auch einer **Krankenschwester** nicht erlaubt, Patienten für die von ihr betriebene **Praxis als Heilpraktikerin** abzuwerben. Macht der Arbeitnehmer geltend, die Tätigkeit sei ihm erlaubt worden, so muss er dies im Einzelnen darlegen; gelingt ihm das, ist es Sache des Arbeitgebers, das Fehlen der Einwilligung zu beweisen.

  Besteht **kein nachvertragliches Wettbewerbsverbot**, ist es dem Arbeitnehmer unbenommen, zu kündigen und ein eigenes Unternehmen zu gründen. Auch entsprechende Vorbereitungsmaßnahmen sind zulässig; selbst Arbeitskollegen können angesprochen werden, ob sie ggf. »mitkommen« würden. Die Grenze des Zulässigen ist erst überschritten, wenn **Kollegen zum Vertragsbruch aufgefordert** werden oder wenn es dem Arbeitnehmer um eine planmäßige Schädigung des Arbeitgebers geht.

- **Geschäftsschädigende Äußerungen.** Wer den Arbeitgeber gegenüber Kunden oder der Öffentlichkeit der Wahrheit zuwider schlecht macht, z. B. die Qualität der Waren herabsetzt, kann damit einen »wichtigen Grund« für eine außerordentliche Kündigung gesetzt haben.

  Beispiel:
  Der Arbeitnehmer erklärt einem Kunden der Wahrheit zuwider, die Preise des Arbeitgebers seien viel zu hoch, bei einem Konkurrenten könne er dieselbe Leistung für 60 % des Preises bekommen.

- **Anzeige bei Behörden oder Gang an die Öffentlichkeit.** Ein Arbeitnehmer, der damit droht, den Arbeitgeber bei Institutionen oder Behörden der Wahrheit zuwider anzuschwärzen, begeht eine schwere Pflichtverletzung. Dasselbe gilt erst recht, wenn er die Absicht effektiv umsetzt. Problematisch ist im Gegensatz zu diesem Extremfall die Situation, dass der **Arbeitgeber tatsächlich** gegen

Wichtiger Grund

strafrechtliche oder andere im öffentlichen Interesse bestehenden Normen **verstoßen** hat und der Arbeitnehmer durch Einschaltung von Behörden oder der Presse eine Korrektur erstrebt. Die Rechtsprechung hierzu ist uneinheitlich, lässt aber der Tendenz nach durchaus die Einschaltung dritter Stellen zu, wenn **innerbetriebliche Abhilfe nicht möglich** ist. Dabei wird u. a. auch auf das Petitionsrecht nach Art. 17 GG verwiesen, das dem Einzelnen das Recht gibt, Behörden auf Missstände aufmerksam zu machen. Auch ist es einem Fahrer erlaubt, sein Fahrzeug von der Polizei auf Fahrtüchtigkeit hin untersuchen zu lassen, wenn der Arbeitgeber vorher geäußerten Bedenken des Arbeitnehmers keinerlei Bedeutung beimaß.

- **Geheimnisverrat.** Ein Arbeitnehmer, der Betriebs- oder Geschäftsgeheimnisse an Konkurrenten oder Dritte weitergibt, macht sich nach § 17 UWG **strafbar** und wird im Regelfall außerordentlich gekündigt werden können. Eine bloße Gefährdung von Betriebs- und Geschäftsgeheimnissen durch persönliche Bindungen zu einem Konkurrenten könnte allenfalls für eine personenbedingte Kündigung in Betracht kommen.

Beispiel:
Die Chefsekretärin heiratet den wichtigsten Konkurrenten.

In der Praxis wird man bei solchen heiklen Fragen Diskretion üben oder eine Versetzung an einen weniger sensiblen Arbeitsplatz in Erwägung ziehen. Andernfalls wäre Sippenhaft gegeben.

- **Annahme von Schmiergeldern.** Das Verbot der Annahme von Schmiergeldern durch einen Arbeitnehmer soll ähnlich wie das Wettbewerbsverbot seine generelle **Loyalität** und seine Ausrichtung auf die Interessen des eigenen Arbeitgebers **sichern**. Wird dieses Verbot übertreten, liegt grundsätzlich ein »wichtiger Grund« vor. Dies gilt auch dann, wenn der Arbeitnehmer den Bestechenden nicht bevorzugt, sich insoweit also nicht pflichtwidrig verhält. Nicht erfasst vom Schmiergeldverbot sind **Gelegenheitsgeschenke** wie Taschenkalender, Kugelschreiber u. Ä.; die steuerliche Obergrenze von 75,– DM pro Jahr (§ 4 Abs. 5 EStG) könnte insoweit als Richtschnur dienen. **Nicht** erfasst sind auch **Trinkgelder.**
Ein Arbeitnehmer, der seinerseits Geschäftspartner des Arbeitgebers durch Zahlungen besticht oder zu bestechen versucht, macht sich nach § 12 Abs. 1 UWG strafbar. Eine Kündigung würde allerdings immer dann gegen Treu und Glauben verstoßen, wenn der Arbeitgeber das Vorgehen unterstützte oder duldete. In bestimmten Ländern kann es außerdem geradezu geboten sein, Zahlungen an bestimmte Funktionsträger zu leisten, da andernfalls nicht mit einer normalen Geschäftstätigkeit gerechnet werden kann.

- **Unerlaubte Nebentätigkeit.** Übt der Arbeitnehmer eine Neben- oder Zweittätigkeit aus, so ist ihm dies mit Rücksicht auf die Berufsfreiheit des Art. 12 Abs. 1 GG unbenommen. Eine Ausnahme gilt nur dann, wenn er dem Arbeitgeber Wettbewerb macht oder wenn die **Arbeitsleistung in nachweisbarer Form beeinträchtigt** ist. Weiter gehende Nebentätigkeitsverbote sind verfassungskonform in diesem Sinne einengend auszulegen.

Beispiel:
Der Arbeitnehmer fährt am Wochenende Taxi; die durchschnittliche Arbeitszeit pro Woche steigt aber nicht über 48 Stunden. Es handelt sich um eine erlaubte Nebentätigkeit, es sei denn, der Arbeitgeber gehört auch zum Taxigewerbe. Anders dann, wenn der Arbeitnehmer immer wieder während der Woche die Nacht durch fährt und am nächsten Morgen ermüdet am Arbeitsplatz erscheint.

☐ **Verletzung allgemeiner Loyalitätspflichten.** Die Rechtsprechung kennt eine ganze Reihe von Einzelfällen, in denen eine außerordentliche Kündigung in Betracht kommen kann, ohne dass eine der bisher genannten spezifischen Pflichtverletzungen vorliegt.

- **Androhung von Krankheit.** Droht der Arbeitnehmer dem Arbeitgeber damit, sich krankschreiben zu lassen, wenn z. B. die Einsatzzeiten nicht geändert werden, so kann dies dann ein »wichtiger Grund« sein, wenn der Arbeitnehmer keinerlei Beschwerden hat. Einen **Vertragsbruch als Druckmittel** einzusetzen ist grundsätzlich nicht erlaubt. Anders ist es dann, wenn der Arbeitnehmer unter Verstoß gegen arbeitsschutzrechtliche Bestimmungen beschäftigt wird und deshalb die Nichterbringung seiner Arbeitsleistung androht. Hier ist er zu einem solchen Verhalten berechtigt.
- **Sonstige Drohungen.** Ein »wichtiger Grund« liegt dann vor, wenn ein leitender Angestellter ankündigt, aus einem Mitgesellschafter der Arbeitgeberfirma **»Kleinholz«** zu machen, sofern dies nicht nur als spaßhafte Übertreibung gemeint ist. Gekündigt werden kann auch ein ertappter Dieb, der ankündigt, denjenigen zusammenzuschlagen, der ihn »verpfiffen« habe. Auf derselben Linie liegt es, wenn der Arbeitnehmer ankündigt, **notfalls** vor Gericht gegen den Arbeitgeber **falsch auszusagen.**
- **Verletzung von Vorschriften des Datenschutzes.** Nach Ansicht des LAG Schleswig-Holstein kann eine Sekretärin gekündigt werden, weil sie sich das Passwort ihres Chefs verschafft und auf seiner »Textebene« in das betriebsinterne Informationssystem Einblick genommen hatte. Dies erscheint sehr weitgehend. Zumindest müsste bei der Interessenabwägung berücksichtigt werden, inwieweit sie nach § 5 BDSG auf das Datengeheimnis verpflichtet war und inwieweit es sich um sensible Daten wie z. B. den Inhalt von Personalakten handelte.
- **Veränderungsabsichten.** Will der Arbeitnehmer den Arbeitgeber wechseln, so

ist ihm dies unbenommen; dies folgt schon aus dem Grundrecht auf freie Wahl des Arbeitsplatzes nach Art. 12 Abs. 1 GG. Einen »**Abkehrwillen**« zu haben, stellt **keine Vertragsverletzung** und damit auch keinen potenziellen Kündigungsgrund dar. Anders ist nur der Fall zu beurteilen, dass ein in führender Stellung tätiger Arbeitnehmer bereits einen Arbeitsvertrag mit einem Konkurrenten abgeschlossen hat und in dieser Situation Veränderungsabsichten abstreitet.

- **Verweigerung einer ärztlichen Untersuchung.** Ist fraglich, ob die Voraussetzungen einer Berufs- oder Erwerbsunfähigkeit vorliegen, kann der Arbeitnehmer verpflichtet werden, sich einer ärztlichen Untersuchung zu unterziehen. Weigert er sich nachhaltig, stellt dies im Prinzip einen »wichtigen Grund« dar. Allerdings ist zu beachten, dass eine Pflicht zur Duldung ärztlicher Untersuchungen ausdrücklich normiert sein muss; bloße Empfehlungen der Berufsgenossenschaft genügen nicht. Insbesondere existiert **keine ungeschriebene Pflicht**, sich jederzeit untersuchen zu lassen. Dies gilt auch für einen Aids-Test.

- Von **Arbeitnehmern der Kirche** wird ein besonders Maß an Loyalität verlangt. So kann der katholischen Leiterin eines katholischen Pfarrkindergartens nach Auffassung des BAG gekündigt werden, wenn sie einen **geschiedenen Mann heiratet** und sich damit über den kirchenrechtlichen Grundsatz der Unauflöslichkeit der Ehe hinwegsetzt. Die homosexuelle Veranlagung eines beim Diakonischen Werk beschäftigten Konfliktberaters ist als solche kein Kündigungsgrund. Ob dies bei »praktizierter« Homosexualität anders ist, ist bei dem derzeitigen Stand der Rechtsprechung nicht eindeutig zu beurteilen. Die Rechtsprechung der unteren Instanzen geht richtigerweise immer mehr dazu über, auch den Grundrechten der Beschäftigten gegenüber der Kirche Geltung zu verschaffen.

Außerordentliche Kündigung durch den Arbeitgeber wegen personenbedingter Gründe

Die Fortsetzung des Arbeitsverhältnisses kann ausnahmsweise auch dann unzumutbar sein, wenn zwar keine Pflichtverletzung durch den Arbeitnehmer vorliegt, dieser aber **nicht mehr zur Arbeitsleistung in der Lage** oder geeignet ist. Fälle dieser Art sind ungleich seltener, freilich insofern **höchst unbillig**, als der Einzelne oft ohne vorwerfbares Verhalten seinen Arbeitsplatz einbüßt. Im Einzelfall ist daher besonders sorgfältig zu prüfen, ob nicht doch mit einer Wiederherstellung der Eignung gerechnet werden kann oder ein milderes Mittel in Betracht kommt. Im Einzelnen spielen insbesondere folgende Fälle eine Rolle:

Wichtiger Grund

☐ Ein Leistungshindernis besteht dann, wenn der Arbeitnehmer die **erforderliche Arbeitserlaubnis nicht (mehr) besitzt**. Ist nicht mit einer (Neu-) Erteilung zu rechnen, kann der Arbeitgeber das Arbeitsverhältnis auflösen. **Für eine außerordentliche Kündigung** besteht jedoch **kein** einsehbares **Interesse**, da der Arbeitgeber mangels »Arbeitsbereitschaft« des Arbeitnehmers keine Vergütung bezahlen muss.

☐ Eine außerordentliche Kündigung **wegen Krankheit** kommt grundsätzlich **nicht** in Betracht. Sind auch in Zukunft hohe Fehlzeiten zu erwarten oder besteht gar dauernde Arbeitsunfähigkeit, ist dem Arbeitgeber eine ordentliche Kündigung zuzumuten: Die sechswöchige Entgeltfortzahlung lässt sich wegen § 8 Abs. 1 Satz 1 EFZG sowieso nicht verhindern, danach setzt das Krankengeld ein, das den Arbeitgeber nicht belastet. Die außerordentliche Kündigung wegen Krankheit kommt daher allenfalls bei sog. → **unkündbaren Arbeitnehmern** in Betracht, bei denen der Ausweg über die ordentliche Kündigung ausscheidet.

☐ Bestimmte **Straftaten** können dem Arbeitnehmer die weitere Eignung für seine Tätigkeit nehmen. Dies ist bereits oben im Zusammenhang mit strafbaren Handlungen ausgeführt worden.

☐ Wird der **Arbeitnehmer** wegen einer ohne Verknüpfung mit dem Arbeitsverhältnis begangenen Straftat **inhaftiert**, so hängt das Recht des Arbeitgebers zur außerordentliche Kündigung von Art und Ausmaß der betrieblichen Auswirkungen ab. Dabei muss der Arbeitgeber allerdings nur geringere Belastungen als beispielsweise bei einem längerfristigen Ausfall wegen Krankheit hinnehmen. Die Fürsorgepflicht kann es überdies gebieten, dass er bei der Erlangung des Freigängerstatus mitwirkt.

☐ **Sicherheitsbedenken** können auch in sicherheitsempfindlichen Bereichen nur eine ordentliche Kündigung rechtfertigen. Ggf. ist der Arbeitnehmer mit sofortiger Wirkung von der Arbeit zu suspendieren.

☐ Sonderprobleme wirft die → **Verdachtskündigung** auf.

Außerordentliche Kündigung durch den Arbeitgeber aus betrieblichen Gründen

Stehen betriebliche Gründe der weiteren Tätigkeit des Arbeitnehmers entgegen, weil der Arbeitsplatz weggefallen ist oder gar der **Betrieb stillgelegt** wird, so stellt dies **keinen Grund** für eine außerordentliche Kündigung dar. Die Wahrung der Kündigungsfrist zählt – wie das BAG zu Recht feststellte – zum unternehmerischen Risiko. Die Rechtsprechung macht davon zwei Ausnahmen.

☐ Bei **unkündbaren Arbeitnehmern** kann nach der Rechtsprechung außeror-

Wichtiger Grund

dentlich gekündigt werden, wenn trotz aller zumutbaren Anstrengungen keine Beschäftigungsmöglichkeit mehr besteht. Näheres ist an anderer Stelle ausgeführt (→ **Unkündbare Arbeitnehmer**).

☐ Betriebliche Gründe sind auch dann für eine außerordentliche Kündigung maßgebend, wenn diese darauf beruht, dass andere Arbeitnehmer oder Geschäftspartner mit schweren wirtschaftlichen Sanktionen drohen, sofern der Arbeitnehmer nicht gekündigt wird. Man spricht in solchen Fällen von einer **Druckkündigung**. Im Einzelnen gilt nach der Rechtsprechung Folgendes:

- Das **Kündigungsverlangen** kann von Teilen der Belegschaft oder von Geschäftspartnern ausgehen.

  Beispiel:
  Der libysche Auftraggeber verlangt die Entlassung eines nach Libyen entsandten deutschen Bauingenieurs.

- Liegen die Voraussetzungen für eine außerordentliche Kündigung in Wahrheit vor, wird der Arbeitgeber kündigen. Es handelt sich dann um einen normalen Fall des § 626 BGB.

- Fehlt es an den Voraussetzungen für die außerordentliche Kündigung, so muss sich der Arbeitgeber »**vor den Arbeitnehmer stellen**«, also insbesondere den Versuch unternehmen, die Druckausübenden von ihrer Forderung abzubringen. Der betroffene Arbeitnehmer muss sich insoweit kooperativ zeigen und im Einzelfall ggf. auch eine Versetzung an einen anderen Arbeitsplatz hinnehmen. Bemüht sich der Arbeitgeber nicht um eine solche **einvernehmliche Lösung**, sondern spricht er eine Kündigung aus, ist diese unwirksam.

- Sind die Einigungsversuche gescheitert, kommt eine Kündigung nur dann in Betracht, wenn dem Arbeitgeber »**schwere« wirtschaftliche Nachteile** drohen und es ihm auch nicht zuzumuten ist, gegen die Drohenden mit gerichtlichen Mitteln vorzugehen. Auch ist besonders sorgfältig zu prüfen, ob nicht eine **Versetzung als milderes Mittel** in Betracht kommt.

- Scheidet dies alles aus, ist **in der Regel** nur eine **ordentliche Kündigung** gerechtfertigt; lediglich unter besonderen Umständen kommt auch eine außerordentliche Kündigung in Betracht. Letzteres kann nach der Rechtsprechung etwa dann der Fall sein, wenn ein unkündbarer Arbeitnehmer einen autoritären Führungsstil praktiziert und deshalb eine Arbeitsniederlegung oder zahlreiche Kündigungen drohen.

- Trifft den **Arbeitgeber** selbst ein **Mitverschulden** an der Entstehung des Konflikts, ist die Kündigung ausgeschlossen.

☐ Ob der wirksam Gekündigte einen **Aufopferungsanspruch** hat, ist in der Literatur umstritten. Eine höchstrichterliche Klärung ist noch nicht erfolgt.

Wichtiger Grund

Außerordentliche Kündigung durch den Arbeitnehmer

Nach der Rechtsprechung gelten für die außerordentliche Kündigung durch den Arbeitnehmer **dieselben Grundsätze wie für die vom Arbeitgeber erklärte**. Stattdessen könnte man die Anforderungen an den »wichtigen Grund« auch niedriger bestimmen, weil ja die ordentliche Kündigung durch den Arbeitnehmer sowieso jederzeit und ohne besonderen Grund möglich ist. Diese »Abstufungstheorie« wird jedoch nur von einer Minderheit in der Literatur vertreten. Legt man die Rechtsprechung zugrunde, so gelten folgende Grundsätze:

☐ Auch bei einer außerordentlichen Kündigung durch den Arbeitnehmer ist grundsätzlich eine vorherige → **Abmahnung** erforderlich. Diese kann lediglich unterbleiben, wenn sie von vornherein sinnlos ist, weil nicht mit einer Veränderung der eingetretenen Situation gerechnet werden kann.

☐ Auch der Arbeitnehmer muss die → **Zwei-Wochen-Frist** des § 626 Abs. 2 BGB wahren.

☐ Auch die vom Arbeitnehmer ausgesprochene Kündigung bedarf der → **Schriftform**.

☐ Als »**wichtiger Grund**« kommen insbesondere folgende Konstellationen in Betracht:

- Der Arbeitgeber ist mit einem erheblichen Teil der Entgeltzahlung in **Verzug** geraten und bezahlt trotz »Abmahnung« nicht.
- Führt der Arbeitgeber entgegen seinen gesetzlichen Verpflichtungen während ein oder zwei Monaten **keine Beiträge zur Sozialversicherung** und/oder keine Lohnsteuer ab, so stellt auch dies einen Grund für eine außerordentliche Kündigung dar.
- Der **Arbeitnehmer wird** vom Arbeitgeber oder dem Vorgesetzten **schwer beleidigt**, z. B. mit unflätigen Schimpfwörtern bedacht. Einer Beleidigung vergleichbar ist ein massiver Unterschlagungsvorwurf oder die mit der ordentlichen Kündigung durch den Arbeitgeber verbundene Erklärung, man wolle auf dieser Stelle einen strebsamen und integeren Menschen haben, der sich voll für die Belange der Firma einsetze.
- Auch **schwer erträgliche Arbeitsbedingungen** können die außerordentliche Kündigung rechtfertigen. Dies gilt etwa bei erheblichen Verstößen gegen das Arbeitszeit- oder das Arbeitsschutzrecht. Ebenso ist der Fall zu behandeln, dass der Arbeitnehmer **nicht vor tätlichen Übergriffen** durch Arbeitskollegen oder Dritte **geschützt** oder dass er Opfer sexueller Belästigung wird.
- Wird der **Arbeitnehmer auf Dauer arbeitsunfähig**, so kann er von sich aus das Arbeitsverhältnis nach § 626 BGB kündigen. Kann er allerdings noch halbtags

Wichtiger Grund

leichte Büroarbeit leisten, muss er den Arbeitgeber davon informieren und ihm eine entsprechende Tätigkeit anbieten; hierin liegt ein milderes Mittel. Bringt die Arbeit den Arbeitnehmer in einen **Gewissenskonflikt** und ist keine Versetzung auf einen Arbeitsplatz mit »gewissensneutraler« Tätigkeit möglich, so kann der Arbeitnehmer außerordentlich kündigen.

- Wird dem Arbeitnehmer eine **andere Stelle** mit besserem Gehalt und höherem Ansehen **angeboten**, so stellt dies keinen ausreichenden Grund für eine außerordentliche Kündigung dar. Eine Ausnahme wird lediglich bei »außergewöhnlichen Lebenschancen« gemacht. Nach hier vertretener Auffassung muss dasselbe auch dann gelten, wenn der Arbeitnehmer zu **Arbeitsbedingungen** beschäftigt wird, die erheblich **unter dem tariflichen Niveau** liegen, wenn die angebotene Stelle dieses aber erreicht oder übertrifft. Rechtsprechung ist insoweit allerdings bislang nicht ersichtlich.

☐ Hat der Arbeitnehmer keinen neuen Arbeitsplatz, wird er in vielen Fällen nur ordentlich kündigen und während des Laufs der Kündigungsfrist von seinem (in der Regel bestehenden) **Zurückbehaltungsrecht** Gebrauch machen. Kündigt er außerordentlich, muss er das Vorliegen der Voraussetzungen im Streitfall beweisen. Der Arbeitgeber, der sich mit der außerordentlichen Kündigung nicht abfinden will, kann eine Feststellungsklage erheben, wonach das Arbeitsverhältnis fortbestehe. Außerdem kommt ein Schadensersatzanspruch wegen → **Auflösungsverschuldens** nach § 628 BGB in Betracht.

Widerspruch des Betriebsrats

Was ist das?

☐ Grundsätzlich bedarf **jede Kündigung** der vorherigen Anhörung des Betriebsrats (→ **Betriebsratsanhörung**). Damit soll dem Betriebsrat die Möglichkeit gegeben werden, auf den Arbeitgeberentschluss zur Kündigung einzuwirken. Unabhängig von der Reaktion des Betriebsrats ist es dem Arbeitgeber aber erlaubt, die Kündigung trotzdem auszusprechen (§ 102 Abs. 4 BetrVG). Ein Mitbestimmungsrecht existiert nicht. Etwas anderes gilt nur in den Ausnahmefällen, in denen dies zwischen Arbeitgeber und Betriebsrat vereinbart ist (§ 102 Abs. 6 BetrVG) oder ein Tarifvertrag dies vorsieht.

Um den Einfluss des Betriebsrats nicht gegen null zu beschränken, sieht der Gesetzgeber in Fällen der **ordentlichen**, nicht aber der außerordentlichen Kündigung (→ **außerordentliche Kündigung**) die Möglichkeit vor, dass der Betriebsrat widerspricht. Dabei knüpft er das Widerspruchsrecht an bestimmte Widerspruchsgründe. In bestimmten Fällen bessert ein solcher Widerspruch die Chancen des Arbeitnehmers im Kündigungsschutzprozess. Zudem kann der Widerspruch dem Arbeitnehmer bis zur endgültigen gerichtlichen Klärung eine Weiterbeschäftigung sichern.

Wann kann der Betriebsrat widersprechen?

☐ Das Gesetz zählt die Widerspruchsgründe abschließend – ein Widerspruch aus anderen Gründen ist kein Widerspruch im Rechtssinne – in § 102 Abs. 3 des BetrVG auf. Es geht um Folgendes:

- **Mangelnde Berücksichtigung sozialer Gesichtspunkte bei der Auswahl des zu kündigenden Arbeitnehmers.** Der Betriebsrat kann widersprechen, wenn er der Auffassung ist, der Arbeitgeber habe bei der Kündigung soziale Gesichtspunkte nicht ausreichend berücksichtigt. Das ist nicht nur auf die Fälle der betriebsbedingten Kündigung und der dort nach dem Gesetz vorzunehmenden → **Sozialauswahl** beschränkt. Auch bei anderen Kündigungen kann der Betriebsrat geltend machen, dass die sozialen Gesichtspunkte nicht berücksichtigt wurden. Im Übrigen kann er bei der betriebsbedingten Kündigung auch rügen, dass andere Arbeitnehmer in die Auswahl hätten einbezogen werden müssen. Konkrete zu kündigende Arbeitnehmer muss er aber nicht benennen. Soziale Gesichtspunkte in diesem Sinne sind vor allen Dingen Betriebszugehörigkeit, Lebensalter und Unterhaltspflichten, aber auch andere, wie der Schwerbehindertenstatus.

Beispiel:
- *Der Betriebsrat kann einer betriebsbedingten Kündigung in der Versandabteilung widersprechen mit der Begründung, auch die Arbeitnehmer im Lager hätten in die Sozialauswahl einbezogen werden müssen.*

Oder:
- *Der Betriebsrat kann einer wegen dauernden Zuspätkommens ausgesprochenen Kündigung mit der Begründung widersprechen, der Arbeitnehmer sei schon so lange beschäftigt, dass dieser soziale Gesichtspunkt durch die geplante Kündigung nicht ausreichend berücksichtigt worden sei.*

- **Verstoß gegen eine Auswahlrichtlinie.** Nach § 95 des BetrVG können die Betriebsparteien Richtlinien über die personelle Auswahl u. a. bei Kündigungen aufstellen. Will der Arbeitgeber seinerseits solche Richtlinien aufstellen, hat der Betriebsrat ein volles Mitbestimmungsrecht bis hin zur Einigungsstelle. In Betrieben mit mehr als 1000 Arbeitnehmern kann der Betriebsrat die Aufstellung dahingehender Richtlinien sogar verlangen. Verstößt ein Arbeitgeber dann bei einer einzelnen Kündigung gegen eine solche Richtlinie, so ist dies ein Widerspruchsgrund.

- **Anderweitige Beschäftigungsmöglichkeit.** Ein weiterer Widerspruchsgrund ist gegeben, wenn der Arbeitnehmer auf einem anderen freien Arbeitsplatz eingesetzt werden kann. Der Arbeitsplatz muss grundsätzlich im selben Betrieb oder einem anderen Betrieb des Unternehmens liegen. Darauf, ob im Konzern ein freier Arbeitsplatz vorhanden ist, kommt es grundsätzlich nicht an. Hier gibt es jedoch einige Ausnahmen (→ **Konzern**). Richtet sich ein Widerspruch des Betriebsrats darauf, eine solche Ausnahme liege im Einzelfall vor, reicht dies aus.
Auf anderweitige Beschäftigungsmöglichkeiten kann nicht nur bei der betriebsbedingten Kündigung (→ **betriebsbedingte Kündigung**), sondern auch bei anderen Kündigungsgründen verwiesen werden.

Beispiel:
- *Der Betriebsrat kann einer wegen → Krankheit ausgesprochenen Kündigung mit der Begründung widersprechen, der Arbeitnehmer könne auf einem anderen Arbeitsplatz so eingesetzt werden, dass sich seine Fehlzeiten verringerten.*

Widerspruch des Betriebsrats

Oder:

- *Der Betriebsrat kann einer Kündigung wegen Zuspätkommens mit der Begründung widersprechen, auf einem anderen Arbeitsplatz gelte eine großzügigere Gleitzeitregelung, aufgrund derer mit einem Zuspätkommen des Arbeitnehmers nicht gerechnet werden müsse.*

Einen konkreten freien Arbeitsplatz muss der Betriebsrat nicht nennen, er muss jedoch mit hinreichender Deutlichkeit Vorschläge dahingehend entwickeln, wo ein freier Arbeitsplatz bestehen könnte. Der Betriebsrat kann nicht verlangen, dass der Arbeitgeber seine eigenen Arbeitsplatzplanungen ändert, z. B. die Fremdvergabe von Aufträgen zugunsten der weiteren Produktion im Unternehmen zurückstellt.

- **Zumutbare Umschulungsmaßnahmen.** Kann der Arbeitnehmer nach zumutbaren Umschulungsmaßnahmen auf seinem eigenen oder einem anderem Arbeitsplatz weiterbeschäftigt werden, so stellt dies ebenfalls einen Widerspruchsgrund für den Betriebsrat dar. Die Frage, ob die Umschulungsmaßnahmen dem Arbeitgeber zumutbar sind, ist nach einer Interessenabwägung zu lösen. Dabei ist die Frage einzubeziehen, ob der Arbeitgeber möglicherweise öffentliche Fördermittel erhält.

Beispiel:
Der Arbeitgeber möchte einen langjährig beschäftigten Arbeitnehmer kündigen, weil sich die fachlichen Anforderungen an seinen Arbeitsplatz erhöht haben und der Arbeitnehmer nicht über die aktuellen Kenntnisse im Bereich der Computertechnik verfügt. Hier kann der Betriebsrat mit der Begründung widersprechen, der Arbeitgeber müsse dem Arbeitnehmer zunächst eine Umschulungsmaßnahme ermöglichen.

- **Weiterbeschäftigung zu geänderten Vertragsbedingungen.** Der Betriebsrat kann ferner widersprechen, wenn der Arbeitnehmer zu geänderten Vertragsbedingungen weiterbeschäftigt werden kann und sein Einverständnis hiermit erklärt hat. Es soll sichergestellt werden, dass dem Arbeitnehmer nicht gegen seinen Willen schlechtere Arbeitsbedingungen aufgezwungen werden. Deshalb spricht viel dafür – die Frage ist aber noch nicht endgültig geklärt –, dass das Einverständnis des Arbeitnehmers bereits beim Widerspruch vorliegen muss. Der Betriebsrat kann keine Beförderung verlangen und auch keine kollektiven Maßnahmen, wie die Einführung von Kurzarbeit. Der Arbeitnehmer kann sich auch unter der Voraussetzung, dass die Änderung der Arbeitsbedingungen sozial gerechtfertigt ist (→ **Änderungskündigung**), mit den geänderten Arbeitsbedingungen einverstanden erklären.

Widerspruch des Betriebsrats

Wie und wann muss der Betriebsrat widersprechen?

☐ Der Betriebsrat muss **schriftlich** widersprechen. Das erfordert eine Unterzeichnung des Schreibens durch den Betriebsratsvorsitzenden. Dabei muss er die Widerspruchsgründe angeben. Das Gesetz verlangt aber nicht, dass der Betriebsrat dabei in jede Einzelheit geht. Es müssen jedoch in dem Schreiben Tatsachen enthalten sein, die sich unter einen der genannten Widerspruchsgründe fassen lassen. Die formale Ordnungsgemäßheit des Widerspruches macht ihn rechtswirksam. Unerheblich ist es, ob der vom Betriebsrat zugrunde gelegte Sachverhalt tatsächlich zutrifft.

☐ Der Widerspruch muss innerhalb einer **Frist von einer Woche** (→ **Betriebsratsanhörung**) beim Arbeitgeber eingehen. Die Frist kann nur einvernehmlich verlängert werden, sei es für den Einzelfall, sei es aufgrund einer grundsätzlichen Vereinbarung.

Welche Wirkungen hat der Widerspruch im Kündigungsschutzprozess?

☐ § 1 Abs. 2 Satz 2 und 3 des KSchG legen sog. **absolute Unwirksamkeitsgründe** fest. Sie setzen zum einen voraus, dass der Betriebsrat der Kündigung wirksam widersprochen hat. Allerdings ist ein Widerspruch, der sich lediglich auf die mangelnde soziale Auswahl beruft, insoweit nicht erheblich. Jeder der anderen Widerspruchsgründe reicht aber aus. Zum anderen müssen die Widerspruchsgründe auch objektiv gegeben sein. Für die Annahme eines absoluten Kündigungsgrundes genügt es also nicht, wenn der Betriebsrat nur formal wirksam widerspricht, der Widerspruch muss auch inhaltlich berechtigt sein.

Außerdem kommen diese absoluten Unwirksamkeitsgründe nur solchen Arbeitnehmern zugute, für die das KSchG gilt (→ **Kündigungsschutz**).

Wie kann der Arbeitnehmer einen vorläufigen Weiterbeschäftigungsanspruch durchsetzen?

☐ Das Gesetz knüpft an einen ordnungsgemäßen Widerspruch des Betriebsrats gegen eine ordentliche Kündigung einen grundsätzlichen Weiterbeschäftigungsanspruch des Arbeitnehmers unter bestimmten **Voraussetzungen**. Davon kann sich

Widerspruch des Betriebsrats

der Arbeitgeber seinerseits aber gerichtlich unter bestimmten Voraussetzungen entbinden lassen. Überwiegend wird angenommen, dass dann, wenn der Arbeitgeber sowohl außerordentlich als auch hilfsweise – falls die außerordentliche Kündigung nicht wirksam sein sollte – ordentlich kündigt, der Beschäftigungsanspruch dem Arbeitnehmer nicht zur Seite stehen soll. Das wird damit begründet, dass es dann ja nicht nur um eine ordentliche, sondern auch um eine außerordentliche Kündigung gehe. Eine Ausnahme wird nur dann gemacht, wenn der Arbeitgeber die außerordentliche Kündigung nur rechtsmissbräuchlich ausgesprochen hat.

Beispiel:
Der Arbeitgeber kündigt im Rahmen eines betriebsbedingten Personalabbaus einem Arbeitnehmer auch noch außerordentlich, obwohl diesem kein Fehlverhalten vorzuwerfen ist.

Geht es bei tariflich unkündbaren Arbeitnehmern um eine → **außerordentliche Kündigung mit Auslauffrist**, so ist diese betriebsverfassungsrechtlich wie eine **ordentliche Kündigung** zu behandeln. Das Widerspruchsrecht und der Weiterbeschäftigungsanspruch greifen also ebenso wie bei einer ordentlichen Kündigung.

Überwiegend wird angenommen, dass der **Weiterbeschäftigungsanspruch** zu den alten Arbeitsbedingungen dann nicht besteht, wenn der Arbeitgeber eine → **Änderungskündigung** ausgesprochen und der Arbeitnehmer sie unter dem Vorbehalt ihrer rechtlichen Überprüfung angenommen hat. Hat der Arbeitnehmer sie hingegen nicht unter Vorbehalt angenommen und wendet sich trotzdem gegen die Beendigung des Arbeitsverhältnisses, so kommt der Weiterbeschäftigungsanspruch in Betracht.

☐ Der Weiterbeschäftigungsanspruch hat drei Voraussetzungen:
- Der Betriebsrat muss der ordentlichen Kündigung **wirksam widersprochen**, den Widerspruch insbesondere ausreichend begründet, schriftlich abgefasst und innerhalb der Widerspruchsfrist erhoben haben. Hat der Arbeitgeber den Betriebsrat vor dem Nachschieben von Kündigungsgründen in dem Kündigungsschutzprozess angehört (→ **Betriebsratsanhörung**), löst dies das Widerspruchsrecht erneut aus. Außerdem muss dem Widerspruch ein ordnungsgemäßer Betriebsratsbeschluss zugrunde liegen.
- Der Arbeitnehmer muss wirksam → **Kündigungsschutzklage** erhoben haben. Stellt er allerdings einen → **Auflösungsantrag**, so soll nach überwiegender Auffassung der Weiterbeschäftigungsanspruch entfallen.
- Schließlich muss der **Arbeitnehmer die Weiterbeschäftigung** verlangen. Das sollte er in einer unmissverständlichen Art machen. Trotzdem wird über zeitliche Grenzen diskutiert. Das Verlangen ist jedenfalls rechtzeitig, wenn es am ersten Arbeitstag nach Ablauf der Kündigungsfrist gestellt wird.

Widerspruch des Betriebsrats

☐ Nach § 102 Abs. 5 Satz 2 BetrVG kann sich der Arbeitgeber durch einstweilige Verfügung unter bestimmten Umständen von der Weiterbeschäftigungspflicht entbinden lassen. Der Antrag ist gegen den Arbeitnehmer zu richten und im Urteilsverfahren – nicht im **Beschlussverfahren** – auszutragen. Das Verfahren der einstweiligen Verfügung erfordert in der Regel eine besondere Eilbedürftigkeit in der Entscheidung, die ist hier aber in der Regel gegeben. Etwas anderes kann nur dann gelten, wenn der Arbeitgeber ohne ersichtlichen Grund mit der Stellung des Antrages abwartet. Als einstweilige Verfügung wird die Entscheidung des Gerichts sofort wirksam. Wird sie im Berufungsverfahren aufgehoben, lebt der Weiterbeschäftigungsanspruch wieder auf. Es ist noch nicht geklärt, ob dies rückwirkend geschieht oder erst mit Wirkung der Entscheidung im Berufungsverfahren.

Der Gesetzgeber hat folgende Entbindungsgründe von der Weiterbeschäftigungspflicht festgelegt:

- Dass die Klage des Arbeitnehmers keine hinreichende Aussicht auf Erfolg bietet oder mutwillig erscheint.
  Es kommt darauf an, ob die Kündigungsschutzklage offensichtlich oder mit hinreichender Wahrscheinlichkeit keinen Erfolg haben wird. Lässt sich auch nach der Beweisaufnahme nicht klären, wie die Erfolgsaussichten sind, weil die Wahrscheinlichkeit eines Obsiegens im Kündigungsschutzprozess für beide Seiten ungefähr gleich hoch ist, kann das Arbeitsgericht den Arbeitgeber nicht von der Weiterbeschäftigungspflicht entbinden.
  Kündigungsschutzklagen dürften kaum jemals mutwillig sein.
- Dass die Weiterbeschäftigung des Arbeitnehmers zu einer unzumutbaren wirtschaftlichen Belastung des Arbeitgebers führen würde.
  Hier ist darauf abzustellen, wie sich die wirtschaftliche Situation des Arbeitgebers unter Berücksichtigung dessen darstellt, dass ihm die Arbeitskraft des Arbeitnehmers zur Verfügung steht. Dabei kommt es auf das Unternehmen an, nicht auf die Situation in einem einzelnen Betrieb. Die Lage im Konzern ist dann entscheidend, wenn andere Konzerngesellschaften aufgrund der Verflechtungen für die Belastungen beim Arbeitgeber einstehen müssen.
- Dass der Widerspruch des Betriebsrats offensichtlich unbegründet war.
  Dieser Entbindungsgrund liegt vor, wenn sich die Grundlosigkeit des Widerspruchs bei unbefangener Beurteilung geradezu aufdrängt und für die vom Betriebsrat angeführten Überlegungen keinerlei Anhaltspunkte vorliegen. Dabei kommt es auf den Zeitpunkt des Widerspruchs des Betriebsrats an. Kann der Sachverhalt nur durch eine Beweisaufnahme geklärt werden, soll nach verbreiteter Praxis keine offensichtliche Unbegründetheit vorliegen.

☐ Kommt der Arbeitgeber seiner Weiterbeschäftigungspflicht nicht nach, so kann der **Arbeitnehmer** seinerseits den Weiterbeschäftigungsanspruch im Wege der

Widerspruch des Betriebsrats

einstweiligen Verfügung durchsetzen. In der Praxis reicht es dabei aus, wenn sich der Arbeitgeber schlicht weigert, den Arbeitnehmer weiterzubeschäftigen. Andernfalls würde ja der Untergang des besonderen Weiterbeschäftigungsanspruches nach dem BetrVG drohen.

☐ Der besondere Weiterbeschäftigungsanspruch **beginnt** mit dem Verlangen und er **endet** mit dem rechtskräftigen Abschluss des Kündigungsschutzprozesses. Verliert der Arbeitnehmer den Kündigungsschutzprozess, scheidet er damit aus dem Betrieb aus. Gewinnt er den Kündigungsschutzprozess, verbleibt er im Betrieb aufgrund des weiter bestehenden Arbeitsverhältnisses.

Das durch das Weiterbeschäftigungsverlangen begründete **Rechtsverhältnis** zwischen Arbeitnehmer und Arbeitgeber ist – auch wenn sich die Kündigung im Ergebnis als wirksam erweist – wie ein völlig normales Arbeitsverhältnis zu behandeln. Der Arbeitnehmer hat also die üblichen Ansprüche z. B. auf Urlaub – auch nach Beendigung auf Urlaubsabgeltung –, Entgeltfortzahlung im Krankheitsfall etc. Dabei sind kraft ausdrücklicher gesetzlicher Regelung die alten Arbeitsbedingungen zugrunde zu legen. Bestehen die Voraussetzungen des Weiterbeschäftigungsanspruchs, beschäftigt der Arbeitgeber den Arbeitnehmer aber nicht, so gelten die Grundsätze des Annahmeverzugs (→ **Annahmeverzug**). Das gilt vor allem auch dann, wenn der Arbeitnehmer darauf verzichtet, nach seinem Verlangen die tatsächliche Beschäftigung gerichtlich durchzusetzen. Das Weiterbeschäftigungsverhältnis ist auf Zeiten der Betriebszugehörigkeit – z. B. zur Berechnung von Ansprüchen aus betrieblicher Altersversorgung oder für die Kündigungsfrist bei einer erneuten Kündigung – voll anzurechnen.

Gibt es weitere Möglichkeiten der Weiterbeschäftigung?

☐ Auch ohne dass der Betriebsrat widersprochen hat, kann der Arbeitnehmer unter bestimmten Umständen eine Weiterbeschäftigung auch faktisch durchsetzen (→ **Beschäftigung**). Diese Rechte bestehen auch neben dem Anspruch nach dem BetrVG. Sie bleiben aber inhaltlich dahinter zurück.

Widerspruch des Betriebsrats

Checkliste zum Widerspruch des Betriebsrats bei einer ordentlichen Kündigung

Widerspruchsgründe nach § 102 Abs. 3 BetrVG:
- Mangelnde Berücksichtigung sozialer Gesichtspunkte bei der Auswahl des zu kündigenden Arbeitnehmers
- Verstoß gegen eine Auswahlrichtlinie
- Anderweitige Beschäftigungsmöglichkeit
- Zumutbare Umschulungsmaßnahmen
- Weiterbeschäftigung zu geänderten Vertragsbedingungen

Form:
- Schriftlich
- Unterschrift des Betriebsratsvorsitzenden

Wichtig: ohne die Einhaltung der Form ist der Widerspruch nicht rechtswirksam!

Inhalt:
- Widerspruchsgründe

Frist:
- 1 Woche

Wirkungen im Kündigungsschutzprozess:
- alle Widerspruchsgründe, die sich nicht auf die soziale Auswahl berufen, sind erheblich
- diese Widerspruchsgründe müssen auch objektiv vorliegen

Wichtig: Dies gilt nur für Arbeitnehmer, für die auch das KSchG Anwendung findet!

Entstehen eines Weiterbeschäftigungsanspruchs:
- Der Betriebsrat muss der ordentlichen Kündigung wirksam, also form- und fristgerecht, sowie durch einen wirksamen Betriebsratsbeschluss widersprochen haben.
- Der Arbeitnehmer muss wirksam Kündigungsschutzklage erhoben haben.
- Der Arbeitnehmer muss die Weiterbeschäftigung verlangt haben. Dies sollte in einer unmissverständlichen Art erfolgen. Eine Form und Frist ist hierfür nicht vorgesehen.

Möglichkeit der Durchsetzung des Weiterbeschäftigungsanspruchs durch den Arbeitnehmer:
- Der Arbeitnehmer kann eine einstweilige Verfügung bei Gericht beantragen.

Der Arbeitgeber kann sich von diesem Weiterbeschäftigungsanspruch gerichtlich, im Urteilsverfahren, entbinden lassen.

Voraussetzungen für die Entbindung des Arbeitgebers:
- Die Klage des Arbeitnehmers hat keine hinreichende Aussicht auf Erfolg oder sie erscheint mutwillig.
- Die Weiterbeschäftigung des Arbeitnehmers führt zu einer unzumutbaren wirtschaftlichen Belastung des Arbeitgebers.
- Der Widerspruch des Betriebsrats war offensichtlich unbegründet.

Wiedereinstellung

Was ist das?

☐ Es kommt vor, dass Arbeitgeber früher bei ihnen beschäftigte Arbeitnehmer wieder einstellen. Das führt im Kündigungsrecht dazu, dass alte und neue Beschäftigungszeiten zusammenzurechnen sind, wenn ein enger sachlicher Zusammenhang zwischen beiden Arbeitsverhältnissen besteht. Voraussetzung dafür ist, dass die neue Einstellung aufgrund des alten Arbeitsverhältnisses erfolgte. Eine klare zeitliche Grenze gibt es nicht, je länger der Zeitraum zwischen beiden Arbeitsverhältnissen ist, desto enger muss der sachliche Zusammenhang sein (→ **Wartezeit/Probezeit**; → **Kündigungsfristen**). Geht es um die Zulässigkeit einer Befristung, gibt es eine spezielle gesetzliche Regelung (→ **Beschäftigungsförderungsgesetz, Befristung**).

☐ Daneben stellt sich die Frage, wann ein Arbeitnehmer einen Anspruch auf Wiedereinstellung hat. Das wird vor allen Dingen deshalb problematisch, weil nach allgemeinen rechtlichen Grundsätzen die **Wirksamkeit einer Kündigung** allein bezogen auf den Zeitpunkt ihres Zugangs beurteilt wird. Ändert sich später etwas, so kann dies grundsätzlich nicht mehr berücksichtigt werden. In bestimmten Fällen geht die Rechtsprechung aber davon aus, dass dem Arbeitnehmer dann ein Anspruch auf Begründung eines neuen Arbeitsverhältnisses zu den alten Bedingungen zusteht. Da es sich um eine verhältnismäßig neue Entwicklung handelt, ist die Rechtsprechung hier aber noch im Fluss.

Wovon ist derzeit auszugehen?

☐ Am problematischsten ist das Abstellen auf den Zeitpunkt des Zugangs der Kündigung zur Beurteilung von deren Wirksamkeit bei betriebsbedingten Kündigungen.

Beispiel:
Wegen Auftragsrückganges kündigt der Arbeitgeber 20 von 100 Produktionsmitarbeitern. Am Tag nach dem Zugang der Kündigung erhält er völlig überraschend

Wiedereinstellung

einen Großauftrag, den er nur mit der alten Belegschaft in voller Anzahl weiterführen kann.

Hier zeichnet es sich ab, dass ein Wiedereinstellungsanspruch während der Dauer der → **Kündigungsfrist** der gekündigten Arbeitnehmer besteht. Benötigt der Arbeitgeber nicht so viele Arbeitnehmer, wie er gekündigt hat, muss er bei der Auswahl der Wiedereinzustellenden soziale Gesichtspunkte beachten, wohl aber keine richtige → **Sozialauswahl** wie bei Kündigungen vornehmen.

Denkbar ist es dann, wenn es sich nicht um völlig neue Entwicklungen, sondern um eine Änderung der Entwicklung, die zur Kündigung geführt hat, handelt, auch einen weiter gehenden Wiedereinstellungsanspruch anzunehmen.

Beispiel:
Der Arbeitgeber kündigt, weil ein Großkunde sicher angekündigt hat, keine Waren mehr zu beziehen. Bei letzten genauen Kalkulationen stellt sich aber heraus, dass der Großkunde doch erhalten bleibt.

☐ Kündigt der Arbeitgeber seinen Arbeitnehmern und stellt sich nach der Kündigung – auch nach Ablauf der Kündigungsfrist – heraus, dass jetzt ein → **Betriebsübergang** oder ein Betriebsteilübergang zustande kommt, so entsteht ein Fortsetzungsanspruch.

Beispiel:
Eine Reinigungsfirma hat in einem Krankenhaus einen Reinigungsauftrag. Das Krankenhaus kündigt endgültig diesen Reinigungsauftrag. Daraufhin entlässt der Arbeitgeber alle dort beschäftigten Arbeitnehmerinnen. Ein neuer Auftragnehmer entschließt sich jedoch, die dort beschäftigten 30 Arbeitnehmerinnen bis auf zwei häufiger kranke und ein Gewerkschaftsmitglied alle zu übernehmen, einschließlich der beiden Vorarbeiterinnen.

In diesem Fall entsteht ein **Fortsetzungsanspruch**. Er muss innerhalb von **drei Wochen**, nachdem der oder die Gekündigte von dem Sachverhalt erfahren hat, gegenüber dem Erwerber geltend gemacht werden. Ob ein Fortsetzungsanspruch auch besteht, wenn der Betriebsübergang nicht durch Übernahme von Arbeitnehmern zustande kommt, sondern aus anderen Gründen, z. B. weil der Erwerber plötzlich Maschinen kauft, ist noch nicht entschieden.

☐ Das BAG hält auch bei einer krankheitsbedingten Kündigung einen späteren Wiedereinstellungsanspruch, sogar nach Ablauf der **Kündigungsfrist**, für möglich. Voraussetzung dafür ist aber, dass nicht nur die negative Prognose entfällt, sondern sicher durch eine positive Prognose ersetzt ist. Das ist wohl nicht durch eine erfolgreiche Entziehungskur gewährleistet. Hier ist vieles zweifelhaft.

☐ Bei einer verhaltensbedingten oder einer außerordentlichen Kündigung (→ **ver-**

Wiedereinstellung

haltensbedingte Kündigung; → **außerordentliche Kündigung**) dürfte kein Wiedereinstellungsanspruch in Betracht kommen. Etwas anderes kann jedoch bei der → **Verdachtskündigung** gelten, wenn der Verdacht vollständig ausgeräumt ist.

☐ Immer dann, wenn der Arbeitgeber sich berechtigterweise darauf **eingestellt** hat, dass kein Wiedereinstellungsanspruch besteht, könnte er entfallen. Das ist vor allem dann der Fall, wenn der Arbeitgeber statt des gekündigten Arbeitnehmers einen anderen eingestellt hat. Das betrifft allerdings wohl nicht den Fortsetzungsanspruch nach Betriebsübergang.

☐ Problematisch ist auch die **Behandlung** des Wiedereinstellungsanspruchs im Prozess. So wird in einer Kündigungsschutzklage noch keine gerichtliche Geltendmachung des Wiedereinstellungsanspruchs gesehen. Anders sieht dies aus, wenn das Bestehen des Arbeitsverhältnisses – und nicht nur die Unwirksamkeit einer einzelnen Kündigung – oder ein Weiterbeschäftigungsanspruch geltend gemacht wird. In geeigneten Fällen müsste deshalb schon der Klageantrag entsprechend formuliert werden.

Beispiel:
Die Beklagte zu verurteilen, mit dem Kläger ein Arbeitsverhältnis zu den Bedingungen des gekündigten Arbeitsverhältnisses abzuschließen.

Was kann der Betriebsrat tun?

☐ Gerade bei betriebsbedingten Kündigungen ist der Betriebsrat selbst in der Lage, einen **Wiedereinstellungsanspruch** zu schaffen. Es kann nämlich in Sozialplänen vorgesehen werden, dass die gekündigten Arbeitnehmer unter bestimmten Umständen einen Anspruch auf Wiedereinstellung haben und sie vom Arbeitgeber dafür zuerst angesprochen werden müssen. Sozialpläne sind in vollem Umfange mitbestimmungspflichtig, notfalls entscheidet die Einigungsstelle.

Hat ein Arbeitnehmer einen Wiedereinstellungsanspruch, hat der Betriebsrat nicht nach §§ 99 ff. des BetrVG bei der Wiedereinstellung mitzubestimmen.

Wissenschaftliche Assistenten, Befristung

Was ist das?

☐ Die an Hochschulen und staatlichen Forschungseinrichtungen beschäftigten »wissenschaftlichen Assistenten« sind der wichtigste Teil des **wissenschaftlichen Nachwuchses**. Ihnen sind bei Kunsthochschulen usw. die künstlerischen Assistenten gleichgestellt. Von beiden Gruppen sind die sog. → **wissenschaftlichen Mitarbeiter** zu unterscheiden, die zwar auch wissenschaftliche Dienstleistungen zu erbringen haben, bei denen die Hochschullaufbahn jedoch bestenfalls eine unter vielen Möglichkeiten ist.

☐ Wissenschaftliche Assistenten werden in der Regel **für die Dauer von drei Jahren** zu Beamten auf Zeit ernannt. § 48 Abs. 3 HRG lässt jedoch auch den Abschluss eines befristeten Arbeitsvertrags zu.

Befristungszwang

☐ Das Arbeitsverhältnis eines wissenschaftlichen Assistenten muss nach § 48 Abs. 3 Satz 1 in Verbindung mit § 48 Abs. 1 Satz 1 HRG auf drei Jahre befristet sein. Spätestens vier Monate vor seinem Ablauf »soll« es um weitere drei Jahre **verlängert** werden, wenn die in Aussicht genommene wissenschaftliche Qualifikation (z. B. Habilitation) bereits erworben ist oder zu erwarten ist, dass ein solcher Erwerb in den kommenden drei Jahren erfolgen wird (§ 48 Abs. 1 Satz 2 HRG). Anders als im Bereich der wissenschaftlichen Mitarbeiter muss der Befristungsgrund **nicht** ausdrücklich **im Arbeitsvertrag genannt** sein.

☐ Die **Drei-Jahres-Frist kann weder über- noch unterschritten werden.** Geschieht dies gleichwohl, ist die Befristungsabrede unwirksam; nach allgemeinen Grundsätzen entsteht ein unbefristetes Arbeitsverhältnis, das unter den allgemeinen Voraussetzungen von beiden Seiten gekündigt werden kann.

Bestandsschutz

☐ War die Befristung korrekt, kann der **Arbeitgeber** während der Laufzeit des Vertrages **nur aus wichtigem Grund** kündigen. Das Kündigungsrecht des Arbeitnehmers kann jedoch ähnlich wie das des → **Auszubildenden** mit Rücksicht auf das Grundrecht der freien Berufswahl nicht ausgeschlossen werden (vgl. § 15 Abs. 2 Nr. 2 BBiG).

Beschäftigung mit anderen Aufgaben

☐ Nach § 47 Abs. 1 Satz 2 HRG ist dem Assistenten ausreichend **Zeit zu eigener wissenschaftlicher Arbeit** zu geben. Dabei ist auf den Qualifikationsprozess Rücksicht zu nehmen; steht die Habilitation kurz vor dem Abschluss, dürfen andere Dienstleistungen nur noch in geringerem Umfang verlangt werden.

☐ Wird ein wissenschaftlicher Assistent **vorwiegend mit anderen Aufgaben**, etwa in der **Verwaltung eines Instituts**, betraut, ist der Bereich des funktionsbezogenen Befristungsgrundes nach § 48 Abs. 3 HRG verlassen. War dies von Anfang an absehbar, ist die Befristung unwirksam. Es entsteht ein unbefristetes Arbeitsverhältnis. Ob eine solche »fachfremde« Beschäftigung absehbar war, kann ggf. aus dem weiteren Verlauf des Beschäftigungsverhältnisses rückgeschlossen werden.

Anderer Unwirksamkeitsgrund

☐ Sind die Einstellungsvoraussetzungen (z. B. Promotion) im Einzelfall nicht gegeben, scheidet eine Befristung nach § 48 HRG aus. Auch hier entsteht nach der Rechtsprechung des BAG ein unbefristetes Arbeitsverhältnis.

Oberassistenten, Dozenten

☐ Für Oberassistenten, Oberingenieure und Hochschuldozenten gelten dieselben Grundsätze. Bei Hochschuldozenten ist allerdings statt der vom Gesetz ausdrücklich ermöglichten Ernennung zum Beamten auf Lebenszeit auch der Abschluss eines unbefristeten Arbeitsvertrags möglich.

Wissenschaftliche Mitarbeiter, Befristung

Warum eine Sonderregelung?

Schon Ende der 70er Jahre empfanden die meisten Hochschulverwaltungen sowie der Wissenschaftsrat das Erfordernis eines »sachlichen Grundes« für den Abschluss befristeter Arbeitsverträge als unangemessen. Die Kritik richtete sich gleichermaßen gegen die Sonderregelung 2y (SR 2y) zum BAT wie gegen die Rechtsprechung des BAG. Versuche, die Gewerkschaften zu einer Änderung der tariflichen Regelung zu veranlassen, schlugen fehl. Statt die SR 2y zu kündigen, besann sich der öffentliche Arbeitgeber auf seine Rolle als Gesetzgeber und beschloss **1985** eine **Sonderregelung**, die als §§ 57a bis 57f in das HRG eingefügt wurde.

☐ Gegenüber dem vorher bestehenden Rechtszustand wurden die **Möglichkeiten zur Befristung erheblich erweitert**. Eine tarifliche Einschränkung ist nicht mehr möglich; der darin liegende Eingriff in die Tarifautonomie wurde vom BVerfG gebilligt.

Wer ist erfasst?

Von der speziellen Befristungsregelung der §§ 57b ff. HRG sind ausschließlich **bestimmte Personengruppen** erfasst, die in § 57a Satz 1 aufgeführt sind. Andere Beschäftigte an Hochschulen und staatlichen Forschungseinrichtungen (z. B. Verwaltungsangestellte, Hilfskräfte im Labor) unterliegen den allgemeinen arbeitsrechtlichen Grundsätzen. Von den Sonderregeln sind erfasst:

- **wissenschaftliche und künstlerische Mitarbeiter**; dieser Personenkreis ist im Einzelnen in § 53 HRG definiert. Da es entscheidend auf die Erbringung wissenschaftlicher Dienstleistungen ankommt, wird auch eine entsprechende Tätigkeit an **Fachhochschulen** erfasst – und zwar selbst dann, wenn diese kein Promotionsrecht besitzen.
- **Personal mit ärztlichen Aufgaben**; die Gleichstellung mit den wissenschaftlichen Mitarbeitern erfolgt in § 54 HRG. Dieser Personenkreis besteht typischerweise aus Ärzten, Zahnärzten und Tierärzten, die eine zusätzliche Qualifikation

Wissenschaftliche Mitarbeiter, Befristung

erwerben wollen. Außerhalb der Universitäten ist insoweit das Gesetz über befristete Verträge mit → **Ärzten in der Weiterbildung** anwendbar.
- **Lehrkräfte für besondere Aufgaben**; diese Personengruppe wird in § 56 HRG umschrieben. Inhaltlich muss der Tätigkeitsschwerpunkt in der Lehre liegen; die fraglichen Personen haben den Studenten praktische Fertigkeiten und Kenntnisse zu vermitteln. Wichtigster Anwendungsfall sind Lektoren für Fremdsprachen; die auf sie bezogene zusätzliche Sonderregelung ist 1998 aufgehoben worden.
- **Wissenschaftliche Hilfskräfte** sind ebenfalls erfasst, ohne dass das HRG allerdings diesen Personenkreis inhaltlich umschreiben würde. Die Rechtsprechung nimmt die Abgrenzung zu wissenschaftlichen Mitarbeitern nicht nach der »Höhe« des wissenschaftlichen Anspruchs, sondern rein formal vor. Wissenschaftliche Hilfskräfte sind diejenigen, die einen Teilzeitarbeitsvertrag über weniger als die Hälfte der regelmäßigen tariflichen Arbeitszeit besitzen. Auf die Bezeichnung des Vertrages kommt es nicht an.

Umfassende Befristungsmöglichkeiten

☐ § 57b Abs. 1 HRG stellt klar, dass die Befristung von Arbeitsverträgen mit dem hier erfassten Personenkreis sowohl auf der Grundlage der BAG-Rechtsprechung als auch nach den spezifischen Gründen möglich ist, die § 57b Abs. 2 HRG ausdrücklich nennt. Der **Arbeitgeber hat** insoweit **die Wahl**. Geht er den Weg über § 57b Abs. 2 HRG, kommt allerdings nur eine Zeitbefristung in Betracht; auch muss der Befristungsgrund ausdrücklich im Arbeitsvertrag angegeben werden.

☐ Ein Rückgriff auf § 1 **BeschFG** ist nach allerdings nicht ganz einheitlicher Auffassung in der Literatur ausgeschlossen; die §§ 57a bis 57f HRG stellen insoweit eine Sonderregelung dar.

Befristungsgründe im Einzelnen

☐ Da der **Rückgriff auf allgemeine Grundsätze** nach § 57b Abs. 1 jederzeit offen bleibt, ist bei Arbeitsverträgen von bis zu sechs Monaten Dauer allenfalls ein eingeschränkter »sachlicher Grund« erforderlich → **sachlicher Grund**. Dasselbe gilt, wenn die → **Kleinbetriebsklausel** nach § 23 Abs. 1 Satz 2 KSchG Anwendung findet; dies ist beim Abschluss sog. Privatdienstverträge nach § 57e HRG (s. unten) möglich. § 57b Abs. 2 enthält **fünf** »**absolute**« **Befristungsgründe**, die zum Teil über die BAG-Rechtsprechung hinausgehen:

Wissenschaftliche Mitarbeiter, Befristung

- Abs. 2 Nr. 1 (**Weiterbildung**): Diese muss allerdings über das Maß hinausgehen, das mit jeder Tätigkeit zwangsläufig verbunden ist. Ziel kann eine Promotion oder Habilitation, stattdessen aber auch die Verbesserung der Aussichten auf dem Arbeitsmarkt sein. Letzteres kann auch bei einer wissenschaftlichen Tätigkeit an Fachhochschulen der Fall sein.
- Abs. 2 Nr. 2 (**Haushaltsplan**): Anders als nach allgemeinen Befristungsgrundsätzen reicht es aus, wenn der Haushaltsgesetzgeber eine bestimmte Summe an Personalmitteln für Zwecke der befristeten Beschäftigung zur Verfügung stellt und der Einzelne aus diesen Mitteln bezahlt wird. Der Einzelne muss allerdings entsprechend der im Haushaltsplan festgelegten Zielsetzung beschäftigt werden; fehlt es daran, kann die Befristung nicht auf Nr. 2 gestützt werden.
- Abs. 2 Nr. 3 (**Wissenstransfer**): § 57b Abs. 2 Nr. 3 will den Personenaustausch zwischen Universitäts- und Industrieforschung erleichtern. Es geht um das Sammeln bzw. Einbringen zusätzlicher Kenntnisse und Erfahrungen; beide können sich seit 1998 auch auf die Lehre (und nicht nur auf die Forschung) beziehen.
- Abs. 2 Nr. 4 (**Drittmittelforschung**): Die sog. Drittmittelforschung ist in § 25 HRG im Einzelnen umschrieben. Die Drittmittel müssen »zweckbestimmt« sein; der Arbeitsvertrag muss zu mehr als 50% aus ihnen finanziert werden. Ähnlich wie im Fall der Nr. 2 muss eine Beschäftigung entsprechend der Zwecksetzung erfolgen. Zu beachten ist, dass ein vorzeitiger Wegfall der Drittmittel nach § 57d HRG ein Sonderkündigungsrecht auslöst (s. unten).
- Abs. 2 Nr. 5 (**Erstvertrag**): Nr. 5 gibt der Hochschule die Möglichkeit, einen wissenschaftlichen oder künstlerischen Mitarbeiter über längere Zeit hinweg zu erproben; § 57c Abs. 2 Satz 3 HRG legt die Höchstgrenze auf zwei Jahre fest. Die Regelung gilt allerdings nicht für Personal mit ärztlichen Aufgaben und für wissenschaftliche Hilfskräfte. Auch die Tätigkeit an einer anderen Hochschule schließt den Abschluss eines »Erstvertrages« aus.

Angabe des Befristungsgrundes

☐ Wird die Befristung auf einen der Gründe nach § 57b Abs. 2 HRG gestützt, so ist dies im Arbeitsvertrag anzugeben. Meines Erachtens muss sich mit Rücksicht auf den neuen § 623 BGB ein entsprechender Hinweis in der schriftlichen Befristungsabrede finden.

Wissenschaftliche Mitarbeiter, Befristung

Dauer der Befristung

☐ § 57c Abs. 1 HRG überlässt die Bestimmung der Vertragsdauer den Arbeitsvertragsparteien. Die Arbeitgeberseite muss jedoch aus allgemeinen Erwägungen heraus auf die Interessen des Mitarbeiters Rücksicht nehmen; ist etwa eine **Promotion** geplant, darf die Frist nicht so bemessen werden, dass diese **nicht erreichbar** ist.

Das Gesetz beschränkt sich auf die Festlegung einer **Höchstfrist**; nach § 57c Abs. 2 Satz 1 HRG beträgt sie in der Regel fünf Jahre. Dabei sind bestimmte Zeiten nach § 57c Abs. 6 HRG nicht anzurechnen.

Beispiel:
Die wissenschaftliche Mitarbeiterin M will sich um ihr zehnjähriges Kind kümmern, das in der Schule Probleme hat, und reduziert ihre Arbeitszeit deshalb auf die Hälfte. Der entsprechende Zeitraum wird auf die Fünf-Jahres-Frist nicht angerechnet, doch gilt dies nur für »Kindererziehungszeiten« von bis zu zwei Jahren.

☐ Sonderregelungen bestehen für Personal mit ärztlichen Aufgaben (§ 57c Abs. 4 HRG) und für wissenschaftliche Hilfskräfte (§ 57c Abs. 5 HRG); bei Letzteren besteht eine Obergrenze von vier Jahren, doch sind Zeiten vor Abschluss des Studiums nicht anzurechnen.

Wegfall von Drittmitteln

☐ Wird der Arbeitnehmer zu mehr als 50 % aus Drittmitteln vergütet und fallen diese weg, so ist nach § 57d HRG eine **ordentliche Kündigung** unter Wahrung der gesetzlichen, tariflichen oder arbeitsvertraglich vereinbarten Fristen möglich. Diese darf frühestens zum Zeitpunkt des Wegfalls der Drittmittel wirksam werden. Entscheidend ist nicht der Ausfall eines Drittmittelgebers, sondern allein der Wegfall der Drittmittel als solcher; können diese von einer anderen Stelle beschafft werden, besteht kein Anlass für eine Kündigung. Die Vorschriften über den **Sonderkündigungsschutz** etwa nach dem MuSchG werden durch § 57e allerdings **nicht berührt**.

Bloße Kürzung von Drittmitteln

☐ Reduziert sich lediglich das Volumen von Drittmitteln, so hat die Universität in erster Linie bei den Sachmitteln zu sparen. Eine Kündigung kommt nur dann in Betracht, wenn bei einer ausschließlichen **Kürzung der Sachmittel** das Forschungsvorhaben nicht mehr sinnvoll weitergeführt werden könnte. Lassen sich Kündigungen nicht vermeiden, ist eine Auswahl unter den betroffenen Mitarbeitern vorzunehmen; § 1 Abs. 3 KSchG findet Anwendung.

Privatdienstvertrag

☐ Im Rahmen der Drittmittelforschung kann das »forschende« Hochschulmitglied (in der Regel ein Professor) in eigener Person Arbeitsverträge mit Mitarbeitern abschließen; insoweit ist von sog. Privatdienstverträgen die Rede. Für die Befristungsmöglichkeiten gelten gem. § 57e HRG dieselben Grundsätze wie bei Universitätsbediensteten.

Handlungsmöglichkeiten des Personalrats

☐ Der Personalrat einer Universität oder staatlichen Forschungseinrichtung kann der **Befristung** nur **widersprechen**, wenn das **Landesrecht** dies ausdrücklich vorsieht. Im Übrigen ist er vor Kündigungen einzuschalten. Ob dies auch bei Privatdienstverträgen nach § 57e HRG gilt, entscheidet das Landesrecht.

☐ Bei überwiegend **staatlich finanzierten privaten Forschungseinrichtungen** gilt die Betriebsverfassung; insoweit ist der Betriebsrat auf seine allgemeinen Möglichkeiten in Bezug auf Befristung und Kündigung verwiesen.

Gesetzliche Neuregelung

Die geplante Neuregelung der Befristung will die §§ 57a ff. HRG als Sonderregeln unberührt lassen.

Zeugnis

Was ist das?

☐ Das im Zusammenhang mit dem Ausscheiden aus dem Arbeitsverhältnis erteilte Zeugnis dokumentiert die geleistete Arbeit. Man spricht insoweit von einem »einfachen Zeugnis«. Wird es darüber hinaus auch auf »Führung und Leistung« erstreckt, liegt ein sog. **qualifiziertes Zeugnis** vor. Letzteres ist in der Praxis der **Normalfall**; wer auf Beurteilung von Führung und Leistung verzichtet, setzt sich bei künftigen Bewerbungen dem Verdacht aus, im bisherigen Arbeitsverhältnis sei irgendetwas »schief gelaufen«.

Rechtsgrundlagen

☐ »Bei« der Beendigung des Arbeitsverhältnisses hat der Arbeitnehmer nach **§ 630 BGB** einen Anspruch auf Erteilung eines Zeugnisses. Für gewerbliche Arbeiter enthält **§ 113 GewO**, für kaufmännische Angestellte enthält **§ 73 HGB** eine entsprechende Regelung. Für Auszubildende gilt **§ 8 BBiG**.

☐ Der Wortlaut dieser vier Vorschriften ist nicht voll identisch. Die **Rechtsprechung** hat jedoch **einheitliche Regeln** für alle abhängig Beschäftigten entwickelt. So muss das Zeugnis beispielsweise **immer schriftlich** sein, obwohl dies in § 113 GewO und in § 8 BBiG nicht erwähnt ist. Auf der anderen Seite **verbietet** allein § 113 Abs. 3 GewO eine »verdeckte Kennzeichnung« des Arbeitnehmers; gleichwohl wird hierin ein allgemeiner Grundsatz des Zeugnisrechts gesehen, der auf alle Arbeitsverhältnisse Anwendung findet.

☐ Der Zeugnisanspruch steht außer den Arbeitnehmern auch **arbeitnehmerähnlichen Personen** zu. Auch Heimarbeiter und wirtschaftlich abhängige Handelsvertreter sind einbezogen. Anders ist dies bei wirtschaftlich Selbständigen. Der Rechtsanwalt kann von seinem Mandanten, der Architekt vom Bauherrn kein Zeugnis verlangen.

Wann kann man ein Zeugnis verlangen?

☐ Der Anspruch auf Erteilung eines Zeugnisses entsteht nicht »nach«, sondern »bei« Beendigung des Arbeitsverhältnisses. Das bedeutet, dass das **Ausscheiden aus dem Betrieb der späteste Zeitpunkt** ist. Kann der Arbeitnehmer → **Freistellung zur Arbeitssuche** nach § 629 BGB beanspruchen, muss er nach dem Willen des Gesetzgebers einem möglichen neuen Arbeitgeber auch ein Zeugnis vorlegen können. Daraus folgt, dass der Anspruch bereits bei **Zugang der Kündigungserklärung** entsteht; spätestens mit Beginn der Kündigungsfrist tritt die Fälligkeit ein. Bei befristeten Arbeitsverhältnissen tritt die Fälligkeit zu einem Zeitpunkt ein, zu dem der **Anspruch nach § 629 BGB entsteht**. Soll ein Aufhebungsvertrag erst zu einem künftigen Zeitpunkt wirksam werden, gilt insoweit Entsprechendes.

☐ Dem Arbeitgeber steht es in allen diesen Fällen frei, das **Zeugnis** als »**vorläufiges**« zu bezeichnen, weil sich theoretisch ja bis zum Auslaufen des Arbeitsverhältnisses die Beurteilung noch ändern könnte.

☐ Das Zeugnis muss im Normalfall vom Arbeitgeber lediglich »**zur Abholung**« **bereitgehalten** werden. Der Arbeitnehmer kann sich zur Abholung einer anderen Person bedienen, wenn er gegen die alte Umgebung erheblichen Widerwillen empfindet. **Ausnahmsweise** ist der **Arbeitgeber zur Übersendung** des Zeugnisses **verpflichtet**. Dies gilt etwa dann, wenn das Zeugnis zum vereinbarten Termin nicht fertig war und der Arbeitnehmer (oder sein Vertreter) unverrichteter Dinge wieder abziehen musste. Eine Übersendung ist auch dann geboten, wenn der Arbeitnehmer längere Zeit krank ist oder sich an einem entfernten Ort aufhält.

☐ Der Zeugnisanspruch hängt nicht vom Beendigungsgrund des Arbeitsverhältnisses ab. Auch eine schwere Pflichtverletzung, die zu einer **fristlosen Kündigung** führte, ist **ohne Bedeutung**. Auch etwaige Gegenansprüche des Arbeitgebers, z. B. auf Rückzahlung eines Teils der Vergütung, spielen keine Rolle. Eine Ausnahme gilt nur dann, wenn dem Arbeitgeber ein definitiver Rechtsverlust droht, wenn z. B. der Firmenwagen weiter benutzt würde.

Wer muss das Zeugnis ausstellen?

☐ Der Zeugnisanspruch richtet sich gegen den **Arbeitgeber** bzw. bei arbeitnehmerähnlichen Personen gegen den Auftraggeber. Ist dieser eine juristische Person, handeln Organe wie Vorstand und Geschäftsführung für ihn.

☐ Wird über das Vermögen des Arbeitgebers das **Insolvenzverfahren** eröffnet, so ist zu differenzieren. War der Arbeitnehmer schon vor diesem Zeitpunkt ausgeschieden, kann er den Anspruch weiter gegen den Gemeinschuldner geltend machen. Ist er später ausgeschieden und hat der Insolvenzverwalter den Betrieb einige Zeit fortgeführt, so richtet sich der Zeugnisanspruch gegen ihn. Ohne Fortführung bleibt auch hier der Gemeinschuldner verpflichtet.

☐ Ist der **Arbeitgeber verstorben**, so ist die Pflicht zur Erteilung des Zeugnisses von den Erben zu erfüllen. Diese müssen sich mit zumutbarem Aufwand sachkundig machen; soweit sie dabei an Grenzen stoßen, ist dies im Zeugnis zu vermerken.

☐ Der **Arbeitgeber** bzw. der Geschäftsführer muss das Zeugnis nicht selbst formulieren und unterschreiben. Vielmehr kann er **sich vertreten lassen**, doch sind dabei bestimmte Grenzen zu beachten. Das Zeugnis muss nach der Rechtsprechung von einer Person ausgestellt sein, die im Betrieb **ranghöher** war **als der Beurteilte**. Würde ein untergeordneter Mitarbeiter der Personalabteilung oder gar ein Auszubildender die Unterschrift leisten, läge darin eine unzulässige Abqualifizierung des Arbeitnehmers. Im Regelfall ist die Funktion des Unterschreibenden deutlich zu machen.

Form des Zeugnisses

☐ Das Zeugnis ist schriftlich niederzulegen. Sein Text muss **mit Schreibmaschine oder PC** geschrieben sein. Lediglich bei Hausangestellten oder im landwirtschaftlichen Bereich könnte auch ein sauberer handschriftlicher Text in Betracht kommen.

☐ Ist es beim Arbeitgeber üblich, im Geschäftsverkehr **Firmenbogen** zu verwenden, so muss dies auch beim Zeugnis geschehen. Außerdem ist für den gesamten Text dieselbe Schrifttype zu benutzen, da eine andere Schreibweise bei bestimmten Passagen Irritationen herbeiführen würde.

☐ Aus dem Zeugnis muss nicht nur der Aussteller, sondern auch der beurteilte Arbeitnehmer eindeutig erkennbar sein. Beim Arbeitnehmer geschieht dies durch **Nennung von Vor- und Zunamen**; auf Wunsch können Anschrift und Geburtsdatum aufgenommen werden. Ein evtl. bestehender akademischer Titel darf nicht weggelassen werden.

☐ Das Zeugnis muss seiner äußeren Erscheinungsform nach korrekt sein und es darf **keine Flecken und Eselsohren** aufweisen; auch **Tippfehler** braucht der Arbeitnehmer nicht hinzunehmen. Wird das Zeugnis durch ein Versehen verunstaltet, kann ein neues Exemplar verlangt werden.

Beispiel:
Das Zeugnis wird dem Rechtsanwalt des Arbeitnehmers übersandt, wo es aus Unachtsamkeit der Verwaltungskraft einen Eingangsstempel erhält.

☐ Das Zeugnis ist **in der dritten Person abzufassen**, um damit seine Objektivität deutlich zu machen. Ein Brief ist nur auf Wunsch sowie ggf. bei leitenden Angestellten ausreichend.

☐ Das Zeugnis muss ein **Datum** tragen. Verlangt es der Arbeitnehmer beim Ausscheiden, wird es vom Arbeitgeber aber erst drei Monate später erteilt, ist es auf den Termin des Ausscheidens rückzudatieren. Dasselbe gilt dann, wenn die Verzögerung auf eine **gerichtliche Auseinandersetzung** zurückzuführen ist. Für einen künftigen Arbeitgeber soll nicht erkennbar sein, dass das Zeugnis erst ein Jahr später erteilt wurde und es deshalb (vermutlich) einige Auseinandersetzungen gegeben hatte.

Inhalt des Zeugnisses

Art und Dauer der Tätigkeit

☐ Die **Art der Tätigkeit** ist so genau zu umschreiben, dass sich ein unbefangener Dritter ein korrektes Bild von der tatsächlich ausgeübten Funktion machen kann. Dabei ist nicht nur die berufliche Fachrichtung, sondern auch der **konkrete Einsatz** zu beschreiben.

Beispiel:
Arbeitnehmerin Sylvia Schmidt war als Krankenschwester auf der Intensivstation tätig. »Als Krankenschwester« *würde nicht genügen.*

☐ Bei **Mischtätigkeiten** sind die quantitativ und qualitativ wichtigsten Teile zu nennen. Bei der Chefsekretärin wären daher die Terminplanung, die Betreuung von Gästen, das Schreiben von Briefen und ggf. die Erledigung von Zahlungsvorgängen zu erwähnen; dass es im Einzelfall auch einmal um eine Reisekostenabrechnung ging, muss nicht extra erwähnt werden. **Routinetätigkeiten**, die unter der eigentlichen Aufgabe liegen (Kaffee kochen), sind nicht zu erwähnen, da dies als versteckte Abqualifizierung aufgefasst werden könnte.

☐ Zur »Art der Beschäftigung« gehört nicht die **Betriebsratstätigkeit**, die im Gesetz als Ehrenamt ausgestaltet ist. Würde man sie mitteilen, wäre eine Benachteiligung bei künftigen Bewerbungen nicht auszuschließen. Genauso ist für Jugendvertreter nach dem BPersVG entschieden worden.

Zeugnis

☐ Hat die **Art der Tätigkeit gewechselt**, sind die einzelnen Aktivitäten chronologisch aufzulisten. Dabei ist auf Vollständigkeit zu achten.

☐ Das einfache Zeugnis muss zum Zweiten die datumsmäßig bestimmte **Dauer des Arbeitsverhältnisses** ausweisen; dabei kommt es allein auf den rechtlichen Bestand an.

Beispiel:
Herr Max Müller war vom 1.5.1997 bis 31.7.2000 bei unserer Firma als ... beschäftigt. Dass er vom 1.3. bis 18.7.1998 krank war, ist nicht zu erwähnen. Anders ist dies bei längeren Unterbrechungen wie Wehr- und Zivildienst sowie Erziehungsurlaub. Sie beiseite zu lassen, würde den unzutreffenden Eindruck einer kontinuierlichen Erwerbstätigkeit und der damit verbundenen Berufserfahrung erwecken.

☐ Der **Grund des Ausscheidens** darf im Regelfall nicht erwähnt werden. Davon gilt allerdings dann eine Ausnahme, wenn ein ungewöhnliches Datum (»bis zum 10. März«) den Gedanken an eine fristlose Kündigung wegen schwerer Pflichtverletzung nahe legt. Hier ist – wenn dieser Tatbestand nicht zutrifft – darauf hinzuweisen, aus welchen anderen Gründen die Auflösung des Arbeitsverhältnisses erfolgte. Dasselbe gilt dann, wenn der **Arbeitnehmer ausdrücklich verlangt**, dass Grund und Art der Beendigung im Zeugnis erwähnt werden.

Führung und Leistung

☐ Wie der Arbeitgeber die Beurteilung des Arbeitnehmers formulieren will, ist grundsätzlich ihm überlassen. Nach der Rechtsprechung kann er entscheiden, welche Eigenschaften er hervorheben oder zurücktreten lassen will.

Beispiel:
Der Arbeitnehmer verlangt, in das Zeugnis solle die Formulierung aufgenommen werden, sein Verhalten gegenüber Vorgesetzten und Kollegen sei immer einwandfrei gewesen. Dies ist nach BAG nicht erzwingbar.

☐ Der **Spielraum des Arbeitgebers** hat allerdings zwei wichtige **Grenzen**:
- Die Beurteilung muss der **Wahrheit** entsprechen und
- sie muss von **Wohlwollen** getragen sein, um so das Fortkommen des Arbeitnehmers nicht unnötig zu erschweren.

Daraus werden eine Reihe von Konsequenzen gezogen, die sich unter den Begriff »Zeugnisdeutsch« zusammenfassen lassen.

☐ Unter »**Führung**« **des Arbeitnehmers** ist im Wesentlichen sein **Sozialverhalten** zu verstehen, also die Art und Weise, wie er mit den Menschen in seiner Umgebung umgegangen ist. Besonders wichtig kann dies bei leitenden Angestellten sein, deren »Marktwert« oft wesentlich davon abhängt, inwieweit sie mit andern zurechtkommen. Bei der Formulierung ist darauf zu achten, dass **keine Personengruppe vergessen wird**, mit denen der Arbeitnehmer Kontakt hatte.

Beispiel:
Bei einem Außendienstmitarbeiter wird lediglich hervorgehoben, er habe allzeit ein gutes Verhältnis zu seinen Vorgesetzten gehabt. Dies könnte den Rückschluss zulassen, dass er mit den Kunden und den Arbeitskollegen weniger gut zurechtgekommen ist.

☐ Das **außerdienstliche Verhalten** darf **keinerlei Erwähnung** finden. Auch die früher häufig gebrauchte Formulierung »über sein außerdienstliches Verhalten ist Negatives nicht bekannt geworden« hat im Zeugnis nichts zu suchen.

☐ Unter »**Leistungen**« versteht man die **Art und Weise**, wie der Arbeitnehmer seine **Aufgaben erfüllt** hat. Dazu gehören auch Auszeichnungen und Preise, gleichgültig, ob sie vom Arbeitgeber oder von Dritten gestiftet wurden. Auch die Entwicklung eines **Patents** oder Gebrauchsmusters ist zu erwähnen.

☐ Führung und Leistung sind auf die **Gesamtdauer des Arbeitsverhältnisses** bezogen. Vorfälle, die für dieses nicht charakteristisch sind, dürfen daher nicht erwähnt werden.

Beispiel:
Der zum 31.7.2000 ausscheidende Arbeitnehmer ist im Januar und Februar 2000 jeweils an drei Tagen 15 Minuten zu spät gekommen. Hat das Arbeitsverhältnis fünf Jahre gedauert, darf dies unter keinen Umständen erwähnt werden. Dasselbe ist prinzipiell auch für den Grund anzunehmen, der zur Auflösung des Arbeitsverhältnisses geführt hat. Dies gilt bei einmaligen schweren Pflichtverletzungen, erst recht aber für den Verdacht, der zu einer → Verdachtskündigung geführt hat.

☐ Ob das Arbeitsverhältnis durch Kündigung des Arbeitgebers, durch **Kündigung** des Arbeitnehmers oder im Wege des Aufhebungsvertrags beendet wurde, ist prinzipiell unerheblich und **nicht zu erwähnen**. Der Arbeitnehmer kann jedoch verlangen, dass abweichend verfahren wird. Will man zum Ausdruck bringen, dass ein Aufhebungsvertrag vorgelegen habe, muss es sinngemäß heißen: »Das Arbeitsverhältnis von Herrn Koller endete im gegenseitigen Einvernehmen mit dem ...«. Wird stattdessen formuliert: »Wir haben uns einvernehmlich von Herrn Koller zum 30. Juni getrennt«, so wird dies als Hinweis auf eine vom Arbeitgeber ausgesprochene Kündigung oder als eine andere Arbeitgeber-Initiative verstanden.

Zeugnis

Zeugnisdeutsch

☐ Das Gebot des Wohlwollens hat dazu geführt, dass in Zeugnissen Formulierungen verwandt werden, die vom allgemeinen Sprachgebrauch abweichen. Sie **klingen** in aller Regel **positiver als** sie **gemeint** sind.

Beispiel:
Herr Staufenberger hat sich nach Kräften bemüht, die ihm übertragenen Aufgaben zu erfüllen. Im Klartext: Eine verheerend schlechte Leistung.

Angesichts dieser Praxis würde ein Arbeitnehmer einen unangemessenen Nachteil erleiden, würde sein Arbeitgeber bei der Formulierung des Zeugnisses diese Gebräuche missachten.

☐ Das allgemein praktizierte Wohlwollen führt dazu, dass die **Nicht-Erwähnung** bestimmter Punkte als Kritik verstanden wird. Dabei kommt es auf die jeweilige Tätigkeit an.

Beispiele:
Einem angestellten Physiker wird nach sechs Jahren bestätigt, er habe seine Aufgaben mit großem Fleiß und Interesse durchgeführt. Mangels Erwähnung des Ertrags muss man davon ausgehen, dass dieser höchst bescheiden war.

Bei einem Kassierer muss die »Ehrlichkeit« im Zeugnis ausdrücklich erwähnt werden. Andernfalls gehen Dritte davon aus, dass es bei Abrechnungen zu Unstimmigkeiten gekommen ist.

☐ Obwohl der Arbeitgeber die Bewertung in eigenen Worten vornehmen kann, haben sich **Grundsätze** herausgebildet, denen Rechnung zu tragen ist. Dabei ergeben sich folgende Regeln:

- Die Note 1 (»**sehr gut**«) ist dann erteilt, wenn sich in der Schlussbeurteilung die Worte »**zu unserer vollsten Zufriedenheit**« finden. Der Sache nach wird damit zum Ausdruck gebracht, dass die Leistung nicht mehr steigerungsfähig ist. Dieselbe Bedeutung hat die Formulierung, die Arbeit verdiene »in jeder Hinsicht volle Anerkennung«. Jeder Zweifel ist ausgeschlossen, wenn von einer »Spitzenleistung« die Rede ist oder wenn betont wird, der Arbeitnehmer sei »unbeschränkt belastbar«.
- Die Note »**gut**« ist erteilt, wenn der Arbeitgeber zum Ausdruck bringt »**voll und ganz zufrieden**« zu sein, oder schreibt, die Arbeit sei »stets zu unserer vollen Zufriedenheit« erledigt worden.
- Der Note »**befriedigend**« entspricht es, wenn bescheinigt wird, der Arbeitnehmer habe »stets zufriedenstellend« oder »**stets zu unserer Zufriedenheit**« gearbeitet. Damit wird eine durchschnittliche Leistung bestätigt.
- Der Note »**ausreichend**« entspricht es, wenn das Wörtchen »stets« fehlt

und nur davon die Rede ist, der Arbeitnehmer habe »**zu unserer Zufriedenheit**« gearbeitet. Damit ist eine unterdurchschnittliche Leistung gemeint, die aber vom Standpunkt eines vernünftigen Arbeitgebers aus noch hinzunehmen ist.

- Die Note »**mangelhaft**« wird damit zum Ausdruck gebracht, dass der Arbeitnehmer »**im Großen und Ganzen zu unserer Zufriedenheit**« gearbeitet habe. Die angedeuteten Mängel sind angesichts des üblichen Wohlwollens so gravierend, dass Anlass zu erheblichen Beanstandungen bestand. Wer einen solchen Arbeitnehmer einstellt, geht das Risiko ein, schlechte Leistungen zu erhalten.
- Die Note »**ungenügend**« ist erteilt, wenn gesagt wird, der Arbeitnehmer habe sich seinen Aufgaben »**mit großem Fleiß und Interesse**« gewidmet. Sachlich stimmt damit die Aussage überein, der Arbeitnehmer habe sich »Mühe« oder »jede erdenkliche Mühe« gegeben; das Resultat wird damit als absolut indiskutable Leistung gewertet.

☐ Wann welche Note zu geben ist, hängt in gewissem Umfang vom Beurteilungsermessen des Arbeitgebers ab. So kann man etwa aus der **fehlenden Beanstandung** der Arbeitsleistung nicht einen Anspruch auf die Note »sehr gut« herleiten. Umgekehrt darf der Arbeitgeber eine Leistung nur dann mit »ausreichend« bewerten, wenn er sich dabei auf entsprechende Tatsachen stützen kann.

☐ Hat das Arbeitsverhältnis länger als sechs Monate gedauert, ist insbesondere von Bedeutung, ob der Arbeitgeber die Leistungen des Arbeitnehmers während der Dauer des Arbeitsverhältnisses beanstandet hat. Wurde **keine Kritik** geübt, kann der Arbeitnehmer zwar nicht die Note »sehr gut«, wohl aber die **Note »gut«** verlangen. Erstreckte sich das Arbeitsverhältnis über Jahre und erfolgten nur in wenigen Fällen Beanstandungen, liegt eine durchschnittliche Leistung vor, so dass der Arbeitnehmer ein »befriedigend« nach obiger Tabelle verlangen kann.

Heikle Fälle

☐ War der Arbeitnehmer Mitglied einer **Streikleitung**, so ist dies nicht zu erwähnen. Beim rechtmäßigen Streik verbietet sich dies schon deshalb, weil Benachteiligungen bei einem künftigen Arbeitgeber drohen könnten, beim rechtswidrigen Streik wird in aller Regel anzunehmen sein, dass es sich nicht um eine für das Arbeitsverhältnis charakteristische Verhaltensweise handelte.

☐ Scheidet jemand in einem **Tendenzbetrieb oder** bei einer **Kirche** aus, weil er die dort herrschenden Grundanschauungen nicht (mehr) teilt, so ist dies nicht zu erwähnen. Anders ist es dann, wenn der betroffene Arbeitnehmer dies ausdrücklich verlangt. Wer sich gute Chancen davon verspricht, dass ihm »als Abweichler« gekündigt wurde, kann sich diese Tatsache bestätigen lassen.

☐ **Krankheiten** dürfen im Zeugnis nicht erwähnt werden. Anderes gilt nur, wenn

Zeugnis

der Arbeitsausfall so lange dauerte, dass keine Leistungsbeurteilung mehr möglich war. Ebenso ist bei **Alkohol- und Drogenabhängigkeit** zu verfahren; dabei ist jedoch eine schonende Formulierung zu wählen.

Beispiel:
Arbeitnehmer A ist seit drei Jahren alkoholabhängig; ihm wird nach zwei vergeblichen Entziehungskuren gekündigt. Seine Leistung war ständig schlechter geworden. Angemessen wäre eine Formulierung: »Wegen gesundheitlicher Einschränkungen war es A in den vergangenen drei Jahren nicht möglich, seine volle Arbeitsleistung zu erbringen.«

Zwischenzeugnis

☐ § 630 BGB (und die anderen Vorschriften) geben lediglich einen Anspruch auf ein »Schlusszeugnis«, das bei Beendigung des Arbeitsverhältnisses erteilt wird. Will **der ungekündigte Arbeitnehmer** ein Zeugnis über die Art seiner Tätigkeit, seine Führung und seine Leistung, so lässt sich ein Anspruch auf ein solches »**Zwischenzeugnis**« nicht aus § 630 BGB ableiten. Rechtsgrundlage kann lediglich eine **Nebenpflicht aus dem Arbeitsverhältnis** oder eine tarifliche Regelung sein.

☐ Soweit das Problem nicht tariflich geregelt ist, kann der Arbeitnehmer immer dann ein Zwischenzeugnis verlangen, wenn er ein »**berechtigtes Interesse**« daran hat. Dies ist etwa der Fall, wenn das Zeugnis Voraussetzung für den Besuch einer Fortbildungsmaßnahme ist. Auch ist an den Fall zu denken, dass es **im Unternehmen Veränderungen** gibt, die eine umfassende Beurteilung nicht mehr erlauben. Der langjährige Vorgesetzte scheidet aus, der Arbeitnehmer wird zu einer Tochtergesellschaft ins Ausland versetzt. Gleich zu behandeln ist auch der Fall, dass sich der **Arbeitnehmer mit Veränderungsabsichten trägt**; allerdings kann dies im Einzelfall zu nachteiligen Reaktionen seitens des Arbeitgebers führen.

☐ Das Zwischenzeugnis unterliegt denselben Grundsätzen wie das Schlusszeugnis. Das Wohlwollensprinzip gilt auch hier.

Widerruf des Zeugnisses durch den Arbeitgeber?

☐ Der **Arbeitgeber** ist an ein einmal erteiltes Zeugnis **gebunden**. Auch wenn er nachträglich eine schlechtere Beurteilung für angemessen hält, kann er nichts mehr an der Formulierung ändern.

☐ **Ausnahmsweise** ist ein Widerruf dann möglich, wenn der Arbeitgeber nachträglich Tatsachen erfährt, die für den Inhalt des Zeugnisses wesentlich sind.

Beispiel:
Der als »ehrlich und gewissenhaft« qualifizierte Außendienstmitarbeiter wird einer größeren Unterschlagung überführt.

In einem solchen Fall muss der Arbeitnehmer das alte Zeugnis zurückgeben und sich mit einem auf der neuen Tatsachenlage erstellten zufrieden geben.

☐ Das Widerrufsrecht des Arbeitgebers besteht auch dann, wenn es sich um ein **Gefälligkeitszeugnis** handelte, das dem Arbeitnehmer Fähigkeiten zuschrieb, die er in Wirklichkeit nicht besitzt. Andernfalls würden künftige Arbeitgeber, die auf den Wortlaut des Zeugnisses vertrauen, hinters Licht geführt.

☐ War ein (positives) **Zwischenzeugnis** erteilt worden, darf das **Schlusszeugnis nicht schlechter** ausfallen, es sei denn, in der Zwischenzeit hätten sich neue Tatsachen ergeben, die das gesamte Arbeitsverhältnis in anderem Licht erscheinen lassen.

Beispiel:
Arbeitnehmer A hat am 15.6.2000 einen Aufhebungsvertrag geschlossen, der zum 31.12.2000 wirksam werden soll. Ende Juni erhält er ein Zwischenzeugnis, das ihn in den höchsten Tönen lobt. Im September wird deutlich, dass er in der Vergangenheit einige Kunden verprellt hat und dass er auch Untergebene schikanierte. Die Note kann von »sehr gut« auf »befriedigend«, evtl. sogar auf »ausreichend« herabgesetzt werden.

Das unrichtige Zeugnis

Der Arbeitnehmer wird zu schlecht beurteilt

☐ Wird das Zeugnis den tatsächlichen Leistungen des Arbeitnehmers nicht gerecht, so haftet der **Arbeitgeber** auf **Schadensersatz**. Ein Schaden entsteht insbesondere dann, wenn wegen des Zeugnisses ein neuer Arbeitsvertrag nicht zustande kommt. In Extremfällen der Abqualifizierung kommt sogar ein Schmerzensgeld wegen Verletzung des allgemeinen Persönlichkeitsrechts in Betracht.

Beispiel:
Die Arbeitnehmerin wird als »intrigante und bösartige Person (bezeichnet), mit der zusammenzuarbeiten eine Strafe ist«.

Zeugnis

☐ Der Arbeitnehmer hat außerdem einen Anspruch auf Gewährung eines korrekten Zeugnisses.

Der Arbeitnehmer wird zu gut beurteilt

☐ Wird das Wohlwollen gegenüber dem Arbeitnehmer übertrieben, ist dies für den Arbeitgeber riskant. Er macht sich **einem anderen Unternehmer gegenüber schadensersatzpflichtig**, wenn dieser auf das Zeugnis vertraute und aufgrund der Einstellung des Arbeitnehmers einen Schaden erleidet. In vielen Fällen wird sich allerdings die Frage stellen, ob der neue Arbeitgeber sich allein auf das Zeugnis verlassen durfte oder ob er auch andere Erkenntnisquellen hätte in Anspruch nehmen müssen.

Mündliche Auskünfte über den Arbeitnehmer

☐ In der Praxis wenden sich Personalleiter vor Einstellungen häufig direkt an den früheren Arbeitgeber, um über das schriftlich vorliegende Zeugnis hinaus noch weitere Informationen über einen Bewerber zu erlangen. In der Regel wird ihnen dabei »**reiner Wein**« **eingeschenkt**, da die Rechtsprechung dem Arbeitgeber gestattet, Informationen über den Arbeitnehmer an jeden Dritten weiterzugeben, der an ihnen ein berechtigtes Interesse hat. Trotz eines wohlwollenden Zeugnisses kann der Arbeitnehmer also nicht verhindern, dass z. B. bestimmte für ihn nicht charakteristische Vorfälle mitgeteilt oder dass auch negative, nicht durch Tatsachen erhärtete Wertungen weitergegeben werden.

☐ Das **BAG** betont, die **Auskunft** müsse »**sorgfältig und wahrheitsgemäß**« sein, doch hat der Arbeitnehmer keine Möglichkeit, die Einhaltung dieses Grundsatzes zu überwachen. Konsequent wäre, die Zeugnisregeln auch auf die informelle Auskunft zu erstrecken und dem Datenschutzbeauftragten insoweit Auskunftsmöglichkeiten zu eröffnen.

Nachträgliches Zeugnis

☐ Denkbar ist, dass der Arbeitnehmer trotz Ausscheidens aus dem Arbeitsverhältnis während längerer Zeit kein Zeugnis verlangt, sich dann aber doch noch auf seinen Anspruch besinnt.

Beispiel:
Arbeitnehmerin A scheidet nach dem Erziehungsurlaub aus dem Arbeitsverhältnis aus. Vier Jahre später möchte sie wieder eine Erwerbstätigkeit aufnehmen und erkennt, dass hierfür ein Zeugnis ihres früheren Arbeitgebers von großem Nutzen ist.

Im Prinzip verjährt der Zeugnisanspruch erst in dreißig Jahren, doch ist im Einzelfall zu prüfen, ob ein Tarifvertrag Ausschlussklauseln enthält. Auch ist denkbar, dass der ausgeschiedene Arbeitnehmer seinen Anspruch verwirkt, weil nicht nur einige Zeit ins Land gegangen ist, sondern weil er auch zu erkennen gab, kein Zeugnis mehr haben zu wollen.

Die verlorene Zeugnisurkunde

☐ Geht das Zeugnis verloren, so ist der Arbeitgeber zur Neuausstellung verpflichtet, soweit ihm dies zumutbar ist. Die einmalige Erstellung einer Zweitausfertigung ist immer zumutbar. Ist – wie in aller Regel – das Zeugnis im PC gespeichert, kommt auch eine mehrmalige Erteilung in Betracht.

Handlungsmöglichkeiten des Betriebsrats

☐ Der Anspruch auf Erteilung des Zeugnisses steht dem einzelnen Arbeitnehmer zu. Ein **Mitbestimmungsrecht** des Betriebsrats **besteht nicht**. Dieser kann lediglich **darauf achten**, dass die **Vorschriften** über die Zeugniserteilung im Betrieb **eingehalten** werden (§ 80 Abs. 1 Nr. 1 BetrVG). Zu diesem Zweck kann er vom Arbeitgeber eine Abschrift verlangen. Auch wird es häufig Arbeitnehmer geben, die Schwierigkeiten mit dem »Dechiffrieren« des Zeugnisdeutsch haben. Insoweit ist es für den Betriebsrat wichtig, die von der Rechtsprechung entwickelten Grundsätze zu kennen; eine entsprechende **Schulung** zu besuchen, dürfte in der Regel nach § 37 Abs. 6 BetrVG »**erforderlich**« sein.

Zeugnis

Checkliste zum Zeugnis

1. Wer muss das Zeugnis ausstellen?
2. Ist das Zeugnis in der gehörigen Form ausgestellt?
3. Sind Art und Dauer der Tätigkeit korrekt beschrieben?
4. Was sagt das Zeugnis zu Führung und Leistung?
5. Fehlt eine positive Hervorhebung, die ein unbefangener Leser erwartet? Beispielsweise Freundlichkeit bei einem Kundenberater oder Verlässlichkeit bei einem Kassierer?
6. Wie ist die Bewertung in die Notenskala von 1 bis 6 einzuordnen?
7. Wurde das Arbeitsverhalten des Arbeitnehmers in der Vergangenheit beanstandet?
8. Wurde die Tätigkeit im Betriebsrat oder in der Gewerkschaft erwähnt?
9. Wird im Zeugnis auf bestimmte Krankheiten hingewiesen?
10. Wird im Zeugnis der Beendigungsgrund namhaft gemacht?

Zweckbefristung

Was ist das?

☐ Die Befristung muss nicht notwendig nach dem Kalender bestimmt sein (»bis 31.3.2001«). Nach § 620 Abs. 2 BGB ist es vielmehr auch möglich, die Dauer des Arbeitsverhältnisses von einem bestimmten Zweck abhängig zu machen.

Beispiele:
- *Vertretung des erkrankten Arbeitnehmers. Wird dieser wieder gesund, endet der Zweck des vorübergehenden Arbeitseinsatzes.*
- *Tätigkeit als stellvertretender Bauleiter »bis zur Fertigstellung des Gebäudes«. Ist der Zweck erreicht, endet der Arbeitseinsatz.*

In beiden Fällen spricht man von »Zweckbefristung«.

Bewertung

☐ Diese Form der Befristung ist für den **Arbeitnehmer besonders gefährlich**. Für ihn ergibt sich eine große Unsicherheit, da anders als bei der kalendermäßigen Befristung nicht genau absehbar ist, wie lange die Beschäftigung dauert. Dies macht es enorm schwierig, ein neues Arbeitsverhältnis einzugehen, da man im Grunde erst aktiv werden kann, wenn der Wegfall bzw. die Erreichung des Zwecks eindeutig feststeht.

Schutzmechanismus 1: Aufnahme des Zwecks in den Arbeitsvertrag

☐ Der Zweck der Befristung muss Bestandteil des Arbeitsvertrags werden; beide Parteien müssen über ihn einig sein. Es reicht nicht, dass dem Einzelnen lediglich eine Tätigkeit zugewiesen wird, die sich bei Zweckerreichung erledigt.

Zweckbefristung

Beispiel:
Bei den mündlichen Vertragsverhandlungen wird lediglich klargestellt, dass es sich nicht um eine Dauerbeschäftigung handeln solle. Der Arbeitnehmer wird als Krankheitsvertretung eingesetzt, ohne dass dies vorher angesprochen worden wäre.

☐ Praktische Bedeutung kann in diesem Fall auch das **Nachweisgesetz** gewinnen. Nach seinem § 2 Abs. 1 Satz 2 Nr. 3 muss der Arbeitgeber bei befristeten Arbeitsverträgen »die voraussehbare Dauer des Arbeitsverhältnisses« schriftlich bestätigen. Dies bedeutet, dass der Zweck angegeben werden muss, da nur so die Dauer einigermaßen voraussehbar wird. Unterbleibt dies, muss der Arbeitgeber im Streitfall den schwierigen Beweis führen, dass der Zweck der Tätigkeit dem Arbeitnehmer bei Vertragsabschluss bekannt war.

Schutzmechanismus 2: Zweck mit klaren Konturen

☐ Der Zweck darf nicht nur pauschal umrissen werden.

Beispiele:
- *Der Arbeitsvertrag soll so lange dauern, bis alle wesentlichen Fragen »der Therapie X« oder »des Kündigungsschutzrechts« in einer jeden Zweifel ausschließenden Weise geklärt sind.*
- *Die Partei X stellt einen Pressereferenten ein, der so lange tätig sein soll, »bis die Spendenaffäre im öffentlichen Bewusstsein keine Bedeutung mehr hat«.*

In solchen Fällen hätte der Arbeitgeber die Möglichkeit, das Arbeitsverhältnis nach Belieben zu beenden, da er ggf. den Zweck als erreicht ansehen kann.

Schutzmechanismus 3: Durchgängiges Erfordernis eines sachlichen Grundes

☐ Die Bestimmungen, die vom Erfordernis eines → **»sachlichen Grundes«** absehen, betreffen nur die kalendermäßig bestimmte Befristung. Dies gilt insbesondere für § 1 BeschFG. Eine gewisse Ausnahme stellt insoweit § 21 BErzGG, der eine Befristung für die Dauer des Erziehungsurlaubs (der ja auch nachträglich abgekürzt werden kann) zulässt.

Schutzmechanismus 4: Auslauffrist

☐ Ist der Zweck zwar hinreichend genau umschrieben, ist jedoch gleichwohl nicht absehbar, wann das Arbeitsverhältnis enden wird, muss der Arbeitgeber eine sog. Auslauffrist bewilligen. Sie soll den Arbeitnehmer in die Lage versetzen, sich nach einer neuen Beschäftigungsmöglichkeit umzuschauen.

☐ Die Frist ist **von der Dauer der Tätigkeit abhängig**. Im Regelfall wird sie sich nach § 622 BGB bestimmen, doch sind auch tarifliche Fristen zu berücksichtigen.

☐ Die Frist **beginnt, sobald der Arbeitnehmer Kenntnis** von dem Zweckwegfall (»Der kranke Arbeitnehmer ist wieder da«) oder der Zweckerreichung (»Das Gebäude ist fertiggestellt«) erhält. Dabei kommt es auf die effektive Kenntnis, nicht auf den Zugang an. Wird der Arbeitnehmer erst in dem Moment informiert, wo das entsprechende Ereignis eingetreten ist, verlängert sich das Arbeitsverhältnis entsprechend.

Beispiel:
Am 15.12.1999 wurde der Arbeitnehmer als Krankheitsvertretung eingestellt. Am 27.3.2000 nimmt der erkrankte Arbeitnehmer überraschend seine Tätigkeit wieder auf, weil ihn der Arzt »gesund« geschrieben hat. Die Vertretungskraft kann nicht von heute auf morgen auf die Straße gesetzt werden. Vielmehr ist eine vierwöchige Auslauffrist zum 15. oder zum Monatsende zu bewilligen; im konkreten Fall kommt nur eine Frist bis 30.4. in Betracht. Eine arbeitsvertragliche Verkürzung dieser Frist, an die ein umsichtiger Arbeitgeber denken könnte, kommt nicht in Betracht. Wer als Aushilfskraft länger als drei Monate für den Arbeitgeber tätig war, kann sich nach § 622 Abs. 5 BGB auf die normalen Kündigungsfristen berufen.

Zwei-Wochen-Frist des § 626 Abs. 2 BGB

Was ist das?

☐ Nach § 626 Abs. 2 Satz 1 BGB kann die **außerordentliche Kündigung nur »innerhalb von zwei Wochen«** erfolgen. Nach Satz 2 derselben Bestimmung beginnt die Frist mit dem Zeitpunkt, in dem der zur Kündigung Berechtigte Kenntnis von den Tatsachen erlangt, die für die Kündigung maßgebend sind.

☐ Durch diese Regelung soll sichergestellt werden, dass bei erheblichen Störungen des Arbeitsverhältnisses **relativ schnell Klarheit** darüber besteht, **ob** von der Möglichkeit zur (meist) **fristlosen Kündigung** Gebrauch gemacht wird oder nicht. Die Vorschrift dient von daher der Rechtssicherheit: Der Arbeitnehmer soll nicht längere Zeit in der Unsicherheit leben, von einem Tag auf den anderen seinen Arbeitsplatz zu verlieren. Aber auch wenn er selbst kündigt, muss er die Frist des § 626 Abs. 2 BGB beachten: Der **Arbeitgeber soll gleichfalls relativ schnell wissen, ob der** Arbeitnehmer aus dem Vorliegen eines »wichtigen Grundes« Konsequenzen zieht und deshalb nach einer Ersatzkraft gesucht werden muss.

☐ Die praktische Handhabung des § 626 Abs. 2 BGB wird der Zielsetzung der Vorschrift nur teilweise gerecht. Insbesondere bei der Bestimmung des Beginns der Ausschlussfrist haben sich viele Zweifelsfragen ergeben; nach herrschender Rechtsprechung sind **längere Unsicherheitsperioden nicht auszuschließen**.

Beginn der Frist

☐ Nach § 626 Abs. 2 Satz 2 beginnt die Zwei-Wochen-Frist in dem Zeitpunkt, in dem der **»Kündigungsberechtigte«** von den »für die Kündigung maßgebenden Tatsachen« **Kenntnis erlangt**. Dies erscheint relativ unkompliziert, wirft jedoch in der praktischen Handhabung eine Reihe von Fragen auf.

Wer muss Kenntnis haben?

☐ Der wichtige Grund muss dem »Kündigungsberechtigten« bekannt sein. Dies ist der Arbeitgeber als natürliche Person bzw. der Vorstand oder die Geschäftsführung einer AG oder GmbH. Gleichgestellt sind Personen, die wie z. B. **Prokuristen** die Befugnis haben, außerordentliche Kündigungen auszusprechen. Auch eine entsprechende **Vollmacht (z. B. an den Personalleiter)** reicht aus.

Problemfall: Was geschieht, wenn der GmbH-Geschäftsführer zwar kündigen darf, hierfür aber die Zustimmung der Gesellschafterversammlung benötigt? Nach der Rechtsprechung des BAG beginnt die Zwei-Wochen-Frist nicht schon mit der Kenntnis durch den Geschäftsführer, sondern erst mit dem **Zusammentritt der Gesellschafterversammlung.** Diese muss allerdings »**unverzüglich**« erfolgen; andernfalls kommt es allein auf die Kenntnis des Geschäftsführers an. Auf diese Weise soll ein langer Schwebezustand verhindert werden.

☐ **Gleichgestellt** werden **Personen, die** zwar selbst keine außerordentlichen Kündigungen aussprechen können, **die** jedoch mit der Feststellung des Kündigungssachverhalts betraut sind und deren Stellung im Betrieb die Erwartung rechtfertigt, dass sie **den »Entscheidungsträger« umgehend informieren werden.**

Beispiel:
Der Personalleiter kann zwar nicht außerordentlich kündigen (weil sich das der Geschäftsführer vorbehalten hat), doch entspricht es der Lebenserfahrung, dass er die ihm vorliegenden Informationen dem Geschäftsführer weitergibt. Anders ist dies beim Fachvorgesetzten, der von einer schweren Pflichtverletzung weiß. Er wird möglicherweise eine Weitergabe als Denunziation empfinden.

Was bedeutet »Kenntnis«?

☐ Der beschriebene Personenkreis muss den der Kündigung zugrunde liegenden Sachverhalt zur Kenntnis bekommen haben. Mit Rücksicht auf die immer anzustellende Interessenabwägung (→ **außerordentliche Kündigung**) gehören dazu **sowohl die für als auch die gegen die Kündigung sprechenden Umstände.** Die Kenntnis muss »zuverlässig« sein; bloße Gerüchte reichen nicht. Der Zugang eines Briefes verschafft noch keine Kenntnis.

Zwei-Wochen-Frist des § 626 Abs. 2 BGB

Vorliegen eines Anfangsverdachts

☐ Häufig tritt die Situation ein, dass **weitere Ermittlungen notwendig** sind, um festzustellen, ob der Arbeitnehmer eine schwere Pflichtverletzung begangen hat oder nicht. Dies allein löst den Beginn der Zwei-Wochen-Frist nicht aus.

Beispiel:
Arbeitnehmer A behauptet gegenüber dem Personalleiter, Arbeitnehmer B habe eine Diskette mit sensiblen Daten entwendet. Da diese in der Tat abhanden gekommen ist, wird im Betrieb ermittelt, wer in dem fraglichen Zeitraum anwesend war und mit dem fraglichen PC zu tun hatte.

☐ Durch lange **Ermittlungen** könnte der Arbeitgeber die Zwei-Wochen-Frist weithin gegenstandslos machen. Die Rechtsprechung verlangt deshalb, dass diese **»mit der gebotenen Eile«** betrieben werden. Die exakte Dauer lässt sich nur nach den Umständen des Einzelfalls bestimmen. Sobald die Ermittlungen abgeschlossen sind, beginnt die Zwei-Wochen-Frist.

Beispiel:
Die Ermittlungen im eben genannten Fall haben durch Befragung von insgesamt 15 Personen nach vier Tagen ergeben, dass B aller Wahrscheinlichkeit nach der Täter war. Dies reicht zumindest für eine → Verdachtskündigung. Der Arbeitgeber könnte nun auf den Gedanken kommen, den B noch vor der Kündigung persönlich anzuhören. Um den Fristbeginn nicht unangemessen hinauszuschieben, muss dies innerhalb einer Woche nach Abschluss der Ermittlungen erfolgen. Wird dieser zeitliche Rahmen beachtet, läuft die Zwei-Wochen-Frist erst von der Anhörung an.

☐ **Gesteht der Arbeitnehmer** vor dem endgültigen Abschluss des Verfahrens die ihm vorgeworfene Pflichtverletzung, so sind weitere Ermittlungen im Regelfall überflüssig. Die Zwei-Wochen-Frist beginnt zu laufen.

Dauertatbestände

☐ In einigen Fällen besteht der »wichtige Grund« nach § 626 Abs. 1 BGB in einem Dauerzustand. Wann muss hier der Arbeitgeber spätestens reagieren? Im Einzelnen ist zu unterscheiden:

- Werden **während eines längeren Zeitraums** die vertraglichen **Pflichten verletzt**, so beginnt die Zwei-Wochen-Frist erst, wenn der Arbeitsvertrag wieder korrekt erfüllt wird.

Zwei-Wochen-Frist des § 626 Abs. 2 BGB

Beispiel:
Der Arbeitnehmer verlängert eigenmächtig seinen Urlaub oder macht aus anderen Gründen »blau«. Die Frist läuft erst, wenn er wieder in den Betrieb zurückgekehrt ist.

Gleichgestellt ist der Fall, dass viele kleinere Pflichtverletzungen in ihrer Summierung einen wichtigen Grund darstellen. Hier kommt es auf den letzten Tropfen an, der das Fass zum Überlaufen brachte.

- Wird der Arbeitnehmer **auf Dauer** für seine Tätigkeit **ungeeignet**, so beginnt die Frist des Abs. 2 in dem Augenblick, in dem dieser Umstand dem Kündigungsberechtigten bekannt wird. Das BAG stellt allerdings bei Erkrankungen auf den letzten Krankheitstag ab.
- Geht es um eine **außerordentliche betriebsbedingte Kündigung**, so ist zu differenzieren. Kommen mehrere Arbeitnehmer in Betracht, beginnt die Frist erst dann, wenn das Auswahlverfahren abgeschlossen ist. Ist nur ein Arbeitnehmer betroffen oder wird das gesamte Unternehmen geschlossen, so kommt es darauf an, wann die Nicht-Einsetzbarkeit des Einzelnen bzw. die Stilllegung dem Kündigungsberechtigten zur Kenntnis kommt. Auch hier ist mit dem BAG ein Dauertatbestand anzunehmen, dies macht die Frist des § 626 Abs. 2 gegenstandslos. Dies ist insbesondere deshalb misslich, weil die außerordentliche Kündigung eines »Unkündbaren« eine **Maßnahme** ist, **mit der der Betroffene** in aller Regel **nicht rechnet**, so dass er sich häufig darauf verlassen wird, trotz aller auch für ihn ersichtlichen Schwierigkeiten habe man eine Auffanglösung gefunden.

Ablauf der Frist

☐ Die Zwei-Wochen-Frist wird nach den §§ 187–193 BGB berechnet. Dabei kommt es ausschließlich auf den **Zugang beim Kündigungsempfänger**, nicht auf die Absendung an. Notfalls wird der Arbeitgeber für eine **Zustellung durch Boten** oder mit Hilfe des Gerichtsvollziehers sorgen.

Beispiel:
- *Der Prokurist erhält am Mittwoch den 10. 5. 2000 Kenntnis von der vom Arbeitnehmer begangenen Unterschlagung. Die daraufhin ausgesprochene außerordentliche Kündigung muss spätestens am Mittwoch, den 24. 5. 2000, dem Arbeitnehmer zugehen.*

Oder:
- *Erhielt der Prokurist am Samstag, den 13. 5. 2000, Kenntnis von dem Vorfall, läuft die Frist allerdings nach § 193 BGB nicht am Samstag, den 27. 5. 2000, ab; vielmehr ist ihr letzter Tag Montag, der 29. 5. 2000.*

Folgen der Versäumung der Frist

☐ Ist die Frist des Abs. 2 versäumt worden, scheidet eine außerordentliche Kündigung definitiv aus. Eine auf dieselben Umstände gestützte **ordentliche Kündigung bleibt** jedoch **grundsätzlich möglich**. Je länger der Kündigungsberechtigte allerdings zuwartet, umso eher wird gegenüber der ordentlichen Kündigung der **Einwand der Verwirkung** zum Zuge kommen.

☐ Der zur Kündigung Berechtigte kann sich nicht darauf berufen, ihm sei der Fristablauf nicht vorzuwerfen. Anders als im Prozess gibt es **keine** sog. **Wiedereinsetzung in den vorigen Stand**. Nur bei höherer Gewalt wie z. B. bei Streiks in der Beförderung von (Luftpost-) Briefen wird in entsprechender Anwendung von § 203 Abs. 2 BGB eine Ausnahme gemacht.

☐ **Im Einzelfall** kann die Berufung auf die Versäumung der Frist **gegen Treu und Glauben** verstoßen. Dies ist etwa dann der Fall, wenn der Kündigungsempfänger den Kündigungsberechtigten bewusst von der Einhaltung der Frist abgehalten hat. Die bloße Vereinbarung einer »Bedenkzeit« reicht dagegen nicht.

☐ Ist die Frist definitiv versäumt worden, kam es jedoch gleichwohl zum Ausspruch einer außerordentlichen Kündigung, so muss diese nach §§ 13 Abs. 1 Satz 2, 4 KSchG **innerhalb von drei Wochen** durch **Erhebung einer Kündigungsschutzklage** angegriffen werden. Andernfalls wird sie nach § 7 KSchG trotz ihres Mangels als wirksam behandelt.

Stichwortverzeichnis

13. Monatsgehalt 224
Abfindung 13, 14, 15, 18, 20, 23, 26, 28, 104, 248, 439, 445
- Abfindungshöhe 14, 23
- Abwicklungsvertrag 14
- Akkordzuschläge 22
- Aktienoptionsprogramme 23
- Änderungskündigung 14
- Arbeitgeberanteile 21
- Arbeitsgerichte 20
- arbeitsrechtliche Behandlung 26
- Aufhebungsvertrag 19
- Auflösungsantrag 27
- Aufrechnung 28
- Aufwendungsersatz 22
- Ausgleichszahlung 14
- Aushandlung einer Abfindung 19
- Auslagen 22
- Auszahlung 26
- Befriedungsfunktion 14
- Bemessungsfaktoren 21
- Benachteiligungsverbot 19
- Berechnung 14, 21
- Berechnungsfaktoren 104
- Betriebsrat 28
- Betriebszugehörigkeit 20
- billiges Ermessen 104
- Einmalzahlungen 22
- Einzelfall 19
- Erkundigungspflicht des Gerichts 23
- Fachanwalt für Arbeitsrecht 19
- Fälligkeit 28
- Fälligkeitsregelung 26
- Festgehalt 23
- Fünftelungsverfahren 24
- Funktionszulagen 22
- gesetzliche Höchstgrenzen 21
- Gewerkschaftssekretär 19
- Gewinnbeteiligungen 22
- Gleichbehandlungsgrundsatz 19
- Gratifikationen 22
- Höchstabfindung 104
- Höchstbeträge 24
- Insolvenz 28
- Jahreseinkommen 22
- Jubiläumsgelder 22
- Klageverbot 18
- Kündigungsschutzklage 23
- Kündigungsschutzprozess 18
- Leistungsprämien 22
- Leistungszulagen 22
- Lohn- bzw. Gehaltspfändung 28
- Mitbestimmungsrechte 28
- Monatsverdienst 21
- Nettovereinbarung 26
- Provisionen 23
- Prozessaussichten, Lebensalter, Leistungskraft des Arbeitgebers usw. 20
- Prozesskostenhilfe 28
- Rationalisierungsschutzabkommen 15
- Regelabfindung 20
- Rückkehranreize für ausländische Arbeitnehmer 14
- Ruhen von Arbeitslosengeld 445
- Sachbezüge 21, 23
- Schichtzulagen 22
- Sonderprämie 14
- Sozialplan 28
- Sozialversicherungsrecht 24
- Spesen 22
- Steuerfreiheit 24
- Steuerrechtliche Behandlung 24
- Tantieme- und Bonusansprüche 22
- Teilzeit 22
- Treueprämien 22
- Überstunden 21
- Üblichkeiten 20
- Umsatzbeteiligungen 22
- Urlaubsgeld 22
- Vererblichkeit 27
- Vergleich 19
- Verhandlungsgeschick 19
- Verhandlungsmacht 19
- vertragliche Abfindungsregelung 18
- Vollstreckbarkeit 105
- Weihnachtsgratifikation 22

Stichwortverzeichnis

- Zeitpunkt des Ausscheidens 21
- Zweckbindung 15
Abfindungen 274, 359, 502
Abgeordnete 333
- Kündigungsschutz 32
Abhängige Unternehmen 288
Abkehrwille 177
ABM als Befristungsgrund 396
Abmahnung 34, 35, 36, 209, 214, 216, 465
- Alkoholmissbrauch 36
- Änderungskündigung 35
- Anhörung 38
- Anzahl 37
- Arbeitgeber 38
- Arbeitsleistung 35
- ausländerfeindliche Äußerungen 36
- außerbetrieblicher Bereich 36
- Beleidigungen 36
- Betriebsfrieden 36
- Betriebsrat 39
- Diebstahl 36
- Dienstvorgesetzte 38
- Diskriminierung 36
- Einzelfall 36
- Form 38
- Gleichbehandlungsgrundsatz 36
- Hinweisfunktion 34
- Inhalt 38
- Leistungsbereich 36
- Mobbing 36
- Nebentätigkeit 36
- privates Telefonieren 36
- Privatnutzung von PC und Internet 36
- sexuelle Misshandlungen 36
- Unaufmerksamkeit 36
- Unhöflichkeit 36
- unkollegiales Verhalten 36
- Unpünktlichkeit 37
- verhaltensbedingte Kündigung 34
- Verhältnismäßigkeitsgrundsatz 34
- Versetzung 209
- Vertrauensbereich 36
- Warnfunktion 34
- Wettbewerbstätigkeit 36
- Zeitablauf 37
Abrechnung 388
Abschlussbefristung 156
Absolute Kündigungsgründe 428
Abwälzung des Unternehmerrisikos 98
Abwicklungsarbeiten als Befristungsgrund 396
Abwicklungsvertrag 87, 320

Aktienoptionsprogramme 23
Alkoholabhängigkeit 134
Alter 126, 334
Altersgrenze 312
- als Beendigungstatbestand 41
Altersteilzeit 44, 45, 358, 435, 439, 447
- Arbeitsphase 46
- Arbeitsverhältnis 45
- Aufstockungsbetrag 45
- betriebsbedingte Kündigung 44
- Blockmodell 46
- Freistellungsphase 46
- Insolvenzfall 47
- Rechtsanspruch auf Altersrente 47
- Rentenabschläge 47
- Sozialauswahl 44
- Teilzeitbeschäftigte 44
- Teilzeitmodell 46
- Überforderungsschutz des Arbeitgebers 46
Amtsgericht 73
Änderung des Betriebszwecks 470
Änderungsklauseln 211
Änderungskündigung 49, 82, 172, 197, 207, 254, 287
- Gleichbehandlung 254
- Kündigungsfristen 255
- Mitglieder von Betriebsverfassungsorganen 197
Änderungskündigungen 314, 356
Anerkennung als Schwerbehinderter 59
Anfechtung 312
- des Arbeitsvertrags 57
- des Aufhebungsvertrags 92
Anfechtungserklärung 60
Anfechtungsgründe 57
Angestellter 77
Anlernlinge 282
Annahmeverzug 62, 104, 214, 320, 327
- anderweitige Einnahmen 63
- Auskunft 64
- Betriebsübergang 63
- böswillig unterlassene Einkünfte 63
- gemeingefährliche Handlungen 63
- Heimarbeiter 63
- Kraftfahrzeug 63
- Nebenverdienst 63
- Provisionen 63
- Sachleistungen 63
- Schaden 64
- Sozialleistungen 63
- Vermögen 63
Anrechnungsklausel 247

Stichwortverzeichnis

Anteilige Ansprüche 223
Arbeiten über die Altersgrenze hinaus 43
Arbeiter 77
Arbeitgeber 103, 207, 213
- Direktionsrecht 213
- fristlose Kündigung 103
- Führungskräfte 213
- ordentliche Kündigung 103
- Vorgesetzte 213
Arbeitgeber 66, 67, 68, 69, 70, 75, 282, 285, 313, 468
- ausländische Staaten 68
- besondere Arbeitgeberstellungen 70
- Betriebsführungsgesellschaft 69
- Betriebsübergang 69
- Dienststelle 68
- Direktionsrecht 75
- Ehegatte 66
- Einzelhafenbetrieb 68
- erzieherische Aufgaben 75
- Fraktionen 68
- Führungs- und Leitungsaufgaben, künstlerische 75
- Gebietskörperschaften 68
- Gemeinschaftsbetrieb 69
- Gesamthafenbetriebsgesellschaft 68
- Gesellschaften 67
- Insolvenz 69
- Insolvenzverwalter 69
- kirchliche Arbeitgeber 68
- Klagepartei 70
- Konzern 70
- Kündigung 68
- Kündigungsberechtigung 68
- Kündigungsschutzprozess 70
- leitende Angestellte 71
- natürliche Person 66
- Organ der Betriebsverfassung 71
- Personalleiter 69
- persönliche Abhängigkeit 75
- politische Parteien 68
- Stationierungskräfte 68
- Stiftungen 68
- Tod 66
- Verein 67
- Vertretung 68
- Vertretung gegenüber Betriebsrat 71
- Verwandte 66
- Vollmacht 68
- Wechsel 69
- Wohnungseigentümergemeinschaft 67

- Zwischenarbeitgeber 70
Arbeitgeberdarlehen 389
- Ausbildungsfinanzierung 389
- betriebsbedingte Kündigung 389
- sofortige Rückzahlung 389
- Zinsvergünstigungen 389
Arbeitgeberfunktion 67
- ausländische Gesellschaften 67
Arbeitgebergruppe 69, 289
Arbeitgeberverbände 334
Arbeitgeberwechsel 289
- Betriebszugehörigkeit 289
Arbeitnehmer 72, 73, 74, 207
- Abhängigkeit 72
- Arbeitszeit 72, 74
- Beamte 73
- Direktionsrecht 207
- Fürsorgezöglinge 73
- Kündigungsschutz 73
- Lehrbeauftragte 73
- mitgliedschaftsrechtliche Beziehungen 74
- Pflichtarbeiter 73
- Richter 73
- Soldaten 73
- Strafgefangene 73
- Tätigkeit 72
- Vertragsgestaltung 74
- Weisungsabhängigkeit 72, 207
- Zivildienstleistende 73
Arbeitnehmer ab 60 155
Arbeitnehmerähnlich 75
Arbeitnehmerähnliche Person 79, 139
Arbeitnehmeransprüche in der Insolvenz 448
Arbeitnehmerbegriff 73, 77, 78, 80
- Abgrenzungsmerkmale 73
- Arbeitsgerichte 78
- Betriebsverfassungsrecht 80
- Gesellschafter des Arbeitgebers 77
- Grundmerkmale 73
- Kommanditist 77
Arbeitnehmerschutzrecht 73
Arbeitnehmerüberlassung 70
Arbeitsamt 441, 439
Arbeitsgericht 73, 78, 437, 481
- Beurteilungsspielraum 437
- Kündigungsschutzverfahren 79
- Unternehmerentscheidung 482
- Vorabentscheidungsverfahren 79
- Zuständigkeit 79
Arbeitslosengeld 440, 444
- Dauer des Anspruchs 440
- Nebeneinkommen 440

571

Stichwortverzeichnis

- Rahmenfrist 440
- Ruhen 444
Arbeitslosigkeit 439
Arbeitslosigkeit älterer Arbeitnehmer 447
- Abschläge 447
- Altersgrenze 447
Arbeitsmethoden 269
Arbeitsorganisation 172
Arbeitsort 208
Arbeitspflicht 210, 216
- Konkretisierung 210
Arbeitsplatzgestaltung 172
Arbeitssuche, Freistellung zur – 249
- Bedeutung für den Arbeitnehmer 249
- Bedeutung für den Betriebsrat 252
- Bezahlung 250
- Einwände des Arbeitgebers 250
- Tarifvertrag 251
Arbeitsverpflichtung 246
Arbeitsvertrag 57, 97, 138, 173, 243, 313, 377
- Anfechtung 57
- auflösend bedingter 97
- Ausländer ohne Arbeitsgenehmigung 378
- Befristung 138
- Beteiligung an Steuerhinterziehung 377
- einzelne unwirksame Bestimmungen 379
- faktisches Arbeitsverhältnis 379
- Lohnwucher 379
- Nichtigkeit 377
- Schwarzarbeit 378
- sittenwidriger Arbeitsvertrag 378
- Verbot der Kinderarbeit 378
- Verstoß gegen ein Gesetz 377
- Wucher 378
Arbeitsverweigerung 173, 214, 216, 243
- aus Gewissensgründen 305
Arbeitszeit 172
- konten 358
Arbeitszeitreduzierungen 358
- Änderungskündigung 358
- Direktionsrecht 358
- Teilzeitmodelle 358
Arbeitszeugnis s. Zeugnis 548
Arglistige Täuschung 58, 93
Art und Dauer der Tätigkeit 551
Ärzte in der Weiterbildung, Befristung 84
Ärztliche Weiterbildung 84
- an Universitäten 84
AT-Arbeitnehmer 22
AT-Bereich 224

Aufgaben von begrenzter Dauer als Befristungsgrund 397
Aufhebungsvertrag 13, 18, 20, 87, 90, 91, 92, 312, 320, 335, 365, 439, 442
- als Schaden 94
- Anfechtung 92
- Bedeutung für den Betriebsrat 95
- Kündigungsschutzverfahren 94
- Sperrzeit 442
- unzulässige Klauseln 90
Auflösend bedingter Arbeitsvertrag 97
- Grenzen 97
- Zulässigkeit 97
Auflösung des Arbeitsverhältnisses 100
Auflösungsantrag 13, 20, 100, 101, 102, 327, 465
- außerordentliche Kündigung 101
- fristlose Kündigung 102
- Kündigungsfrist 101
- leitende Angestellte 100
- Prozesserklärung 100
- Zeitpunkt der Entscheidung des Gerichtes 101
- des Arbeitgebers 102
Auflösungsentscheidung des Gerichtes 103
- Abfindung 103
- Berufungsinstanz 103
- LAG 103
- Parteien 103
Auflösungsgründe des Arbeitgebers 103
- Bestandsschutzcharakter 103
- Zusammenarbeit 103
Auflösungsurteil 20
Auflösungsverschulden 106
- Ersatzpflicht des Arbeitgebers 108
- Ersatzpflicht des Arbeitnehmers 107
- Rechtsgrundlage 106
- sonstige Ersatzansprüche 109
- Voraussetzungen 106
Auflösungszeitpunkt 87
Aufrechnung 388, 394
Aus- und Fortbildung als Befristungsgrund 397
Ausbildung 388
Ausbildungsfremde Tätigkeiten 135
Ausbildungskosten 390
Ausbildungsverhältnis 500
Ausflaggung 429
Ausgleichsquittung 110, 319, 335
- Auslegung der Verzichtserklärung 112
- Entscheidungsspielraum des Arbeitnehmers 110

Stichwortverzeichnis

- rückgängig 113
- Sprachprobleme 114
- unverzichtbare Ansprüche 111
Aushilfskraft als Befristungsgrund 397
Auskunftsverlangen 436
Ausland 161, 283, 334
Ausländische Arbeitnehmer 318
- als Befristungsgrund 398
Ausländische Unternehmen 285
Auslaufen des Arbeitsverhältnisses 503
Ausschlussfristen 390
Ausschüsse für Berufsbildungsstreitigkeiten 115
- einstweilige Verfügung 115
- Kammern 115
- Klage 116, 117
- Klagefrist 116
- Spruch 116
- tarifliche Ausschlussfristen 116
- Vergleich 116
- Verjährungsfrist 116
- vorsorgliche Klage 115
- Zwangsvollstreckung 117
Austauschbarkeit 431
Austauschkündigung 168
Auswahlentscheidung 126, 436
Auswahlrichtlinie 125, 126, 127, 129, 434, 435
- Abmahnung 128
- Änderungskündigung 128
- Arbeitsgericht 126
- betriebsbedingte Kündigungen 126
- Betriebsvereinbarung 125, 129
- grobe Fehlerhaftigkeit 127
- Insolvenz 125
- Interessenausgleich 125
- Kündigungsverbot 125
- Kündigungsvoraussetzungen 128
- Punktetabellen 127
- Sozialauswahl 125, 126
- Tarifvertrag 125
- Teilbetriebsstilllegung 125
- Umwandlung 125
- Versetzung, Umgruppierungen, Einstellungsrichtlinien 129
Auszubildende 62, 130, 282, 334
- außerordentliche Kündigung durch den Ausbildenden nach Ablauf der Probezeit 133
- Befristung 130
- gerichtliches Vorgehen gegen eine Kündigung 137

- Kündigung 132
- Kündigung durch den Auszubildenden nach Ablauf der Probezeit 136
- nicht bestandene Prüfung 130
- Situation während der Probezeit 132
- verspätete Prüfung 130
- vorzeitiges Abschlussexamen 130
- Weiterbeschäftigung nach Ende des Ausbildungsverhältnisses 131
Außendienstmitarbeiter 75, 208
Außerdienstlicher Bereich 465
Außerordentliche Kündigung 83, 118, 123, 180, 181, 185, 196, 259, 313, 332, 367, 421
- allgemeine Voraussetzungen 118
- besonderer Kündigungsschutz 196
- Einschränkung 123
- Grundlagen 118
- Interessenabwägung 120
- Mutterschutz 367
- prinzipielle Eignung als wichtiger Grund 119
- Schwerbehinderte 259, 421
Außerordentliche Kündigung durch den Arbeitnehmer 528
Außertarifliche Angestellte 15

BAG 103
Bauarbeiter 160, 208
Baubetrieb 364
Beamte 334, 499
Bedingte Kündigung 315
Bedingung 312
Beendigung der Betriebstätigkeit 448
Beendigungskündigung 314
Befristung 84, 279, 312
- Ärzte in der Weiterbildung 84
- Klagefrist 279
Befristung des Arbeitsvertrags 138, 140
- Ausnahmen vom sachlichen Grund 139
- Erfordernis des sachlichen Grundes 138
- tarifliche Regelungen 140
- Zulässigkeit im Allgemeinen 138
Begründungspflicht bei außerordentlicher Kündigung 122
Beleidigungen 134
Benachteiligungen 274
Bergmannsversorgungsschein 146
- anderer angemessener Arbeitsplatz 147
- arbeitsgerichtliches Verfahren 148
- behördliches oder verwaltungsgerichtliches Verfahren 148

Stichwortverzeichnis

- Mindestkündigungsfrist 148
- ordentliche Kündigung 146
- unbillige Härte 147
- Witterungsgründe 147
- Zentralstelle 146
- Zustimmung einer Behörde 146

Berufsfreiheit 215, 312
Berufungsinstanz 105
Beschäftigtenzahl 282, 286
- Betriebsverfassungsrecht 286
- geringfügig beschäftigte Arbeitnehmer 286
- Heimarbeiter 286
- Teilzeitbeschäftigte 286

Beschäftigung 150
- besondere Gründe des Arbeitgebers 151
- einstweilige Verfügung 152
- Rückzahlungsverpflichtung 153
- Vereinbarung 150
- wegen Obsiegens in einer Instanz 152

Beschäftigungs- und Qualifizierungsgesellschaften 275
- Kurzarbeit 275
- Transferleistungen 275
- Verweildauer 275

Beschäftigungsanspruch 244
Beschäftigungsförderungsgesetz 154, 157
- Anwendungsbereich 154
- Befristung 154
- gesetzliche Neuregelung 157

Beschäftigungsgesellschaft 15, 271
Beschränkung der Befristungsmöglichkeit 140
Beschwerde 34, 231
- Einspruch 231

Besonderer Kündigungsschutz 196, 333
- außerordentliche Kündigung 196

Bestandsschutz 431
Bestandsschutzinteresse 214
Bestechungsgelder 210
Bestimmungsrecht 460

Betrieb 158, 159, 160, 161, 162, 334
- Arbeitgeber 158
- ausländische Betriebe 161
- Betriebsänderung 162
- betriebsbedingte Kündigungen 162
- Betriebsteil 160
- Betriebsübergang 162
- Betriebszugehörigkeit 162
- Betriebszweck 160
- Dienststelle 158
- Gemeinschaftsbetrieb 159

- Kleinbetrieb 161
- Kommunikationsstrukturen 160
- Konzern 162
- Konzernbetriebe 160
- öffentliches Recht 158
- räumliche Gegebenheiten 160
- Sozialauswahl 162
- Verwaltung 158
- Wartezeit 162
- wirtschaftliche Einheit 160

Betriebliche Altersversorgung 13
Betriebsänderung 178, 268, 269, 270, 502
- betriebsbedingte Kündigungen 178
- Betriebsteile 269
- Betriebsrat 270
- Einschränkung eines ganzen Betriebes 269
- Grundlegende Änderungen der Betriebsorganisation 269
- Massenentlassung 269
- Personalabbau 269
- Spaltung 269
- Stilllegung 269
- Unternehmerentscheidung 270
- Verlegung eines Betriebes 269
- Zusammenschluss 269

Betriebsanlagen 269
Betriebsarzt 391
Betriebsbeauftragte 391
Betriebsbeauftragte, Kündigungsschutz 163
- Betriebsarzt und Fachkraft für Arbeitssicherheit 166
- Datenschutzbeauftragter 165
- Gewässerschutzbeauftragter 163
- Immissionsschutzbeauftragter 164
- Störfallbeauftragte 163
- Tierschutzbeauftragte 163

Betriebsbedingte Kündigung 168, 169, 171, 173, 174, 175, 176
- Abkehrwille 176
- Änderungskündigung 168
- anderweitige Beschäftigung 177
- Arbeitsüberhang 170
- außerbetriebliche Gründe 169
- Betriebsrisiko 176
- Betriebszugehörigkeit 177
- Bildungs-, Fort- und Weiterbildungsmaßnahmen 175
- Bildungsfähigkeit des Arbeitnehmers 175
- Direktionsrecht 168
- dringendes Bedürfnis 169
- Energiemangel 176
- innerbetriebliche Gründe 169

574

Stichwortverzeichnis

- innerbetriebliche Umorganisation 174
- Interessenabwägung 177
- Konzern 168
- Kündigungsvermeidung 171
- Lebensalter 175
- Prognose 176
- Quasibeförderung 174
- Stilllegungsbeschluss 170
- Überprüfung durch das Arbeitsgericht 176
- Unternehmen 168, 174
- Unternehmerentscheidung 168
- Versetzung 168
- Vortrags- und Beweislast 177
- Wegfall des Arbeitsplatzes 170
- Weiterbeschäftigung 173
- Wiedereinstellungsanspruch 176

Betriebsbedingte Kündigungen 45
Betriebsbuße 34, 214
Betriebsfrieden 217
Betriebsführungsgesellschaft 159
Betriebshierarchie 432
Betriebsinhaber 363
- Wechsel 188

Betriebsleiter 159
Betriebsleiter, Geschäftsführer 100
Betriebsnormen 355
Betriebsrat 39, 55, 124, 129, 144, 217, 229, 232, 248, 263, 267, 268, 276, 277, 357, 394, 438, 462, 467, 478, 482, 485, 494, 501, 559
- Abfindungen 502
- Abgruppierung 55
- Amtspflichtverletzung 277
- Änderung im Arbeitsbereich 462
- Änderungskündigung 55
- Anfechtung des Arbeitsvertrags 61
- Anspruch auf Zeugnis 559
- Arbeitgeberdarlehen 394
- Arbeitszeit 462
- Aufhebungsvertrag 232
- außerordentliche Kündigung 124
- Ausgleichsquittung 114
- Auswahlrichtlinien 129
- Auszubildende 136
- befristete Arbeitsverträge 144
- Beschwerde 39, 217
- betriebliche Berufsbildung 394
- Betriebsänderung 268, 502
- Betriebsratsanhörung 462
- Dotierungsrahmen 462
- Freistellung 248
- Initiativrecht 358

- Insolvenz 267
- Interessenausgleich 268, 276
- kollektiver Bezug 217
- Kündigung von Heimarbeitern 263
- Kurzarbeit 357
- Mitbestimmungsrecht 217, 462
- Monatsgespräch 232
- Personalplanung 501
- personelle Einzelmaßnahmen 501
- Rückzahlungsklauseln 394
- Sozialplan 276
- Stellvertreter 229
- Teilkündigung 462
- Tendenzbetriebe 467
- Umgruppierung 55
- unkündbare Arbeitnehmer 478
- Unterlassungsanspruch 55
- unternehmerische Entscheidungen 482
- Verdachtskündigung 485
- verhaltensbedingte Kündigung 494
- Versetzung 55, 248, 462
- Vorsitzender 229
- Wartezeit 501

Betriebsratsanhörung 40, 103, 179, 180, 182
- Anhörungspflicht, entfallende 179
- arbeitsgerichtliches Verfahren 184
- Bedenken 185
- Beginn der Anhörung 181
- besonderer Kündigungsschutz 180
- betriebsverfassungsrechtliche Vorschriften 182
- entlastende Umstände 180
- fehlerhafte Anhörung 183
- Form 181
- Fragen des Betriebsrats 180
- Kündigungsfristen 180
- nachträgliche Genehmigung 183
- Name 179
- persönliche Daten 180
- Sachverhalt, wesentliche Änderung 183
- schlagwortartige Mitteilung 180
- Sozialdaten 185
- subjektive Determinante 180
- Zeitpunkt der Kündigung 182

Betriebsratsfähigkeit 286
Betriebsratslose Zeit 474
Betriebsratsmitglied 243
Betriebsratsschulung 391
Betriebsrenten 274
Betriebsrisiko 354
Betriebssplitter 471
Betriebstreue 204, 226

575

Stichwortverzeichnis

Betriebsübergang 104, 176, 187, 188, 190, 192, 193, 195, 471
- Änderungskündigung 192
- Anscheinsbeweis 194
- Arbeitsgerichte 189
- Belegschaft 189
- betriebsbedingte Kündigung 192
- Betriebsstilllegung 194
- Betriebsteil 188
- Betriebszweck 189
- Beurteilungsspielräume 189
- Funktionsnachfolge 190
- Identitätswahrung 188
- Klagebesonderheiten 195
- Klagefrist 192
- Kleinbetrieb 192
- Kündigungsverbot 192
- Namensliste 190
- Rechtsgeschäfte 190
- Sozialauswahl 193
- Umwandlung 190, 471
- Wartezeit 192
- Widerspruch 192
- Widerspruchsrecht 191
- wirtschaftliche Einheit 188
- Zuordnung 190

Betriebsvereinbarung 313, 353
Betriebsverfassungsorgane, besonderer Kündigungsschutz 196, 197, 198
- Änderungskündigung 197
- Antrag auf Zustimmungsersetzung 200
- Arbeitsgericht 196
- Ausspruch der Kündigung 200, 201
- außerordentliche Kündigungsgründe 197
- Beginn 196
- Beschlussverfahren 201
- Betriebsrat 196, 199
- Bordvertretung 196, 199
- Ende 196
- Ersatzmitglieder 197
- Jugend- und Auszubildendenvertretung 196, 199
- Kostenerstattung 201
- Kündigungsschutzverfahren 202
- nachträgliche Zustimmung 201
- Seebetriebsrat 196, 199
- Stilllegung einer Betriebsabteilung 198
- verfahrensmäßiger Kündigungsschutz 199
- Vorfälle 198
- Wahlbewerber 197, 199
- Wahlvorstand 197, 199

- Zusammenhang mit der Amtsführung 198
- Zustimmung des Betriebsrats 199
- Zustimmungsersetzung durch das Arbeitsgericht 196, 200

Betriebsverfassungsrechtlicher Abfindungsanspruch 16
- freiwillige Betriebsvereinbarungen 16
- Sozialplan 16

Betriebszugehörigkeit 126, 175, 192, 203, 206, 286, 435, 499
- Anrechnungstatbestände 206
- Arbeitskampf 206
- Erziehungsurlaub 206
- Sozialauswahl 203
- Wehrdienst 206

Betriebszweck 269
Beweislast 436
Bewerbungsberatung 15
BGB-Gesellschaft 67
Bildungsfähigkeit des Arbeitnehmers 175
Bildungsurlaub 391
Billiges Ermessen 460
Bindungsfristen 392
Bindungswirkung an den Betrieb 223
Böswilliges Unterlassen 513
Bündnis für Arbeit 439
Bürgerinitiative, Kündigungsschutz 34

Cockpitpersonal 42

Darlegungslast 436
Datenschutzbeauftragter 391
Deutsche Sprache 318
Deutsches Arbeitsrecht 283
Deutsches Recht 334
Dienstfahrzeug 13
Dienststelle 282
Dienstverhältnis als Arbeitsverhältnis 207
Dienstvertrag 76
Dienstwagen 23, 246
- Nutzung 455

Direktionsrecht 49, 66, 72, 171, 207, 208, 209, 211, 212, 215, 244, 290, 461
- Änderungskündigung 211
- Arbeitgeber 209
- Arbeitsort 208
- Arbeitszeit 208
- äußere Erscheinung 208
- Begrenzungen des Direktionsrechts 209
- gerichtliche Überprüfungskompetenz 215
- Klagefrist 215
- Kündigungsschutz 211

Stichwortverzeichnis

- Mitbestimmungsrechte des Betriebsrats 212
- sittenwidrige Weisungen 210
- Teilkündigung 461
Direktionsrechte 354
Diskriminierung 316, 274
Drei-Wochen-Frist des § 1 Abs. 5 BeschFG 143
Drittmittel als Befristungsgrund 398
Druckkündigung 218, 316
- Druck 218
- eigenständige Voraussetzungen 218
- Möglichkeiten der Druckbeseitigung 219
- Schadensersatzansprüche 219
- Stellen vor den Arbeitnehmer 219
Durchschnittsvergütung 246

Eheähnliche Gemeinschaften 283
Eigenkündigung 171, 192, 388, 439, 448
- Kleinbetriebe 448
Eigenmächtiger Urlaubsantritt 134
Eignungsübung 83, 206
Eingliederung 160
Eingliederungszuschuss als Befristungsgrund 398
Eingruppierung 432
Einigungsstelle 39, 232, 270, 271, 273, 276, 358
- Interessenausgleich 271
- Mehrheitsentscheidung 273
- Rechtsanspruch 233
- Sozialplan 273
- Vorsitzender 273
- Vorsitzender der Einigungsstelle 271
Einigungsvertrag, Sonderkündigungsrechte 220
Einkommensteuer 25
- Veranlassung des Arbeitgebers 25
- Zuflussprinzip 25
- Zusammenballung 25
Einmalzahlung 223, 224, 225, 388, 449
- betriebsbedingte Kündigung 224
- Bezeichnung 225
- freiwillige Zahlungen 223
- Freiwilligkeitsvorbehalt 223
Einschränkung 326
Einseitiges Bestimmungsrecht 459
Einspruch 229, 230, 231
- Änderungskündigung 231
- Betriebsratmitglied 229
- Betriebsratsanhörung 230
- Drei-Wochen-Frist 230

- Rechtsanwalt 229
- Rechtsschutzsekretär 229
- Stellungnahme des Betriebsrats 231
- Wochenfrist 230
Einspruch gegen eine Kündigung 229
- Betriebsrat 229
- Kündigung 229
Einspruchsrecht des Arbeitnehmers 230
Einstellung 330
Einstweilige Verfügung 245
Einstweiliges Verfügungsverfahren 214
Eintrittsrecht 512
Einweisungskosten 391
Einzelvertragliche Abfindungsansprüche 18
Empfangsbedürftige Willenserklärung 326
Empfangsboten 319
Englisch 318
Entlassung 312
Entreicherung 390
Entscheidungsfreiheit des Arbeitgebers 172
Erben 105
Erbfolge 471
Erfolgsabhängige Beschäftigung 246
Ermahnung 34
Ermessen 274
Erprobung als Befristungsgrund 398
Ersatzdienst 283
Erstattungsansprüche des Arbeitsamtes 447
Erweiterung der Befristungsmöglichkeiten 140
Erziehungsurlaub 233, 283, 499
- Beendigung des befristeten Arbeitsvertrags 239
- Befristung mit Ersatzkraft 237
- Beginn 234
- Berechtigte 236
- Ende 234
- Erteilung der Zustimmung 235
- Form 233
- keine Veränderung der Betriebsgröße durch Ersatzkraft 240
- Mittelbare Vertretung 239
- Sonderkündigungsrecht nach § 21 Abs. 4 BErzGG 240
- sonstige Kündigungsbestimmungen 233
- Teilzeit 234
- Vertretungsfälle 237
- Verwaltungsvorschriften 236
- Voraussetzung 234
- Zeitraum der Befristung 238
- Zustimmung der zuständigen Behörde 233

577

Stichwortverzeichnis

Facharztausbildung 85
Fachkräfte 223
Faktisches Arbeitsverhältnis 60
Familienangehörige 283, 319
– Kleinbetrieb 283
– Unterhaltsverpflichtungen 283
Familienbetriebe 159
Familienrechtliche
  Unterhaltsverpflichtungen 73
Feiertag 497
Fertigungsverfahren 269
Filmstudios 463
Flexible Arbeitszeit 358
Fliegendes Personal 334
Flugbetrieb 159
Fluktuation 481
Formwechsel 468, 472
Forschungsinstitute 463
Fortsetzung des Arbeitsverhältnisses 326
Franchise-Vertrag 77
Freie Handelsvertreter 334
Freie Mitarbeiter 75, 283, 499
Freies Ermessen 460
Freifrist 364
Freigänger im Strafvollzug 499
Freistellung 227, 242, 243, 248
– Änderungskündigung 248
– Arbeitgeber 243
– Betriebsrat 248
– formfrei 243
– Kündigungsfrist 242
Freistellung zur Arbeitssuche 249
Freistellungsregelung 245
– Abfindung 245
– Aufhebungsvertrag 245
– Freistellung 246
– Rechtsfolge 246
Freistellungsvereinbarung 244
Freistellungszeitraum 246, 347
– anderweitiger Verdienst 247
– Betriebszugehörigkeit 248
– Entgeltfortzahlung 247
– Erkrankung 247
– Urlaubsanspruch 246
– Zurückrufung 247
Freiwillige Vereinbarungen 359
Freiwilligkeitsvorbehalt 49, 212, 458
Freizeitverhalten als Kündigungsgrund 302
Fremdfirmen 161
Fremdsprachenlektoren als
  Befristungsgrund 399

Führung und Leistung 552
Führungskräfte 15, 22

Gehaltsabrechnung 459
Gehaltskürzung 214
Gemeinschaftsbetrieb 69, 159, 285, 473, 474
– Holdinggesellschaft und Tochtergesellschaft 285
Gerichtliche Überprüfung 459
– Teilkündigung 459
– Widerrufsvorbehalt 459
Gerichtliche Überprüfung der
  Sozialauswahl 436
Gerichtstermin 103
Geringfügige Beschäftigung 334
Gesamtrechtsnachfolge 468
Geschäftsführer 75, 76, 78, 206, 282, 499
– Konzerngesellschaft 78
– Kündigungsschutz 76
– Sonderurlaub 206
Geschäftsführerverhältnis 76
Geschäftsgeheimnisse 247
Gesellschafter 282
– Beschluss 482
– Wechsel 471
Gesetzesänderung 99
– auflösende Bedingung 99
Gesetzlicher Abfindungsanspruch 17, 275
– Abfindungsantrag 17
– Arbeitsgericht 17
– freies Ermessen 17
– Interessenausgleich 17
– tarifliche Ausschlussfristen 17
Gewerkschaftliche Betätigung
– Kündigung wegen – 308
Gewerkschaften 334
Gewinnbeteiligung 225
Gewinnerhöhungsabsicht 480
Gewissensfreiheit 215, 465
Gleichbehandlungsgrundsatz 253, 316, 323, 460
– Altersgrenze 254
– Änderungskündigung 254
– Arbeitgeber 253
– bei dem Ausspruch von Beendigungskündigungen 253
– Betriebsparteien 253
– Kündigungsfristen 323
– Tarifparteien 253
– Teilzeitarbeit 254
Gleichordnungskonzern 288
Gratifikation 225, 388

Stichwortverzeichnis

- charakter 226
- Mischcharakter 226
Grundgesetz 332
Grundrechte, Kündigung Verstoß gegen – 301
- Anwendungsfälle 301
- Freie Entscheidung über das eigene Äußere 303
- gewerkschaftliche Betätigung 308
- Gewissensfreiheit 305
- Glaubensfreiheit 304
- Pressefreiheit 307
- Rauchverbot 304
- Recht am gesprochenen Wort 303
- Schutz von Ehe und Familie 308
- unerwünschte Meinungsäußerungen 306
- Verhalten in der Freizeit 302
Grundrechtsverwirklichung des Arbeitgebers 464
Grundregel des § 1 Abs. 1 Beschäftigungsförderungsgesetz 155
Grundwehrdienst 206
Günstigkeitsprinzip 272
Gütetermin 232
Gütliche Einigung 231

Hafenarbeiter 68
Handelsreisende 160
Handelsvertreter 499
Hauptfürsorgestelle 256
- anderer angemessener und gesicherter Arbeitsplatz 259
- anderer Arbeitsplatz 258
- außerordentliche Kündigung 259
- betriebsbedingte Kündigungsgründe 257
- Betriebseinschränkung 257
- Betriebsstilllegung 257
- Einschränkung des Ermessens 257
- Insolvenzfall 258
- Interessenabwägung 256
- Voraussetzungen 256
Haushaltsplan als Befristungsgrund 399
Hausrecht 243
Heimarbeit 261
- der erfasste Personenkreis 261
- Einschaltung des Betriebsrats 263
- Kündigungsfristen 262
- Kündigungsgründe 262
Heimarbeiter 62, 75, 82, 83, 283
- Annahmeverzug 62
Helfertätigkeit im Zivilschutz 206

Herausgreifende Kündigung 316
Herrschendes Unternehmen 288
Hilfsweise Kündigung 314
Höchstfrist 85
Holdinggesellschaft 285
Horizontale Vergleichbarkeit 432

Informationstechnologie 175
Inhalt des Arbeitsvertrages 210, 215
Inhaltskontrolle 215
Inhaltsnormen 355
Insolvenz 175, 264, 278
- Abweichungen vom allgemeinen Arbeitsrecht 264
- Arbeitgeber, zahlungsunfähig 264
- Beschleunigung des Kündigungsschutzverfahrens 266
- Handlungsmöglichkeiten des Betriebsrats 267
- Klagefrist gegen Kündigung 278
- Kündigungsfristen des Insolvenzverwalters 265
- Namensliste 266
- Sozialplanvolumen 267
- Überschuldung 264
- Verhandlungen über den Interessenausgleich 266
Insolvenzgeld 448, 449
- 13. Gehalt 449
- Einmalzahlungen 449
- Sonderzahlungen 449
Insolvenzkündigungsfrist 448
Insolvenzverfahren 448
- Beendigung der Betriebstätigkeit 448
- Masse 448
Interessenabwägung 171
Interessenausgleich 268, 270, 271
- Auswahlrichtlinien 271
- Betriebe 268
- Betriebsübergang 270
- Einigungsstelle 270
- Gesamtbetriebsrat 269
- Kleinbetriebe 268
- Kündigungsverbote 271
- Namensliste 271
- Sozialauswahl 271
Interessenausgleich/Sozialplan 178
Investitionsentscheidungen 173
Irrtum als Anfechtungsgrund 57

Jahresabschlussprämie 225
Jahreseinkommen 224

579

Stichwortverzeichnis

Jahresendzahlung 225
Job-Hopping 205
Jubiläumsaktien 227

Kampagnebetrieb 159, 364
Karenzentschädigung 512
– Arbeitslosengeld 513
– Umzug 513
Kartellrecht 482
Kettenarbeitsverhältnisse 141
Kettenkündigung 315
Kinderbetreuung 308
Kirchen 334, 463
Kirchenarbeitsverhältnis 466
– Abmahnungen 466
– Direktionsrecht 466
– Kirchen 466
– Kündigung 466
– Loyalitätsobliegenheiten 466
Kirchengemeinde 68, 285, 334
Klagefrist 230, 277, 279, 332
– Befristung 279
– eidesstattliche Versicherung 280
– Fristversäumnis 281
– Glaubhaftmachung 280
– Insolvenz 278
– Kündigungsschutzgesetz 278
– nachträgliche Zulassung der Klage 279
– unzuständiges Gericht 279
Klageort 348
Klagerücknahme 336
Kleinbetrieb 282, 284, 286, 287, 448
– Außenlager 284
– Betriebsänderungen 287
– Betriebsstätten 284
– Eigenkündigung 448
– Eingruppierungen 282
– Filialen 284
– Gemeinschaftsbetrieb 284
– Gesamtbetriebsrat 287
– Interessenausgleich 282, 287
– Konzern 284
– Konzernunternehmen 287
– Mitbestimmung 287
– Niederlassungen 284
– Sozialplan 282, 287
– Unternehmen 284
– Verkaufsbüros 284
– Versetzungen 282
Konkludentes Handeln 191
Konkurrenzarbeitsverhältnis 512
Konkurrenztätigkeit 511

Konzern 172, 175, 203, 285, 288, 289, 290, 293, 473
– Arbeitgeber 289, 292
– Arbeitsplatz 292
– Arbeitsrecht 288
– Betriebsänderung 294
– Betriebsrat 293
– Betriebszugehörigkeit 203
– Direktionsrecht 290
– Entsendung 289
– Sozialplan 294
– Umwandlung 289
– Unternehmen 70, 498
Konzerndurchgriff 291
– Auswahlrichtlinien 291
– betriebsbedingte Kündigung 291
– Konzernbetrieb 291
– Kündigungsschutz 291
– Sozialauswahl 291
Krankenversicherung 447
– Ruhenszeit 447
Krankheit 295
– Alkoholverbot 299
– anderweitige Beschäftigungsmöglichkeiten 300
– Angaben über Gesundheitszustand 295
– Arbeitsunfälle 297
– Aufgaben des Betriebsrats 300
– Auswahlrichtlinien 300
– außergewöhnliche Kostenbelastung 297
– Beeinträchtigungen beim Arbeitgeber 297
– betriebliche Organisationsschwierigkeiten 298
– betriebliche Ursachen 297
– Betriebsablaufstörungen 297
– Dauererkrankung 298
– Entgeltfortzahlungskosten 297
– Entziehungskur 299
– erhebliche Beeinträchtigungen des Arbeitsverhältnisses 298
– Erwerbsunfähigkeitsrente 298
– Genussmittelabhängigkeit 299
– gesicherte arbeitswissenschaftliche Erkenntnisse 300
– häufige Kurzerkrankungen 296
– innerbetriebliche Maßnahmen 296
– Interessenabwägung 297, 298, 299
– Krankengespräche 300
– Kündigungsgrund 295
– Melde- und Nachweispflichten 295
– negative Prognose 296, 299
– Personalreserve 297

580

Stichwortverzeichnis

- Prognose 298
- sinnentleerte Arbeitsverhältnisse 298
- Störungen im Arbeitsverhältnis 299
- Sucht 299
- suchtbedingte Fehlleistungen 299
- suchtbedingte Fehlzeiten 299
- Suchtvereinbarungen 300
- Überbrückungsmaßnahmen 298
- Umorganisationen 297
- Ungewissheit 298
- Verhaltenspflichten aus Anlass einer Krankheit 300
- Vortäuschung von Krankheit 295
- Zeitpunkt 299

Kritik 34
Kundendiensttechniker 160
Kündigung 316, 317, 326, 517
- Absicht des Arbeitgebers 439, 443
- Anhörung 316
- Beendigungsdatum 317
- Kündigungsklarheit 317
- mit Auslauffrist 122
- wegen Arbeit für das MfS 221
- Wettbewerbsverbot 511
- Zugang 317

Kündigung als Verstoß gegen Grundrechte 301
- Anwendungsfälle 301
- Freie Entscheidung über das eigene Äußere 303
- gewerkschaftliche Betätigung 308
- Gewissensfreiheit 305
- Glaubensfreiheit 304
- Pressefreiheit 307
- Rauchverbot 304
- Recht am gesprochenen Wort 303
- Schutz von Ehe und Familie 308
- unerwünschte Meinungsäußerungen 306
- Verhalten in der Freizeit 302

Kündigung durch den Arbeitnehmer 310
- außerordentliche Kündigung 310
- ordentliche Kündigung 310

Kündigungsentscheidung 480
Kündigungserklärung 312, 332
- Arbeitgeber 312

Kündigungserschwerung 224, 227, 388
Kündigungsfreiheit 312, 332
Kündigungsfrist 104, 242, 274, 313, 321, 323, 332
- Annahmeverzug 324
- arbeitsvertragliche Vereinbarung, Tarifvertrag 323

- Bezug auf Tarifvertrag 323
- Gleichbehandlungsgrundsatz 323
- Grundkündigungsfrist 321
- Kündigungsfristen bei einem länger dauernden Beschäftigungsverhältnis 322
- längere als die gesetzlichen Kündigungsfristen 322
- nicht mehr als 20 Arbeitnehmer 322
- Probezeit 321
- Schaden 324
- tarifliche Fristen 323
- Vertragsstrafe 325
- vorübergehende Aushilfe 321
- Wettbewerbsverbot 324

Kündigungsklarheit 243
Kündigungsrücknahme 103, 326, 327
- Abfindung 327
- Arbeitgeber 326
- Auflösungsantrag 103, 328
- Auswirkung auf Annahmeverzug 328
- konkludente Handlung 326
- Kündigungsschutzklage 327
- Reaktionsmöglichkeiten 328
- Sozialplanabfindung 328
- taktische Gründe 327

Kündigungsschreiben 319
Kündigungsschutz 174, 292, 331, 428, 450
- Konzernbezug 292
- Kündigungsfrist 331
- Kündigungsschutzvorschriften 331
- Sozialstaatsprinzip 331
- tariflicher 450

Kündigungsschutz außerhalb des Kündigungsschutzgesetzes 337
- Auszubildende 337
- Bedeutung für den Betriebsrat 346
- Beweislast 346
- die neue Rechtsprechung 342
- Einzelfälle 345
- Erziehungsurlaub 337
- inhaltliche Überprüfung des Kündigungsgrundes 344
- Kündigung wegen eines Betriebsübergangs 339
- Kündigung wegen legaler Ausübung von Rechten 338
- Mutterschutz 337
- Sonderkündigungsschutz 337
- soziale Gesichtspunkte bei Auswahlentscheidungen 344
- ungehörige Kündigung 341
- Verbot der grundlosen Kündigung 342

581

Stichwortverzeichnis

- Verstoß gegen § 138 BGB 340
- Verstoß gegen das Diskriminierungsverbot des § 611 a BGB 338
- Verstoß gegen ein gesetzliches Verbot nach § 134 BGB 340
- Widerspruch gegen früheres Verhalten des Arbeitgebers 340

Kündigungsschutz in der Insolvenz 264
- Abweichungen vom allgemeinen Arbeitsrecht 264
- Arbeitgeber, zahlungsunfähig 264
- Beschleunigung des Kündigungsschutzverfahrens 266
- Handlungsmöglichkeiten des Betriebsrats 267
- Kündigungsfristen des Insolvenzverwalters 265
- Namensliste 266
- Sozialplanvolumen 267
- Überschuldung 264
- Verhandlungen über den Interessenausgleich 266

Kündigungsschutzgesetz 100, 334
- Abfindungsgesetz 100
- Arbeitsplatzerhaltungsgesetz 100

Kündigungsschutzklage 230, 348
- Angaben 349
- Antrag auf Feststellung des Bestehens des Arbeitsverhältnisses 350
- Anwaltskosten 352
- Auflagen 351
- Ausschlussfristen 352
- Beweis 351
- Einspruch 230
- Fristen 351
- Gerichtskosten 352
- Gewerkschaft 352
- gewerkschaftlicher Rechtsschutzsekretär 349
- Güteverhandlung 351
- Prozesskostenhilfe 352
- Rechtsantragsstelle 348
- Rechtsanwalt 349
- Rechtsbeistände 349
- Rechtsschutzversicherung 352
- Schriftsatzkündigung 349
- Termin vor der Kammer 351
- Vergleich 351
- Vollmacht 348

Kündigungsschutzprozess 100, 177, 315
Kündigungsschutzverfahren 173, 436
- Beurteilungsspielraum 436

Kündigungsschutzverzicht 335
Kündigungsstoppantrag 277
Kündigungsverbote 334
Kündigungsvermeidung 171
Künstler 334
Kurzarbeit 173, 354, 357, 358, 359
- Änderungskündigung 354
- Arbeitszeitreduzierung 358
- Betriebsänderung 354
- betriebsbedingte Kündigung 354, 357
- Betriebsrat 359
- Betriebsvereinbarung 359
- Einführung 359
- Interessenausgleich 354, 359
- Kurzarbeit Null 354
- Kurzarbeitergeld 359
- Massenentlassung 354
- Mitbestimmungsrecht 359
- personenbedingte Kündigungen 357
- Sozialplan 354, 359
- Unternehmerentscheidung 357
- verhaltensbedingte Kündigungen 357
Kurzarbeitergeld 354
Kurzarbeitsklausel 355

Landesarbeitsamt 356
Landgericht 73
Laufende Vergütung 223
Lebensalter 175, 435
Lebensgefährtin 319
- Empfangsbote 319
- Zugang 319
Lehrer als Befristungsgrund 400
Leiharbeitnehmer 139, 161, 209, 241, 283, 499
Leistungsbereich 36
Leistungsbezogene Elemente 223
Leistungsbonus 225
Leistungsprämien 225
Leistungsverhalten 208, 255
- Direktionsrecht 208
- Ordnungsverhalten 208
Leitende Angestellte 22, 78, 283, 286, 361
- Auflösungsantrag 362
- außertarifliche Angestellte 362
- Betriebsrat 361
- Generalvollmacht 361
- Kündigungsfristen 362
- Mitglieder des Sprecherausschusses 361
- Prokura 361
Liquidation 482
Lohnkosten 480

Stichwortverzeichnis

Lohnkürzungen 274
Loyalitätspflichten 464

Massenentlassung 356, 363, 364
– Änderungskündigung 364
– Anzeigepflicht 365
– Aufhebungsverträge 364
– Beendigung 363
– Beendigungszeitpunkt 363
– Betriebsänderung 363
– Eigenkündigungen 364
– Klagefrist 364
– Konzern 363
– Kündigung 363
– Kündigungsfrist 364
– Kurzarbeit 365
– Unternehmen 363
Massenentlassungsanzeige 271, 365, 366
– Betriebsänderung 366
– Betriebsrat 366
Massenkündigung 366
Meinungsfreiheit 215, 306
Missbilligung 34
Mitarbeiteraktien 227
Mitarbeitergesellschaft 15
Mitarbeitervertretungen 464
Mittelbares Arbeitsverhältnis 70
Mobbing 102, 327
Monteure 160, 208
Mündliche Auskünfte über den Arbeitnehmer 558
Mutterschaftsurlaub 499
Mutterschutz 367, 368
– andere Rechte 375
– Annahmeverzug 375
– Antrag des Arbeitgebers 367
– Arbeitsgerichte 370
– Arbeitsverhältnis 372
– Aufhebungsvertrag 375
– Auflösungsantrag 374
– Ausspruch der Kündigung 369
– außerordentliche Kündigung 367, 369
– Beendigungstatbestände 374
– Beginn 372
– Belastungen nach dem Mutterschutzgesetz 369
– Bescheid 367
– besondere Fälle 368
– Beweise 367
– Ende 372
– Ermessen 369
– Form 370

– Frage nach der Schwangerschaft 374
– Kenntnis des Arbeitgebers 373
– Kündigungen 374
– maßgeblicher Vertreter 373
– Mitteilungsfrist 373
– Nebenbestimmungen 367
– Sachverhalt 367
– Schutzzeitraum 374
– schwere Pflichtverstöße 369
– Sonderkündigung 371
– Umsetzung 368
– Verwaltungsrechtsweg 368
– Verwaltungsverfahren 370
– Widerspruch 368
– Zuständigkeit für die Zustimmung 367
– Zustimmung der Behörde 367
– Zustimmung im Laufe des Verfahrens 369

Nachträgliches Zeugnis 558
Nachweisgesetz 74, 210
Namensänderung des Arbeitgebers 470
Namensliste 125
Nebenbeschäftigung 334
Nebentätigkeitsgenehmigung 78
Neonazistische Propaganda 135
Neubegründung des Arbeitsverhältnisses 326
Neueinstellung 155
Nichtigkeit 312
Nichtigkeit des Arbeitsvertrages 377
– Ausländer ohne Arbeitsgenehmigung 378
– Beteiligung an Steuerhinterziehung 377
– einzelne unwirksame Bestimmungen des Arbeitsvertrags 379
– faktisches Arbeitsverhältnis 379
– Lohnwucher 379
– Schwarzarbeit 378
– sittenwidriger Arbeitsvertrag 378
– Verbot der Kinderarbeit 378
– Verstoß gegen ein Gesetz 377
– Wucher 378
Noten im Zeugnis 554

Öffentlich-rechtliche Rechtsbeziehung 73
Öffentliche Verwaltung 282
Öffentlicher Dienst 364
– Verwaltungen 364
Öffentliches Recht 482
– Wettbewerbsrecht 482
Opernhäuser 463
Optionsrechte 227
Ordentliche Kündigung 32, 180, 181, 185, 198, 421

583

Stichwortverzeichnis

– Ausschluss bei Abgeordneten 33
– Betriebsstilllegung 198
– Schwerbehinderte 421
– von Mitgliedern der Betriebsverfassungsorgane 198
Organe juristischer Personen 75
Organisationsentscheidung 172
Outplacement 15, 89
Outsourcing 190, 472, 479

Parlamentsfraktionen 334
Parteien 334
Parteiwille 74
Pauschalkündigung 366
Personalabbau 129
– Auswahlrichtlinien 129
Personalabbaumaßnahme 272
Personalakte 40
– Betriebsrat 40
Personalausschuss 229
Personalplanung 501
Personalrat 178, 320, 381
– Bundesbereich 381
– Landespersonalvertretungsgesetze 381
– Mitglieder von Personalvertretungsorganen 382
– unzuständige Vertreter 381
– Vorbereitungsdienst 382
– Weiterbeschäftigungspflicht 381
Personalreduzierung 268
Personalvertretung 145
Personelle Einzelmaßnahmen 501
Personenbedingte Kündigung 383, 465
– Aids 387
– besonderer Kündigungsschutz 387
– Betriebsrat 387
– Ehrenämter 387
– Einzelfall 384
– erhebliche Beeinträchtigung 384
– Erlaubnisse 384
– fehlende Eignung 384
– Geschlechtsumwandlung 387
– gewissensbedingte Arbeitsverweigerung 386
– Interessenabwägung 384
– konkrete Störung 384
– mildere Mittel 384
– nachlassende Leistungsfähigkeit 385
– privater Bereich 386
– Prüfungsschema 384
– sexuelle Orientierung 387
– Sicherheitsbedenken 386

– Straf- oder Untersuchungshaft 385
– Straftaten 385
– Widerspruch des Betriebsrats 386
Persönlichkeit 244
Pfändungsfreibetrag 394
Pfändungsfreigrenzen 394
Pfändungsschutz 28
Pflichtwehrübung 206
Piloten 42
Polizeivollzugsdienst 206
Praktikant 282, 499
Prämie 225
Privatbereich 318
– Dienstreise 318
– Klagefrist 318
– Krankheit 318
– Urlaub 318
Privatisierung 468
Privatleben 210
Privatnutzung 246
Privatsphäre 441
Privatuniversität 463
Probezeit 321, 495, 499, 500
– Ausbildungsverhältnis 500
– außerordentliche Kündigung 499, 500
– befristetes Arbeitsverhältnis 495
– Betriebsvereinbarungen 495
– Kündigung 495, 499
– Kündigungsfrist 321, 499
– Kündigungsgrund 501
– künstlerische Tätigkeiten 500
– Tarifverträge 495, 500
– Unterbrechung 500
– Wartezeit 496
– wissenschaftliche Tätigkeiten 500
Prognose 126
Provision 226
Provisionsabhängige Beschäftigung 244
Prozesskündigung 316
Prozessstandschafter 68
Prozessvertreter 231
Punktetabelle 435

Qualifikation 174

Rahmensozialpläne 273
Rationalisierungsabkommen 272
Rationalisierungsschutz 16
– Abfindung 15
– Abkommen 13
– Gleichbehandlung 16
– Kündigungsschutzklage 16

Stichwortverzeichnis

Rauchen als Kündigungsgrund 304
Recht auf Rentenbezug 41
Rechtsanwalt 317
Referenzperiode 246
Regelungsabrede 356
Reinigungskräfte 208
Religionsfreiheit 215
Religionsgemeinschaften 463
Rentennahe Jahrgänge 274
Rentenversicherungsträger 439
Rückzahlungsansprüche des Arbeitgebers 223, 388
Rückzahlungsklauseln 226, 388, 390
– gerichtliche Überprüfung 390
– Kündigungserschwerung 390
– Kündigungsfrist 390
– Schriftform 390
Rückzahlungsverpflichtung 226, 388, 392
– betriebsbedingte Kündigung 392
– Kündigung des Arbeitnehmers 392
Rüge 34
Ruhen 444
– Urlaubsabgeltungsanspruch 444
Ruhen von Arbeitslosengeld 445
– Abfindung 445
Ruhendes Arbeitsverhältnis 76, 283
Ruhenstatbestand 445
– Arbeitsentgelt 445
– Krankengeld 445
– Mutterschaftsgeld 445
– Verletztengeld 445
Ruhenszeit 446, 447
– Abfindung 446
– Krankenversicherung 447
Ruhenszeitraum 447
Rundfunk- und Fernsehgesellschaften 463
Rundfunkmitarbeit als Befristungsgrund 401

Sachgründe 461
Sachlicher Grund 395
– Abschluss eines befristeten Arbeitsvertrags 395
– Fallgruppen 396
– Kleinbetriebe 395
– Sonderkündigungsschutz 395
Saisonbetrieb 364
– als Befristungsgrund 401
Schadensersatz 102, 219, 512
– Druckkündigung 219
Schauspieler als Befristungsgrund 402
Schließung 479

Schmiergelder 210
Schriftform bei der Beendigung des Arbeitsverhältnisses 406
– Beendigungstatbestände 406
– Begriff 407
– Einzelprobleme bei der Befristung 410
– Einzelprobleme bei der Kündigung durch den Arbeitgeber 408
– Einzelprobleme bei der Kündigung durch den Arbeitnehmer 409
– Einzelprobleme beim Abschluss eines Aufhebungsvertrags 409
– nicht gewahrt 407
Schriftform der Kündigung 332
Schriftform des Aufhebungsvertrags 87
Schriftform für die Befristungsabrede 142
Schutzbedürftigkeit 335
Schwangere 334
Schwerbehinderte 334, 412, 422
– andere Regeln 416
– Anerkennungsverfahren 417
– Anfechtung des Arbeitsverhältnisses 414
– Anhörungspflichten 418
– Annahmeverzug 415
– Antrag 418
– Antrag auf Anerkennung als Schwerbehinderter 417
– Antrag auf Feststellung der Schwerbehinderteneigenschaft 412
– Arbeitgeber 413
– Arbeitsamt 417
– arbeitsgerichtliches Verfahren 424
– Aufhebungsvertrag 415
– Auflage 419, 420
– Auflösungsantrag 414
– aufschiebende Wirkung 420
– Ausnahmen hinsichtlich des geschützten Personenkreises 413
– Aussetzung des Verfahrens 424
– Ausspruch der Kündigung 421
– außerordentliche Kündigung 418, 419, 421, 423
– außerordentliche Kündigung mit Auslauffrist 419, 422
– Bedingung 414, 419
– Befristung 414
– Berufsunfähigkeit 414
– Betriebsratsanhörung 422
– Betriebsratsmitglied 422
– Beweis 419
– Einstellung 414

585

Stichwortverzeichnis

- Entscheidung 419
- Erwerbsunfähigkeit auf Zeit 414
- Frist zur Restitutionsklage 424
- Gleichstellung 412, 417
- Gleichstellungsverfahren 417
- Grad der Behinderung 412
- Grenze zur Anfechtung 424
- Hauptfürsorgestelle 418, 419
- Kenntnis des Arbeitgebers 413
- Kündigung 412, 413, 416
- Kündigungsfrist 416
- nicht abgeschlossenes Verfahren auf Anerkennung als Schwerbehinderter oder Gleichstellung 423
- ordentliche Kündigung 418, 419, 421, 423
- Rechtschutzinteresse an der Durchführung des verwaltungsgerichtlichen Verfahrens 425
- Restitutionsklage 424, 425
- schuldhaftes Zögern 422
- Sozialgerichte 417
- Verfahren 418
- Verhältnis der verschiedenen Verfahren 423
- Versorgungsamt 417
- Verwaltungsgericht 420
- Voraussetzungen 417
- Widerspruch 420
- Widerspruchsausschüsse 420
- Zustimmung der Hauptfürsorgestelle 412, 413, 417, 418
- Zustimmung des Betriebsrats 414
- Zustimmung zur Kündigung 417, 418

Schwerbehindertenvertretung 426
- Anhörung 426
- Aufhebungsvertrag 427
- Beteiligung 426
- einstweilige Verfügung 427
- Hauptfürsorgestelle 427
- Schwerbehindertenvertreter 427
- Unterrichtung 426
- Unwirksamkeit 426
- Vollzug 426
- Wahlbewerber 427

Seeleute 428
Seemannsgesetz 428
Selbstbindung des Arbeitgebers 291
Selbstverwirklichung 335
Sonderzahlungen 223, 225, 388, 449
- Entgeltcharakter 225
- Gratifikationscharakter 225
Sozialamt als Befristungsgrund 402

Sozialauswahl 169, 175, 192, 208, 335, 366, 430, 431, 432, 435, 436, 437, 480
- Altersteilzeit 435
- Änderungskündigung 432
- Auskunft 437
- Auskunftsverlangen 437
- Auswahlentscheidung 437
- Auswahlrichtlinien 430, 435
- Beförderungsstellen 432
- Betrieb 431
- Betriebsabteilung 431
- Betriebsrat 437, 438
- Betriebsratsmitglieder 432
- Betriebsstilllegung 434
- Betriebsteil 431
- Betriebsübergang 193
- Betriebszugehörigkeit 435
- Direktionsrecht 431
- Einzelfallbetrachtung 435
- Gemeinschaftsbetrieb 431
- Gewichtung der Kriterien 435
- Insolvenz 434
- Konzern 431
- Kriterien 435
- Lebensalter 435
- Massenentlassung 434
- Namen 437
- persönlicher Bezugspunkt 431
- Punktetabelle 435
- Schwangere 432
- Schwerbehinderte 432
- Unterhaltspflichten 435
- Unternehmen 431
- Unternehmerentscheidung 430
- Vergleichbarkeit 431
- Vorauswahl 435
- Widerspruch 438

Soziale Ausllauffrist 313
Sozialgericht 447, 448, 450
Sozialplan 268, 272, 273, 274, 275, 329
- Änderungskündigung 275
- Anrechnungsregelungen 272
- Ausgleichszahlungen 275
- betriebsbedingte Kündigungen 273
- Betriebsvereinbarung 275
- Deputate 275
- Einigungsstelle 273
- Fort- und Weiterbildung 275
- Freistellung 274
- Konzerne 272
- Kündigungsschutzklage 273
- Kurzarbeit 274

Stichwortverzeichnis

- Massenentlassung 272
- Mietzuschüsse 275
- Subsidiaritätsregelungen 272
- Tarifvertrag 272
- Umzugskostenregelungen 275
- Unternehmen 272
Sozialplanabfindungen 274
Sozialplanansprüche 27
- vererblich 27
Sozialpläne 274
- Abfindungen 274
- Kündigungsschutzklage 274
Sozialstaatsprinzip 312
Sozialversicherungsrechtliche Folgen 439, 447, 448
- Abfindung 448
- Erstattungsansprüche des Arbeitsamtes 448
- Kleinbetriebe 448
- Personalabbau 448
- Ruhenszeit 447
Sozialwidrigkeit 103
Sperrfrist 356, 364
Sperrwirkung 272
Sperrzeit 441, 442, 444, 447
- Aufhebungsvertrag 442
- besondere Härte 444
- Dauer 444
- Eigenkündigung 441
- Krankenversicherung 444
- Privatsphäre 441
- Verhalten 441
Spezialisten 223
Sportler 334
Sprache 317
Staatsangehörigkeit 334
Statusklage 78
Stellenbesetzung 175
Stellenplanreduzierungen 480
Stellensuche 244
Straftaten in der Freizeit 135
Struktur-Kurzarbeit 354, 356
- berufliche Qualifizierung 356
- Betriebsänderung 356
- betriebsorganisatorisch eigenständige Einheit (beE) 356
- Interessenausgleich 356
- Sozialplan 357
Strukturanpassungsmaßnahmen als Befristungsgrund 403
Studium als Befristungsgrund 403
Suspendierung 242, 317

- außerordentliche Kündigung 242
- Klagefrist 242
- Kündigung 242

Tarifbindung 355
Tarifliche Beschränkung der Befristung 157
Tariflicher Kündigungsschutz 450
- Abfindungen und Zuschüsse zum Arbeitslosengeld 453
- Anspruch auf Wiedereinstellung 454
- außerordentliche Kündigung 451
- Erweiterung der Beteiligungsrechte des Personalrats 453
- Erweiterung der Betriebsratsbefugnisse bei Kündigung 452
- Form der Kündigung 450
- ordentliche Kündigung 452
- Verhältnis zum Gesetz 450
Tarifvertrag 272, 313
- Altersgrenze 42
Teilkündigung 49, 212, 223, 225, 246, 314, 455, 456, 458, 461, 462
- Änderungsangebot 50
- Änderungskündigung 455
- Auflösungsantrag 54
- betriebsbedingt 52
- Betriebsrat 55
- Betriebsübung 459
- billigenswerte Interessen 457
- Direktionsrecht 455, 461
- Drei-Wochen-Frist 53
- Einmalzahlungen 455
- Entscheidung durch das Arbeitsgericht 54
- Freiwilligkeitsvorbehalt 455
- gemischte Gründe 52
- gerichtliche Überprüfung 458
- getrennte Rechtsgeschäfte 456
- Gratifikationen 455
- Nebenabreden 457
- Reaktionsmöglichkeit 50
- sachlicher Grund 457
- Tantieme 455
- Tarifverträge 457
- Überlegungsfrist 51
- Überprüfung durch das Arbeitsgericht 54
- Umgehung des Kündigungsschutzes 457
- verhaltensbedingt 52
- Verhältnismäßigkeitsgrundsatz 51
- vertragliche Vereinbarung 456
- Vorbehaltserklärung 50, 51, 53
- Widerrufsvorbehalt 455, 459
- zusammengesetztes Rechtsverhältnis 456

587

Stichwortverzeichnis

Teilzeit 354
Teilzeitbeschäftigte 283, 284, 334
– Berechnungszahl 284
– geringfügig beschäftigte Arbeitnehmer 284
– Kleinbetrieb 283
Tele-Arbeitsverhältnis 75
Tendenzarbeitgeber 215, 268, 270, 334, 463, 463
– Arbeitgeberverbände 463
– Gewerkschaften 463
– Parteien 463
Tendenzbetrieb 463, 467
– Abfindungsansprüche 467
– Arbeitgeber 463
– Betriebsänderungen 467
– Betriebsrat 467
– Direktionsrecht 463
– Interessenausgleich 467
– Sozialplan 467
Tendenzbetriebe 159
Tendenzträger 467
Tendenzverwirklichung 464
Theater 463
Tod 312
Transfersozialpläne 275
– Kurzarbeit 275

Überbrückung als Befristungsgrund 403
Überbrückungsgeld 440
Übergangsmandat 474
Überhangprovision 227
Überstunden 172
Überzahlte Vergütung 389
Ultima-ratio-Prinzip 171
Umdeutung 320, 332
Umgehung des Kündigungsschutzes 215
Umgestaltungen der Arbeitsabläufe 172
Umgruppierung 287
Umschulung 271
Umschulungs- bzw. Weiterbildungsmaßnahmen 175, 391
Umwandlung 176, 468, 469, 472, 479
– Abspaltung 470
– Aufspaltung 470
– Ausgliederung 470
– Betrieb 468
– Betriebsänderung 474
– Betriebsrat 474
– Betriebsteil 468
– Betriebszugehörigkeit 473
– Betriebsübergang 468

– Formwechsel 469
– Gemeinschaftsbetrieb 473
– Interessenausgleich 474
– Konzern 473
– Kündigungsverbot 472
– Sozialplan 474
– Spaltung 469
– Übertragung 468
– Vermögensübertragung 470
– Verschmelzung 469
Umwandlungsgesetz 69
Umzugskosten 388
Ungleichgewichtigkeit 459
– Umgehung des Kündigungsschutzes 460
Unkündbare Arbeitnehmer 123, 313, 475
– außerordentliche Kündigung 476
– Bedeutung für den Betriebsrat 478
– Rechtsfolgen einer gleichwohl ausgesprochenen Kündigung 475
– Wahrung der Kündigungsfrist 477
Unkündbarkeit (unkündbare Arbeitnehmer) 335, 445
Unkündbarkeitsregelungen 334
Unrichtiges Zeugnis 557
Unterhaltspflichten 126, 177, 435
Unterlassungsanspruch 277
Unternehmen 274
Unternehmensgruppen 288
Unternehmenszugehörigkeit 203
Unternehmer 66
Unternehmerentscheidung 171, 359, 430, 479, 480
– Änderungskündigung 481
– Einsparmaßnahmen 481
– Folgeentscheidungen 481
– Kündigung 480
– Kündigungsentschluss 480
– Personalabbau 480
– Sozialstaatsgebot 480
– Überprüfbarkeit 481
Unternehmerfreiheit 479
Unterordnungskonzern 288
Unzumutbarkeit 101
– Arbeitnehmerantrag 101
– Auflösungsentscheidung 101
– Kündigungsschutzprozess 101
– Mobbing 102
– subjektive Einschätzung 102
– Unzumutbarkeitsgründe 101
Urlaubsansprüche 388
Urlaubsentgeltansprüche 388

Stichwortverzeichnis

Verdachtskündigung 483
– Handlungsmöglichkeiten des Betriebsrats 485
– nachträglicher Wegfall des Verdachts 484
– Voraussetzungen 483
– Zwei-Wochen-Frist des § 626 Abs. 2 BGB 484
Verein 67
Vergleich 336, 439, 486
– Abfindung 486
– Einsatz unter geänderten Arbeitsbedingungen 487
– falsche Angaben des Arbeitnehmers 489
– Heimarbeit 488
– prozessuale Lage 487
– Tatsachenvergleich 488
– Ungewissheiten 488
– Unwirksamkeit des Vergleichs 487
– Widerruf 487
– Wiedereinstellung 486, 488
– Wiedereinstellungsvergleich 487
– Zwangsvollstreckung 486
Vergleich als Befristungsgrund 404
Vergütungsansprüche nicht in Abfindungen verwandelt 88
Vergütungsarten 223
Vergütungspraxis 223
Vergütungsrechtliche Sonderformen 223
Verhalten außerhalb des Arbeitsverhältnisses 210
Verhaltensbedingte Kündigung 207, 216, 465, 490
– Abmahnung 491
– Arbeitsverweigerung 491
– außerdienstliches Verhalten 490
– Bedeutung für den Betriebsrat 494
– Beweislast 494
– Interessenabwägung 493
– kleine Verstöße 491
– Loyalitätspflichten 493
– Schädigung unternehmerischer Interessen 492
– schuldhafte Vertragsverletzung 490
– strafbare Handlungen 492
– Summierung von Verstößen 491
– Verstoß gegen innerbetriebliche Verhaltensregeln 492
Verhältnismäßigkeitsgrundsatz 171, 357
Verkauf 479
Verkaufs- und Speditionsfahrer 77
Verlage 463
Verlorene Zeugnisurkunde 559

Vermögenszuordnung 468
Versäumnisurteil 103
Verschmelzung 469, 474
Verschmelzungsvertrag 474
– Betriebsrat 474
Versetzung 36, 271, 287
– Kurzarbeit 271
Versetzungsklausel 174, 211
Verständigungsgespräch 232
Vertragsbedingungen 74
Vertragserfüllung 34
Vertragsfreiheit 18, 456
Vertragskonzern 288
– Beherrschungsvertrag 288
– Gewinnabführungsvertrag 288
– Konzern 288
Vertragsstrafe 35, 329, 512
– Wegfall der Geschäftsgrundlage 329
Vertrauensbereich 36
Vertretung als Befristungsgrund 404
Verwirkung 215, 335, 365
– Vorbehalt 216
Verzicht auf Erhebung einer Kündigungsschutzklage 18
Vollmacht 316
Vollmachtsvorlage 317
Vollstreckbarkeit 105
Volontäre 282
Vorabentscheidungsverfahren 79
Vorauswahl 435
Vorbehalt 326
Vorruhestand 44
Vorsorgliche Kündigungen 314
Vorstandsmitglieder 75, 282

Wählbarkeit 286
Wahlfeststellung 79
Warteschleife 220
Wartezeit 495, 496, 498, 501
– Arbeitgeber 498
– Arbeitsbeschaffungsmaßnahme 498
– Berechnung 497
– Beschäftigung 496
– Betriebsübergang 498
– Betriebsvereinbarungen 498
– Konzernunternehmen 498
– Kündigung 497
– rechtlicher Bestand 496
– sachlicher Zusammenhang 498
– Schwerbehinderte 501
– tarifliche Regelungen 498
– Unterbrechung 498

589

Stichwortverzeichnis

Wehrdienst 82, 206, 283
– Grundwehrdienst 82
– Mitgliedsland der Europäischen Gemeinschaft 82
– Soldaten auf Zeit 82
– türkische Arbeitnehmer 82
Wehrdienstleistende 333
Wehrübung 206
Weihnachtsgratifikation 225
Weisungsbefugnis 209
– Ortsänderung 209
– Versetzung 209
Weisungsrecht 214
– Abmahnung 214
– gerichtliche Kontrolle 214
Weiterarbeit nach Auslaufen des Arbeitsvertrags 503
Weiterbeschäftigung 173, 273
Weiterbeschäftigung trotz wirksamer Befristung 506
– Gleichbehandlung 508
– Nicht-Weiterbeschäftigung als Rechtsmissbrauch 508
– tarifliche Weiterbeschäftigungsregeln 509
– Vertrauensschutz zugunsten des Arbeitnehmers 507
– Wegfall des sachlichen Grundes 506
– Zusage der Weiterbeschäftigung, insbesondere bei Bewährung 507
Weiterbeschäftigungsanspruch 320
Weiterbildung 388
Werkvertrag 161, 283
Wettbewerbsverbot 247, 511, 512, 513
– Abfindung 515
– Annahmeverzug 512
– Aufhebungsvertrag 514
– Ausgleichsquittung 514
– Einhaltung des Verbotes 514
– indirektes Wettbewerbsverbot 515
– Karenzentschädigung 512
– nachvertraglich 511
– Optionsrecht auf Aktien 515
– unverbindlich 513
– Vergleich 514
– vertraglich 511
– Verzichtserklärung 514
– Vorbereitungshandlung 511
– Wahlrecht 513
– Wettbewerbshandlung 511
Wichtiger Grund 516
– Androhung von Krankheit 524
– Arbeitsverweigerung 517

– außerordentliche Kündigung aus betrieblichen Gründen 526
– außerordentliche Kündigung wegen personenbedingter Gründe 525
– Drogen 521
– Gang an die Öffentlichkeit 522
– Geheimnisverrat 523
– geschäftsschädigende Äußerungen 522
– Mitteilungspflichten bei Krankheit 521
– Mobbing 521
– Nebentätigkeit 523
– Schädigung der unternehmerischen Interessen 522
– Schmiergelder 523
– schwere Pflichtverletzung des Arbeitnehmers als – 517
– sexuelle Belästigung 521
– strafbare Handlungen 518
– Verletzung des Wettbewerbsverbots 522
– Verletzung von Vorschriften des Datenschutzes 524
– Verstoß gegen innerbetriebliche Verhaltensregeln 520
– Verweigerung einer ärztlichen Untersuchung 525
Widerrechtliche Drohung 59, 93
Widerruf 317
– des Aufhebungsvertrags 91
– des Zeugnisses durch den Arbeitgeber 556
Widerrufliche Zahlungen 223
Widerrufsvorbehalt 49, 212, 223, 458
Widerspruch bei Betriebsübergang 191, 438
Widerspruch des Betriebsrats 177, 530
– absolute Unwirksamkeitsgründe 533
– Änderungskündigung 534
– Auswahlrichtlinien 531
– außerordentliche Kündigung 530
– außerordentliche Kündigung mit Auslauffrist 534
– einstweilige Verfügung 535
– Entbindung von der Weiterbeschäftigungspflicht 535
– Entbindungsgründe 535
– geänderte Vertragsbedingungen 532
– Klage des Arbeitnehmers keine hinreichende Aussicht auf Erfolg 535
– Kündigungsschutzklage 534
– Nachschieben von Kündigungsgründen 534
– Rechtsverhältnis zwischen Arbeitnehmer und Arbeitgeber 536
– soziale Gesichtspunkte 530

Stichwortverzeichnis

- Umschulungsmaßnahmen 532
- unzumutbare wirtschaftliche Belastung des Arbeitgebers 535
- Weiterbeschäftigung 534
- Weiterbeschäftigungsanspruch 533, 534
- Widerspruch des Betriebsrats 535
- Widerspruch offensichtlich unbegründet 535
- Widerspruchsgründe 177, 530, 533
- Widerspruchsrecht 530

Wiedereinstellung 173, 538
- Anspruch 170, 194, 538
- außerordentliche Kündigung 539
- betriebsbedingte Kündigungen 538
- Betriebsteilübergang 539
- Betriebsübergang 539
- enger sachlicher Zusammenhang zwischen beiden Arbeitsverhältnissen 538
- krankheitsbedingte Kündigung 539
- Kündigungsfrist 539
- Prozess 540
- Sozialpläne 540
- verhaltensbedingte Kündigung 539

Wiederholungskündigung 315
Willenserklärung 312
Willkür 479
- Umsetzungsentscheidung 479

Wirtschaftliche Leistungsfähigkeit 274
Wirtschaftliche Nachteile 273
Wissenschaftliche Assistenten, Befristung 541
- Angabe des Befristungsgrundes 545
- Befristungsgründe im Einzelnen 544
- Befristungszwang 541
- Beschäftigung mit anderen Aufgaben 542
- Bestandsschutz 542
- Dauer der Befristung 546
- Handlungsmöglichkeiten des Personalrats 547
- Kürzung von Drittmitteln 547
- Oberassistenten, Dozenten 542
- Privatdienstvertrag 547
- umfassende Befristungsmöglichkeiten 544
- Wegfall von Drittmitteln 546

Wochenarbeitszeit 283
Wunsch des Arbeitnehmers als Befristungsgrund 405

Zahlungsunfähigkeit des Arbeitgebers 448
Zeitkonten 172
Zeitungsausträger 160
Zeugnis 248, 548, 558
- ausstellende Person 549
- Form 550
- Inhalt 551
- nachträgliches 558
- Rechtsgrundlagen 548
- Zeitpunkt 549

Zeugnisdeutsch 552, 554
Zivildienst 82, 206
Zivildienstleistende 333
Zugang 312
Zugang der Kündigung 318
- Briefkasten 318
- Einschreiben 318
- tatsächliche Übergabe 318

Zugangsvereitelung 318
Zugangszeitpunkt 319
Zusammenlegung 479
Zusammenrechnung 178
Zweckbefristung 561
- Aufnahme des Zwecks in den Arbeitsvertrag 561
- Auslauffrist 563
- durchgängiges Erfordernis eines sachlichen Grunds 562
- Zweck mit klaren Konturen 562

Zwei-Wochen-Frist 136
Zwei-Wochen-Frist des § 626 Abs. 2 BGB 564
- Ablauf der Frist 567
- Beginn 564
- Dauertatbestände 566
- Folgen der Versäumung der Frist 568
- Kenntnis 565

Zweites Schiffsregister 428
Zwischenverdienst 512
Zwischenzeugnis 556